효문제의 '한화' 정책과 낙양 호인사회

북위 후기 호속 유지 현상과 그 배경

이 도서의 국립중앙도서관 출판예정도서목록(CIP)은 서지정보유통지원시스템 홈페이지
(http://www.seoji.nl.go.kr)와 국가자료공동목록시스템(http://www.nl.go.kr/kolisnet)에서
이용하실 수 있습니다. CIP제어번호: CIP2016010186(양장), CIP2016010172(반양장)

효문제의 '한화' 정책과 낙양 호인사회

북위 후기 호속 유지 현상과 그 배경

The Emperor Xiaowen's *Sinocization Policy* and Xienbei People in the Capital City of Luoyang in later Period of Beiwei Dynasty: the Maintenance of Xienbei-style Nomadic Custom and Culture

최진열 지음

한울 아카데미

이 저서는 2011년도 정부(교육과학기술부)의 재원으로 한국연구재단의 지원을 받아 연구되었음.
(NRF-2011-812-A00017)

차례

제2부 북위 후기 낙양의 호속

제3부 호속 유지의 배경

일러두기

1. 이 책에 표기된 날짜는 음력이며 한글 혹은 한자의 숫자와 간지로 표기했다. 이를 양력으로 변환한 경우 천위안(陳垣)의 『二十史朔閏表』(北京: 中華書局, 1999)를 참조해 바꾸었으며, 괄호 안에 아라비아 숫자로 표기했다.
2. 이 책의 각 장(章) 혹은 절(節) 가운데 기존의 학술 잡지에 동일하게 게재하거나 차례와 내용을 바꾸어서 발표하거나 일부를 인용한 논문이 있다. 이러한 논문의 목록은 다음과 같다.
   - 제1장 1절과 보론: 「北魏後期 胡語 금지 再論」, ≪역사와교육≫, 제19집(2014).
   - 제3장: 「北魏 孝文帝의 胡姓 개칭과 그 성격: 孝文帝의 漢化政策의 실증적 검토」, ≪大同文化硏究≫, 제82집(2013).
   - 제8장: 「北魏後期 洛陽거주 胡人들의 생활과 문화: 孝文帝의 '漢化政策'의 재검토」, ≪中國古中世史硏究≫, 제24집(2010).
   - 제9장: 「北魏 皇室 一族 이름의 중복 현상과 그 배경」, ≪人文學硏究≫, 제17집(2012).
   - 제15장: 「北魏後期 北邊 胡人의 胡俗 유지와 그 영향: 雁臣과 洛陽 胡俗의 관계를 중심으로」, ≪人文學硏究≫, 제22집(2014).
   - 제16장: 「北魏後期 洛陽 거주 西域人과 西域文化」, ≪大同文化硏究≫, 제87집(2014).
3. 본문의 중국 지명과 인명은 다음과 같은 원칙을 따랐다.
   ① 중국과 일본 학자의 성명은 외래어표기법에 따르고 한자를 함께 병기한다.
   ② 지명은 음역어(音譯語)로 표기하고 한자를 병기한다. 다만 현재의 외래어표기법에 따르는 것이 내용 이해에 도움이 되는 경우는 예외로 한다. 예를 들면, 다음과 같은 문장이다. '후부인의 묘지명은 1911년 허난 성 뤄양 시 안가구(安駕溝)에서 출토되었고, 뤄전위(羅振玉)가 소장했었다.'
4. 한자는 원칙상 "한글(한자)"의 형태로 병기했으나 한자나 한문이 더 중요하다고 생각되는 경우 "한자(한글)"의 형태로 표기했다.
5. 본문에서 "[ ]"는 다음의 경우에 사용했다.
   ① 한문을 번역하며 문맥상 필요한 내용을 필자가 삽입하거나 『위서』의 "태조", "세조", "고조"로 표기된 황제의 이름을 일반적으로 알려진 황제의 시호로 표기할 경우
   ② 금석문의 이름과 『위서』에 표기된 이름이 다를 경우 후자를 보충적으로 설명할 필요가 있을 때
   ③ 호인들의 두 글자 이상의 성과 효문제의 한성 개칭 이후 한 글자 성을 병기할 경우
   ④ 이름만 표기된 사료 원문에 "[ ]"로 성을 표기할 경우
   ⑤ 기타 필요한 경우에 "[ ]"를 사용했다.
6. 본문에 인용한 사료와 연구서, 논문은 첫 번째로 인용할 때 서지 사항을 모두 기재하고 두 번째로 인용할 때부터는 '사료명', '저자, 연구서', '저자, 연구 논문'의 형식으로 표기했다. 그리고 연구서와 논문명의 부제도 두 번째로 인용할 때부터 생략했다.
7. 인용하는 사료가 중복될 경우 첫 번째로 인용할 때, 그리고 내용상 중요한 곳에 원문을 제시하고 나머지 인용 때는 사료의 이름과 권수, 쪽수만 기록했다.
8. 본문의 "□"는 금석문에서 판독하기 어렵거나 아예 탈루된 글자를 뜻한다.
9. 본문과 각주에서 인용문을 표시할 때 " "를 사용했다.
10. 본문의 모든 밑줄과 강조점은 필자가 추가한 것이다.

머리말

중국과 중국의 역사를 모르는 일반인들은 한국이 중국(되놈)에게 당했다고 믿는다. 그 되놈들도 오호(선비, 흉노, 갈, 강, 저), 몽골고원의 유목민(거란, 몽골)과 만주의 수렵민(여진, 만주)의 지배를 받았다. 화북華北 지역이건 중국 본토 전체이건. 그런데 중국을 지배했던 '야만적인' 이민족들은 중국과 중국문화에 동화되었다고 한다. 지금은 작고한 원로 국어학자는 말과 얼의 중요성을 강조하며 말과 얼을 잃어버려 민족이 없어진 예로 거란, 여진, 만주의 예를 들었다. 이들은 모두 자기 '민족'의 말 대신 중국어를 사용해 결국 중국인에게 동화되었다고 한다. 이러한 동화론은 부인할 수 없는 통설처럼 보였다.

그러나 중국의 이민족 왕조와 유목국가 연구자들 가운데 이러한 동화론에 이의를 제기하는 학자들이 늘어났다. 필자 역시 이러한 대열에 끼어들게 되었다. 대학원 석사과정에 입학해 북위를 주제로 학위논문을 쓰게 된 필자는 여러 차례 『위서』를 읽을 때마다 머리가 혼란하고 정리가 되지 않음을 느꼈다. 후에 알선동에서 발견된 탁발부 선조들의 제문과 「문성제 남순비」 원문 및 관련 논문을 읽으면서 필자의 혼란 원인을 발견했다. 『위서』의 작자 위수는 고의적으로 호인(선비인을 중심으로 한 북방 유목민과 그 후예)들의 정치적·문화적 요소를 축소하고 이들이 한화(중국화)한 것처럼 서술했기 때문이다. 『위서』에 등장하기 않은 가한(카간)과 카툰이 알선동의 제문에서 발견되었고, 「문성제 남순비」에서는 『위서』에 보이지 않는 호인들의 관명들이 대거 발견되었다. 따라서 위수의 의도적인 '역사 왜곡'을 인식하지 않고 『위서』를 읽으면 북위의 역사상을 잘못 이해할 수 밖에 없다. 이를 깨달은 후 필자는 『위서』를 호인(선비인)의 시각에서 보려고 노력했다. 그 결과 기존의 통설과는 달리 한화 정책이 선언에 불과할 뿐 실제로는 제대로 실시되지 못했던 사례들을 발견했다. 이는 필자가 통설인 효문제의 '한화 정책'에 의문을 가지고 이 책을 쓰게 된 계기가 되었다.

필자에게 고무적인 현상은 동화론이 우세했던 청대사에서도 미국의 하버드 대학교를 중심으로 진행되고 있는 만주인의 정체성과 문화를 재평가하는 작업이다. 신청사新淸史라고 불리는 이러한 연구 경향은 만주 문서를 분석해 만주인들이 중국을 정복 이후에도 어느 시점까지 자신들의 정치적·문화적 정체성을 지니고 있었다고 본다. 청나라처럼 몽골 전체를 지배했던 몽골제국(몽원제국 혹은 원나라)도 자신들의 문화적 정체성을 유지했고 결코 중국문화에 동화되지 않았다. 거란(요)과 여진(금) 연구자들도 이 점에 동의한다. 시대는 다르지만 중국의 일부 혹은 전부를 지배한 이민족 왕조에서 비슷한 연구 경향을 보이는 것이 우연일까?

토마스 쿤Thomas Kuhn의 『과학혁명의 구조The structure of scientific revolutions』라는 책에서도 비슷한 점이 발견된다. 그에 따르면 기존의 학문 체계(정상과학)의 이론과 논리, 사실에 잘못이 발견되면 일부 학자들이 이에 대해 이의를 제기하고, 기존 학문 체계의 이론, 즉 옛 패러다임과 이에 도전하는 새로운 패러다임이 경쟁하게 된다. 그리고 후자가 승리하면 기존의 과학 체계를 무너뜨리고 새로운 정설과 진리로서 정착해 새로운 정상과학이 된다. 예컨대 중세 유럽의 기독교 사회에서 절대 진리로 간주되었던 천동설은 코페르니쿠스와 갈릴레이 등의 학자들이 지동설을 주장하고 이를 지지하는 증거들이 발견되면서 폐기 처분

되었다. 그리고 처음에는 이단으로 몰렸던 지동설이 현재까지 절대적인 진리로 확고하게 뿌리내렸다.

토마스 쿤의 주장은 과학사의 흐름을 살펴보면 과학이론 체계의 변화를 제대로 지적한 것이다. 그러나 중국의 일부 혹은 전부를 지배한 이민족들이 중국문화에 동화되었다는 통설(정상과학)에 문화적 정체성 유지를 주장하는 반론(이상과학)이 등장했다. 후자가 토마스 쿤의 이론처럼 이상과학이 아니라 기존의 정상과학 체계를 대체한 새로운 정상과학이 될 수 있을까? 이 책의 연구 성과가 그 디딤돌이 되기를 기대한다.

이 연구서의 준비와 출판에 많은 분들의 도움이 있었다. 이 연구는 2011년 한국연구재단 저술지원사업의 지원을 받았다. 필자의 연구에 경제적 도움을 준 한국연구재단 관계자 여러분과 필자의 연구가 선정되도록 평가해준 심사위원들에게 심심한 사의를 표한다. 그리고 원고의 출판을 승낙해주신 한울엠플러스(주) 경영진과 경영기획실, 편집부, 디자인실 직원들에게도 감사의 말씀을 전하고자 한다. 또 중국 각지의 박물관에서 찍은 도용 사진 등을 빌려준 송영대(한국전통문화대학교 박사과정)에게도 감사의 말을 전한다. 무엇보다도 정재훈 선생의 지지와 격려가 결정적인 도움이 되었다. 정재훈 선생은 필자의 아이디어에 동의해주었고, 글을 쓰는 과정에서도 비판과 격려를 아끼지 않았다. 정재훈 선생의 지지가 없었더라면 이 주제를 논문이나 연구서로 출간하는 작업이 불가능했을 것이다. 지면을 빌려 정재훈 선생에게 거듭 사의를 표한다.

서장

효문제의 '한화 정책' 연구사

중국사에서는 16국·북조 시대 이후 이민족들이 중국의 일부 혹은 전부를 지배해 세운 이민족 왕조[1]가 한인 왕조漢人王朝[2]와 번갈아 세워졌던 도식이 발견된다. 다시 말해 16국·북조 시대 이후의 한인 왕조인 수隋와 당唐을 지나 5대五代 가운데 사타 돌궐沙陀突厥의 세 왕조, 즉 후당後唐·후진後晉·후한後漢을 거쳐 한인 왕조인 송宋, 몽골의 원元, 한인(중국인) 주원장朱元璋이 세운 명明, 만주인이 세운 청淸, 중국인 중심의 공화국(국민당과 공산당)이 순서대로 등장한다. 대략적으로 진秦 시황제始皇帝의 통일(기원전 221년)에서 청의 멸망(1912년)까지 2133년

---

1 이 책에서 이민족 왕조라는 용어는 5호(선비, 흉노, 갈, 강, 저)와 사타 돌궐, 거란, 여진, 몽골, 만주 등 이민족이 중국의 화북(중원)이나 중국 본토 전체를 지배하고 세운 왕조를 가리킨다. 카를 비트포겔(Karl August Wittfogel)은 이를 16국·북조 시대의 침투 왕조[잠입 왕조(Infiltration Dynasties)]와 요·금·원·청의 정복왕조(Conquest Dynasties)로 나누었다. 이후 비트포겔의 구분법이 학계의 통설처럼 통용되고 있다.

2 이 책에서 한인 왕조라는 용어는 혈통상 한족(중국인)이 세운 왕조를 지칭한다. 수와 당을 세운 양견(楊堅)과 이연(李淵)은 튀르크계 유목민이라는 설도 있지만, 정사 기록을 보면 한인으로 표기되었으므로, 이 책에서는 두 왕조를 한인 왕조로 간주한다. 그러나 유목민들의 문화에 익숙해 사실상 호인(유목민 출신의 이민족)이었다는 주장은 경청할 만하다.

가운데 이민족들이 화북華北 지역만을 지배한 시기는 715년이며, 전체의 33.5%에 해당한다. 또한 이민족 왕조인 원과 청이 중국 전체를 지배한 기간은 모두 386년으로 전체의 18.1%에 해당한다. 이 두 시기를 합하면 모든 이민족 왕조가 중국의 일부(화북) 혹은 중국 전체를 지배한 기간은 모두 1101년이며, 진 시황제의 통일부터 청의 멸망까지 해당하는 시기의 51.6%를 차지한다. 최근 2000년 동안 이민족이 중국의 일부 혹은 전부를 지배한 기간이 절반을 넘는다면 이민족들이 중국에 준 정치적·문화적 영향은 부인할 수 없을 것이다. 반면에 16국·북조시대 중국에 들어온 각종 이민족과 거란契丹·여진女眞·만주인 등은 한족漢族들과 접촉하면서 한문화漢文化에 경도되었고, 결국 나라가 망한 후 거의 사라졌다. 이런 경험이 반복되면서 중국인들은 중국이 이민족들에게 정복되더라도 결국 이민족들은 중국 문화에 동화된다는 동화론을 믿게 되었다. 특히 북위北魏를 세운 주축인 선비인鮮卑人들은 다른 이민족들과는 다르게, 즉 자기 종족種族의 문화적 정체성을 유지하려고 했던 금金이나 청과는 달리, '자발적인' 동화의 길을 택했다는 것이다. 이른바 효문제孝文帝의 '한화 정책漢化政策'이다.

기존의 통설에 따르면 효문제는 이민족 왕조의 군주로서 거의 유일하게 호인(이민족)의 '한화漢化'를 본격적·전면적으로 추진했다. 낙양洛陽 천도遷都를 전후한 494년의 의복 개혁,[1] 495년 이민족의 복성複姓(두 글자 이상의 성)의 단성單姓(한 글자 성) 개칭,[2] 호어胡語(선비어鮮卑語)의 금지와 한어漢語의 사용,[3] 대인代人에서 하남河南 낙양인洛陽人으로 바꾸는 본적 개칭[4] 등의 정책을 추진했다. 이러한 효문제의 정책을 '한화 정책'이라고 한다. 20세기 위진남북조사魏晉南北朝史의 대가 탕창루唐長孺는 마르크스주의 사관을 바탕으로 북위 호족의 '한화'를 정당화했다.

> 문명이 낮은 인민이 전승자가 되었을 때마다 경제 발전의 과정은 말할 필요도 없이 중단되고, 대부분의 생산력은 파괴된다. 그러나 장기간의 정복 중간에 문명이 낮은

정복자는 절대다수의 경우 정복된 국가가 보유하는 비교적 높은 '경제 상황'에 서로 적응하게 된다. 그들은 정복된 인민에 동화될 뿐만 아니라 대부분 심지어 그들의 언어를 채용하게 된다.[5]

공자의 언행과 사상이 유가 사상이 최고 이데올로기였던 전근대 시대에 절대적인 권위를 가졌던 것처럼, 공산당 치하의 중화인민공화국에서 활동한 탕창루는 마르크스주의의 공동 창시자인 프리드리히 엥겔스Friedrich Engels의 입을 빌려 전통적인 견해인 한화의 필연성을 정당화했다.[3] 앞의 인용문은 탕창루뿐만 아니라 아직까지 마르크스주의를 고수하는 중국 학자들이 북위 호인(유목민 위주의 이민족)들의 '한화'를 거론할 때 금과옥조처럼 제시하는 근거이다. 경제적으로 낮은 단계인 목축에 종사하고 중국보다 문명 수준이 낮은 탁발부拓跋部 등 북방 호인들은 문화적 열세뿐만 아니라 인구수의 열세 때문에 필연적으로 경제적·문화적으로 선진적인 중국 한인들에게 동화된다는 주장이다.[6]

반면에 공산주의와 거리가 있었던 또 다른 20세기 위진남북조사의 대가 천인커陳寅恪는 엥겔스의 주장을 원용하지는 않았지만, 효문제의 한화 정책을 잘 정리했다. 천인커에 따르면, 태무제太武帝 시기 최호崔浩의 필화 사건을 겪은 후 한인과 호인의 갈등과 충돌을 잘 알고 있던 효문제는 한화를 추진하면서 선비 귀

---

3 그러나 탕창루의 인용은 단장취의(斷章取義)이다. 엥겔스가 말하고자 하는 것은 국가의 폭력과 경제적 발전이 대립했을 때, 후자가 늘 이긴다는 사실을 강조하기 위한 예였을 뿐 야만인 대 문명인의 대결 구도로 예를 든 것은 아니다. 탕창루가 인용한 구절의 뒷부분은 다음과 같다.

"그러나 — 정복의 경우를 제외한다면 — 이제까지 어떤 정치적 폭력이든 일정한 단계에 도달하면 거의 그렇게 되었다시피 어떤 나라 내부의 국가 폭력이 그 나라의 경제적 발전과 대립하게 되었을 때, 투쟁은 매번 정치적 폭력의 전복으로 종결되었다. 경제적 발전은 예외 없이 무자비하게 자신의 길을 개척하여 나아갔다 — 이 점을 여실히 보여주는 최근의 예는 우리가 이미 언급한 바 있다: 프랑스 대혁명"[프리드리히 엥겔스, 「오이겐 뒤링씨의 과학 변혁("반-뒤링")」, 최인호 외 옮김, 김세균 감수, 『칼 맑스 프리드리히 엥겔스 저작 선집 5』(박종철출판사, 1994), 200쪽].

족(호인 지배층胡人支配層)들이 한인의 사족 문화士族文化를 받아들일 방법을 고민했다. 즉, 선비 귀족과 한인 사족漢人士族들을 하나로 결합하고 선비 귀족들이 정치적인 지위뿐 아니라 사회적 지위도 지니도록 함으로써 북조北朝의 통치를 굳건하게 하려 했다. 천인커는 효문제의 한화 정책이 실현되려면 선비 귀족들이 한화되어야 한다고 보았다. 천인커에 따르면, 호어와 호복 등 호속胡俗을 금지하고 중국 문화와 의례를 도입한 것은 선비 귀족을 한화하기 위한 조치였다.[7] 또한 라오간勞榦은 효문제의 한화 정책과 피정복 종족 통제의 연관성에 주목했다. 선비鮮卑 탁발부는 호인과 한인을 정복하고 영토를 확장했으나 통치를 위해 절대다수를 차지하고 문화 수준이 높은 한인을 이용할 수밖에 없었다는 것이다.[8] 류징청劉精誠도 한화 정책은 역사 발전의 필연적인 추세라고 보았다. 즉, 효문제의 한화 정책은 당시 첨예한 사회 모순의 산물이며, 16국 시대 이래 민족 융합과 북위 건국 이후 경제의 변화와 발전의 필연적인 추세였다.[9]

앞에서 소개한 주요 학자들의 '한화론漢化論' 외에도 한화 정책의 성격이나 정치적 의의[10] 또는 '한화 정책'의 영향,[11] 동화론에 해당하는 민족 융합,[12] 호인들의 민족정신 상실,[13] 한화 정책이 북위의 붕괴에 끼친 영향[14] 등 효문제의 한화 정책을 여러 각도에서 평가한 연구도 있다.[15]

한화 정책에 대한 일반론에 이어서 한화 정책의 각론에 찬성하는 논리를 살펴보자. 효문제의 한화 정책에서 가장 중요한 계기가 낙양 천도였음을 지적하기도 한다. 이미 청대清代 저명한 사학자 조익趙翼은 『22사차기廿二史箚記』에서 효문제의 낙양 천도가 호인들을 '한화'하기 위한 필수적인 수단이라고 보았다.[16] 천인커[17]와 탕창루[18]도 낙양 천도가 효문제의 '한화 정책'에 큰 영향을 주었다고 보았다. 반면 허더장何德章은 효문제의 천도는 북위 역사의 필연적인 결과가 아니라 효문제가 개혁을 추진하던 과정에서 선비 구귀족들의 반대를 타개하기 위해 취한 행동이었고 보았다.[19]

낙양 천도 이후 효문제가 호어와 호복을 금지하고 호성胡姓을 한성漢姓 혹은 단성으로 바꾼 이유를 호인(선비인)을 문화 사족士族으로 바꾸기 위한 조치였다고 보거나[20] 호한胡漢 지배층의 연합을 위한 전제로 보는 견해가 있다.[21] 후자의 입장에서 호인과 한인 문벌漢人門閥의 통혼[22]이나 문벌화門閥化를 지향한 정성족定姓族(성족 분정姓族分定 혹은 성족 상정姓族詳定이라고도 한다)이 호한 지배층의 결합에 큰 역할을 했음을 지적하기도 한다.[23] 통혼은 호한 지배층의 결합뿐만 아니라 호인과 결혼한 한인 여성이 남편과 자녀들에게 문화적으로 영향을 주고 교육해 중국 문화를 대북代北(호인) 가정에 보급함으로써 한화에 기여하거나[24] 호인의 체형 변화[25]나 '혈통상 한화'[26]라는 결과를 낳았다. 반면에 성족 분정 등으로 대표되는 문벌제도의 도입은 낙양의 선비 고문 강족鮮卑高門强族(팔국 양가八國良家)과 대북代北 귀족·북진北鎭 군인의 갈등을 야기하는 부작용이 있었음이 지적되기도 한다.[27]

이 밖에 본적을 대인에서 하남 낙양인으로 바꾸는 본적 변경과 낙양 매장,[28] 호인들의 유가 사상 수용과 '유가화儒家化' 현상,[29] 선무제宣武帝 이후 순행巡幸의 격감[30]과 정거화定居化,[31] 북위 낙양성洛陽城에 대한 후한後漢·위·진 낙양성이나 남조南朝 건강성建康城의 영향,[32] 목축에 종사했던 호인(유목민)의 농경민 전화轉化,[33] 기물을 불사르는 소장燒葬[34]과 가족들의 공동묘지를 조성하는 '중장衆葬'[35] 등과 같은 호인(선비인)의 매장 문화 대신 봉분의 건축이라는 한인 매장 문화의 수용(장례 문화의 한화),[36] 호속의 서교西郊 제천祭天에서 중국 고유의 남교南郊 제천으로의 변화 및 각종 중국 전통 의례의 도입,[37] 남조 후기의 예악 채용,[38] 북위 황실 내의 중국식 이름 등장,[39] 오덕 종시설五德終始說 혹은 오행五行의 행차行次 채택과 정통 왕조의 계승 관계,[40] 관제 개혁,[41] 상서尙書 제도의 도입,[42] 남조 관제의 수용,[43] 봉록제의 시행,[44] 효문제와 선무제 시기의 형률刑律 개혁,[45] 중국 시가 예술의 영향[46] 등을 한화의 관점에서 해석하기도 한다.

마지막으로 한화 정책을 추진한 배경을 효문제 개인의 성격[47]이나 문화적 배경,[48] 당시의 정치적 상황,[49] 정책 결정에 영향을 미친 청제青齊 지역 출신 한인 관료의 영향[50]이라는 시각에서 분석한 연구도 있다.

앞에서 한화 정책에 대한 일반론과 각론을 살펴보았다. 그러나 한화 정책에 반대하는 견해도 있다. 고가 아키미네古賀昭岑는 효문제의 한화 정책에 전면적으로 반론을 제기했다. 고가에 따르면 북위 후기의 언어·복장·가족 관계·목축·부족 조직·토지 문제 등을 자세히 살펴보면 호인들은 여전히 자신의 문화를 유지했음을 발견할 수 있다. 특히 '한화 정책'을 추진한 효문제 이후에도 효명제孝明帝의 호어 사용으로 북위 후기 궁정에서 여전히 호어가 사용되었고, 효문제 말기의 부녀자가 여전히 호복을 착용하는 등 호속이 잔존했음을 밝혔다.[51] 가와모토 요시아키川本芳昭도 효문제의 '한화 정책'이 중국 문화와 제도를 수용한 것일 뿐, 일방적인 동화는 아니라고 주장했다. 가와모토에 따르면 철저한 한화를 지향했던 낙양 천도 이후의 호인들에게도 호족 문화胡族文化의 잔존이 확인된다. 또한 부병제府兵制의 원류인 24군제에는 중국적 요소와 호족적 요소가 혼합되었다. 따라서 이는 호족이 화북에 침입한 이후 거둔 호한 융합의 성과로 볼 수 있다는 것이다.[52] 탕뤄샨湯奪先은 호인들이 한문화를 맹목적으로 받아들인 것이 아니라 그 정화精華만을 취사선택했다고 보았다.[53] 루야오둥逯耀東은 북위 후기에 이르러서도 선비인들의 제천의식이 유지되었고, 호인들이 좌임左衽과 협령 소수夾領小袖의 호복을 여전히 착용했으며, 낙양으로 천도한 이후에도 여전히 낙장酪漿과 육류를 즐기는 자신들의 식생활을 유지했음을 지적했다.[54] 루이페이呂一飛는 북위 후기로 한정하지 않았지만, 북조 시대 전체에 걸쳐 호속을 항목별로 잘 정리했다.[55] 류시타오劉錫壽도 북위 후기에 한정하지는 않았지만, 황하 유역에 호속이 여전히 유행했으며 화북의 일부 한인이 호속을 받아들였음을 긍정했다.[56] 쑨퉁쉰孫同勛은 한화 정책에 대한 전문 연구서를 펴냈지만, 호어와 호인의 낙양 거주 문제 등 한화 정책의 반대 사례에 해당하는 사례들을 거론했다.[57] 그러나 일본 학자들과는 달리 중국 학자들은 호속의 존재는 인정했지만, 한화를 공식적으로 부정하지 않았다.

다음으로 호어 금지의 한계,[58] 이중 언어생활 상태,[59] 호어 금지 조치 이후의 호어 사용 현상,[60] 북위 후기 호속의 만연,[61] 호복 금지 이후 호복 착용,[62] 수계혼제收繼婚制, levirate의 잔존,[63] 효명제의 생모인 한인 호태후胡太后와 안정 호씨安定胡氏 일족의 호화胡化,[64] 대인 정체성의 유지,[65] 낙양성의 구조에 반영된 호인(선비인)의 특색[66] 혹은 중앙아시아 도시 구조의 영향,[67] 낙양 북망산北邙山 북위묘北魏墓의 가족 혹은 씨족의 집중적 배치와 호인의 습속인 족장族葬과 모계 반부족제母系半部族制의 관계,[68] 위·진·남조의 영향이 아닌 북위의 독자적인 관제,[69] 효문제 시기 예제 개혁과 복제服制 개혁에 끼친 남조의 영향 부정[70] 등의 연구는 기존의 한화 정책 옹호론과 다르다. 이러한 선행 연구는 한화 정책의 전면적 시행이나 한화 정책에 위·진·남조의 문물이 영향을 주었다는 기존의 견해와 다른 입장을 취했다.

필자는 『위서魏書』와 묘지명墓誌銘, 고고 발굴 자료를 분석하면서 기존의 통설처럼 효문제의 '한화 정책'이 그대로 시행되지 않았음을 발견하고 이를 입증하는 작업을 했다. 그 결과 호어와 의식주를 포함한 생활과 문화 면에서 호인들이 자신들의 문화를 유지했음을 밝혔다.[71] 낙양 천도 이후 문화뿐만 아니라 정치와 경제 등 다방면을 조사하면 호인들의 호속이 여전히 북위 낙양 시대北魏洛陽時代에도 남아 있음을 발견할 수 있다. 필자는 이러한 점에 주목해 효문제의 '한화 정책'이 실제로는 제대로 시행되지 못했음을 실증적으로 검토했다. 이 연구서는 그러한 작업의 결과물이다.

서장序章에서는 효문제의 '한화 정책'에 관한 연구사를 정리하고 선행 연구의 문제점을 살펴보았다. 그리고 본문에 해당하는 제1부에서 제3부와 종장終章에 이르기까지 대략적인 내용을 언급하려고 한다.

제1부에서는 효문제의 '한화 정책'의 여러 조치를 실증적으로 검증한다. 제1장부터 제7장까지 호어 금지, 호복 금지, 호성의 한성 개칭, 본적의 하남 낙양인 개칭, 묘호廟號 사용을 통해 본 정체성, 이장(천장遷葬) 금지와 낙양 매장, 중국

고유의 예악과 제사 도입으로 나누어 이른바 효문제의 '한화 정책'을 사서와 묘지명, 유물 자료를 바탕으로 검토한다. 소결小結에서는 제1장부터 제7장까지 살펴본 '한화 정책'의 여러 요소를 한화된 부분과 호속이 유지된 부분으로 나누어 비교한다.

제2부에서는 북위 후기의 수도 낙양에 존속했던 호속을 살펴보려고 한다. 제1부에서 다루지 않은 음식 문화와 사냥, 활쏘기, 노래와 춤[歌舞], 유희, 호인의 이름, 낙양 거주 호인의 결혼과 성 풍속, 여성의 활동 등을 검토해 북위 낙양 시대의 낙양에 존재했던 호속의 존재 양태를 살펴본다.

제3부에서는 호속 유지의 배경을 분석하려고 한다. 북위 후기의 낙양에서 호속이 유지된 배경을 크게 정치, 경제, 환경, 북변北邊의 초원 문화, 서역 문화로 나눈다. 그리고 이를 다시 세부적으로 효문제의 순행과 친정親征, 목태穆泰·육예陸叡의 난, 효문제의 황태자 원순元恂의 평성平城 도망 미수 사건, '한화 정책'의 예외 조항, 효문제의 후계자 선무제의 정책 계승 의지 부족, 재정 문제, 하양목장河陽牧場, 기후변동, 북변 호인들의 영향, 서역인과 서역 문화로 나누어 각각의 요인이 '한화 정책'의 어떤 부분에 영향을 주었는지 검토한다.

종장에서는 먼저 일방적으로 한화된 것도 아니고 호속과 서역 문화가 공존한 북위 후기 낙양 사회의 문화적 상태를 샐러드 볼salad bowl이라는 관점에서 정리한다. 그리고 요遼·금·원·청 등 역대 이민족 왕조의 한화와 호화 관련 연구사를 정리하면서 다른 이민족 왕조의 문화적 상황이 북위 후기(북위 낙양 시대)와 유사했음을 밝히려고 한다. 이어서 효문제의 '한화 정책'이 그대로 실행되었다고 오인된 이유가 『위서』의 편향적인 서술 방식 때문이었음을 설명한다. 마지막으로 이 책에서 다루려고 했으나 다루지 못한 성족 분정(정성족 혹은 성족 상정), 통혼通婚 정책, 문벌 정책 등을 간단히 언급하려고 한다.

본 연구서는 효문제의 '한화 정책' 선언 자체를 맹목적으로 맹신하는 풍토를 지양하고 북위 낙양 시대에도 호속이 실존했으며, 북위 후기의 수도 낙양에 호인과 한인, 서역인 등의 다원적인 문화가 공존했음을 최초로 강조하고 밝혔다는 점에서 연구사적 의의를 지닌다.

제1부

효문제의 '한화 정책' 검토

제1장

호어 금지

북위 후기 낙양 거주 호인의 호어 사용

중국의 일부 혹은 전체를 지배했던 이민족 왕조의 군주들은 자기 종족들의 한화를 막기 위해 고유의 습속과 언어를 유지하는 정책을 고수했다. 예외가 효문제의 호어 금지 정책이었다. 효문제가 호어 금지를 명령하기 이전, 즉 북위 전기의 호인 지배층은 호어를 사용했고,[1] 호인과 한인은 각각 한어와 호어를 배우거나 통역관을 두고 의사소통했다.[1] 본 장에서는 효문제의 호어 금지 명령이 제대로

---

1 북위 시대의 탁발씨 등 호인들이 사용했던 언어가 어떤 어족(語族) 계통인지는 남아 있는 자료가 부족해 명확하게 밝힐 수 없다. 혹자는 탁발씨가 사용한 언어가 튀르크 계통이었음을 논증하기도 하지만[Peter A. Boodberg, "The Language of the T'o-Pa Wei," *Harvard Journal of Asiatic Studies*, Vol. 1, No. 2(1936), pp. 167~185], 몽골어 혹은 고(古)몽골어 계통으로 보는 견해[白鳥庫吉, 「東胡民族考」, 『白鳥庫吉全集 4』(東京: 岩波書店, 1970); 朱學淵, 「鮮卑民族及其語言 (上)」, ≪滿語研究≫, 總第30期(2000年, 第1期); 烏其拉圖, 「≪南齊書≫中部分拓跋鮮卑語名詞的復原考釋」, ≪內蒙古社會科學(漢文版)≫, 第23卷, 第6期(2002); 羅新, 『中古北族名號研究』(北京: 北京大學出版社, 2009)]가 우세하다. 학자에 따라 탁발씨 등 호인들이 사용한 언어를 탁발어(拓跋語), 선비어 등으로 칭하며, 『위서』에는 '북어', '북언' 등으로 표기된다. 호인 가운데 선비인이 주류였으므로 선비어가 용어상 적합할 수도 있지만, 표음문자인 한문 사료의 한계 때문에 다른 피정복 유목민들, 특히 튀르크어 계통의 고차 등이 선비어를 사용했다고 단정하기 어렵다. 따라서 이 책에서는 '선비어'보다 북방 유목민인 호인들이 사용했다는 의미에서 호어로 통칭하겠다.

지켜졌는지 살펴보고자 한다.

먼저 1절에서는 호어 금지를 규정한 사료를 검토해 호어를 금지하는 조치가 일부 연령과 직업의 호인들에게 국한된 조치였음을 밝힌다. 2절에서는 호어를 금지한 이후 호어를 사용한 인물들을 효명제, 북위 군인, 한인 관료, 호어 사용자와 교류한 호인·한인(중국인)들로 나누어 살펴본다. 마지막으로 보론에서는 호인의 행정 문서 작성 능력을 검토한다.

1. 호어 금지 사료의 검토

1) 『위서』 「고조기」의 기사: 조정의 호어 금지

효문제의 호어 금지에 관한 사료는 두 가지이다. 먼저 효문제는 태화太和 19년 유월 기해일(495년 7월 9일)에 이른바 호어를 금지하는 조서詔書를 내렸다. 그 내용은 다음과 같다.

> 조정에서 북속北俗의 언어(북속지어언北俗之語言)를 사용하지 못하게 하라. 만약 어기는 자가 있으면 관직에서 물러나도록 조치하라.[2]

앞의 인용문에서 '북속의 언어'는 북인北人이 사용하는 언어라는 뜻이다. 당시 북인은 북위 황실인 탁발씨拓跋氏를 비롯한 북방 유목민을 지칭했다.[3] 따라서 '북속지어언'은 북방 유목민들이 사용하는 호어를 뜻한다. 즉, 앞의 조서는 호어 사용의 금지를 천명한 것이다.

조서를 꼼꼼하게 뜯어보면 효문제의 호어 금지 규정은 허점이 있다. 우선 호어 사용 금지는 공간적으로 북위 전역이 아니라 조정에 한정되었다. 중국의 권위 있는 중국어사전인 『한어 대사전漢語大辭典』에 따르면 '조정'에는 조당朝堂과 중앙정부라는 두 가지 뜻이 있다. 그리고 호어를 금지하는 조서에서 가리키는 조정을 전자의 뜻으로 긍정한 연구가 있다. 예컨대 쑨퉁쉰은 호어 금지 규정을 조당에서만 한정적으로 통용되는 것으로 해석했다.[4] 마쓰시타 겐이치松下憲一도 2012년 8월 26일 상하이上海 푸단 대학復旦大學에서 개최된 제6회 중국 고중사 청년 학자 연의회中國古中史青年學者聯誼會에서 필자의 토론자로 나서 같은 견해를 피력했다. 이들의 견해를 종합하면, 태화 19년의 호어 금지는 최소한 황제와 신하가 만나는 조당에서만 호어 사용을 금지한 것으로 해석된다.

조당은 황제皇帝가 조견朝見을 받고 정사를 처리하는 장소이다. 그런데 북위 낙양 궁성의 복원 연구에 의거한 〈그림 1-1〉에 따르면 조당은 정전正殿인 태극전太極殿의 동남쪽에 위치했다. 조당의 남쪽에는 상서성尙書省이, 서남쪽에는 문하성門下省과 중서성中書省이 있었을 것으로 추정된다. 또 다른 북위 낙양 궁성 복원도에서도 조당이 태극전의 동남쪽에 위치했다.[5] 양자가 일치하는 것으로 보아 조당은 궁성 안에 있었지만, 궁전 밖에 존재했음을 확인할 수 있다. 따라서 조정, 즉 조당에서 호어를 사용하지 말고 한어(중국어)를 사용하라는 태화 19년 유월 기해일의 조서는 궁성 가운데 궁전 밖의 일부 좁은 지역에 위치한 조당에서 호어를 사용하지 말라는 뜻이다. 따라서 이 조당에서 모이는 황제 혹은 일부 관리百官만이 호어를 사용할 수 없었다. 바꾸어 말하면, 상서성과 중서성 등 다른 관청에 근무하는 호인들은 평소에 호어를 자유롭게 말할 수 있었고, 조당에서 회의할 때만 한어를 쓰면 되었다. 또한 궁전의 내정內廷에서 근무하는 궁녀와 환관들, 그리고 황제의 가족들은 호어 금지에서 제외된다고 해석할 수 있다. 이 경우 호어 금지 조치는 사실상 효과가 없다.

반면에 조정이 중앙정부라면 앞의 인용문은 낙양의 조정에서만 호어 사용을 금지하는 것으로 해석된다. 이 경우 육진六鎭 등 북변뿐 아니라 낙양 천도 이후 낙양 일대에 거주하게 된 당시 30세 이상의 호인도 일상적으로 호어를 사용할

그림 1-1　북위 낙양 궁성 복원도[6]

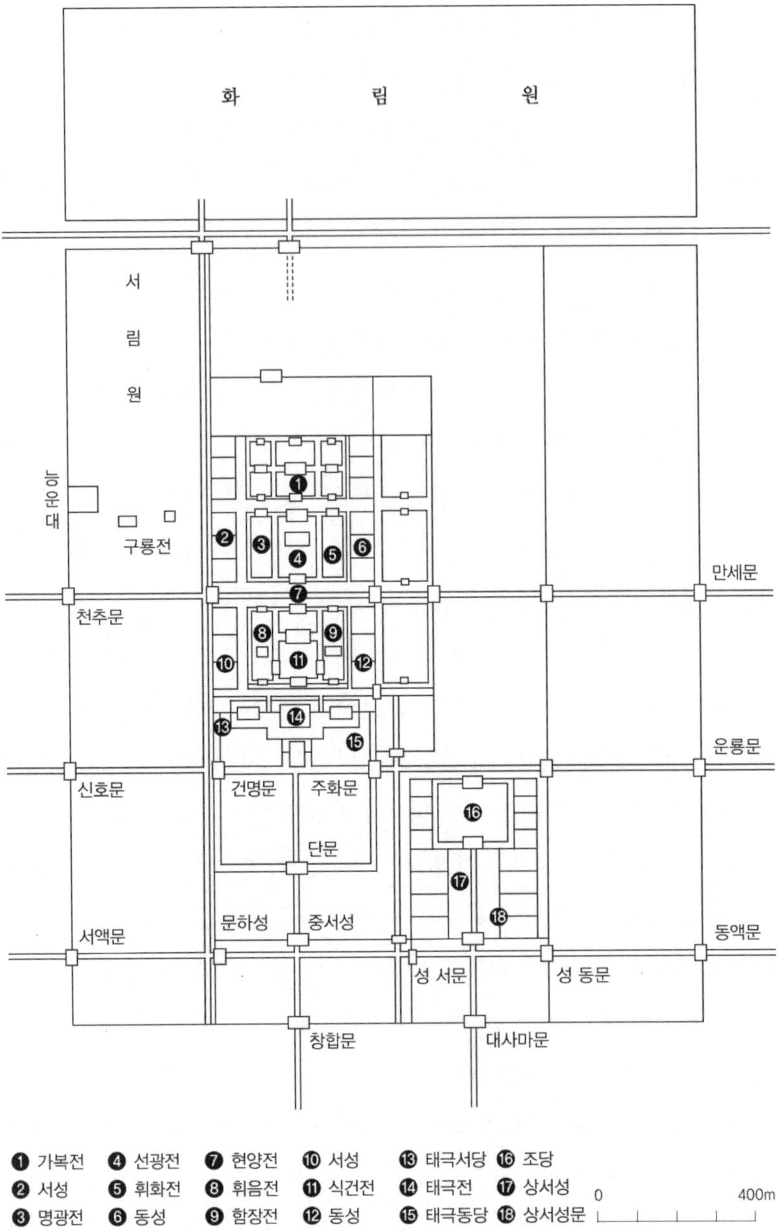

수 있었다.

조정의 범위에 상관없이 효문제의 호어 금지는 일부 호인 관리에게 적용되는 제한적인 것이며, 호인의 호어 사용 자체에 큰 영향을 준 것은 아니었다고 해석할 수 있다.[7] 특히 호어 금지를 어기면 관직에서 물러나라는 구절에서 호어 금지 대상은 조정의 관리들에 국한되었음이 분명히 드러난다. 따라서 태화 19년의 호어 금지 조치는 통설처럼 호인 전체가 아니라 조정에서 근무하는 호인 관리들에 한정됨을 알 수 있다. 그렇다면 호인 관리들은 조정이 아닌 사적인 공간에서 호어를 사용할 수 있다는 뜻으로 해석할 수 있다. 이러한 추정을 실제 사례를 통해 확인해보자.

서위西魏·북주北周 개국공신의 한 사람인 우근于謹(493~568년)[2]은 하남 낙양인이었다.[8] 우씨于氏는 본래 훈신 팔성勳臣八姓의 하나인 물뉴우씨勿忸于氏이므로 호인이며, 본적이 하남군河南郡 낙양현洛陽縣인 것으로 보아 낙양 천도 이후 낙양으로 이주한 호인이었다. 우근의 증조할아버지 우파于婆는 회황진장懷荒鎭將, 할아버지 우안정于安定은 평량군수平涼郡守와 고평군장高平郡將, 아버지 우제于提는 농서군수隴西郡守를 지냈다.[9] 우근의 증조할아버지부터 아버지까지 각각 주州와 군郡의 장관에 해당하는 진장鎭將과 태수(군수)[3]를 지낸 것이다. 구보조에 요시후미窪添慶文의 고증에 따르면 북위 전기 경기京畿였던 항주恒州(평성 일대)는 주의 등급[4] 가운데 중주中州에 해당했고, 삭주朔州는 하주下州에 해당했

2 『주서』「후막진숭전(侯莫陳崇傳)」에 따르면 우근은 북주의 공신인 팔주국(八柱國) 중 한 명이다[『周書』 卷16 「侯莫陳崇傳」, p. 272, "自大統十六年以前, 任者凡有八人. 太祖位總百揆, 督中外軍. 魏廣陵王欣, 元氏懿戚, 從容禁闈而已. 此外六人, 各督二大將軍, 分掌禁旅, 當爪牙禦侮之寄. 當時榮盛, 莫與爲比. 故今之稱門閥者, 咸推八柱國家云. 今幷十二大將軍錄之於左. …… (중략) …… 使持節·柱國大將軍·大都督·大司空·常山郡開國公于謹, …… (중략) …… 右與太祖爲八柱國"].

3 『주서』에서는 우문태의 '태(泰)' 자를 피휘해 태수를 군수로 표기했다.

4 북위 후기에 주(州)는 상중하 3등급으로 나뉘었다. 이를 높은 등급부터 상주(上州), 중주(中州), 하주(下州)라고 불렀다.

다.[10] 회황진장이 자사刺史와 동급이라고 한다면 항주와 삭주 북방에 있는 회황진懷荒鎭의 진장은 중주 혹은 하주의 자사와 동일한 품계였을 것이다. 『위서』 「관씨지官氏志」에 따르면 중주자사中州刺史는 종3품, 하주자사下州刺史는 정4품하였으므로 회황진장은 최고 종3품, 최하 정4품하에 해당할 것으로 추정된다. 태수太守의 경우 상군上郡·중군中郡·하군下郡이 각각 정4품하, 정5품하, 정6품하였다. 우근의 조상들은 최고 종3품, 최하 정6품하 사이에 있는 중급 정도의 벼슬을 지냈다.[5] 이들이 벼슬살이를 한 것으로 보아 적어도 조정에서는 호어를 사용했을 것이다.

여기에서 호어 금지 이후 태어난 우근이 호어를 사용한 예가 주목된다. 우근은 정광正光 5년(524년) 광양왕廣陽王 원연元淵의 참모가 되어 육진의 난 토벌에 종군했다.[6] 우근은 '여러 나라 언어[諸國語]'에 능해 말 한 필을 타고 호인이 주축이 된 군도群盜를 설득했다.[11] 원문의 '諸國語(제국어)'는 호인들이 썼던 말을 총칭한다. 선비·흉노匈奴·고차高車 등 각종 호인이 육진에 거주했으므로 이들이 사용한 언어는 현재의 몽골어 혹은 튀르크어와 유사했을 것이다. 이 제국어에 선비어가 포함되지 않았다고 반론할 수도 있지만, 반란을 일으킨 군도에는 선비 출신의 육진민六鎭民도 있었으므로 제국어는 선비어를 포함한 여러 유목민의 언어(호어)로 보아야 할 것이다. 어쨌든 우근은 호어를 사용했음이 분명하다. 우근이 3살 때인 495년에 호어 금지의 조치가 공포되어 통용되었으므로 전면적으로 호

5 중국과 고려, 조선에서 사용하는 30개 등급의 품계는 북위에서 처음 만들어졌다. 즉, 품마다 정(正)과 종(從)으로 나누고 4품부터 9품까지 각각 상계(上階)와 하계(下階)로 나누었다. 정1품부터 종3품까지 6개의 등급, 정4품상(正四品上)부터 종9품하(從九品下)까지 24개의 등급이 있어 모두 30개의 등급이 있다. 북위에서는 정과 종 대신 제1품(第一品), 종제9품하(從第九品下)처럼 표기했으나, 본문에서는 전자의 품계를 '정1품'과 같이 표기한다.

6 원문은 연도가 정광 4년이고 광양왕의 이름이 원심으로 되어 있는데, 『주서』 교감기에 따르면 정광 4년이 아니라 정광 5년이며, 광양왕의 이름 '심(深)'은 당고조(唐高祖)의 이름을 피휘한 것으로, 본래 이름은 연(淵)이다.

어 사용이 금지되었다면 호어를 배우고 사용할 수 없었을 것이다. 그러나 우근이 호어를 능숙하게 말한 것을 보면 집안에서 사적으로 호어를 사용했거나[7] 유년 시절과 청년 시절을 호어를 사용하는 사람들 집단 속에서 보냈기 때문일 것이다.

다음으로 원문요元文遙는 『북제서北齊書』에 호어에 능숙했다는 기록은 없으나 고양高洋(문선제文宣帝) 휘하에서 문무 호령文武號令을 담당했으므로[12] 호어에 능했다고 간주된다.[13] 동위東魏·북제北齊 시대 문무 호령을 호어, 즉 선비어로 전달했던 예로 보아[8] 정친런鄭欽仁의 주장처럼 원문요가 호어에 능했음은 인정할 수 있다. 원문요는 원외산기상시員外散騎常侍로 벼슬을 시작한(기가起家) 후 부친상을 치르고 태위동각제주太尉東閣祭酒에 임명되었다. 이때 북위에 난이 일어나 벼슬을 버리고 임려산林慮山에 숨었다.[14] 원문요는 호어 금지 이후인 500년 전후에 태어났을 것으로 추정되고[15] 원외산기상시라는 조정의 벼슬을 지냈으므로, 적어도 조정에서는 한어(중국어) 사용했을 것이다. 그런데도 호어를 사용한 것은 가정과 같은 사적 공간에서 호어를 사용했기 때문일 것이다.

이어서 본적이 하남군 낙양현이었고 제실 십성帝室十姓의 하나였던 장손씨長孫氏 가문 출신인 장손검長孫儉[16]은 원외산기시랑員外散騎侍郎으로 벼슬을 시작했고 이주천광爾朱天光 휘하에서 종군해 관중關中으로 들어갔으며 후에 우문태宇文泰를 섬겼으므로 낙양에서 생활했음을 알 수 있다.[17] 서위의 형주자사荊州刺史 장손검이 양梁의 소찰蕭詧이 보낸 사신에게 한어가 아닌 선비어(호어)로 말하고 이를 다른 사람에게 통역하게 한 기사가 주목된다.[18] 쑨퉁쉰은 장손검이 유소년기

7 앞서 서술한 것처럼 『주서』 「우근전(于謹傳)」의 기록을 보면 우근의 증조할아버지와 할아버지, 아버지는 호인들이 많이 살았던 회황·평량·고평과 저·강이 잡거했던 농서 등지에서 지방관을 역임했다. 이는 원회(源懷)와 우찬처럼 우씨 일족 역시 언어 구사에 편한 지역의 지방관으로 보내졌을 가능성을 시사한다. 즉, 대대로 호어를 사용했으므로 우근이 호어를 배울 수 있는 환경이 되었을 것이다.

8 예컨대 동위 시기의 손건은 선비어에 능해 호령의 선전을 맡았다(『北齊書』 卷24 「孫搴傳」, p. 341).

와 청년기에 낙양에서 자라 선비어(호어)에 능통했음을 지적하며 낙양에서도 선비어(호어)가 완전히 금지되지 않았음을 지적했다.[19]

이 밖에 달해식達奚寔의 가족도 호어를 사용했을 것으로 추정된다. 하남군 낙양현 출신인 달해식의 자字는 십복대什伏代였다.[20] 호인의 경우 자가 실제 이름인 경우가 많으므로 십복대라는 호어 이름은 달해식의 가족이 호어를 사용했음을 보여준다.[21]

앞에서 살펴본 우근과 원문요, 장손검, 달해식의 예를 통해 북위 황실(원문요), 제실 십성(장손검과 달해식), 훈신 팔성(우근) 등 북위 최고의 호인 지배층 일부가 호어를 사용했음을 확인할 수 있다. 이는 호인 관리들이 조정에서 호어 사용이 금지되자 한어를 사용했지만, 사적인 공간에서는 호어를 사용했음을 시사한다. 그렇지 않다면 이들이 호어를 사용했던 배경을 설명하기 어렵다. 일부 중국 학자도 필자처럼 효문제 사망 이후 호인(선비인)과 호속의 영향을 받은 한인들이 적어도 관청에서 근무하지 않은 경우 호어(선비어)를 사용했음을 인정했다.[22] 요컨대 우근·원문요·장손검·달해식의 호어 사용은 효문제의 호어 금지가 조정에만 국한되었고 사석에서는 호어를 사용했음을 보여주는 좋은 예이다.

2) 『위서』「함양왕희전」 기사: 30세 이상 호인의 호어 사용 허용

본 항에서는 효문제의 호어 금지와 관련된 『위서』「함양왕희전」을 검토해본다.

> 고조高祖(효문제)는 "상고上古로부터 여러 경적經籍에 이르기까지 어찌 먼저 명名을 바르게 하지 않고 예를 행할 수 있겠는가? 지금 북어[諸北語]를 금지하고 모두 정음正音을 따르게 하려고 한다. 나이 30세 이상은 습성習性이 오래되어 갑자기 바꿀 수 없을 것이다. 30세 이하 현재 조정에 있는 사람[朝廷之人]은 어음語音을 예전처럼 [사용하도록] 허락하지 않는다. 만약 고의로 [이전의 어음을] 사용하는 자가 있

으면 작위와 관직을 강등할 것이다. 각자 마땅히 깊이 경계할지어다. 만약 이것에 차츰 익숙해지면 풍속과 교화는 가히 새로워질 수 있다. 만약 구속舊俗을 유지한다면 아마 몇 세대 후에는 이수伊水와 낙수洛水 주변은 다시 머리를 풀어헤친(피발被髮) 사람들로 [가득 차게 될 것이]다. 왕王·공公·경사卿士는 모두 그렇게 생각하지 않는가!"라고 말했다. 함양왕咸陽王 희禧는 "진실로 성지聖旨를 따라 마땅히 바꾸어야 합니다"라고 대답했다. 고조는 "짐이 일찍이 이충李沖과 함께 이를 논했을 때, 이충은 '사방의 말 가운데 마침내 무엇이 옳은지 알겠습니까? 제왕帝王이 하는 말이 곧 바릅니다. 어찌 옛것을 바꾸어 새것을 따르려 하십니까?'라고 대답했으나, 이충의 이 말은 사죄死罪에 합당하다"라고 말했다. 이에 효문제가 이충에게 "경은 실로 사직을 저버렸으니 어사御史에게 명해 끌어내게 하라"라고 말했다. 이에 이충은 관冠을 벗고 사죄했다.[23]

앞의 인용문은 태화 19년에 호어 금지 조치를 취했을 때 효문제가 신하와 나눈 대화이다. 이 인용문에서 효문제는 조정에서 북어北語, 즉 호어 사용을 금지하고 정음, 즉 한어를 사용하되, 다만 호인의 반발과 어학 습득 능력 등을 고려해 30세 이상의 호어 사용을 용인하고 30세 이하의 호어 사용을 금한 것으로 이해된다.[9] 탕창루는 "30세 이상인 사람의 호어 사용은 쉽게 바꿀 수 없어 호어 금지를 위반해도 처벌하지 않지만, 30세 이하이면서 조정에서 벼슬하는 탁발 족인拓跋族人이 예전처럼 호어를 한어로 바꾸지 않는다면 관작官爵을 강등하게 했다"[24]

---

9 호어 금지와 유예 대상자를 구분하는 연령을 30세로 정한 이유는 사서에 알려지지 않았다. 언어학과 교육학의 이론에 따르면 언어를 배우기 적합한 연령은 최대 20대 초반이라고 한다. 그런데 30세 이하의 호인들이 한어를 배워야 하는 것은 언어 학습의 능력을 고려하면 제한 연령이 너무 높다. 이 문제와 관련해 마쓰시타 겐이치는 호어 금지 조치를 반포할 당시 효문제가 29세였던 사실에 주목했다. 즉, 자신과 비슷한 나이의 호인들을 중심으로 정계 개편을 구상했을 가능성이 있다고 했다[復旦大學歷史學系, 『第六屆中國中古史青年學者聯誼會評議集』(2012.8), p. 53]. 이는 이 책에서 다루는 주제가 아니므로 다루지 못하지만, 탁견(卓見)으로 생각된다.

표 1-1 495년 호어 금지 조치 당시 호어 사용이 가능한 30세 이상 호인의 유형[26]

<table>
<tr><th colspan="2">유형</th><th>대상 인물(생몰 연대, 호어 금지 조치 당시 나이)</th><th>수</th></tr>
<tr><td rowspan="3">광의의 종실</td><td>원씨(元氏)</td><td>원비[元丕(422~503년, 74세)], 원소[元昭(463~522년, 33세)], 원휘[元暉(465~519년, 31세)], 원현[元顯(457~500년, 39세)], 원감[元鑒(464~506년, 32세)], 원계[元繼(465~528년, 31세)], 원필[元弼(453~499년, 43세)], 원빈[元彬(464~499년, 32세)], 원서[元緒(449~507년, 47세)], 원인[元引(458~500년, 38세)], 원부[元敷(463~522년, 33세)], 원녕[元寧(464~524년, 32세)], 원숙[元淑(447~507년, 49세)], 원장[元萇(457~515년, 39세)][27]</td><td>14</td></tr>
<tr><td>제실 십성</td><td>해지[奚智(435~507년, 61세)], 해진[奚眞(464?~523?년, 32세 전후), 장손진[長孫瑱(457~512년, 39세)]</td><td>3</td></tr>
<tr><td>원씨(源氏)</td><td>원회[源懷(444~506년, 52세)]</td><td>1</td></tr>
<tr><td colspan="2">기타 호인 남성</td><td>목량[穆亮(451~502년, 45세)], 우열[于烈(437~501년, 59세)], 우충[于忠(464~520년, 32세)], 설봉자[薛鳳子(456?~504?년, 40세 전후)], 봉화돌[封和突(438~501년, 58세)], 후강[侯剛(466~526년, 30세)], 우찬[于纂(458~527년, 38세)], 목순[穆循(457~509년, 39세)]</td><td>8</td></tr>
<tr><td colspan="2">후궁(后宮)</td><td>후부인[侯夫人(451~503년, 45세)],[28] 우선희[于仙姬(437~526년, 59세)][29]</td><td>2</td></tr>
<tr><td colspan="2">호인 여성</td><td>위태비[尉太妃(454~519년, 42세)][30]</td><td>1</td></tr>
</table>

라고 해서 필자와 비슷하게 이해했다.

앞의 인용문에서 필자는 『위서』「함양왕희전」에 따르면 호어를 금지하는 조치를 취했는데도 호어 사용을 허락받았던 수혜자가 존재하는 사실에 주목했다. 즉, 태화 19년 당시 30세 이상의 '조정지인'은 호어를 사용하더라도 여전히 조정에서 근무하거나 활동할 수 있었다. 기존에는 호어 금지에 집착해 이 유예 조치에 관심을 기울이지 않았다. 소수의 중국 학자가 이 규정이 지켜졌다고 가정하고 북위 후기 호어 사용자가 일부 있었음을 지적한 정도이다.[25] 혹자는 30세 이상의 호인들이 호어 사용을 허가받았다고 하더라도 한어를 배웠을 것으로 주장할 수 있다. 그러나 외국어를 배우기 적합한 나이가 늦어도 20대 초반임을 고려하면 언어 능력이 퇴보하는 30세 이상의 호인들이 억지로 한어를 배울 이유는 없다. 사람의 이기적인 면모를 고려하면 더욱 그러하다.

필자는 호어를 사용할 수 있었던 30세 이상 호인들의 사례를 『위서』, 『북제서』, 『주서周書』와 각종 묘지명에 언급된 사람의 생몰 연대를 통해 조사했다. 그리고 495년 현재 30세가 넘는 사람을 유형별로 정리해보았다.

〈표 1-1〉에서 알 수 있듯이 네 유형의 호어 사용 유예자는 모두 29인이다.[10] 이 가운데 해지奚智와 해진奚眞은 벼슬하지 않았고, 후부인侯夫人, 우선희于仙姬, 위태비尉太妃 3인은 후궁 혹은 부녀자였으므로 벼슬과 상관없었다. 따라서 이 5인을 제외한 24인의 호인 남성은 조정에서 근무할 경우 자발적으로 한어를 배우지 않는 한 여전히 호어를 사용할 수 있었다. 극단적인 예이지만, 효문제의 '한화정책'의 대표적인 반대자인 동양왕東陽王 원비元丕는 조정에서 공공연히 호어를 사용했고 효문제는 이를 제지하지 못했다.[31]

2. 호어 사용자의 실례

1) 효명제의 호어 사용과 그 의미

효문제의 손자 효명제는 일찍이 생모 호태후와 함께 화림원華林園에서 잔치를 베풀면서 호태후의 7언시七言詩에 역시 7언시로 화답했다.[32] 이는 효명제에게 한문을 작문하는 실력이 있었음을 보여준다. 효명제는 호어 금지 조치가 시행된

---

10 이 밖에 헌문제의 부인인 성빈(444~515년, 52세)이 있다. 이 묘지명에서는 본적을 대군 평성현 출신이라고만 밝혔을 뿐 성명은 기록하지 않았다(「成嬪墓誌」, 『漢魏南北朝墓誌彙編』, p. 78). 마쓰시타 겐이치는 단정할 근거는 밝히지 않았지만, 성빈의 '성(成)'을 성(姓)으로 보았는데[松下憲一, 「北魏後期墓誌における官位ときさの關係」, ≪史朋≫, 44(2011), p. 22上, 表5], 필자와 나눈 대화를 통해 도각(屠各) 가운데 성씨(成氏)가 있었으므로 비한족(非漢族)으로 본다고 근거를 제시했다. 성빈의 '성'이 성이라면 한인일 가능성이 크고, 시호라면 종족을 판단할 수 없다. 만약 성빈이 호인이라면 495년 당시 호어를 여전히 사용할 수 있었던 사람은 30인이다.

지 16년이 지난 영평永平 3년(510년)에 태어났으므로 원칙상 궁중과 조정에서 호어를 사용하지 않는 언어 환경에서 자라야 했고, 따라서 한어만을 사용해야 했을 것이다. 그러나 『북사北史』에는 효명제가 '호어'를 사용했음을 시사한 기록이 있다.

> 호태후는 스스로 행실을 닦지 못해 종실宗室의 미움을 받을까 두려워해 이때 안으로 붕당朋黨을 만들고 황제의 눈과 귀를 가리고 막았으며, 숙종肅宗(효명제)이 친히 총애하는 신하들은 태후가 대개 일을 꾸며 해를 입혔다. 밀다 도인蜜多道人이 '호어'에 능해 숙종이 좌우에 두었다. 태후는 밀다 도인이 호태후의 동정을 전할까 두려워해 [효창孝昌 4년][11] 삼월(528년 4월 7일) 낙양성 남쪽의 대항大巷에서 밀다 도인을 살해했다. 그리고 현상금을 걸어 살해범을 잡으려는 시늉을 했다.[12] 또한 금중禁中에서 영좌우領左右 곡회谷會와 홍려소경鴻臚少卿 소달紹達(원래 이름은 곡사회谷士恢이다)[13]을 죽였다. 이들은 모두 황제(효명제)가 총애하던 자들이었다.[33]

이 인용문에서 효명제 대신 임조칭제臨朝稱制(한국에서는 수렴청정이라 한다)를 하면서 부패와 비리를 일삼은 호태후가 자신의 비리 소식이 효명제에게 들어가는 것을 수단과 방법을 가리지 않고 막으려 했음을 알 수 있다. 고가 아키미네는 앞의 구절에서 호태후가 '호어', 즉 선비어를 사용하는 밀다 도인의 정보 누설을

---

11 이 구절과 같은 구절이 『자치통감』 양 무제 대통(大通) 2년조(二年條)에 실려 있다(『資治通鑑』, 卷152 「梁紀」 武帝大通二年二月條, p. 4737). 대통 2년은 북위의 효창 4년 혹은 무태 원년 등에 해당하는데 서기로는 528년이다.

12 원문은 '方懸賞募賊(방현상모적)'인데, 문맥상 부자연스럽다. 『자치통감』에서는 '懸賞購賊(현상구적)'이라 했는데(『資治通鑑』, 卷152 「梁紀」 武帝大通二年二月條, p. 4737), 이 구절이 문맥상 자연스럽다. 본문에서는 『자치통감』의 구절에 따라 번역했다.

13 『위서』 「곡혼전부사회전(谷渾傳附士恢傳)」에 따르면 소달은 곡사회의 자(字)이다(『魏書』, 卷33 「谷渾傳附士恢傳」, p. 782, "纂弟士恢, 字紹達").

두려워해 살해했다고 해석했다.[34] 이 주장이 맞는지 자세히 검토해보자.

먼저 '도인道人'은 도교나 신선술과 관계있는 사람처럼 이해될 수 있지만, 위진남북조 시대 당시에 도인은 불교의 승려와 도교의 도사道士 모두를 지칭했다. 예컨대 사문沙門 법과法果와 사문 사현師賢을 불교 승려들을 총괄하는 직책인 도인통道人統으로 임명했다.[35] 그런데 '밀다蜜多'는 승려들의 법명처럼 느껴지지 않는다. '밀다'는 법담法曇으로 번역되는 'dharmamitra'의 음역音譯이라는 지적이 있다.[36] 그렇다면 밀다 도인은 인도 출신의 승려이거나 인도의 산스크리트어 단어를 법명으로 사용했을 외국인 승려일 가능성이 있다. 예컨대 16국 시대에 활동했던 구마라습鳩摩羅什, Kumārajīva도 법명이 아닌 자신의 이름으로 불렸다. 따라서 여러 가지 가능성을 고려하면 밀다 도인은 외국 출신의 불교 승려일 가능성이 크다. 그러면 외국 출신인 밀다 도인이 사용했던 '호어'는 어떤 언어인지 살펴보자.

『위서』에서 탁발씨 등 호인들을 지칭할 때 '호胡'와 '선비'라는 글자를 사용하지 않았다. 대신 호족·호인들은 '북인' 혹은 '구인舊人', 한족·한인은 '남인南人' 혹은 '신인新人'으로 지칭되었다.[37] 논리상 호인, 즉 '북인'들이 사용하는 언어는 '북어' 혹은 '북언北言'으로 표기되어야 한다. 그러나 『위서』에서 '북어'의 용례는 1건일 뿐이며,[38] '북언'은 『위서』에 보이지 않고 『북사』「이주영전」에 보인다.[39] 또한 '북어'와 '북언' 외에 '북속지어언'이라는 표기가 있기는 하다.[40] 그러나 호어를 '북北'으로 표시한 예가 3건임을 보면 『위서』와 『북사』에서 일반적으로 사용되었다고 보기 어렵다. 그래도 일단 용례대로라면 '호어'가 '북어' 등과는 달리 탁발씨 등 호인들이 사용했던 말이 아니라는 반론을 할 수 있다.

『북사』의 앞 인용문은 『자치통감』에도 보이며, 역시 '能胡語(능호어)'로 표기되었다.[41] 『북사』는 당 초唐初에, 『자치통감』은 송대宋代에 편찬된 사서임을 주의하자. 통설에 따르면 당대에 '호胡'가 북방의 유목민이 아닌 중앙아시아 사람들을 지칭했다.[42] 따라서 『북사』와 『자치통감』의 용례를 보면 '호어'가 서역의 언어일 가능성이 있다. 그러나 태화 18년 십이월 임인일(494년 1월 13일)의 "의복衣服의 제도를 바꾸었다"[43]라는 구절은 호복 금지로 해석된다. 이 구절은 『자치통감』에서 "사민士民의 호복을 금지하도록 명령을 내렸다(조금사민호복詔禁士民胡服)"로 표기되었다.[44] 당대唐代와 송대의 '호'가 서역, 특히 소그드인들을 지칭하는 용어라면 호복 금지는 서역의 복장을 금지한 것으로 해석해야 할 것이다. 그러면 현재 통설인 '호복 금지'에 대한 해석이 바뀌어야 한다. 그러나 문맥상 이 '호복'이 서역인의 의복이 아니라 탁발부를 정점으로 한 북방 유목민들의 의복임은 분명하다. 따라서 '호'의 용례를 정확하게 알았던 사마광司馬光이 '호어'와 '호복'으로 표기한 것은 현존하지 않지만 당시에 남아 있던 기록을 보고 유목민을 뜻하는 '호'라는 뜻에서 '호어'와 '호복'으로 표기했기 때문일 것이다. 동일한 남조시대를 다룬 『자치통감』의 「제기齊紀」와 「양기梁紀」의 기록에 유목민을 뜻하는 '호'자자와 서역인을 뜻하는 '호'자를 병용할 수 있을까? 용어의 일관성을 중시한다면 그럴 수 없을 것이다. 즉, '호어'와 '호복'은 모두 탁발부 등 북방 유목민들의 언어와 의복이라고 해석할 수밖에 없다. 또한 밀다 도인은 효명제에게 포교해야 했으므로 자국의 언어가 아닌 효명제가 말하는 언어를 사용해야 했을 것이다. 이 역시 호어가 서역의 언어가 아닌 북방 유목민의 언어라는 방증이다.

이상의 세 가지 사항, 즉 밀다 도인의 정체, 효명제의 '호어' 사용 여부, '호어'의 실체를 검토하면 기존의 해석대로 효명제는 북위 전기부터 탁발씨가 사용해 오던 호어를 사용했음을 확인할 수 있다. 그런데 앞에서 언급한 것처럼 효명제는 바로 '한화 정책'을 시행한, 특히 호어를 금지한 효문제의 손자였다. 할아버지의 명령을 어긴 효명제의 호어 사용은 북위 후기에 호어를 금지하는 조치가 무력해졌음을 상징한다.

효명제의 성장 배경과 언어 환경을 살펴보면 효명제의 호어 사용을 더 잘 이해할 수 있다. 아들이 없었던[14] 선무제는 생모와 아들을 격리했다. 즉, 선무제는 어린 아들 효명제를 황후 고씨高氏나 생모 호씨胡氏와 격리하고 따로 양가자良家

子 가운데 유모와 보모를 뽑아 양육했다.[45] 효명제가 아직 젖먹이였던 시절에는 유모를 제외하고 출입할 수 없게 했다. 양욱楊昱은 다만 선무제의 수칙手敕만으로 어린 효명제를 불러오도록 건의했다.[46] 이러한 상황은 효명제가 즉위할 때까지 지속되었으므로 효명제는 생모인 호태후를 만날 수 없었다. 즉, 효명제는 한어를 구사하는 한인 출신의 생모에게 말을 배운 것이 아니라 유모·보모 및 시중을 드는 환관·궁녀와 접촉하며 말을 배웠을 것이다. 북위 후기의 궁중에는 호어를 사용하는 환관과 궁녀들이 존재했으므로 효명제는 호어를 배우고 사석에서 호어로 말했을 것이다.[47]

효명제는 국자당國子堂에서 강의를 들었으며,[48] 한인 유학자에게서 『효경孝經』과 『두씨춘추杜氏春秋』를 배웠다.[49] 또한 한인 관료와 대화한 기록이 『위서』에 보인다.[50] 만약 효명제가 한인 유학자 및 한인 관료와 만나 공부하거나 정사를 의논할 때 양자의 말을 통역하는 관리가 없었다면, 앞의 예들은 효명제가 한어를 사용했음을 보여준다. 즉, 효명제는 공식적인 자리에서 한어를 구사했지만, 사적인 자리에서는 호어를 사용한 이중 언어 구사자였을 것이다.

2) 북위 군인

『위서』에는 기록이 없지만, 북위의 호인들이 호어를 사용했다는 기록이 『수서』「경적지」 경經·효경조孝經條에 보인다. 다음은 관련된 자료이다.

> 또한 말하기를, 울씨魏氏(북위)가 낙양으로 천도했을 때 아직 화어華語에 통달하지 않았다. 효문제는 후복후가실릉侯伏侯可悉陵에게 명해 이언夷言으로 『효경』을 번

---

14 황후 우씨(于氏)가 낳은 아들을 포함해 선무제의 아들 대부분은 어려서 죽었으므로 효명제를 제외하면 아들이 없었다.

> 역해 국인國人에게 가르치게 했다. 이를 『국어효경國語孝經』으로 칭했다.[51]

이 기록을 보면 화어(한어)에 능숙하지 않은 국인(호인)들에게 이언(호어)으로 『효경』을 번역해 가르쳤음을 명시했다. 이 사실은 중국 문화의 영향을 받았음을 보여준다. 이와 함께 당시에 호어가 여전히 사용되었음을 알 수 있다. 당 초唐初까지 남아 있던 책들의 목록을 정리한 『수서』「경적지」에는 『국어國語』 15권, 『국어』 10권, 『선비어鮮卑語』 5권, 『국어물명國語物名』 4권, 『국어진가國語眞歌』 10권, 『국어잡물명國語雜物名』 3권, 『국어십팔전國語十八傳』 1권, 『국어어가國語御歌』 11권, 『선비어鮮卑語』 10권, 『국어호령國語號令』 4권, 『국어잡문國語雜文』 15권, 『선비호령鮮卑號令』 1권, 『잡호령雜號令』 1권[52] 등 호어와 관련된 책 13종이 보인다. 이 가운데 출판 시기를 알 수 있는 것은 3종이다. 『국어물명』과 『국어잡물명』은 북위 시기 후복후가실릉이, 『선비호령』은 북주 무제武帝가 편찬했다. 나머지 10종 가운데 『국어진가』는 탁발부의 역사를 읊은 『진인대가眞人代歌』를 한자로 음역한 것으로 보이며, 『국어어가』 역시 『진인대가』와 관련 있을 것으로 추정하기도 한다.[53] 『수서』「경적지」에 따르면, 북위 시대 호인들이 자신의 언어인 호어를 '국어國語'로 칭했음을 알 수 있다.[54] 따라서 8종 가운데 '국어' 자가 붙은 『국어』 2종에 『국어십팔전』, 『국어호령』, 『국어잡문』까지 5종이 북위 시대에 편찬되었을 가능성이 크다. 따라서 최대 9종이 북위 시대에 편찬되었을 것이다. 이러한 책들은 당시 호어를 가르치는 교재가 존재했던 증거이자 호어를 사용했던 증거였다.

호인 가운데 다수를 차지한 북위의 군인이 호어를 사용했다는 기록이 『수서』「경적지」에 보인다.

> 또한 후위後魏(북위)가 처음으로 중원을 평정했을 때 군용軍容의 호령號令은 모두 이어夷語[15]로 전달했다. ① <u>후에 화속(중국의 풍속)에 물들어서 대개 이어의 호령</u>

이 통하지 않게 되었으므로 ②그 본래의 언어를 기록해 서로 전해 가르치게 했다. 이를 '국어'라고 한다. 지금 이를 취해 음운音韻의 말末에 부기附記한다.[55]

앞의 구절에 따르면 후위, 즉 북위가 중원을 평정했던 당시에는 군대에서는 이어, 즉 한어가 아닌, 이민족의 언어인 호어로 군대의 명령을 전달했음을 알 수 있다. 그런데 ① 부분을 보면 북위의 군인들이 화속에 물든 이후 아마도 이어를 사용하지 않아 이어의 호령이 통하지 않았다고 한다. 이 구절을 강조하면 효문제의 호어 금지 이후에 북위의 군대에서 호어가 사용하지 않았다고 해석할 수 있다. 그런데 ② 부분을 보면 이어를 기록에 남겨 군인들에게 이어의 호령을 가르쳤음을 알 수 있다. 북위 후기와 동위 시대를 지배했던 고환高歡이 군대에서 선비어를 썼다는 일화에서[56] 북위 말기와 동위 시대에도 군대에서 호어(선비어)가 사용되었음을 알 수 있다. 이는 ② 부분과 일맥상통하며 낙양 천도 후에도 북위 군인들이 호어를 사용했음을 보여준다.

북위의 군대는 선비인 외에 각종 호인으로도 편성되었다. 도무제道武帝가 후연後燕을 평정할 때 계호契胡 이주우건爾朱羽建은 계호 무사 1700인을 거느리고 북위의 군대에 종군했다.[57] 태무제가 451년(원가元嘉 28년) 유송劉宋을 공격할 때 유송의 장군 장질臧質에게 보낸 편지를 보자.

도燾(태무제)는 장질에게 편지를 보내 말했다. "내가 지금 파견한 군사들은 모두 나의 국인이 아니다. 즉, 성 동북에는 정령丁零과 호胡가, 성남城南에는 삼진三秦의 저氐와 강羌이 있다. 만약 정령이 죽으면 상산常山과 조군趙郡의 적賊을 멸할 수 있다. 만약 호가 죽으면 병주幷州의 적을 멸할 수 있다. 저와 강이 죽으면 바로 관중의 적을 멸할 수 있다. 경이 만약 정령과 호를 죽이면 불리할 것이 없다".[58]

---

15 이어(夷語)는 선비인 등 북방유목민이 사용한 언어이다.

앞의 인용문에 따르면 북위의 군대는 선비인 외에 정령, 호(산호山胡, 잡호雜胡 등), 저, 강 등 각종 호인으로 편성되었음을 알 수 있다.

북위 낙양 시대에도 선비인 외에 각종 호인이 북위 군대에 편성되었다. 496년 목태의 난이 발생했을 때 효문제는 임성왕任城王 원징元澄에게 병주와 사주肆州의 군대를 이끌고 목태의 반란을 평정하게 했다.[59] 그런데 병주와 사주에는 각종 호인이 살았다. 『위서』 「이주영전」에 따르면 북위 말 사주의 수용秀容 호민胡民 걸부막우乞扶莫于와 남수용南秀容 목자牧子 만자걸진萬子乞眞, 보락견호步落堅胡 유아여劉阿如, 병주 목자 소화파륜험素和婆崙嶮 등의 존재가 확인된다.[60] 이는 병주와 사주 일대에 호인들이 살았음을 보여주며, 이들도 임성왕 원징이 지휘한 병주와 사주의 군대에 편입되었을 것이다. 필자의 고증이 추정이라고 비판할 수도 있다. 구체적인 예를 들어보자.

『위서』 「고차전」에 따르면 효문제의 남제南齊 공격에 고차를 동원하라고 할 때 고차가 이를 거부해 반란을 일으켰다.[61] 이 반란은 『자치통감』에 따르면 498년에 발생했다.[62] 이는 북변에 거주하던 고차 등 여러 호인을 남제 공격을 위해 군인으로 차출했음을 보여주는 예이다. 당시 육진을 포함한 북변에 사는 호인들은 호어를 사용했으므로 이들이 효문제의 남제 공격에 동원되었다는 사실을 통해 북위 군대에서 명령을 호어로 전했음을 알 수 있다. 그리고 이 기록을 통해 북위 군인들이 호어를 사용했을 가능성은 효문제 시기까지 거슬러 올라갈 수 있음을 알 수 있다.

또한 이주영爾朱榮의 사례에서도 북위 군대의 호어 사용을 확인할 수 있다. 이주영은 효명제 정광 연간에 이숭李崇의 휘하에서 유연柔然의 아나괴阿那瓌 토벌에 계호 무사 4000인을 거느리고 종군했다.[63] 그런데 계호는 호어를 사용했다. 『북사』 「이주영전」에 따르면 북위 말에 북인, 즉 호인들의 언어 착오로 이주영의 성姓인 '이주爾朱'를 '인주人主'로 와전訛傳했는데, 당시 효장제孝莊帝가 "내 성姓이 인주이다"라는 북언을 들었다.[64] '이주'와 '인주'의 발음이 비슷하다면 호인들의 말을 한어로 볼 수 있으나, 효장제가 북언, 즉 호어로 들었다는 점을 보면, 이주씨 집단爾朱氏集團은 호어를 사용했을 것이다. 이때 사용한 호어는 이주영이 계호, 즉 갈호羯胡였으므로[16] 호어 가운데 갈어羯語일 것이다. 이는 북위 군대에 편입된 이주영과 계호 무사도 다른 북위 군사들처럼 호어를 사용했음을 보여준다.

직접적인 증거는 아니지만, 북위 낙양 시대에 권력의 중심이었던 영군부領軍府의 구성에서도 호어 사용의 가능성을 찾아볼 수 있다. 선행 연구에 따르면 북위 후기의 군인 20만 명은 영군부에 속해 낙양에서 우림羽林·호분虎賁 등 숙위병宿衛兵으로 활동했다.[65] 효문제와 선무제 당시 영군장군領軍將軍 우열于烈은 태화 19년의 호어 금지 당시 59세였으므로 호어 사용이 허용되었다. 앞에서 살펴본 것처럼 북위 군대에서 호어가 사용되었다면 호어를 사용하는 우열이 군인들에게 호어로 명령을 내려 통솔하는 것은 문제가 없었을 것이다. 영군장군과 영군부 장령將領의 약 75%가 호인이었고, '직위直衛'(직합장군直閤將軍·직침直寢·직재直齋·직후直後)의 54%가 호인이라는 통계도[66] 북위 군대의 큰 비중을 차지하는 영군부에서 호어가 사용되었음을 보여주는 증거이다.

3) 호어에 능통한 한인 관료

호어 금지에 관한 효문제와 함양왕 원희元禧, 이충의 대화를 다룬 『위서』「함양왕희전」의 기사에서 농서 이씨隴西李氏인 한인 관료 이충[67]이 효문제의 호어 금지를 반대한 사실이 주목된다. 일반적으로 한인 관료는 한어로 말하고 호인들은

16 갈인을 강국과 석국(石國) 등에 거주했던 서역 계통의 종족으로 보는 견해가 통설이다[唐長孺, 「魏晉雜胡考」, 『魏晋南北朝史論叢』(北京: 三聯書店, 1955), pp. 414~427; 陳寅恪, 「五胡種族問題」, 萬繩楠 整理, 『陳寅恪魏晉南北朝史講演錄』(北京: 黃山書社, 1987), pp. 84~86].

호어 혹은 한어를 구사한다고 생각하기 쉽다. 1절 2항의 인용문에서 살펴본 것처럼 한인 관료인 이충은 제왕의 말이 곧 정음이라고 말하며 호인의 호어 금지와 한어 사용을 반대했다.[68] 여기에서 북위 황제와 호인 지배층이 호어 대신 한어를 사용하자는 효문제의 주장을 한어를 구사하는 한인 관료인 이충이 반대한 것은 이충이 효문제 시기에 개혁 정책을 추진했다는 점에서 이상하다.

이충이 조정에서 호어를 금지하고 한어를 사용하라는 효문제의 명령에 반대했던 이유는 무엇일까? 이를 살펴보기 위해 북위 전기의 호어 사용과 호인과 한인의 의사소통에 대해 살펴볼 필요가 있다.

『위서』의 엉성한 자료를 보면 상당수의 한인 관료는 호어를 구사하지 못했던 것으로 보인다. 도무제 초기인 천흥天興 4년(401년) 상서尙書 36조曹에 대인 영사代人令史와 역령사譯令史, 서령사書令史를 설치한 기록이 보인다.[69] 대인 영사와 역령사는 호어와 한어를 통역 혹은 번역하는 관원일 것으로 추정된다. 이는 이 시기에도 도무제와 호인 지배층이 여전히 호어를 사용했고 한인 관료의 상당수가 호어를 구사하지 못해 중간에 의사소통을 할 통역관과 번역관이 필요했음을 뜻한다.[70] 선행 연구에 따르면, 청하 최씨淸河崔氏와 발해 고씨渤海高氏를 대표하는 인물이며 고관까지 지낸 한인 관료였던 최호와 고윤高允은 이민족 왕조인 북위에 벼슬했지만 호어에 미숙했다.[71] 반면에 상곡군上谷郡 저양현沮陽縣과 요동군遼東郡 양평현襄平縣 출신의 장곤張袞·장순張恂 형제와 조의晁懿는 북쪽 변경 지역 출신이었으며 호어를 구사했다. 이들처럼 북방의 각종 유목민과 만나야 했던 변경의 한인은 의사소통을 위해 호어를 배워야 했을 것이다.[72] 그렇다면 이충은 어땠을까?

이충의 아버지 이보李寶[73]는 조상의 본적이 농서군隴西郡 적도현狄道縣이었고, 서량西涼의 군주 이고李暠의 손자였다. 백부伯父 이흠李歆이 북량北涼의 저거몽손沮渠蒙遜에게 망하자 이보는 고장姑臧으로 이주했다. 얼마 후 이보는 구舅 당계唐契를 따라 이오伊吾로 도망가서 유연에게 신속臣屬했다. 태무제가 북량을 정복한 후 장군을 보내 잔여 세력인 저거무휘沮渠無諱를 돈황敦煌에서 토벌했을 때 이보는 이오에서 남쪽인 돈황으로 가서 주둔하다가 북위에 항복했다. 태무제는 이보에게 사지절使持節 시중侍中 도독서수제군사都督西垂諸軍事 진서대장군鎭西大將軍 개부의동삼사開府儀同三司 영호서융교위領護西戎校尉 사주목沙州牧 돈황공敦煌公의 관작을 주고 돈황에 주둔하며 4품 이하의 관리를 임명할 수 있는 권리를 주었다.[74] 이처럼 이보의 할아버지 이고는 한인과 호인이 잡거雜居하던 하서회랑河西回廊에서 서량을 세웠고, 이보는 서량이 멸망한 후 유연에게 신속한 경험이 있었다. 농서 이씨는 변방에 거주하면서 북방 유목민들과 정치적인 영향을 주고받으며 생존했다. 북방 유목민들과 교섭하기 위해 이보 등 농서 이씨 일족이 호어에 능숙했을 가능성이 있다.

1절 2항의 인용문을 살펴보면 이충의 호어 금지 반대는 결국 이충이 호인의 호어 금지와 한어 사용이 자신에게 정치적으로 불리했기 때문이라고 생각할 수 있다. 즉, 이충 등 일부 한인 관료가 모국어인 한어뿐만 아니라 호어도 구사하며 북위 황제를 포함한 호인 지배층과 한인들 사이에 의사소통을 하는 통역관의 역할을 했으므로 반대한 것이 아닐까? 호인 지배층이 조정에서 호어 대신 한어를 구사한다면 중간에서 통역하거나 문서를 번역하며 정치적 영향력을 행사한 일부 한인 관료의 입지가 좁아질 것임은 분명하다. 이는 북위 전기의 통역과 번역, 문서 행정에서 살펴볼 수 있다. 최호의 처벌을 명령한 태무제의 구두 명령을 중간의 관원官員을 통해 고윤이 하달받아 문서로 작성하는 장면[75]에 등장하는 구칙口敕(구조口詔)은 연흥延興 4년(474년)의 조서에서도 확인된다.[76] 두 예에서 알 수 있듯이 효문제 이전에는 호어 구사는 되지만 한문에 미숙한 호인이 황제의 명령을 구두로 전달한 후 문서화했다.[77] 이러한 문서를 처리하는 과정에서 호어에 능한 일부 한인 관료가 근시관近侍官으로 충원되었다.[78] 따라서 일부 한인 관료는 효문제의 호어 금지 이전에 호어를 구사했을 것이다.[79] 이충이 호어를 사용했던 구체적인 증거는 남아 있지 않지만, 이충이 호어 금지와 한어 사용에 반대한 정치적 배경을 살펴보면 이충도 호어를 구사했던 일부 한인 관료에 포함되었다고 볼 수 있을 것이다.

이충의 호어 사용 여부는 추정에 지나지 않지만, 북위 낙양 시대에 호어를 사용했던 한인 관리들의 예는 찾아볼 수 있다.

동위·북제에서 호어에 능통해 중용된 장찬張纂과 장화원張華原은 북위 낙양 시대부터 호어를 사용한 한인 관리의 대표적인 예이다.[80] 장찬은 대군代郡 평성현平城縣 사람으로 아버지 장렬張烈은 상건 태수桑乾太守를 지냈다. 장찬은 이주영과 이주조爾朱兆 휘하에서 근무했다.[81] 이후 고환을 20여 년간 섬기며 교령敎令의 전달을 맡았다.[82] 장찬의 이력 가운데 아버지가 평성 북쪽의 상건 태수를 지낸 것으로 보아 적어도 아버지 세대부터 평성 지역과 관련이 있었음을 알 수 있다. 그리고 장찬이 섬긴 이주영·이주조·고환은 모두 호어를 사용했으므로 장찬도 호어를 사용했음을 알 수 있다. 장찬은 생몰 연대를 정확히 알 수 없는데, 대략 북위 후기 혹은 말기에 태어났을 것으로 추정된다. 장화원 역시 대군 출신이며 고환 휘하에서 참군參軍과 승상속丞相屬 등 참모로 근무했고, 고환의 호령을 전달했다.[83] 장화원도 생몰 연대를 알 수 없지만, 장찬과 비슷한 시기에 태어났을 것이다. 이들은 고향이 평성 일대였으므로 평성에 잔류한 호인들과 접촉하면서 호어를 배웠거나, 장찬의 아버지 장렬처럼 호인들이 사는 북변에서 근무했기 때문에 호인들을 관리하기 위해 호어를 배워야 했을 것이다.

북변이 아닌 황하 유역 출신 가운데에도 호어에 능한 한인들이 있었다. 먼저 맹위孟威를 살펴보자. 맹위는 『위서』에는 하남 낙양인으로 기록되어[84] 평성에서 이주한 대천호代遷戶, 즉 유목민 계통의 호인일 수 있으나 『위서』「관씨지」와 야오웨이위안姚薇元의 『북조호성고北朝胡姓考』[85]에 맹씨孟氏를 호성으로 기록하지 않아 한인일 가능성이 크다. 『위서』에 따르면, 맹위는 북토北土의 풍속에 밝았고 북인의 말에 능했다. 북변 4진鎭의 고차가 유연에 항복하려 하자 이를 설득하러 파견되었다.[86] 이후 맹위의 관력官歷을 보면 호어에 능했던 장점이 직무 수행과 승진에 도움이 되었다. 맹위는 선무제 영평 연간(508~511년) 고창高昌에 외교사절로 파견되었고, 돌아와서는 성문교위城門校尉와 직합장군을 거쳐 옥야진장沃野鎭將에 임명되었다. 정광 연간(520~525년) 초 유연 카간 아나괴가 북위에 항복하자 사주使主 육희도陸希道의 부사副使가 되어 아나괴를 맞아들이는 일을 맡았고, 아나괴가 다시 유연으로 돌아가자 사주가 되어 호송을 맡았다.[87] 맹위는 고차인을 설복할 정도로 고차인의 언어에 능했고, 유연 카간을 응대했으므로 유연의 말에도 능통했으며, 옥야진장으로 근무했으므로 육진에서 사용했던 여러 호어에 능했을 것이다. 또한 고창 등지에 사신으로 파견되었으므로 서역의 언어에도 밝았을 것이다. 이처럼 맹위는 각종 호어에 능했으며, 이러한 재주를 인정받아 호어가 필요한 북변의 진장과 외교사절이 될 수 있었다. 맹위의 예는 효문제가 호어를 금지했던 495년 이후에도 육진을 포함한 북변에 고차와 유연 등 각종 호어를 사용하는 종족이 거주했으며, 외교와 행정의 수요에 따라 호어에 능한 한인들이 존재했음을 보여준다.[88]

그뿐만 아니라 동위 시대 고환의 막료로 활약한 손건孫搴도 주목된다. 낙안군樂安郡(청주靑州 속군屬郡) 출신으로 효명제 정광 3년(522년)과 정광 4년(523년) 사이[17] 수국사修國史에 임용되었고, 그 이전에 검교어사檢校御史와 국자조교國子助教를 역임했다.[89] 검교어사와 국자조교, 수국사는 주로 한어와 한문을 사용했던 벼슬이었으므로 손건이 호어를 말할 필요는 없었다. 그런데 손건은 북위 말부터 동위 시대까지 고환의 주부主簿로 일하며 선비어(호어)에 능통해 호령의 선전宣傳을 맡아 고환의 신임을 얻었다.[90] 선비어(호어)에 능통한 고환과 의사소통이 자유롭고 호령을 분명히 전달할 정도라면 손건이 선비어(호어)에 능했음을 알

17 원문에서 최광은 정광 3년에 태보에 임명되어(『北齊書』, 卷9 「肅宗紀」 正光三年十二月乙酉條, p. 233, "乙酉, 以車騎大將軍·尙書右僕射元欽爲儀同三司, 太保·京兆王繼爲太傅, 司徒崔光爲太保") 정광 4년에 사망할 때까지 태보의 지위를 유지했다(『北齊書』, 卷9 「肅宗紀」 正光四年十一月丁酉條, p. 235, "丁酉, 太保崔光薨").

수 있다.

손건의 생몰 연대는 『북제서』 「손건전孫搴傳」에 기록되지 않았다. 다만 손건이 사마자여司馬子如·고계식高季式과 술을 마시다가 죽을 당시 나이가 52세임을 전하고 있다.[91] 『자치통감』에서는 손건이 양 무제 대동大同 2년(536년)에 죽었다고 기록했다.[92] 그러나 『자치통감고이資治通鑑考異』에서는 대동 2년에도 손건이 생존했음을 고증하며, 고징高澄이 보정輔政하기 전까지 생존했을 것으로 추정했다.[93] 따라서 손건은 적어도 고환이 사망한 해인 무정武定 5년(547년) 이전에 죽은 것만 확실하다. 손건이 547년에 죽었다고 가정하면 손건의 출생 연도는 496년이다. 이 경우 522~523년 당시 손건의 나이는 29~30세이다. 이전에 역임한 정9품상의 검교어사와 종7품하의 국자조교는 직책상 직접 호인과 대화할 가능성이 없는 관직이었다. 그러나 사람이 외국어를 배우기 적합한 나이를 30세로 본다면, 손건은 효명제 정광 3년에서 정광 4년 이전, 다시 말해 북위 후기, 적어도 육진의 난 이전에 선비어, 즉 호어를 배웠을 것이다.[94]

그렇다면 손건에게 호어를 가르쳤던 사람은 누구일까? 당시 정9품상의 검교어사에서 종7품하의 국자조교 사이의 관직에 있었으므로, 손건이 벼슬했던 낙양에서 호어를 배웠을 것이다. 따라서 낙양에 살던 호인이나 호어에 능한 한인에게서 호어를 배웠을 것이다. 또한 선비어(호어)에 유창했음은 손건의 어학 능력이 뛰어났을 뿐만 아니라 일상생활에서 호어로 대화할 호어 구사자가 주변에 있었음을 시사한다. 낙양에 사는 호인 가운데 495년 당시 30세 이상이었던 호인과 조정에서 근무하지 않는 호인, 군인 등이 법률상 혹은 실질적으로 호어를 사용했으므로 손건이 호어를 연습할 언어 환경은 좋았을 것이다. 손건은 한어뿐만 아니라 호어도 활발하게 사용했던 낙양 사회의 산물이라고 볼 수 있다.

요컨대 호인 거주 지역인 북변에서 태어나 활동했던 장찬과 장화원, 외교관으로 활동했던 맹위와 같은 한인 관리들이 호어에 능했거나 호어를 배웠던 것은 호인들을 관리하기 위한 행정적 수요가 있었기 때문이었다. 반면 손건은 낙양의 중앙관청에서 문서 행정을 담당한 검교어사나 교육을 담당했던 국자조교, 사서를 편찬하는 수국사 등 외형상 호어와 관계없는 벼슬을 지냈다. 이런 손건이 호어에 유창한 것은 주변에서 호어를 배우고 연습할 수 있는 언어 환경 덕분일 것이다.

4) 30세 이상의 호인과 교류한 호인·한인

1절 2항에서 살펴본 것처럼 30세 이상의 호인들은 호어를 사용할 수 있도록 허용되었다. 그렇다면 이들과 대화했던 사람들도 호어를 사용했을 것이다. 『위서』에서 이러한 장면을 살펴보자.

먼저 효문제의 '한화 정책'의 대표적인 반대자였던 동양왕 원비는 효문제의 호속·호어 금지 정책을 원하지 않았고, 효문제는 원비에게 호어와 호복 금지를 강요하지 못했다.[95] 따라서 원비는 495년 호어 금지 이후에도 여전히 호어만 사용했음을 알 수 있다. 499년 효문제 사후 원비는 낙양에 가서 당시 태자(선무제)를 만났다. 후에 낙양에 머물러 화림도정華林都亭에서 벌어진 연회에서 선무제의 명령으로 원비의 두 아들이 원비를 부축했다.[96] 사료에서 "세종世宗(선무제)이 그를 만나보았다[世宗引見之]"라고 표현한 것으로 보면 원비와 선무제는 적어도 의례적인 말을 주고받았을 것이다. 이 경우 호어를 사용하는 원비와 호어로 대화했을 것이다. 즉, 선무제는 원활한 통치를 위해 공개 석상에서 한인 관료에게 한어를 주로 사용했겠지만, 호어도 잊지 않고 사용했을 것으로 추측된다. 원비의 두 아들은 나이는 알 수 없으나, 평소 원비를 봉양하기 위해 호어로 일상적인 의사소통을 했다고 보아야 할 것이다.[97]

이어서 우열(호어 금지 당시 59세)의 사례를 보자. 다음의 인용문은 함양왕 원희가 아직 실권을 장악하고 있을 당시의 일화이다.

함양왕 원희가 재보宰輔가 되어 당시에 권력이 무거웠다. 함양왕 원희는 일찍이 가동家僮을 보내 우열에게 "본래 예전에는 우림과 호분이 무기를 들고 그들의 호위를 받아 출입했습니다. 지금도 필요하니 영군장군(우열)은 우림과 호분을 보내주시오"라는 말을 전하게 했다. 우열은 "천자天子께서 상중喪中에 계셔서 정사를 재보에게 맡겼습니다. 영군장군은 단지 숙위宿衛를 관장합니다. 조서가 있으면 감히 어길 수 없으나 이치상 사적으로 우림과 호분을 보내드릴 수 없습니다"라고 답했다. 함양왕 원희의 종은 기대와 다른 답변을 듣고 어처구니없는 모습으로 돌아와 우열의 답변을 함양왕 원희에게 전했다. 함양왕 원희는 다시 가동을 보내 우열에게 "나는 천자의 아들이며 천자의 숙부이다. 원보元輔의 명령이 조서와 다를 바가 무엇이냐?"라는 말을 전하게 했다. 우열은 노기를 띠며 "저번에 또한 왕께서 천자의 아들과 숙부가 아니라고 말한 것은 아닙니다. 만약 왕의 말이 조서라면 마땅히 저에게 관인官人을 파견해야 합니다. 그러나 지금 개인의 종(사노私奴)을 보내 관가官家의 우림을 요구하십니다. 열의 목은 얻을 수 있으나 우림을 얻을 수 없습니다!" 함양왕 원희는 우열의 강직함을 싫어해 드디어 그를 지방관으로 내보내기로 논의하고 이에 우열을 사지절 산기상시散騎常侍 정북장군征北將軍 항주자사恒州刺史에 임명했다. 우열은 지방관으로 전출되기 싫어해 자주 표表를 올려 이를 그치기를 애걸했지만 허용되지 않았다. 우열은 이에 팽성왕彭城王 원협元勰에게 "전하께서는 선제先帝(효문제)께서 남양南陽에서 내리신 조서를 잊으셨습니까? 노부老夫를 핍박하기가 이에 이르렀습니다"라고 말했다. 드디어 병을 핑계로 관직을 사양했다.[98]

앞의 인용문은 선무제가 즉위했던 499년 이후의 일이다. 이 인용문에 따르면 함양왕 원희와 영군장군 우열 사이에서 함양왕 원희의 가노家奴(원문은 가동)가 양자의 말을 전하는 전령의 역할을 맡았다. 우열이 495년 규정에 의해 호어로 말할 수 있는 상황이었음을 상기하면 함양왕 원희의 가노는 호어로 우열과 대화를 주고받았을 것이다. 또 함양왕 원희는 어렸을 때 호어를 사용했으므로 호어를 사용하는 편이 의미를 정확히 전할 수 있었을 것이다. 즉, 가노는 확실한 호어 사용자이고 함양왕 원희도 호어로 의사소통을 할 수 있었을 것이다.[99]

다음으로 우열은 함양왕 원희의 농간으로 지방관인 항주자사로 전출되자 함양왕 원희의 아우인 팽성왕 원협(473~508년)에게 직접화법으로 불만을 토로했다. 이 대화가 양자의 편지 교환이 아니라 실재의 대화라면, 호어로 말하는 우열의 말을 들은 팽성왕 원협은 호어를 듣고 이해한 것이다. 따라서 원협도 호어로 말할 수 있었을 것이다. 팽성왕 원협도 한어뿐만 아니라 호어도 구사할 수 있었다는 논리가 성립한다.[18]

여기에서 함양왕 원희와 팽성왕 원협은 20대에 호어 금지 조치가 내려졌으므로 조정에서 사용하기 위해 한어를 새로 배웠더라도 호어를 잊어버리지 않았을 나이였을 것이다. 특히 앞에서 살펴본 것처럼 느슨한 호어 금지 조항 덕분에 조정이 아닌 사적인 공간에서 호어를 사용할 수 있는 상황이면 두 사람은 호어를 잊지는 않았을 것이다. 따라서 이 두 사람이 각각 가노와 우열을 상대로 호어로 대화했다고 해도 어색한 상황은 아니었다.

또한 495년 호어 금지 당시 32세로 호어 사용이 허락되었던 우열의 아들 우충于忠은 501년 선무제의 친위 쿠데타와 함양왕 원희의 반란 당시 선무제와 우열 사이에서 말을 전했다.[100] 이 일화에서 우충이 사용하는 호어를 알아들은 선무제도 호어를 구사할 수 있었음을 알 수 있다. 이는 앞에서 동양왕 원비가 선무제를 알현했을 때 선무제가 호어로 말했을 것이라는 필자의 지적과 부합한다.

이어서 495년 호어 금지 조치 당시 31세였던 강양왕江陽王 원계元繼를 살펴보자. 강양왕 원계의 아들 원차元叉는 효명제의 생모 호태후의 동생과 결혼했다. 이러한 인연으로 호태후는 효명제와 함께 강양왕 원계의 저택으로 찾아가 연회

---

18 앞의 일이 499년에 발생했다면 팽성왕 원협은 당시 27세였다. 495년 호어 금지 당시 팽성왕 원협은 23세였다. 팽성왕 원협의 생몰 연대는 「元勰墓誌銘」, 『漢魏南北朝墓誌彙編』, pp. 54~55 참조.

를 즐겼다.[101] 495년에 31세였던 강양왕 원계는 호어 사용 금지를 면제받아서 계속 호어를 사용할 수 있었다. 그렇다면 호어를 사용했던 강양왕 원계와 사담을 주고받았던 호태후와 효명제는 호어로 일상적인 대화를 할 수 있었을 것이다. 덧붙여 강양왕 원계의 아들 원차와 원라元羅 역시 아버지와 함께 살았으므로 일상생활에서 호어를 사용했고 호어를 잊어버리지 않았을 것이다.[102]

앞에서 살펴본 것처럼 30세 이상의 호인과 대화했던 호인·한인은 규정에 따라 한어를 사용했더라도 호어를 구사할 수 있었다는 논리가 성립한다. 동양왕 원비와 우열·우충 부자 등 495년 호어 금지 면제자, 다시 말해 호어 사용자와 접촉했던 호인과 한인, 즉 선무제, 함양왕 원희, 팽성왕 원협, 효명제, 호태후, 강양왕 원계와 원차 부자, 원희의 가노, 영군부와 군대의 장령·사병(군인) 등은 규정상 한어 사용을 면제받고 호어를 사용했던 사람과 대화할 때 호어를 사용했음을 명확히 알 수 있다. 또한 정황상 호어를 사용해야 하는 사람도 많았을 것으로 추측된다.[103]

보론. 호인의 문서 행정 능력

북위 전기에는 호인들이 한어와 한문에 능숙하지 않았으므로 통역과 번역이 필요했다. 이를 위해 도무제 초기인 천흥 4년 상서 36조에 대인 영사와 역령사, 서령사를 설치했다.[104] 『남제서南齊書』 「위로전魏虜傳」에서도 북위 전기의 조曹·부府에서 호어와 한어를 통역해 의사소통했다고 기록했다.[105] 『남제서』 「위로전」의 기록이 대인 영사와 역령사를 의미한 것이라는 견해도 있다.[106]

그런데 북위의 호인들은 통역을 통해 얻은 행정 정보와 중국의 문물에 관한 지식을 어떻게 보존했을까? 일부 학자는 북위 시대 호인(선비인)들이 자신의 문자를 가지고 있었을 가능성이 큼을 지적했다.[107] 도무제 천흥 4년에 박사博士와 유생儒生을 모아 4만여 자를 만들고 이를 『중문경衆文經』으로 불렀다고 하며 태무제 시광始光 원년(424년)에 신자新字 1000여 자를 만들었다고 한다. 북위 초에 문자가 없어 한문을 차용하고 후에 글자를 만든 상황은 금대金代 여진인女眞人들이 처음에 글자가 없어 거란자契丹字를 사용하다가 완안희윤完顔希尹이 한자의 해서楷書를 모방하고 거란자를 참조해 여진 문자女眞文字를 만들었던 것과 유사하다고 한다.[108] 그러나 『위서』에서는 호인들이 사용했던 문자에 대한 기록은 없고 각종 금석문이나 출토 문서에서도 호인들의 문자는 발견되지 않았다.[109]

현재까지의 문헌과 고고학 연구에 따르면, 호인들은 문자를 가지지 않았지만, 구술 문화를 통해 지식을 전수했다. 예컨대 여문조呂文祖는 태화 9년(485년) 이전에 풍태후馮太后가 지은 『황고皇誥』를 구어舊語, 즉 호어로 역주譯注했다.[110] 『남제서』「위로전」에서도 풍태후가 『황고』를 지었으며 이충이 주해했다고 기록했다.[111] 그렇다면 『황고』의 한문본은 이충이 주해하고 구어, 즉 호어본은 여문조가 각각 주해했다고 이해할 수 있다. 『황고』가 없어져서 현재 어떤 내용의 글인지 알 수 없으나, 풍태후가 이를 호어로 번역한 것은 호인들에게 학습시키기 위한 목적이었을 것이다. 다만 『황고』를 '호서胡書' 혹은 '호문胡文'이 아닌 호어로 역주했다는 기록을 보면 호어로 번역해 문자가 아닌 말로 전달했음을 보여준다.[112] 『수서』「경적지」에도 문자 대신 말로 전달하는 상황이 보인다.

> 또한 말하기를, 울씨魏氏(북위)가 낙양 천도 당시 아직 화어에 통달하지 않았다. 효문제는 후복후가실릉에게 명해 이언으로 『효경』의 요지를 번역해 국인에게 가르치게 했다. 이를 『국어효경』으로 칭했다.[113]

앞의 인용문에서 한인들의 『효경』을 문자가 아닌 이언, 즉 호어로 번역해 호인에게 호어로 가르쳤다고만 기록했다. 아마도 호인들은 암송과 구비 전승을 통해 『국어효경』의 내용을 주고받았을 것이다.[114]

그러나 『위서』 열전에 따르면 낙양으로 천도한 이후 일부 호인 지배층은 한자를 익히고 한문에 익숙했을 뿐만 아니라 유가 경전과 중국의 역사에도 능통했다고 기록되었다.[115] 예컨대 원순元順은 9세에 낙안군 출신 진풍陳豊에게 학문을 배웠고, 왕희지王羲之의 『소학편小學篇』 수천 언數千言을 암송하고 이해할 정도로 영리했다. 16세에는 『두씨춘추』에 정통했다. 또한 원순은 독서에 힘쓰며 성정이 직언하고 재물을 모으는 데 담백했고 술 마시기를 좋아했으며 고鼓와 금琴을 이해하고 문학작품을 읊조렸다.[116] 이처럼 유학과 한문화에 정통한 원순은 실제로 조서를 작성하는 일을 맡았고, 사辭가 우미하다는 평가를 받았다.[117] 문사文史를 섭렵했다는 원휘元暉는[118] 시중에 임명되어 선무제의 신임을 받았다.

> 두 번 자리를 옮겨 시중 겸 우위장군領右衛將軍에 임명되었다. 비록 보좌해 이익을 안겨주지 못했지만 선무제의 총애를 많이 받았다. 금중의 요밀지사要密之事는 원휘가 별도로 지旨를 받들어 궤櫃에 넣어두었고 오직 원휘만이 들어가 열어볼 수 있었으며, 나머지 시중과 황문黃門 가운데 지의 내용을 아는 자가 없었다.[119]

앞의 인용문을 보면 당시 선무제는 시중과 황문시랑黃門侍郎 등의 측근에게 문서로 명령을 하달했던 것 같으며, 특히 원휘가 이를 독점했다. 따라서 원휘가 북위 전기처럼 대인 영사와 역령사, 서령사 등의 도움을 받은 것이 아니라면 문서 행정에 필요한 한문 독해 능력은 갖추고 있었다고 해석할 수 있다. 이 밖에 우문충지宇文忠之는 문사를 섭렵했고 필찰筆札의 능력을 지녔으며 태학박사太學博士에 임명되었다.[120] 이 점을 보면 우문충지는 중국의 전통 학문을 이해하고 한문 독해 능력이 있었던 호인임을 알 수 있다. 또 원수흥元壽興은 스스로 묘지명을 만들 정도로[121] 한문에 능했다.[122]

그러나 유가 경전과 문사를 섭렵한 모든 호인이 한문이나 문서 행정에 능했던 것은 아니었다. 호성 개칭 이전 독고씨獨孤氏 출신으로 평성에서 낙양으로 이주한 유인지劉仁之도 젊어서 덕과 이상을 지녔고 거칠게 서사書史를 섭렵했으며 서예에도 능했다. 효무제孝武帝 때(532~534년) 저작랑著作郎 겸 중서령兼中書令에 임명되었던 것을 보면 문서 행정의 능력은 있었던 것으로 보인다. 그러나 사재史才는 없었는지 역사에 대한 기록은 집필하지 못했다고 한다.[123] 또한 임성왕 원징의 표의서기表議書記가 대부분 장보혜張普惠가 쓴 것이라는 기록을 보면[124] 당시 재상과 삼공三公을 역임한 임성왕 원징은 한문 작문에 서툴러 부하 한인 관료들에게 문서를 대필시켰을 것이다. 정광 연간 말년에 동북대행대東北大行臺에 임명된 광양왕 원연元淵(원심元深)이 군국軍國의 문한文翰을 온자승溫子昇에게 맡긴 예를 보면[125] 광양왕 원연도 한문에 능숙한 인물은 아니었을 것이다. 또한 영군장군 원차 역시 상서령尙書令에 임명된 후 상서령을 사양하는 표를 형소邢卲에게 쓰도록 명령했던 예를 보면[126] 원차의 문서 작성 능력과 한문 능력은 좋지 않았음을 알 수 있다.[127]

북위 말 권력을 잡은 북수용 계호 출신인 이주영의 일족 이주중원爾朱仲遠은 서계書計에 능해 이주영의 문서와 인印을 위조해 상서령사尙書令史와 짜고 승진 문서를 날조해 인사 청탁을 자행하여 많은 뇌물을 받았다.[128] 즉, 이주영은 한문 독해 능력이 부족하고 문서 작성을 부하에게 맡겼으므로 이주중원이 문서위조 등 부정한 행위를 저지를 수 있었다. 또한 저인氐人인 양대안楊大眼은 배우지 않아 한문 독해 능력이 부족했지만, 다른 사람들에게 책이나 문서를 읽게 하고 이를 들은 후에 모두 기억했다. 그리고 후에 문서를 공포할 때 입으로 구술했다. 그러나 결국 독해할 수 있는 글자가 많지 않았다.[129] 한인이 아닌 이주영(계호)과 양대안(저)은 낙양이 본적은 아니었지만, 낙양 천도 이후에도 관리 생활을 했다. 이들은 한문을 사용하는 문서 행정에 익숙해야 했지만, 자신이 처리할 문서를 다른 사람에게 대신 처리하게 하거나 다른 사람에게 문서를 읽게 했다.[130]

평성 일대에 있는 선무현善無縣 사람 사적간厙狄干은 효명제 정광 연간 초에 역당逆黨을 토벌한 공으로 장군에 임명되고 낙양에 숙위했다.[131] 낙양에서 벼슬살이한 사적간은 글자를 쓸 줄 몰라 이름 '干' 자를 쓸 때 위의 획을 나중에 썼으므로 당시 사람들은 사적간을 천추穿錐로 불렀다. 또한 무장武將 왕주王周는 '周' 자를 쓸 때 먼저 '吉' 자를 쓰고 밖에 있는 획을 썼다. 사적간과 왕주는 아들과 손자 대에야 비로소 글자를 알게 되었다.[132]

앞에서 살펴본 것처럼 유가 경전과 문사 혹은 문학(학문)에 능하다고 기록된 호인들을 검토한 결과, 이들의 한문과 문서 행정 능력은 개인의 능력에 따라 차이가 심했다. 임성왕 원징과 광양왕 원연(원심)처럼 고위직에 올랐던 일부 종실제왕宗室諸王과 효명제 시기의 권력자 원차는 문서 작성을 부하들에게 하게 했다. 이러한 사례를 보면 호인 상층부에서도 한문과 문서 작성에 능한 인물들은 그 수가 제한된 것으로 보인다. 그리고 이주영과 사적간처럼 북변에 거주하고 안신雁臣 생활을 했던 호인들은 한문의 독해와 작문 능력이 없었음을 확인할 수 있다.

호인 상층부도 문서 작성과 문서 행정에 능하지 못한 상황에서 호인 하층부에 속하는 대부분 호인이 한문을 능숙하게 읽고 쓰지 못했던 것은 당연했다. 효명제 시기 우림과 호분이 장중우張仲瑀가 만든 승진에 관한 법률法律에 대해 반감을 품자 최량崔亮이 정년격停年格을 만들었음은 주지의 사실이다. 최량은 이때 외조카인 유경안劉景安에게 보낸 답서에서 우림과 호분의 한문 능력을 다음과 같이 말했다.

> 현재 훈인勳人이 너무 많고 또 우림이 입선入選해 무부武夫가 굴기崛起했지만, 서계를 이해하지 못하고 다만 노弩를 잡아당기고 앞으로 나가며 지휘하고 적들을 잡을 뿐이다.[133]

앞의 인용문에서 우림과 무부는 우림과 호분을 가리킨다. 최량은 이들이 서계를 이해하지 못한다고 지적했다. 이 기록만으로 당시 우림과 호분이 한어를 구사했는지는 알 수 없으나, 당시 우림과 호분 등 일반 호인 군사들의 한문 독해 능력과 작문 능력, 문서 행정 능력이 부족했음을 확인할 수 있다.[134]

제2장

호복 착용 금지와 그 한계

본 장에서는 494년 효문제가 선언한 호복 금지 조치의 이행 여부를 검토한다. 먼저 1절에서 호복 금지 전후의 호복 착용 사례를 『위서』와 각종 문헌 자료를 통해 고증한다. 이어서 2절에서는 복식사와 도용 등 유물을 바탕으로 낙양 일대의 복식을 중국 복식의 영향, 호복의 존속, 호복과 중국 복식(한복)의 공존, 양자의 융합 등 세 가지 유형으로 나누어 살펴본다.

1. 북위 후기 호복 금지의 문헌 검토

1) 호복 금지 조치 이전의 호복 착용 기사

호풍胡風의 복식은 옷(호복)과 모자(호모胡帽), 신발(호화胡靴)과 각종 장식 및 장신구를 지칭한다. 먼저 복식과 관련된 문헌 사료를 시간의 순서대로 검토해보자. 천흥 원년(398년) 도무제의 즉위 이후의 광경을 『자치통감』에서는 다음과 같이 기록했다.

[천흥 원년] 십이월 기축일(399년 1월 24일)에 위왕魏王 탁발규拓跋珪가 황제로 즉위하고 대사면령을 내렸으며 천흥으로 연호를 바꾸었다. 탁발규는 조야朝野에 명령을 내려 모두 머리카락을 묶어 상투를 틀고 모자[帽]를 쓰게 했다.[1]

앞의 인용문에서 '모帽'는 『설문해자說文解字』에 따르면 만이蠻夷의 소아小兒들이 입는 옷이라고 했으므로 한인(중국인) 고유의 복식은 아니다.[2] 『수서』「예의지」에서도 이때의 상황을 다음과 같이 기록했다.

후위(북위) 이래 제도가 모두 없었다. 천흥 연간에 제도를 처음 만들거나 기존의 것을 보완했다. 만들었던 수레[車]와 옷[服]은 대부분 호인(선비인 유목민)의 제도[胡制]를 참조했다. 따라서 위수魏收는 이를 가리켜 [중국의] 옛 제도[古制]에 어긋났다고 논했다. 맞는 말이다.[3]

앞의 두 인용문을 보면 북위 전기에도 본래 초원 유목민들이 착용하던 복식, 즉 호복과 모 등을 여전히 이용했음을 확인할 수 있다. 또한 태무제는 450년에 다음과 같이 말했다.

국인은 본래 양가죽으로 만든 바지를 입는데 어찌 무명과 비단을 사용한다는 말인가?[4]

이 구절에서 국인은 호인(선비인)을 주축으로 하며 군인을 포함한 유목민 지배층이었다. 이 구절에 보이는 양가죽으로 만든 호복의 바지처럼 호복의 재료는 주로 동물의 가죽, 이 가운데 양가죽와 쇠가죽이 가장 보편적인 재료였다.[5] 반면에 중국인들은 식물성 재료로 만든 베나 누에고치로 만든 비단이 옷의 주요 재료였다. 따라서 태무제는 명주와 비단으로 상징되는 중국옷을 경멸하고 유목민의 가죽옷을 여전히 선호함을 표명한 것이다. 이처럼 3대 황제인 태무제 시기인 450년에도 북위의 호인(선비인)들은 여전히 호복을 입었음을 알 수 있다.[6]

호복 착용 문제는 효문제 시기에 들어와 바뀌게 된다. '한화 정책'을 추진했던 효문제는 태화 10년 정월 계해일(486년 1월 21일)에 처음으로 곤룡포와 면류관을 착용하고 조회朝會에 참석했다.[7] 호삼성胡三省은 이를 중국의 제도로써 만이, 즉 호인(선비인)을 변화시키려고 한 의도라고 해석했다.[8] 같은 해 사월 신유일(486년 5월 19일)에 북위 조정에서는 다섯 등급의 공복公服, 즉 조정에서 입어야 하는 복장을 제정했고, 같은 달 갑자일(486년 5월 22일)에는 효문제가 법복法服을 착용하고 남교 제사를 지냈다.[9] 몇 달 후인 팔월 을해일(486년 9월 30일)에 상서尙書와 5등 품작五等品爵 이상의 관원들에게 주의朱衣·옥패玉珮·대소 조수大小組綬를 하사했다.[10] 이어서 태화 15년(남제 영명永明 9년) 십일월(491년 12월 17일~492년 1월 14일)에는 소세小歲를 없앴다. 『자치통감』의 기록을 보자.

> 위魏(북위)의 옛 제도(구제舊制)에 [따르면], 군신羣臣이 십이월에 조하朝賀할 때 고습袴褶을 입고 의식을 행했다. 이를 소세라고 한다. [십일월] 병술일(492년 1월 13일)에 조서를 내려 소세를 없앴다.[11]

앞의 인용문에서 서술한 소세의 폐지는 호속 의례의 폐지를 뜻한다. 이는 492년까지 신하들이 조하할 때 호복인 고습을 입었음을 뜻한다. 이 조치로 고습이 완전히 없어지지는 않았다. 『남제서』「위로전」에는 영명 10년(492년), 즉 태화 16년에 효문제가 서교 제천을 거행하는 장면을 기록했다.

> 영명 10년에 황상(남제 무제)은 사도참군司徒參軍인 소침蕭琛과 범운范雲을 북사北使로 보냈다. 북위의[평성의] 서교는 곧 이전에 사천단祠天壇이 있던 곳이다. 탁발굉과 공경들은 20여 기騎를 따라 융복戎服을 입고 단壇을 돌았다. 탁발굉은 단

을 한 바퀴를 돌고, 공경들은 일곱 바퀴를 돌았다. 이를 답단蹋壇이라고 한다. 다음 날 다시 융복을 입고 단에 올라 하늘에 제사 지냈다. 탁발굉은 또 세 바퀴를 돌았으며 공경들은 일곱 바퀴를 돌았다. 이를 요천繞天이라 한다. 줄을 서로 이리저리 엮어 나뭇가지에 묶어서 문기둥처럼 만들고 푸른 비단으로 덮어 만들어진 모양이 평평하고 둥글며 아래에는 100인이 앉을 수 있었다. 이를 산繖 혹은 백자장百子帳으로도 불렀다. 이 아래에서 잔치를 열며 쉬었다. 이어 사당에서 제사 지내고 명당에서 정사를 행하는 장면을 모두 조정[의 관리]와 사신들에게 보게 했다.[12]

앞의 인용문을 보면, 북위 황제, 즉 효문제와 공경들은 중국식 제복祭服을 입지 않고 융복을 입었다. 융복은 고습, 즉 호복이었다.[13] 각종 제사에서 호복 착용을 금지했는데도 호인들의 전통인 서교 제천에서는 여전히 자신들 고유의 호복을 착용하고 제례祭禮를 행했음을 확인할 수 있다.[14]

2) 호복 금지 이후의 호복 착용 사례

효문제는 태화 18년 십이월 임인일(495년 1월 13일)에 "의복의 제도를 바꾸었다".[15] 이 기사는 흔히 호복 금지로 해석된다. 『자치통감』 권139 「제기」 명제 건무 원년 십이월조에서는 『위서』와 다른 기록이 보인다.

> 위주魏主(효문제)가 구풍舊風을 바꾸고자 생각해 십이월 임인일(495년 1월 13일)에 사민에게 호복의 착용을 금지하는 조서를 내렸다. 이에 국인은 대부분 좋아하지 않았다.[16]

『자치통감』과 『위서』 「고조기高祖紀」를 대조하면, 『위서』에서 의복 제도를 바꾸라는 명령이 『자치통감』에서는 '호복'을 금지하라는 구체적인 명령으로 바꿔었다. 이것이 이른바 호복 금지의 사료이다.

효문제가 이른바 '호복' 착용을 금지하라고 한 명령은 제대로 지켜지지 않았다. 『자치통감』「제기」 명제 건무 이년 사월 갑자조의 기사를 보자.

> [사월] 갑자일(495년 6월 4일)에 위주(효문제)는 군신群臣들을 광극당光極堂에서 접견하고 관복冠服을 나누어주었다.[17]

『위서』「고조기」에 따르면 태화 18년 십이월 임인일(495년 1월 13일)에 의복의 제도를 바꾸었다. 그런데 효문제는 다음 해 사월 갑자일에 처음으로 신하들에게 관복을 하사했다. 『자치통감』에 주석을 단 호삼성은 관복을 하사해 호복을 바꾸려고 했다고 주를 달았다.[18] 효문제는 의복제도 개혁을 명령한 후 네 달 후에 신하들에게 관복을 하사할 수 있었다. 호삼성의 주에서 효문제가 관복을 하사하기 전에 조정에서 입었던 관복은 호복이었음을 확인할 수 있다. 그리고 효문제의 의복 개혁 이후 신하와 백성들이 완강히 호복 착용을 고수해 효문제의 명령에 저항했음을 알 수 있다.[1]

그런데 『자치통감』「제기」 6 명제 건무 이년 오월 갑오조에 '호복 금지' 이후에도 호복을 착용했던 기사가 있다.

> 효문제는 수도 낙양에 머무른 관리들[留守之官]을 크게 꾸짖으며, "어제 멀리서 부녀자들이 여전히 협령 소수夾領小袖를 입고 있는 것을 보았다. 경들은 왜 이전에 반포한 조서를 따르지 않는가!"라고 말했다. 신하들은 모두 사죄謝罪했다.[19]

---

1 혹은 효문제의 의복 개혁이 겨울에 반포되었지만, 추위 때문에 보온에 유리한 가죽옷인 호복을 벗고 보온에 취약한 베와 비단으로 만든 옷을 입을 수 없었을 것이다. 그래서 효문제가 따뜻한 초여름까지 기다려 중국식 관복(冠服)을 하사해 신하들의 저항을 누르고 자연스럽게 받아들이게 하는 효과를 꾀했을 가능성도 있다.

효문제가 꾸중하는 것으로 보아 협령 소수는 유목민들의 호복임을 알 수 있다. 낙양 여성들이 호복 착용을 고수한 사실을 목격하고 효문제가 신하들을 꾸짖은 사건은 태화 19년(495년)에 발생했다. 태화 18년 십이월 임인일(495년 1월 13일)에 내려진 '호복 금지' 명령이 태화 19년 오월 갑오일(495년 7월 4일)에도 제대로 지켜지지 않았음을 보여준다.[20]

또한 『남제서』에 따르면, 태화 19년, 즉 남제 명제明帝 건무建武 2년에 효문제는 남제의 사신인 최경원崔慶遠과 주선지朱選之에게 고습과 낙대絡帶를 하사했다.[21] 고습은 유목민 기병들이 입고 다니던 바지였다. 따라서 이는 효문제 혹은 효문제가 지휘하는 군인들이 고습을 착용했음을 뜻한다. 즉, 효문제가 남제를 공격할 때에 전투에 참가한 기병은 고습을 입었음을 알 수 있다. 그렇다면 호복 금지는 호인 고관 혹은 관리들에게만 해당하고 일반 군인들에게는 예외였을까? 적어도 호복 금지 다음 해에 군인들은 여전히 대표적인 호복인 고습을 입었음을 알 수 있다.

『자치통감』「제기」 6 명제 건무 삼년 팔월조의 기사(496년)에도 호복을 입었던 예가 발견된다.

> 위魏의 태자太子 원순이 학문을 좋아하지 않았으며, 몸이 본래 비대했고 하남의 지열地熱을 견디지 못해 늘 북쪽의 평성으로 돌아갈 생각만 했다. 위주(효문제)는 태자 원순에게 의관衣冠을 하사했지만, 원순은 늘 개인적으로 호복을 착용했다.[22]

효문제의 황태자 원순은 '호복 금지'의 명령에도 효문제가 하사한 의관 대신 호복을 착용했다. 원문의 "恂常私著胡服"에서 적어도 황태자 원순은 아버지 효문제의 호복 착용 금지 명령을 어기고 여전히 일상생활에서 호복을 착용하고 다녔음을 확인할 수 있다. 호복과 의관이 대비되는 것으로 보아 의관은 중국식 관복官服 혹은 조복朝服임을 알 수 있다. 『남제서』「위로전」에서도 이와 관련된 기사가 있다.

> 원굉(효문제)이 수도를 옮길 때 원순은 기뻐하지 않았으며, 상건桑乾으로 돌아가려고 생각했다. 원굉은 의관을 만들어 원순에게 주었으나, 원순은 몰래 뜯고 찢어버렸으며, 머리를 풀어헤치고 땋았으며 옷은 좌임左衽했다.[23]

앞의 인용문에서 황태자 원순은 북방 유목민의 특징을 잘 보여주는 변발辮髮과 좌임의 호복을 착용했음을 알 수 있다. 이 구절을 근거로 황태자 원순이 효문제의 한화 정책을 반대했던 대표적인 인물이라고 보기도 한다.[24] 이때는 이미 호복 금지 조치가 내려진 지 1년 9개월이 흐른 뒤이지만, 이를 충실히 따라야 할 효문제의 후계자인 황태자 원순이 이를 어겼다는 점이 주목된다.

다음으로 『자치통감』 권141 「제기」 7 명제 건무 사년 이월조 기사(497년)를 살펴보자.

> 예전에 위주(효문제)는 낙양으로 수도를 옮긴 후 구속舊俗을 바꾸었다. 그러나 병주자사幷州刺史 신흥공新興公 비丕는 모두 좋아하지 않았다. 황제는 그가 종실의 원로(기구耆舊)였으므로 또한 강제하지 못했고 다만 큰 이치로 회유했으며, 그에게 동이同異를 나타내지 못하게 했을 뿐이다. 조신朝臣이 모두 의관을 바꾸어 붉은색 옷(주의)를 입고 앉았지만, 신흥공 비만이 홀로 호복을 입고 그 사이에 있었다. 늦게 점차 관대冠帶를 추가로 착용했지만, 용의容儀를 꾸미려고 하지 않았다. 황제도 강요하지 못했다.[25]

앞의 기사에 따르면, 원로대신인 원비는 조신들이 중국식 의관을 착용해 조회하는 상황에서 혼자 호복을 착용하고 나타났다. 효문제는 이러한 원비의 행동을 제지하지 못했다. 원비는 효문제의 낙양 천도와 제도 개혁 등의 조치에 대해

보수적인 입장을 고수했을 뿐만 아니라 효문제의 한화 정책에 반대하는 대표적인 인물이었다.[26] 『자치통감』에서 이를 497년에 배열한 것으로 보아 원비는 497년까지 호복을 착용했음을 알 수 있다.

효문제 생전에 마지막 '호복 금지'를 어긴 기록은 『자치통감』 권142 「제기」 8 동혼후 영원 원년 춘정월 무술조 기사에 보인다.

> 위주는 임성왕 징澄에게 "짐이 낙양을 떠난 이래 구속舊俗이 조금이라도 변했는가?"라고 물었다. 임성왕 징은 "성화聖化가 나날이 새로워지고 있습니다"라고 대답했다. 황제는 "짐이 낙양성에 들어올 때 수레 위에 탄 부인이 모帽를 쓰고, 소오小襖를 착용했음을 보았다. 이를 보고 어찌 나날이 새로워진다고 말할 수 있는가!"라고 말했다. 임성왕 징은 "그러한 의복을 착용한 사람은 적고 착용하지 않은 사람이 많습니다"라고 대답했다. 황제는 "임성, 경은 낙양성에 호복을 착용한 사람을 모두 채우게 할 것인가?"라고 말했다. 이에 임성왕 징과 유수관留守官은 모두 관冠을 벗고 사죄했다.[27]

앞의 인용문은 499년 2월 18일에 발생한 사건이다. 효문제가 낙양성으로 돌아와 모帽를 쓰고 소오를 입은 부인이 수레를 타고 가는 모습을 보고 임성왕 원징에게 아직 호복을 입고 다니는 사람이 있다고 꾸중했다. 호삼성은 사서에서 위주, 즉 효문제는 하夏로써 이夷를 바꾸는 데 급급했다고 논평했다.[28]

임성왕 원징은 이러한 복장으로 다니는 사람이 적다고 대답해 상황을 모면하려고 했다. 호삼성은 모帽와 소오가 대북 부인의 복장[此代北婦人之服也]이라고 주석을 달았다.[29] 즉, 호복을 착용했다는 것이다. 효문제가 낙양에서 본 "부인이 모帽를 쓰고 소유오小襦襖를 입은[婦人冠帽而著小襦襖]"[30]의 소유오는 『위서』 「함양왕희전」에 보이는 협령 소수[31]이며 한인들이 착용한 넓고 큰 의복과 다르다고 한다.[32] 이 여성이 모帽를 쓴 것은 북방의 기후가 건조하고 바람과 모래가 심하게 불어서 머리를 꼼꼼하게 빗기 어렵기 때문이라고 한다.[33] 앞의 인용문은 특히 호복 착용이 제대로 지켜지지 않았던 확실한 증거이다.[34]

또한 효문제는 낙양에서 호복을 입고 다니는 모습을 보고 '한화 정책'을 총괄하는 임성왕 원징을 질책했음을 알 수 있다. 그런데 이 사건이 발생한 499년은 효문제의 의복 개혁 조치가 발표된 지 5년이 넘었으며, 효문제가 사망한 해이다. 이는 효문제의 호복 착용 금지 정책이 효문제가 죽은 해까지도 수도인 낙양에서 지켜지지 않았음을 상징한다. 19년 후, 즉 효명제 시기인 518년에 임성왕 원징이 호태후의 불교 애호를 비판하는 간언을 보자. 본래 효문제는 낙양 천도 당시 낙양을 건설하면서 성 안에 절과 비구니 절을 1개씩 세우게 하고 나머지는 낙양성 밖에 세우도록 명령했다. 그래서 임성왕 원징은 타협책으로 아직 완성되지 않은 불사佛寺를 곽외郭外로 옮기고 불사에 거주하는 승려를 50인 이하로 줄일 것을 주장했다. 그러나 임성왕 원징의 주장은 받아들여지지 않았다.[35] 이 예에서 효문제의 명령이 아들인 선무제 시기에 1000여 간間에 달하는 영명사永明寺를 축조하는[36] 등 이미 지켜지지 않았고, 손자인 효명제 시기에 며느리 호태후는 임성왕 원징의 간언을 무시하며 낙양성 안에 많은 절을 세우거나 세우도록 방치했음을 확인할 수 있다. 이는 효문제의 명령 가운데 일부는 후계자와 신하들이 전적으로 지키고 따른 것이 아님을 보여준다. 따라서 효문제가 죽던 해까지 혹은 그 이후에도 호복을 입고 다니던 일부 호인이 존재했던 예는 호복을 금지하는 효문제의 명령을 무시했고 따르지 않았던 당시 분위기를 반영함을 알 수 있다.[37]

또한 임성왕 원징은 "호복을 착용한 사람들의 수가 그렇지 않은 사람들보다 적음"을 변명했다. 그런데 "호복을 입은 사람이 거의 없다"라고 말하지 않은 것은 당시 호복을 입은 사람들이 최대 49% 이하라는 추론까지 할 수 있다. 이는 극단적인 최대치이지만, 당시 호복을 입은 사람이 효문제가 목격한 한 사람이 아니라 적지 않았을 것임을 알 수 있다.[38]

룽먼 석굴 고양동古陽洞 북벽北壁에 있는 태화 22년(498년) 시평공 조상始平公

造像의 감龕 아래 향로香爐 양쪽에 있는 공양인供養人 2구軀는 풍모風帽를 쓰고 몸에 협령 소수의 장포長袍를 입고 화靴를 신은 호인이었다. 태화 19년(495년) 구목릉량 부인 울지씨 조상도丘目陵亮婦人尉遲氏造像圖와 경명景明 3년(502년) 손추생 조상孫秋生造像의 공양인 복식도 호복 장속胡服裝束이었다. 룽먼 석굴의 종교 예술 조각 가운데 당시 세속 생활의 사정을 가장 잘 반영한 것은 불상 곁에 있는 공양인 조상供養人造像이므로 이는 조상造像 의뢰인의 복식을 반영했다고 볼 수 있다.[39] 적어도 구목릉량丘目陵亮(호성으로 개칭한 이후에는 '목량穆亮'으로 표기한다)과 부인 울지씨尉遲氏, 손추생孫秋生, 시평공始平公 본인 및 관련 인물이 호복 금지 이후에도 호복을 착용했음을 알 수 있다. 이는 황태자 원순, 원로대신 원비, 낙양의 부녀들의 호복 착용이 소수의 사례가 아니라 당시 낙양에서 어느 정도 일상적이었음을 보여주는 증거이다.

효문제의 질책과 사망 이후에도 호복 금지가 지체 혹은 제대로 시행되지 않았던 증거들이 보인다. 『위서』「예지」의 관복冠服 관련 기사에 주목해보자.

> 고조(효문제) 태화 연간에 처음으로 구전舊典을 살펴서 관복을 제정했으며 백료百僚와 육궁六宮에게 각자 관복의 차등을 두었다. 그러나 고조께서 일찍 승하하시는 바람에 여전히 널리 퍼지지 못했다. 숙종(효명제) 시기에 또 시중 최광崔光과 안풍왕安豐王 연명延明, 조정의 유명한 학자들에게 조서를 내려 다시 관복에 관해 논의할 것을 명하니 조장條章이 조악하나마 갖추어졌다.[40]

인용문의 밑줄 친 부분에 따르면 효문제 시기에 관복을 제정했지만, 효문제가 일찍 죽는 바람에 관복이 널리 통용되지 못했음을 밝혔다. 그래서 효문제의 손자인 효명제 시기에 관복을 제정하게 되었다는 것이다. 앞의 인용문과 달리 효명제 시기의 관복 제정이 관복의 착용으로 이어지지 못했던 예가 보인다. 양의 장군 진경지陳慶之가 북벌해 낙양을 점령했던 529년은 효문제의 관복 개혁에서 30년이 지난 후였다. 그런데 진경지와 아들 진훤陳暄은 북조의 문화를 숭상해 호복과 호화를 애용했다. 『문원영화文苑英華』에 따르면, 진경지의 아들인 진훤은 호속에 감염되어 정월 십오일(529년 2월 18일) 조회에 호포胡袍와 호화를 착용하고 예법에 따르지 않았다. 이에 상서복야尙書僕射 서릉徐陵에게서 질책을 받았다.[41] 이 기록에서 북위의 호인들은 조복의 제도가 없었고 신하들은 전상殿上에서 모두 호복과 호화를 착용했음을 알 수 있다.[42] 이는 효문제의 조치가 시행된 지 35년이 지난 후에도 낙양에 살던 북방의 호인들이 여전히 호포와 호화를 착용했음을 보여준다.[43] 북위의 호인들은 호복의 대표적인 복식 용품이며 본래 가죽으로 만든 긴 신발인 화靴를 신었다. 화는 호인과 화북의 한인들 사이에 널리 퍼졌으며, 특히 군인들이 착용해 융복의 하나가 되었다. 효문제가 호복을 금지할 때도 화는 금지하지 못했다.[44] 군인이었던 진경지 부자가 호인들이 즐겨 착용하던 화를 신었던 것은 전투에 편했기 때문일 것이다. 북위 후기에도 호인들의 신발인 화는 여전히 널리 사용되었다.

정확한 시기는 알 수 없으나, 고구려에서 건너간 고잠高潛의 후손인 고공지高恭之(고도목高道穆이라고도 한다)는 양가죽으로 만든 옷(양구羊裘)를 착용했다.[45] 구체적인 옷의 모습은 알 수 없으나, 재료가 양가죽이므로 호복이었을 것이다.

『위서』를 펴낸 위수의 「자서自序」에는 효무제 일행의 복장이 기록되었다.

> 출제出帝(효무제)는 일찍이 사졸을 대거 징발해 숭소嵩少의 남쪽에서 사냥했다. 열흘에 6일이나 걸렸으며 이때 매우 춥고 고통스러워서 조야에서 탄식하고 원망했다. 황제와 종관從官은 모두 호복을 입고 말을 탔으며 궁인宮人과 비妃와 공주들은 그 사이에 섞여 있었고 기기 이식奇伎異飾은 대부분 예의 법도가 아니었다.[46]

인용문 후반부의 '이식異飾'이 예의 법도가 아니라는 구절에서 한인들의 복장이 아닌 호복임을 알 수 있다. 효무제 일행이 호복을 입고 말을 타고 사냥했던 사실은 북위가 망할 때까지 호복을 착용하는 사람들이 여전히 존재했음을 보여준다. 효문제의 호복 착용과 진경지·진훤 부자의 예를 합쳐보면 북위 후기 낙양의 일상생활에서도 사용되었다고 볼 수 있다.

3) 송대 학자의 호복 인식

북송 시대의 심괄沈括은 『몽계필담夢溪筆談』에서 중국의 의관을 다음과 같이 설명했다.

> 중국의 의관은 북제 이래에 전부 호복을 썼다. 착수窄袖·비록 단의緋綠短衣·장요화長靿靴·유섭대有鞢帶는 모두 호복이다. 착수는 말을 타고 달리며 활쏘기에 유리하고, 단의短衣와 장요長靿는 모두 풀밭을 건너는 데 편했다. 호인은 무성한 풀을 좋아해 늘 그 사이에 잠자는 곳을 두었으니, 내가 북[거란(요)을 지칭한다]으로 사행使行할 때 모두 보았다. 비록 왕정王庭도 깊은 풀 속에 있었지만, 내가 호정胡庭에 도착한 날 막 새로 비가 내렸다. 이때 풀밭을 건널 때 [북송北宋 사신 일행의] 윗옷과 바지는 모두 젖었지만 오직 호인(거란인)은 모두 젖지 않았다.[47]

앞의 인용문은 심괄이 자신의 경험을 바탕으로 호복의 장점을 서술한 것이다. 인용문의 앞부분에서 심괄이 살았던 북송 시대의 중국 의관이 북제北齊 시대 이후 호복의 영향을 받아들였다고 기술했다. 여기에서 북제 시대의 호복이 북송 시대까지 영향을 주었다는 기록을 보면 북위 시대와 상관없다고 생각할 수 있다. 그러나 남송南宋 시대의 성리학자 주희朱熹의 견해는 달랐다.

> 현재 세상의 옷은 대저 모두 호복이었다. 예컨대 상령삼上領衫·화靴·혜鞋 등이 그러하다. 선왕先王의 관복冠服은 완전히 없어지게 되었다. 중국 의관의 어지러움은

진晉·5호五胡부터 시작되어 후세에 드디어 계속 답습했다. 당은 수를, 수는 주周를, 주는 원위元魏를 이었으니, 대개 모두 호복이었다.[48]

주희는 중국의 의관이 호복의 영향을 받아 바뀌어 주희가 살았던 남송 시대에는 모두 호복이었음을 지적했다. 그런데 밑줄 친 부분에서 알 수 있듯이, 주희는 중국 의관의 변화가 진·16국 시대에 시작되었고, "당→수→북주→원위"로 소급되었다고 보았다. 즉, 남송 시대 호복의 원류가 원위, 즉 북위였다고 밝힌 것이다. 주희는 또 『주자어류朱子語類』 권91 「예」 8에서도 같은 의견을 제시했다.

현재의 의복은 옛날의 것으로 돌아가지 못했으니 화華와 이夷를 분별해야 한다. 현재의 상령삼과 화靴는 모두 호복이었으며, 본조(남송)는 당을 이어받았고, 당은 수를 계승했으며, 수는 주를 이었고, 주는 원위를 계승했다. 수 양제隋煬帝는 유행游幸이 있으면 신하들에게 융복을 입을 것을 명령했다. 3품 이상은 자색紫色의 융복을, 5품 이상은 비색緋色의 융복을, 6품 이하는 녹색綠色의 융복을 입게 했으니 모두 융복이었다. 당에 이르러 3등복三等服이 있었다. 먼저 조복이 있었다. 또한 공복이 있어서 사무를 볼 때에 입었으니 곧 법복이라고 하며, 의상衣裳·패옥佩玉 등이 있었다. 또한 상시복常時服이 있었으며 곧 지금의 공복이었으니, 때가 아니면 입지 않았다. 당 초년 옷의 소매는 매우 좁았으니 완전히 호복이었다. 중년中年에 점차 넓어졌고 말년末年에 또 넓어졌다. 인가人家의 그림을 보면 고현古賢을 볼 수 있다.[49]

밑줄 친 부분에 따르면 현재, 즉 남송 시대의 상령삼과 화靴는 호복이었다고 한다. 그리고 이는 "송→당→수→주(북주)→원위"의 단계를 밟아 원위, 즉 북위까지 소급됨을 기록했다.

앞에서 살펴본 주희의 인용문 두 개는 모두 남송 시대의 의복이 호복의 요소가 섞였으며, 그 기원은 원위, 즉 북위로 거슬러 올라갔음을 지적했다. 인용문의 '원위'를 북주의 전신인 서위로 해석할 가능성도 있다. 북주·수·당의 지배층이 호속이 남아 있던 육진의 하나인 무천진武川鎭 출신이므로 북주의 호복이 호속으로 복귀한 서위 시대부터 지속되었다고 해석될 수 있기 때문이다. 북위(원위)는 동위와 서위로 분열되었으므로, 육진에서 잔존한 호복이 "서위→북주→수→당"으로 이어졌다면 '원위'가 아닌 '서위'로 표기하는 것이 의미를 전달하는 데 명확했을 것이다. 그런데도 '서위'가 아닌 '원위', 즉 북위로 표기한 것을 보면 남송 시대 호복의 기원을 북위로 인식認識했음은 분명하다. 이처럼 호복을 북위로 소급할 수 있다는 주희의 분석이 정확하다면 북위 후기에 효문제가 호복을 금지했는데도 호복을 입는 사람들이 존재했고, 이는 북주의 복식에도 영향을 주었다고 해석할 수 있다. 이는 2항에서 살펴본 것처럼 효문제가 호복을 금지했는데도 여전히 호복을 입었다는 문헌 고증과도 일치한다.

그러나 호복 금지 이후에 호복이 여전히 유행되었다는 필자의 주장과 남송 시대 호복이 북위로 소급될 수 있다는 주희의 주장이 사실로 밝혀지려면 북위 낙양 시대에 호복을 입었던 증거를 찾아야 한다. 이는 출토 유물을 통해 간접적으로 확인할 수 있다. 2절에서는 낙양 북위묘에서 출토된 도용陶俑의 복식을 분석해 낙양 시대洛陽時代의 호복 착용 여부를 검토하려고 한다.

2. 북위 후기 낙양의 호복·한복 병존과 호한 융합의 복식

1) 중국식 복식(한복)과 호복의 수용

중국의 옷은 우임右衽과 통이 넓은 소매가 주요 특징이었다. 그리고 남녀 모두 바지를 입지 않고 다리까지 내려오는 하의를 입었다. 본 항에서는 북조 이전 중국의 복식과 변화 과정을 살펴보겠다.

그림 2-1 문리용

좌: 남조 시대 무덤에서 출토된 도용. 난징박물원 소장, ⓒ 송영대.
우: 도문리용(陶文吏俑). 쓰촨박물원 소장, ⓒ 최진열.

먼저 군裙이다. 상裳을 앞뒤로 합쳐서 만들어진 옷이 군이었다. 후한後漢 이후 군을 입는 사람이 늘어나 군은 여성뿐만 아니라 남성들도 착용했다. 군이 출현한 이후에도 상은 여전히 착용되었고, 군은 안에, 상은 밖에 입었다. 후한 시대에는 의례를 행할 때 공경·제후·대부가 상을 입었다.[50] 상의上衣와 하상下裳은 예복·제복·상복喪服으로 쓰였다.[51] 다음의 〈그림 2-1〉은 남성들이 입는 상의하상上衣下裳의 특징을 보여주는 도용이다.

〈그림 2-1〉에 보이는 남성들의 복장은 남조 시대 관리의 복장이다. 윗옷은 모두 우임의 매무새를 하고 아래에는 상, 즉 치마를 입었다. 이 옷이 전통적으로 중국의 남성들이 고중세 시대에 입던 일반적인 옷이었다.

후에 상의하상의 복식은 군 및 합당고合襠袴와 함께 상유하군上襦下裙과 상습하고上褶下袴로 바뀌었다.[52] 합당고의 '고袴'는 바지인데, 본래 중국의 복식은 아니었다.

전국시대 조趙 무령왕武靈王이 호복을 채용한 후[53] 전국시대 중기부터 남북조 초기까지 수백 년 동안 기사騎射에 적합한 복장으로 바뀌었으며, 후에 중국의 보편적인 융복이 되었다.[54] 상의하고上衣下袴를 복식사에서 고습이라 한다. 고습은 후한 말 여범呂範이 착용했고,[55] 조비曹丕도 태자 때 고습袴褶을 좋아해 이를 입고 사냥했다. 한漢 말에 고습복袴褶服이 보급되었지만, 천한 옷(천복賤服)으로 간주되었고 신분이 높은 사람은 입지 않았다. 그러나 남조 고습은 융복(군복)이 되어[56] 장령과 사병은 일률적으로 고습을 입었고 사냥 때도 착용했다. 그러나 통이 넓은 중국 의복의 특징이 반영되어 남조의 고습은 옷(상의)의 소매와 바지

통이 넓고 크게 되었다. 좁은 소매와 통이 좁은 바지(착수소구고窄袖小口褲)의 고습이 중원에 도입된 후 넓은 소매의 상의와 통이 큰 바지로 바뀐 것이다.[57]

〈그림 2-2〉에서 가운데에 있는 2개의 군인 도용이 바지를 입은 것처럼 보이지만, 확실하지는 않다. 그러나 분명한 것은 윗옷의 매무새는 우임이다. 맨 오른쪽의 군사만이 좌임이지만, 위와 아래가 구분되지 않은 원피스형 갑옷을 입은 것처럼 보인다. 문헌과 선행 연구에 따르면 남조의 군사들이 유목민의 바지를 받아들였다고 하지만, 모든 군인이 바지를 입은 것 같지 않고, 여전히 중국옷의 기본적인 특징인 우임의 전투복을 입었음을 알 수 있다. 이는 기병에서도 확인할 수 있다.

〈그림 2-3〉의 왼쪽 사진은 전국시대 기병의 모습이고, 오른쪽 사진은 후한 시대 금琴을 든 기병의 모습이다. 전국시대 조 무령왕이 흉노의 호복과 기사胡服騎射를 받아들였다고 하지만, 나라나 지역적 편차가 컸다. 〈그림 2-3〉의 왼쪽 사진에서 볼 수 있듯이, 기병들은 적의 화살을 막기 위해 두꺼운 갑옷을 입었다. 따라서 유목민의 좌임 옷까지 채용하지 않는 경우도 있었다. 오른쪽 사진은 후한 시대 무덤에서 출토된 도용으로 우임의 옷을 입었음을 확인할 수 있다. 물론 지역적 편차를 고려해야 하지만, 출토 유물들을 보면 선행 연구와는 달리 중국의 기병들은 말을 타기 위해 유목민의 바지를 입었지만, 좌임의 매무새까지 반드시 받아들인 것은 아니었음을 확인할 수 있다.

바지 등 호복의 영향을 받아 바뀐 의복과는 달리 모자류는 중국의 전통을 유지했다. 예컨대 한 말의 평건책平巾幘은 삼국시대에 건도巾幍로 대체되었고 절각건折角巾, 능각건菱角巾, 자륜건紫綸巾, 백륜건白綸巾 등이 있었다. 이러한 모자는 양진·남북조 시대까지 장령과 사병이 모두 사용했다.[58]

앞에서 문헌과 고고학 유물을 통해 위·진·남조魏晉南朝 한인 의복의 특징을 살펴보았다. 중국인과 유목민 의복의 큰 특징인 바지가 수용된 이상 효문제가 수용하려고 했던 위·진·남조의 복식은 순수한 중국 전통의 복식으로 보기 어려

그림 2-2 군인의 도용

남조 시대의 도용. 난징박물원 소장, ⓒ 송영대.

그림 2-3 기병 도용

좌: 쉬저우(徐州) 수하병마용박물관(水下兵馬俑博物館)의 기병 전시 그림 촬영. 수하병마용박물관 소장, ⓒ 송영대.
우: 충칭 시(重慶市) 펑두(豐都)에서 출토된 포금 기마용(抱琴騎馬俑). 싼샤박물관 소장, ⓒ 최진열.

웠다.

효문제의 의복 개혁, 즉 '호복 금지' 이후 룽먼 석굴과 도용陶俑, 벽화壁畵 등 고고학 유물과 유적에서 중국식 복장을 채용한 예가 보인다. 빈양중동賓陽中洞의 효문제와 효문소황후孝文昭皇后의 예불도禮佛圖는 중국식 복식을 수용했음을 상징적으로 보여준다. 룽먼 석굴 빈양중동의 효문제와 효문소황후의 예불도와 효창 3년(527년) 준공된 황보공굴皇甫公窟의 남북 두 벽에 있는 대형 예불도의 복식은 포의박대식褒衣博帶式의 중국식 복식이었다.[59] 또한 룽먼 석굴 고양동의 제후 예불도帝后禮佛圖에 보이는 황후皇后와 귀비貴妃, 귀족貴族의 가족은 연화식蓮花式 고관高冠을 쓰고 안에 원령내포圓領內袍와 교령광수대포交領廣袖大袍를 입었다. 북위 상류층 부인의 복식은 대체로 후한後漢 복식을 본받았다고 한다.[60] 또한 태화 22년(498년) 북해왕北海王 원상元詳의 조상造像, 경명 4년(503년) 비구법생比丘法生 조상, 정시正始 4년(507년) 안정왕安定王 원섭元燮 조상의 공양인 복식도 중국식 복식이었다.[61]

다음으로 도용의 복식을 살펴보자. 북위 황실의 원씨 무덤에서 출토된 여관용女官俑은 당시 황실 가족 여관女官의 실제 모습을 반영한 것이다. 낙양 원소묘元邵墓에서 출토된 농관 여시리용籠冠女侍吏俑의 여관은 흑색 농관籠冠과 고습, 좌임과 넓은 소매(좌임 관수左衽寬袖), 요속대腰束帶를 둘렀다. 반부조 시용半浮雕侍俑은 소관小冠을 쓰고 고습을 착용했다. 낙양연체전창이호묘洛陽聯體磚廠二號墓의 농관 여리용籠冠女吏俑은 농관을 쓰고 넓은 소매의 삼(관수삼寬袖衫)을 입고 백습군百褶裙을 착용했다.[62] 여기에서 고습과 좌임, 습군褶裙은 호복의 대표적인 특징이었다.

앞에서 살펴본 것처럼 효문제의 '호복 금지' 이후 룽먼 석굴의 공양인과 도용, 벽화 등의 복식을 분석하면 중국식 복식이 보인다. 낙양에서 출토된 도용의 복식을 분석하면 순수한 중국식 복식(한복漢服)은 전체의 18.6%였다.[63] 그러나 좌임과 고습(바지)처럼 호복의 성격도 보인다. 또한 선행 연구에 따르면 '호복 금지'

이후 실용적인 호복이 한인 여성에게도 영향을 주었다. 호풍의 좁은 소매와 몸에 죄는 옷(착수긴신의窄袖緊身衣)는 '호복 금지'로 입어서는 안 되는 옷이었지만, 노동에 편해 일상생활에서 실용적인 옷이었다. 따라서 호인(선비) 여성들은 이전처럼 좁은 소매와 몸에 죄는 옷(착수긴신의)를 입었다. 한인 여성들도 이를 받아들이면서 좁은 소매와 몸에 죄는(착수긴신窄袖緊身)의 호복은 점차 한인 부녀자의 복식에 출현했다.[64] 이는 한인 여성들의 의복이 호복의 영향을 받았으며, 경우에 따라 호한 융합의 의복으로 볼 수도 있다. 선행 연구에 따르면, 호복과 중국식 복식의 특징이 모두 보이는 낙양 출토 도용은 46.7%(혹은 49.8%)에 해당한다.[65]

2) 호복의 존속과 한복에 미친 영향

선행 연구를 종합하면, 호복의 특징은 교령交領·착수·단고短褲,[66] 허리춤과 소매가 좁은 호복과 좌임, 둥근 옷깃의 둘레(원령圓領),[2][67] 고습복,[68] 협령 소수,[69] 양당裲襠,[70] 가죽옷(피구복皮裘服)[71] 등이었다. 이러한 특징을 가진 도용을 살펴보자.

〈그림 2-4〉의 왼쪽 사진에 보이는 여성은 좌임과 소매가 좁은 옷을 입었다. 좌임과 통이 좁은 소매(협령 소수)는 유목민 여성들이 입는 옷의 기본적인 특징이다. 즉, 호복의 특징을 지니고 있음을 알 수 있다. 오른쪽 사진의 남성도 좌임의 상의와 바지(고습)를 착용했다. 이 두 가지 역시 호복의 기본적인 특징이다. 요컨대 〈그림 2-4〉의 남성과 여성의 옷은 호복의 기본적인 특징을 갖추었다.

구체적으로 살펴보자면, 호복을 선비계鮮卑系 호복과 서역계西域系 호복으

2 원령은 원령(員領), 단령(團領), 상령(上領)이라고도 한다. 한위(漢魏) 이전에는 대개 서역에서 사용했으며, 중원 전통의 교령(交領)과 달랐다. 북위 여성 무덤에서 원령유복(圓領襦服)은 염화묘(染華墓), 양발호묘(梁拔胡墓) 등에서 보인다[武卓卓, 「民族融合背景下的女性服飾演變: 以北魏墓葬中出土的陶俑·壁畫爲硏究對象」(山西大學 2013屆碩士學位論文, 2013), pp. 20~21].

그림 2-4 북위 채회도무용과 채회도소관남용

좌: 채회도무용(彩繪陶舞俑), 뤄양박물관 소장, ⓒ최진열.
우: 채회도소관남용(彩繪陶小冠男俑), 뤄양박물관 소장, ⓒ최진열.
두 개 모두 낙양 북위묘에서 출토되었다.

로 구분하기도 한다. 후자는 움푹 들어간 눈과 큰 코[深目高鼻]라는 서역인의 용모를 지녀 선비계 호인과 구분된다. 서역계 호복은 6세기에 공양인상供養人像의 호복 복식으로 출현했다. 서역계 호복은 상의가 둥근 옷깃의 둘레(원령)이고 요대腰帶에 작은 칼과 주머니 등 각종 작은 공구를 착용했으며 흑색 풍모를 착용하지 않았다는 점에서 유목민들의 복식(선비계 호복)과 대비된다. 이는 주로 소그드와 박트리아, 페르시아 등 비단길에서 활동하는 서역인들의 복장이다.[72]

〈그림 2-5〉의 왼쪽 사진에 보이는 도용이 입은 옷은 망토를 두르고 목에 목도리를 한 옷으로 중국옷이나 호복이 아니다. 오른쪽 사진의 도용은 코가 크고 눈이 들어간 코카서스 인종의 얼굴 특징이 있다. 그리고 입은 옷도 중국옷이나 호복이 아니며, 중앙아시아 혹은 유럽의 옷으로 추정된다.

호인 여성들의 호복(선비복鮮卑服)을 상의하상, 상의하고의 고습, 상의하상의 양당으로 분류하기도 한다.[73]

룽먼 석굴 가운데 태화 19년(495년) 구목릉량 부인 울지씨 조상도와 태화 22년(498년) 시평공 조상의 공양인, 경명 3년(502년) 손추생 조상의 공양인 등 호복을 착용한 공양인 조상이 있다. 예컨대 고양동 북벽에 있는 태화 22년 시평공 조상의 감龕 아래 향로 양쪽에 있는 공양인 2구軀는 풍모를 쓰고 몸에 협령 소수의 장포를 입고 화靴를 신었다.[74]

이 밖에 단나袒裸의 옷도 있었다. 호인(선비인)에게는 단나의 풍속이 있었으며, 이는 유목 생활과 관계가 있었다. 『북사』 권3 「위본기·고조 효문제기」에 따르면 태화 16년(492년)에 단나[75]를 금지했다. 그러나 금지된 단나의 습속은 정광 3년(522년)에 묻힌 낙양 곽정흥묘郭定興墓에서 발굴된 3건의 여복용女僕俑에 보인다.

그림 2-5 채회피구남도용과 회도남호용

좌: 채회피구남도용(彩繪披裘男陶俑). 뤄양박물관 소장, ⓒ최진열.
우: 회도남호용(灰陶男胡俑). 허난박물원 소장, ⓒ최진열.

그림 2-6 곽정흥묘 출토 단나여용[78]

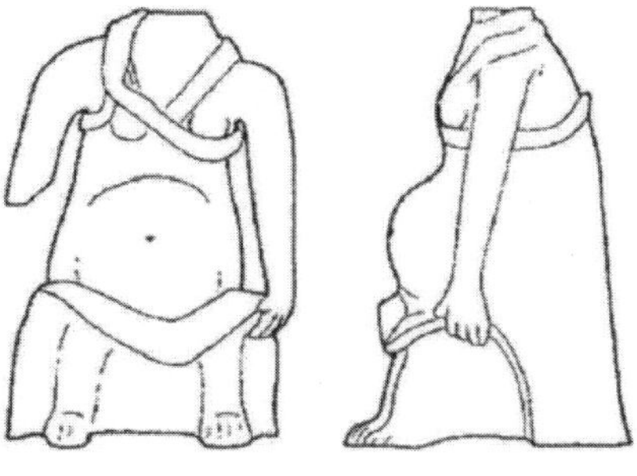

〈그림 2-6〉에서 알 수 있듯이, 이 여복용은 머리부가 없지만 교령장군交領長裙을 입고 유방이 돌출했고 배가 불룩 튀어나왔다. 이는 선비인의 단나복을 보여준다.[76] 한인인 곽정홍郭定興의 무덤에서 단나의 도용이 출토된 것은 곽정홍의 노비나 하녀 가운데 호인이 존재했을 가능성도 보여주지만, 한인 여성에게 단나의 호속이 전파되었을 가능성도 보여준다. 앞에서 살펴본 것처럼 단나 외에도 호복인 좁은 소매와 몸에 끼는 옷(착수긴신의)도 한인 여성들이 착용하는 일상복이 되었다.[77]

반면에 발굴 보고서와 선행 연구에서 중국식 복식의 영향을 받은 호복이 보인다. 여성들이 착용하는 상의하상은 모피로 만들었으며, 활동에 편하게 하기

그림 2-7 북위 채회도무용

북위 채회도무용(彩繪陶舞俑). 뤄양박물관 소장. ⓒ최진열.

위해 통 좁은 소매의 짧은 상의의 복장이었다. 착용한 넓은 포류관식袍類款式과 수군흑모垂裙黑帽는 추위를 막기 위한 복식이었다. 호인의 교임交衽과 좌임이 많았지만, 점차 한인의 우임을 채용하기도 했다.[79] 원역묘元懌墓의 동쪽 벽 남쪽 무사武士는 백색 소관을 쓰고 안에는 쌍령광수의雙領廣袖衣, 밖에는 백색 양당, 아래에는 백색 박퇴고縛腿褲를 입었다. 그리고 다리에는 첨두혜尖頭鞋를 신었다.[80] 원역묘의 무사는 양당, 바지, 혜鞋 등 호복을 착용했지만, 넓은 소매[廣袖]는 호복의 좁은 소매(착수)와 다른 중국풍이었고 소관은 중국의 모자였다. 여달呂達 부자의 무덤에서 출토된 문관용文官俑은 머리에 소관을 썼고 몸에 홍채관수장포紅彩寬袖長袍와 양당, 박고縛褲를 착용했다.[81]

〈그림 2-7〉을 보면 빨간 옷을 입은 두 여성이 손을 잡고 있다. 좌임과 바지는 호복(유목민 의복)의 대표적인 특징이다. 그러나 옷소매는 넓다. 이는 호복의 특징을 간직하면서 중국의 넓은 소매를 받아들였음을 보여준다.

3) 호한 병존과 호한 융합의 복식

북위 낙양 시대 낙양의 무덤에서 출토된 도용과 벽화 등의 복식을 보면 호복과 중국식 복식이 병존하거나 양자가 융합되어 새로운 복식으로 변모한 예들이 있다.[82] 예컨대 왕온묘王溫墓의 여용女俑은 한족 복장 특유의 유군襦裙과 선비인의 고습복袴褶服과 두껍고 무거운 가죽옷을 착용했다. 원소묘와 양기묘楊機墓의 여용 복식에도 좌임과 우임이 모두 보인다.[83]

이 밖에 하나의 옷에 호복과 중국식 복식의 특징이 모두 보이거나 양자가 융합한 예가 보인다. 대표적인 예가 속흉복식束胸服飾 혹은 고요속흉高腰束胸이라는 옷이다. 속흉복식은 넓은 소매의 짧은 저고리[寬袖短襦]와 땅에 끌리는 긴치마, 좁은 소매의 윗 저고리[窄袖上襦]와 땅에 이르는 긴치마로 나뉘며 호한의 복식이 섞였다.[84] 속흉복식(고요속흉)의 치마는 호한 문화의 영향을 받아 고요선高腰線이 유행했다. 고요선은 옷이 신체의 허리선[腰線] 위에 만든 허리선이었으며, 치마가 가슴 혹은 겨드랑이 밑까지 올라갔다. 뤄양 시洛陽市 멍진 현孟津縣에서 출토된 후장묘侯掌墓(524년)의 여용(M22:38), 낙양 원소묘(527년)의 궤좌복용跪坐僕俑, 낙양 북위 양기묘(533년)의 여시용女侍俑, 서안 남교 위휘화묘西安南郊韋輝和墓(533년), 위건묘韋乾墓(534년)의 여용, 언사 전두루 북위 석관묘偃師前杜樓北魏石棺墓의 여용 등 낙양 시대 무덤의 여용과 벽화에 자주 보인다.[85]

룽먼 석굴 황후예복도皇后禮服圖의 황실 복식은 후한 황실의 복식인 고관박대高冠博帶였다. 여용 중 여관의 복식은 남조 관복官服의 영향을 받았지만 선비 복식의 관식款式 특징과 불교 복식의 요소가 섞였다.[86] 낙양에서 출토된 도용의 복식을 분석한 연구에 따르면, 호복과 중국식 복식이 병존한 비율이 높다는 특징이 나타났다. 한식漢式(한복)의 소관[3]과 좌임관수삼左衽寬袖衫과 바지 혹은 좌임장포左衽長袍를 착용한 원소묘의 시용侍俑[87]처럼 호복과 중국식 복식의 요소가

3 북위의 전기와 후기 무덤에서 출토된 여사용(女吏俑)이 쓴 소관은 『진서(晉書)』에 기록되어 있는데, 한 말과 진대(晉代)에 유행한 소관자(小冠子)로 평건책으로 불린다. 남조에서는 관복(官服)으로 사용되었으며 북위가 관복을 제정할 때 남조의 관복 제도를 참조했으므로 북위 시대 주요 관식(冠式)의 하나였다[石華, 「北魏婦女服飾硏究」(山東大學碩士學位論文, 2008), pp. 52~53].

동시에 보이는 경우도 있다. 낙양 북위묘 도용의 복식을 정리한 필자의 연구에 따르면 호복과 중국식 복식이 병존하거나 호복과 호모가 아닌 모자를 착용한 도용을 합하면 203개로 전체의 37.8%를 차지한다. 또한 호복과 중국식 복식의 영향이 동시에 보이는 도용은 301개 혹은 316개로 그 비중은 56.1% 혹은 58.8%이었다.[88] 어떤 쪽이 우세한지, 양자가 섞이더라도 호복 혹은 중국식 복식 한쪽으로 간주할 수 있는지에 대해서는 논의가 더욱 필요하지만, 이른바 호복과 중국식 복식이 뒤섞인 상태라는 견해[89]는 수긍할 만하다.

제3장

호성의 한성 개칭 검토

기존의 통설에 따르면, 두 글자 이상인 호성을 단성(한 글자 성)으로 바꾼 태화 20년(496년)의 조치는 호인에게 한인(중국인)의 성姓을 사용하게 함으로써 호인을 한인으로 동화시키려는 조치라고 해석된다.[1] 이 정책은 『위서』「고조기」 태화 20년 춘정월 정묘조에 다음과 같이 기록되었다.

> 조서를 내려 [탁발씨를] 원씨元氏로 성을 바꾸게 하라.[1]

앞의 인용문처럼 간략한 기록은 『북사』도 마찬가지이다.[2] 『위서』와 『북사』 본기를 보면 단순히 북위 황실의 탁발씨만 중국식으로 원씨로 바꾼 것처럼 보인다. 그러나 『자치통감』은 『위서』와 『북사』보다 자세하게 기록했다.

---

1 박한제(朴漢濟) 교수는 호성의 한성 개칭이라는 표현 대신 복성(두 글자 이상의 성)의 단성 개칭이라는 표현으로 바꾸어야 한다고 주장했다. 유(劉) · 육(陸) · 주(周) · 우(于) 등 80여 성은 원래의 한성에 있지만 탁발씨를 개칭한 원씨처럼 한성과 관계없는 성도 상당수 있다는 점을 근거로 들었다[朴漢濟, 「西魏 · 北周時代 胡漢體制의 展開: 胡姓再行의 經過와 그 意味」, ≪魏晉隋唐史硏究≫, 1(1994), 48~49쪽]. 이는 타당한 주장이지만, 이 책에서는 일반적으로 사용하는 용어를 그대로 사용하겠다.

> 위주는 조서를 내려 다음과 같이 말했다. "북인은 토土를 탁拓, 후后를 발跋이라 한다. 위魏의 선조는 황제黃帝로부터 나왔고, 토덕土德을 취해 왕이 되었으므로 탁발씨로 칭했다. 무릇 토는 황중黃中의 색이고, 만물萬物의 으뜸이다. [탁발씨를] 원씨로 성을 바꾸게 하라. 대代에서 온 공신功臣과 구족舊族 가운데 성이 중복重複되면 모두 고치게 하라". 이때 처음으로 발발씨拔拔氏를 장손씨로, 달해씨達奚氏를 해씨奚氏로, 을전씨乙旃氏를 숙손씨叔孫氏로, 구목릉씨丘穆陵氏를 목씨穆氏로, 보육고씨步六孤氏를 육씨陸氏로, 하뢰씨賀賴氏를 하씨賀氏로, 독고씨를 유씨劉氏로, 하루賀樓를 누씨樓氏로, 물뉴우씨를 우씨로, 울지씨를 울씨尉氏로 각각 바꾸었다. 그 나머지 호인의 성을 바꾼 것은 일일이 기록할 수 없다.[3]

앞의 인용문에 따르면 탁발씨뿐만 아니라 기타 호인들도 성을 중국식 한 글자 성으로 바꾸었다고 기록했다. 『위서』「관씨지」에는 성을 바꾼 연도가 표기되지는 않았지만, 토욕혼씨吐谷渾氏·하약씨賀若氏·나씨那氏·유씨庾氏·모용씨慕容氏·우문씨宇文氏 6성姓을 제외한 대부분의 호성은 대부분 한 글자 성으로 바꾸었음을 기록했다.[4] 『위서』와 『자치통감』의 기록을 종합하면 태화 20년 탁발씨를 비롯한 대부분의 호성을 대부분 한 글자 성인 한성으로 바꾸었다고 볼 수 있다.[2] 실제로 현재 공간되었거나 보고되는 북위 후기 낙양에서 발굴된 북위 호인들의 묘지명을 보면 대부분 한성을 사용했음을 알 수 있다. 그러나 사서와 묘지명에서 호성을 유지했던 예가 보인다.

---

2 가오성지(高升記)는 『남제서』「위로전」에 보이는 남제 융창(隆昌) 원년, 즉 태화 18년에 탁발씨를 원씨로 바꾼 기록을 바탕으로 탁발씨의 한성 개칭은 태화 18년에, 기타 호성의 한성 개칭은 태화 19년과 20년 사이에 실행되었다고 보았다[高升記, 「試論北魏孝文帝定姓族」, ≪山西大學學報≫(哲學社會科學版), 1995-1(1995), p. 69]. 그러나 『남제서』「위로전」의 기사(記事)가 북위보다 1년 빠르고 『위서』「고조기」에 탁발씨의 원씨 개칭 기사가 있으므로 가오성지의 주장을 사실로 받아들이기 어렵다.

1절에서는 호성의 한성 개칭 이후 세워진 「조비간묘문弔比干墓文」의 호성 표기를 검토한다. 이어서 2절에서 『위서』의 한성 표기와 호성 표기, 특히 후자에 초점을 맞추어 살펴본다. 3절에서는 묘지명과 금석문에 보이는 호성 표기를 분석한다. 마지막으로 4절에서는 고차·강 등 호성 개칭의 예외 집단을 유형별로 검토한다.

1. 「조비간묘문」의 호성 표기

본 절에서는 효문제 시기에 세워졌다고 알려진 「조비간묘문」의 호인 인적 사항을 분석해 호성 표기 양상을 살펴보자. 다음 명단은 「조비간묘문」의 효문제 순행 수행 관원 가운데 호인들의 관작과 성명만을 나열한 것이다.

使持節 驃騎大將軍 都督司豫荊郢洛東荊六州諸軍事 開府 司州牧 咸陽王 口 河南郡 元木

使持節 司空公 太子太傅 長樂公 河南郡 丘目陵亮(『위서』에서는 穆亮)

特進 太子太保 廣陵王 臣 河南郡 元羽

侍中 始平王 臣 河南郡 元勰

兼尙書右僕射 吏部尙書 任城王 臣 河南郡 元澄

散騎常侍 祭酒 光祿勳卿 高陽伯 臣 河南郡 元徵[3]

散騎常侍 北海王 臣 河南郡 元祥

散騎常侍 領司宗中大夫 臣 河南郡 元景

3 장진룽(張金龍)에 따르면, '徵(징)'은 '徽(휘)'의 오기(誤記)이다[張金龍, 「北魏後期禁衛武官制度」, 『魏晉南北朝禁衛武官制度研究』(北京: 中華書局, 2004), p. 751].

散騎常侍 臣 河南郡 元纂

右衛將軍 臣 河南郡 元翰

龍驤將軍 臣 河南郡 大野懃

司衛監 臣 河南郡 元虯

司衛監 臣 河南郡 万忸于勁

員外散騎常侍 光祿勳少卿 黃平子 臣 河南郡 丘目陵純

羽林中郎將 臣 河南郡 侯莫陳益

員外散騎常侍 帶呂輿 給事中 臣 河南郡 丘目陵惠

太子率更令 襄陽伯 臣 河南郡 元尉

給事中 臣 河南郡 乙旃恬

給事中 臣 河南郡 乙旃免

給事中 臣 河南郡 郁久閭麟

以上第一列

右軍將軍 臣 河南郡 元宜

給事 臣 河南郡 侯文福

給事 臣 河南郡 万忸乎紵

射聲校尉 臣 河南郡 元洛平

顯武將軍 臣 河南郡 万忸乎吐拔

直閤 武衛中臣 高車部人 斛律慮

直閤 武衛中臣 河南郡 乙旃阿各仁

直閤 武衛中臣 河南郡 侯呂阿皃

直閤 武衛中臣 河南郡 叱羅吐蓋

直閤 武衛中臣 代郡 若干侯莫仁

直閤 武衛中臣 河南郡 乙旃應仁

直閤 武衛中臣 河南郡 吐難蓑命

散騎侍郎 東郡公 臣 河南郡 陸昕

散騎侍郎 臣 河南郡 郁久閭敏

以上第二列

宰官令 臣 河南郡 伊婁願

監御令 臣 河南郡 莫耐婁悅

符節令 臣 代郡 賀拔舍

武騎侍郎 臣 河南郡 獨孤遙

武騎侍郎 臣 河南郡 乙旃俟莫干

武騎侍郎 臣 河南郡 万忸乎澄

符璽郎中 臣 河南郡 拔拔臻

員外散騎侍郎 臣 河南郡 陸怖道

以上第三列[5]

앞에서 인용한 「조비간묘문」에서 호인 관료들의 성을 살펴보자. 첫줄에 있는 '元木' 부분은 '함양왕'이라는 작위로 보아 효문제의 동생인 함양왕 원희元禧임이 분명하다. 이 함양왕 원희를 포함해서 원우元羽, 원협元勰, 원징元澄, 원징元徵[원휘元徽], 원상元詳, 원경元景, 원모元慕, 원한元翰, 원규元虯, 원위元尉, 원의元宜, 원낙평元洛平 등 북위 황실과 육흔陸昕, 육포도陸怖道[육희도]의 이름 앞에 "하남군"이라는 본적 혹은 군망郡望이 표기되었다. 효문제는 태화 19년(495년) 유월 평성에서 낙양으로 남천南遷한 대인代人의 본적을 "하남 낙양인"으로 바꾸게 했다.[6] 본적이 하남군인 원씨와 육씨陸氏는 496년 호성의 한성(중국성) 개칭 조치를 따른 탁발씨와 보육고씨였다.

그런데 자신의 본적 혹은 군망을 "하남군"으로 표기했지만, 구목릉량丘目陵亮,

대야각大野慦, 만뉴우경万忸于勁, 구목릉순丘目陵純, 후막진익侯莫陳益, 구목릉혜丘目陵惠, 을전념乙旃恬, 을전면乙旃免, 욱구려린郁久閭麟, 사문복俟文福, 만뉴호저万忸乎紵, 만뉴호토발万忸乎吐拔, 을전아각인乙旃阿各仁, 사여아아俟呂阿兒, 질라토개叱羅吐盖, 을전응인乙旃應仁, 토난장명吐難萇命, 욱구려민郁久閭敏, 이루원伊婁願, 막내루열莫耐婁悅, 독고요獨孤遙, 을전후막간乙旃侯莫干, 만뉴호징万忸乎澄, 발발진拔拔臻은 원씨와 육씨와 달리 원래 자신의 호성으로 표기했다. 고차부인高車部人 곡률려斛律慮와 대군代郡 약간후막인若干侯莫仁과 하발사賀拔舍도 원래의 성으로 표기했다. 이상의 27인(하남군을 본적으로 한 호인은 24인)은 본래의 호성으로 표기되었고, 일부는 호풍의 이름을 가졌다.

「조비간묘문」을 보면 두 글자 이상의 호성을 대개 한 글자인 한성으로 바꾼 조치도 일정 기간 지켜지지 않았던 것처럼 보인다. 그러나 이를 입증하려면 「조비간묘문」의 문장과 비석을 세운 연대를 먼저 살펴볼 필요가 있다.

효문제가 순행 도중 비간묘를 지나다 지은 「조비간묘문」에는 비석을 세우게 된 과정과 순행을 수행한 관원 82인의 명단이 열거되었다. 『위서』 「고조기」에 따르면 효문제가 태화 18년(494년) 십일월 업鄴에서 낙양으로 순행하던 도중 비간比干의 묘를 지나면서 친히 조문弔文을 짓고 비를 세우게 했다.[7] 비문에도 "황제께서 중원으로 천도한 첫 해[維皇構遷中之元載][8]라는 구절이 있어서 태화 18년에 비가 세워졌음을 밝혔고, 이에 동조하는 견해도 있다.[9] 한편 『금석췌편金石萃編』의 편자 왕창王昶은 태화 20년 이후로 보았으며, 일부 학자도 이에 동의했다.[10] 「조비간묘문」의 성씨와 본적의 기재 형식을 보면, 탁발씨가 하남 원씨로, 보육고씨가 하남 육씨로 표기되어 중국식 성을 사용한 데 비해 대부분의 호인은 모두 호성을 사용했다. 그러나 호성을 사용했어도 본적은 대개 하남군으로 표기했다. 이처럼 한성인 원씨와 육씨가 사용된 것으로 보아 이 비는 호성의 개성改姓을 명했던 태화 20년 이후 세워졌다고 볼 수 있다.[11]

이에 대해 뤄신羅新은 비석을 세우는 일을 관장했던 인물이 선무제 경명 연간 초에 '시수하내군試守河內郡'에 임명되었으며, 후에 함양왕 원희의 모반 사건에 가담했다가 체포되었던 육수陸琇였다고 추정했다. 북위에서는 황제의 주요 활동을 기념하기 위해 세운 기념비는 대개 지방장관이 감독했고, 비석을 세우는 시기는 해당 사건이 발생한 수년 후였다고 한다. 예컨대 「태무제 동순비太武帝東巡碑」는 태무제가 태연太延 원년(435년) 11월에 태무제의 활쏘기를 기념하기 위해 세웠다. 이 비석을 세운 사람은 전후에 정주자사定州刺史를 지낸 사람이고 비석을 세운 시기는 2년여 후의 일이다.[12] 육수 이전에 하내 태수河內太守도 비석을 세우는 작업을 맡았으나 완공하지 못해 육수가 부임한 후에야 완성한 것이다. 이 때문에 육수는 이 기회를 이용해 원문의 보육고步六孤를 '육陸'으로 바꾸었다고 한다. 즉, 뤄신은 「조비간묘문」을 세운 시기는 선무제 경명 원년(500년)부터 경명 2년(501년) 오월 사이의 시기였으며, 효문제가 조제弔祭한 지 5년 이상이 지난 후라고 주장했다.[13]

선행 연구에서는 「조비간묘문」 비석이 공통적으로 496년 이후 세워졌다고 보았다. 그런데 「조비간묘문」에서 15인의 원씨(탁발씨)와 육씨(보육고씨)는 한성으로, 27인의 호인은 호성을 칭해 서로 다른 표기법에 따랐다. 「조비간묘문」의 비석이 호성의 개성 조치가 발표된 태화 20년 이후 세워졌다면 「조비간묘문」 비석에 새겨진 호인들은 모두 호성이 아닌 한성을 사용해야 한다. 그런데 42인 가운데 27인(64.3%)이 효문제의 명령을 어긴 셈이다. 혹은 뤄신의 주장처럼 태화 18년에 비문이 완성되었더라도 실제 비석을 세운 시기가 5년이 지난 선무제 경명 원년부터 경명 2년 오월 사이의 시기라는 주장을 받아들인다고 하자. 이 경우 하내 태수로 부임한 육수가 태화 18년 전후에 씌여진 조문에 기록된 호성 가운데 북위 황실의 성인 탁발씨와 자기 가문의 성인 보육고만 원과 육으로 바꾸었다는 뜻이다.[14] 뤄신의 주장을 사실로 받아들인다고 하더라도 탁발씨와 보육고씨를 제외한 나머지 호인이 자신의 성을 한성으로 바꾸어달라고 이의를 제기하지 않았던 점이 이상하다. 이를 정합적으로 이해하려면 27인의 호인 혹은 후손이 한성보다 원래의 호성으로 표기하는 것을 인정했다고 해석할 수밖에 없다. 27인 가운데 하남군을 본적으로 삼은 24인의 호인은 대인에서 하남 낙양인으로 본적을 바꾸라는 효문제의 명령은 따랐지만, 호성을 한성으로 바꾸라는 명령은 듣지 않은 것이다.

요컨대 「조비간묘문」의 성 표기 방식을 보면 당시 호인 지배층은 효문제의 호성 개칭改稱 조치를 발표 이후에도 상당 기간 잘 따르지 않았다는 뜻으로 해석된다. 이는 효문제의 호성 개성 조치에 대한 저항으로 해석할 수 있다.

2. 『위서』의 호성과 한성 표기 검토

육진의 난 전후 육진을 비롯한 북쪽과 서북쪽 변경에서 반란이 동시다발적으로 일어났음은 주지의 사실이다.[15] 이때 반란의 주모자와 참여자들의 성명을 살펴보면 호성이 보인다. 예컨대 육진의 난을 일으킨 옥야진인沃野鎭人 파락한발릉破落汗拔陵은 정광 5년 삼월(524년 4월 19일~5월 18일) 진장을 죽이고 진왕眞王 원년이라는 연호를 사용했다.[16] 그런데 『위서』 「원심전元深傳」에는 '파락한발릉'을 '파육한발릉破六韓拔陵'으로 표기했다.[17] 야오웨이위안의 고증에 따르면 파락한破落汗은 출대한出大汗, 파육한破六韓, 보육한步六汗으로도 표기되며[18] 효문제의 한성 개칭으로 한씨韓氏로 바뀌었다.[19]

파육한발릉에 호응해 같은 해 사월에 반란을 일으켰던 고평 추장高平酋長 호침胡琛[20] 휘하에는 장군 숙근명달宿勤明達이 있었다.[21] 호침의 반란에 내응했던 고평진高平鎭 사람들은 복조卜朝를 죽이고 호침을 받아들였다.[22] 여기에서 고평 추장 호침은 고차高車(칙륵敕勒) 출신으로 추정되며 호씨胡氏는 흘골씨紇骨氏를 고친 한성이다.[23] 또한 고평진 사람들에게 살해되었던 복조의 '복卜'은 흉노의 귀족 가문 가운데 하나였던 수복씨須卜氏[24]를 고친 한성이었다.[25] 여기에서 호침과 복조는 호성이 아닌 한성으로 표기되었던 반면 호침의 장군 숙근명달은 호성으로 표기되었다. '숙근宿勤'은 숙육근씨宿六斤氏라고 하며 하夏(혁련하赫連夏)를 세운 혁련씨赫連氏의 지족支族이었고 도무제 천흥天興 2년(398년) 혁련발발赫連勃勃의 아우 문진文陳이 북위에 항복한 후 명원제 시기에 약두근若豆根이 숙씨宿氏(숙육근씨)라는 성을 하사받았다.[26] 효문제의 한성 개칭 명령 이후 숙씨로 바뀌었다.[27] 따라서 숙근명달이 '숙명달'로 표기되지 않은 것으로 보아 호성을 사용했음을 발견할 수 있다. 숙근명달과 함께 반란을 일으켰던 질간기린叱干騏驎[28]의 '질간叱干'도 호성의 한성 개성 이후 설씨薛氏로 표기되어야 했다.[29] 따라서 황하 상류에 살았던 호인인 숙근명달과 질간기린은 여전히 호성을 사용했음을 알 수 있다.

다음으로 같은 해 유월에 반란을 일으킨 진주秦州 성인城人 막절태제莫折太提가 반란을 일으켜 진주자사秦州刺史 이언李彦을 죽였다. 이때 남진주南秦州의 성인 손엄孫掩·장장명張長命·한조향韓祖香이 반란을 일으켜 남진주자사南秦州刺史 최유崔遊를 죽이고 막절태제를 살해했다.[30] '막절莫折'은 강인羌人의 성이며, 두 글자 성이고 한성은 아니다. 즉, 막절태제는 여전히 호성을 사용했다. 그러나 막절태제에 동조한 손엄·장장명·한조향은 한인이 아니라고 하더라도 외형상 한성을 사용했다.

칠월에 반란을 일으킨 양주涼州 당수幢帥 우보리于菩提와 호연웅呼延雄이 양주자사涼州刺史 송영宋穎을 사로잡고 반란을 일으켰다.[31] 우보리의 '우于'는 북위 훈신 팔성에 해당하는 우씨이며 개칭 전의 성은 만뉴우万[萬]忸于였다.[32] 따라서 우보리는 한성을 사용했다. 반면 호연웅의 '호연呼延'은 수복씨처럼 흉노의 주요 귀족 출신이었다.[33] 『위서』「관씨지」에 호연씨의 한성 개칭 기록이 누락되었고, 야오웨이위안의 『북조호성고』에도 보이지 않는다. 아마도 호연씨는 효문제의 호성의 한성 개칭 조치에서 제외되었던 것으로 보인다.

팔월 정유일(10월 2일)에 남수용 목자 우걸진于乞眞이 태복경太僕卿 육연陸延

을 살해했으나 이주영이 토벌했다.[34] 그런데 『위서』 「이주영전」에는 '만자걸진'으로 표기되었다.[35] '만자萬子'는 우씨의 개칭 이전의 표기인 만뉴우를 연상시킨다. 두 기록을 대조하면 원래 만자걸진은 호성을 사용했으나, 『위서』 본기에서는 한성으로 표기되었음을 알 수 있다.

다음으로 시월에 영주營州 성인 유안정劉安定과 취덕흥就德興이 영주자사營州刺史 이중준李仲遵을 사로잡고 반란을 일으켰으나 성인 왕악아王惡兒가 유안정을 죽이고 항복했다.[36] 유씨劉氏는 독고씨,[37] 취씨就氏는 원뢰씨宛賴氏를[38] 한성으로 개칭한 것이다. 또한 왕씨王氏는 서강西羌 · 오환烏丸 · 고려高麗 · 흉노 · 갈羯 · 거란 · 회흘回紇 등 이민족들이 사용한 성이기도 했다.[39] 따라서 성인 세 사람은 호인일 가능성이 크지만 모두 한성을 사용했음은 분명하다.

이어서 효창 원년 정월(525년 2월 8일~3월 9일)에 오원五原의 항호降戶 선우수례鮮于脩禮가 정주定州에서 반란을 일으켜 연호를 노흥魯興 원년이라 했다.[40] 야오웨이위안의 고증에 따르면 선우씨鮮于氏는 선씨鮮氏라는 한성으로 바뀌었다.[41] 따라서 선우수례는 한성이 아닌 호성을 사용했음을 알 수 있다.

한편 같은 해 팔월에 반란을 일으킨 유현진인柔玄鎭人 두락주杜洛周는 연호를 진왕眞王으로 정하고 연주燕州를 공략했다.[42] 다음 해 상경常景이 두락주의 군대를 격파하며 죽인 부하에 하발문흥賀拔文興과 후막진승侯莫陳升이 있었다.[43] 여기에서 두락주는 『양서』 「후경전」에는 '토근락주吐斤洛周'라고 표기되었다.[44] 따라서 『위서』의 두락주는 『양서』의 표기대로 본래 토근락주였으나 한성으로 바꾸어 두락주로 바꾸었음을 알 수 있다. 또한 두락주의 부하였던 하발문흥과 후막진승의 하발賀拔과 후막진侯莫陳은 규정에 따르면, 각각 하씨何氏[45]와 진씨陳氏[46]라는 한성으로 바뀌어야 했다. 즉, 두락주(토근락주), 하발문흥, 후막진승은 모두 본래 호성으로 표기되었음을 알 수 있다.

효창 2년(526년) 삼월에 서부 칙륵 곡률낙양斛律洛陽이 상건에서,[47] 사월에는 삭주 성인 선우아호鮮于阿胡와 사적풍락이 각각 반란을 일으켰다.[48] 곡률낙양의 곡률씨斛律氏는 『위서』 「관씨지」의 한성 개칭 사례에 누락된 것으로 보아 효문제의 한성 개칭 이후에도 본래의 성을 사용했던 것 같다. 선우아호의 '선우鮮于'는 앞에서 말한 대로 선씨의 개칭 전 본래의 호성이었다. 또한 사적풍락의 '사적厍狄'은 '고적厙狄'으로도 표기되며 호성의 한성 개칭 이후 적씨狄氏라는 한성으로 바뀌었다.[49] 곡률낙양과 선우아호, 사적풍락도 모두 호성을 사용했다.

이어서 이주영에게 토멸되었던 수용 내부內附 호민 걸부막우, 남수용 목자 만자걸진, 병주 목자 소화파륜험, 호걸胡乞, 보락견호 유아여, 칙륵 북렬보약北列步若, 칙륵 곡률낙양, 비야두費也頭 목자[50]와 계호稽胡 유려승劉蠡升[51] 등의 반란 기사에서도 호성을 발견할 수 있다. 걸부막우의 '걸부乞扶'는 호성의 한성 개칭 이후 부씨扶氏로,[52] 병주 목자 소화파륜험의 '소화素和'는 화씨和氏로[53] 각각 바뀌었다. 칙륵 북렬보약은 『위서』 「관씨지」에 보이지 않는 것으로 보아 곡률낙양의 곡률씨처럼 본래의 성을 사용했던 것으로 보인다. 반면 호걸과 보락견호 유아여, 계호 유려승의 '호胡'와 '유劉'는 앞에서 설명한 대로 각각 흘골씨와 흉노 선우單于의 성인 독고씨를 개칭한 한성이었다.

또한 효장제에게 이주조를 공격하라는 명령을 받았던 하서河西 사람 흘두릉보번紇豆陵步蕃[4]과 비야두의 우두머리 흘두릉이리紇豆陵伊利, 만사수락간万俟受洛干도 호성 사용의 예이다.[54] 흘두릉씨紇豆陵氏는 호성의 한성 개칭 이후 두씨竇氏로 개칭되었다.[55] 흉노 계통으로 알려진 만사씨万俟氏는 『위서』 「관씨지」에 보이지 않고 야오웨이위안의 연구에서도 한성으로 개칭한 예가 발견되지 않는 것으로 보아 호성의 한성 개칭 조치에서 제외되었을 가능성이 있다. 여기에서 흘두릉보번과 흘두릉이리, 만사수락간 역시 본래의 호성으로 표기되었음을 확인

---

4 530년 효장제가 이주영을 살해한 후, 하서인(河西人) 흘두릉보번에게 이주씨의 본거지인 수용을 습격하라는 조서를 내리고 있다(『魏書』, 卷75 「尒朱兆傳」, p. 1663, "初, 榮旣死, 莊帝詔河西人紇豆陵步蕃等令襲秀容"). 이는 흘두릉보번이 이주영에 대적할 실력을 가진 호족 추장(胡族酋長)이었음을 시사한다.

할 수 있다.

앞에서 살펴본 것처럼 『위서』를 중심으로 육진의 난 이후 반란을 일으켰거나 반대로 북위 편에서 싸웠던 지방관 등 인물들의 성을 살펴보았다. 그 결과 파락한발릉(파육한발릉), 숙근명달, 막절태제, 호연웅, 우걸진(만자걸진), 두락주(토근락주), 하발문홍·후막진승, 선우아호와 사적풍락, 곡률낙양·선우아호·사적풍락, 걸부막우, 소화파륜험, 북렬보약, 흘두릉보번·흘두릉이리·만사수락간은 호성을 사용했다. 반면 호침, 복조, 손엄·장장명·한조향, 우보리, 유안정·취덕홍·왕악아, 유아여, 호걸, 유여승은 한성으로 표기되었다. 이들이 활동했던 곳은 현재의 산시 성陜西省과 산시 성山西省, 네이멍구자치구內蒙古自治區 등 북위 북변 전역에 퍼져 있었다.

이 밖에 질렬연경叱列延慶(대代 서부인西部人),[56] 곡사춘斛斯椿(광목군廣牧郡 부창현富昌縣),[57] 하발이두賀拔爾逗·하발승賀拔勝(신무군神武郡 첨산현尖山縣),[58] 하발가니賀拔可泥,[59] 하발악賀拔岳,[60] 후막진열侯莫陳悅[61]도 호성을 사용했다. 질렬叱列은 질리叱利·질리叱李·질복렬叱伏列·읍복리泣伏利라고도 표기되며[62] 호성으로 개칭한 이후 이씨利氏라는 한성으로 바뀌었다.[63] 하발씨賀拔氏와 후막진씨侯莫陳氏는 앞에서 살펴본 것처럼 각각 하씨와 진씨라는 한성으로 바뀌었다. 곡사씨斛斯氏는 『위서』「관씨지」에 보이지 않고 야오웨이위안의 연구에도 한성 개칭이 언급되지 않았다. 이상의 7인도 호성을 사용했다.

『위서』의 호성 표기 예를 살펴본 결과 이들의 성씨 표기를 통해 낙양이 아닌 북위의 북쪽 변방에 거주하는 호인들은 호성과 한성을 모두 사용했음을 알 수 있다. 이는 일단 낙양 외의 지역에 거주하는 호인들은 한성과 호성 가운데 하나를 택해 사용했던 것처럼 보인다. 혹은 관문서에 기록한 한인들이 자의적으로 표기했을 가능성도 있다. 그리고 「조비간묘문」에서도 등장했던 곡률씨는 『위서』에서 줄곧 곡률씨로 표기된 것으로 보아 호성의 한성 개칭에서 제외되었을 것이다. 그런데 두락주가 남조계 사서인 『양서』에 토근락주로 표기되었고, 『위서』 본기의 우걸진이 같은 책의 「이주영전」에는 만자걸진으로 표기된 것으로 보아 『위서』의 북변 지역 호인들이 호성을 사용했으나 『위서』 편찬자나 당시 문서 행정 담당자들에 의해 한성으로 고쳐졌던 호인들도 있었음을 확인할 수 있다.

『북제서』와 『주서』의 각 열전을 분석하면 호성의 한성 개성은 호인 전체에게 미친 것 같지 않다. 『위서』에 바꾸었다고 기록한 원래의 성을 사용하고 있는 경우가 많으며, 특히 북주가 많았다고 한다. 이는 아마도 북주에서 북인에게 구성舊姓으로 회복하라는 규정(호성 재행胡姓再行)이 있었기 때문으로 보인다. 그러나 문제가 있다. 『주서』에서 달해식 1인 외에 설숙薛琡(질간씨), 우근(물뉴우씨), 장손검(탁발씨), 원씨 제신元氏諸臣 등 낙양 출신자는 모두 한성을 사용했다. 대북 출신 가운데 원씨, 육등陸騰(보육고씨), 두치竇熾(흘두릉씨) 외에 고작간厙狄干(적씨로 바꿈), 하발윤賀拔允(하씨로 바꿈), 후막진상侯莫陳相(후씨로 바꿈), 독고영업獨孤永業(유씨劉氏로 바꿈), 울지형尉遲迥(울씨尉氏로 바꿈) 등은 모두 원래의 호성을 사용했다. 규칙성이 존재하지 않지만, 적어도 북진北鎭 호인 중의 일부는 여전히 호성을 사용했다. 이는 효문제의 개성은 전체 호인들에게 완전히 적용되지 않았음을 뜻한다. 따라서 호성의 한성 개칭의 범위는 낙양으로 천도한 일부 호인에 한정된다.[64]

3. 묘지명과 기타 금석문의 호성 표기

본 절에서는 북위 시대에 활동했던 호인들의 묘지명과 조상기造像記 등 각종 금석문을 분석해 호성 사용의 실태를 살펴보고자 한다.

『한위남북조묘지휘편漢魏南北朝墓誌彙編』과 『신출위진남북조묘지소증新出魏晉南北朝墓志疏證』에 수록된 북위 시대 묘지명을 검토하면 하남군 낙양현을 본적으로 한 호인은 대부분 한성을 사용했다. 낙양 외의 지역에 거주하는 호인의 묘지명은 거의 출토되지 않아서 통계적인 의미는 없지만, 현재까지 4인의 예외가 보인다. 이주매진爾朱買珍의 아들이며 북수용北秀容이 본적인 이주소爾朱紹(502~529년)[65]와 이주습爾朱襲(512~529년),[66] 그리고 금성군金城郡 유중현楡中縣이 본적인 걸복보乞伏寶(?~532년)[67]는 복성(두 글자 이상의 성), 즉 호성을 사용했다.

또한 평문황제平文皇帝의 6세손인 원룡元龍의 어머니, 즉 원룡의 아버지 원도화元度和의 아내 흘간씨紇干氏[68]는 낙양을 본적으로 삼았지만, '흘간紇干'이라는 호성을 여전히 사용했다. 원□元□의 묘지명에는 원□의 아버지 원리元悝의 아내 질라씨叱羅氏, 그리고 질라씨의 아버지 질라흥叱羅興[69]이 언급되어 있다. 여기에서 질라흥 부녀는 호성일 '질라叱羅'를 여전히 성으로 사용하고 있음을 알 수 있다. 참고로 질라씨의 한성은 나씨羅氏이다.

이 4개의 예로 단정하기는 어려우나 현재의 자료를 바탕으로 잠정적으로 결론을 내리면, 낙양 외의 지역에 거주하는 호인들, 특히 북수용(사주肆州)과 금성군(하주河州)처럼 북쪽 변방에 거주하는 호인들은 한성이 아닌 호성을 사용했다.

다음으로 조상기 자료를 분석해보자. 낙양의 룽먼 석굴과 궁샨鞏縣의 석굴에는 당시 불교를 믿었던 사람들이 남긴 조상기가 있다. 이 자료를 검토해보자.

먼저 효문제의 호성 개칭 바로 직전인 태화 19년에 만들어진 굴감호窟龕號, 1443 고양동 「장락왕 구목릉량 부인 울지 조미륵상기長樂王丘目陵亮夫人尉遲造彌勒像記, 1840」를 살펴보자.

太和[十]九年十一月使持節司空公長樂
王丘目陵亮夫人尉遲爲亡息牛橛請工
鏤石造此彌勒像一區願牛橛舍於分段
之鄉騰遊無礙之境若存託生生於天上
諸佛之所若生世界妙樂自在之處若有

若累卽令解脫三塗惡道水絶因趣一切

衆生咸蒙斯福[70]

앞의 조상기는 구목릉량의 부인 울지씨가 죽은 자식 우궐牛橛을 위해 만들었다. 여기서 '구목릉丘目陵'과 '울지尉遲'는 호성이며 호성의 한성 개칭 이후 '목穆'과 '울尉'로 개칭되었다. 그런데 본문의 조상기에서 볼 수 있듯이 495년에 구목릉량과 부인 울지씨는 호성을 여전히 사용했다. 구목릉량, 즉 목량은 북위 황실과 대대로 통혼한 구목릉씨(목씨) 일가로 훈신 팔성에 포함될 정도로 명문 가문 출신이었다.[71]

다음은 호성 개칭 조치가 있었던 태화 20년에 만들어진 「일불조상기一佛造像記」이다.

북위 태화 20년(496년)

태화 20년 보연랑 원조가 불행하게 죽었습니다. 아내 일불(一佛)이 조상 1구를 만들었습니다. 죽은 지아비가 바로 불국에서 살기를 기원합니다.

北魏太和二十年(496년)

太和廿

年步輦

郞張元

祖不幸

喪亡妻

一佛爲

造像一

區願令

亡夫直

生佛國[72]

조상기의 내용에서 알 수 있듯이 496년 죽은 보련랑步輦郞 장원조張元祖를 위해 아내 일불씨一佛氏가 만든 조상기이다. 그런데 문성제文成帝 화평和平 2년의 「문성제 남순비文成帝南巡碑」에는 '시중 특진特進 거기대장군車騎大將軍 ㅁ태자태보ㅁ太子太保 상서 태원왕太原王 일불보ㅁㅁ一佛步ㅁㅁ'라는 인물이 등장한다. 관작으로 『위서』에서 해당 인물을 검색해보면 을혼乙渾이다.[73] '을씨乙氏'는 한성 개칭 이전에 을불씨乙弗氏로 표기되었다.[74] 을혼의 예에서 을불씨는 금석문에서 '일불一佛'로도 표기되었음을 확인할 수 있다.[5] 따라서 장원조의 아내 일불씨는 을불씨로 표기되기도 한다. 조상기가 만들어진 태화 20년은 효문제가 호성을 한성으로 바꾸게 한 해이다. 비록 조상기를 만든 구체적인 날짜는 표기되지 않았지만, 호성의 한성 개칭 조치가 춘정월 정묘일(496년 2월 2일)에 반포되었으므로[75] 확률상 이날 이후 만들어졌을 가능성이 크다. 따라서 이 조상기는 호성의 한성 개칭 이후에도 호성을 사용한 예로 보아도 좋을 것이다.

「일불조상기」와 달리 효명제 신구神龜 2년 유월 삼일(518년 6월 26일)에 만들어진 굴감호 1443 고양동 「무위장군 혁련유 조상기武衛將軍赫連儒造像記」는 호성을 사용한 확실한 예이다.

大魏神龜

二年六月

5 乙과 一은 우리말 한자 발음으로 '을'과 '일'로 다르지만 중국어로는 모두 이(각각 yǐ와 yī)로 발음되어 두 한자의 음가가 같다. 6세기에도 두 한자의 음은 동일했을 것이기 때문에 중국인들이 이를 한자로 옮길 때 같은 음가의 '乙弗'과 '一佛'로 혼용하여 표기했을 것이다.

三日前武
衛將軍夏
州大中正
使持節都
督汾州諸軍
事平北將軍
汾州刺史赫
連儒仰爲七
世父母恩□
妻息居□□
小敬造彌□
像一區□□
亡父母□□
沉形昇彼淨
境願願從心[76]

앞의 조상기는 전 무위장군前武衛將軍 하주대중정夏州大中正 사지절 도독분주제군사都督汾州諸軍事 평북장군平北將軍 분주자사汾州刺史 혁련유가 7세七世 부모의 명복을 빌기 위해 만들었다. 여기에서 조상기의 제작자 '혁련유'의 '혁련'은 복성이다. 신구 2년(518년)은 호성의 한성 개칭 조치가 반포된 지 23년이 지난 해이므로 앞의 자료는 혁련유가 호성을 바꾸지 않았음을 보여준다. 혁련유의 아들 혁련열의 묘지명을 보면 혁련열은 하주대중정을 지내 하주夏州(통만성統萬城)가 본적인 아버지와 달리 하남군 낙양현으로 표기해[77] 본적이 다르다. 그러나 성은 '혁련'으로 아버지와 같다. 이는 『위서』와 『북제서』, 『주서』에서 혁련달赫連達 일족을 제외한[6] '혁련'이라는 성을 가진 인물들이 보이는 것과 일치한다. 즉, 혁련씨는 호성 개칭과 상관없이 자신의 성을 사용했음을 확인할 수 있다.

효명제 정광 4년(523년)에 만들어진 「책흥조등인조상비翟興祖等人造像碑」에는 조상기를 만드는 데 참여했던 인물들이 보인다. 이 가운데 천관주天官主 흘두릉사지발紇豆陵侯地拔, 가섭주加葉主 저거현준沮渠顯遵, 읍자邑子 곡사강덕斛斯康德, 상부주像夫主 을불장락乙弗萇洛[78] 등의 이름에서 호성을 발견할 수 있다. 여기에서 흘두릉사지발의 '흘두릉紇豆陵'은 호성의 한성 개칭 이후 '두竇'로,[79] 을불장락의 '을불'은 '을乙'로[80] 바뀌었다. 그런데도 두 사람은 한성이 아닌 호성을 여전히 사용했다. 저거현준과 곡사강덕도 복성인 호성을 사용했다. 『위서』「관씨지」에는 저거씨沮渠氏와 곡사씨를 한성으로 개칭한 기록이 나오지 않은 것으로 보아 누락되었을 것이다. 저거현준과 곡사강덕이 호성의 한성 개칭 이후에도 여전히 호성을 사용했음을 확인할 수 있다.

「책흥조등인조상비」와 같은 해인 정광 4년에 만들어진 「황석애법의형제자매등조상제기黃石崖法義兄弟姉妹等造像題記」에도 불상을 만든 사람들의 명단이 기록되었다.

> 維那主 劉愛女 維那主 沐瓮姬 賈ㅁ 劉法香 王寶姬 劉阿香 劉阿思 劉勝玉 胡阿嬪 王犁姜 呼延伏姬 賈阿妃 王足 孫敬嬪 趙妃姜 張勝界 張英仁 紀美女 ㅁ骨子 徐淸女 維那主張牛女 維那主呼延摩香 白齊姜 石桃女 趙義姜 張道女[81]

여기에 보이는 법의法義 조직은 "법의형제자매法義兄弟姉妹"로 자칭했지만, 이름을 보면 참여자는 모두 여성이다. 이처럼 모두 여성으로 구성된 읍의邑義는 북

---

6 『주서』「혁련달전」에 따르면 혁련달의 증조 고다한(庫多汗)은 난(難)을 피해 두씨(杜氏)로 성을 바꾸었다[『周書』, 卷27 「赫連達傳」, p. 439, "赫連達字朔周, (成)[盛]樂人, 勃勃之後也. 曾祖庫多汗, 因避難改姓杜氏"]. 그러나 『주서』에 '두'가 아닌 '혁련'으로 표기된 것으로 보면, '두'라는 성을 사용한 시기는 짧았을 것으로 생각된다.

조 시대北朝時代에 적지 않았다. 여성 조직인 읍의는 '모인母人' 혹은 '읍의모인邑義母人'이라는 명칭을 사용했는데, 당과 5대에 출현한 '여인사女人社'의 원형이었다.[82] 여기에 언급된 여성 가운데 호연복희呼延伏姬와 호연마향呼延摩香은 '호연'이라는 호성을 사용했다. 호연씨는 호성의 한성 개칭 이후의 성씨가 『위서』「관씨지」에 기록되지 않았다.

앞에서 살펴본 조상기를 정리하면 흘두릉씨(흘두릉사지발)와 일불씨[을불씨(장원조의 죽은 아내 일불씨와 을불장락)]는 호성을 한성으로 개칭한 이후 사용해야 하는 '두竇'와 '을乙' 대신 여전히 호성을 사용했다. 반면 혁련씨(혁련유와 혁련열)와 저거씨(저거현준), 곡사씨(곡사강덕), 호연씨(호연복희와 호연마향)도 여전히 호성을 사용했다. 이 4개 호성은 『위서』「관씨지」에 한성으로 개칭된 이후의 한 글자성[一字姓]이 기록되지 않았다. 『위서』「관씨지」에서 호성의 한성 개칭 이후에도 여전히 호성을 사용하도록 규정된 호성은 토욕혼씨,[83] 하약씨,[84] 나씨,[85] 유씨庾氏,[86] 우문씨와 모용씨[87]였다. 여기에 삭로索盧로 성을 바꾼 해두로씨奚斗盧氏[88]도 호성의 한성 개성에서 제외되었다고 보아야 한다. 혁련씨와 저거씨, 곡사씨, 호연씨는 『위서』「관씨지」에서 누락된 것이 호성의 한성 개성에서 제외되었기 때문인지 단순 누락인지 현재의 자료로는 확인하기 어렵다. 어쨌든 이 4개 성씨에 해당하는 6인은 태화 20년 이후에도 여전히 호성을 사용했음을 알 수 있다. 요컨대 조상기를 통해 모두 8인이 호성의 한성 개성 이후 여전히 호성을 사용했음을 확인할 수 있다.

4. 호성 개칭의 예외 집단

1절부터 3절까지 사서와 묘지명, 조상기 등을 분석한 결과 태화 20년 효문제가 내린 호성의 한성 개칭 조치는 낙양으로 이주한 호인들 사이에서 엄격히 지켜졌다. 조악한 통계이지만, 『위서』에서 호성으로 표기된 호인은 31인(16.1%)인 데 비해 한성으로 표기된 호인은 최소 162인(83.9%)이었다.[7] 묘지명에서는 각각 4인(0.6%)과 160인(99.4%)이었다. 양자를 합하면 호성과 한성 표기 호인은 각각 35인(9.8%)와 322인(90.2%)에 해당한다. 호성 개칭에 한정하는 한, 효문제의 명령은 잘 지켜졌다고 볼 수 있다.

그러나 낙양을 제외한 각지에 거주했던 호인 가운데 이를 지키지 않은 예가 빈출했다. 당대唐代에 편찬된 『북제서』와 『주서』의 호성 표기를 논외로 한다고 하더라도 육진의 난을 전후로 호성이 다수 『위서』에 등장하는 것은 효문제의 호성 개칭을 따르지 않았던 이민족이 많았음을 시사한다. 여기에서 앞에서 살펴본 호성의 한성 개칭에 예외적인 유형을 먼저 성씨별로 살펴보자.

먼저 『위서』「관씨지」에서 호성을 쓰도록 허락받은 집단이다. 『위서』「관씨지」에 따르면, 토욕혼씨,[89] 하약씨,[90] 나씨,[91] 유씨庾氏,[92] 우문씨와 모용씨[93]는 호성의 한성 개칭 이후에도 여전히 호성을 사용할 수 있었다. 그리고 삭로로 성을 고친 해두로씨[94]도 같은 상황으로 볼 수 있다. 이 7성姓이 왜 한성이 아닌 호성을 사용하는 예외적인 집단이 되었는지 현재로서는 알 수 없다. 다만 모용씨는 북위 초 도무제 시기에 북위와 하북河北의 지배권을 다투었던 후연의 황실皇室이었음이 주목된다. 그런데 『위서』「모용백요전부계전慕容白曜傳附契傳」에 따르면, 모용씨는 천사天賜 연간(404~409년) 말년에 도무제의 시기를 받아 대거 주살당하는 등 정치적으로 탄압을 받았다. 그래서 여씨輿氏, 즉 모여씨慕輿氏로 바꾸어야 했다. 선무제 연창延昌 연간(512~515년) 말년에야 옛 성인 모용씨를 회복했다.[95] 이 기록을 종합하면 모용씨는 "모용씨→모여씨→여씨→모용씨"로 바뀌었다.[8] 이 과정에서 선무제 연창 연간에 한성이 아닌 옛 성을 회복하면서 한성

7 『위서』 목록에 입전(立傳)된 호인을 계산한 것이며, 부전(附傳)의 인물까지 포함하면 한성 표기 호인의 수는 더욱 증가한다.

으로 개칭하지 않았으므로 호성을 사용하게 되었을 것이다.

다음으로 『위서』와 『북제서』 등 사서와 묘지명과 조상기의 기록을 분석하면, 혁련씨와 저거씨, 곡사씨, 호연씨도 낙양 시대에도 복성(두 글자 이상의 성)인 호성을 사용했다. 이 가운데 혁련씨와 저거씨는 16국의 하나인 하(혁련하)와 북량의 군주 씨족이었다. 모용씨와 혁련씨, 저거씨는 16국 시대의 옛 황실 일족이라는 공통점을 지니고 토욕혼씨도 북위 당시 독립국이었음을 보면 군주 씨족에 대한 견제책 혹은 우대책으로 호성 사용을 방치했거나 북위에 대한 적대감 때문에 호성 개칭을 따르지 않았을 가능성을 제기해볼 수 있다.

이어서 자신들의 성을 여전히 사용했던 종족을 살펴보자. 북위에 복속되었던 고차(칙륵) 계통의 집단도 자신들의 호성을 사용했다. 곡률씨와 질렬씨叱列氏가 대표적인 예이다. 고차는 부족 해산의 예외가 되었던 집단이었음은 주지의 사실이다.[96] 고차 계통의 유목민들은 칙륵부인敕勒部人 혹은 고차부인 등으로 표기되었다.[97] 고차인은 다른 호인들과 다른 출신 표기를 가졌고 부락(부족) 조직을 유지했으므로 북위 치하 고차인은 반半독립적인 지위를 인정받았다. 또한 태화 17년(493년)에 반포된 관품령官品令(약칭 태화전령太和前令)에는 고차우림낭장高車羽林郎將, 고차호분장高車虎賁將처럼 앞에 '고차'자가 붙는 별도의 관직이 존재했던 것으로 보아 북위와 별도로 관리되었다.[98] 고차인들이 이처럼 "대인"으로 칭해진 다른 유목민과 달리 표기되고 대우받았다면 호성의 한성 개칭에서 제외되었다고 보아도 이상하지 않다.

다음으로 강인들도 자신들의 성을 여전히 사용했다. 영희永熙 2년(533년)에 만들어진 「읍주준몽ㅁ아합읍자삽일인등조상기邑主儁蒙ㅁ娥合邑子卅一人等造像記」의

---

8 『위서』「모용백요전부계전」에서는 모용씨가 '여씨'로 바꾸었다고 기록했지만, 『위서』「관씨지」에 따르면 호성의 한성 개칭 이후 모여씨가 여씨로 바뀌었다(『魏書』, 卷113 「官氏志」, p. 3010, "莫輿氏, 後改爲輿氏"). 따라서 모용씨는 여씨가 아닌 모여씨로 바꾸었다가 다시 여씨로 바꾸었다고 보아야 한다.

조상 제작 참여자 명단을 살펴보자.

比丘僧郭僧景名豐樂 沙彌夫蒙僧貴 邑主淸信儁蒙文姬
邑主淸信黨姬娥 邑謂淸信同帝雲ㅁ 邑謂淸信同帝定姜
維那淸信ㅁ扶達 維那淸信同帝彌弱 彈官淸信夫蒙妙朱
邑正淸信同帝娥媚 邑正淸信朱阿儻 典錄淸信同帝阿美
典錄淸信同帝阿陵 香火淸信王蘭小 香火淸信同帝磨昏
邑子淸信ㅁ ㅁ 邑子淸信ㅁ ㅁ ㅁ 亡邑主淸信雋蒙阿護承
亡邑主淸信王歸香 亡維那淸信黨姬香 亡維那淸信同帝龍姜
亡邑子淸信同帝文姬 亡邑子淸信田文姜 邑子同帝ㅁ男
邑子夫蒙連花 邑子同帝ㅁ貴 邑子夫蒙祿花
邑子黨俗男 邑子荔非貴姬 邑子同帝道如
邑子王ㅁ男 邑子同帝顯妃 邑子同帝妙花
邑子子ㅁ向妃 邑子同帝照男 邑子雷貴姬
邑子同帝明月 邑子劉雙ㅁ 邑子ㅁ想姬
邑子淸信同帝軒朱 邑子淸信同帝妙娥 邑子淸信同帝眞朱
邑子淸信同帝樹姬 邑子淸信想亭ㅁ 邑子淸信同帝樹姬
邑子淸信成定姬 邑子淸信同帝照姬 邑子淸信楊ㅁ妙ㅁ
邑子淸信夫蒙白伏 邑子淸信鉗耳支誠 邑子淸信同帝鳳凰
ㅁ ㅁ ㅁ ㅁ ㅁ ㅁ男姬 ㅁ ㅁ ㅁ ㅁ ㅁ ㅁ伏男 ㅁ ㅁ ㅁ ㅁ ㅁ ㅁ姬[99]

이 조상기는 관롱關隴 지역에서 발견되었다. 부몽씨夫蒙氏, 不蒙氏가 5인, 동제씨同帝氏, 同蹄氏가 23인, 여비씨荔非氏가 1인, 준몽씨儁蒙氏, 雋蒙氏가 1인, 당씨黨氏, 党氏 3인, 뇌씨雷氏 1인, 겸이씨鉗耳氏 1인 등 강羌의 성이 보인다.[100] 이 가운데 부몽·동제·여비·준몽·겸이는 복성이었다. 관롱에 살던 강인들의 성명을

표 3-1 낙양 주변 석굴 조상기의 호성 사용 사례와 횟수

조상기	조상기 제작 연도	호성 사례	수
「장락왕 구목릉량 부인 울지조미륵상기(1840)」[102]	태화 19년(495년)	구목릉량(丘目陵亮), 부인 울지씨(尉遲氏)	2
「일불조상기」[103]	태화 20년(496년)	장원조(張元祖) 처 일불씨(一佛氏)	1
「무위장군 혁련유 조상기」[104]	효명제 신구 2년(518년)	혁련유(赫連儒)	1
「책홍조등인조상비」[105]	효명제 정광 4년(523년)	흘두릉사지발(紇豆陵俟地拔), 저거현준(沮渠顯遵), 곡사강덕(斛斯康德), 을불장락(乙弗萇洛)	4
「황석애법의형제자매등조상제기」[106]	정광 4년(523년)	호연복희(呼延伏姬), 호연마향(呼延摩香)	2
낙양 석굴 조상기 호성 사용 수			10
호성 개칭 이후 조상기의 호성 사례 수			8

통해 관롱에 있던 강인은 호성의 한성 개칭과 무관함을 보여준다. 또한 육진의 난 이후 반란을 일으킨 막절염생莫折念生도 강인이었으며, '막절'도 강인의 성이었다. 그렇다면 고차(칙륵)와 강이 자신의 성을 사용할 수 있었던 것은 효문제의 호성 개칭 당시 배제 혹은 예외가 되었던 종족이 있었음을 시사한다. 기타 선비·흉노·갈 등의 호인들은 이러한 규칙성이 반드시 적용되지 않았다.

마지막으로 지역에 따른 호성 사용을 살펴보자. 1절부터 3절까지 사서와 각종 금석문에서 살펴본 결과 북변 육진 등에 거주하는 상당수 호인도 여전히 호성을 사용했다. 그리고 부족(부락) 해산의 예외였던 곡률씨 같은 일부 고차인은 본래의 호성을 그대로 사용했다. 이러한 사례 분석을 통해 효문제의 한성 개칭 조치는 낙양으로 이주한 호인들에게서 비교적 엄격하게 지켜졌고, 기타 지역의 호인들은 자신의 선택에 따라 호성 혹은 한성을 사용했다고 결론지을 수 있다. 혹은 파육한발릉을 파락한발릉으로, 우걸진을 만자걸진으로, 두락주를 토근락주로 표기한 예를 보면 적어도 북변의 호인들은 본래의 호어를 사용했고, 호성을 사용했으나, 『위서』의 편찬자 위수나 문서 행정을 담당했던 한인 관료들이

이를 한성으로 바꾸어 기록했을 가능성도 제기된다.[101]

그러나 낙양에 거주했거나 활동했던 호인 일부도 호성을 사용했다. 〈표 3-1〉을 보자.

〈표 3-1〉을 보면 모두 10인, 호성의 한성 개칭 이후에는 8인이 호성을 사용했다. 그런데 룽먼 석굴 등의 조상기를 검토하면 북위 황실이나 훈신 팔성 등 호인 상층 지배층이 아니라 대부분 중하급 관리나 일반 호인들 사이에 호성을 사용한 예가 보인다. 지배층의 말단이나 일반 호인 가운데 일부는 상층 지배층과 달리 여전히 고유의 호성을 사용했다고 해석된다. 이는 승진이나 벼슬에 관심이 없거나 도태된 일부 호인이었을 것이다.

제4장

본적 개칭과 호인의 정체성

효문제는 낙양 천도 이후 낙양에서 이주한 호인들에게 본적을 하남군 낙양현으로 바꾸도록 명령했다. 본 장에서는 이 명령이 제대로 지켜졌는지 검증하려고 한다. 먼저 1절에서는 사서와 묘지명, 금석문의 본적 표기를 검토해 낙양 천도 이후 본적 변경 준수 여부를 확인한다. 2절에서는 사서에서 하남군 낙양현으로 본적을 바꾼 호인들의 정체성을 이중 본적二重本籍과 '구대인舊代人', '대천호' 등의 용어를 통해 살펴본다. 이를 통해 하남군 낙양현을 본적으로 둔 호인들이 스스로 대인 혹은 대천호로 인식하거나 법률상 대인이나 대천호로 간주되었음을 입증한다.

1. 호인의 본적 개칭 사례의 검토

1) 하남군 낙양현: 낙양 이주 호인의 본적

효문제는 태화 19년 유월 병진일(495년 7월 26일) 낙양 천도에 따라 낙양으로 이주한 대인代人(호인)들에게 본적을 하남군 낙양현(하남 낙양인)으로 고치라는 명령을 내렸다.[1] 효문제의 이 조치가 제대로 실현되었는지 살펴보기 위해 낙양 천도 이후 호인들의 본적을 살펴보자.

먼저 낙양으로 천사遷徙된 호인들의 본적이다. 『위서』의 열전이 한 가문의 여러 구성원을 동시에 기재했으므로 열전의 첫 등재자가 태화 19년 이전에 태어난 사람이면 대인이라고 표기했고, 그 이후는 "하남 낙양인"으로 기록했다. 혹은 해강생奚康生,[2] 기준綦儁,[3] 산위山偉,[4] 유인지劉仁之[5]처럼 현재는 하남군 낙양현 사람이지만 선조가 대인이었다고 표기했다. 따라서 『위서』의 출신 혹은 본적 표기는 효문제의 명령을 잘 따르고 있다고 볼 수 있다. 동위·북제 시대 북위 황실 출신인 원문요는 하남 낙양인,[6] 조상은 대인이었으며 본성本姓이 질간씨叱干氏였던 설숙은 하남인河南人으로 칭했다.[7] 서위·북주의 선제원황후宣帝元皇后,[8] 우근,[9] 장손검,[10] 장손소원長孫紹遠,[11] 곡사징斛斯徵,[12] 달해식,[13] 원정元定[14]이 하남군 낙양현, 즉 하남 낙양인을 칭했다. 여기서 언급한 아홉 사람은 북위 말부터 활동했으므로 북위 당시의 본적 표기를 따랐을 것이다.

북조계北朝系 사서史書뿐만 아니라 묘지명에서도 호인들이 하남군 낙양현(하남 낙양인)으로 표기한 예를 찾을 수 있다. 선행 연구에서는 북위 종실北魏宗室만을 다루고 있는 한계가 있으므로[15] 이 책에서는 낙양 천도 이후 낙양으로 본거지를 바꾼 호인의 본적 혹은 출신을 묘지명에서 살펴보고자 한다.

먼저 신원제神元帝와 평문제平文帝, 소성제昭成帝 후손들의 본적 표기를 살펴보기로 하자. 원평元平의 아들인 원진元珍[16]과 원천목元天穆,[17] 원도화元度和의 아들인 원룡元龍,[18] 원일元逸의 아들인 원암元愔[19]과 원전元悛,[20] 원륜元崙의 아들인 원필元弼(453~499년),[21] 원릉元陵의 아들인 원평元平,[22] 원배근元陪斤의 아들인 원소元昭,[23] 상산왕常山王의 증손인 원인元引(자字는 마총馬璁),[24] 원휘元暉(자字는 경습景襲)[25]의 본적은 하남군 낙양현으로 표기되었다. 또한 고량왕高涼王 원고元孤의 5대손인 원장元萇(자字는 우전于巓)의 본적은 하남군 낙양현 선평향宣平鄉

영지리永智里,[26] 고량왕의 7대손인 원맹휘元孟輝(자字는 자명子明)는 하남군 낙양현 공리恭里,[27] 원모元侔(자字는 백종伯宗)는 낙양현 도향都鄕 안무리安武里,[28] 풍옹馮邕의 아내인 원씨元氏는 하남군 낙양현 숭은리崇恩里[29]로 기록되어 구체적인 리里 단위까지 본적이 표기되었다.

그다음으로 도무제의 후손들을 살펴보자. 도무제의 6대손인 원간元玕[30]과 원위元暐(자字는 중경仲冏),[31] 도무제의 후손인 원균元均[32]과 원상元爽(자字는 경철景喆),[33] 강양왕 원계元繼[34]와 아들 원차元叉(묘지명에는 원예元乂로 표기),[35] 원광元廣(자字는 연백延伯)[36], 원감元鑒(자字는 소달紹達)[37] 등의 본적은 하남군 낙양현 혹은 낙양현으로 기록되었다. 도무제의 5대손(고손高孫) 원예元倪(자字는 세필世弼)는 사주司州 하남군 낙양현 도향 조명리照明里,[38] 도무제의 후손 원유元維(자字는 경범景範)는 하남군 낙양현 숭양리崇讓里[39] 출신으로 기록되었다.

이어서 명원제의 후손인 낙안선왕樂安宣王 원범元範의 증손 원칙元則(자字는 경례慶禮)[40] 원열元悅(자字는 경안慶安),[41] 원선元仙의 아들인 원상지元尙之(자字는 경현敬賢),[42] 낙안간왕樂安簡王의 아들인 원선元仙[43]과 원부元敷(자字는 보락普樂),[44] 원량元梁의 아들인 원서元緖,[45] 원각元慤(자字는 사충思忠),[46] 원유元宥(자字는 현은顯恩),[47] 원소元昭의 아들인 원균지元均之,[48] 원정元靜의 아들인 원필元弼[49] 등의 본적은 하남군 낙양현으로 표기되었다. 낙안왕樂安王 원량元良의 아들인 원등元騰과 원등의 딸인 금성군군金城郡君 원씨元氏의 본적은 [사주司州] 하남군 가평리嘉平里[50]로 기록되었다.

또한 태무제의 5대손 임회강왕臨淮康王의 둘째 아들인 원수元秀(자字는 사언士彦)는 하남군 낙양현 도향 효제리孝悌里,[51] 손자인 원간元簡은 사주司州 하남군 낙양현 도향 낙양리洛陽里[52] 출신으로 기록되었다. 태무제의 아들인 공종恭宗(태자 탁발황拓跋晃)의 후손들을 살펴보면, 양평왕陽平王 원신성元新成의 아들 원흠元欽,[53] 공종의 손자이자 여음왕汝陰王 원천사元天賜의 아들 원고元固[54]와 원수안元壽安,[55] 원주안元周安,[56] 원운元雲의 아들 원첨元瞻,[57] 원사元思,[58] 성양왕城陽王 원란元鸞의 아들 원현준元顯儁,[59] 성양왕 원장수元長壽의 아들인 원 모某(자字는 백양伯陽),[60] 원란의 아들 원공元恭[61]과 원현위元顯魏,[62] 중산왕中山王 원영元英의 아들인 원찬元纂[63]과 원희元熙,[64] 원흠元廞,[65] 원령元逞의 아들인 원시화元始和,[66] 원종사元宗師의 아들인 원숭업元崇業,[67] 임성왕 원징의 아들인 원순,[68] 하간왕河間王의 아들인 원빈元斌(자字는 도보道寶),[69] 원숙元肅,[70] 원찬원元讚遠,[71] 원정元竫의 아들인 원거元擧,[72] 원탁元倬(자字는 경헌景獻),[73] 원수元睟(자字는 자충子沖),[74] 원액元液(495~528년),[75] 원유元誘(자字는 혜흥惠興),[76] 원정元珽(494~526년)[77] 등의 본적은 하남군 낙양현으로 표기되었다. 또한 낙릉밀왕樂陵密王의 셋째 아들 원무元茂(자字는 홍략興略)와[78] 원언元彦(자字는 경략景略)[79]의 본적은 하남군 낙양현 도향 광목리光穆里, 원빈元彬의 아들인 원담元湛[80]과 장무왕章武王의 아들인 원융元融(자字는 영흥永興)[81]의 본적은 하남군 낙양현 관인리寬仁里, 원신성元新成의 아들인 원양元颺[82]과 원연元衍의 아들인 원찬元璨(482~524년)[83]의 본적은 하남군 낙양현 도향 부의리敷義里, 원숭元嵩은 사주司州 하남군 낙양현 문시리文始里,[84] 원요元遙(자字는 수원脩遠)는 하남군 낙양현 효제리孝弟里,[85] 중산왕 원영의 아들 원략元略은 사주司州 하남군 낙양현 도향 조문리照文里,[86] 원영요元靈曜(자字는 영요靈曜)는 하남군 낙양현 안중향安衆鄕 숭양리[87]로 기록되었다.

문성제의 후손들을 살펴보면, 문성제의 아들 제군왕齊郡王 원간元簡(460~499년),[88] 문성제의 증손 원자수元子邃[89]와 원예지元禮之,[90] 원자영元子永,[91] 문성제의 손녀이자 왕송王誦의 아내 원씨元氏[92] 등의 본적은 하남군 낙양현으로 기록되었다. 리 단위까지 표기된 예를 살펴보면, 안풍왕 원맹元猛의 아들 원연명元延明은 하남군 낙양현 희녕리熙寧里,[93] 원연元演(자字는 지흥智興)은 사주司州 하남군 낙양현 목족리穆族里,[94] 원우元祐(자字는 백원伯援)는 하남군 낙양현 도향 조락리照樂里[95]를 본적으로 했다.

다음으로 헌문제獻文帝의 후손을 살펴보자. 헌문제의 아들인 원우,[96] 고양왕高陽王 원옹元雍의 아들 원단元端,[97] 북해왕 원상元詳의 아들 원욱元頊[98]과 원호元顥(자字는 자명子明),[99] 원간元幹의 아들인 원담元譚[100]과 원밀元謐,[101] 원혜元譓,[102] 원환元煥,[103] 팽성왕 원협元勰의 아들인 원자정元子正은 하남군 낙양현,[104] 원자직元子直의 아들 원문元文,[105] 함양왕咸陽王(원희元禧)의 딸 낙안공주樂安公主 원씨元氏(원중영元仲英)[106] 등의 본적은 하남군 혹은 하남군 낙양현으로 기록되었다. 또한 헌문제의 아들 북해왕 원상[107]과 팽성왕 원협,[108] 원협의 아들인 원자직,[109] 헌문제의 증손인 원방元昉[110]의 본적은 사주司州 하남군 낙양현 도향 광목리光睦里로 모두 같다.[1]

이어서 효문제의 아들인 청하왕淸河王 원역元懌[111]과 원역의 아들 원보건元寶建,[112] 광평왕廣平王 원회元懷의 아들 원제元悌[113]와 원회元誨,[114] 임조왕臨洮王 원유元愉의 아들 원보월元寶月[115] 등은 하남군 낙양현으로 표기되었다. 그리고 광평왕 원회의 본적은 하남군 낙양현 승헌리乘軒里로 기록되었다.[116]

이 밖에 원노괴元奴瓌의 아들인 원예元睿(자字는 홍철洪哲),[117] 원광기元光基(자字는 소덕昭德),[118] 원광달元廣達의 아들 원현元賢,[119] 원담元湛,[120] 원란元鸞(자字는 선명宣明),[121] 원만元萬의 아들인 원현元顯,[122] 원습元襲(자字는 자서子緖),[123] 원신元信(자字는 자량子諒),[124] 원은元恩(자字는 자혜子惠),[125] 원종元悰(자字는 위경魏慶),[126] 원탄元誕(자字는 나연那延),[127] 원휘,[128] 탁발갈라후拓跋渴羅侯의 증손인 원녕元寧(자字는 아안阿安),[129] 목穆 모某의 부인 원씨(원락신元洛神)[130] 양보원楊保元의 아내 원씨[131] 등의 본적은 하남군 혹은 하남군 낙양현, 하남읍河南邑으로 표기되었다. 원굉元肱의 아들 원칩元鷙(자字는 공작孔雀)의 본적은 사주司州 하남군 낙양현 천읍향天邑鄕 영천리靈泉里였다.[132]

앞에서 북위 황실 일족의 본적을 살펴보았다. 북위 황실 원씨(탁발씨)와 함께 제실 십성에 속하는 장손씨 3인(장손자택長孫子澤,[133] 장손전長孫瑱,[134] 봉ㅁ封ㅁ처

---

1 원자직의 묘지명에는 '광리(光里)'로 기록되었으나(「元子直墓誌銘」, 『漢魏南北朝墓誌彙編』, p. 150), 다른 묘지명과 비교하면 광목리의 '목'이 누락된 것으로 보인다.

장손씨長孫氏[135]), 숙손씨 2인(숙손협叔孫協[136]과 숙손고叔孫固[137]), 구씨(구씨丘氏, 구철丘哲[138]), 훈신 팔성에 속하는 목씨 7인(목소穆紹,[139] 목순穆循,[140] 목언穆彦,[141] 목자암穆子巖,[142] 목찬穆纂,[143] 목여의穆如意의 딸이자 원정元珽 처妻 목씨穆氏,[144] 목경위穆景胄[145]), 우씨 2인(우경于景[146]과 우찬于纂[147]), 하씨(하씨賀氏, 하란상賀蘭祥[148]), 울씨(울씨尉氏, 목穆 모某의 처妻 위태비尉太妃[149]), 기타 호인인 구경苟景,[150] 여백승閭伯昇,[151] 우于 모의 아내 화추인和醜仁,[152] 봉흔封昕,[153] 산휘山徽,[154] 토욕혼국주吐谷渾國主 시柴의 증손이자 토욕혼풍吐谷渾豐의 아들 토욕혼기吐谷渾璣,[155] 혁련열赫連悅(488~531),[156] 선시鄯視의 아들 선건鄯乾[157]은 하남군 낙양현, 등의 본적도 하남군 낙양현을 본적으로 두었다.

이상의 예에서 북위 황실과 방계 일족(제실 십성), 훈신 팔성, 기타 호인 집단 등으로 구분할 수 있는 대천호, 즉 낙양으로 이주한 호인들은 효문제의 명령대로 본적을 하남군 낙양현(하남 낙양인)으로 바꾸었음을 확인할 수 있다.

묘지명뿐만 아니라 금석문에서도 호인들이 하남군을 본적으로 취한 예가 발견된다. 효문제의 순행을 수행한 관원 명단을 나열한 「조비간묘문」을 살펴보면, 41인의 호인 가운데 원희, 구목릉량(목량), 원우, 원협, 원징元澄, 원징元徵(원휘), 원경, 원모, 원한, 대야각, 원규, 만뉴우경(우경于勁), 구목릉순, 후막진익, 구목릉혜, 원위, 을전념, 을전면, 욱구려린, 원의, 사문복, 만뉴호저, 원낙평, 만뉴호토발, 을전아각인, 사여아아, 질라토개, 을전웅인, 토난장명, 육흔, 욱구려민, 이루원, 막내루열, 독고요, 을전후막간, 만뉴호징, 발발진, 육포도[육희도] 등 38인은 본적을 "하남군"으로 표기했다.[158]

그런데 묘지명에는 낙양현이 아닌 하남군의 다른 현縣을 본적으로 취한 예가 보인다. 항주 번씨樊氏 곽산혼崞山渾[2]을 본적으로 한 해지(435~507년)[159]의 아들 해진은 하음현河陰縣 중련리中練里,[160] 우찬(458~527년)은 하남군 하음현 경태향景

---

2 번치군(繁畤郡) 곽산현(崞山縣)의 오기(誤記)인 듯하다.

泰鄕 희녕리,[161] 산휘山暉(485~515년)는 하음현 수인리修仁里,[162] 육소陸紹(478~528년)는 하남군 하음현[163]을 각각 본적으로 표기했다. 이들은 모두 하음현을 본적으로 삼았다는 점이 공통점이다. 묘지명의 표기가 맞는다면, 일부 호인은 낙양현이 아닌 하남군의 다른 속현屬縣에 실제로 거주했거나 그 속현을 본적지로 삼았음을 확인할 수 있다.

2) 기타 지역의 본적: 본적 개칭의 예외 사례

앞에서 북위 후기 수도인 낙양, 즉 하남군 낙양현을 본적으로 표기했던 예를 살펴보았다. 본 항에서는 『위서』, 『북제서』, 『주서』 등 북조계 사서와 묘지명, 금석문 자료를 바탕으로 호인들이 낙양 외의 지역을 본적으로 표기했던 예를 살펴본다.

「조비간묘문」에 보이는 41인의 호인 가운데 38인은 본적을 "하남군"으로 표기했지만, 약간후막인과 하발사 2인은 "대군代郡"으로 표기했다.[164] 소수이기는 하지만 "대군"을 본적으로 칭한 2인은 낙양 천도 당시 옛 수도 평성 일대에 남아 있었던 호인으로 보인다. 일반적으로 평성 일대의 호인들이 낙양 천도 이후 전부 낙양으로 이주했을 것 같지만, 앞의 예를 보면 반드시 그렇지 않았음을 알 수 있다. 또한 『자치통감』에는 평성 일대에 거주했던 호인들이 낙양 천도 이후 낙양으로 이주하지 않았음을 시사하는 구절이 있다. 『위서』의 기록을 검토해보자.

> 을미일(517년 11월 26일)에 다음과 같은 조서를 반포했다. "북경北京은 뿌리이며, 제업帝業의 기초이다. 남쪽으로 수도를 옮긴 지 24년이 흘렀는데 여전히 북경에 머무른 사람이 있다. 뿌리를 생각하고 고향을 즐거워해 아직 스스로 보내지 못해 아직 옮기지 않은 자는 모두 그곳에 머물러 편안히 생업에 종사하게 하라. 문재門才와 술예術藝가 있거나 벼슬을 구하려는 자는 몸소 관직을 받아 임용하려고 하니 이

예例에 해당하지 않는다. 주周의 자손과 한漢의 유족劉族은 해내海內에 두루 퍼져 있고 모두 그 수가 늘어났다. 어찌 남북 1000리에 얽매이겠는가!"[165]

앞의 인용문에서 낙양으로 천도한 지 24년이 지났지만, 북경, 즉 북위 전기의 수도 평성과 그 일대에 사는 사람이 많았음을 알 수 있다. 효명제는 이들이 낙양으로 옮기지 않는 현실을 받아들여 평성에 머물러 살게 했다. 『자치통감』 권148 「양기」 4 무제 천감 십육년 시월조에서는 다음과 같이 요약했다.

[시월] 을묘일(517년 11월 26일)에 위魏는 조서를 내려 [낙양으로] 이주하지 않은 북경 사민들은 모두 북경(평성)에 머물러 거주해 영원히 생업에 종사하게 했다.[166]

이 구절에서 호삼성은 북위에서는 대군을 북경으로 칭했다고 주석을 달았다.[167] 대군은 북위 전기 수도인 평성과 그 인근 지역이므로, 앞의 인용문은 평성과 그 주변 지역에 살던 사람들이 낙양으로 이주하지 않았을 경우 평성 일대에 계속 살게 하는 조치임을 보여준다. 즉, 평성에서 낙양으로 이주해야 할 대천호 가운데 천감天監 16년, 즉 효명제 희평熙平 2년(517년)까지 평성 인근 사민 가운데 낙양으로 이주하지 않은 사람들이 존재했음을 보여준다. 이 조서 덕분에 낙양으로 이주해야 했으나 평성에 잔류했던 호인들은 여전히 평성 일대에 살 수 있었다. 517년 이전에도 '대천호'이어야 할 호인 가운데 일부는 여전히 평성에 남아 있었고 517년에 비로소 평성에서 살 권리를 획득한 것으로 해석할 수 있다.[168] 「조비간묘문」에 보이는 약간후막인[169]과 하발사[170]는 낙양 이주를 거부하고 여전히 평성에 남아 있었던 호인에 속했을 것이다. 또한 경명 2년(501년)에 평성 부근에 묻힌 봉화돌封和突의 본적은 항주 대군 평성현이었다.[171] 봉화돌도 약간후막인·하발사처럼 "하남군 낙양현"이 아닌 대군이라는 본적을 고수했다.

『위서』에 보이는 대代 서부인 질렬연경[172]과 대군代郡 후막진열[173]도 낙양으로 이주하지 않고 평성에 잔류했던 호인이었을 것이다. 『북제서』에서도 누소婁昭는 대군 평성현,[174] 사적간은 선무군善無郡[175]으로 표기되었다. 선무군은 평성과 함께 항주(북위 전기의 경기, 즉 사주司州였다)[176]에 속했다.[177] 또한 질렬평叱列平은 대군 서부인[178]으로 표기되었고, 모용소종慕容紹宗은 조상들이 대代에 거주했으며,[179] 사적회락厙狄迴洛[180]과 설고연薛孤延,[181] 단침段琛,[182] 위표尉摽,[183] 후막진상,[184] 사적복련厙狄伏連,[185] 기련맹綦連猛[186]은 대인이라 칭했다. 『주서』에도 질노씨叱奴氏(문선질노황후文宣叱奴皇后)[187]와 달해무達奚武,[188] 양춘梁椿,[189] 육등,[190] 하약돈賀若敦,[191] 우문성宇文盛,[192] 이루목伊婁穆[193]이 대인이라고 칭했으며, 사적치厙狄峙는 본래 요동군 출신이었으나 나중에 대代로 옮겼고,[194] 진렬복구叱列伏龜는 대군 서부인[195]이라 했다. 또한 질라협叱羅協은 대군,[196] 혁련달은 성락군盛樂郡 사람[197]이라고 했다. 대군은 북위 후기 항주에, 성락군은 삭주(육진의 난 이후 운주雲州로 개칭했다)[198]에 속했다.[3]

『위서』와 『북제서』, 『주서』 등 북조계 사서 외에도 묘지명에서 북위 전기의 경기 지방을 본적으로 표기했던 호인들의 예를 찾아볼 수 있다. 예를 들면 질라협(500~574년)은 대군 태평현太平縣,[199] 사적모厙狄某의 부인 울씨尉氏(509~559년)는 항주 대군 평성현,[200] 혁련모赫連某의 아내인 여현閭炫(510~543년)은 대군 평성현,[201] 요난종堯難宗의 아내인 독고사남獨孤思男(512~571년)는 대군 평성현,[202] 독고혼정獨孤渾貞(500~560년)은 상건군桑乾郡 상건현桑乾縣 후두향侯頭鄉 수궐리隨厥里,[203] 해지(435~507년)는 항주 번씨 곽산혼[204]을 본적으로 기록했으며, 모두

3 마쓰시타 겐이치는 "대인야(代人也)"나 '대(代)'가 들어간 『북제서』·『주서』 열전의 인물 본적 표기를 대국 시대(代國時代)부터 북위 전기까지 지속된 호인(북인) 지배층과 그 후예를 지칭하는 대인(代人)으로 보았다[松下憲一, 「北朝正史における「代人」」, 『北魏胡族體制論』(札幌: 北海道大學出版會, 2007), pp. 159~190]. 그러나 『위서』와 앞의 두 사서의 "대인"이 대군 사람이라는 뜻과 대인이라는 뜻을 모두 가지고 있으므로 일방적으로 "대인"으로 보기 어렵다. 특히 마쓰시타 겐이치가 대인으로 본 호인 가운데 "대군" 출신임을 밝힌 경우도 있다.

항주에 속했다. 헌문제의 후부인은 삭주 출신으로 기록되었고,[205] 화수和邃는 삭주 광목군 흑성현黑城縣을 본적으로 표기했다.[206] 후부인과 화수의 본적인 삭주는 북위 전기 경기의 일부였으며, 육진의 난 이후에는 운주로 이름을 바꾼 주였다. 또한 연주에 속하는 본적을 취한 예를 살펴보면, 후강侯剛(466~526년)은 상곡군 거용현居庸縣,[207] 후장侯掌(456~524년)은 상곡군 거용현 숭인향崇仁鄕 수의리修義里,[208] 후흔侯忻(473~532년)은 상곡군 거용현[209]이었다. 이상 11인은 낙양 천도 이후부터 북위 말 혹은 동위·북제 초기까지 활동했던 인물이며, 북위 전기의 경기에 속하는 북위 후기의 항주·삭주·연주 소속 군현명을 본적으로 표기했다.

다음으로 평성 북쪽의 북진(육진) 지역에 살았던 호인들은 육진에 군현이 설치되지 않았으므로 "ㅇㅇ진민鎭民"으로 불렸을 것으로 추정되지만, 육진의 난 이후 이 지역에 주군현州郡縣이 설치되면서 역시 군현명의 본적을 칭했다. 『위서』에 따르면 곡사춘은 광목군 부창현,[210] 하발승은 신무군 첨산현(할아버지인 하발이두가 무천武川에 거주했다),[211] 후연侯淵은 신무군 첨산현[212]을 본적으로 칭했다. 『위서』「지형지」에 따르면 신무군과 광목군[4]은 삭주에 속한 군이었다.[213] 그런데 삭주는 본래 회삭진懷朔鎭[214]이었으나 육진의 난 이후 이름을 바꾸었다.[5]

앞서 살펴본 세 가지 예는 『위서』의 기록이다. 『북제서』와 『주서』에는 이러한 예가 많이 있다. 『북제서』의 기록에 따르면 하발윤은 신무군 첨산현,[215] 막다루대문莫多婁貸文[216]과 보대한살步大汗薩[217]은 태안군太安郡 적나현狄那縣, 곡률광거斛律羌擧는 태안군,[218] 만사보万俟普는 태평군太平郡,[219] 파육한상破六韓常은 부화군附化郡[220] 출신으로 표기되었다. 부화군과 신무군, 대안군(태안군), 태평군은

---

4 『위서』「지형지(地形志)」에서는 광목은 군명(郡名)이 아니라 부화군에 속한 현명(縣名)이었다. 광목현이 후에 광목군으로 승격되었을 가능성도 있다.

5 『위서』「지형지」에 따르면 회황진 외에 어이진(禦夷鎭)이 울주(蔚州)로 편제(編制)되었다(『魏書』, 卷106上 「地形志」上 蔚州條 細注, p. 2501, "永安中改懷荒·禦夷二鎭置, 寄治幷州郻縣界"). 나머지 북진의 개칭 상황은 『위서』「지형지」에 기록되지 않았다.

모두 회삭진(삭주)에 속한 군이었다.[221] 반면에 사적성厙狄盛은 "회삭인懷朔人"[222]이라 했고 가주혼원可朱渾元은 "요동인遼東人"을 자칭했지만, 조상이 회삭진에 거주했다고 기록되어[223] 회삭진 출신임을 명확히 밝혔다. 이 밖에 한인(중국인)의 성姓을 지녔거나 한인이라고 밝힌 두태竇泰는 청하군淸河郡 관진현觀津縣,[224] 반악潘樂은 광녕군廣寧郡 석문현石門縣,[225] 한궤韓軌[226]과 울장명尉長命[227]은 태안군 적나현 사람으로 칭했다. 이들은 각각 흘두릉씨와 파다라씨破多羅氏, 출대한씨出大汗氏(파육한씨破六韓氏), 울지씨를 한성으로 바꾼 것으로 추정된다. 이들의 본적으로 표기된 군현명도 모두 회삭진에 속한다.

북조계 사서뿐만 아니라 묘지명에서도 북위 후기 육진 등 북진을 본적으로 기록한 예가 여기저기에 보인다. 고적락厙狄洛[228]과 낙릉왕樂陵王 부인 곡률씨斛律氏(549~563년)[229]는 삭주 부락 출신이었다. 또한 고적厙狄 모某의 아내 곡률씨(곡률소남斛律昭男)는 삭주 회삭,[230] 즉 회삭진 출신이었다. 가주혼효유可朱渾孝裕[231]와 유열劉悅[232]은 모두 태안군 적나현을 본적으로 표기했다.[6] 앞에서 살펴본 것처럼 삭주와 태안군은 북위 후기의 회삭진이었다.

서위·북제 시대에 활동한 후막진숭侯莫陳崇과[233] 약간혜若干惠[234]는 대군代郡 무천인武川人, 한과韓果[235]와 우문규宇文虯[236]는 대代 무천인武川人으로 칭했다. 또한 독고신獨孤信[7]은 운중인雲中人으로 칭했지만, 할아버지 독고사니獨孤俟尼가 무천진으로 이주했으므로 줄곧 무천진에 거주했다.[237] 조상이 안정군安定郡 출신이라고 기록했으나 실제로 흘두릉씨인 양어梁禦의 조상도 무천으로 이주해 양

---

6 뤄신에 따르면, 가주혼씨(可朱渾氏)는 본래 모용연(慕容燕) 시대 모용씨의 인척이었고 가주혼효유(可朱渾孝裕)의 가문은 회삭진 출신이며, 후에 삭주 태안군 적나현에 편입되었다(「可朱渾孝裕墓志」, 『新出魏晉南北朝墓志疏證』, pp. 227~228).

7 『주서』 「독고신전(獨孤信傳)」에는 본적을 운중으로 기록했지만, 독고신의 묘지명에서는 하남군 낙양현으로 기록했다. 또한 독고신 할아버지의 이름 초두벌(初豆伐, 묘지명)과 사니(『주서』)가 다르다(「獨孤信墓誌」, 『漢魏南北朝墓誌彙編』, p. 480).

어도 무천진에서 거주했다.[238] 또한 하발승은 신무군 첨산현,[239] 사적창厙狄昌은 신무군[240]을 본적으로 두었다. 주지하듯이 신무군은 회삭진(삭주)의 속군屬郡이었다.[241]

회삭진과 무천진 등 북진에 살았다고 밝힌 호인들 외에도 서평군西平郡 낙도현樂都縣 출신인 원표源彪[242]와 수용군秀容郡 양곡현陽曲縣 출신인 유귀劉貴,[243] 어양군漁陽郡 출신인 선우세영鮮于世榮[244]이 북변 출신이었다. 묘지명에 따르면, 질렬연경의 아내 이주원정爾朱元靜[245]과 이주소爾朱紹(502~529년),[246] 이주습爾朱襲(512~529년)[247]은 모두 북수용을 본적으로 칭했다. 또한 걸복보는 금성군 유중현,[248] 걸복보달乞伏保達(515~570년)은 금성군 금성현金城縣,[249] 하둔식賀屯植(506~563년)은 건창군建昌郡[250]이 본적이었다. 이 지역은 모두 황하 상류에 있던 지역이었다. 또한 원경략元慶略의 아내 난장蘭將(478~528년)은 현재의 랴오닝 성遼寧省 서부에 해당하는 창려군昌黎郡 창려현昌黎縣을 본적으로 표기했다.[251]

이 밖에 신구 2년(518년)에 만들어진 낙양 룽먼 석굴 굴감호 1443 고양동 무위장군 혁련유 조상기는 전 무위장군 하주대중정 사지절 도독분주제군사 평북장군 분주자사 혁련유가 조상의 명복을 빌기 위해 세운 것이다.[252] 혁련유가 하주대중정인 것으로 보아 혁련유의 본적은 하주(통만성)였다. 반면에 혁련유의 아들 혁련열의 묘지명에는 혁련열의 본적을 하남군 낙양현으로 표기했다.[253] 이 두 자료를 종합하면 혁련유는 신구 2년까지 하주라는 본적을 유지한 반면 아들인 혁련열은 호적을 하남군 낙양현으로 바꾼 셈이다. 이 조상기가 하주가 아닌 낙양 남쪽의 룽먼 석굴에 새겨진 것으로 보아 혁련열의 활동 무대가 낙양이었을 것이다.

반면 한인 거주지인 황하 유역의 여러 군현을 본적으로 둔 호인들도 있었다. 예컨대 본성은 유劉였던 독고영업[254]과 유량劉亮은 중산군中山郡,[255] 모용엄慕容儼은 청도군淸都郡 성안현成安縣[256] 사람으로 칭했다. 중산군과 청도군은 하북 지역에 속했다. 묘지명에서도 우문성宇文誠(497~569년)은 태원군太原郡 진양현晉陽

縣,[257] 유의劉懿(?~539년)[8]는 홍농군弘農郡 화음현華陰縣,[258] 유흔劉忻(496~570년)은 홍농군 호성현胡城縣,[259] 적담狄湛[9]은 풍익군馮翊郡 고륙현高陸縣,[260] 하루열賀婁悅(505~560년)[10]은 고륙군高陸郡 아양현阿陽縣[261]을 본적으로 취했다. 태원군, 홍농군, 풍익군, 고륙군은 광의의 관중(관롱)에 해당하고 태원군을 제외한 3군은 관중(관롱)에 속한 지역이었다.

이상으로 『위서』·『북제서』·『주서』 등 북조계 사서와 각종 묘지명에서 북위 후기 호인들이 북위 전기의 경기 지역이었던 항주·삭주·연주, 육진에 속하는 회삭진과 무천진, 기타 북쪽의 변경, 황하 유역의 내지 등 다양한 지역을 본적지로 표기했음을 확인했다. 이 가운데 일부는 동위·북제와 서위·북주로 갈라지면서 다른 곳으로 옮겼지만, 자신이 대인이었거나 대군 혹은 상락군上洛郡 출신이었음을 강조했다. 이들이 북위 말부터 활동했으므로 이들의 본적 혹은 출신 표기는 북위 시대의 것으로 보아도 좋을 것이다.

앞에서 살펴본 호인들과 달리 군현명의 본적이나 출신이 아니라 부인部人으로 표현된 호인들도 있었다. 헌문제 시기의 고차부인 걸복보乞伏保[262]와 효문제 시기의 칙륵부인 질발인蛭拔寅[263]이 그러하다. 또한 「조비간묘문」에 따르면 직합直閤 무위중신武衛中臣인 곡률려의 출신은 "대군" 혹은 "하남군"처럼 군명郡名이 아닌 "고차부인"으로 표기되었다.[264] 『북제서』 「곡률금전」에 따르면 북위 말

8 유의는 효장제 이전, 즉 효명제 시기 유목민의 수령들에게 주어지는 관직인 제일추장(第一酋長)을 지낸 것으로 보아(「劉懿墓誌銘」, 『漢魏南北朝墓誌彙編』, p. 336) 홍농군 화음현 출신 유씨는 호인이었음을 알 수 있다.

9 원구령민부도독(原仇領民副都督), 백마령민도독(白馬領民都督)을 역임한 것으로 보아 호인으로 보인다.

10 뤄신에 따르면, 하루(賀婁)는 하루(賀樓)의 이역(異譯)이며, 일부 지파가 관우(關右) 일대에 있었을 것으로 추정된다. 관서(關西)의 하루씨는 본래는 탁발 집단(拓跋集團)이 아니라 16국 시대 관서 혹은 관우의 오호 제국(五胡諸國), 특히 걸복선비 집단(乞伏鮮卑集團)이었을 가능성이 많다(「賀婁悅墓志」, 『新出魏晉南北朝墓志疏證』, p. 171).

과 동위 시대에 활동한 곡률금斛律金을 "삭주 내륵부인勅勒部人"[265]으로 표기했다. 고차인을 군현명의 본적 표기가 아닌 고차부인 혹은 내륵부인으로 칭하는 관행이 곡률금이 활동했던 북위 말부터 동위·북제 시기까지 지속되었음을 알 수 있다. 이처럼 고차인(내륵인 혹은 칙륵인)은 자신의 종족 혹은 집단의 명칭 소속이라는 "○○부인"으로 칭했다. 유독 고차인만 다른 호인들과 다른 출신 표기를 가진 이유는 무엇일까? 주지하듯이, 도무제 시기 제부諸部를 분산分散하는 조치를 취할 때 고차만이 예외적으로 따로 부락(부족) 조직을 유지했으므로[266] 북위 치하 고차인은 반半독립적인 지위를 인정받았다. 필자는 그 근거로 고차만의 제천 행사가 존재하고, 고차인을 "고차부인" 혹은 "내륵부인"으로 칭해 북위 전기에 "대인"으로 칭한 다른 호인들과 구분되었으며, 태화 17년(493년)에 반포된 관품령(태화전령이라고도 한다)에는 고차우림낭장, 고차호분장처럼 앞에 '고차' 자가 붙는 별도의 관직이 존재했음을 지적했다.[267] 이 가운데 고차인을 고차부인 혹은 내륵부인으로 칭하는 용례에서 고차인들은 북위 시대 줄곧 다른 호인들과 다른 호적 체계로 관리되었음을 알 수 있다.

요컨대 북위 전기의 호인들은 고차인 외에는 "대인"으로 지칭되었고, 고차인은 고차부인 혹은 내륵부인勅勒部人(칙륵부인敕勒部人)으로 칭해졌다. 그러나 효문제의 낙양 천도 이후 낙양으로 이주했던 대부분의 호인은 본적을 하남군 낙양현(하남 낙양인)으로 표기했지만, 북위 전기 평성과 경기, 수용군·어양군·회삭진·무천진 등 북변에 거주했던 호인들은 "대인"이라고 밝히거나 군현명으로 바뀐 육진 출신을 자칭했다. 그리고 중국 본토인 하북으로 이주된 일부 호인은 해당 군현을 본적으로 삼았다. 반면 고차인들은 원래의 표기 방식을 고수했다. 비非고차인에 한정한다고 하더라도 호인들의 출신이 다양하게 표기되었다. 본적이 정체성을 결정한다면, 낙양 천도 이후 호인들은 다양한 정체성을 가졌다고 볼 수 있다. 효문제의 본적 개칭 조치는 낙양으로 이주한 호인에게 한정된 것으로 보이며, 기존의 견해처럼 호인의 분열과 정체성의 분화에 공헌했을 것이다.

그러나 호인들의 정체성에 관한 연구에 따르면 하남군 낙양현을 본적으로 가진 "하남 낙양인" 가운데 일부는 자신의 조상이 대인, 즉 호인이었음을 밝혔고,[268] 『위서』·『북제서』·『주서』에 호인 가운데 육진과 한인들이 사는 화북 지방을 본적으로 하는 예가 많이 보인다. 따라서 모든 호인이 하남군 낙양현으로 본적을 바꾼 것은 아니었고, 본적 규정이나 선택에 유예 조항은 있었던 것처럼 보인다.

2. 하남 본적 호인의 정체성

1) 이중 본적: 하남 낙양인과 대인

1절 1항에서 살펴본 하남군 낙양현의 본적 표기와 달리 호인의 정체성을 가지고 있었다는 주장도 있다. 『위서』 열전에 "하남군 낙양현 사람이다. 그 선조는 대인이다(하남낙양인야, 기선대인河南洛陽人也, 其先代人)"라고 표기된 해강생·기준·산위·유인지·후강 등은 명목상 하남군 낙양현을 본적으로 정했지만, 자신이 도무제부터 효장제까지 특수한 집단의 명칭으로 사용된 '대인'의 일원이었음을 스스로 인식했거나 『위서』의 편찬자 위수가 그렇게 생각했으므로 조상이 대인이라고 해서 대인에 속하는 정체성을 유지했다고 한다. 즉, 낙양으로 이주하고 하남군 낙양현을 본적으로 둔 호인의 일부는 자신이 대인, 즉 호인의 정체성을 가지고 있었다는 뜻이다.[269] 이러한 마쓰시타 겐이치의 주장은 참고할 만하다.

일부 호인이 하남군 낙양현을 본적으로 취하면서 대인의 후손임을 동시에 자각한 것처럼 이중 본적을 지닌 예외도 보인다. 낙양 천도 이후 영군부를 장악했던 우씨 일족인 우경于景의 본적은 「우경 묘지명于景墓誌銘」에 따르면 하남군 낙양현이었다. 그러나 우경은 하남군을 관할하던 사주司州가 아닌 항주대중정恒州

大中正을 지냈다.[270] 일족인 우충과 우흔于昕 역시 각각 선무제와 효명제 시기 항주대중정을 겸임했다.[271] 중정中正 혹은 대중정大中正은 해당 주군州郡의 관리들 가운데 선임해 향리의 인재를 9개의 등급으로 구분해 추천하는 직책이었다.[272] 따라서 중정과 대중정은 본적지 출신자만이 임명되었다. 북위 후기의 항주는 북위 전기의 사주司州, 즉 북위 전기의 수도 평성 일대를 지칭한다. 따라서 우씨가 비록 하남 낙양인을 자칭하고 있었지만, 국가권력은 낙양 천도 이전의 거주지인 대代, 즉 평성도 본적으로 간주했다. 즉, 이중 본적을 허용해 실제 거주지가 아닌 본적지 주의 인사권을 관장한 항주대중정으로 임명한 것이다.

이는 후강 일가의 예에서 더욱 뚜렷이 드러난다. 『위서』에 따르면 후강의 본적은 하남군 낙양현이었지만, 후강은 항주대중정을 지냈다.[273] 그런데 후강의 묘지명에서는 상곡군 거용현[274]으로 표기했다. 후강은 상곡上谷에 후씨侯氏가 많았던 점을 이용해 상곡으로 집을 옮겼으며 아들 후상侯祥을 연주자사燕州刺史로 임명하도록 청탁해 이를 관철했다. 이는 후상이 후에 연주대중정燕州大中正을 겸임했다는 『위서』의 기록[275]과 부합한다. 후강 역시 하남군 낙양현과 연주 상곡군이라는 이중 본적을 취했으므로 연주대중정을 겸임할 수 있었다.[11]

우문부宇文部 출신이었지만 하남군 낙양현을 본적으로 둔 우문복宇文福[276]은 선무제 연창 연간에 영주대중정營州大中正에 임명되었다.[277] 주지하듯이 중정은 해당 지역의 토착 인사를 임명해 그 지역의 인물 평가를 책임졌던 일종의 별정직이었다. 하남군 낙양현 사람인 우문복이 영주대중정이 된 것은 우경과 후상처럼 이중 본적을 가졌으므로 가능했을 것이다.

---

11 후강의 묘지명에 따르면 후강의 본적은 상곡군 거용현이었다(「侯剛墓誌」, 『漢魏南北朝墓誌彙編』, pp. 188~190). 마쓰시타 겐이치는 묘지명과 『위서』「후강전(侯剛傳)」의 본적이 다른 이유를 호인들이 한인 문벌에 가탁했기 때문으로 보았다(松下憲一, 「北朝正史における「代人」」, pp. 154~165).

2) 타자 인식: 구대인·대천호의 존재

효장제는 영안永安 3년 구월 경자일(530년 10월 30일) 구대인舊代人을 화림원으로 소집한 후 친히 가려 뽑아 등용했다.[278] 여기서 구대인은 '하남 낙양인', 즉 본적을 하남군 낙양현으로 바꾸었으며 평성에서 천사한 호인들을 지칭한다. 또한 『위서』「산위전山偉傳」에도 평성에서 낙양으로 이주한 호인을 지칭하는 용어가 자주 보인다.

> 당시 천하가 태평해 벼슬길로 나가는 것이 어렵자 대천지인代遷之人은 대부분 벼슬을 하지 못했다. 육진과 농서隴西의 두 지방에서 반란이 일어나자 영군장군 원차는 대래代來 한인寒人을 등용하고자 해서 전달할 조서를 만들어 그들을 위로하고 환심을 사려고 했다. 이에 자사와 태수[牧守]의 자손 가운데 편지를 보내 벼슬을 구하는 사람이 100여 명에 이르렀다. 또한 그들을 등용하고자 해서 훈부대勳附隊를 세울 것을 상주하니 각각 재물[資]에 따라 벼슬할 수 있도록 명령했다. 이때부터 북인들은 대부분 차례대로 벼슬할 수 있었다.[279]

앞의 인용문을 보면 대천지인과 대래 한인, 북인은 모두 같은 뜻으로, 낙양 천도 이후 평성에서 낙양으로 이주한 호인들을 지칭한다. 앞 인용문을 보면 효문제의 명령으로 이들은 하남군 낙양현 사람이 되었지만, 적어도 『위서』를 기록한 사관史官들에게는 한인이 아닌 '대천지인', '대래 한인', '북인'으로 불려서 일반 한인들과 구분되는 존재였다. 그리고 원차가 대래 한인을 등용하려고 했다는 구절을 보면 당시 호인 지배층도 이들을 한인으로 간주한 것이 아니라 별도의 호인으로 파악했음을 알 수 있다. 『위서』「산위전」의 다른 기록에서는 역사 편찬을 서술하는 부분에서 다음과 같이 기록했다.

국사國史는 등연鄧淵·최침崔琛·최호崔浩·고윤·이표李彪·최광 이후, 여러 사람이 이어받아 찬록撰錄했다. 기준과 산위 등은 상당왕上黨王 원천목과 이주세융爾朱世隆에게 아첨하고 설득해 국서國書는 마땅히 대인이 편집하고 정리해야 하며 다른 사람에게 맡겨서는 안 된다고 주장했다. 이에 기준과 산위는 다시 대적大籍을 주관했다. 그러나 그들은 옛것을 지킬 뿐이었고 처음에 저술이 없었다. 따라서 최홍崔鴻이 죽은 후에 산위가 죽을 때까지 20여 년 동안 시사時事는 완전히 없어졌고 만 가지 가운데 하나도 기록하지 않았으니 후인後人이 집필할 때 어떤 사실을 증명할 근거를 댈 수 없어서 역사가 누락되고 망실된 것은 산위 때문이었다. 산위는 밖으로는 침착하고 중후하게 보였지만, 안으로는 진실로 방자하고 다투었다. 산위는 기준과 젊어서 서로 의기가 투합함이 적어 만년에 벼슬살이를 했지만 결국 물과 불의 관계 같았다. 우문충지의 무리, 대인과 당黨을 만들었으니, 당시 어진 사람들은 그들을 두려워하고 싫어했다.[280]

앞의 인용문에서 기준과 산위는 대인들이 역사를 정리하고 편집해야 한다고 주장했다. 그리고 두 사람이 그 임무를 맡았다. 그런데 기준과 산위의 본적은 하남군 낙양현이었지만 선조가 대인이었다.[281] 따라서 두 사람은 법적으로는 하남군 낙양현 사람이었지만, 자신을 대인으로 생각했다. 그리고 산위는 우문충지와 대인을 모아서 당파를 만들었다. 자신이 대인이라는 정체성을 가지고 있었으므로 대인을 우군으로 끌어들인 것은 너무나 당연했을 것이다. 1항에서 언급한 것처럼 『위서』「산위전」의 첫부분에 산위의 본적을 하남군 낙양현(하남 낙양인)으로 기록했지만, 선조가 대인이라고 특기特記한 것은 효문제의 본적 개칭 조치에도 평성에서 낙양으로 천사한 대인들의 본적이 법률상 하남군 낙양현이었지만, 실제로는 대인, 즉 호인이었음을 한인들이 인정했음을 보여준다.

이처럼 "하남 낙양인"으로 본적을 바꾼 호인들을 법률상 다른 용어로 사용해 한인이 아닌 '대천민代遷民' 혹은 '대천호'로 칭했던 예가 발견된다. 『위서』「세종기」(세종은 선무제의 묘호) 정시 원년과 연창 2년의 기사가 대표적 예이다.

> [정시 원년] 십이월 병자일(504년 12월 25일)에 원목공전苑牧公田을 대천지호代遷之戶에 나누어 하사했다.[282]

> [연창 2년] 윤이월 신축일(513년 4월 7일)에 원목지지苑牧之地를 전田이 없는 대천민에게 하사했다.[283]

앞의 두 기록에 따르면 정시 원년(504년)에는 원목공전을 대천호에게, 연창 2년(513년)에는 원목지지를 전田이 없는 대천민에게 하사하게 하는 조서를 내렸다. 두 기록에서 원목공전을 하사한 대상이 대천지호 혹은 대천민이라고 표기된 것을 보면 효문제의 본적 개칭 조치로 평성에서 낙양으로 천사한 호인들이 외형상 "하남 낙양인"으로 표기되어 한인들과 동등한 본적을 가진 것처럼 보이지만, 실제로는 이들을 대천호 혹은 대천민이라 해서 법률상·행정상 한인들과 구별되었음을 확인할 수 있다. 이는 당대唐代에 편찬된 『수서』「식화지」의 다음 기사에서도 확인된다.

> 경성京城 사면四面 제방諸坊의 밖 30리 안의 지역을 공전公田으로 삼는다. 공전을 받은 자는 3현三縣의 대천호 가운데 집사관執事官 1품 이하부터 우림·무분武賁(호분)에 이르기까지 각각 차등을 둔다. 그 밖의 지역인 기군畿郡에는 화인華人 관리 제1품 이하부터 우림·무분 이상까지 각각 차등을 두어 공전을 지급한다.[284]

앞의 인용문은 북제 시대 수도인 업성에 있는 방坊의 주변 30리를 기준으로 그 안은 대천호에게, 그 밖의 지역은 화인 관리들에게 품계에 따라 공전을 차등 지급한다는 주장이다. 화인, 즉 한인의 대칭對稱으로 사용된 대천호는 평성에서 낙양으로 이주했던 호인임이 분명하다. 『수서』 「식화지」는 당대에 편찬되었지만, 해당 법률 조문은 북제 시대의 기록을 그대로 적었을 것이다. 즉, 북제 시대까지 평성에서 낙양으로 천사했던 호인을 "하남 낙양인"이라는 한인으로 파악한 것이 아니라 실제로 대천호, 즉 호인으로 구별했음을 확인할 수 있다.

요컨대 효문제가 평성에서 낙양으로 천사한 대인들의 본적을 "하남 낙양인"으로 고쳤다. 이는 호인들의 본적을 하남군 낙양현으로 바꾸어 한인들과 같은 군현 표기의 본적 혹은 호적을 가짐으로써 호와 한의 구별을 없애려고 한 것으로 해석할 수 있다. 그러나 "하남 낙양인"인 이들을 구대인 혹은 대래 한인으로 지칭하거나 법률상 대천호 혹은 대천민이라 칭했던 예가 발견되는 것으로 보아 외형상 "하남 낙양인"이었지만, 실제로는 여전히 낙양으로 이주한 호인으로 간주되었음을 확인할 수 있다.

제5장

묘지명의 묘호 표기 검토

1. 효문제의 묘호 변경과 묘지명·『수경주』의 옛 묘호 표기

후연으로부터 황하 이북의 영토를 빼앗은 도무제는 황제를 칭한 후 이전 탁발부 수장들을 "ㅁㅁ황제"로 추증追贈함과 동시에 주요 황제들의 묘호를 정했다. 즉, 신원황제神元皇帝 역미力微는 시조始祖,[1] 평문제 울률鬱律은 태조太祖,[2] 소성제 십익건什翼犍은 고조라는[3] 묘호를 추시追謚했다. 그러나 효문제는 태화 14년(490년) 열조烈祖 도무제의 묘호를 태조로 바꾸고 평문제의 묘호를 없애라는 조서를 내렸다.

> 태화 14년 사월(490년 5~7월) [효문제가] 조서를 내려 말하기를 "조祖는 공功이 있으면 붙이고, 종宗은 덕德이 있으면 붙인다. 그리고 스스로 공과 덕이 두텁지 않은 황제는 마음대로 조나 종의 명칭을 붙이지 못하고 이조지묘二祧之廟에 거하게 한다. …… (중략) …… 열조(도무제)에게는 창업의 기틀을 다진 공이 있고, 세조世祖(태무제)에게는 개척의 덕이 있으므로 마땅히 조나 종으로 삼아 100대가 되더라도 신주를 옮기지 않는다. 그러나 먼 조상 평문제의 공은 소성제보다 많다고 할 수 없

는데도 묘호는 태조이고, 도무제의 공업功業을 세운 공은 평문제보다 높은데도 묘호는 열조이다. 공과 덕을 비교해본다면 이는 합당하지 않다. 짐은 지금 도무제를 받들어 태조로 추존하고 현조顯祖(헌문제)와 함께 2조二祧로 삼고, 나머지는 순서에 따라 옮기겠다.[4]

앞의 인용문을 요약하면 효문제가 태화 14년에 태묘太廟를 다시 만들며 태조 평문제의 묘호를 취소하고 도무제의 묘호를 열조에서 태조로 변경하라고 명령했다. 『위서』「고조기」에서는 이 조치가 태화 15년(491년) 칠월에 실행되었음을 밝히고 있다.[5] 앞에서는 평문제의 공이 소성제나 도무제보다도 적은데 태조라는 묘호가 붙여진 것이 합당하지 못하므로 창업의 공을 세운 도무제에게 태조의 묘호를 붙여야 한다는 논리를 제시했다.

그리고 고조 소성제의 묘호를 바꾸라는 언급은 없으나 효문제의 묘호가 고조이고, 현존『위서』에 소성제의 묘호가 없는 것으로 보아 효문제의 유지를 받은 선무제나 신하들이 효문제 사후 효문제에게 '고조'라는 묘호를 올렸을 것이다. 이는 단순한 묘호의 변경이 아니다. 효문제는 태화 16년 춘정월 갑자일(492년 2월 20일) 태조, 즉 도무제의 직계 자손을 제외한 종실의 왕작王爵을 공으로 강등하는 조치를 취했다.[6] 이는 북위 황실 원씨(탁발씨) 가운데 일부를 도태시키며 특권을 도무제 후손이라는 소수의 가계에서 독점하겠다는 의도이다.

그런데 효문제가 바꾸었던 묘호를 쓰지 않고 이전의 묘호를 사용했던 예가 묘지명에 보인다.

먼저 원장元萇(457~515년)의 묘지명을 보자. 「원장 묘지명」에 따르면, 원장의 6대조代祖를 태조 평문황제, 5대조를 고량왕 원고, 할아버지를 사지절 산기상시 정남장군征南將軍 사주자사肆州刺史 양양공襄陽公, 아버지를 사지절 우진羽眞 보국장군輔國將軍 유주자사幽州刺史 송자공松茲公으로 기록했다.[7] 여기에서 원장의 6대조를 "태조 평문황제"로 기록했음이 주목된다. 「원장 묘지명」은 묘호 변경이 발생한 지 25년이 지난 515년에 만들어졌다. 따라서 원장의 가족은 평문제를 여전히 '태조'로 생각했음을 보여준다.

이어서 원맹휘元孟輝(504~520년)도 자신을 "태조 평문황제 고량왕 칠세손太祖平文皇帝高涼王七世孫"으로 기록했다.[8] 고량왕 원고는 평문제의 넷째 아들이었으므로,[9] "태조 평문황제 고량왕 칠세손"의 "태조 평문황제"는 고량왕의 아버지임을 표시한 것 같다. 여기서도 평문제를 태조로 표기했다. 또한 원천목元天穆(488~529년)의 묘지명에서도 원천목은 자신을 가리켜 태조 평문황제의 후손이자 고량신무왕高粱神武王의 현손玄孫으로 기록했다.[10] 고량신무왕은 고량왕 원고를 지칭하며 '粱'은 '涼'자의 오기誤記였다. 여기서도 평문제의 묘호를 태조로 표기했다.

앞에서 살펴본 원장·원맹휘·원천목은 모두 평문제의 후손이었지만, 도무제의 직계 후손은 아니었다. 따라서 자신의 가계를 빛내고 정치적 정당성을 부여하기 위해 먼 조상 평문제의 옛 묘호였던 '태조'를 표기했을 것이다. 평문제의 후손들의 기록에만 보이므로 도무제의 직계 후손이 아닌 방계 일족의 일반적인 표기나 주장으로 볼 수 있다. 그런데 도무제의 직계 후손들의 묘지명에서도 옛 묘호를 사용했던 예가 보인다. 예컨대 「원광 묘지명」에 원광元廣(467~516년)은 열조 도무황제의 후손으로 기록되었다.[11] 원유元維의 묘지명에서도 원유(503~528년)는 열조 도무제의 현손으로 기록되었다.[12] 태화 10년에 도무제의 묘호가 열조에서 태조로 바뀌었고, 원광의 묘지명은 27년, 원유의 묘지명은 38년이 지난 후에 작성되었으므로 당연히 태조라고 기록되어야 했다. 그런데도 도무제의 후손인 원광과 원유가 직계 조상인 도무제의 묘호를 개정된 태조가 아니라 개정 이전의 열조라고 기록한 것은 정상적인 상황은 아니다. 즉, 원광과 원유와 유가족들이 효문제의 묘호 개칭과는 달리 평문제를 태조, 도무제를 열조라고 표기한 것은 이들이 2절의 〈표 5-2〉의 ㉯에 해당하는 역사상歷史像을 가졌기 때문일 것이다.

묘지명의 가계 표시에 사용된 '태조' 평문제, '열조' 도무제 표기는 후손뿐만 아니라 훈신 팔성인 목량의 묘지명에도 보인다.

> [목량의] 고조 할아버지 목숭穆崇은 시중 태위太尉 의도정공宜都貞公이었다. 소하蕭何와 조참曹參의 자질을 지녔고, 열조列祖의 창업을 도왔고 중원을 평정했으며 황제의 좌우에서 보필했다.[13]

앞의 인용문은 경명 3년(502년)에 만들어진 목량의 묘지명이다. 『위서』에 따르면, 목숭은 전진前秦에 망한 탁발부를 규합해 재기를 도모한 도무제를 보좌했고[14] 도무제의 중원 평정에 종군했다.[15] 따라서 묘지명에 보이는 '列祖'는 '烈祖'의 오기이며 도무제를 지칭한다. 태화 14년 효문제의 묘호 변경 이후 22년이 지나 작성된 목량의 묘지명에 도무제를 '태조'가 아닌 '열조'로 지칭한 것은 효문제의 묘호 변경을 따르지 않은 호인들이 있었음을 보여준다.

'열조'는 역도원酈道元의 『수경주水經注』에도 보인다. 『수경주』 유수조㶟水條의 기록을 살펴보자.

> 유수㶟水는 또 동북쪽으로 흘러가서 백랑퇴白狼堆 남쪽을 지난다. 위魏 열조 도무황제가 이곳에서 백랑白狼을 만난 상서祥瑞가 있었으므로 이 언덕을 백랑퇴로 칭했다.[16]

앞의 인용문에서 『위서』의 태조 도무제를 가리켜 열조로 기록한 부분이 주목된다. 『수경주』는 북위 낙양 시대, 특히 북위 말에 쓰여졌으므로 이 구절은 효문제의 묘호 개칭과 상관없이 도무제를 '태조'가 아닌 열조로 기록한 것이다. 이는 한인 관료인 역도원도 도무제를 열조로 칭했음을 보여준다. 사가와 에이지佐川英治는 목량 묘지명穆亮墓誌銘과 『수경주』의 기록은 효문제의 한화 정책을 중시한 『위서』와 다른 효문제 이전의 국사國史 서술의 전통을 계승한 것으로 보았다.[17] 묘호의 표기가 효문제와 다른 역사 서술과 관련 있다는 뜻은 무엇일까? 이는 다음 절에서 살펴보자.

2. 묘호 변경과 표기에 반영된 역사관

효문제가 태화 14년 묘호를 바꾼 조치와 이를 어기고 옛 묘호를 사용한 의미를 검토해보자.

먼저 묘호 변경을 표로 정리해보자.

〈표 5-1〉을 보면 효문제 시기의 묘호 개칭과 그 이전의 상황은 북위의 정체성이 변화하는 분수령이 된다. 즉, 도무제의 묘호가 열조가 되면(①의 경우), 탁발인拓跋人들은 북조의 한 왕조 북위가 아닌 '탁발부 부족 연합체拓跋部部族聯合體' 혹은 중국식 국호 대국代國이라는 정체성을 가졌음을 뜻한다. 반대로 도무제의 묘호가 태조이면(②의 경우), 중원 왕조中原王朝라는 정체성과 아울러 북위가 도무제 시기에 처음 건국되었음을 뜻한다. ①과 ②를 반영한 북위의 시대구분을 그림으로 나타내면 〈표 5-2〉와 같다.

〈표 5-2〉에서 ㉮ 기존 견해의 시대구분이 우리에게 익숙한 북위의 역사상이다. 그러나 묘호와 국호의 변경 및 잔존 등에 주목하면 ㉯도 북위의 역사상이 될 수 있다. ㉯는 효문제의 묘호를 고조, 즉 태조太祖에 버금가는 창업 군주로 간주했을 때의 역사상이다.

〈그림 5-1〉은 이를 구체적으로 살펴보기 위해 효문제 태화 14년 묘호 변경 이후의 세계표世系表와 황제 대수를 표시한 것이다.

〈그림 5-1〉의 북위 황실 세계표를 보면 시조 역미부터 십익건까지는 서기 시대序紀時代, 즉 대국代國이고, 도무제부터 '북위'라는 나라이다. 도무제에게 '태조'라는 묘호를 추증한 것은 서기 시대와 단절하고 하북을 지배한 도무제부터 중원

표 5-1 태화 14년(490년) 묘호 변경 전후 대조표[18]

시기 \ 황제	신원황제	평문제	소성제	도무제	태무제	효문제
① 태화 14년 이전	시조	태조	고조	열조	세조	
② 태화 14년 이후	시조	-	-	태조	세조	고조

표 5-2 북위의 시대구분 및 역사상[19]

<table>
<tr><th>사건</th><th>연대</th><th colspan="2">㉮ 기존 견해</th><th colspan="2">㉯ 묘호 변경 이전의 역사상</th></tr>
<tr><td>대공(代公) 책봉</td><td>312년</td><td colspan="2">서기 시대=대국 시대
(탁발부 부족 연합체)</td><td colspan="2"></td></tr>
<tr><td>'북위 건국'
(하북 점령)</td><td>398년</td><td colspan="2" rowspan="3">북위(중원 왕조)</td><td colspan="2" rowspan="3">탁발부 부족 연합체=대국=북위</td></tr>
<tr><td>묘호 개칭</td><td>491년</td></tr>
<tr><td>낙양 천도</td><td>494년</td></tr>
<tr><td>북위 멸망
(동위와 서위의 분열)</td><td>534년</td><td>동위</td><td>서위</td><td>동위</td><td>서위</td></tr>
</table>

왕조를 지향했다는 뜻을 포함했다. 이러한 묘호 변경에 나타나는 역사관은 『위서』의 체례體例에서도 확인된다. 사가와 에이지에 따르면 『위서』는 이표李彪의 역사관을 이어받아 도무제 이전의 역사를 「서기序紀」로 하나로 묶어 간단히 서술했는데, 도무제 이후 한 황제마다 하나의 본기本紀를 배정하는 위魏의 국사國史는 이때 처음으로 만들어졌다. 등연鄧淵 때 10여 권卷이었던 구기舊記의 내용은 한 권의 「서기」와 도무제의 본기로 압축되었다. 그래서 여기에 도무제 이전의 역사는 완전히 '위사魏史'의 전사前史로 격하되고 화북을 지배하기 시작한 도무제 이후 160년의 역사가 위의 국사로서 재구성되었다.[20]

〈표 5-2〉의 ㉯는 음산陰山과 몽골고원을 지배하던 탁발부와 도무제 이후 북

그림 5-1 북위 황실 세계표[21]

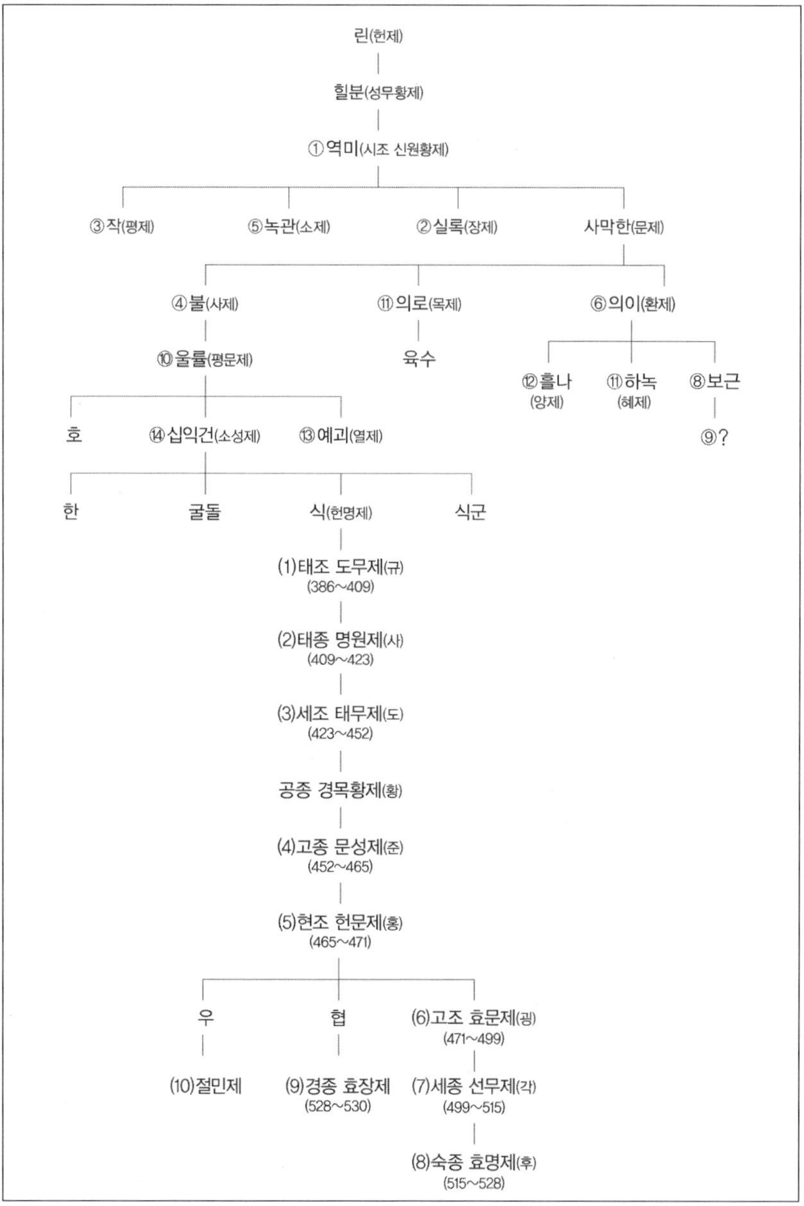

① 등은 서기 시대의 군주 계승 순서, (1) 등은 북위 황제의 계승 순서임.

그림 5-2 태화 14년 묘호 변경 이전의 북위 황실의 세계표와 묘호[22]

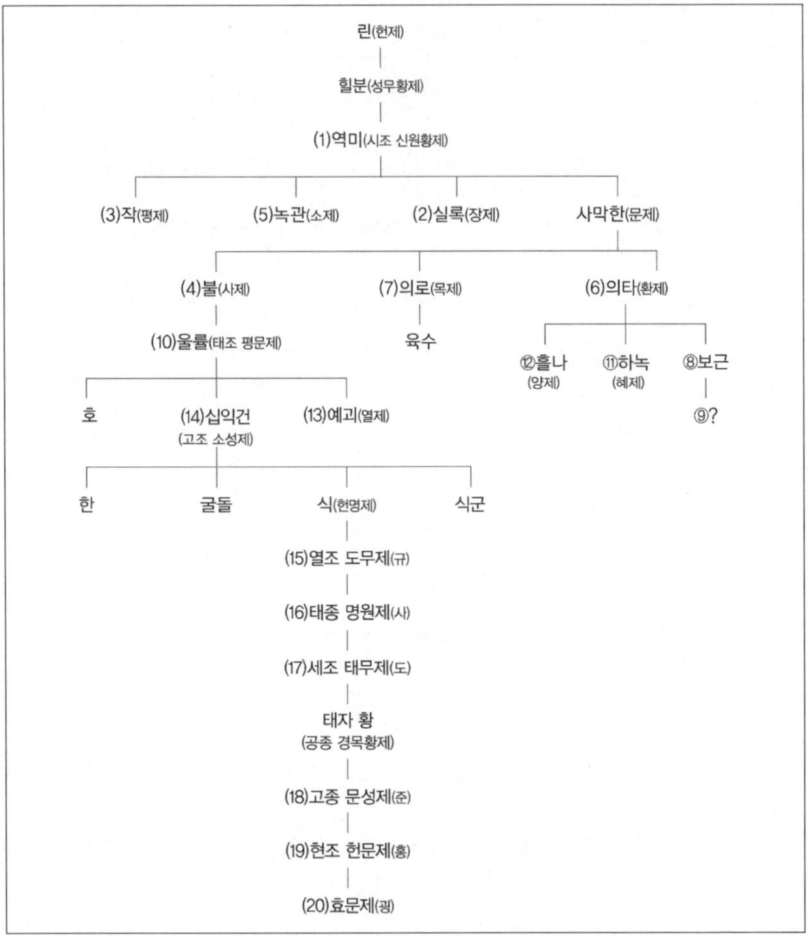

위를 동일한 나라로 보는 역사상이다. 효문제 태화 14년의 묘호 변경 이전, 즉 평문제를 태조, 소성제를 고조, 도무제를 열조로 정한 묘호를 통해 본 역사상이다. 1절에서 살펴본 평문제의 후손과 도무제의 후손 묘지명에 평문제를 태조, 도무제를 열조로 기록한 것은 유목국가 대국代國(탁발부)과 중원 왕조 북위를 별개의 나라가 아닌 하나의 나라로 본 것이다. 이는 효문제가 묘호를 변경하고 효문

표 5-3 전연과 북위의 묘호 대조[23]

국가	하북 점령 이전 군주			하북 점령 당시 군주			하북 점령 이후 군주		
	이름	묘호	시호	이름	묘호	시호	이름	묘호	시호
전연	모용외 모용황	고조 태조	무선제 문명제	모용준	열조	경소제	모용위		유제
북위	탁발역미 탁발의로 탁발울률 탁발십익건	시조 태조 고조	신원황제 목제 평문제 소성제	탁발규	열조	선무제 (도무제)	탁발사 탁발도 탁발준 탁발홍	태종 세조 고종 현조	명원제 태무제 문성제 헌문제

제 사후 효문제에게 또 하나의 창업 군주를 상징하는 고조라는 묘호를 바친 조정의 공식적인 조치와 반대된다. 즉, 북위 낙양 시대 묘지명과 『수경주』에 옛 묘호를 사용한 것은 북위 조정의 공식적인 역사관과 달리 일부 북위 황실과 호인들이 여전히 "탁발부 부족 연합체=대국代國=북위"라는 역사관을 지니고 있었음을 반영했다. 이는 〈그림 5-2〉의 계보를 보면 분명히 이해할 수 있다.

〈그림 5-2〉를 보면, 북위가 도무제 때 "처음" 건국한 것이 아니라 이전의 '탁발부 부족 연합체'=대국代國이 여전히 유지되었다는 느낌을 준다. 즉, 우리의 통념과는 달리 도무제는 북위의 첫 황제가 아니라 '탁발부 부족 연합체'의 15대 군주이다. 이와 유사한 예는 전연前燕에서도 확인된다. 전연은 북위처럼 원래 새외에 있다가 모용준 시기에 중원을 점령했다. 이는 대부분 화북에서 건국한 5호의 여러 나라와 다르다. 따라서 창업 군주 외의 군주가 중국 내지를 정복한 공통점을 가진 두 나라의 묘호를 비교하면 어떤 추세를 찾을 수 있다. 〈표 5-3〉은 전연과 북위의 영토 확장 단계별 군주의 묘호와 시호諡號를 비교한 것이다.

〈표 5-3〉에서 볼 수 있듯이, 전연은 모용외慕容廆의 묘호를 고조, 모용황慕容皝의 묘호를 태조라고 소급하여 정했는데, 전자는 모용부慕容部의 창업 군주였고, 후자는 단부段部와 우문부를 멸해 모용부의 세력을 크게 확장했다. 그리고 염위冉魏를 멸하고 하북 등 관동關東을 지배한 모용황의 아들 모용준慕容儁의 묘

호는 열조이다. 모용준이 '연燕'이라는 국호를 사용했다는 점에서 모용준을 초대 황제로 간주하는 사서도 있다. 그러나 모용부 사람들이 보기에는 창업 군주는 모용외였고 모용준은 강역을 중원으로 넓힌 군주에 지나지 않았다. 이 때문에 전자를 고조, 후자를 열조로 칭했던 것이다. 이는 하북을 점령하기 이전 군주였던 탁발역미拓跋力微를 시조, 탁발울률拓跋鬱律을 태조, 탁발십익건拓跋什翼犍을 고조로 칭한 북위의 예와 상통한다. 또한 하북을 점령했을 때의 황제를 '열조'로 칭한 것은 전연과 북위가 동일하다. 이는 북위가 전연의 묘호를 참조해 묘호를 정했음을 시사한다.[1] 어쨌든 양자 모두 중국 내지를 정복하고 중국식 국호를 사용한 황제의 묘호를 창업 군주를 의미하는 태조 혹은 고조로 칭하지 않은 것은 자신들의 국가가 중원 지배 이전부터 존재했다는 역사의식을 가지고 있었기 때문일 것이다. 모용부 사람들에게 관동 지배 이전을 모용부, 그 이후를 '연' 혹은 '전연'으로 분리하는 역사의식은 없었다는 것이다. 심지어 후연의 창업 군주 모용수의 묘호는 세조였다.[24] 이는 심지어 전연과 후연이 동일한 나라였다고 인식한 것이다. 탁발부 사람들 역시 탁발부와 북위를 단절의 역사로 파악하지 않았음은 도무제가 평문제를 태조, 소성제를 고조로 추존한 의도에서 읽을 수 있다.

앞에서 살펴본 것처럼 묘호 변경은 북위의 역사를 서기 시대와 도무제 이후의 북위로 나누는 견해와 서기 시대와 도무제 이후를 하나의 왕조(국가)로 파악하는 두 개의 역사관歷史觀을 반영했다. 그리고 효문제는 서기 시대(대국 시대)와 북위를 분리하는 역사관을 채택했다. 이는 묘호뿐만 아니라 국호 표기에서도 나

1 선행 연구에서 지적하듯이, 16국 시대 전연 및 후연과 탁발부(북위의 전신)는 정략결혼을 자주 했고 사신을 주고 받는 등 외교적으로 우호적인 관계에 있었다(姚宏傑, 「參合陂之役後燕魏關係略論」, 『淮陰師範學院學報(哲學社會科學版)』, 2000-1(總第88期)(2000), pp. 127左~130右; 王仁磊, 「略論北魏道武帝平定河北策略的制定」, 『內蒙古社會科學(漢文版)』, 30-6(2009), pp. 33左~36右; 郭婷, 「十六國時期鮮卑慕容氏與鮮卑拓跋氏關係淺析」, 『黑龍江史志』, 2015-5(2015), pp. 24左~24右). 따라서 탁발부는 전연이나 후연과 교류를 통해 중국의 제도와 문물을 직간접적으로 접했을 가능성이 있다.

타난다. 본래 탁발부가 세운 나라의 중국식 국호는 '대代'였다. '대'는 서진西晉 영가永嘉 6년(312년) 당시 탁발부의 군주였던 의로猗盧가 대공代公에 봉해지고[25] 서진 건흥建興 3년(315년) 대왕代王으로 승격[進封]된[26] 이후 탁발부의 중국식 국호로 사용되었다.[2] 그 후에 도무제가 탁발부를 다시 규합하고 등국登國 원년(386년)에 '위왕'을 칭한 후에야[27] '위魏'가 국명으로 사용되었다. 그런데 역사학자들은 조조·조비 부자가 세운 삼국 위魏(조위曹魏)와 구별하기 위해 북위 혹은 탁발위拓跋魏, 원위라고 칭한다. 이 밖에 서역의 문헌에는 북위를 '탁발拓跋'의 음사音寫인 타브가츠로 표기했다.[28] 탁발부 사람들의 자칭을 옮겨 적었을 것이다.[29]

그런데 마쓰시타 겐이치는 묘지명과 조상기를 분석해 북위 후기에 '대대大代'라는 국호가 사용되었음을 입증했다. 그리고 이 국호를 사용한 묘지명 혹은 조상기의 주인공들이 대인代人의 정체성을 가지고 있었다고 주장했다.[30] 즉 '대'를 국호로 사용했던 금석문이 북위 초기부터 동위와 서위의 분열 시기까지 장기간에 걸쳐 나타났고, 낙양으로 천도한 이후 그 수치가 급증했다.[31] 또한 낙양 천도 이후 43회(혹은 47회)에 걸쳐 '대'가 국명으로 사용되어 전체(60회)의 71.7%를 차지한다. 이는 북위 후기에도 '대'를 국명으로 생각하는 사람들이 존재했음을 시사한다.[32]

본 장에서는 효문제의 묘호 개칭 이후 이전의 묘호를 사용한 묘지명과 『수경주』의 기록에 주목해 옛 묘호 사용의 역사상을 분석했다. 옛 묘호를 사용한 묘지명의 수가 적기는 하지만, 묘호 변경을 통해 탁발부(대국)와 북위를 구분하는 역사관보다 양자를 동일시하는 역사관을 지닌 호인과 일부 한인(중국인)이 존재했음을 확인할 수 있다.

2 '대(代)'는 당시 성락 일대에 있던 탁발부와 접경하던 대군[지금의 산시 성(山西省) 다퉁(大同) 일대]에서 유래했다.

제6장

매장 문화와 이장

효문제가 매장에 관해 내린 조치는 태화 19년(495년) 낙양으로 본적을 옮긴 호인들에게 하남(낙양)에 장사를 지내고 북쪽의 평성 일대로 이장하지 못하게 한 명령이다.[1] 이 밖에 효문제가 태화 12년(488년) 이표의 건의로 장례 의식과 제도를 전면적으로 시행했다.[2] 이 두 조치는 호인 지배층의 매장 문화를 개혁한 조치였다.

본 장에서는 북위 후기 낙양의 매장 및 장례 풍습 개혁과 효문제가 금지한 이장 조치가 제대로 실행되었는지 검토한다. 먼저 1절에서는 북위 후기 낙양의 매장과 장례 풍습을 주로 선행 연구의 성과를 소개하며 살펴본다. 1항에서 북위 전기(평성 시대) 매장과 장례 문화를 검토해 호속의 영향을 받은 매장과 장례 문화의 양상을 분석한다. 2항에서는 북위 후기(낙양 시대) 매장과 장례 풍속을 한문화의 영향, 호속의 유지, 불교의 영향, 호한 융합의 네 가지 측면에서 각각 검토한다. 2절에서는 태화 19년 낙양 본적 호인들의 이장(천장)을 금지한 효문제의 조치가 제대로 지켜졌는지 검토한다. 1항에서는 효문제의 이장 금지 사료를 검토하고 실례를 검증한다. 2항에서는 낙양이 본적인 호인들이 낙양 일대를 제외한 다른 지역에 매장된 예를 살펴한다. 3항에서는 낙양 외의 주군현州郡縣이 본적인 호인들의 매장지와 본적의 일치 여부를 대조한다.

1. 북위 후기 낙양의 매장 문화

1) 16국 · 북위 전기 매장과 장례 문화

북위 전기 호인들의 장례 풍습은 『송서宋書』「삭로전索虜傳」에 다음과 같이 기록되었다.

> ① 사람이 죽으면 몰래 매장했으며 봉분을 세운 무덤은 만들지 않았다. 장송葬送할 때에 이르러 모두 관구棺柩를 설치하고 ② 총冢과 곽槨을 가짜로 만들었으며, ③ 생전에 사용했던 수레와 말, 각종 기물을 모두 불살라 죽은 사람을 보냈다.[3]

앞의 인용문에서 북위 시대 호인의 장례 풍속 가운데 잠매潛埋(① 부분)와 허장虛葬(② 부분), 소장燒葬(③ 부분)의 습속이 보인다. 잠매는 16국 시대에도 보인다. 후조後趙의 군주 석륵石勒은 어머니 왕씨王氏를 산골짜기에 몰래 매장했고,[4] 죽은 후에 자신의 무덤도 잠매로 묻었다.[5] 남연南燕의 군주 모용덕慕容德도 죽은 후 산골짜기에 몰래 묻혔다.[6] 『송서』「삭로전」에 따르면, 북위에도 잠매의 풍속이 있었다.[7] 후조 석륵과 남연 모용덕, 북위의 잠매에는 허장이 함께 행해졌다. 즉, 죽은 사람의 무덤 위치가 발각되지 않도록 몰래 묻었을 뿐만 아니라 도굴을 막기 위해 가짜 무덤을 만들었다.

한 학자는 북위의 주축이었던 선비인에게 잠매는 존재했지만, 허장은 북위 호인의 풍습이 아니라고[1] 보았다.[8] 이에 대해 잠매와 허장 모두 오환과 선비에서 찾아볼 수 없는 장례 풍습이라고 보는 학자도 있다.[9] 반면 석륵이 허장을 처음으로 만들었다고 보기도 한다.[10] 그러나 유목민들이 초원 지대에서는 잠매의 풍습이 없었으나 16국·북조 시대에 화북 지방으로 남진한 후 잠매의 풍습이 생겼다고 보는 견해도 있다.[11]

잠매와 허장의 존재 여부의 경우 논란이 있지만, 사자死者가 사용하던 물건을 태우는 습속은 여러 문헌에서 기록했으며, 『위서』에서도 발견된다. 『위서』「황후·문성문명황후 풍씨전」의 해당 구절을 살펴보자.

> 고종(문성제)이 붕어했다. 고사故事에 따르면, 나라에 대상大喪이 있으면 사흘 후 어복御服과 기물 모두를 불살라 태웠다. 이때 백관百官과 중궁中宮은 모두 소리를 내어 울면서 이를 지켜보았다. 후后(풍태후)가 슬퍼하며 소리 지르면서 스스로 불 속으로 뛰어들자 좌우에 있던 사람이 그녀를 구조했다. 후는 매우 오랜 시간이 지난 후에 소생했다.[12]

여기에서 '고사'는 호인의 장례 습속을 지칭한다. 앞의 인용문에서는 대상, 즉 황제의 장례를 치를 때만 고인이 사용했던 각종 물건을 태우는 것처럼 기록했다. 그러나 문성제 시기 고윤이 올린 상주문에서는 이를 구체적으로 묘사했다.

> 전조前朝[태무제]의 치세에 여러 차례 조서를 내려 결혼식에 음악을 사용하지 못하게 했고 장송하는 날에는 가요歌謠와 고무鼓舞, 살생殺牲, 소장을 모두 금하게 했습니다. 비록 조지條旨가 반포된 지 오래되었지만, 습속은 바뀌거나 변하지 않았습니다. 장차 윗자리에 있는 사람이 깨닫고 고치지 않는다면 아랫사람은 물들어 습속

1 선비인들의 원주지인 만주와 내몽골 지역에서 최근 발견된 유물과 유적을 살펴보면 허장의 풍습이 없는데, 새내(塞內)로 들어온 선비인들이 새북(塞北) 시기의 습속을 그대로 유지했다는 가정하에 내린 결론이었다.

이 될 것입니다. 교화가 지체되어 이 지경에 이르렀습니다.[13]

앞의 인용문에서 소장, 즉 소물장燒物葬이 황제뿐만 아니라 호인들의 일반적인 풍습이었음을 지적했다. 여기서 일컫는 소장(소물장)은 죽은 사람의 시체를 불태우는 화장이 아니라 사자의 물건을 불태우는 행위이다. 또한 앞의 인용문에서 전조, 즉 태무제 시기부터 소장을 금지하는 명령이 여러 차례 내려졌지만 이것이 지켜지지 않았다는 고윤의 지적이 주목된다. 이는 호인은 국가의 금령禁令에도 여전히 장례 풍속을 지켰음을 보여준다.[2] 고윤은 이러한 소장을 치르는 데 비용이 많이 들며 일단 불사르면 물건이 재로 바뀌므로 망자에게도 도움이 되지 않는다고 주장했다.[14] 고윤의 상주문에서 문성제 시기에는 소장이 사자가 평소에 사용하던 물건이 아니라 특별히 장례용으로 만든 기물을 함께 불태웠음을 알 수 있다. 이 때문에 셀 수 없을 만큼 많은 비용이 소모되었음을 지적한 것이다.

혹자는 이러한 소장의 풍습이 북위 시대 호인의 풍습이 아니라는 반론을 제기할 수도 있지만, 이는 『후한서』와 『삼국지』 「오환전」에서 모두 보인다.

㉮ 오환 사람은 전쟁하다 죽는 것을 영광스럽게 생각했다. [죽은 자의 시체를] 관에 넣고 염했다. [사람이 막 죽었을 때] 처음에는 소리 내어 울면서 슬퍼했지만, 장사를 지내면서 노래 부르고 춤을 추며 사자를 보낸다. 살찌게 기른 개 한 마리에게 [상여를] 색깔 있는 끈으로 묶어서 끌게 하고 사자가 타던 말과 옷가지, 살았을 때의 복식을 취해 모두 태워 장송했으며, 개에게 의탁해 죽은 이의 신령을 적

2 본문에 장송하는 날 노래와 악기 연주를 금지했다는 조치가 언급되는데 이는 바꾸어 생각하면 호인이 장례식에서 노래와 악기를 연주하며 일종의 축제처럼 지냈음을 보여준다[范兆飛, 「北魏鮮卑喪葬習俗考論」, ≪學術月刊≫, 45-9(2013), p. 130左]. 반면 중국을 포함한 대부분 국가에서 장례식은 엄숙하고 애도를 표하는 것이므로 선비 등 호인의 풍습은 중국인에게 독특한 것으로 비추어졌을 것이다. 이 때문에 한인 관료가 금지하도록 주청했을 것이다.

산赤山까지 호송하게 한다고 말한다.[15]

㉯ [오환의] 풍속에서는 전쟁하다 죽는 것을 영광스럽게 생각했다. [사람이 죽으면] 관에 넣고 염하며 소리 내어 울면서 슬퍼하는데, 장사 지낼 때가 되면 노래 부르고 춤을 추며 [사자를] 보낸다. 살찌게 기른 개 한 마리에게 [상여를] 색깔 있는 끈으로 묶어 끌게 하고, 사자가 타던 말과 옷가지를 모두 태워서 장송했다. 개에게 의탁해 죽은 이의 신령을 적산으로 호송하게 한다고 말한다.[16]

㉮는 『후한서』「오환전」, ㉯는 『삼국지』「오환전」의 기록이다. 자구의 일부에 차이가 있을 뿐 대체적인 내용은 동일하다. 선행 연구에 따르면 오환과 선비는 사람이 죽어도 혼신魂神은 불멸이라고 여겼고, 혼신은 수천 리 밖의 적산으로 간다고 해서 죽은 사람이 생전에 사용하던 물건을 불태워 보내는 풍습이 있었다. 이렇게 해야 혼신이 생전처럼 사용하던 옷을 입고 말을 타고 순조롭게 적산에 도달할 수 있다고 믿었다고 한다.[17]

『후한서』와 『삼국지』「선비전」에서는 선비와 오환의 풍습이 같다고 기록했으므로[18] 앞에서 설명한 오환인의 풍습은 선비인의 풍습이기도 하다. 탁발부는 선비인을 중심으로 해서 여러 유목민 집단이 결속해 만들어진 집단이었지만,[3] 장례 의례는 오환인과 선비인의 습속이 북위 전기까지 이어져 내려왔음을 확인할 수 있다.[4]

---

3 『위서』「관씨지」에서는 탁발부를 나중에 7개로 나누어 탁발씨 일족을 7개 부(部)의 우두머리로 삼았다고 기록해 탁발씨와 이 7족(七族)이 동일한 혈통인 것처럼 기록했다. 그러나 야오웨이위안과 마창서우 등 여러 학자의 고증에 따르면 이 7족에 속하는 흘골씨와 제실 십성에 속하는 을전씨는 튀르크계 유목민인 고차의 한 부족이다. 원래의 탁발부는 탁발씨에서 제실 십성으로 확장되었고, 후에 정복 전쟁을 거쳐 몽골고원과 화북에 있던 여러 유목민 집단을 통합했다. 이처럼 탁발부는 선비인 외에 다양한 종족으로 구성되었다[馬長壽, 『烏桓與鮮卑』(上海: 上海人民出版社, 1962), pp. 245~262쪽; 姚薇元, 『北朝胡姓考』(北京: 中華書局, 1962), pp. 2~24].

이 밖에 북위 전기 유목민(호인)들의 매장과 장례 풍속이 보인다.

먼저 가축의 순장이다. 이는 희생犧牲을 순장한 습속, 즉 순생殉牲 현상이다. 고고학 발굴 성과에 따르면, 순장하고 남은 동물의 뼈와 소량의 뼈로 만든 장식품이 보인다. 초기 선비묘에서는 소, 양, 말 등의 동물 뼈가 발견된다. 한족의 무덤에서는 희생을 순장한 뼈나 뼈 조각품이 보이지 않는다.[19] 반면 한위 시대漢魏時代 초기 선비묘와 탁발 선비와 동부 선비東部鮮卑의 무덤에서 자주 발견되며, 북위 전기 무덤에도 동물의 머리와 지골肢骨이 남아 있는 것으로 보아 16국 시대 이전 새외의 풍습이 전승된 것이다.[20]

다음으로 학자에 따라 다인 합장多人合葬 혹은 대가족의 '중장'으로 부르는 무덤 형식이다. 다퉁 시大同市 칠리촌七里村 북위묘 M37는 부부와 첩 3인의 합장으로 추측되며, 2세대 3인의 합장일 가능성도 있다. 5인이 매장된 M14에는 여러 차례 매장한 흔적이 있다.[21] 이러한 매장 형태는 씨족 혹은 부락 연맹의 유습으로 해석되기도 한다. 아직 발굴되지 않아 단정하기는 어렵지만, 북위 전기 황제를 비롯한 황실과 호인 지배층의 무덤인 금릉金陵에도 이러한 공동묘의 전통이 계승되었다고 보기도[5] 한다.[22]

이어서 양한 시대 이래의 엄숙한 한인 장례와 달리 음주와 가무가 동반된 희상喜喪의 풍습이다. 양한 시대 한인(한족)의 장례 풍습에 따르면, 상주가 여막廬幕을 짓고 산소를 지킬 뿐만 아니라 술과 고기를 마시거나 먹지 않았다. 또한 부인을 가까이 하지 않고 고악鼓樂을 연주하지 않으며, 처자를 찾아가지 않고 친구

---

4 심지어 이러한 풍습은 몽골과 여진, 타타르 등 북방 유목민 사이에서도 광범하게 퍼졌다[呂一飛, 『胡族習俗與隋唐風韻: 魏晉北朝北方少數民族社會風俗及其對隋唐的影向』(北京: 書目文獻出版社, 1994), pp. 142~143; 李書吉, 『北朝禮制法系硏究』(北京: 人民出版社, 2002), pp. 67~68].

5 그러나 다인 합장 현상에 대해 위진 이래 씨족과 보계(譜系)를 중시해 채용한 가족부장(家族祔葬) 습속이 평성에 전해진 것이라고 보는 견해도 있다[大同市考古硏究所, 「山西大同七里村北魏墓發掘簡報」, ≪文物≫, 2006-10(2006), p. 44右].

를 방문하지 않았다.[23] 반면 선비의 장속葬俗은 이와 반대로 "노래하고 춤추며 배웅하는(가무상송歌舞相送)" 희상의 성격을 지녔다. 예컨대 소성제(십익건)는 건국建國 13년 하유월에 황후 모용씨가 죽고 추칠월에 유위진劉衛辰이 장례에 참여하며 통혼을 청하자 허락했다.[24] 이는 한인들의 풍습과는 거리가 멀었다. 태무제가 태평진군太平眞君 연간에 노로원盧魯元이 죽자 친히 장례 현장에 가서 곡을 하며 슬퍼했지만 장례식이 진행될 때 고악을 울리는 것을 막지 않았다.[25] 이러한 풍습은 문성제 시기까지 지속되었다.[26]

마지막으로 매장 당시 시체와 무덤의 방향이다. 평성 시대平城時代의 무덤 방향(묘향墓向)은 남향과 서향이 주류였다. 평성 남교에서 발굴한 167기의 북위묘는 선비 탁발부의 유물로 추정된다. 이 가운데 서향인 무덤은 전체의 61%, 남향은 28.7%였다. 즉, 서향이 선비 신주神主의 주요 방향이었다.[27]

앞에서 살펴본 네 가지는 호인(선비인) 고유의 무덤과 매장 특징이다. 그러나 중국의 고고학자는 각종 북위묘에서 한족 문화의 영향도 발견할 수 있다고 주장한다. 예컨대 4건의 남시용男侍俑과 4건의 도생축陶牲畜이 출토된 하심정묘는 중국 무덤의 영향이 컸음을 보여준다고 한다.[28] 또한 일부 선비묘와 북위묘에서 출토된 유물 가운데 호인의 전통뿐 아니라 중원 한화의 영향을 받은 유물도 존재한다.[29] 예를 들면 사마금룡묘司馬金龍墓는 전후 주실主室이 하나의 이실耳室을 지닌 다실묘多室墓이며, 묘실墓室의 설치와 벽화의 인물 형상, 복식 특징, 회화는 동진東晉의 영향을 받았다.[30] 또한 대동 북교北郊의 영고릉永固陵, 만년당萬年堂은 양한 시대 황제릉 위치 분포의 영향을 받았다.[31] 그리고 문성제 시기 한인 관료인 고윤이 선비인의 장례와 매장 풍습을 비판하고 개혁을 주장했지만, 실행되지 않았다.[32] 북위 전기(평성 시대) 호인 지배층은 일부 한인(한족)의 매장 풍습의 영향을 받았지만, 대부분 자신들의 매장과 장례 풍습을 유지했다. 그러나 이는 효문제 시기에 바뀌게 되었다.

2) 북위 후기 낙양 매장 문화의 성격

(1) 한인 장례 의식의 수용

1항에서 살펴본 것처럼 북위 효문제 이전에는 호속, 즉 선비의 매장과 장례 풍습이 일반적이었고, 한인(한족)의 매장 풍습의 영향은 제한적이었다. 이러한 호인들의 장례 의례에 변화가 생긴 것은 태화 14년(490년) 풍태후의 매장과 장례가 분수령이 되었다. 효문제가 풍태후의 수릉壽陵을 건축하고 금릉에 무덤을 만들지 않은 것은 이전의 전통 매장 풍습(장속)의 분수령이 된 개혁이었다.[33] 그뿐만 아니라 효문제는 풍태후 사후 매우 슬프게 근신했으며, 술과 고기, 여자를 멀리 했다.[34] 효문제가 한인(한족) 사회 유가 예법의 핵심인 거상의 예를 시행한 것은 호인(선비)의 장례 의식이 유가화하도록 노력했음을 보여준다. 태화 12년 이표의 건의로 거상 제도를 전면적으로 시행했다.[35] 예컨대 북위 전기(평성 시대) 북위의 대상大喪은 황족皇族과 제실 십성만이 참여할 수 있었다. 그러나 효문제는 이를 바꾸었다. 태화 연간 이후에는 제실 십성이 아니더라도 대상에 참여할 수 있었다.[36] 예를 들면 선무제가 죽자 고조高肇가 태극전에서 거애擧哀했다.[37] 북위 황제와 황후의 상기喪期는 기본적으로 한위의 고례古禮를 따라 1개월이었다. 또한 1항에서 살펴본 것처럼 북위 전기에 만연한, 음주 가무를 즐기는 선비인들의 희상 전통도 바뀌었다. 예컨대 원밀元謐이 어머니의 상 중에 음악과 술, 희극을 즐기다가 어사중위御史中尉 이평李平의 탄핵을 받았다.[38] 이후 북해왕 원상의 비 유씨劉氏와 고조高肇의 조카가 죽자 장례 때 음악 연주에 대해 예관禮官들이 논의 끝에 이를 금지했다.[39] 이는 고윤이 "가무연락歌舞宴樂"을 금지하자고 한 건의가 집행되었고 법률화된 경향을 보인 것이었다. 그리고 황제와 지배층의 무덤에 세운 비궐碑闕과 침묘寢廟는 한문화의 영향을 받았다.[40]

또한 1항에서 살펴 본 것처럼 평성 시대의 묘향은 서향이 주류였다. 그러나 태화 연간 이후 남향의 무덤이 점차 많아지고 서향의 비율은 점차 감소하는 추세였다. 또한 평성 시대에 가축을 순장(순생)하는 풍습은 낙양으로 천도한 이후 중원 지역에서 사라졌다. 이를 대신해 농경민들이 사육하는 돼지, 개, 양, 닭 등 가축의 도용이 보인다.[41]

이어서 평성 시대의 무덤 양식이 바뀌었다. 낙양 천도 이후 낙양에서 호인 지배층의 대형 쌍실묘雙室墓와 다실묘多室墓는 거의 보이지 않는다. 예컨대 원소元邵와 원예元睿의 무덤은 단체 묘장單體墓葬이며, 원차의 무덤은 다실묘多室墓이지만 방형 주실方形主室이 핵심이고 이실耳室은 "임시 이실(가이실假耳室)"이었다. 이 시기 묘실에 벽화가 나타나기 시작하며 무덤 천장의 천상도天象圖는 한위 문화의 요소가 보였다. 물론 선비 구속의 매장 풍습 흔적도 보인다.[42] 그뿐만 아니라 호인 지배층 무덤 다수의 호방형묘弧方形墓, 반원형묘半圓形墓, 원형묘圓形墓는 위진 시대魏晉時代 무덤 양식을 계승한 결과이다.[43]

(2) 호인 매장과 장례 풍습의 유지

앞에서 낙양 천도 이후 낙양의 호인 지배층 무덤에 한문화의 한인 장례와 매장 풍습이 끼친 영향을 정리해보았다. 이어서 서기 시대와 평성 시대의 호속이 유지된 선행 연구를 소개하려고 한다.

먼저 낙양 북망산의 북위묘 배치에서 서기 시대와 평성 시대의 가족장 혹은 중장에 주목한 연구가 있다. 낙양성 북쪽의 북망산에 위치한 북위 무덤을 고고학적으로 분석한 대표적인 학자는 쑤바이宿白였다. 쑤바이의 연구에 따르면 현재 전하瀍河 양측의 북망산에는 황제릉과 북위 황실, '구성 제족九姓帝族',[6] '훈신 팔성', '여부 제성餘部諸姓'과 중요한 항신降臣의 무덤이 분포했다. 이 가운데 대부분의 호인 지배층의 묘지는 전하 동쪽에 분포했다. 이들의 무덤은 북위 황실 원씨를 중심으로 가족 혹은 씨족별로 집중적으로 분포한 것이 특징이다. 황제릉은

---

6 『위서』「관씨지」의 '제실 십성' 가운데 원씨(탁발씨)를 제외한 나머지 구성을 지칭한다.

효문제의 장릉長陵을 중심으로 아들 선무제의 경릉景陵과 손자 효명제의 정릉定陵이 각각 오른쪽과 왼쪽에 배치되었다. 원씨 일족의 무덤도 도무제(효문제의 7대조) 자손의 묘지를 중심으로 2대 명원제(효문제의 6대조), 경목제景穆帝(탁발황을 추증한 시호, 효문제의 4대조), 6대 헌문제(효문제의 아버지) 자손의 무덤이 오른쪽에, 3대 태무제(효문제의 5대조), 4대 문성제(효문제의 3대조), 7대 효문제 자손의 무덤이 왼쪽에 위치했다. 쑤바이는 북망산 북위묘의 가족 혹은 씨족의 집중적 배치를 호인의 습속에서 유래한 족장族葬과 모계 반부족제母系半部族制, 즉 대북의 구습舊習에서 유래했다고 보았다. 또한 낙양 북망산 북위묘의 족장은 호인 지배층뿐만 아니라 일반 호인들에게도 적용되었다. 신구 원년 십이월 신묘일(519년 1월 20일)의 조서에 따르면 일반 호인들의 묘지는 건포산乾脯山 서쪽에 조성되었다.[44] 이 또한 평성 시대의 호인 매장 풍습에서 유래했다고 보았다.[45] 양콴楊寬도 쑤바이와 동일한 견해를 제시했다.[46] 구보조에 요시후미도 도무제의 자손을 중심으로 세대별로 좌우로 배치하는 방식을 소목제昭穆制로 이해했다.[47]

다음으로 무덤의 양식과 호속에서 유래한 석곽石槨의 존재이다. 효창 3년(527년) 낙양에 매장된 영무묘寧懋墓는 토광 석실土壙石室의 특징을 지녔다.[48] 또한 북위 말北魏末 장무왕 원융元融과 그의 비妃 목씨의 합장묘, 원문묘元文墓, 진홍묘秦洪墓, 원위묘元暐墓에서 각각 석곽이 출토되었다.[49] 이는 매장 풍속에서 호인(선비)의 구속의 특징을 지니고 있었음을 보여준다. 동시에 일부 한인의 무덤과 매장 풍속에도 호풍이 남아 있었다.[50]

또한 슬프고 경건한 한인(한족)의 장례 분위기와 다른 음악과 춤을 용인하는 호인들의 장례 풍속도 남아 있었다. 효명제의 궁인 유화인劉華仁과 장안희張安姬가 정광 2년(521년)에 죽자 "길흉吉凶의 잡악雜樂을 울리고 무리는 무덤으로 운구했다".[51] 여기에서 "잡악"은 한인 관료 고윤과 이표가 배척하고 없애려고 한 것이었다. 또한 효문제의 장례 개혁 이전 호인 장례 의례 중에 수반된 "가요 고무歌謠鼓舞"와 유사했다.[52] 한편 원밀元謐은 모친상 중에 음악을 듣고 술과 유희를 즐겨서 어사중위 이평에게 탄핵되었다.[53] 이 예에서 일부 북위 황실 일족은 북위 전기(평성 시대) 장례 풍속인 희상, 즉 노래와 춤 등이 동반된 장례 의식을 여전히 고수했음을 알 수 있다.

다음으로 이면嫠面이라는 습속도 호속의 하나이다. 이면은 몽골, 여진, 타타르 등 북방 유목민들 사이에 광범하게 퍼진 습속이었다. 이면은 이면剺面이라고도 하며 칼로 얼굴에 상처를 내어 송별의 슬픔을 표시하는 일종의 혈제血祭이다.[54] 『후한서後漢書』 「경병전耿秉傳」에 따르면 흉노에서는 경병耿秉이 죽었다는 소식을 듣고 호곡號哭했고 일부 사람들은 이면했다.[55] 이 일화로 보아 흉노인들은 친척이나 존경하는 사람이 죽으면 얼굴에 상처를 내어 경의를 표하는 풍습이 있었음을 알 수 있다. 돌궐突厥에서는 죽은 사람이 사용하던 물건을 시체와 함께 불태우고 장례일에 얼굴에 상처를 내는 이면을 행했다.[56] 흉노와 돌궐 외에 계호·강·토욕혼吐谷渾·스키타이 등 유목민도 이면의 풍습이 있었다.[57]

이처럼 북방 유목민들의 장례 풍속인 이면이 북위 후기(낙양 시대)에 발견된다. 『위서』 「청하왕역전淸河王懌傳」에 따르면 효명제 정광 원년(520년)에 당시 권력자인 영군장군 원차에게 살해된 청하왕 원역의 장례식에 당시 낙양에 있거나 돌아온 이인夷人들이 원역의 장례식 소식을 듣고 그를 위해 수백 인이 이면嫠面을 하였다.[58] 이인이 어떤 종류의 이민족을 지칭하는지는 분명하지 않다. 『위서』에서 선비인을 비롯한 호인(호족)들은 '북인'이나 '구인舊人'으로 지칭되었다.[59] 『낙양가람기洛陽伽藍記』에는 안신雁臣으로 활동했던 북이北夷의 추장酋長 일족의 존재가 확인된다.[60] 북이를 명확히 정의할 수 없으나 안신이었던 영민추장領民酋長 이주신흥爾朱新興과 이주영爾朱榮 일족이[61] 포함될 수 있다. 또한 원문의 "낙양에 있거나 귀향한 이인(이인재경급귀夷人在京及歸)"이라는 표현을 보면, 북이에 속한 사람들은 낙양에 일시 체류하거나 거주했음을 알 수 있다. 단순한 상거래를 목적으로 체류하거나 거주한 것이 아니라면 북위의 지배를 받고 낙양에서 숙위했던 유목민 집단이었을 것이 있다. 이주영 일가가 계호였던 점은 이러한 추정에 유력한 근거가 된다. 즉, 호인(선비인)들에게 이면의 풍습이 있었는지는 알 수 없지만, 북위의 지배를 받았던 각종 유목민들은 여전히 이면의 풍습을 유지했음을 확인할 수 있다. 특히 이 중 일부는 낙양에 거주했다는 점에서 낙양에 거주했던 모든 비한인非漢人 혹은 호인들이 '한화'되고 자신들의 풍습을 망각한 것이 아니라 자신의 호속을 어느 정도 유지했음을 알 수 있다.[62]

마지막으로 북위 전기(평성 시대)에 존재한 소장(소물장)의 흔적이 선무제 경릉景陵에서 발견되었다. 발굴 보고서에 따르면, 선무제 경릉의 무덤의 벽과 천장의 표층전表層磚의 밖에도 그을음과 광택이 있다.[63] 이는 동위 효정제孝靜帝의 황후인 여여공주묘茹茹公主墓[64]와 북제 문선제文宣帝의 무령릉武寧陵으로 추정되는 자현磁縣 만장灣漳 북조묘北朝墓 M106의 무덤,[65] 수초隋初 안가묘安伽墓[66]에서도 그을음의 흔적이 발견되었다. 이는 도굴자들의 방화가 아니라 죽은 사람이 사용하던 옷과 기물을 불살랐던 소장 의식 때문에 생긴 것이다.[67] 따라서 적어도 선무제를 장사 지낼 때까지 오환과 선비 때부터 북위 전기 문성제 전후까지 존재했던 소장이 남아 있었다고 해석할 수 있다.

(3) 호한 융합의 매장 풍습

북위 후기(낙양 시대) 낙양 북위묘, 특히 북위 황실을 비롯한 호인 지배층의 매장 풍습에서 호한 융합의 면모를 발견할 수 있다. 판자오페이范兆飛는 잠매와 허장이 위진 이후 끊이지 않는 전란과 박장薄葬의 성행, 한인 사회漢人社會의 초혼 허장招魂虛葬, 이전 왕조의 장례 제도 붕괴 등이 상호작용한 산물이며, 호한 문화胡漢文化와 호인의 장례 문화가 서로 영향을 주고받은 산물이라고 주장했다.[68] 또한 선비의 장속은 한화와 동시에 비선비인非鮮卑人 호화, 즉 돌궐화突厥化의 흔적이 보인다. 북위 선비 장속은 호한 문화의 충돌을 거쳐 반목과 융합을 거쳐 한족과 선비 어느 쪽에도 속하지 않은 새로운 장속 문화를 만들었다고 주장해 박한제 교수의 호한 체제를 지지했다.[69]

이 밖에 북위 낙양묘 가운데 원형묘의 출현은 북방 초원 지역 소수민족의 전장氈帳 제도와 중원 지역 묘장墓葬 제도의 결합의 산물로 보는 견해도 있다.[70]

2. 호인들의 이장 금지와 낙양 북망산 매장

1) 효문제의 이장 금지 조치 검토

효문제는 낙양으로 천도한 이후 낙양으로 천사遷徙한 관리와 백성들에게 옛 수도 평성으로 이장하는 것을 금지하는 조치를 내렸다. 『위서』「고조기」하의 기록을 보자.

> 태화 19년 유월 병진일(495년 7월 26일) 낙양으로 옮긴 백성들은 죽으면 하남에 장사 지내게 하고 북쪽으로 돌아가지 못하게 하는 조서를 내렸다.[71]

위의 『위서』「고조기」의 조서 내용은 간략하지만, 『위서』「광천왕해전廣川王諧傳」에는 이를 상세히 풀이했다. 그 내용은 다음과 같다.

> 유사有司가 상주해 광천왕비廣川王妃가 대경代京에서 죽었지만 아직 신존新尊으로써 비구卑舊에 따르게 할 지 살피지 못해 마땅히 비구가 신존에게 와야 한다고 했다. "태화 19년 조서에서 다음과 같이 말했다. '낙양으로 천사한 이들은 이 이후로 모두 북망산에 장사 지낼 수 있으나, 항대恒代로 돌아가 장사 지내서는 안 된다. ① 남편이 이미 죽어 북쪽에 장사 지냈던 상황에서 아내가 지금 막 죽어 장례를 치르려고 한다면, 아내는 남편을 따르므로, 마땅히 대代로 돌아가 장사를 지내게 하라. ② 만약 아버지의 무덤을 어머니의 무덤으로 이장해 합장하려 한다면 이를 허

락한다. ③ 아내의 무덤이 항대에 있는 상황에서 남편이 낙양에서 죽었다면, 존尊(남편의 관)을 비卑(아내의 무덤)로 옮겨 합장하지 못하게 한다. ④ 어머니[의 관을] 아버지[의 무덤으로] 옮겨 합장하려 한다면 이를 허용한다. 만약 따로 장사 지내려 한다면 역시 이를 허용한다. ⑤ 만약 이 장례의 제한이 있지 않아 대代에서 있다가 상喪을 당하면 대代나 낙양에서 모두 장사 지낼 수 있게 한다. ⑥ 항[주]와 연[주]에 속한 호戶가 경락京洛에서 벼슬살이 하고 있으면 떠나고 남는 것은 역시 자신의 선택대로 따르게 한다. ⑦ 여러 주에 속해 있는 자는 각기 임의대로 할 수 있다.'"[72]

앞의 인용문은 태화 19년 유월 병진일(495년 7월 26일) 조서의 내용에서 예외적인 상황이 생길 경우 취할 조항을 자세히 풀이한 것이다. 필자는 각각의 조항에 ①에서 ⑦까지 번호를 매겼다. 앞의 인용문에서 ①부터 ⑤까지의 조항은 낙양으로 이주한 호인들에게 적용되는 것으로 보인다.

낙양에 이주한 호인들이 평성 일대로 이장하지 못하게 한 앞의 인용문의 조치는 호복 금지와 호인의 본적을 하남 낙양인으로 바꾼 조치와 함께 호인들이 고토를 그리워하지 못하게 하고 한화 정책을 본격적으로 추진하기 위한 포석이라는 견해가 있다.[73]

낙양성 북쪽의 북망산에 위치한 북위묘를 고고학적으로 분석한 대표적인 학자는 쑤바이宿白였다. 쑤바이宿白의 연구에 따르면 제실(제릉帝陵)과 북위 황실, '구성 제족九姓帝族',[7] '훈신 팔성勳舊八姓', '여부 제성餘部諸姓'과 중요한 항신降臣의 무덤이 전하瀍河 양측, 특히 서쪽의 북망산역北邙山域에 가족 혹은 씨족별로 집중적으로 분포했다. 황제릉은 효문제의 장릉長陵을 중심으로 아들 선무제의 경릉景陵과 손자 효명제의 정릉定陵이 각각 오른쪽과 왼쪽에 배치되었고, 원씨 일족의 무덤도 도무제(효문제의 7대조) 자손의 묘지를 중심으로 2대 명원제(효문

---

7 『위서』「관씨지」의 '제실 십성' 가운데 원씨(탁발씨)를 제외한 나머지 구성을 지칭한다.

제의 6대조), 경목제(추증, 효문제의 4대조인 탁발황), 6대 헌문제(효문제의 아버지) 자손의 무덤이 오른쪽에, 3대 태무제(효문제의 5대조), 4대 문성제(효문제의 3대조), 7대 효문제 자손의 무덤이 왼쪽에 각각 위치했다. 이러한 무덤 배치가 호인의 족장族葬과 모계 반부족제母系半部族制에서 유래했다고 한다.[74] 구보조에 요시후미는 도무제의 자손을 중심으로 세대별로 좌우左右로 배치하는 방식을 소목제昭穆制로 이해했다. 효문제 생전에는 전하 서쪽에 남안왕南安王 원정元楨과 제군왕 원간元簡 등 5인이 묻혔지만, 효문제가 전하 동쪽에 릉을 축조한 이후 무덤군이 전하 동쪽으로 옮겨졌음을 지적했다. 그리고 북망산 전하 동쪽에서 최초로 조성된 무덤은 경명 2년(501년) 광릉왕廣陵王 원우의 무덤이었고 이 당시에는 묘역墓域이 아직 설정되지 않았을 것으로 추정했다.[75] 또한 곽옥당郭玉堂의 『낙양출토 석각 시지기洛陽出土石刻時地記』를 바탕으로 낙양 출토 묘지명과 실제 무덤의 위치를 비정 혹은 고증한 연구가 있다.[76]

2) 낙양 본적 호인의 매장 예외 사례 검토

1절에서 살펴본 것처럼 선행 연구를 검토하면 북위의 호인 지배층뿐만 아니라 일부 이민족과 한인 관료들도 효문제의 명령대로 평성 등 북쪽으로 이장(천장)하지 않고 낙양의 북망산 일대에 무덤을 만들었음을 알 수 있다. 여기에는 호한의 구별이 없었다. 그러나 묘지명을 검토하면 예외처럼 보이는 예들이 보인다. 인용문의 조항에 따라 살펴보자.

먼저 묘지명에서 앞 인용문의 ①에 해당하는 경우를 검토해보자. 〈표 6-1〉에서 북위 황제들의 후궁들을 매장 시기 순서로 나열해 정리했다.

〈표 6-1〉에서 문성제의 빈嬪 경씨耿氏와 경빈耿嬪(경수희耿壽姬)은 본적으로 보아 한인(중국인)이다. 반면 헌문제의 후부인[8]의 선조는 후골씨侯骨氏, 喉骨氏였으며, 대대로 부락의 추장이었고 후부인의 할아버지인 사만근侯萬斤은 제1품 대추

표 6-1　문성제·헌문제의 후궁

이름	본적	사망 연도	매장 연도	매장 장소
헌문제 후부인[77]	삭주		경명 4년(503년) 삼월 이십일일	낙양
문성제 빈 경씨[78]	거록군(鉅鹿郡) 송자현(宋子縣)	연창 3년(514년) 임종(林鍾)의 달 19일 [병신(丙申)]	연창 3년(514) 칠월 신유일(辛酉日)	낙양의 서령(西嶺)
헌문제의 성빈[79]	대군 평성현	연창 4년(515년) 정월 구일[계축(癸丑)]		금용내성(金牗內城, 사망)산릉(山陵)
문성제 경빈(경수희)[80]	정주 거록군 곡양현(曲陽縣)	신구 원년(518년) 삼월 팔일		
문성제 부인 우선희[81]	서역의 우전국	효창 2년(526년) 이월 이십칠일	효창 2년(526) 사월 사일	서릉(西陵)

장第一品大酋長을 지냈다.[82] 후부인의 선조는 후골이라는 성과 제1품 대추장의 관직으로 보아 호인임이 분명하다. 대군 평성현을 본적으로 둔 헌문제의 성빈成嬪(444~515년)은 성명은 묘지명에 없으나 본적이 대군인 것으로 보아 호인일 가능성이 크다. 문성제의 부인 우선희(437~526년)는 서역의 우전국于闐國, Kustana 출신이었으므로 서역호西域胡 출신이었다. 문성제의 빈인 경빈(경수희)이 묻힌 장소는 묘지명에 기록되지 않았으나, 정황상 낙양에 묻혔을 가능성이 크다.

〈표 6-1〉을 보면 후궁들의 종족 여부와 상관없이 문성제와 헌문제의 후궁들이 두 황제가 묻힌 운중雲中의 금릉[83]이 아닌 낙양에 묻혔다. 이 현상을 어떻게 해석해야 할까? 앞 인용문의 ① 부분을 다시 살펴보자.

남편이 이미 죽어 북쪽에 장사를 지냈던 상황에서 아내가 지금 막 죽어 장례를 치

8　후부인의 묘지명은 1911년 허난 성 뤄양 시 안가구(安駕溝)에서 출토되었고, 뤄전위(羅振玉)가 소장했었다.

르려고 한다면, 아내는 남편을 따르므로, 마땅히 대代로 돌아가서 장사를 지내게 하라.[84]

앞의 인용문의 법률 조항대로라면 다섯 여성은 이미 운중의 금릉에 묻힌 문성제와 헌문제를 따라 북위 황제의 무덤이 있는 운중의 금릉에 묻혔어야 했다. 그러나 실제 매장된 곳은 운중 금릉이 아니라 낙양이었다. 두 경씨와 우부인(우선희)의 남편 문성제 및 후부인과 성빈의 남편 헌문제는 북위의 황제였으므로 앞 인용문의 ① 조항은 반드시 지켜야 했지만, 지켜지지 않았다. 명원제의 부인 요씨姚氏(사후 황후로 추증)처럼 황후 외에 황후에 준하는 후궁,[85] 도무선목황후道武宣穆皇后 유씨庾氏 또는 명원밀황후明元密皇后 두씨杜氏, 태무경애황후太武敬哀皇后 하씨賀氏, 문성원황후文成元皇后 이씨李氏, 헌문사황후獻文思皇后 이씨李氏, 효문정황후孝文貞皇后 임씨林氏처럼 황제의 생모로 사후 황후로 추증된 후궁,[86] 문성제 즉위 후 황제로 추증된 황태자 탁발황의 부인 욱구려씨郁久閭氏(여씨閭氏)[87] 등 황제나 태자의 후궁이 북위 전기 황제의 무덤인 금릉에 배장陪葬되었다. 물론 이들은 사후 황후로 추존되었지만, 배장될 당시에는 후궁의 신분이었다. 따라서 황후뿐만 아니라 후궁들도 북위 황제의 황실 무덤인 금릉에 배장되었음을 알 수 있다. 그런데도 문성제와 헌문제의 후궁들이 두 황제의 능에 배장되지 않은 것은 당시 관행과도 다르다.

또한 정시 4년(507년) 낙양의 장릉 동쪽 아들 회왕懷王의 무덤에 묻힌 국씨麴氏(435~507년)의 남편은 성양왕 원수元壽였다.[88] 『위서』에는 원수라는 인물은 없고 성양왕 원장수元長壽는 있다. 양자의 작위가 성양왕인 것으로 보아 원수와 원장수는 동일인일 가능성이 있다. 게다가 국씨의 묘지명에서는 원수의 아들이 회왕이라고 기록했다. 『위서』에 따르면 원장수의 작은 아들 원란元鸞이 원장수의 작위를 이어받았고, 사후 회왕이라는 시호를 받았다.[89] 따라서 원수와 원장수는 동일인임이 분명하다. 그런데 원장수는 낙양 천도 이전에 사망했으므로,[90] 평성이나 금릉(평성 시대 북위 황실의 묘지가 있던 곳)에 묻혔을 것이다. 그런데 그의 아내 국씨는 금릉이 아닌, 낙양에 있는 아들 원란의 무덤 부근에 묻혔다. 이 역시 효문제가 만든 매장의 원칙을 어긴 것이다.

마지막으로 원장元萇에 대해 살펴보자. 하남군 낙양현 선평향 영지리가 본적인 원장은[91] 선무제 영평 연간 하남윤河南尹과 시중 탁지상서度支尙書를 거쳐 옹주자사雍州刺史 재임 중인 연창 4년 추칠월 십일일(515년 8월 6일)에 옹주雍州의 치소治所인 장안長安(경조군京兆郡)에서 사망했다. 그리고 희평 2년 이월 이십구일(517년 4월 5일)에 하내군河內郡 지현軹縣 영산嶺山 백양白楊에 매장되었다.[92] 매장지인 하내군 지현은 현재 허난 성河南省 지위안 시濟源市에 해당한다.[93] 따라서 원장은 하남군 낙양현 출신이지만, 매장된 장소는 낙양의 북망산이 아니라 황하 이북의 하내군에 매장되었다. 원장의 매장은 낙양에 매장하라는 효문제의 명령을 어긴 예의 하나이다.

앞에서 살펴본 7개의 예는 북위 황실에서 이장(천장) 금지의 기본 원칙을 앞장서서 지키지 않았음을 보여준다.

다음으로 원숙元淑(447~507년)의 예를 살펴보자. 사주 하남군 낙양현 사람인 원숙은 평성진장平城鎭將으로 근무하다가 정시 4년 시월 이십삼일(507년 12월 13일)에 죽고 정시 5년 삼월 십오일(508년 5월 30일)에 구경舊京 금성金城의 공관公館에서 죽은 여내하혼呂乃賀渾(453~508년)과 함께 영평 원년 십일월 십오일(508년 12월 22일) 백등산白登山의 남쪽에 묻혔다.[94] 원숙의 무덤은 산시 성山西省 다퉁 시에서 발견되었다.[95] 뤄신과 예웨이葉煒는 원숙의 일족인 원소元昭와 원모元侔의 묘지가 낙양에 있었으므로, 이 묘지는 낙양으로 이동하지 못하고 평성에 묻혔을 것으로 보았다.[96] 그러나 다른 북위 종실의 원씨들이 임지와 상관없이 낙양에 묻힌 것을 보면 이러한 설명은 설득력이 부족하다. 현재까지 원숙의 예는 하남군 낙양현으로 본적을 바꾼 호인들이 낙양에 묻혀야 한다는 명령을 어긴 유일한 예처럼 보인다. 그러나 앞 인용문의 ⑤ 조항을 살펴보자.

만약 이 장례의 제한이 있지 않아 대代에서 있다가 상을 당하면 대代나 낙양에서 모두 장사 지낼 수 있게 한다.[97]

⑤의 앞에 있는 ①에서 ④의 조항은 부부의 한쪽이 이미 죽어 평성에 묻혔을 때의 경우이므로 ⑤ 조항은 일반 호인들에게 적용될 수 있을 것처럼 보인다. 원숙이 죽기 전에 평성진장으로 근무했으므로 이 조항에 해당될 수 있었다. 즉, 하남군 낙양현을 본적으로 둔 호인이라도 평성 등 북위 전기의 경기 지역인 항주와 연주 등지에서 근무하다 죽으면 평성 일대에 묻힐 수 있는 재량권을 부여받았다. 원숙의 예는 바로 그 증거이다.

3) 낙양 외 본적 호인의 매장 사례 검토

본 절에서는 낙양 외 지역을 본적으로 둔 호인들의 매장 장소를 검토해 예외 상황을 살펴보자.

먼저 북위 전기의 경기 지역인 항주와 연주 일대를 본적으로 둔 호인들의 예를 살펴보자. 항주 대군 평성현 사람인 봉화돌(438~501년)은 낙주자사洛州刺史로 재직하던 중 경명 2년(501년) 정월에 죽었다. 그런데 봉화돌은 정시 원년(504년) 사월에 본적인 항주 대군 평성현과 가까운 무주현武周縣 경계에 묻혔다.[98] 봉화돌의 성인 봉씨封氏는 본래 시분씨是賁氏를 한성으로 고친 것으로 호인(선비인)으로 추정된다.[99]

항주 대군 평성현을 본적으로 하였던 봉화돌이 평성 일대, 즉 대군代郡에 묻힌 것은 ⑥의 조항, 즉 "항주와 연주에 속한 호戶가 경락에서 벼슬살이 하고 있으면 떠나고 남는 것은 역시 자신의 선택대로 따르게 한다"[100]라는 조항을 적용할 수 있다. 봉화돌의 마지막 관직이 북위 후기 경기, 다시 말해 사주司州의 서남쪽에 있었던 낙주의 지방관(낙주자사)이었으므로 경락, 즉 낙양의 조정에서 근무한 것은 아니다. 그러나 원문의 "경락에서 관리가 되었다(신관경락身官京洛)"를 북위 조정에 대한 출사出仕로 본다면 충분히 적용할 수 있는 조항이었다. 따라서 봉화돌은 자기 본적 혹은 고향 부근에 묻힐 수 있었다.

문제는 해지(435~507년)의 경우이다. 항주 번씨 곽산촌을 본적으로 둔 해지는 정시 4년(507년) 낙양에서 사망하고 전천지원廛泉之源에 묻혔고, 아내인 돈황송씨燉煌宋氏, 셋째 아내인 남양종씨南陽宗氏와 합장했다.[101] 해씨는 본래 달해씨였고, 제실 십성의 하나였다.[102] 해지는 복회가한僕膾可汗의 후예이고 그의 조상이 대대로 부중部衆을 나누어 거느렸으며, 증조할아버지 조락두烏洛頭가 대인대막불大人大莫弗이었던 것으로 보아 부락 수령部落首領의 후손이었다.[103] 그런데 해지의 증조할아버지 조락두는 대인대막불, 할아버지 내역간內亦干은 내행우진內行羽眞 산기상시 진서장군鎭西將軍 운중진대장雲中鎭大將, 아버지 보락한步洛汗은 연주치중兗州治中 위장군부장사衛將軍府長史를 지냈지만, 해지는 벼슬을 하지 않았다.[104] 따라서 해지는 ⑥의 조항에 적용될 수 없었다. 그러나 해지의 아들 해진은 하음현 서향西鄕에서 사망한 것으로 보아[105] 서향에 해진의 거주지가 있었을 것이다. 따라서 해지는 항주 번치군이 본적이었지만, 아들 해진과 함께 하남군 하음현 서향에 거주했으므로 규정과는 달랐으나 북망산 일대에 묻힐 수 있었을 것이다. 해지는 규정 ⑥을 어긴 셈이었지만, 이미 하음현에 거주했던 현실적인 이유로 낙양 북망산에 묻혔을 것이다.

마지막으로 ⑦에 해당하는 예를 살펴보자. 진남장군鎭南將軍 양주자사襄州刺史를 역임한 금성군 유중현 사람 걸복보乞伏寶(?~532년)는 태창太昌 원년(532년) 십일월에 죽고 영희 2년 삼월 이십일일(533년 4월 30일)에 북망北芒의 서령西嶺에 매장되었다.[106] 경주涇州 평량군平涼郡 음반현陰槃縣 무도리武都里를 본적으로 둔 원표員標[107]도 경명 3년(502년)에 죽었다. 원표의 묘지명은 1964년 닝샤후이족자치구寧夏回族自治區 팽양현彭陽縣 팽양향彭陽鄕 요하촌姚河村에서 발견되고 현재 닝샤고원박물관寧夏固原博物館에 소장되어 있다.[108] 즉, 원표는 본적이자 고향에 묻혔다. 뤄신과 예웨이의 고증에 따르면 원표의 증조할아버지 원난돈員暖吨은 후조 시대에 진서장군鎭西將軍 오부도통五部都統을 역임했다. 여기서 '오부도통'의 관명으로 보아 원씨員氏는 내입 호족內入胡族으로 추정된다. 즉, 원씨는 서쪽에서 동쪽 음반현으로 이주한 부족의 추장으로 생각된다.[109] 남양군南陽郡 서악현西嶨縣이 본적이지만, 호인으로 추정되는[9] 조맹趙猛(419~488년)은 안정현령安定縣令으로 근무하다가 태화 12년 팔월 십칠일(488년 9월 8일)에 죽었으나 정광 5년 시월 이십일(524년 12월 1일)에 포성蒲城에 묻혔다.[110] 조맹의 묘지가 1987년 산시 성山西省 영제현永濟縣 포주진蒲州鎮 후가장촌侯家莊村 남쪽에서 발견되었다.[111] 따라서 포성은 현재의 산시 성 남부에 해당하는 북위 후기 하동군河東郡에 있었던 지명이다. 조맹이 아무 연고가 없는 하동군에 매장된 이유는 알 수 없지만, "여러 주(제주)에 속해 있는 자는 각기 임의대로 할 수 있다"[112]라는 ⑦의 조항에 따라 걸복보는 낙양의 북망산에, 원표는 고향인 경주 평량군에, 조맹은 사주 하동군의 포성에 묻힐 수 있었다.

『위서』「광천왕해전」에 보이는, 태화 19년에 낙양으로 천사한 호인들의 이장(천장) 금지 조치는 일곱 가지 조항을 바탕으로 현재 출토되어 공표된 묘지명의 예를 검토했다. 그 결과 『위서』「광천왕해전」의 7개 세부 조항 가운데 ①의 조항, 즉 이미 죽은 남편이 평성에 묻혔을 경우 낙양에서 죽은 아내는 평성의 남편과 합장한다는 조항을 어긴 예가 많았다. 그것도 북위 황실 후궁들의 무덤이었다. 문성제와 헌문제의 후궁이 두 황제의 무덤이 있었던 운중 금릉이 아닌 낙양에 묻힌 것은 당시의 관행과 달랐다. 이 조항을 제외한 나머지 조항들은 비교적 잘 지켜졌다. 『위서』「고조기」에는 낙양으로 천사한 이들에 대한 규제만 있

---

9 뤄신과 예웨이에 따르면, 조맹의 조부 조어(趙魚)와 장인 전배(田背)의 이름에 사용된 '어(魚)'와 '배(背)'는 한족의 이름이 아닌 것 같으며, 아마도 조맹과 전씨는 소수민족이었을 것으로 추측했다(「趙猛墓志」, 『新出魏晉南北朝墓志疏證』, p. 107).

지만, 『위서』 「광천왕해전」의 7개 조항을 보면 평성에 잔류하거나 다른 지역에 거주하던 호인들에게 매장지 선택의 재량권을 부여했다. 따라서 호인들이 낙양 외에도 평성이나 기타 북변 지역에 무덤을 만들 수 있었다.

제7장

중국 예악·제사 도입의 검토

북위 후기 유가 의례 수용의 허실

중국 문화에 동화되었는지를 가늠하는 중요한 척도 가운데 하나가 유가 사상의 수용이다. 효문제는 유가 사상과 예제를 전면적으로 채용했고, 낙양 천도 이후 유가의 의례 공간을 만들었다. 이는 북위 호인 지배층의 한화로 연결 지을 수 있다. 본 장에서는 효문제 이후 북위 황실과 조정이 유가 의례와 예제를 받아들이고 각종 의례 공간을 제대로 만들었는지 검토하고자 한다.

먼저 1절에서는 선무제와 효명제 시기 유가 의례(예제)의 도입이 지체된 현상을 살펴본다. 이어서 2절에서는 선무제와 효명제 시기 유가의 의례 공간이 제대로 만들어지지 못했음을 당시 관료들의 상소문을 통해 검토한다. 3절에서는 북위 황실에서 유가 의례를 제대로 지켰는가를 특히 한인인 호태후의 행태를 통해 조망한다.

1. 조정의 예제 도입의 지체

만약 효문제가 '한화 정책'을 강력하게 시행했다고 한다면 중국 문화의 정수인 유가 사상과 중국의 예와 음악을 호인들에게 익히게 했을 것이다. 그러나 실상은 그렇지 못했다. 『북사』 「왕숙전」에는 효문제의 예악 제도 도입을 다음과 같이 요약했다.

> 진씨晉氏(서진)의 상란 이후 예와 악이 무너지고 망했다. 효문[제]가 비록 제도를 뜯어 고쳐 정리해 풍속을 변경하려 했지만, 그 사이에 질박하고 문화 수준이 낮았으니 능히 널리 보급할 수 없었다. 왕숙王肅은 옛 전장 제도에 밝고 능숙해 마음을 비우고 제도 개정을 맡았으니, 조의朝儀와 국가의 전장 제도는 모두 왕숙에게서 나왔다.[1]

앞의 인용문에 따르면 효문제는 왕숙의 도움을 받아 예악 제도를 바꾸려 했지만, 북위의 문화 수준이 낮아서 만족스러운 성과를 내지 못했다. 이는 『위서』 「예지」 등의 기록과 일치한다.

> 영가 [연간에] 혼란이 발생하니 신주神州에 잡초가 무성해 거칠고 지저분하게 변했으며, 예와 악이 무너지고 사람과 신神은 사라져 없어졌다. 태조(도무제)께서 남쪽으로 연조燕趙를 평정했지만, 하루도 쉴 겨를이 없었으며, 여전히 대대로 정벌에 종사해 영토를 확장하는 데 힘썼다. 비록 말 위에서 다스렸지만 아직 [예악제도를] 만들 겨를이 없었으므로 나라를 다스리는 의제儀制에 이르러서는 번갈아 큰 것을 사용했다. 그러나 제도가 대개 투박하고 빈약하며 아울러 빠져 없어지거나 잃어버렸다. 고조(효문제)께서 옛 제도를 자세히 살펴보시어 구칙舊則을 따르고 전왕前王[의 제도를] 헤아려서 그 가운데 좋은 전장典章과 법도法度를 택하니 조정의 전장과 국가의 법규가 빛나고 다시 떨쳤다. [그러나 고조(효문제)께서] 젊어서 돌아가셔서 성려聖慮를 따르지 못했으니, 이와 같지 않다면 유·마劉馬의 자취는 어찌 족히 헤아릴만 할 것인가! 세종(선무제)께서 제위帝位에 올라 조용히 한가롭게 지내며

만족했고 현문玄門에 관심을 기울이니, 유업儒業과 문풍文風은 넉넉하게 퍼지지 못했고 예를 무너뜨리고 성聲을 잠기게 하니 이후에도 이러한 상태가 계속되었다. 숙종(효명제) 이후에 위도魏道가 쇠하고 약해져서 태화지풍太和之風이 누세에 걸쳐 쇠락해 해내가 꺼지고 무너지는 상황에 이르렀으니, 강기綱紀는 완전히 사라져 버렸다.[2]

앞의 인용문에서 효문제 이전에 예악 등의 전장 제도가 갖추어지지 않았다가 효문제가 중국 전통의 예제 등을 부활했음을 알 수 있다. 그러나 효문제 사후 즉위한 세종(선무제)과 숙종(효명제) 시기에는 유학과 예악이 널리 퍼지지 않았음을 확인할 수 있다. 『위서』「예지」4에서도 이러한 서술이 보인다.

태조(도무제) 천흥 원년(398년) 겨울에 의조랑儀曹郎 동밀董謐에게 명해 조근朝覲과 향연饗宴, 교묘郊廟, 사직에 관한 의례를 만들어 기록하게 했다. 천흥 6년(403년)에 또 유사有司에게 조서를 내려 관복冠服을 제정해 관리의 등급에 따라 차등을 두게 했으나 시사時事 때문에 겨를이 없어 대부분 고례古禮[의 면모]를 잃었다. 세조(태무제)는 사방을 경영하느라 아직 능히 예에 뜻을 두지 못했고 대대로 전쟁을 일삼으니 익숙한 것을 취할 뿐이었다. 고조(효문제) 태화 연간에 처음으로 구전舊典을 참고해 관복冠服을 제정해 관리들과 육궁六宮[의 관복冠服]에 각각 차등이 있게 했다. 그러나 일찍 승하하시는 바람에 여전히 두루 퍼지지 못했다. 숙종(효명제) 시기에 또 조서를 내려 시중 최광과 안풍왕 원연명元延明, 조정의 이름난 학자들에게 다시 의례를 논의하도록 명하니 조장條章이 거칠게나마 갖추어졌다.[3]

앞의 인용문에서도 효문제 이전에는 고례, 즉 중국 전통의 예법을 따르지 않고 호인(선비인)들의 습속을 따랐음을 알 수 있다. 또한 효문제가 구전, 즉 유교 경전이나 의례서를 참조해 관복을 제정했으나 일찍 죽는 바람에 널리 퍼지지 못했음을 기록했다. 이는 관복을 제정한 이후 통용되지 못했다는 고증과 일치한다. 즉, 효문제 사후부터 효명제가 다시 의례를 제정하게 하기 전까지 관복 등 의례가 효문제의 계획대로 실행되지 못했음을 알 수 있다. 앞의 인용문과 비슷한 취지의 글은『수서』「예의지」에서도 보인다.

> 후위(북위) 천흥 초에 의조랑 동밀에게 조서를 내려 조향의朝饗儀를 작성하게 하니 처음으로 헌면軒冕을 만들었으나, 고식古式을 알지 못해 대개 구장舊章과 어긋났다. 효문제 시기에 의조령儀曹令 이소李韶가 다시 고찰하고 교정할 것을 주청하니 경적經籍을 토론하고 논의해 바르게 고치도록 했다. 오직 오로五輅를 갖추어 각각 방색方色을 따랐지만, 나머지 차련車輦은 아직 능히 갖출 수 없었다. 희평 9년[1] [효]명제가 조서를 내려 시중 최광과 안풍왕 [원]연명, 박사 최찬崔瓚에게 그 의議를 발굴하게 해서 대거 수레와 의복을 만들었다. 정제定制에 따르면 오로五輅는 모두 말 다섯 마리를 몰았고, 황태자는 금로金輅를 탔는데, 덮개와 바탕이 모두 붉은색이었고 말 네 마리였다. 삼공과 왕[의 거마는] 붉은색 덮개와 푸른 색 바탕이고 제도는 로輅와 같았으며 고거高車로 이름을 붙였고 말 세 마리를 몰았다. 서성庶姓의 왕과 후侯, 상서령尙書令·복야僕射 이하 여러 경(열경列卿) 이상은 모두 초차軺車를 주었으며 말 한 마리를 몰도록 했다. 혹은 사망통헌차四望通憾車를 탔는데, 소 한 마리로 끌었다. 이후부터 조장이 거칠게 갖추어졌다. 북제는 모두 후위의 제도를 취해 사용했다.[4]

앞의 인용문에서도 효문제 시기 중국식 수레와 예복을 만들려고 하였으나, 제대로 완성하지 못해 손자인 효명제 시기에야 비로소 대략적으로 수레·예복과

1 효명제의 연호인 '희평'은 3년까지밖에 없다.『수서』에 나온 '熙平九年(희평 9년)'은 잘못 기록한 것이다.

관련된 제도를 갖추게 되었다고 서술했다. 『북사』「왕숙전」과 『위서』「예지」, 『수서』「예의지」를 검토해보면, 효문제 시기에 중국 전통의 예에 따라 각종 의례를 개혁했다고 하더라도 효문제 당대에는 제대로 제정되지도 실행되지도 못했음을 보여준다. 리수지李書吉는 왕숙과 유방劉芳이 북위 예제에 끼친 영향이 컸지만 이는 선무제 시기 혹은 선무제 이후의 일이라고 보았다. 즉, 효문제 시기 왕숙과 유방은 예제 개혁에 참여했으나 남조의 예를 북위에 이식하지 못했다고 주장했다.[5] 앞의 인용문을 검토하면 이 주장은 타당성이 있다. 요컨대 세부적인 분야는 다르나, 효문제의 손자 효명제 시기에 예악 제도의 일부가 대략적으로 재정비되기도 했지만, 그렇지 못한 분야는 북위가 망할 때까지 제대로 된 예악 제도를 갖추지 못했다.

2. 유가 의례 공간의 미완성

유가 의례뿐만 아니라 유가 의례의 공간도 제대로 갖추어지지 않았다. 『자치통감』 권148「양기」 4 무제 천감 십오년 구월조의 기록을 살펴보자.

> 예전에 위魏 세종(선무제)은 요광사瑤光寺를 건설했으나 완성하지 못한 상황에서 이 해(516년)에 호태후가 또 영녕사永寧寺를 세웠다. 요광사와 영녕사는 모두 궁宮의 옆에 있었다. 또한 이궐구伊闕口에 석굴사石窟寺를 만들었다. 모두 토목土木의 아름다움을 다할 정도로 [화려하고 아름다웠다]. 그러나 영녕사는 더욱 성대해 높이 8장丈이나 되는 상像이 1개, 중인中人과 같은 것이 10개, 옥상玉像 2개가 있었다. 9층 부도浮圖를 만들 때 땅을 파고 터를 만들고 아래로 황천黃泉에 이르렀다. 부도는 높이가 90장이었고, 상찰上刹은 다시 높이를 10장으로 했다. 매일 밤 조용한 시간에 울리는 검鈐과 탁鐸의 소리를 10리 밖에서 들을 수 있었다. 불전佛殿은 [황제

의 정전正殿인] 태극전과 같았고, 남문南門은 단문端門과 같았다. 승방僧房은 1간間이었고, 주珠·옥玉·금錦·수繡는 사람들의 마음과 눈을 놀라게 하였다. 불법佛法이 중국에 들어온 후 탑묘塔廟가 이처럼 성대한 적은 아직 없었다. 양주자사揚州刺史 이숭李崇은 다음과 같이 표를 올렸다. "고조(효문제)께서 천도하신 지 30년이 지났지만 명당明堂은 아직 완성되지 않았고 태학太學은 황폐했으며 성城·궐闕·부府·시寺 역시 기울어지고 무너졌습니다. 건물을 완성해 융성하게 하지 않으니, 의儀는 만국을 벌하는 것입니다. 지금 국자[감]國子監은 비록 학관學官의 이름은 있지만 교수敎授의 실질은 없으니 어찌 토사兎絲·연맥燕麥·남기南箕·북두北斗와 다르겠습니까! 공사가 양쪽 모두 시행되지 않았습니다. 무릇 진퇴가 있는 법이니, 마땅히 상방尙方의 화려한 공사를 파하고 영녕[사]의 토목 공사를 없애어 요광[사 공사에 들이는] 목재와 기와의 비용을 줄일 뿐만 아니라 석굴石窟을 파고 조각하는 노력을 분산시키도록 하십시오. 또한 여러 공사의 역役이 급하지 않으면 봄·여름·가을의 농한기에 명당과 벽옹辟雍을 건설해 국용國容이 엄숙하게 드러나고 예화禮化가 흥하게 하면 또한 쉬지 않겠습니까!" 태후太后는 우령優令으로 답했지만 이숭의 간언을 따르지 않았다.[6]

앞의 인용문 가운데 강조한 부분을 보면 당시 유가의 중요 의례 공간인 명당·태학·국자감의 시설이 완성되지 않았거나 보수해야 하는데도 방치했음을 알 수 있다. 그 이유는 인용문의 앞부분에서 살펴볼 수 있는 것처럼 선무제가 완공하지 못한 요광사와 호태후가 착공한 영녕사, 석굴사(현재의 룽먼 석굴) 때문이었다. 호태후는 이숭의 간언에도 명당·태학·국자감을 완공하거나 개보수하지 않았다. 이러한 상황은 3년 후에도 지속되었다. 『자치통감』 권149 「양기」 5 무제 천감 십팔년 오월조의 기록에서도 명당과 벽옹이 완공되지 않았음을 보여준다. 다음의 인용문을 살펴보자.

위魏는 영평 연간(508~512년) 이래, 명당과 벽옹을 만들었다. 그러나 역자役者 대부분 1000인을 넘지 못했고 유사가 다시 불사를 짓는 데 역자를 빌려갔으며, 다른 역役에 동원했으므로 10여 년이 지났지만 마침내 완성할 수 없었다. 기부랑起部郞 원자공源子恭이, "나라를 경영하는 일을 폐하고 급하지 않은 비용에 낭비하고 있습니다. 마땅히 여러 역을 없애거나 줄여서 빨리 명당과 벽옹의 공사를 끝냄으로써 조종祖宗에게 배향할 시간이 있도록 하고, 창생蒼生에게 예악의 부富가 있게 해야 합니다"라고 간언했다. 조서를 내려 따르게 했다. 그러나 또한 능히 끝마치지 못했다.[7]

앞의 인용문에 따르면 '한화 정책'을 실시한 효문제의 아들인 선무제 영평 연간 이래 명당과 벽옹을 만들려고 했지만 우선순위에서 밀려 불사나 다른 건축물을 짓는 데 명당과 벽옹 건설에 동원된 역자들을 동원했다. 그래서 10여 년이 지난 후인 양 무제梁武帝 천감 18년, 즉 북위 효명제 신구 2년(519년)까지 명당과 벽옹이 아직 완성되지 않았던 것이다. 이에 원자공이 명당과 벽옹 건축을 서두를 것을 주청했지만, 결국 공사의 진도가 나가지 않았다. 선무제 영평 연간부터 효명제 신구 연간(518~520년)까지의 명당과 벽옹 건설 과정을 보면 선무제와 호태후(당시 효명제 대신 권력을 행사했다)가 명당과 벽옹 건설에 의지가 없었음을 파악할 수 있다.

이후에도 명당 건설은 진척되지 않았다. 『통전·예전』「연혁4·길례3」의 기록을 보자.

낙양 천도 이후 선무제 영평·연창 연간에 명당을 세우려고 했으나 5실五室 혹은 9실九室로 만들어야 한다는 논자들의 견해가 엇갈렸다. 이때 난리를 만나 완성되지 못했으며, 종배宗配의 예禮는 정해진 의견이 없는 상황에 이르렀다.[8]

『위서』「예지」2에서는 이보다 상세히 기록했다.

> 처음에 세종(선무제) 영평·연창 연간에 명당을 세우려고 했다. 의자議者는 5실을 주장하거나 9실을 주장했고 빈번히 해마다 기근이 들어 드디어 명당 건설을 그쳤다. 이때에 이르러 다시 의논하게 하고 조서를 내려 5실의 설을 따르게 했다. 원차가 권력을 잡은 후에 결국 9실로 바꾸어 만들게 했다. 이때 세상이 혼란해(육진의 난 이후 혼란을 지칭한다) 완성되지 못했고 종배의 예는 정해진 의견이 없는 상황에 이르렀다.[9]

낙양 천도 이전인 태화 14년(490년)에 명당을 건설하라는 명령을 내렸으나[10] 낙양 천도 이후에 효문제가 낙양에 명당을 세우라는 명령을 내렸는지는 사서에서 확인하기 어렵다. 그런데 『통전』과 『위서』「예지」의 인용문을 보면 선무제 시기까지 명당이 아직 건설되지 못했음을 확인할 수 있다. 여기에는 명당을 건설하려는 의지가 부족했을 뿐만 아니라 명당의 크기와 모양을 몰랐기 때문이다. 따라서 『위서』「예지」의 인용문에서 서술한 것처럼 효명제 시기에 처음에는 5실설에 따라 명당을 만들려다가 후에 영군장군 원차가 9실설을 채용해 다시 만들게 했다. 그마저 육진의 난과 호태후의 효명제 살해 등이 몰고 온 북위 말 혼란한 정국 때문에 결국 종배의 예가 정해지지 않았다고 한다. 이 두 인용문에서 효명제 시기까지 낙양에 명당이 세워지지 않은 것을 확실하다. 명당은 유가 의례 도입과 정착을 상징하는 것이므로 명당 건설의 지연과 미완성은 중국적 예의를 수용하지 못했고, 따라서 호인, 특히 호인 지배층의 '한화'가 아직 완성되지 못했음을 상징한다.

이와 아울러 효문제는 교육에 신경을 쓰지 않았다. 선행 연구에 따르면, 낙양으로 천도한 이후 국자태학國子太學과 사문학四門學을 세우고 박사 40인을 두도록 조서를 내려 명령을 내렸으나 실제로는 유명무실했고 국가의 학교는 쇠락했다. 이에 임성왕 원징은 교육이 제대로 시행되지 않았음을 지적하는 상표를 올렸다.[11] 정도소鄭道昭는 효문제에게 학교의 회복을 요구했지만, 효문제는 듣지 않았다.[12] 도무제는 경술經術을 중시해 학교교육을 발전시켰고 태학을 세웠다. 또한 오경박사五經博士를 두었고 국자태학생國子太學生은 3000인에 달했다. 효문제는 도무제 시기와 비교하면 크게 후퇴했다. 북위는 도무제 시기 이후 개인이 학교를 세우는 것을 금지하고 지방의 개인 학교를 취소해 효문제 말기 관학官學과 사학私學은 동시에 쇠락하고 교육이 황폐했다. 따라서 그가 추구한 문치文治의 이상은 실현될 수 없었다.[13]

3. 북위 황실의 '이례'와 '비례'

2절에서는 북위 후기의 예제 개혁이 제대로 실행되지 않았음을 살펴보았다. 본 절에서는 낙양 시대에 남아 있던 유목민들의 의례, 즉 '이례夷禮'와 호태후의 '비례非禮'에 대해 살펴본다.

북위 전기에 탁발부와 혈연관계가 있는 제실 십족이 북위의 상장喪葬과 제사에 독점적으로 참여했음은 주지의 사실이다.[14] 이 제천의식은 한인(중국인) 고유의 의식인 남교 제천으로 바뀌면서 폐지되었다고 한다.[15] 그러나 북위 말 효무제가 즉위할 때 탁발부 고유의 서교 제천 의식이 행해졌다. 『위서』 「출제기」에서는 효무제가 동곽東郭의 밖에서 즉위했다고 기록했다.[16] 그런데 『북사』 「효무제기」에서는 더욱 상세히 기록했다.

> [효무제가] 동곽의 밖에서 즉위할 때, 대도代都의 구제舊制에 따라 의식을 거행했다. 7인이 검은 가죽옷을 걸쳤는데 고환은 그 7인 가운데에 포함되었다. 효무제는 양탄자 위에서 서쪽을 향해 하늘에 절하기를 마친 후에 동양문東陽門과 운룡문雲龍

門에서 안으로 들어갔다.[17]

앞의 인용문에서 효무제의 즉위에 사용된 '구제'에는 흑전黑氈이 사용되고 제실 십성 가운데 7인이 황제 즉위의 제천 의식에 참여했음을 확인할 수 있다. 루야오둥은 이를 근거로 서교 제천이 여전히 존재했고 북위 말까지 제실 십성의 제천 참여가 여전히 유지되었다고 주장했다.[18] 『자치통감』에서도 같은 구절이 있다.[19] 호삼성의 주에는 효문제가 중국의 의례를 도입해 호인들을 변화시키려고 하였고, 따라서 선무제와 효명제가 즉위할 때에는 한위 시대의 제도를 채용해 즉위식을 거행했다고 했다. 호삼성은 효무제가 즉위할 때 다시 '이례'를 사용했다고 주석을 달았다.[20] 선무제는 효문제가 남제 친정 중에 죽자 급히 노양魯陽으로 가서 효문제의 시신과 북위 군대를 만나고 그곳에서 즉위했다.[21] 효명제는 연창 4년에 선무제가 갑자기 죽자 춘정월 정사일(515년 2월 12일) 밤에 급히 즉위식을 거행하고 즉위했다.[22] 선무제와 효명제가 어떤 의식을 사용해 즉위식을 거행했는지 알 수 없지만, 일단 호삼성의 주장에 동의하고 논의를 진행하자.

효무제가 즉위하는 과정을 살펴보면 효무제는 전전前殿에서 즉위하지 않고 교외郊外에서 즉위식을 거행하며 서쪽을 향해 제사 지내고 하늘에 절해 예를 거행했다. 서교에서 제천을 거행했고, 서쪽을 향하게 했으므로 이는 호인(선비인)들의 구속이다.[23] 또한 흑전으로 사람을 덮었고 황제(효무제) 외에 7인이 참가했다. 마창서우馬長壽는 이 7인을 '칠분국인七分國人'과 관련시켜 제실 십성의 제사 참여로 해석했다.[24] 루이페이는 앞 인용문의 '이흑전몽칠인以黑氈蒙七人'은 거란의 '착인천자捉認天子' 의식과 관련 있다고 한다. 즉, 두 의식 모두 '진명천자眞命天子'의 출현이 '하늘의 선택(천의선택天意選擇)'에 의한 결과라는 뜻이다.[25] 양자에 비슷한 점이 있었을 것이다.

학자들 사이에 약간의 이견이 있기는 하지만 효무제가 즉위하는 과정에서 북위 전기 탁발부의 서교 제천과 즉위 의식, 즉 '이례'가 사용된 것은 일치한다. 필자는 여기에서 의식에 참가한 효무제와 6인의 종실, 즉 제실 십성과 고환이 북위 전기의 서교 제천의식을 알고 있다는 점에 주목했다. 일반적으로 탁발부의 서교 제천을 중국의 전통적인 남교 제천으로 대체한 이후 호인들은 서교 제천 의식을 망각하고 중국식 의례에 익숙해져 이에 따라 제례를 거행하면서 '한화'되었다고 생각했다. 그러나 효무제와 제실 십성 일족, 그리고 육진 출신의 고환은 이 서교 제천의 절차를 잘 알고 있었다. 이는 중국식 의례를 호인들에게 강요했다고 하더라도 호인들이 여전히 자신들의 의례 절차를 기억하고 보존했음을 보여준다. 바꾸어 말하면 제례의 '한화'는 완전히 관철되지 않고 호인들은 자신들의 제례와 제의祭儀 일부를 여전히 망각하지 않고 보존했다.

더 이상한 것은 제사에 참여하려는 호태후의 태도이다. 호태후는 효명제 대신 제례를 직접 주관하려 했다. 여성이 제사에 참여하거나 제사 의례를 주도하는 것은 유가의 의례에서 금기시했다. 따라서 예관과 박사들은 논의를 통해 불가하다고 주장했다. 그러나 당시 저명한 유학자였던 시중 최광에게서 긍정적인 답변을 이끌어내어 호태후는 결국 제사를 직접 주관했다.[26] 예컨대 효문소황후의 개장改葬 때 호태후가 상주喪主가 되어 일을 처리했다.[27] 리수지는 황후와 육궁六宮, 여무女巫가 제사에 관여하는 것은 고제古制에 위반됨이 확실하며, 바꾸어 말하면 황후와 육궁이 제사에 관여하는 것은 북방 유목민의 모권주의母權主義의 유산이라고 주장했다. 즉, 여무가 제사에 참여하는 것은 초원 유목민 중에 비교적 많이 보인다는 것이다.[28] 북위에서도 도무제 천사 2년(405년) 서교 제천 당시에 황후와 후궁, 여무가 제천의식에 참여해 주관했던 일들이 확인된다.[29] 따라서 북위에서도 여성들도 제사에 참여했던 호속이 존재했음을 확인할 수 있다. 따라서 혈통상 한인인 호태후가 각종 제사에 참여한 것은 북위 전기부터 내려온 호속을 따랐던 증거이며, 중국 고유의 제사 풍습, 즉 여성들의 제사 참여 금지[2]

2 당 중종 시기에 위황후가 상서좌복야 위거원의 찬성으로 제사에 참여했다(『新唐書』, 卷13「禮樂

를 어긴 것이다. 즉, 북위 후기에도 여성들이 제사에 참여하는 유목민들의 풍습이 여전히 남아 있었고 효명제의 생모인 호태후는 한인이었지만, 오히려 호속에 전염되었음을 발견할 수 있다.

게다가 한인인 호태후는 유가의 예법을 제대로 지키지 않았다. 『위서』「임성왕운전부순전任城王雲傳附順傳」을 살펴보자.

> 영태후靈太后(호태후)는 일이 있으면 꾸미고 단장하고 자주 나가서 유행遊幸을 나갔다. [원]순은 면전에서 "예에 따르면, 부인은 남편을 잃으면 미망인未亡人으로 자칭하고 머리에서 주옥珠玉을 빼버리고, 옷에 비단을 사용하지 않습니다. 폐하는 황제의 어머니로써 천하에 임하고 나이는 불혹인데 수식修飾의 과함이 심하니 어찌 후세에 보이겠습니까?"라고 말했다. 영태후는 부끄러워 나가지 않았다. 돌아와 궁에 들어와서 원순을 책망하며 "천 리에서 서로 부르는데, 어찌 무리들 중에서 욕보이는가!"라고 말했다. 원순은 "폐하의 잘 차려입은 옷이 빛나는 모습임에도 천하의 비웃음을 두려워하기는커녕 신의 말 한마디를 뭐라고 하십니까?"라고 말했다.[30]

『자치통감』에 따르면 앞의 인용문은 양 무제 보통普通 6년(525년), 즉 북위 효명제 효창 원년에 일어난 사건이다.[31] 원순의 말에서 알 수 있듯이 당시 예법에 따르면 과부들은 상喪을 마친 후에도 호화로운 머리 장식을 꾸미고 화려한 옷을 입지 않았다. 그러나 호태후는 이를 지키지 않아 원순의 책망을 들었다. 앞에서 살펴본 것처럼 호태후는 여성이 참여하지 않는 중국 제사 의례도 지키지 않았다. 호태후의 '비례'를 보면 한인이라고 중국의 예법에 정통하거나 잘 지킨다고 단정하기 어려움을 확인할 수 있다. 이러한 상황에서 유가 예법을 지키지 않은 호인이 존재하는 것은 당연했다. 예컨대 조군왕趙郡王 원간元幹의 아들 원밀元謐

志」3, p. 337.

은 모친상인데도 음악과 음주, 놀이를 즐기다가 어사중위御史中尉 이평李平의 탄핵을 받기도 했다.[32]

이상으로 북위 후기 예악과 제례를 살펴보았다. 효문제가 중국식 의례를 도입하려고 했지만, 효문제 사후 예악과 관련된 의례 혹은 전장 제도의 도입은 지지부진했다. 이런 와중에 원씨를 비롯한 제실 십족 성원들은 효문제가 서교 제천을 폐지한 이후에도 이 의례를 잘 알고 있었다. 따라서 효무제가 즉위한 후 이 '이례'를 거행했다. 또한 유목민들 사이에 보편화된 황후와 후궁, 여무의 제사 참여가 북위 후기에도 보인다. 공교롭게도 혈통상 한인인 호태후가 이를 주도했다. 이는 '한화'가 아니라 일부 한인들의 '호화'를 보여주는 예이다.

소결

'한화 정책'과 '호한 잡유'

제1부의 1장부터 7장까지 효문제의 '한화 정책'에 해당하는 호어 금지, 호복 금지, 호성의 한성 개성, 본적 개칭, 호인들의 이장 금지, 호속 제사의 폐지와 중국식 제사 도입 등이 제대로 실현되었는지 검토했다. 소결에서는 효문제의 명령이 잘 지켜진 부분과 그렇지 않은 부분으로 나누어 설명하고자 한다.

먼저 효문제의 '한화 정책'이 잘 지켜진 예이다. 첫째, 두 글자 이상 호성의 한 글자 한성 개칭, 대인代人에서 하남 낙양인으로의 본적 변경, 낙양 이주 호인의 이장 금지는 비교적 잘 지켜졌다. 그러나 여전히 호성을 사용했던 집단이 존재했다. 『위서』「관씨지」에서 호성 사용을 인정받은 6씨 혹은 7씨 외에도 사서와 각종 금석문에서 혁련·저거沮渠·곡사斛斯·호연 4씨가 여전히 호성을 사용했음이 확인된다. 또한 고차인高車人과 강인들도 자신의 성姓을 그대로 사용했다. 이 밖에 룽먼 석굴의 조상기를 보면 중하급 관리나 일반 호인 가운데 여전히 호성을 사용했던 예가 발견된다. 둘째, 본적 개칭 역시 북위 황실 일족을 중심으로 하남군 낙양현을 본적으로 삼아 고친 예가 묘지명에서 다수 발견된다. 그러나 「조비간묘문」에서 알 수 있듯이 호인 지배층조차 호성의 한성 개칭 조치 이후 몇 년 동안 자신의 호성 사용을 고집했다. 또한 고차인은 고차부인 혹은 내륙부인으로 칭해져 본적 개칭의 예외적인 존재였다. 셋째, 본적을 하남군 낙양현으로 바꾼 호인들은 대개 낙양 북망산에 매장되었다. 그러나 『위서』「광천왕해전」에 실린 호인들의 매장 원칙 일곱 가지를 검토해보면 남편을 따라 운중 금릉에 묻혀야 하는 문성제의 빈 경씨와 경빈(경수희), 우선희, 헌문제의 후부인과 성빈, 성양왕 원수元壽의 아내 국씨麴氏은 낙양에 묻혔다. 또한 하남군 낙양현이 본적인 원장元萇은 하내군 지현에, 원숙元淑은 평성 백등산에 묻혔다. 이상 8인은 효문제가 만든 매장 원칙 일곱 가지를 어겼다. 그러나 8인이 모두 북위 황실 일족, 즉 최상위 지배층이라는 점에서 이장 금지 원칙을 제대도 지키지 않은 점은 당시 사회에 영향력이 컸을 것이다. 넷째, 묘지명에서 태화 14년 무렵 묘호 변경도 잘 지켜졌음을 확인할 수 있다. 역미(신원황제)부터 십익건(소성제)까지를 서기 시대(대국 시대), 즉 '탁발부 부족 연합체', 도무제 이후를 '위魏', 즉 정통 중화 왕조中華王朝로 양분하는 역사관이 『위서』와 북위 낙양 시대 문헌의 다수를 점했다. 그러나 평문제를 태조, 도무제를 '열조'로, 국호를 '대代'로 표기했던 묘지명과 조상기를 통해 도무제 이전의 '서기 시대'와 도무제 이후의 '북위'를 하나의 국가로 파악했던 역사관이 여전히 북위 낙양 시대에 통용되었음을 알 수 있다.

다음으로 호어 금지와 호복 금지, 호속의 의례·제사·음악에 대한 규제는 대부분 지켜지지 않았다. 사실 호속의 의례·제사·음악 금지 조치는 없었다. 호어 금지 규정의 경우 30세 이상에게 호어 사용을 허용하고 조정에서만 호어 사용을 금지한 조항 때문에 호어 사용 금지는 실패할 수밖에 없었다. 이는 495년 당시 30세 이하의 호인들, 특히 낙양에서 어린 시절을 보냈거나 낙양 천도 이후 태어난 우근과 원문요, 장손검 등 북위의 제실 십성과 훈신 팔성에 속하는 인물들과 일부 한인(중국인)들이 호어를 사용했다는 사실에서 확인된다. 또한 10대와 20대에 한어(중국어)를 강제로 사용하게 된 호인들이라고 하더라도 자신이 본래 사용하던 언어를 잊어버리기에는 나이가 많았다. 따라서 이들은 가정생활과 호인 사이의 교제에서 '은밀히' 자신들의 언어를 사용할 수 있었을 것이다. 이 밖에 호복 금지와 호속의 의례·제사·음악의 금지, 중국식 의례·제사·음악의 도입은 선무제를 비롯한 호인 지배층의 태업과 무성의로 제대로 실행되지 않았다.

효문제의 '한화 정책'에 해당하는 언어, 복식, 성姓, 본적, 이장 금지, 의례, 제사, 음악 등 여덟 가지 항목을 검토한 결과 낙양에 거주했던 호인들은 성과 본적, 이장 금지는 효문제의 명령대로 비교적 잘 지켰다. 이 부분을 강조하면 효문제의 '한화 정책'이 잘 집행된 것처럼 보인다. 그러나 예외도 어느 정도 존재했음이 사실이다. 반면 언어·의례·제사·음악에 대한 조치는 제대로 지키지 않았다. 이는 호속이 일정 부분 유지되었음을 보여주며, 효문제의 '한화 정책'은 완벽하게 실행되지 않았음을 보여주는 증거였다. 낙양의 호인들은 한성과 본적, 중국식 매장 등 한문화를 따르면서도 자신들의 언어·의례·제사·음악을 유지했다. 따라서 태무제 시기의 '호한 잡유胡漢雜糅' 현상은 효문제의 '한화 정책' 이후에도 사라지지 않고 여전히 존재했다.

제2부

북위 후기 낙양의 호속

제8장

북위 후기 낙양 호인들의 생활

본 장에서는 북위 후기의 수도 낙양에서 살았던 호인들이 여전히 유목민의 초원 문화에서 유래한 호속을 유지했음을 살펴본다. 1절에서는 낙양에 살았던 호인들의 음식 문화를 살펴본다. 2절에서는 북위 황실 일족을 중심으로 여가와 취미 생활로 유행한 사냥과 활쏘기의 예를 검토한다. 3절에서는 궁중음악에 여전히 존재한 호인들의 음악과 일상생활의 노래와 춤에 남아 있던 호인들의 음악과 춤의 양상을 살펴본다. 4장에서는 방향감각과 주상복군鑄像卜君, 나무裸舞, 단나袒裸, 북위 후궁들의 기원 등 여러 가지 단편적인 호속을 살펴본다.

1. 낙양 거주 호인의 음식 문화

이번 절에서는 호인들이 먹은 음식을 살펴본다. 가사협賈思勰의 『제민요술齊民要術』에는 각종 음식의 조리법이 소개되었다. 이 가운데 북방의 이민족에게 전해진 요리라고 확실히 알려진 것만 호포육胡炮肉, 호갱胡羹, 강자羌煮, 호반胡飯, 맥적貊炙 등 5~6종에 달한다.[1] 또한 개고기를 먹지 않는 유목민들의 습속도 16국·

북조 시대에 들어와 당대唐代에 정착되었다.[2] 북위 전기에는 황제들이 주로 유목민들이 살던 곳을 순행했으므로[3] 유목민들의 음식, 즉 육류와 각종 유제품 등을 먹었다. 그렇다면 효문제의 '한화 정책' 이후에는 어땠을까?

남제 친정에 나선 효문제는 495년(태화 19년 또는 건무 2년)에 수춘壽春에 이르러 수춘성 안의 남제 사람을 부르자 수춘성을 지키던 소요창蕭遙昌은 참군 최경원과 주선지를 효문제에게 사신으로 보냈다. 이때 효문제는 두 사람에게 술과 구운 양고기, 과일을 주었다.[4] 여기에서 당시 효문제와 신하들 혹은 전쟁에 참여한 군인들이 양고기를 먹었음을 알 수 있다. 양고기는 본래 유목민들이 즐겨 먹었으므로, 당시 자신들의 식습관을 여전히 유지했다고 해석할 수 있을 것이다. 이는 『낙양가람기』에서도 확인할 수 있다.

> 왕숙王肅이 처음에 북위로 망명했을 당시에는 양고기와 낙장酪漿 등을 먹지 않았다. 대신 늘 붕어국을 먹고 목이 마르면 차[茗汁]를 마셨다. …… (중략) …… 몇 년이 지난 후 왕숙이 고조(효문제)가 연 어전 연회에 참석해 양고기와 낙죽酪粥을 매우 많이 먹었다. 고조는 이를 괴이하게 생각해 왕숙에게 "경은 중국의 음식을 먹고 있다. 양고기를 물고기국[魚羹]과 비교하면 어떠한가? 차[茗飮]를 낙장과 비교하면 어떠한가?"라고 물었다. 왕숙은 "양은 육지에서 생산되는 최고의 음식 재료이고, 물고기는 물에서 자라는 것 중에 최고입니다. 사람들이 좋아하는 음식은 다르지만 모두 각자 진미[珍味]라고 칭할 수 있습니다. 맛으로 말한다면 양고기는 제齊와 노魯처럼 큰 나라에, 물고기는 주邾와 거莒처럼 작은 나라에 비유할 수 있습니다. 다만 차는 [낙酪보다 못하며] 낙과 비교하면 종奴일 뿐입니다"라고 대답했다.[5]

앞의 인용문에서는 강남(남조 유송)에서 어류와 차에 익숙했던 왕숙이 북위에 살면서 유목민(목축민)들의 주식인 양고기와 양젖의 발효 식품을 익숙하게 잘 먹게 된 모습을 소개했다. 쉐루이쩌薛瑞澤는 차를 마시는 습관이 북위에서 크게 발

전하지 않았고 육식 습속이 북위에 투항한 남조 사람들에게 영향을 주었다고 해석했다.[6]

이 일화에서 주목할 점은 왕숙이 북위로 망명한 해가 태화 18년(494년)이라는 점이다.[7] 왕숙이 궁전의 연회에 참석한 시기는 태화 18년으로부터 몇 년[數年] 후이다. 각종 '한화 정책'이 발표된 태화 18년과 19년으로부터 몇 년 후 효문제와 북위의 관료들은 여전히 양고기와 낙장·낙죽 같은 유목민들이 먹던 음식을 먹었다. 이는 '한화 정책' 조치 이후에도 호인 지배층이 여전히 자신들의 음식을 먹었음을 보여주는 결정적인 증거이다.[8] 일부 중국과 타이완의 학자는 호인(선비인) 고유의 음식 습관을 유지했다고 주장했다.[9] 이는 필자와 같은 견해이다.

『위서』 권19상 「경조왕자추전부태흥전京兆王子推傳附太興傳」에는 원태흥元太興이 병을 낫게 해달라고 사문들을 불러 이른바 산생재散生齋를 지내게 한 후 한 사문에게 술 1말과 양 다리(양각羊脚) 1척隻을 준 일화가 기록되었다.[10] 이 일화에서 호인들의 육식이 매우 보편적인 일상생활이었음을 알 수 있다.[11] 또한 원휘업元暉業은 하루에 양 3마리를 먹고, 사흘에 송아리 1마리를 먹어치웠다.[12] 원태흥과 원휘업의 일화에서 당시 북위 황실의 원씨 일족들이 고기를 일상적으로 먹었음을 확인할 수 있다.

앞에서 『낙양가람기』와 『위서』를 통해 북위 황실을 비롯한 호인들과 왕숙 같은 일부 한인 관료가 육식을 했음을 확인했다. 그런데 장민張敏의 주장에 따르면 효명제 정광 연간(520~525년)에 해마다 낙양의 대소 관원에게 제공된 고기가 약 319만 9712근[1]이었다고 한다.[13] 이는 71만 2736kg에 해당한다. 이처럼 막대한 육류 소비는 당시 사람들의 육식이 일반적이었음을[2] 의미한다.[14] 이는 효명

---

1 위서 「식화지」의 원문에 따르면 이 시기에 2분의 1로 삭감된 고기가 159만 9856근이었으므로 삭감되기 전 제공된 원래의 고기는 319만 9712근이다.

2 장민은 구체적인 근거를 제시하지 않았으나 『위서』 「식화지」에 따르면 육진의 난 이후 내외(內外) 백관(百官)과 번객(蕃客)에게 음식과 고기[肉]를 2분의 1로 줄였는데 그 고기가 159만 9856근이었

제 시기까지 낙양에서 육류 소비 풍조가 성행했음을 보여준다.[15]

다음으로 낙양에 살았던 호인과 강인, 한인 등이 유제품을 일상적으로 먹었던 예를 살펴보자. 앞에서 인용한 『낙양가람기』의 기록 바로 다음에는 팽성왕 원협과 왕숙의 대화가 기록되어 있다.

> 팽성왕(원협)이 왕숙에게 "경은 제齊와 노魯라는 큰 나라를 중히 여기지 않고 주邾와 거莒 같은 작은 나라를 좋아하는구나"라고 말했다. 왕숙은 "시골에서 나오는 음식을 좋아하지 않을 수 없습니다"라고 말했다. 팽성왕은 다시 왕숙에게 "경이 내일 우리 집을 방문한다면 내가 경을 위해 주와 거의 음식을 마련해두겠다. 물론 낙노도 준비할 것이다"라고 말했다. 이 일로 말미암아 다시 차(명음)를 낙노酪奴로 부르게 되었다.[16]

앞의 인용문에서 팽성왕 원협과 왕숙의 대화를 양고기와 각종 발효 식품으로 대표되는 유목민들의 '양 문화羊文化'와 물고기 요리와 차로 상징되는 강남(남조) 한인(중국인)들의 '어 문화魚文化'가 대립했던 일종의 문화 충돌로 해석하기도 한다.[17] 앞의 일화를 분석해보면 팽성왕 원협은 양고기와 양젖 같은 발효 식품을 즐겼으며, 왕숙이 이를 탐탁찮게 생각하는 태도에 대해 반감을 가졌음을 확인할 수 있다. 또한 팽성왕 원협도 형인 효문제처럼 호인(선비인) 혹은 유목민 고유의 식생활을 유지했음을 발견할 수 있다.[18] 그리고 앞의 인용문 다음 구절을 보면 원협의 적대적인 태도에 영향을 받은 북위 지배층이 차 마시는 것을 치욕으로

다고 한다(『魏書』, 卷110「食貨志」, p. 2861, "有司又奏內外百官及諸蕃客稟食及肉悉二分減一, 計終歲省肉百五十九萬九千八百五十六斤, 米五萬三千九百三十二石"). 장민의 통계는 이 사료를 바탕으로 계산한 듯하다. 쉐루이쩌는 『위서』「식화지」의 기록을 인용해 당시 소비하던 고기가 160여 만 근이었다고 보았다[薛瑞澤, 「論北魏河洛地區的飮食」, ≪河南科技大學學報(社會科學版)≫, 30-5(2012), pp. 5右~6左].

생각했으며, 북위에 투항한 남조 출신들만 차 마시는 풍습을 고수했음을 알 수 있다.[19] 이는 호한을 막론하고 북위의 지배층 사이에 가축의 젖을 이용한 발효 음료를 선호하고 차 마시기를 꺼려 했음을 보여주는 예이다.[20]

앞에서 살펴본 『낙양가람기』 외에도 낙양 천도 이후에도 낙양에 거주했던 사람들이 유제품을 먹었던 예가 보인다.

> 후에 작위가 공公으로 강등되었고, 노구의 몸을 이끌고 평성에서 효문제의 낙양 천도를 따라 낙읍洛邑으로 옮겼다. 고조(효문제)는 [왕거王琚가] 조정의 원로였기에 좌우를 보내 왕거를 위로했다. 왕거는 표를 올려 낙양에 처음 이사하여 집안이 매우 궁핍하다고 진술하니 비단 200필을 하사했다. 왕거는 늘 우유를 마셨고 피부색이 처녀와 같았다.[21]

왕거 역시 태원군 사람을 자칭했지만,[22] 저, 강 혹은 흉노에 속하는 왕씨王氏였을 것으로 추정된다는 주장도 있다.[23] 종족에 상관없이 당시 우유가 한인들의 주식이 아니었으므로 왕거는 유제품을 주로 먹는 유목민들의 음식 문화를 따랐음을 알 수 있다.[24] 인용문에서 낙양 천도 이후 우유를 마셨다는 구절이 배치된 것으로 보아 왕거는 낙양에 살았던 말년에도 우유와 유제품을 비롯한 호인들의 음식과 음료수를 먹고 마셨음을 알 수 있다.

선무제 초기에 모반하다 체포된 효문제의 아우 함양왕 원희가 낙장을 마셨던 기록이 있다. 『태평어람』 권861 「음식부·장漿」에서 인용한 『서위서西魏書』의 기록을 보면 함양왕 원희가 모반 후에 사로잡힌 후 화림도정에 감금되었을 때 날씨가 덥자 시중 최광이 좌우에게 명령해 원희에게 낙장 1승升을 주었다. 함양왕 원희는 이를 받아 마셨다.[25] 이는 북위 황실인 함양왕 원희가 평상시에 낙장을 마셨음을 보여준다.

육진의 난 전후에 활동했던 원부元孚 역시 양고기와 낙酪을 주식으로 삼았음을 보여주는 일화가 사서에 보인다. 정광 4년 이월 기묘일(523년 3월 24일)에 유연의 아나괴가 북변을 침입하자 북위 조정은 상서좌승尙書左丞 원부를 겸상서兼尙書 북도행대北道行臺로 삼아 위무慰撫하게 했으나, 아나괴는 도리어 원부를 사로잡고 북위의 가축을 빼앗아 달아났다. 북위 조정은 거기대장군驃騎大將軍 상서령 이숭李崇과 중군장군中軍將軍 겸상서우복야兼尙書右僕射 원찬元纂에게 10만 기를 이끌고 추격하게 했으나 허탕 치고 돌아왔다.[26] 이때 아나괴는 억류 중인 원부에게 날마다 낙酪 1승과 고기 1단段을 주었다.[27] 유연이 유목국가였으므로 곡물을 생산하지 않아서 양고기와 발효 식품을 주었을 것이다. 그렇다고 해도 원부가 낙과 고기를 먹지 않았다면 날마다 주지 않았을 것이다. 정광 2년(521년)에 아나괴가 항복하자 북위 조정에서 아나괴에게 준 물자 가운데 신건반新乾飯 100석과 맥초麥麨 8석, 진초榛麨 5석, 좁쌀(속粟) 20만 석이 보인다.[28] 이 가운데 신건반과 맥초, 진초는 기아에 굶주린 유연 사람들이 먹는 구휼 식량으로 소비되었을 것이다. 그런데 좁쌀은 식량으로 사용되었지만, 종자로도 사용될 수 있었다. 따라서 아나괴의 집단에 북위의 북변이나 중앙아시아 오아시스 지대에서 생포한 정주 농경민이 있었다면 북위로부터 받은 좁쌀을 재배할 수 있었다. 이처럼 당시 아나괴가 곡물을 구할 수 있는 상황이었다면 아나괴가 원부에게 곡물로 만든 음식이 아닌 양고기와 낙을 준 것은 원부의 식습관을 배려한 조치였을 것이다.[3] 여기에서 원부도 육식과 유제품을 즐기는 유목민의 식생활을 유지한 북위 황실의 한 사람이었다.[29]

---

3 『위서』「원부전(元孚傳)」에 따르면 아나괴는 포로로 잡은 원부를 예경(禮敬)을 갖추어 대우했다(『魏書』, 卷18「太武五王·臨淮王譚傳附孚傳」, p. 426, "每集其衆, 坐孚東廂, 稱爲行臺, 甚加禮敬"). 따라서 원부에게 준 음식도 원부의 기호에 맞추었음을 추론하기는 어렵지 않다. 루야오둥은 효문제 이전의 사료를 인용하며 원부 역시 양고기와 낙장에 익숙한 식습관을 지녔음을 지적했다[逯耀東, 「≪崔氏食經≫的歷史與文化意義」, 『從平城到洛陽: 拓跋魏文化轉變的歷程』(北京: 中華書局, 2006), p. 122].

선행 연구에 따르면, 효문제가 유목민들의 식생활을 유지할 수 있었던 이유로 북위 황제들에게 음식을 제공했던 역할을 맡았던 신하들의 역할과 성향을 들 수 있다. 즉, 효문제 시기를 전후해 궁정의 음식을 관장했던 인물 가운데 환관인 성궤成軌와 조흑趙黑은 각각 상곡군과 양주涼州 출신이었지만 두 지역은 초원 문화와 농경문화의 점이지대였으므로 두 문화의 생활 습관에 적응했다는 것이다.[4] 따라서 이들은 효문제의 한화 정책 이전에 궁중에서 유목민들의 음식을 요리하는 일을 맡았다.[30] 또한 효문제의 어선御膳을 담당했던 인물이 후강侯剛이다. 후강은 요리에 능해 황제를 가까이에서 모시는 중산中散을 역임하고 숙위 장령을 두루 거쳤으며,[31] 30여 년간 풍태후, 효문제, 선무제, 호태후, 효명제 등 황제 3명과 태후 2명의 음식을 30여 년간 만들었다.[32] 필자는 효문제의 관제 개혁 이후인 북위 후기에도 숙위를 담당하는 영군부 장령이 황제의 일상사를 관장하는 관직을 겸임해 몽골의 케식이나 황제의 경호와 일상사를 동시에 맡았던 북위 전기의 근시관과 유사함을 지적했다. 후강은 대표적인 예였다.[33] 후강은 본래 호고구인씨胡古口引氏이며 효문제가 실시한 호성의 한성 개성 이후 후씨侯氏라고 칭해졌다고 한다.[34] 따라서 탁발부 휘하의 유목민 출신인 후강은 효문제에게 유목민의 음식을 만들어 바쳤음을 알 수 있다.[35] 게다가 후강이 만들어 바친 음식이 효문제 사후까지 바뀌지 않았다면, 후강이 효명제 시기까지 한인인 호태후와 효명제의 음식을 만들었으므로 호태후와 효명제 역시 양고기와 양젖의 발효 식품으로 대표되는 유목민의 음식을 먹었을 것이다.[36]

또 6세기 전반에 쓰인 가사협의 『제민요술』에는 유목민 혹은 중앙아시아에

---

4 서진 시대 장화(張華)의 『박물지(博物志)』에 동남 사람들은 수산물을, 서북 사람들은 육축(陸畜)을 먹었다고 기록해 화북과 강남의 음식 차이가 있었음을 지적했다. 이는 여러 문헌에서도 확인된다[張承宗·魏向東, 「魏晉南北朝飮食風俗硏究」, 中國魏晉南北朝史學會 大同平城北朝硏究會 編, 『北朝硏究 1』(北京: 北京燕山出版社, 1999), pp. 328~333]. 따라서 화북 사람들의 육식 습관이 북방 유목민과 비슷해 이 지역 출신인 성궤와 조흑이 북위 황실의 요리를 담당했을 가능성도 있다.

서 전래되었을 것으로 생각되는 음식이 5~6종 소개되었다.[37] 이는 한인들에게도 이국적인 요리가 전파되었다는 뜻이다. 또한 '한화 정책' 이후 호인들이 자신들의 음식 대신 한인들의 음식을 먹었다면 『제민요술』에는 호인들의 음식이 기록될 수 없었을 것이다. 이러한 예에서 북위 후기에도 여전히 호인들의 주식과 음식 문화는 변하지 않았다고 볼 수 있다. 또 『위서』 「조염전趙琰傳」과 양갱羊羹, 『제민요술』에 인용된 『최씨식경崔氏食經』에 양갱이 언급된 것으로 보아 한인들도 유목민들의 음식 문화에 영향을 받아 이를 즐겼음을 알 수 있다.[38]

앞에서 북위 후기 낙양 거주 호인들의 음식 문화를 살펴보았다. 그 결과 낙양 거주 호인들은 북위 후기에도 양고기와 양젖으로 상징되는 자신들의 음식 문화를 여전히 유지했음을 알 수 있다. 호인들은 어떻게 자신들의 생활을 계속 유지할 수 있었을까? 자신들의 거주지와 낙양을 오가는 '안신雁臣'생활을 했던 일부 호인은 적어도 반년 동안 목축 생활에 종사했으므로 호속을 유지할 수 있었을 것이다.[39] 그렇다면 낙양에 정거定居했던 호인들이 호속을 유지할 수 있었던 원인은 무엇일까? 필자는 하양 목장의 존재에 주목했다. 하양 목장은 오르도스 등지에서 기른 말 등을 낙양 인근에서 계속 기르기 위해 설치한 목지牧地였으며, 석제石濟 서쪽과 하내河內 동쪽 사이 황하 연변 남북 1000리에 해당했다.[40] 그런데 하양 목장은 군용 융마戎馬를 공급할 뿐만 아니라 북위 황실과 다수 관료의 생활에 필요한 우유, 고기, 가죽 등을 공급했다.[41] 또한 효문제의 아들 광평왕 원회가 사냥한 장소이기도 하다.[42] 낙양에 살았던 호인들은 바로 하양 목장에서 가축의 고기와 젖, 털, 즉 음식과 옷의 재료를 공급받았다. 따라서 낙양의 호인들은 본래의 의식주 생활을 계속 유지할 수 있었을 것이다.[43]

2. 사냥과 활쏘기

1절에서 북위 후기 호인들이 '한화 정책' 이후에도 고유의 의식주 생활을 여전히 지니고 살았음을 살펴보았다. 본 절에서는 낙양 천도 이후 북위 호인 지배층이 즐긴 사냥과 활쏘기라는 놀이 문화를 살펴본다.

사서에서 효문제의 자손들은 낙양 천도 이후에 사냥을 즐겼음을 발견할 수 있다. 예를 들면 함양왕 원희가 선무제가 북망北邙으로 사냥 갔던 [illegible]회를 노려 모반을 계획했던 예에서[44] 선무제와 함양왕 원희, 그리고 이들을 호위[illegible]던 시위侍衛들이 사냥을 즐겼음을 알 수 있다.[45] 또 선무제는 매일 화림원에서 [illegible]사戲射를 즐겼으며, 이때 경조왕京兆王 원유元愉가 말을 타고 따라갔었다.[46] '희[illegible]'가 단순한 활쏘기인지 사냥인지 알 수 없으나, 최소한 선무제가 활쏘기[illegible] 즐겼음은 확실하다.

또한 선무제의 동모제同母弟인 광평왕 원회가 무사武事를 좋아해 자[illegible]렵遊獵을 다니자 양욱이 이를 간언했던 일화[47]와 광평왕 원회가 하북 마장河北[illegible]場에서 사냥을 했던 예[48]에서 효문제의 아들인 광평왕 원회 역시 사냥을 좋아했음을 알 수 있다.[5] 재위 중 세 차례 사냥한[49] 효무제는 광평왕 원회의 아들이었다. 동위 시대이기는 하지만 효정제가 즉위한 후 네 차례 사냥한 [illegible]록을 보면,[50] 이전부터 사냥을 자주 했을 것이다.[51] 효문제의 또 다른 아들 [illegible]양왕 원희의 아들 원탄元坦[52]의 모습을 보자.

사냥과 고기잡이를 좋아해 하루도 사냥하러 나가지 않은 날이 없었다. 가을과 겨울에는 꿩과 토끼를 사냥하고 봄과 여름에는 물고기와 게를 잡았다. 따르는 매와 개

---

5 정시 연간(504~508년) 경조왕과 광평왕의 국신(國臣)들을 처벌한 기록으로 보아 양욱은 효문제 말기 혹은 선무제 초기에 간언했던 것으로 추정된다.

가 늘 수백 마리였다. 스스로 사흘 동안 먹지 않을지언정 하루도 사냥하지 않고는 견딜 수 없었다.[53]

앞의 인용문에서 원탄은 짐승 사냥뿐만 아니라 고기잡이도 즐겼음을 알 수 있다. 또한 효문제의 아우인 원우의 아들 원흔元欣은 매와 개를 좋아했다.[54] 원탄元坦의 예에서 매와 개를 사냥할 때 데리고 다녔던 점을 보면, 원흔도 사냥을 즐겼기 때문에 매와 개를 좋아했을 것이다.

요컨대 효문제의 아들인 선무제, 함양왕 원희, 광평왕 원회, 손자인 효무제·효장제·효정제, 원탄, 조카인 원흔 등이 사냥을 즐겼다. 물론 사냥 자체가 호인들만이 즐긴 것으로 볼 수 없다는 반론도 할 수 있다. 그러나 본래 사냥은 유목민들이 목축 외에 어로漁撈와 함께 식량의 부족을 보충하는 생계 수단이었으며, 대규모 군사훈련의 역할도 했을 뿐만 아니라 북위 전기 황제들과 호인들 사이에 일상적으로 행해졌다.[55] 북위 전기에 일상화한 사냥이 북위 후기까지 계속 유지되었다는 점을 주목하면 북위 후기 황제 일족의 빈번한 사냥은 북위 전기의 호속이 유지된 결과로 볼 수 있다.[56]

사서에서는 북위 황실 사람들이 사냥뿐만 아니라 활쏘기와 말타기를 즐겼던 기록도 발견된다. 예컨대 선무제가 업鄴에 순행했을 때 친히 1리 50보나 되는 먼 거리까지 활을 쏘자 이를 기념하기 위해 비석을 세웠다.[57] 이는 문성제가 화평 2년(461년) 하북 순행河北巡幸을 마치고 평성으로 돌아오던 중 영구현靈丘縣에서 활을 쏘아 가장 멀리 쏘자 이를 기념하기 위해 비석을 세웠던 예[58]와 동일하다. 이러한 예가 몽골 시대에도 확인되는 것으로 보아[6] 유목민들의 풍습으로 볼

6 칭기스칸 일족인 몽골인이 활쏘기를 하며 이를 기념하기 위해 새긴 비석이 남아 있다(Cleaves, Franscis Woodman, "The Sino-mongolian Inscription of 1338: In Memory of Jigümtei," *Harvard Journal of Asiatic Studies* 14-1~2(1951), pp. 53, 67).

수 있다. 즉, 선무제의 활쏘기와 비석 세우기는 유목민의 습속을 그대로 이어받았음을 시사한다. 또한 효명제가 원유苑囿에서 말타기를 좋아해 정치를 등한시하자 장보혜가 간언했던 기록이 『자치통감』에 보인다.[59] 말타기는 유목민들의 장기이므로 효명제가 말타기를 즐긴 것은 호족적 습속이 아직 남아 있었다고 보아도 좋을 것이다. 그리고 『낙양가람기』 선허사조에 따르면 성북城北에 위치한 선허사禪虛寺 앞(북)에는 열무장閱武場이 있고 갑사甲士가 훈련하며 천승만기千乘萬騎가 늘 이곳에 있었다. 효명제는 이곳에서 우림 마승상馬僧相과 호분 장차거張車渠가 벌인 각희角戲를 구경했다.[60] 이 기사에서 효명제는 상무적인 스포츠를 좋아했음을 알 수 있다.[61]

북위 황실 남성들의 상무적 기풍은 여성들에게도 영향을 주었다. 선무제의 후궁이며 효명제의 생모인 호태후는 서림원西林園의 법류당法流堂에 행차해 시신侍臣에게 활쏘기를 명령해 능하지 못한 자는 벌했고, 스스로 활을 쏴서 침針의 구멍을 맞추었다.[62] 이 일화에서 호태후가 활쏘기를 좋아하고 실제 잘했음을 알 수 있다. 한인 여성인 호태후가 활쏘기에 능했다는 사실은 '정숙한 여성상'을 강조하는 한인들의 윤리와 도덕관념으로는 이해하기 어렵다. 호인들의 상무적인 호풍이 궁중의 여성들에게도 영향을 주었다고 판단하는 것이 자연스러울 것이다.[63]

3. 호풍의 가무와 유희

1) 궁중 음악의 양상

북위 전기 궁중에서는 중국 전통 음악뿐만 아니라 북위가 정복했던 다양한 국가와 종족의 음악이 모두 사용되었다. 이는 '한화'도 호화도 아니라 두 문화가 뒤섞이거나 공존한 형태였다.[64] 북위 후기 효문제는 중국의 음악을 궁중음악으로 도입하려고 했다. 그러나 북위 후기에 중국의 예악이 제대로 호인들 사이에 뿌리내리지 못했다. 『위서』 「악지」의 기록을 보자.

> 태화 초에 고조(효문제)는 아고雅古에 관심을 가지고 음성音聲을 바르게 하는 데 힘썼다. 이때 사악司樂이 상서해 전장典章이 갖추어지지 않았으므로 중비군관中秘羣官을 모아 악樂에 관한 전장을 의논하고 정하게 할 것을 청했다. 아울러 이민吏民을 찾아서 고악古樂을 능히 이해한 자가 있으면 중비군관과 함께 예기禮器와 예수禮數에 관한 규정을 정비하고 명성과 품격을 세워서 8음八音과 화합하게 할 것을 청했다. 이에 상서한 대로 시행하라는 조서를 내렸다. 비록 여러 관리와 학자의 논의를 거치기는 했지만 이때에 결국 성률聲律에 통달하고 조예가 깊은 자가 없어 악부樂部를 세울 수 없었고, 이 일은 오랫동안 실행되지 않았다. 그러나 방악方樂의 제도와 사이四夷의 가무는 점차 늘어나 태악太樂에 늘어서게 되었다.[65]

앞의 인용문에서 알 수 있듯이 효문제는 중국 고대의 악을 회복하고자 학자들에게 악에 관한 제도를 논의해 정하라고 했으나 고악에 능한 자가 없어 악부를 세우지 못했다. 여기서 '고악'이 구체적으로 어떤 시대의 음악인지 알 수 없으나 중국 전통 음악임은 확실하다. 결국 북위 조정은 중국 전통의 음악과 관련된 의례와 제도를 부활하지 못했고 도리어 방악과 사이의 가무가 태악에 포함되었다. 방악이 당시 화북 지방 한인들의 음악을 지칭하는지 알 수 없으나 방무方舞는 이민족의 춤을 지칭한다. 『북사』 「문성문명황후 풍씨전」에 따르면 풍태후와 효문제가 영천지靈泉池를 방문할 당시 군신羣臣과 번국蕃國 사인使人, 제방諸方 거수渠帥들과 연회를 열면서 각각 그들에게 방무를 추도록 명령했다.[66] 이 구절에서 방무를 춘 주체는 번국의 사신과 제방 거수들이므로 방무는 중국이 아닌 이민족의 춤이었음을 알 수 있다. 이 방무의 예에서 볼 때 방악도 이민족들의 음악일 가능성이 크다. 이민족의 음악인 방악과 사이의 가무가 태악에 추가되었다는 사실에서 북위 후기에 각종 의례에 사용하는 음악은 중국 고유의 음악만이 아니라 당시 북위 주변 여러 종족의 음악도 포함되었음을 확인할 수 있다.

즉, 음악에 한정해서 말하면 '한화'가 아닌 '호한 융합'의 측면을 확인할 수 있다. 이는 『수서』「음악지」에서도 확인된다.

> 북제의 신무제神武帝(고환)가 패업霸業을 처음 세우고 업鄴으로 천도했지만, 여전히 위魏의 신하로 칭했으므로 모두 위의 전례典禮를 따랐다. 문선제가 처음으로 선양禪讓을 받아 즉위했지만 여전히 구장舊章을 바꾸지 않았다. …… (중략) …… 그 후에 장차 제도를 새로 만들고 옛것을 바꾸려고 했다. 상약전어尙藥典御 조정祖珽이 옛날에 낙하洛下(북위의 수도 낙양)에 있었을 때 구악舊樂에 통달하고 잘 알았다고 스스로 말하고 다녔다. [조정은] "울씨魏氏(북위)는 운[주]와 삭[주에 있었던 시기] 처음으로 제화諸華를 공격해 지배한 이래 즐거이 토풍土風을 취했으나 자신들의 풍속은 바꾸지 않았습니다. 도무제 황시皇始 원년에 이르러 모용보慕容寶[의 후연을] 중산中山에서 격파하고 진晉의 악기를 획득했지만 가려서 쓸 줄을 알지 못하고 모두 버렸습니다. ① 천홍 연간 초에 이부랑吏部郞 등언해鄧彦海(등선鄧羨)가 상주해 묘악廟樂을 올렸으며 궁현宮懸을 창제創制했지만, 타악기와 관악기가 갖추어지지 않았습니다. 악장樂章이 모두 비었으므로 파라회가簸邏迴歌와 뒤섞이게 되었습니다. 처음에 팔일八佾을 사용해 황시지무皇始之舞를 만들었습니다. ② 태무제가 하서(북량)를 평정해 저거몽손의 기伎를 얻어 빈가대례賓嘉大禮에 모두 이전의 것과 섞여서 사용되었습니다. 이 음악이 흥한 것은 아마도 부견苻堅(전진을 지칭)의 말기에 여광呂光이 출정해 서역을 평정하고 호융胡戎의 음악을 얻어서 바뀌게 되어 진성秦聲에 섞이게 되었으니, 이른바 진한악秦漢樂이라 부르는 것입니다. [북위 말 효무제] 영희 연간에 이르러 녹상서[사]錄尙書事 장손승업長孫承業이 신의 아버지인 태상경太常卿 [조]형祖瑩 등과 함께 검토해 고치고 다듬었으며 융戎과 화華

[의 악樂]을 아울러 모두 채용했습니다. 종률鍾律에 이르러 찬란하게 크게 갖추어졌습니다. 예부터 계속 이어져 왔으므로 손익을 가히 알 수 있으니 현재 제도를 수립할 때 이로써 표준으로 삼을 것을 청합니다"라고 상서했다.[67]

앞의 인용문은 북제 문선제 시기 조정祖珽이 음악과 관련된 제도를 바꿀 것을 청하며 북위 시대 음악의 현실을 언급한 상소문이다.

먼저 ①은 북위 초 도무제 시기의 일이었다. 도무제가 중국의 궁중 음악을 채용해 이를 도입했지만 완전하지 못해 파라회가와 같이 사용하게 되었음을 서술했다. 『태평어람』 권584 「악부」 각조角條에 따르면, 파라회簸邏回 혹은 발라회拔邏回는 각角이라는 악기의 속명俗名이며, 호로胡虜의 군중에서 사용한 악기라고 한다.[68] 『수서』 「음악지」 하의 기록에 따르면 파라회가는 전쟁과 관련된 내용이다.[69] 또한 파라회가는 호어(선비어)로 부른 선비 민가民歌이며, 7개 부분으로 구성된 가곡歌曲이고 연주할 때 1곡을 3회 반복해 노래 불렀다. 그리고 기병의 훈련과 작전 전 과정을 노래했다. 그 가운데에 전쟁과 격앙의 정이 많았으므로 호인(선비인)들이 좋아했고 군진軍陣의 음악으로 사용되었다.[70] 요컨대 ①과 여러 상황을 살펴보면 북위 초기에는 중국의 전통 음악과 호인들의 음악이 공존했음을 알 수 있다.

이어서 밑줄 친 ② 부분에서는 태무제가 북량을 정복한 다음 "전진→후량→북량"으로 계승된 음악을 수용했음을 알 수 있다. 이보다 앞선 428년 태무제가 하夏를 격파하고 하의 악공樂工과 악기를 평성으로 가져왔다. 하는 본래 남흉노의 후예가 세웠고 서역과 왕래가 빈번했으므로, 하의 악무樂舞는 북방 유목민과 서역의 특징이 강했다.[71] 이처럼 중앙아시아 음악의 영향을 받은 피정복 국가의 음악이 평성에 전해지면서 중앙아시아와 북방 유목민들의 음악이 북위 호인들의 음악에 섞이게 되었다.

2) 호인의 가무와 유희

호인들의 가무에 대한 기록은 북위 말 이주영의 예에서 살펴볼 수 있다.

> 이주영은 비록 위세와 명성을 크게 떨쳤지만 행동거지가 경박하고 다만 말달리고 활쏘기를 기예伎藝로 삼았다. 입조入朝해 알현할 때마다 하는 일이 없었으며, 다만 말을 오르내리며 놀 뿐이었다. 서림원에서 잔치를 벌이며 활쏘기를 즐겼다. 늘 황후에게 나와서 구경할 것을 청했고, 아울러 왕공王公과 비빈妃嬪, 공주公主를 불러 함께 당堂에 있게 했다. 천자가 활을 쏘아 명중하는 것을 볼 때마다 스스로 일어나 춤추며 소리를 질렀고, 장상將相과 경사卿士는 모두 이리저리 움직이며 비빈, 공주, 부인에게 다가가서 [같이 춤출 것을 요구하니 비빈, 공주, 부인들은] 어쩔 수 없이 그들을 따라 소매를 들어 [춤을 추었다]. ① 술에 취해서 귀에 열이 오르면 반드시 스스로 바르게 앉아 노가虜歌를 노래하며 수리보리지곡樹梨普梨之曲을 읊었다. ② 임회왕臨淮王 욱彧이 조용히 얌전하게 있자 이주영이 [그의] 풍채와 소양을 좋아해 억지로 칙륵무敕勒舞를 추게 했다. ③ 날이 저물어 잔치를 마치고 돌아갈 때 좌우左右와 함께 손을 잡고 땅을 밟으며 회파악廻波樂을 부르고 나갔다.[72]

이주영은 현재 산시 성山西省 북서부에 해당하는 사주肆州 북수용에 거주하던 계호였다. 이주씨爾朱氏 가문은 낙양 천도 이전에 자신의 부락(부족)과 낙양을 오가는 '안신'의 특권을 얻었다.[73] 1년에 반 이상 유목 생활을 하는 자신의 부족 집단과 생활했으므로 이주영이 호속을 유지한 것은 당연하다. 필자가 주장하고 싶은 것은 ①에서 ③까지의 부분이다. ①에서 이주영이 노가를 부르며 수리보리지곡을 읊었을 때 모두 호어를 사용했을 것이다. ②를 보면 이주영이 북위 황실인 임회왕 원욱元彧에게 칙륵무를 추도록 강요했다. 이는 임회왕 원욱이 칙륵무를 출 줄 알았음을 뜻한다. 칙륵무가 어떤 춤인지 사서에 기록되지 않았지만 칙륵

그림 8-1 채회기마격고용

뤄양박물관의 표기는 채회의장도용(彩繪儀仗陶俑). 뤄양박물관 소장, ⓒ최진열.

가敕勒歌를 연상시킨다. 칙륵가는 칙륵인敕勒人(고차인이라고도 한다)들이 부르던 노래였으며, 고환과 곡률금은 선비어로 불렀다고 한다.[74] 만약 칙륵무가 칙륵가에 맞추어 부르는 노래라고 한다면 임회왕 원욱은 칙륵가와 칙륵무에 모두 정통했을 것이다. 임회왕 원욱이 낙양에 머물렀던 북위 황실 일족이었음을 고려한다면, 당시 낙양에 살았던 호인 가운데 상당수는 원욱처럼 칙륵가와 칙륵무 같은 호인들의 노래와 춤을 알고 있었고 즐겼을 것이다. 『한어 대사전』에 따르면, ③의 회파악은 노가, 즉 호인들이 부르던 노래임과 동시에 군가이고 곡조가 대체로 고정되었으며, '회파이시廻波爾時' 네 글자로 시작한다. 또한 군중들이 부르는 스스로 즐기는 무악舞樂이며, 노래하는 사람과 관중 사이에 엄격한 한계가 없다는 특징을 지닌다.[75] 이처럼 회파락이 춤을 동반한 노래라면 ③에서 잔치에 참가한 황제와 왕공, 비빈, 공주, 부인 등은 호인들의 노래인 회파락과 춤을 알고 있는 셈이다. 바꾸어 말하면 앞의 인용문에서 낙양에 있던 호인들도 호풍의 노래와 춤을 알고 있었음을 알 수 있다.[76]

앞의 문헌 사료에서 호인들의 음악에 관한 자료를 살펴보았다. 북위 후기 북방의 유목민, 즉 호인들의 음악이 낙양에서 유행했던 증거는 출토 유물에서 찾을 수 있다.

〈그림 8-1〉은 1965년 뤄양 시 노성구老城區 반룡총촌盤龍冢村 원소묘元邵墓에서 출토되어 뤄양박물관洛陽博物館에 소장된 채회기마격고용彩繪騎馬擊鼓俑이다.

채회기마격고용은 머리에는 풍모風帽를 쓰고 몸에 넓은 소매의 좌임 옷(좌임관수의左衽寬袖衣)를 입었으며 아래에는 박고縛褲를 착용했다. 이 기마격고용騎馬擊鼓俑은 북위 시대 의장대 중 고취악鼓吹樂의 역사 풍모를 재현한 것이다. 고취악은 마상악馬上樂의 형태로 나타났으며, 유목과 수렵에 종사하던 북방 유목민의 영향을 받았다. 군중 음악의 대부분은 기마 고취騎馬鼓吹이며, 마상 격고馬上擊鼓와 고각鼓角 및 기타 호악胡樂이 결합된 것이다. 이와 동시에 고취악은 선비인(호인)의 가곡조歌曲調를 이용했다.[77] 출토 유물과 선행 연구의 성과를 보면, 북위 후기에도 유목민들의 음악이 특히 군인들을 중심으로 여전히 유행했음을 알 수 있다. 한편으로 무덤 자체의 도용陶俑에 집중하면, 원소묘의 기마격고용과 진묘용鎭墓俑, 갑기구장용甲騎具裝俑, 문리용文吏俑, 노복용奴僕俑은 성대한 출행出行 행렬를 구성하며 북위 시대 소가 끄는 마차와 안마鞍馬 중심의 출행 의위出行儀衛의 성대한 장면을 재현했다.[78] 이 견해를 존중한다면 군대뿐만 아니라 일부 호인(원소元邵는 북위 종실이다)은 출행할 때 유목민(호인)의 음악을 사용했음을 발견할 수 있다.

물론 낙양 사람들이 유목민의 음악만 즐긴 것은 아니다. 2005년 의양현宜陽縣 풍리진豐李鎭 마요촌馬窯村 양기묘楊機墓에서 출토된 채회탄비파용彩繪彈琵琶俑은 소관小冠을 쓰고 교령광수삼과 땅에 끌리는 긴치마를 입었다.[79] 여악용女樂俑들은 앉아 있는 모습이며 북을 두드리거나 소簫를 불거나 비파를 뜯는 등 여러 가지 악기를 연주하는 자세이다.[80] 이는 당시 음악과 악기의 연주 모습을 그대로 반영했을 것이다. 이 밖에 악용樂俑뿐만 아니라 무용舞俑들도 한인의 복식을 입은 중원인 형상이라고 한다.[81] 〈그림 8-2〉에서 비파를 들고 있는 여악용의 모습이 주목된다.

〈그림 8-2〉의 채회도탄비파용彩繪陶彈琵琶俑이 타고 있는 비파는 곡항비파曲項琵琶로 추정된다. 페르시아, 인도, 중앙아시아 등지에서 사용된, 4개의 줄이 있는 곡항비파는 구자악龜玆樂의 주요 악기의 하나이며 남북조 궁정 악무樂舞에서

그림 8-2 북위 채회도탄비파용

뤄양박물관 소장, ⓒ 최진열.

자주 사용되었고 당대唐代 음악의 주요 악기였다.[82] 따라서 〈그림 8-2〉의 채회기악용의 복장이 중국 의복(한복)이라고 해서 한인들의 음악을 연주했다고 단정하기 어렵다고 반론할 수 있다. 곡항비파를 사용했으므로 구자악을 연주했고 주장할 수 있기 때문이다. 양기묘의 기악용伎樂俑들이 당시 음악 연주를 그대로 보여주고 있다면 최소한 한인 예인藝人들이 서역의 악기를 받아들여 중국 고유의 음악 연주에 사용했음을 알 수 있다.

앞에서 살펴본, 현재 낙양에서 출토된 도용에서도 알 수 있듯이, 북위의 황실과 궁정뿐만 아니라 호한 지배층들도 자신의 기호에 따라 유목민의 음악이나 한인의 음악을 즐겼다. 또한 비파처럼 서역에서 전래된 악기가 음악에 사용되었다. 요컨대 낙양의 일반인은 호악胡樂과 중국, 서역의 음악을 모두 즐겼다.

다음으로 놀이 문화를 살펴보자. 북위 전기 호인들은 자신들 고유의 음악과 춤, 그리고 중앙아시아 음악도 향유했을 뿐만 아니라 고유의 놀이 문화를 여전히 즐겼다. 정월 보름밤에는 타족打簇과 '상투희相偷戲'를 즐겼다. 『북사』「이주영전부문창전爾朱榮傳附文暢傳」에 따르면 북위의 구속에 정월 보름에 벌이던 타족희打簇戲가 있었다. 이주문창爾朱文暢 일당은 고환이 타족희를 관람하는 틈을 타서 암살하려고 했다가 실패했다.[83] 그런데 『위서』「효정제기」에는 천평天平 4년(537년)에 '상투희'를 금지했다고 기록되어 있다.[84] 이에 대해 호삼성은 『북사』「이주영전부문창전」의 기록을 그대로 베낀 『자치통감』「양기」 무제대동 십일년조 기사에 주석을 달면서 본래『위서』「효정제기」에는 타족과 상투희를 금했다(금타족상투희 禁打簇相偸戲)라고 했다.[85] 호삼성이 참고했던『위서』에는 '타족' 두 글자가 있었지만 현행 판본에는 '打簇(타족)' 두 글자가 없다.[86] '타족'은 타죽족 打竹簇과 동의어라고 했지만 구체적으로 어떤 놀이인지 알 수 없다.[87]

'상투희'는 거란과 여진에게서도 확인되는 풍습이며, 거란에서는 '투시 偸時', 여진에서는 '방투 放偸' 혹은 '종투 縱偸'라 했으며 정월 십육일 밤에 거행했다. 거란과 여진의 '투시'와 '방투'에서 유추해보면 북위의 상투희는 정월 보름날에 남의 물건을 재미 삼아 훔치는 유희였을 것이다. 본래 유목민 사회에서는 물건을 훔치면 몇 배를 배상 倍償해야 하는 법률 조항(배상법 倍償法)이 있었지만, 이날만은 물건을 훔쳐도 절도죄로 처벌받지 않았다. 이때 훔치는 물건은 분기 畚箕, 잔, 처녀, 보화, 거마 車馬 등 다양했다. '상투희'는 재산이 공유제에서 사유제로 넘어가는 과정에서 나타난 놀이라고 하며, 특히 탁발부의 오래된 풍습이었다.[88]

여기에서 필자가 주목하는 것은 이 타족과 '상투희'가 효문제 시기가 아닌 동위 효정제 천평 4년에 금지되었다는 사실이다. 이는 효문제의 '한화 정책' 시행 이후에도 탁발부의 풍습인 타족과 상투희가 여전히 성행했음을 시사한다. 게다가 이 금지령이 내려진지 8년 후인 무정 3년(545년)에도 여전히 금지령을 어기고 타족을 행했으며, 고환이 이를 관람했다.[7] 주지하듯이 고환은 효무제가 장안에 주둔한 우문태에게 도망가자 원선견 元善見을 황제로 옹립한 후 동위를 지배했었다. 따라서 천평 4년의 금지령을 내린 주체도 고환이었지만, 무정 3년에 타족을 금지하기는커녕 이를 관람해 금지령의 집행을 방관한 사람도 고환이었다. 여기에서『위서』에 보이는 호속의 금지 조치가 호인들 사이에서 반드시 실행된 것은

7 『자치통감』에는 이주문창의 고환 암살이 양 무제 대동 11년, 즉 동위 효정제 무정 3년에 발생했다고 기록되어 있다(『資治通鑑』, 卷159「梁紀」15 武帝大同十一年條, p. 4925). 이는 타족과 상투희를 금지한 천평 4년보다 8~9년 후의 일이다.

아님을 확인할 수 있다. 요컨대 '상투희'는 동위 효정제 천평 4년까지 정월 보름에 행해졌던 놀이의 하나였고, 타족은 효정제 무정 3년까지 금지령과 상관없이 여전히 행해졌던 놀이였음을 확인할 수 있다.[89]

4. 기타 호속

본 절에서는 북위 후기에 남아 있던 호속 가운데 분류 혹은 유형화하기 어려운 단편적인 사례를 살펴본다.

먼저 북위 후기 "동→남→서→북"의 방향감각이다. 동쪽 중시 현상은 오환·선비, 유연, 돌궐·거란 등에서 발견된다.[90] '상동尙東', 즉 동쪽 중시 현상은 해가 뜨는 방향 때문이며, 이는 호인들의 방향감각에도 영향을 주었다. 거란인들은 북쪽을 왼쪽, 남쪽을 오른쪽으로 간주했다.[91] 즉, 거란인에게는 동쪽이 정면임을 뜻한다. 탁발부도 선비의 한 부족이기에 오환·선비와 문화적 연속성을 지니므로 방향감각이 비슷할 것으로 유추할 수 있다. 실제로 『위서』에서도 동쪽을 시작으로 "동→남→서→북"의 방위 관념이 보인다. 예를 들면 『위서』「관씨지」에는 호성을 열거한 부분이 있다. 그런데 탁발씨 등 제실 십성과 신원황제 시기 내부한 성씨들 다음에 동방, 남방, 서방, 북방 순서로 호성을 나열했다.[92] 또 유송을 공격했던 태무제가 회군 도중 우이성盱眙城을 공격하면서 장질에게 북위군의 포위 상황을 설명했다. 이 가운데 우이성의 동쪽에는 정령과 호胡, 남쪽에는 삼진의 저·강이 포진했다고 밝혔다.[93] 서쪽과 북쪽은 언급하지 않고 동과 남만 언급하고 있다. 이는 "동→남→서→북" 방위 관념의 일부이다. 서쪽과 북쪽이 누락된 것은 우이성의 지형과 관련된 것 같다. 즉, 『중국역사지도집』을 보면 우이성의 북쪽과 서쪽이 강으로 둘러싸였다.[94] 이 때문에 북위군은 우이성의 동쪽과 남쪽을 포위했던 것 같다. 태무제의 말에서 탁발부 사람들에게 "동→남→서

→북"의 방향감각이 있었음을 알 수 있다.

이러한 방향감각은 북위 후기인 효명제 시기 임성왕 원징의 상소에서도 보인다. 임성왕 원징은 낙양을 방어하기 위해 동서남북 4중랑장四中郞將에게 낙양 주위 요충지의 군태수郡太守를 겸하게 할 것을 주청했다. 즉, 원징은 동중랑장東中郞將은 형양군滎陽郡, 남중랑장南中郞將은 노양군魯陽郡, 서중랑장西中郞將은 항농군恒農郡, 북중랑장北中郞將은 하내군의 태수를 겸직시키고 2~3품관으로 임명할 것을 주청했다.[95] 이는 『위서』「관씨지」에 나타나고 태무제가 보여준 방위 관념인 "동→남→서→북"과 동일하다. '한화 정책'의 집행자였던 원징이 유목민들의 사고방식 혹은 방향감각을 여전히 가지고 있었음을 보여준다. 북위 전기부터 공유되어온 호인들의 방향감각이 한화 여부와는 별도로 원징의 의식 속에 여전히 남아 있었을 것이다. 『위서』는 한인 관료들이 편찬한 각종 사료를 바탕으로 위수가 편찬한 책이므로, 「관씨지」에 한인들의 방향감각인 "동→서→남→북" 대신 "동→남→서→북" 방향 순서가 그대로 수록된 것이 의아한 현상일 수 있다. 「관씨지」의 해당 부분이 북위 초부터 원형 그대로 보존되다가 어느 시점에 한자로 번역되어 『위서』에 실렸을 것이다. 혹은 원징의 예처럼 북위 후기에도 이러한 방향감각이 호인들 사이에 통용되었고 한인 관료들도 이를 자연스럽게 받아들였으므로 한인의 방향감각으로 바꾸지 않고 『위서』에 실렸을 것이다.[96] 이러한 방향감각은 북위가 동서로 분열된 후 동위에서도 발견된다. 동위 초인 천평 2년(535년) 고환이 계호를 공격해 유려승劉蠡升의 아들 남해왕과 서해왕, 북해왕을 포로로 잡았다. 계호 유려승의 아들 남해왕과 아우 서해왕, 북해왕의 형제 서열 순서로 열거되었다면 "남→서→북"의 방향으로 언급되었다. 이 역시 "동→남→서→북"에서 동이 생략된 형태이며, 선비와 북위, 동위가 같은 방향감각을 가졌음을 보여준다.

다음으로 주상복군이라는 습속을 살펴보자. 주상복군은 북방의 유목민들이 군주 혹은 그 배우자를 세우기 전에 본인이 스스로 금인金人(동인銅人)으로 자기의 상像을 만들어 완성되면 하늘의 동의를 얻은 것이라고 해서 즉위하는 것을 지칭한다.[97] 북위 시대 금인을 주조해 완성 여부로 황후 책립을 결정했음은 주지의 사실이다.[98] 예컨대 도무제의 황후 모용씨는 후연의 군주 모용보의 딸이었다. 도무제가 중산성中山城을 함락한 후 궁정에 들어와 총애를 얻었고 금인을 만드는 점복占卜이 성공해 황후로 책봉되었다.[99] 반면 명원제는 후진後秦 요흥姚興의 딸을 맞아들여 부인夫人으로 삼고 황후로 책봉하려 했으나 금인을 만드는 점복에 실패해 황후로 책봉하지 못했다. 비록 요씨는 황후의 예로 대접받기는 했지만, 생전에는 황후가 되지 못하고 사후에 황후로 추존되었다.[100]

그러나 황후 책립에만 주상鑄像, 즉 금인의 주조 완성 여부가 적용되었던 것은 아니다. 북위 말 육진의 난이 발생한 후 병주와 사주肆州를 점거하고 각종 유목민들을 통합했던 이주영의 일화에서 황제 즉위에도 이러한 관례가 있었음을 확인할 수 있다.

528년 호태후의 전횡에 반발한 효명제는 사주肆州 일대에서 사실상 자립한 이주영을 낙양으로 끌어들여 어머니 호태후를 제거하려 했으나, 도리어 호태후에게 살해되었다. 이주영은 호태후를 살해하고 하음河陰에서 2000여 명의 조신을 살해했다(이를 하음의 변이라고 한다). 이주영은 하음의 변을 일으키기 바로 직전에 차기 황제로 누구를 세울지 결정하지 못하다가 효문제와 함양왕 원희 등 다섯 왕 자손들의 상像을 주조하는 실험을 통해 유일하게 완성되었던 장락왕長樂王 원자유元子攸(효장제)를 옹립하기로 했다.[101] 그러나 하음의 변을 일으킨 후 이주영은 찬탈을 결심했다. 『자치통감』에 따르면, 이주영이 조정의 문신들에게 선양문[禪文]을 쓰도록 협박했고 군사들에게 "원씨는 이미 멸망했고, 이주씨가 흥했다"라고 말하게 하니 모두 만세를 외쳤다. 그리고 수십 사람을 보내 병주인幷州人 곽나찰郭羅刹과 서부 고차 질렬살귀叱列殺鬼에게 효장제를 장내帳內에 구금하게 하고 효장제의 형 무상왕無上王 소劭와 동생 시평왕始平王 자정子正을 죽였다.[102] 그리고 이주영은 제위를 찬탈하려고 했으나 고환(신무제)이 이를 만류하고 금인의 상을 주조해 찬탈해도 될지를 확인하자고 했다. 그러나 금인의 주조가 성공하지 못하자 찬탈을 단념했다.[103] 『위서』「이주영전」에 따르면 이주영이 금인의 상을 네 차례 주조했으나, 완성되지 못했다. 게다가 당시 유명한 점쟁이 유령조劉靈助가 천시天時를 들먹이며 단념할 것을 우회적으로 말하자 이주영은 단념하고 결국 고환의 조언대로 효장제를 다시 황제로 받들었다.[104]

여기서 호삼성은 모용씨가 염민冉閔이 금으로 상을 주조했으나 이루지 못했다고 말했던 사례를 들어 호인은 상을 주조해 군주가 될 수 있는지 점치는 풍습이 있어 이주영이 이를 따랐다고 설명했다.[105] 중국의 학자들은 이러한 주상복군을 호인(선비인)들의 풍습이라고 보았다.[106] 그러나 청대 사가史家인 조익의 생각은 달랐다.

> 살펴보건대, 『진서晉書』「재기載記」에 따르면 염민이 상위常煒를 모용준에게 사신으로 보냈을 때, 모용준이 봉유封裕를 시켜 상위에게 "듣건대 염민이 금을 주조해 자신의 상을 만들었지만 무너져 완성하지 못했다 하니, 어찌 천명이 있다고 말할 수 있겠는가"라고 말하게 했다. 상위는 그것은 사실이 아니라고 답했다.[107] 이는 또한 북위에 앞선 것이며, 이 일이 북위에서 시작한 것은 아니다. 아마도 본래 북쪽 풍속에 따른 고사를 탁발씨에 이르러 더욱 숭상한 것인 듯하다.[108]

이주영은 계호이고, 염민과 고양은 호화된 한인이었으므로 조익의 지적처럼 '주상복군'은 선비인뿐만 아니라 여러 북방 유목민 사이에 전해져온 풍속으로 보는 것이 타당하다. 이주영이 효문제 형제의 자손들의 상을 주조해 장락왕 원자유의 것만 완성되자 이를 원자유에게 알렸고, 원자유는 이에 응해 이주영의 군영으로 달아났다는 사실에 주목하자.[109] 이 일화를 보면 육진 출신인 고환과 사주肆州에 있던 계호 출신인 이주영은 '주상복군'의 풍습에 익숙했다. 대개 육진과 평성 일대에 잔류한 호인들이 한화되지 않고 여전히 호속을 유지했다는 기존의 통념에 비추어보면 당연한 일이다.[110] 그러나 이주영뿐만 아니라 북위 황실인 원자유 형제 등도 상을 주조해 완성 여부로 황제 즉위 여부를 결정하는 이른바 '주상복군'의 풍속 혹은 관례를 알고 있었다. 이는 16국 시대와 북위 전기에 종종 행해졌던 '주상복군'의 풍습이 북위 후기에도 낙양에 살던 일부 호인(선비인)들에게 아직 잊히지 않았던 풍습 혹은 관례였음을 보여준다.[111]

이어서 호인(선비인)들의 구속 가운데 나무가 존재했다. 글자 그대로 해석하면 벌거벗고 춤을 추는 것을 뜻한다. 이는 원시 습속의 유습이며, 언제 징벌의 수단이 되었는지는 알 수 없다. 나무의 풍습은 북위 후기와 북주·북제 시대에도 남아 있었으며, 주로 징벌의 수단으로 활용되었다. 이 시기 나인 형체裸人形體의 처벌 방법은 민간에서 보편적으로 존재했다. 한 학자에 따르면 적어도 태화율太和律을 반포하기 이전에 북위에서는 명문 규정이 되었다. 한진漢晉 법률, 즉 중국 역대 왕조의 법률에는 나무의 처벌 조항이 보이지 않으므로 선비인들 고유의 풍습으로 볼 수 있다.[112] 『위서』「형벌지」에서는 태화 원년(477년)에 이를 금지하는 조서가 실려 있다. 이에 따르면, 죄를 범해 사형을 당하는 죄수들을 옷을 벗기고 나체로 만들었다고 기록했다. 그런데 효문제는 남녀가 나체인 상태로 서로의 모습을 보게 하는 것이 예에 적합하지 않다고 해서 이를 없앤 것이다.[113]

그런데 효명제 시기에 종실인 안정왕 원원평元願平은 아내 왕씨王氏를 자식들 앞에서 옷을 벗기고 처제를 장모가 보는 앞에서 강간했다는 죄를 저질러 교형絞刑에 처해졌으나 사면을 받았다.[114] 원원평이 저지른 두 가지 모두 처벌을 받는 죄명이 되었음을 확인할 수 있다. 그런데 원원평의 행동에서 당시 호인들 사이에 사형私刑의 수단으로 강제로 옷을 벗기는 풍습이 있었음을 알 수 있다.[115]

이 밖에 징벌의 수단으로 사용된 나무 외에 호인들에게 단나의 풍습이 있었다. 『북사』「위본기·고조효문제기」에 따르면 태화 16년(492년)에 단나를 금지했다.[116] 단나는 호인(선비) 평민뿐만 아니라 북위 효무제와 북제의 문선제(고양) 같은 호인 황제들도 행했던 습속이었다. 효문제가 한화를 주장하며 이 누속陋俗

을 없앴다.[117] 그런데 『북사』「왕헌전부흔전王憲傳附昕傳」에 따르면 효무제는 웃통을 벋고 근신들과 희롱하며 놀다가도 왕흔王昕을 알현할 때는 옷을 입고 경건하게 대했다.[118] 이 일화에서 호인들 사이에는 상체 혹은 전신을 드러내고 친한 사람들끼리 허물없이 지내는 풍습이 있었음을 알 수 있다. 효무제의 아버지는 광평왕 원회였고 할아버지는 효문제였다. '한화 정책'을 추진한 효문제의 손자가 이를 어겼음을 보여준다.[119]

마지막으로 『북사』「선무령황후 호씨전」에 따르면 북위의 액정掖庭에서는 나라의 구제舊制에 따라 후궁들이 함께 모여 기도하며 축원하는 풍습이 있었다. 북위 후기 선무제 시기에도 구제에 따라 후궁들이 아들[諸王]과 딸(공주)를 낳고 다만 태자만은 낳지 않게 해달라고 빌었다.[120] 태자를 낳기를 꺼려한 것은 태자의 생모를 죽이는 '자귀모사子貴母死'의 관행 때문이었다. 여기에서 '국구제國舊制'는 후궁이나 궁녀들이 함께 황실의 자손을 낳게 해달라고 비는 풍습임을 알 수 있다. 이 일화를 통해 북위 후기의 궁정, 특히 액정에서는 북위 전기의 궁정 풍습이 여전히 이어져 내려왔음을 확인할 수 있다. 즉, 이 기도 외에도 다양한 호속이 여전히 궁정에 남아 있었음을 추정할 수 있다.[121]

제9장

북위 황실과 호인의 이름

1. 북위 전기 호인들의 이름

태화 19년(495년) 호어 금지 조치는 그때까지 탁발씨를 비롯한 호인들이 호어(선비어)를 사용했음을 뜻한다. 천인커는 풍발馮跋의 소자小字 막리벌莫里伐, 북위 태무제의 자字 불리佛貍, 북해왕 원협元勰의 본래 이름인 규성邽姓 직근直勤[1] 갈언후渴言侯,[1] 설초고발薛初古跋,[2] 북주의 우문태의 자字 흑달黑獺, 명제明帝 우문육宇文毓의 소명小名 통만돌統萬突,[3] 무제武帝 우문옹宇文邕의 자字 녜라돌禰羅突[4] 등 호인과 일부 한인(중국인)의 자字·소자·소명 등이 본래는 호어(선비어) 이름이라고 주장했다.[5] 필자도 일찍이 북위 전기 관명과 인명 가운데 호어(선비어)를 사용한 증거를 제시한 바 있다.[6] 뤄신은 문성제 이전 북위 황실에서는 호어 이름을 사용했고, 이를 한자로 음역音譯 혹은 의역意譯했던 증거들을 열거했다.[7]

이 밖에 『위서』와 『북제서』, 『주서』 등에서도 호인의 이름을 확인할 수 있다. 야오웨이위안의 고증에 따르면 『위서』의 을불대제乙弗代題는 을돌乙突, 『북

1 직근은 북위 황실 남성 성원 앞에 붙이는 호칭이다.

사』의 을불막괴乙弗莫瓌는 을괴乙瓌, 『송서』 「삭로전」의 복록고하록혼伏鹿孤賀鹿渾과 토해애필吐奚愛弼은 각각 육예와 고필古弼이다.[8] 『위서』에는 한족식 이름을 주로 표기했지만, 일부 열전에는 호어 이름을 기록했고 남조계 사서에도 호인의 본래 이름을 기록했다. 호인의 이름이 무슨 뜻이며 어떤 발음인지 대부분 현재로서는 파악하기 어렵지만, 태무제의 이름처럼 호인에게 유행하던 용맹 혹은 좋은 뜻(가상嘉祥)을 가진 한자를 취해 이름을 지었을 것이다.[9]

태무제 시기 하북 일대를 순행한 후 세운 「태무제 동순비」에도 호인의 이름이 보인다. 최근 태무제 시기 하북 일대를 순행한 후 세운 「태무제 동순비」에도 호인의 이름이 보인다. 예를 들면 '武衛將軍 昌黎公 丘眷(무위장군 창려공 구권)', '前軍將軍 浮陽侯 阿齊(전군장군 부양후 아제)', '中堅將軍 藍田侯 代田(중견장군 남전후 대전)', '射聲校尉 安武子 ㅁ元興(사성교위 안무자 ㅁ원흥)', '次飛督 安熹子 李蓋(차비독 안희자 이개)' 등 성명姓名을 알 수 있는 수행 관원 5인이 보인다.[10] 한 학자의 고증에 따르면 丘眷(구권)은 원구元丘, 阿齊(아제)는 원제元齊, 代田(대전)은 두대전豆代田으로 비정되며, ㅁ元興(ㅁ원흥)은 한무韓茂이며 이개李蓋는 외척 이혜李惠의 부친이다.[11] 5인 가운데 ㅁ원흥과 이개는 한인이고, 모두 성을 가진 반면 丘眷(구권)·阿齊(아제)·代田(대전)은 호인이며 성姓을 표기하지 않았다.[12]

또한 화평 2년(461년)에 만든 「문성제 남순비」에서는 呂河一西(여하일서), 尉遲其地(울지기지), 斛骨乙莫干(곡골을막간), 乙旃惠也拔(을전혜야발), 代伏云右子尼(대복운우자니), 乙旃阿奴(을전아노), 蓋婁太拔(개루태발), 社利幡乃婁(두리번내루), 是婁勅万斯(시루칙만사), 尉遲沓亦干(울지답역간), 若干若周(약간약주), 吐難子如剴(토난자여개), 一佛阿伏眞(일불아복진), 賀若盤大羅(하약반대라), 賀若貸別(하약대별), 步六孤龍成(보육고용성), 賀賴去本(하뢰거본), 素和莫各豆(소화막각두), 乙旃伏洛汗(을전복낙한), 伊樓諾(이루낙), 挾庫仁眞(협고인진), 叱羅騏(질라기), 吐伏盧大引(토복로대인), 步六孤羅(보육고라), 乙旃俟俟(을전사사), 直懃(직근) 何良(하량), 茹茹常友(여여상우), 素和勅俟伕(소화칙사부), 獨孤侯尼須(독고후니수), 素

和其奴(소화기노), 比子乙得(비자을득), 拔拔俟俟頭(발발사사두), 袁紇尉斛(원흘위곡), 宜懃(의근)[2] 渴侯(갈후), 熱阿久仁(열아구인), 直懃(직근) 郁豆眷(욱두권), 豆連求周(두련구주), 慕容白曜(모용백요), 斛律諾斗拔(곡률낙두발), 斛律頞拔(곡률알발), 素和匹于提(소화필우제), 素和使若須(소화사약수), 蓋婁內亦干(개루내역간), 越勤右以斤(월근우이근), 慕容男吳都(모용남오도), 胡翼以吉智(호익이길지), 胡比他紇(호비타흘), 拔烈蘭眞樹(발열란진수), 出大汗僖德(출대한희덕), 莫那婁愛仁(막나루애인), 斛骨呈羯(곡골정갈), 斛律莫烈(곡률막렬), 其連受洛拔(기련수락발), 拔烈蘭黃頭(발열란황두), 斛律羽都居(곡률우도거), 万忸于忿提(만뉴우분제), 直懃(직근) 苟黃(구황), 直懃(직근) 烏地延(오지연), 斛律出六拔(곡률출육발), 獨孤去頹(독고거퇴), 達奚屈居陵(달해굴거릉), 達奚庫句(달해고구), 契胡庫力延(계호고력연), 黃毛萬言眞(황모만언진), 直懃(직근) 烏地干(오지간), 直懃(직근) 解愁(해수), 和稽乞魚提(화계걸어제), 獨孤他突(독고타돌), 素和具文(소화구문), 步六孤步斗官(보육고보두관), 直懃(직근) 他莫行(타막행), 拔烈蘭步愛(발열란보애), 獨孤乙以愛(독고을이애), 茹茹命以斤(여여명이근), 斛律西婼(곡률서야), 直懃(직근) 斛盧(곡로), 勅煩阿六敦(칙번아육돈), 叱羅吳提(질라오제), 斛律伏和眞(곡률복화진), 袁紇退賀拔(원흘퇴하발), 侯莫陳烏孤(후막진오고), 契胡烏已(계호오이), 折枋俠提(절방협제), 素和斛提(소화곡제), 怡吳提(이오제), 直懃(직근) 阿各拔(아각발), 直懃(직근) 來豆眷(내두권), 叱干幡引(질간번인), 丘目陵吳提(구목릉오제), 王右右引(왕우우인), 泣利傉但(읍리녹단), 俟文出六于(사문출육우), 獨孤平城(독고평성) 등의 성명을 확인할 수 있다.[13] 이 이름을 보면 대부분 호성과 한자로 음사한 고유의 이름을 사용했음을 알 수 있다.[14]

이 가운데 出大汗(출대한) 혹은 出大干(출대간)은 모용씨에 복속했던 庫傉官氏(고녹관씨)[庫褥官(고욕관), 庫傉管(고녹관)으로도 표기], 『수경주』에 보이는 苦力

---

2 본문의 '宜懃(의근)'은 '直懃(직근)'의 오기이다.

干城(고력간성)[15]의 '苦力干(고력간)', 『북사』에 보이는 窟略寒(굴략한)[16]과 서진西秦의 장군 庫洛干(고락간)[17]과 함께 'qurïqan' 또는 'kurikan'의 발음을 한자로 옮겼다.[18] 또 斛律出六拔(곡률출육발)의 '斛律(곡률)'은 屈律(küli)이니, '出六拔(출육발)'은 곧 '處羅拔(kül bäg)'이다. 즉, 斛律出六拔(곡률출육발)의 이름은 'küli kül bäg'으로 복원된다.[19] 이어서 泣利傉但(읍리녹단)의 泣利(읍리)는 'kül' 혹은 'küli'의 음차이다.[20] 이 밖에 앞에서 열거한 성명의 발음과 뜻은 대부분 아직 알 수 없다. 하지만 「문성제 남순비」는 화평 3년 당시에도 호인이 자신의 성과 이름을 사용했음을 보여주는 중요한 증거이며, 이를 통해 유목민이 사용했던 튀르크어와 몽골어 사이에 친연성親緣性이 있었음을 확인할 수 있다.[21]

그러나 『위서』에서는 호어 이름이 자字 혹은 소자로 표기되거나 아예 누락되기도 했다. 특히 낙양으로 천도한 이후의 호인 이름은 중국식 이름과 비슷하다. 그러나 이름을 정하는 방식이 한인들과 다른 예가 발견된다. 이는 다음 절에서 살펴보자.

2. 북위 황실 이름 중복 현상

1) 북위 황실 남성들의 이름 중복: 종족 피휘 금기의 불이행

허더장과 뤄신은 호인(선비인)의 인명을 분석해 중국식 인명이 보이는 점에 착안해 인명의 한화를 주장했다.[22] 현재의 『위서』와 묘지명의 자료를 보면 허더장과 뤄신의 주장이 옳을지도 모른다. 그러나 『위서』 황실 일족의 열전과 묘지명을 대조해보면 같은 이름이 많이 보인다. 구체적인 예를 살펴보자.

먼저 장무왕 원태락元太洛(탁발황의 아들)[23]의 증손 후폐제後廢帝 원랑元朗(원융元融의 아들)[24]은 낙안왕 원범元範(명원제의 아들)의 손자인 원랑元朗(476~526년,

원장생元萇生의 아들),[25] 임성왕 원운元雲(탁발황의 아들)의 손자 원랑元朗(동위 천평 연간에 사망, 원순의 아들)[26]과 이름이 같았다. 후폐제 원랑은 동위의 실질적인 창업 군주인 고환에게 옹립된 허수아비였지만, 황제와 이름이 같은 사람이 두 사람이나 병존했다는 것은 황제 이름의 피휘避諱라는 전통적인 중국의 피휘법避諱法에 비추어보면 이례적이다.

이 밖에 『위서』 열전과 묘지명의 기록을 토대로 북위 황실에 이름이 같은 예를 〈표 9-1〉로 정리했다.

〈표 9-1〉을 보면 이름 34개에 같은 이름이 2개 이상 존재했다. 원필元弼이라는 이름을 가진 인물이 4인, 원랑元朗·원찬元纂·원탄元誕·원침元琛·원한元翰은 같은 이름을 가진 사람이 3인, 그밖에 원간元幹·원정元楨·원충元忠·원휘元暉·원열元悅·원순元順·원희元熙·원균元均·원감元鑒·원비元丕·원담元譚·원담元湛·원연元衍·원융元融·원흠元欽·원략元略·원엽元曄·원휘元徽·원안元晏·원해元諧·원우元祐·원단元坦·원습元襲·원량元亮·원흘元紇·원석元石·원녕元寧·원억元嶷은 2명의 같은 이름을 가진 사람이 존재했다. 그리고 형제인 원소元昭[27]와 원소元紹[28]는 한자가 다르지만 이름의 음이 같았다.[29]

그러나 한인 가족의 경우 일족 가운데 이름이 같으면 피휘를 하는 것이 일반적이었다. 북위에서도 황제의 이름을 피휘하는 관례가 존재했다. 예컨대 북위 전기에 이부상서吏部尙書를 지낸 최굉崔宏[30]은 『위서』에서는 효문제의 이름인 '굉宏'을 피휘해 최현백崔玄伯으로 표기되었다.[31] 또한 우문막괴宇文莫槐는 도무제의 이름을 피휘해 '막괴莫槐'로 표기되었다.[32] 그런데 천인커는 도무제의 이름인 '규珪'가 피휘되지 않았다고 주장하며 『남제서』 권47 「왕융전」에 보이는 왕융王融의 상소에서 팽성왕 원협을 지칭한 '규성邽姓 직근 갈언후'[33]의 표기를 예로 들었다. 이는 도무제 탁발규의 '규邽'가 들어가는 규성의 '규'를 바꾸지 않았다는 것이다.[34] 그러나 『위서』 「지형지」에 따르면 진주 천수군天水郡의 속현인 상봉현上封縣은 태조, 즉 도무제의 휘諱를 범犯해 이름을 바꾸었다고 한다.[35] 상봉

〈표 9-1〉 북위 황실의 같은 이름 비교표[39]

이름	같은 이름 인적 사항		
원랑(元朗)	장무왕 원태락[元太洛, 경목제 탁발황(拓跋晃)의 아들][40]의 증손 후폐제(後廢帝) 원랑[원융(元融)의 아들]	낙안왕 원범(元範, 명원제의 아들)의 손자 원랑[476~526년, 원장생(元萇生)의 아들]	임성왕 원운[元雲, 탁발황의 아들]의 손자 원랑[동위 천평 연간에 사망, 원순(元順)의 아들]
원찬(元纂)	소성제의 셋째 아들 진왕(秦王) 원한(元翰)의 손자 중산왕 원찬[원의(元儀)의 아들]	도무제의 아들인 하간왕 원수(元脩)의 후손 원찬[원비룡(元飛龍)의 아들]	남안왕 원정(元楨)의 손자 원찬[중산왕 원영(元英)의 아들]
원간(元幹)	중산왕 원찬(元纂)의 아우 원간	헌문제의 아들 조군왕 원간	
원정(元楨)	원간(元幹)의 아우 원정	탁발황의 아들 남안왕 원정(447~496년)	
원충(元忠)	상산왕 원준(元遵)의 손자 원충[원소(元素)의 아들]	탁발황의 아들 낙랑왕(樂浪王) 만수(萬壽)의 증손 원충[원장명(元長命)의 아들]	
원휘(元暉)	원충(元忠)의 아들 원휘	진류왕(陳留王) 원건(元虔)의 후손 원휘[원익(元翌)의 아들]	
원열(元悅)	소성제의 손자 진류왕 원건의 아들 주제왕(朱提王) 원열	효문제의 아들 여남왕 원열	
원순(元順)	소성제의 손자 원순[지간(地干)의 아들]	탁발황의 아들 임성왕 원운(元雲)의 손자 원순[487~528년, 원징(元澄)의 아들]	
원한(元翰)	소성제의 셋째 아들 진왕 원한	태무제의 아들 동평왕 원한	우위장군 원한
원희(元熙)	도무제의 아들 양평왕 원희	남안왕 원정의 손자 원희(?~520년, 중산왕 원영의 아들)	
원균(元均)	임회왕(臨淮王) 원타(元他, 양평왕 원희의 아들)의 증손 원균	여음왕 원천사(元天賜)의 손자 원균[원수의(元脩義)의 아들]	
원감(元鑒)	도무제의 아들 하남왕(河南王) 원요(元曜)의 증손 원감[464~506년, 원평원(元平原)의 아들]	안락왕(安樂王) 원장락(元長樂)의 손자 원감[원전(元詮)의 아들]	
원비(元丕)	명원제의 아들 낙평왕(樂平王) 원비	원위[元謂, 열제(烈帝)의 넷째 아들]의 증손 신흥공(新興公) 원비	
원담(元譚)	태무제의 아들 임회왕 원담	헌문제의 아들 조군왕 원간(元幹)의 아들 원담	
원담(元湛)	태무제 아들 광양왕 건(建)의 증손 원담	장무왕 원태락의 증손 원담[491~528년, 원응(元凝)의 아들]	
원연(元衍)	탁발황의 아들 양평왕 원신성(元新成)의 아들 원연	헌문제의 아들 북해왕 원상(元祥)의 손자 원연[원욱(元頊)의 아들]	
원융(元融)	원연(元衍)의 아들 원융	장무왕 원태락의 손자 원융[482?~527?년, 원빈(元彬)의 아들]	
원흠(元欽)	원연(元衍)의 아우 원흠(?~528년)	탁발황의 아들 양평왕 원신성의 막내 아들 원흠(470~528년)	헌문제의 아들 팽성왕 원협(元勰)의 손자 원흠[원자정(元子正)의 아들]

이름	같은 이름 인적 사항			
원필(元弼)	탁발황의 아들 제음왕(濟陰王) 소신성(小新成)의 손자 원필	상산왕 원준의 후손 원필[원휘(元暉)의 아들]	낙안왕 원범의 증손 원필[원정(元靜)의 아들]	소성제의 후손 원륜(元崙)의 아들 원필
원탄(元誕)	탁발황의 아들 제음왕 소신성의 손자 원탄[원언(元偃)의 아들]	헌문제의 아들 고양왕 원옹(元雍)의 아들 창락왕(昌樂王) 원탄	상산왕 원준의 증손 원탄[원배근(元陪斤)의 아들]	
원략(元略)	탁발황의 아들 남안왕 원정의 손자 동평왕 원략[486~528년, 중산왕 원영(元英)의 아들]	광천왕(廣川王) 원략(?~480년)		
원엽(元曄)	탁발황의 아들 남안왕 원정의 손자 동해왕(東海王) 원엽[원이(元怡)의 아들]	함양왕 원희(元禧)의 원자(元子) 원엽		
원휘(元徽)	탁발황의 아들 성양왕 원장수(元長壽)의 손자 원휘[490~530년, 원란(元鸞)의 아들]	고양왕 원옹의 아들 원휘(?~547년)		
원안(元晏)	탁발황의 아들 장무왕 원태락의 손자 원안[원빈(元彬)의 맏아들]	진왕 원한의 후손, 원안[원걸(元乞)의 아들]		
원해(元諧)	문성제의 아들 광천왕 원략(元略)의 아들 원해(?~495년)	조군왕 원간의 아들 원해		
원우(元祐)	문성제의 아들 제군왕 원간(元簡)의 아들 원우	임회왕 원담(元譚)의 후손 원우[원부(元孚)의 형]		
원침(元琛)	문성제의 아들 하간왕 원약(元若)의 아들 원침	진류왕 원건의 형 원의(元顗)의 손자 원침[원륜(元崙)의 아들]	소성제의 후손 원침[원건(元建)의 아들]	
원탄(元坦)	헌문제의 아들 함양왕 원희의 아들 원탄	탁발황의 아들 경조왕 원자추(元子推)의 아들 원탄		
원습(元襲)	헌문제의 아들 팽성왕 원협의 손자 원습[원소(元劭)의 아들]	가계 미상의 원습(486~529년)		
원량(元亮)	도무제의 아들 양평왕 원희의 후손 원량[원평원(元平原)의 아들]	도무제의 후손 경조왕 원려(元黎)의 후손 원량[원차(元叉)의 아들]		
원흘(元紇)	고량왕 원고(元孤)의 후손 원나(元那)의 아들 원흘	[진군(眞君) 6년 당시] 장안진부장(長安鎭副將) 원흘(신원 미상)		
원석(元石)	평문제의 현손 원석	(천안 원년 당시) 전중상서(殿中尙書) 진서대장군 서하공(西河公) 원석(신원 미상)		
원녕(元寧)	원갈라후(元渴羅侯)의 증손 경거장군(輕車將軍) 원녕(464~524년)	(무태 원년 당시) 영주자사(瀛州刺史) 원녕(신원 미상)		
원억(元嶷)	상산왕 원준의 후손 원리(元悝)의 아들 원억	(무태 원년 당시) 기주(冀州)·유주자사(宥州刺史) 원억(신원 미상)		

의 원래 이름은 상규上邽였다. '규邽'는 도무제의 이름인 탁발규의 '규珪'와 음만 같은데도, '규邽'를 '봉封'으로 바꾸었다. 따라서 천인커가 『남제서』의 '규성邽姓'의 용례를 가지고 도무제의 이름을 피휘하지 않았다고 주장한 것은 오류이다.[3] 이 밖에 헌문제의 이름인 '홍弘'을 피휘해 홍농군을 항농군으로 바꾸었다.[36] 다만 열전에서는 여전히 '홍농弘農'이라고 표기한 예가 여기저기에 보인다. 이 밖에 『위서』 「장당전張讜傳」에는 장당張讜의 6세조世祖가 현조, 즉 헌문제의 휘를 범했다고 기록했다.[37] 서량의 군주 여찬呂纂의 아우 여홍呂洪도 헌문제의 이름을 피휘해 '홍洪'으로 표기했다.[38]

피휘 문제는 『안씨가훈』 「풍조」편에 자세히 언급되었다.

> 『예기』에 "돌아가신 부모와 외모가 비슷한 사람을 보기만 해도 눈이 떨리고, 돌아가신 부모와 같은 이름을 듣기만 해도 마음이 아프다"라고 했다. 느끼는 바가 있으므로 눈이 떨리고 마음이 비통한 것이다. 만약 평상시처럼 고요하고 평온한 상태라면 부모님을 추념追念하는 것이 당연하다. 그러나 불가피한 경우에는 마땅히 참아야 한다. 만일 숙부와 백부나 형제들이, 돌아가신 부모님과 아주 닮았다면 종신토록 창자를 끊는 슬픔에 잠겨 그들과 왕래를 끊을 것인가? 또한 "글을 읽을 때에는 아버지의 이름을 피휘하지 않고, 종묘에서 조상에게 제사 지낼 때는 할아버지와 아버지의 이름을 피휘하지 않으며, 신하가 임금 앞에서 이야기 할 때는 자기 집안의 조상의 이름을 피휘하지 않는다"라고 했다. 그러므로 부모의 이름과 같은 글자를 보고 들었다면 자신의 현재 입장을 잘 생각해서 판단하고, 반드시 그 자리를 피해

3 그러나 도무제의 이름 '규(珪)'가 호어 이름의 한자 번역임은 시사할 바가 있다. 뤄신은 도무제의 이름인 섭귀(涉歸)·섭규(涉圭)·섭규(涉珪)·십규(什圭)가 ilqän 혹은 il-qan의 음사(音寫)일 가능성을 제기했다[羅新, 「北魏道武帝的鮮卑語本名」, 『張廣達先生先生八十華誕祝壽論文集』(北京: 新文豐出版公司, 2010), pp. 31~42쪽; 羅新, 「北魏皇室制名漢化考」, 中國中古史研究編委會 編, 『中國中古史研究』 第2卷(北京: 中華書局, 2011), pp. 139~140].

떠나갈 필요는 없는 것이다. 양梁의 사거謝擧는 명망이 아주 높았으나 부모의 이름[휘諱]을 들으면 반드시 통곡했으므로 오히려 세상 사람들의 비난을 받았다. 또한 장엄臧嚴의 아들 장봉세臧逢世는 열심히 학문을 닦고 행실이 단정해 가문의 명성을 더럽히지 않았다. 효원孝元(양 원제)이 강주자사江州刺史로 재직할 때 그를 건창建昌으로 파견했다. 군현의 백성들이 앞을 다투어 탄원서를 가져와 아침저녁으로 몹시 붐볐고, 그 탄원서들이 산더미처럼 쌓였다. 그 문서에 '엄한嚴寒'이라는 글자가 나올 때마다 장봉세는 눈물을 흘리면서, 다시 내용을 살펴보지 못했으므로 공사公事를 폐하는 일이 잦아졌다. 이에 원망이 쌓여 마침내는 임무를 수행하지 못하고 물러났다. 이러한 사례들은 정도가 지나친 것이다.[41]

앞의 인용문에서 언급된『예기』의 기록에 따르면 원래 집안 조상 가운데 고조 혹은 증조 이하는 피휘하지 않았다.[42] 그러나 집안이 출세 여부에 중요한 영향을 끼치기 시작한 후한 말·위진 시대 이후 가문의 조상이나 생존하는 친족의 피휘를 중시했다. 그래서 자신은 조상이나 일가친척의 이름(휘)을 입으로 말하지 않을 뿐만 아니라 다른 사람의 입에서 듣게 되면 눈물까지 흘리는 과례過禮를 저지르게 되었다. 인용문 마지막 예에 보이는 장봉세는 편지들에 쓴 문구 가운데 '매우 춥다'라는 뜻을 가진 '엄한嚴寒'의 '엄嚴'이 아버지 장엄의 이름과 같다고 해서 문서를 보지 않아 공무를 처리하지 못할 정도였다.

『안씨가훈』「풍조」편에서 살펴본 예는 남조의 지나친 피휘 사례이지만, 북위 시대에도 북위 황제들의 이름만 피휘한 것이 아니라 한인 관료들도 일족, 특히 조상들의 이름을 피휘했다. 노동盧同은 아버지의 이름인 '보輔'를 피휘해 보국장군의 벼슬을 사양해 용양장군龍驤將軍에 임명되었다.[43] 태화 후직령太和後職令에 따르면 보국장군과 용양장군은 모두 종3품이었으므로 노동은 아버지의 이름을 피휘해 동일 품계의 다른 관직으로 이동한 것이다. 효장제의 장인 이연식李延寔도 태보太保에 임명되었으나, '보'자가 할아버지 이보의 '보寶'와 동음同音

이라는 이유로 벼슬을 사양해[4] 태부太傅로 임명되었다.[44] 태부와 태보는 모두 정1품이었지만, 태부가 태보보다 한 단계 위였다.

선조들의 이름뿐만 아니라 권세가나 동료의 이름을 피휘하는 예도 있었다. 예컨대 고우高祐의 본명은 '희禧'였지만, 효문제의 아우 함양왕 원희와 이름이 같다고 해서 효문제가 '우'라는 이름을 하사했다.[45] 또한 북위 황실 일족인 원욱元彧은 동료인 시중 목소穆紹의 아버지 목량의 이름을 피휘하고자 '량亮'을 '욱彧'으로 바꾸었다.[46]

이상의 예를 보면 한인 관료들이 선조들의 이름도 피휘했으며, 원욱도 피휘한 것으로 보아 호한 모두 피휘 문제에 민감했음을 알 수 있다. 이러한 피휘의 예를 보면 북위 황실 안에서 같은 이름을 그대로 두었다는 사실은 납득하기 어렵다. 동위 시대에 원휘업이 북위 황실, 특히 번왕藩王의 가세家世를 기록한 『변종실록辨宗室錄』[47] 혹은 『변종록辨宗錄』[48]이라 불리는 족보 혹은 황실의 역사 기록이 있었다. 또한 『수서』 「경적지」에는 『후위황제종족보後魏皇帝宗族譜』와 『위효문열성족보魏孝文列姓族譜』, 원휘업의 『후위변종록後魏辨宗錄』, 『구당서』 「경적지」와 『신당서』 「예문지」에는 『후위보後魏譜』라는 족보 이름이 기록되었다. 이 책들은 현존하지 않으므로 내용을 알 수 없지만, 책 이름을 보면 원휘업의 『변종실록』(혹은 『변종록』)과 『후위황제종족보』는 분명히 북위 시대 황실 일족에 대한 기록을 바탕으로 편찬한 족보이다. 그리고 『위효문열성족보』와 『후위보』도 북위 황실의 족보를 담고 있었을 것이다. 이러한 족보가 동위·수·당 시대까지 존재한 것은 북위 후기 당시에도 황실이나 조정에서 북위 황실의 일족에 대한 자료를 기록하고 보관했기 때문이다. 그런데도 황실 일족의 같은 이름을 허용하

---

4 당대(唐代)에는 법률로 부모의 이름이 들어가는 관직을 받을 경우 도형(徒刑) 1년에 처해지도록 법제화되었다(『唐律疏議』(劉俊文 撰, 『唐律疏議箋解』(北京: 中華書局, 1996), 「名例」20, " 諸府號·官稱犯父祖名, 而冒榮居之, 祖父母·父母老疾無侍, 委親之官, 卽妄增年狀, 以求入侍及冒哀求仕者, 徒一年").

고 피휘하지 않았다는 것은 이해되지 않는다.[49]

예를 들면 원랑元朗이라는 이름을 가진 후폐제 원랑(원융의 아들)[50], 낙안왕 원범(명원제의 아들)의 손자인 원랑(476~526년, 원장생의 아들),[51] 임성왕 원운(탁발황의 아들)의 손자 원랑[동위 천평 연간(534~537년)에 사망, 원순의 아들][52]은 적어도 510년부터 526년 사이에 공존했다. 따라서 이들이 이름이 같으면 활동하는 데 불편했음은 쉽게 상상할 수 있을 것이다. 또한 탁발황(경목제)의 아들 성양왕 원장수元長壽의 손자 원휘元徽(490~530년, 원란元鸞의 아들)[53]와 고양왕 원옹元雍의 아들 원휘元徽(?~547년)[54]도 530년 전후에 공존했고, 헌문제의 아들 팽성왕 원협의 손자 원습元襲(원소元劭의 아들)[55]과 가계 미상의 원습元襲(486~529년)[56]도 효명제 시기에 같이 살았다. 또한 원연元衍의 아우 원흠元欽(?~528년)[57]과 탁발황의 아들 양평왕 원신성元新成의 막내아들 원흠元欽(470~528년),[58] 헌문제의 아들 팽성왕 원협의 손자 원흠元欽(원자정元子正의 아들)[59]과 효명제 시기에 같이 활동했다.[60]

이처럼 같은 이름의 일족이 같은 시기에 활동하면 인물의 식별과 관직의 제수 등의 사무를 처리할 때 불편을 초래할 수밖에 없었다. 그런데도 30여 건의 같은 이름을 그대로 놔두고 피휘하지 않았던 이유는 무엇일까? 이는 다음 항에서 살펴보자.

2) 이름 중복의 배경: 호어 이름의 약칭

1절에서 북위 전기 호인들의 호어(선비어) 이름과 『위서』의 이름이 다른 경우가 있었음을 살펴보았다. 『위서』와 『북사』, 묘지명을 대조해보면 호어 이름을 바꾼 예들을 확인할 수 있다. 예컨대 도무제의 아들인 광평왕 원련元連의 후손 원근元根은 『위서』에는 이름이 '근根'으로 기록되었으나[61] 『북사』에는 '토근吐根'으로 기록되었다.[62] 양자를 비교하면 원래 이름이 '토근吐根'이었고, 『위서』에서는 이 가운데 한 글자를 골라 '근根'으로 약칭했음을 알 수 있다. 소성제의 아들 원수구元壽鳩는[63] 묘지명에서는 '수구受久'[64]로 기록되었다. 이는 원래의 이름이 '수구壽鳩' 및 '수구受久'와 동음同音인 호어(선비어) 단어를 음역했을 가능성을 보여준다. 상산왕 원준元遵의 아들인 원소元素는[65] 「원보락명元保洛銘」에는 '고소련故素連',[66] 「원□ 묘지명元□墓誌銘」에는 '소련素連'[67]이라는 이름으로 표기되었다. 이는 본래의 이름이 '고소련' 혹은 '소련'이었고 『위서』의 '소素'는 '고소련' 혹은 '소련'의 약칭이었음을 시사한다. 뤄신은 「문성제 남순비」의 "정서장군상산왕직□□□련무열征西將軍常山王直□□□連戊烈"이 『위서』의 원소이며, 누락된 두 글자는 '소련'으로 추정했다.[68] 즉, 원소元素의 호어 이름은 '고소련', '소련', '소련련무열素連連戊烈' 등으로 달리 표기된 셈이다. 상산왕 원준元遵의 후예인 원덕元德(?~509년)도[69] 「원□ 묘지명元□墓誌銘」에는 원어덕元於德으로 표기되었다.[70] 이 역시 원래 이름인 '어덕'을 『위서』에서 '덕德'으로 약칭했음을 보여준다.[71] 이밖에 뤄신은 『위서』와 『송서』 「삭로전」 등을 대조해 북위 전기 황실 남성의 호어 이름과 중국식 약칭의 예를 찾아냈다.[72]

묘지명뿐만 아니라 조상기에서도 본래의 이름을 알 수 있다. 「광천왕 조모 태비후 조미륵상기廣川王祖母太妃侯造彌勒像記」의 기록을 살펴보자.

앞의 기록을 번역하면 다음과 같다.

> 경명 3년 팔월 십팔일(502년 9월 3일) 광천왕廣川王의 할머니인 태비太妃 후씨侯氏는 망부亡夫 시중 사지절 정북대장군征北大將軍 광천왕 하란한賀蘭汗을 위해 미륵상彌勒像을 만들었다. 그리고 영원히 고인苦因을 끊고 속히 정각正覺을 이루기를 기원했다.[73]

앞 조상기에서 광천왕의 이름 하란한이 주목된다. 「원환 묘지명元煥墓誌銘」에 따르면 원환元煥의 계증조繼曾祖 하략한賀略汗은 사중 정북대장군 중도대관中都大官 거기대장군 광천장왕廣川莊王이었고, 증조할머니, 즉 하략한賀略汗의 아내는 상곡후씨上谷侯氏였다.[74] 벼슬과 아내의 성씨가 일치하는 것으로 미루어 「광천왕조모태비후조미륵상기廣川王祖母太妃侯造彌勒像記」에 보이는 하란한은 「원환 묘지명」의 하략한과 동일 인물임을 알 수 있다. 하란한 혹은 하략한의 관명으로 『위서』에서 해당 인물을 검색해보면 광천왕 원략元略[75]과 동일인임을 알 수 있다. 따라서 『위서』의 원략의 본명은 '하란한' 혹은 '하략한'으로 표기되는 호어(선비어) 이름이었고, 원략의 '략'은 '하략한'을 약칭한 이름임을 알 수 있다.[76] 뤄신도 필자와 같은 예를 발굴해 광천왕 략이 호어 본명의 가운데 글자를 따온 것이었음을 지적했다.[77]

그런데 앞 항의 〈표 9-1〉에서 살펴본 것처럼 원략이라는 이름을 가진 인물은 하란한 혹은 하략한의 약칭인 '략'을 이름으로 사용한 광천왕 원략元略(?~480년)[78]과 탁발황(경목제)의 아들 남안왕 원정元楨의 손자 동평왕東平王 원략元略(486~528년, 중산왕 원영元英의 아들)[79] 이렇게 두 사람이 있었다. 두 사람은 활동 기간이 전혀 겹치지 않지만, 한인들의 피휘 전통에 따르면 광천왕 원략이 죽은 후에 일족과 같은 이름인 '략略'이라는 이름을 남안왕 원정의 손자 동평왕 원략이 사용할 수 없다. 그런데도 같은 이름인 '략'을 취할 수 있었던 것은 광천왕의 본명이 '하란한' 혹은 '하략한'이었고, 이를 한 글자로 줄여 '략'으로 표기했기 때문일 것이다.[80]

이러한 약칭의 표기는 북위 황실 외의 호인들에게서도 발견된다. 해씨 일족의 이름을 살펴보자. 「고징사해(지)묘지故徵士奚(智)墓誌」에는 해지의 할아버지 이름을 '내역간內亦干'[81]으로 기록했으나 「위고효렴해(진)묘지명魏故孝廉奚(眞)墓誌銘」에서는 '간干'[82]으로 기록했다. 이는 원래의 이름인 '내역간'의 '간'을 따서 약칭한 것임을 보여준다. 마찬가지로 「고징사해(지)묘지」에서 해지의 아버지 이름을 '보락한步洛汗'[83]으로 표기했으나 「위고효렴해(진)묘지명」에서는 '한翰'[84]으로 표기했다. 이는 '보락한'의 '한汗'과 동음同音인 '한翰'을 취해 표기했음을 알 수 있다. 낙양이 아닌 육진 출신인 위릉尉陵은 자字가 가실릉可悉陵이었고 이름은 릉陵이었다.[85] 위릉의 아내인 하시회賀示回는 자字가 시회示回, 이름도 시회示回였음을 보면[86] 위릉의 자字인 가실릉이 본래 이름이었고 가실릉의 '릉'자를 따서 이름으로 호칭했음을 알 수 있다.[87]

이상의 예를 살펴보면 낙양 천도 이후 중국식으로 이름이 표기된 호인 가운데 상당수는 가상嘉祥의 뜻을 지닌 한자 한 글자를 따서 이름을 지은 것이 아니라 원래 호어 이름의 한 글자를 따서 중국식 이름처럼 표기한 것임을 알 수 있다. 이처럼 호인들의 이름이 본래 호어 이름을 음역한 글자를 따서 표기한 것이라면 원서元緖(449~507년)의 묘지명에 표기된 원량元梁[88]이 『위서』에 보이는 원래 이름인 원량元良[89]과 다르게 표기한 오류는 이해할 수 있다. 또한 『위서』와 묘지명에서 같은 이름이 빈출하는데도 북위 황실과 조정에서 피휘를 시키는 등 대응 조치를 취하지 않은 것은 같은 이름이 한자를 따서 지은 것이 아니라 약칭임을 알았기 때문일 것이다.[90]

3. 낙양 시대 호어 이름과 불교식 이름

2절에서 북위 황실의 동명同名 이름의 출현을 호어 이름의 약칭과 관련 있음을 살펴보았다. 그런데 낙양으로 천도한 이후에도 묘지명과 각종 금석문에서는 본인 혹은 조상들의 이름을 호어식 이름 그대로 표기한 예가 여기저기에 보인다. 예컨대 「조비간묘문」에 나오는 만뉴호토발, 을전아각인, 사여아아, 질라토개, 약간후막인, 을전후막간[91] 등의 성명을 보면 효문제가 한화 정책을 실시했던 태화 18년(494년)부터 태화 20년(496년)까지 여전히 호어를 사용했던 흔적을 발견할 수 있다. 또한 앞에서 살펴본 「고징사해(지)묘지」과 「위고효렴해(진)묘지명」에서는 해지의 증조할아버지를 각각 '조락두鳥洛頭'[92]과 '해오주奚烏籌'[93]로 표기했다. 『위서』와는 달리 묘지명에서는 한 글자 혹은 두 글자로 된 중국식 이름이 아닌 호어 이름을 음역해 표기했음을 알 수 있다.

이 밖에 묘지명에서도 호어를 사용해 지은 이름을 발견할 수 있다. 예컨대 520년 전후에 죽었던 숙손협叔孫協은 '협協'이라는 중국식 이름을 지니고 있다. 그런데 숙손협의 자字가 지력근地力懃이었음이 주목된다.[94] 『위서』 등 사서와 묘지명에서 호인들 이름 외에 호어로 추정되는 자字가 있으면 그것이 해당 인물의 본명인 경우가 많았다.[95] 숙손협 역시 본명이 지력근이었을 것이다. 또한 숙손협의 할아버지는 숙손갈라후叔孫渴羅侯, 아버지는 칙사제敕俟堤, 아내 백우문씨百字文氏(우문씨)의 아버지는 호활발胡活撥으로 불렸다.[96] 효문제가 한성 사용을 강제한 이후의 묘지명이므로 성姓은 한성이지만, 숙손협의 할아버지, 아버지, 장인의 이름은 호어를 사용해 지은 이름을 음사音寫한 것이다. 이처럼 묘지명에서도 호어의 이름이 여기저기에 보인다.

낙양 시대에 활동했던 호인들의 이름에는 중국식 이름과 호족식胡族式 이름뿐만 아니라 불교나 인도의 이름을 차용한 예가 자주 보인다. 효명제 시기에 영군장군과 시중을 겸해서 권력자로 행세한 원차의 본명은 야차夜叉, 원차의 아우 원라의 본명은 나찰羅刹이었으며, 야차와 나찰은 사람을 잡아먹는 귀鬼였다는 기록이 보인다.[97] 야차는 산스크리트어 'Yakṣa'를 음차한 것이며, 약차藥叉로도 번역되었다. 또 "능담귀能啖鬼", "첩질귀捷疾鬼", "용건勇健", "경첩輕捷" 등으로 의역意譯되었다.[98] 나찰은 인도의 신화와 종교 체계에 보이는 마괴魔怪이며 '나찰자羅刹娑' 혹은 '나차사羅叉娑'로도 표기되었다.[99] 즉, 원차의 본명인 야차와 원라의 본명인 나찰은 모두 불교와 인도 신화에서 차용했다.[100]

헌문제의 동생 고양왕 원옹元雍의 아들 이름을 살펴보면, 원태元泰, 원단元端, 원예元叡, 원탄元誕 외에 늑차勒叉, 긍亘, 복타伏陀, 미타彌陀, 승육僧育, 거라居羅가 있었다.[101] 이 가운데에서 늑차는 산스크리트어 'viruudhaka'의 음차인 비루륵차毘樓勒叉의 약칭으로 보인다. 비루륵차는 '증장천增長天'으로 번역되며 남방을 수호하는 신神으로 지국천持國天, 광목천廣目天, 다문천多聞天과 함께 4천왕四天王으로 불린다.[102] 복타伏陀는 불타佛陀의 동음이자同音異字이거나 복타밀다존자伏陀蜜多尊者의 약칭이다. 복타밀다존자는 복타밀다伏馱密多로도 불리며, 500나한羅漢 가운데 제49존尊이었다.[103] 미타彌陀는 아미타불阿彌陀佛의 약칭이었다. 아미타불은 산스크리트어 'Amitābhaḥ'의 음역이며, 감로왕여래甘露王如來, 무량청정불無量淸淨佛, 무량광불無量光佛, 무량수불無量壽佛 등으로 불린다.[104] 이상의 예에서 고양왕 원옹은 적어도 세 아들의 이름을 불교에서 차용했음을 알 수 있다.[105]

북해왕 원상의 아들 가운데에는 '사라娑羅'라는 이름이 보인다.[106] 『위서』「석로지釋老志」에 '사라'가 보인다.

> 석가釋迦가 30세에 성불成佛하고 군생羣生을 도화導化했으며, 49세에 구시나성拘尸那城 사라 두 나무 사이에서 이월 십오일 열반涅槃에 입반入般했다.[107]

앞의 인용문에 따르면, '사라'는 석가모니가 입적한 나무 이름임을 알 수 있다. 사라는 산스크리트어로 'sāla'라고 하며 '고원高遠'의 뜻을 지닌다. 일찍이 마야부인摩耶夫人이 석가모니를 낳은 나무였다고도 하며 불교에서 신성시하는 나무였다.[108] 따라서 북해왕 원상은 불교에서 신성시하는 사라라는 나무의 이름에서 아들의 이름을 따왔음을 알 수 있다.[109]

또한 「원휘 묘지명元徽墓誌銘」에는 521년에 태어난 성양왕 원휘의 아들 수타연須陀延의 이름이 보인다.[110] 수타연은 『아함경阿含經』 등에서 인명 혹은 지명으로 사용된 단어였다. 후자의 뜻으로 쓰이면 제석천帝釋天의 아름다운 성곽이라고 한다. 성양왕 원휘는 불교 경전에 사용된 고유명사를 따서 아들의 이름으로 사용했다. 「원략 묘지元略墓誌」에서도 큰딸의 이름을 '마리摩利'라고 했다.[111] 원마리元摩利의 '마리'는 마리지천摩利支天, 즉 인도의 신 혹은 천녀天女의 이름이다. 마리지摩利支는 산스크리트어 'Marici'의 음역으로 양염陽炎으로 번역된다. 마리지천은 나라를 지키고 병과兵戈를 구救하는 큰 임무가 있다고 하며 무사武士와 역사力士 등을 지키는 신이다.[112] 원략 역시 불교와 인도의 신 이름을 따서 딸의 이름으로 지었다.[113]

앞에서 북위 황실 일족들이 불교나 인도의 신·인명·지명 등을 따서 자녀들의 이름을 지었던 예들을 살펴보았다. 이는 북위 황실이 불교와 밀접한 관계가 있었기 때문임은 분명하다. 북위 전기부터 북위 황제들이 불교를 애호했음은 주지의 사실이다. 효문제의 아들 선무제는 불교를 좋아해 강론할 때마다 밤을 새도 피곤함을 잊을 정도였다.[114] 그뿐만 아니라 선무제는 영평 원년(508년)에 『십지경론十地經論』의 번역을 주지主持했다.[115] 효명제도 불교를 숭상했었다.[116] 또 효명제의 생모 호태후도 독실한 불교 신자였다.[117] 이어서 경조왕 원자추元子推의 후손인 원태흥元太興은 병이 치유된 후 사문이 되어 불교에 귀의했다.[118] 여남왕汝南王 원열元悅은 불경 읽기를 좋아했다.[119] 이처럼 불교를 숭상했던 북위 황실의 일족들은 불교식 이름을 짓는 것이 유행이었음을 알 수 있다.[120]

한인들도 불교 이름을 지었다. 예컨대 선무제 시기의 재동태수梓潼太守 대관성수주帶關城戍主인 구금룡苟金龍의 손자 구순타苟純陀[121]의 이름 '순타'는 산스크리트어 'Cunda'를 음차한 것이다. 순타는 인도 파파성波婆城의 철장鐵匠으로 최후로 불타佛陀를 봉양한 사람이었다. 따라서 구순타의 이름 역시 불교식 이름이었음을 알 수 있다. 북위 말 고관을 지낸 양간楊侃의 아들 양순타楊純陀[122]의 이름 역시 구순타처럼 불교의 인물 이름에서 따왔을 것이다.

비록 낙양에 거주하지 않았지만 낙양과 북수용을 오갔던 이주영의 다섯 아들인 이주보리爾朱菩提,[123] 이주차라爾朱叉羅,[124] 이주문수爾朱文殊,[125] 이주문창爾朱文暢,[126] 이주문략爾朱文略[127] 가운데 '보리'와 '문수'는 불교와 관련된 이름이었다. '보리'는 산스크리트어 'Bodhi'의 음역으로 부처의 지혜를 뜻한다. '문수'는 산스크리트어 'Majushri'의 음역인 문수사리文殊師利 또는 문수시리文殊尸利의 약칭이며, 4대 보살의 하나이다. 이 밖에 『위서』에 우보리,[128] 한문수韓文殊,[129] 경조군 두릉현杜陵縣 사람인 위문수韋文殊,[130] 해동군海東郡의 이문수李文殊[131] 등 호인과 한인 가운데 '보리'와 '문수'를 이름으로 정한 사람들이 빈출했다.

요컨대 북위 낙양 시대의 이름은 한자의 뜻을 살린 중국식 이름, 호어 이름을 약칭하거나 그대로 사용한 호어 이름, 불교 경전에 등장하는 인물과 개념 등 각종 인도어를 차용한 이름이 공존했다. 따라서 중국 학자들이 주장하는 것처럼 한자 이름만으로 '인명의 한화'를 주장하는 것은 당시 현실을 제대로 검토하지 않은 주장이다. 게다가 '인명의 한화' 주장은 효문제의 '한화 정책' 가운데 한자를 사용해 중국식으로 이름을 지으라는 명령이나 조치가 없었음을 간과한 것이다. 도리어 이름 짓는 방식을 보면 호인들은 자신의 고유한 이름이나 인도라는 외래 문화의 영향을 받았음을 알 수 있다. 따라서 '인명의 한화'는 사실이 아니며 오히려 인명에도 호속의 영향이 여전히 유지되었음을 확인할 수 있다.

제10장

북위 후기 낙양 호인들의 결혼과 성 풍속

본 장에서는 북위 후기의 낙양에 살았던 호인들의 결혼과 성 풍속의 양상을 살펴본다. 1절에서는 『후한서』와 『삼국지』에 기록된 수계혼이 낙양 천도 이후에도 발견되는지 사서의 자료를 검토한다. 2절에서는 북위 후기 낙양에 거주하는 호인 지배층 사이에 만연한 인척간의 간통과 혼외정사, 다처多妻 등 외형상 문란한 성생활의 양상을 살펴본다. 이러한 성 풍속과 결혼 풍습을 검토해 북위 낙양 시대에 낙양에 거주했던 호인들이 자신들의 풍속을 유지했음을 밝히려고 한다.

1. 수계혼의 잔존

수계혼收繼婚, levirate은 아버지가 죽으면 생모를 제외한 나머지 처첩妻妾을, 형제가 죽으면 모든 처첩을 아들이나 다른 형제가 아내로 삼는 제도를 뜻한다.[1] 우리나라에서는 고구려와 부여에 유사한 풍습이 있었으며, 형사취수제兄死娶嫂制로 번역되었다. 그런데 수계혼은 흉노, 오환, 선비, 강, 토욕혼, 돌궐 등에서도 발견된다.

㉮ 아버지가 죽으면 그 후모後母를 아내로 삼는다. 형제가 죽으면 모두 [죽은 형제의] 아내를 자신의 아내로 삼는다(『사기』「흉노 열전」).[2]

㉯ 아버지나 형이 죽으면 후모와 형수를 아내로 삼는다. 형수를 아내로 삼지 않으면 자기의 아들을 형수의 아들로 삼고, 형수를 자기 아내의 백숙伯叔과 같이 대우한다. 죽으면 [양자로 간 아들은] 이전의 아버지에게 되돌아간다(『삼국지』「위서」「오환전」).[3]

㉰ 아버지가 죽으면 [아들이] 후모를 아내로 삼는다. 형이 죽으면 형수를 아내로 맞이한다. 따라서 나라에는 홀아비와 과부가 없고, 종류種類가 번식했다(『후한서』「서강전」).[4]

㉱ 아버지나 형이 죽으면 후모나 형수 등을 아내로 삼는데, 돌궐의 풍속과 같다(『위서』 권101 토욕혼전).[5]

㉲ 부자·백숙·형제가 죽으면, 계모繼母·세숙모世叔母·형수[嫂]·제부弟婦 등을 아내로 삼았다(『위서』 권101「탕창강전」).[6]

㉮에서 ㉲까지의 예에서 흉노와 오환, 선비,[1] 강, 토욕혼, 탕창강宕昌羌 등의 사회에서 수계혼의 풍습이 존재했음을 알 수 있다. 이처럼 중국 주변 이민족에게서 수계혼의 풍습이 보인다. 이와 같은 수계혼은 중국으로 이주한 이민족들에

1 『후한서』「선비전(鮮卑傳)」에서는 오환과 선비의 풍습이 같다고 보았으므로(『後漢書』, 卷90「鮮卑傳」, p. 2985, "鮮卑者, 亦東胡之支也, 別依鮮卑山, 故因號焉. 其言語習俗與烏桓同") 학자들은 오환의 풍습을 선비에 적용해 해석하는 것이 일반적이다.

게도 발견되며, 북위 역시 마찬가지였다.

『진서晉書』, 『송서』, 『남제서』에는 도무제 탁발규가 십익건의 아들로 기록된 것에 비해, 『위서』에 따르면 탁발규는 십익건의 손자이다. 기존의 연구에 따르면, 전진의 군대에 십익건을 생포해 바치고 항복한 식군寔君이 탁발규와 동일인이다. 이는 탁발규의 아버지 식寔(사후 헌명제獻明帝로 추존)이 죽은 후 십익건이 며느리 하씨賀氏를 부인으로 삼았으므로 탁발규는 십익건의 손자임과 동시에 아들이 된다. 『위서』에서는 이 사실을 숨겼으나 남조계 사서에서는 이를 그대로 기록했다. 그리고 탁발규의 어머니 하씨와 십익건 사이에서 태어난 탁발고拓跋觚는 『위서』에서는 탁발규의 숙부로 기록했지만, 실제로는 탁발규의 동생이다. 이처럼 아들이 죽은 후 아버지가 며느리를 아내로 삼은 예는 드물기는 하지만, 수계혼에 속한다.[7] 또한 탁발열拓跋烈과 탁발의拓跋儀는 탁발고의 동모제同母弟임을 증명한 연구도 있다. 이에 따르면 탁발규와 탁발고, 탁발열, 탁발의는 모두 하씨의 소생이지만, 탁발규와 탁발식拓跋寔(헌명제), 탁발고 이하 3인은 십익건의 아들인 셈이다.[8]

북위 후기 혹은 말기 당시에도 수계혼의 유습을 찾아볼 수 있다. 제니퍼 홈그렌Jennifer Holmgren은 원차의 부인 호씨胡氏와 원차의 동생 원라의 관계를 수계혼으로 해석했다. 즉, 호태후의 동생 호씨는 남편 원차가[2] 사망한 후 원차의 아우 원라와 정을 통했다. 『위서』에서는 "羅逼叉妻"라 해서 원라가 호씨를 강간한 것처럼 묘사하고 "구명지계救命之計"로도 기술했다.[9] 『북사』에서는 "羅通叉妻"라고 해서 강간이 아닌 화간처럼 묘사했다.[10] 이는 한인(중국인) 혹은 유교적 도덕관념에서 본 것일 뿐이며, 수계혼의 유제遺制로 해석된다.[11] 필자는 그 외에도 수계

2 원차는 호태후의 동생과 결혼했고, 이 인척 관계 때문에 영군장군이 되어 권력을 행사할 수 있었다(『魏書』, 卷16 「道武七王·京兆王黎傳附江陽王繼傳」, p. 402, "及靈太后臨朝, 繼子叉先納太后妹, 復繼尙書·本封, 尋除侍中·領軍將軍. 又除特進·驃騎將軍, 侍中·領軍如故. 繼頻表固讓, 許之").

혼을 연상시키는 사례를 한 가지 찾아냈다. 다음에서 살펴보자.

효명제의 생모 호태후와 효문제의 아들인 청하왕 원역은 치정 관계였다. 『위서』「선무령황후 호씨전」에서는 호태후가 청하왕 원역을 '逼幸'했다고 기록했다.[12] 그러나 이는 단순한 치정이 아니다.[3] 청하왕 원역은 선무제의 동생이기 때문이다. 즉, 호태후와 청하왕 원역의 음란한 관계는 유교적 도덕관념에서는 이해할 수 없지만, 유목민들 사이에 보편적인 수계혼의 유제로 해석하면 자연스럽다.[13] 앞의 예와 비교하면 호태후는 근친상간의 가해자였던 반면에 여동생 호씨는 피해자로 묘사되었다. 그러나 양자 모두 수계혼의 관점에서 생각하면 가해자나 피해자가 아니라 당시 호인 가운데 여전히 남아 있던 풍습을 한인인 위수의 관점으로 왜곡된 형태로 기록했다고 판단할 수 있다. 그런데 수계혼의 대상이 된 호씨는 본래 안정군 출신의 한인이었다.[4] 여기서 한인인 호태후 자매가 호속에 젖었음은 의아스럽게 생각될 수 있다. 한 학자는 안정 호씨 일족이 북위 시대 이후 호화되었음을 논증했다.[14] 즉, 한인인 호씨가 북위 황실의 외척이 되어 도리어 호인 문화의 영향을 받았음을 알 수 있다.

또한 원휘元暉는 『위서』에 원충元忠의 아들로,[15] 『북사』에는 원덕元德의 아들인 원리의 아우[16]로 기록되어 아버지의 이름이 서로 다르다. 그런데 「원전 묘지元悛墓誌」에 따르면 원어덕元於德의 아들로 기록되었다.[17] 제9장에서 살펴본 것처럼 원어덕은 원덕元德[18]의 약칭이므로 「원전 묘지」는 『북사』의 기록과 일치한다. 『위서』의 교감기校勘記에서도 원휘가 원덕의 아들일 것으로 보았다.[19]

---

3 리원차이(李文才)도 사료의 '핍행'을 호태후와 청하왕 원역의 간통으로 보았다(李文才, 「魏晉南北朝婦女社會地位硏究: 以上層社會婦女爲中心考察」, 『魏晉南北朝隋唐政治與文化論稿』(北京: 世界知識出版社, 2006), p. 173).

4 호태후의 아버지 호국진의 열전에 따르면 그는 안정군 임경현(臨涇縣) 출신인 한족이었다(『北史』, 卷80 「外戚·胡國珍傳」, p. 2687, "胡國珍字世玉, 安定臨涇人也. 祖略, 姚興勃海公姚逵平北府諮議參軍. 父深, 赫連 屈丐給事黃門侍郎. 太武剋統萬, 深以降款之功, 賜爵武始侯. 後拜河州刺史"; 『魏書』, 卷83下補 「外戚下·胡國珍傳」, p. 1833).

그러나 만약 두 기록이 잘못된 기록이 아니라면, 원덕은 원충의 아우이므로 원충 사후 원덕이 원충의 처첩을 취했기에 원휘가 『위서』에는 원충의 아들로, 『북사』에서는 원덕의 아들로 기록되었다고 보는 것이 정합적이다. 즉, 원휘에 대한 서로 다른 아버지 표기가 한쪽 기록의 오류가 아니라면 여기서도 수계혼의 흔적을 발견할 수 있다.[5]

이 밖에 진군陳郡 항현項縣 출신인 원승袁昇도 형수와 정을 통했다.

> 원양袁颺의 아우 원승은 태학박사·사도기실司徒記室·상서의조낭중尙書儀曹郎中·정원랑正員郎·통직상시通直常侍를 역임했다. 원양이 죽은 후에 원승은 원양의 아내와 간통했다. 원번袁翻은 부끄럽고 화나서 이 때문에 병이 났지만 원승은 결국 그치지 않았다. 당시 사람들은 이를 비루하고 더럽게 여겼다. 원승도 [원번처럼] 하음에서 살해되었다.[20]

원승은 한인이었으므로 북위 황실 혹은 황실과 결혼한 호씨 자매와는 다른 예이다. 앞의 인용문의 마지막 구절에서 나오는 사건은 하음의 변이 발생한 528년 이전에 발생했다. 원승이 역임한 태학박사 이하의 벼슬이 수도인 낙양에 소재한 태학, 사도부司徒府, 상서성, 집서성集書省 등 중앙 부서였으므로 원승은 낙양에서 형수와 근무할 때 부적절한 관계를 맺었음을 알 수 있다. 낙양은 앞에서 살펴본 호태후와 청하왕 원역, 원라와 형 원차의 아내 호씨의 부적절한 관계 혹은 수계혼이 발생한 장소였다. 따라서 원승과 형수의 통정은 일회적인 것이 아니라 지속적이었다는 점에서 일시적 성적 일탈이 아니라 유목민들의 수계혼에

5 북제 시대에 쓰인 『변종실록』과 『수서』「경적지」에 따르면 『후위황제종족보』 등 북위 황실의 족보가 남아 있었다. 북위 후기 이후의 묘지명 편찬자는 북위 황실 족보 자료와 정보를 참조할 수 있으므로 북위 황실 일족의 계보를 잘못 기록할 수 없었을 것이다.

서 영향을 받았을 것이다.

동위 시대 사건이기는 하지만 범양 노씨范陽盧氏인 노정사盧正思가 사망한 형 노정통盧正通의 아내 정씨鄭氏(『북사』에는 사씨謝氏로 표기)와 음란淫亂해 효정제 무정 연간에 어사御史에게 탄핵된 일도 있었다.[21] 명문인 범양 노씨 출신이 형수와 성관계를 맺은 것은 정상적인 상황은 아니다. 이것이 대대로 유학자 가문이었던 범양 노씨 집안에서 생긴 예외적인 패륜이기도 하지만, 유목민들의 수계혼의 영향을 받았다고 볼 수 있다.

2. 문란한 성생활: 인척 상간, 다처, 간통

'한화'를 한마디로 정의하기 어렵지만 유학 사상의 수용, 특히 유가의 윤리와 도덕의 수용이 하나의 잣대가 될 수 있을 것이다. 특히 이적夷狄인 북위의 호인들이 중화中華가 되려면 한문화의 정수精粹인 유가 사상과 거기에서 파생된 윤리와 도덕의 체득은 필수적일 것이다. 북위 후기에 호인들의 생활에 유가 사상과 윤리가 얼마나 침투했는지 가족 관계에 한정해 살펴보자.

먼저 인척간의 통정이다. 예컨대 효문제의 동생 북해왕 원상이 안정왕 원섭의 비妃 고씨高氏와 성관계를 맺었다.[22] 그런데 원문에서 '蒸(증)'을 사용한 것은 북해왕 원상이 항렬상 손윗사람을 범했다는 뜻이다. 여기서 두 사람의 관계를 〈그림 10-1〉의 세계표를 통해 살펴보자.

〈그림 10-1〉을 보면 북해왕 원상과 안정왕 원섭은 5촌 관계이다. 즉, 안정왕 원섭은 북해왕 원상의 당숙이다. 따라서 원섭의 아내 고씨는 북해왕 원상의 당숙모였다. 원문에서 양자의 관계를 '蒸(증)'으로 기록한 것도 이 때문이다. 그런데 원문은 "[元]詳又蒸於安定王燮妃高氏"로 되어 있는데, '於'는 피동에 사용되는 글자이므로 "북해왕 원상은 또 안정왕 원섭의 비 고씨에게 '蒸(증)'되었다"로 번

그림 10-1 북해왕 원상과 안정왕 원섭의 세계표

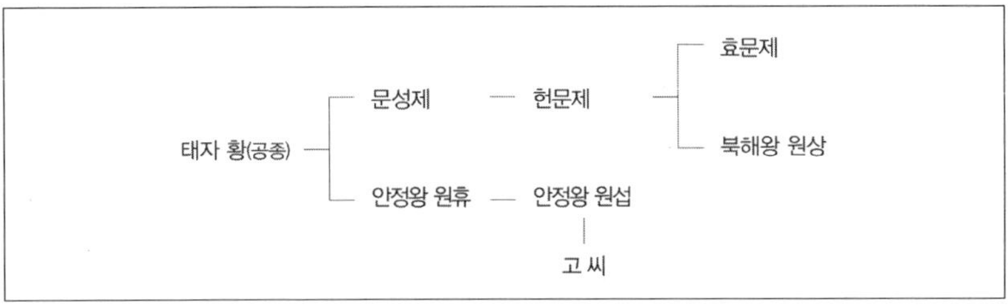

자료: 『魏書』, 卷19下 安定王休傳 및 卷21上 北海王傳 참조.

역된다. 즉, 이는 북해왕 원상보다 고씨의 적극적인 의지에 의한 것임을 알 수 있다. 그런데 안정왕 원섭이 연창 4년(515년)에 죽었고,[23] 원상은 정시 원년(504년)에 29세에 죽었으므로[24] 앞의 예는 수계혼의 예는 아니다. 『위서』에 따르면 원섭은 선무제 시기에 태중대부太中大夫라는 중앙의 벼슬도 받았지만, 주로 화주자사華州刺史와 빈주자사豳州刺史로 임명되어[25] 지방관으로 근무했다. 아마 원섭의 아내 고씨는 남편을 따라 임지로 부임하지 않고 낙양에 머물러 조카뻘인 원상과 혼외정사를 벌인 것으로 보인다.

당시 남조 유송과 남제의 황제와 황실 여성들도 근친상간을 했거나 성적으로 문란한 행동을 보인 예가 많다.[26] 따라서 원섭의 아내 고씨와 원상의 간통을 호속으로 단정할 수 없다. 그러나 고구려인 고씨[6]와 호인(선비인) 원상은 양자 모두 '한화'의 기본인 유학의 윤리 규범의 기본인 부부의 성 윤리를 지키지 못했음을 확인할 수 있다. 이는 북위 후기 낙양에 살던 호인들 사이에 유가의 가족 질서를 유지하는 기본적인 윤리가 침투하지 못했음을 의미한다. 이는 '한화'의 불

---

6 북해왕 원상의 어머니 고씨[고초방(高椒房)]가 원상의 부정을 질책하면서 고씨를 '고려비(高麗婢)'라 칭했는데(『魏書』, 卷21上 「獻文六王上 · 北海王詳傳」, p. 563, "[元]詳之初禁也, 乃以蒸高事告母. 母大怒, 詈之苦切, 曰: '汝自有妻妾侍婢, 少盛如花, 何忽共許高麗婢姦通, 令致此罪. 我得高麗, 當噉其肉'"), '고려비'는 고구려인(高句麗人)인 원섭의 비 고씨를 비하한 것이다. 어쨌든 이 구절에서 원섭의 처 고씨가 고구려인임을 알 수 있다.

철저함과 유목민들의 문란한 성 풍속이 여전히 존재했음을 보여준다.

북해왕 원상뿐만 아니라 효문제의 또 다른 아우인 광릉왕 원우는 원외랑員外郞 풍준흥馮俊興의 처와 간통했다. 후에 밤에 나돌아 다니다가 풍준흥에게 공격을 받고 그 상처 때문에 죽었다.[27] 효명제 시기에 종실인 광양왕 원연은 같은 종실인 원휘의 아내인 우씨와 간통했다.[28] 또한 당시 상서우복야尙書右僕射라는 고관이었던 원흠元欽은 종부형從父兄 원려元麗의 처 최씨崔氏와 간통했고 당시 어사중위御史中尉였던 봉회封回는 이를 고발했다.[29] 장손치長孫稚 역시 나씨羅氏와 사통하고 나씨의 남편을 죽인 후에 처 장씨張氏를 내쫓고 나씨를 정처로 들였다.[30] 이 밖에 태원공주太原公主는 '훈신 팔성'에 속하는 호인인 위현업尉顯業과 간통해 아들 위언尉彦을 낳았고 동위 무정 연간에 위장군衛將軍 남영주자사南營州刺史로 승진했다.[31] 위현업이 이후 관운이 형통했던 것으로 보아 원흠과는 달리 당시 풍속을 담당하는 어사중위 등 어사대御史臺 관리들로부터 고발당하지 않았음을 확인할 수 있다.[7] 이어서 효명제 당시 영군장군으로 권력을 행사했던 원차는 청하왕 원역을 죽이고[32] 호태후를 실각시킨 후[33] 교만하고 주색에 빠졌다. 여성을 식여食輿에 태워 금내禁內로 데려와 즐겼으며 고모를 집단으로 간음했다.[34]

앞에서 살펴본 것처럼 북위 황실의 종실 제왕과 공주, 종실 일족, 훈신 팔성에 속하는 호인(선비인) 문벌 등은 가족을 중시하는 유가 사상의 윤리를 채득하지 못했으며 거리낌 없이 혼외정사를 벌였다. 이는 북위 후기에 일부 호인이 여전히 한문화의 정수인 유가의 가족 윤리를 실천하지 못했음을 보여준다.

이 밖에 동평왕 원광元匡의 첩 장씨張氏는 설숙과 간통했으며, 후에 원광이

---

7 두승연(竇僧演)이 가막(賈邈)의 아내와 간통하다가 가막의 고발로 면관(免官)된 예를 보면(『魏書』, 卷46 「竇瑾傳附遵傳」, p. 1036, "其子僧演, 姦通民婦, 爲民賈邈所告, 免官"), 북위 시대에 관리라도 간통죄를 저지르면 처벌되고 면관되는 법 규정이 적용되었음을 알 수 있다. 그런데 위현업이 간통죄를 저질렀는데도 승진한 것은 일종의 법률상 우대 조치이다.

죽자 설숙의 부인이 되었다. 설숙은 장씨를 부인으로 맞아들이기 위해 정처인 우씨를 내쫓았고, 이는 가정의 분쟁을 야기했다.[35] 또한 1절에서 시동생인 청하왕 원역과 부적절한 관계를 맺었던 효명제의 생모 호태후는 정엄鄭儼과 사통했다.[36] 그리고 범양 노씨인 노원명盧元明의 차처次妻 정씨鄭氏는 노원명의 조카인 노사계盧士啓와 정을 통했다.[37] 노원명의 생몰 연대는 사서에 기록되지 않았는데, 노원명의 아버지 노창盧昶이 516년에 죽고 노창의 동생 노상지盧尙之가 524년에 죽었다. 노원명의 아버지와 숙부의 생몰 연대와 나이에서 노원명의 나이를 추산하면 북위 후기에 활동했다는 추론을 할 수 있다.[8] 정씨 역시 당시 한인 문벌인 형양 정씨滎陽鄭氏로 추정되며, 이는 북위의 대표적인 한인 문벌인 범양 노씨와 형양 정씨의 패륜이라는 점이 주목된다. 정씨와 함께 형양 정씨에 속하는 정엄조鄭嚴祖도 종씨宗氏(『북사』에는 송씨宋氏로 표기)의 종매從妹와 간통해 효무제 당시에 어사중위 기준에게 탄핵되었다. 그러나 정엄조는 부끄러워하는 기색조차 없었다.[38] 『위서』의 사신왈史臣曰에서는 정엄조가 악하고 경박하여 가문을 더럽혔다고 평가했다.[39] 또한 『위서』와 『북사』에서는 당시의 문란한 성 풍속을 다음과 같이 기록했다.

> 영태후가 정치에 참여한 이후 음풍淫風이 점차 행해졌고 원차가 권력을 농단한 후 공공연히 간통으로 더럽혔다. 이후로 소족素族과 명가名家는 드디어 대개 난잡해졌지만 법관은 체포해 벌주지 않고 세상에서는 혼인과 벼슬길에도 폄하되지 않았다. 유식자들은 모두 이를 탄식했다.[40]

8 노상지는 463년에 태어나 524년에 죽었으므로, 노원명이 대략 480년 전후에 태어났다고 추산하면 노원명은 500년에 20세였다. 조카가 성관계를 할 수 있는 성인의 나이였으므로 노원명의 처와 조카의 간통은 북위 후기에 발생한 사건임은 확실하다.

앞의 인용문에서 영태후, 즉 호태후가 문란한 성 풍속을 연 이후 북위 지배층 사이에 문란한 성 풍속이 퍼졌음을 알 수 있다. 유학에 능통한 형양 정씨는 정엄과 정엄조 등의 음행淫行으로 가문이 먹칠을 당했다. 또한 경조군 두릉현 출신의 위융韋融은 명문인 조군 이씨趙郡李氏 출신인 이근李瑾의 딸인 아내 이씨와 장무왕 원경철元景哲이 간통했다고 의심해 아내 이씨를 살해한 후 자살했다.[41] 이씨와 원경철이 실제로 간통했는지는 알 수 없지만, 조군 이근의 딸이 위융의 의심을 살 만한 행동을 했을 것이다. 명문가의 딸로서는 적절한 행동은 아니었다.

위에서 살펴본 장씨張氏와 설숙, 호태후, 노원명과 정씨鄭氏, 노사계, 정엄조, 조군 이근의 딸은 모두 한인이었다. 성문화만 보면 이들은 패륜을 저질렀고 오히려 호속을 따른 셈이다. 특히 유부녀인 장씨가 간통하고 호태후가 애인을 둔 것은 유가 윤리로는 이해되지 않는다. 또한 노원명의 처 정씨와 노사계의 불륜은 한인 최고 명문이자 문벌에서 저지른 이례적인 패륜이었다.

이 밖에 태원장공주太原長公主가 과부가 된 후 배순裴詢과 간통한 사실도 있었다.[42] 효명제는 이 사실을 알고 두 사람을 결혼시켰다. 과부가 남성과 성행위를 하는 것이 잘못된 일은 아니지만 북위 황실의 일족인 태원장공주가 유가의 예법을 알고 지켰다면 관리인 배순과 사간하는 일은 없었을 것이다. 혹은 이 당시 풍습이 과부의 성생활에 관대했을지도 모른다.

이 밖에 북조 시대의 대표적인 혼인 특징이 다처의 풍습이었다. 호인(선비인)들에게는 본래 다처의 풍습이 없었지만, 서기 시대에는 복수의 아내가 존재했다. 중국 학자들은 다처를 일처 다첩一妻多妾보다 낙후된 혼인 형태로 보았다.[43] 『위서』에서는 호인들의 다처 사례를 찾기 쉽지 않지만[9] 오히려 북위 후기 한인

---

9 북해왕 원상이 정처인 유씨(劉氏)를 예로 대하지 않고 총첩(寵妾)인 범씨(范氏)를 정처처럼 사랑해 사후에 범씨를 평창현군(平昌縣君)으로 추증하도록 표를 올렸다(『魏書』, 卷21上 「獻文六王上·北海王詳傳」, p. 561, "妃, 宋王劉昶女, 不見答禮. 寵妾范氏, 愛等伉儷, 及其死也, 痛不自勝, 乃至葬訖, 猶毁瘞視之. 表請贈平昌縣君"). 북조와 당대(唐代)의 여성 작위는 본래 정처에게만 주었으

들에게서 자주 발견된다. 노원명은 3인의 아내를 두었고[44] 최승침崔僧琛과 이홍지李洪之는 각각 방씨房氏·두씨杜氏, 장씨張氏·유씨劉氏의 2처妻를 두었다.[45] 다처의 습속은 한인들에게는 없는 풍습이며, 북위 치하 호인들의 영향을 받아 생겼다고 보는 것이 일반적인 견해이다.[46] 따라서 이는 앞에서 소개한 혼외정사와 함께 일부 한인이 오히려 호속에 젖었던 예이다. 즉, 북위 후기에도 호인들의 다처의 습속과 성 풍속은 여전히 존재했으며, 도리어 한인들에게 영향을 주었다. 호인들의 '한화'는커녕 한인들의 '호화'를 초래한 셈이다.

므로[崔珍烈, 「唐代 여성 爵號(邑號)의 性格: 邑號와 본적지·郡望의 관계를 중심으로」, ≪大同文化硏究≫, 제63집(2008), 187~197쪽] 북해왕 원상의 요구는 법률과 예에 어긋난 것이다. 이는 제도상으로는 범씨가 첩이었지만, 호인들에게 남아 있는 다처의 습속 때문에 첩을 처(妻)처럼 동일하게 대우하려고 했다고 해석하면 원상의 행동을 이해할 수 있다.

제11장

북위 후기 여성의 활동

유가 사상에서 결혼한 여성들은 칠거지악[七出]의 하나인 투기를 해서는 안 되며, 결혼한 후 특별한 일이 아니면 외출을 삼갔다. 북위 후기 낙양의 여성들은 이와 반대의 행동을 보였다. 본 장에서는 북위 후기 여성들이 가정과 사회에서 전통적인 중국 여성들보다 활발하게 활동했음을 살펴본다. 1절에서는 낙양 천도 이후 북위 황실과 호인 지배층 사이에 만연한 투기의 예를 검토한다. 2절에서는 활발한 여성들의 사회 활동을 살펴본다.

1. 여성의 투기 현상

이미 선행 연구에서 북조 시대 여성들의 투기 현상에 주목했다. 북조 시대 부녀자의 투기는 일종의 사회 풍조가 되었으며, 황실부터 사서士庶까지 모두 투기의 영향을 받았고, 효문제도 이 때문에 한탄했다고 한다.[1] 원상은 안정왕 원섭의 아내 고씨와 혼외정사의 성관계를 맺었다. 이 사실을 원상의 생모인 고씨가 알고 원상에게 매질을 한 후 원상의 아내 유씨劉氏에게도 장杖 수십 대를 때렸다. 이

때의 상황을 『위서』 「원상전」에서 다음과 같이 기술했다.

> 고씨는 "너는 대대로 번성한 가문의 딸이고 문호를 견줄만한 문벌 출신인데, 무엇이 두려워서 지아비를 자세히 살피지 않는 것이냐? 부인들이 모두 투기를 하는데, 너 혼자서만 왜 투기를 하지 않는 것이냐!"라고 말했다. 그러자 유씨는 웃으면서 벌을 받았지만 벌이 끝날 때까지 아무 말도 하지 않았다.[2]

여기에서 유씨는 남조 유송 종실이며 북위에 망명했던 유창劉昶의 딸이었다. 유씨는 투기를 일삼는 북위의 부녀들과 달리 투기를 하지 않았으며, 트집을 잡아 매질하는 시어머니에게 변명조차 하지 않고 때리는 대로 맞았다. 이러한 유씨의 태도는 호인 지배층 여성들에게 찾아볼 수 없었다. 남조에서 망명한 한인인 유씨가 본래부터 한인(중국인)들의 윤리를 체득해 지켰다고 해석할 수 있다. 즉, 전통 유가 윤리에서 시어머니와 남편에게 순종하라는 가르침을 지킨 것이다. 이는 남조와 북조의 차이로 볼 수 있다.

북위 후기 낙양 거주 여성들의 투기 사례를 살펴보자. 선무제의 둘째 누나 난릉장공주蘭陵長公主[3]는 남편 유휘劉輝가 공주의 시비侍婢를 건드려 임신시키자 시비를 매질해 죽이고 배를 갈라 아기를 잘라서 유휘에게 보여주었다. 이 때문에 유휘가 공주를 소박했다. 이에 난릉장공주는 호태후에게 이 사실을 고하자 호태후는 청하왕 원역과 고양왕 원옹 등에게 이 문제를 처리하게 했다. 이들은 이혼하도록 판결했으나 나중에 다시 같이 살게 했다.[4] 정광 연간 초에 유휘가 장씨張氏와 진씨陳氏 여성과 성관계를 맺자 공주가 또 투기했고 공주의 고모 진류공주陳留公主와 함께 유휘와 분쟁을 일으켰다. 호태후는 청하왕 원역을 불러 유휘가 사통한 두 여성의 머리를 깎은 다음 때려서 궁에 적몰시켰고, 형제들도 때린 후 돈황의 병兵으로 내쫓았다.[5] 장손치長孫稚와 나씨羅氏에게서도 투기의 예를 발견할 수 있다. 나씨는 장손치와 사통한 후 장손치가 남편를 살해하고 아내 장씨를 버린 후 장손치의 아내가 되었다. 나씨는 투기가 심해 장손치의 곁에는 첩이 없었으며 동시僮侍 가운데 나씨의 의심과 투기로 죽은 여성이 4명에 달했다.[6]

투기의 또 다른 예는 원유元愉와 황후 우씨于氏 사이에서 찾아볼 수 있다. 선무제는 원유의 아내로 황후 우씨(순황후順皇后)의 여동생을 짝지어주었다. 그러나 원유는 서주徐州에서 근무할 때 동군東郡 출신의 이씨(본성은 양씨楊氏이다)를 첩으로 맞아들였다. 원유는 밤에 이씨의 노래를 듣고 기뻐하며 이씨를 더욱 총애했다. 원유는 서주에서 낙양으로 귀임할 때 우중랑장右中郎將 조군趙郡 사람 이시현李恃顯을 이씨의 양아버지로 삼아 예를 갖추어 맞아들여 명월明月이라는 자식을 낳았다. 황후 우씨가 이 소식을 듣고 원유의 첩 이씨를 입궁하게 해서 때리고 상처를 입히게 했다. 그리고 강제로 이씨를 비구니로 만들고, 명월을 동생이자 원유의 아내 우씨에게 기르게 했다.[7] 선무제의 황후 우씨는 선무제가 아닌 여동생의 남편(매부)이 첩을 둔 것을 동생 대신 응징한 것이다. 이 또한 투기의 한 예이다.

한 학자는 북조 시대 부녀 투기 풍조의 원인이 위진 시대의 사회 풍조가 변화한 결과임을 지적했다. 유가 사상이 쇠퇴하고 여성들의 지위가 상대적으로 강해졌으며, 초원 민족들의 원시 유풍의 영향을 받아 한인 가정에도 전염되어 투기 풍조의 성행이 조장되었다는 것이다.[8] 이러한 배경 아래 유씨는 호속인 투기에 물들지 않고 한인들의 풍습을 계승했으며, 시어머니인 고씨는 투기의 풍습에 물들었던 인물이었다.

이처럼 북위 시대에 만연된 투기는 물론 궁중의 황후들에게도 영향을 주었다. 『북사』「선무황후 고씨전」의 기사를 보자.

> 예전에 고조(효문제)의 총애를 받았던 유후는 고조의 총애를 독점하고자 했으므로 후궁들이 효문제와 성관계를 맺는 기회를 대부분 막고 방해했다. 고조는 이때 근신

에게 "부인의 투방妬防은 비록 왕자王者라고 하더라도 면할 수 없는 것인데, 하물며 사서士庶는 어찌겠는가?"라고 말했다. 세종(선무제) 말년에는 고황후가 매섭게 살피면서 투기하니 세종이 붕어할 때까지 세종을 모시고 성관계를 맺지 못한 부인과 빈嬪이 있을 정도였다. 낙양으로 천도한 후 두 황제가 즉위하고 통치한 20여 년 동안에 황자皇子로서 온전히 자란 이는 오직 숙종(효명제)뿐이었다.[9]

유후는 풍태후의 조카인 풍씨馮氏이며, 고후高后는 고구려인 외척 고조高肇의 조카였다. 앞의 인용문에서 한인인 풍씨와 고구려인인 고씨의 투기가 심했음을 확인할 수 있다. 특히 고씨는 결과적으로 효명제 외의 아들을 낳지 못하도록 방해했다. 이는 효명제가 생모인 호태후에게 암살당하면서 효문제의 직계 자손이 남아 있지 않아 대가 끊기는 사태를 초래했다. 즉, 여성 개인의 투기가 북위 황실의 붕괴와 몰락을 초래한 것이다.

2. 여성의 정치·사회 활동

『안씨가훈』「치가편治家篇」에서는 결혼 후 여성의 몸가짐에 대해 다음과 같이 서술했다.

결혼한 여성은 집안일을 할 때, 술과 음식, 의복 등에 관한 예에 관한 것만 해야 한다. 결혼한 여성은 나라의 국정에 간섭해서는 안 되며, 집안의 가정家政을 좌우해서도 안 된다. 만약 총명하고 본래 지혜가 있으며 고금에 통달한 식견을 지녔다면, 마땅히 남편을 보좌해서 그 부족함을 도와야 할 것이며, 반드시 암탉이 새벽에 울어서 화를 불러일으키는 일이 없도록 해야 한다.[10]

『안씨가훈』의 저자 안지추顔之推는 여성들이 정치와 집안의 중요한 일에 간섭해서는 안 된다고 기록하고 있다. 이는 비단 『안씨가훈』이 아니어도 유가 문헌에서 흔히 볼 수 있는 내용이다. 남성 위주의 가부장적 사회였던 전근대 중국 사회에서는 여성은 집안일을 하는 존재일 뿐, 여성이 정치에 간여하는 것을 금기시했다.[1] 전한前漢의 여태후呂太后나 당의 무측천武則天과 위황후韋皇后의 국정 참여는 남성 역사학자들에게 좋지 않은 평가를 받기도 한다. 그런데 북위와 북제에서는 여성들의 정치 참여가 빈번함을 발견하게 된다. 여성들의 정치 참여는 여성의 정치 간섭을 금기시하는 중국적 풍토에서 특이한 현상처럼 보인다. 그러나 전쟁을 제외한 일들을 여성들이 결정해서 처리했던[11] 오환과 선비의 유풍이 북위 전기뿐만 아니라 후기에도 지속되었음을 고려하면 북위 후기 여성들의 정치 참여는 호인들의 입장에서 이상한 일이 아니었다.

효명제의 생모 호태후의 정치 참여와 전횡은 주지의 사실이다.[12] 이처럼 호태후의 임조칭제(수렴청정)를 당연시했던 북위의 사회적 분위기를 살펴볼 필요가 있다. 전한의 여태후와 무주武周의 무측천武則天, 당의 위황후韋皇后가 황제에 가까운 권력을 장악하거나 차지하려고 했다. 그러나 이들은 사후 혹은 생전에 쿠데타로 전한과 당의 황실이 권력을 되찾았고, 이들의 국정 간여는 중국사에서 좋은 평가를 받지 못했다. 그러나 북위 시대 풍태후나 호태후의 집권에 반대해 반란을 일으키거나 타도하려 했던 예는 거의 없다. 오히려 호태후가 원차에 의해 유폐되었을 때, 원차를 제거하고 호태후의 임조칭제로 회귀하려는 움직임이 있었다. 예컨대 호태후의 조카 호승경胡僧敬과 비신좌우備身左右 장차거張車渠 등 수십 사람의 원차 암살 기도, 우충의 심복인 우위장군右衛將軍 해강생 부자의 원

1 진한 시대(秦漢時代)의 예이기는 하지만, 여성들은 관(官)과 작(爵)이 주어지지 않았고, 정치에 참여할 수 있는 길도 상당히 제약되었다. 진한 시대의 여성 문제는 김병준, 「秦漢時代 女性과 國家權力: 課徵方式의 變遷과 禮教秩序로의 編入」, ≪震檀學報≫, 75(1995), 97~103쪽 참조.

차 암살 기도는 모두 호태후의 재집권을 시도한 것이다.[13] 원차를 제거하려는 영군부 장령들의 존재는 호태후가 이들의 지지를 받았음을 뜻한다. 예컨대 해강생은 경주자사涇州刺史로 재직하며 호태후 일족과 친분 관계에 있었으므로 호태후의 권력 복귀를 기도했다.[14] 이는 여성의 정치 참여에 거부감이 없었다는 점에서 특기할 만하다.

여성의 정치 참여는 이전의 한인 왕조와 달리 '여성해방'과 여성들의 활발한 사회 활동, 유목민 풍속과 무관하지 않다. '여성해방'에 대한 연구에 따르면 위진남북조시대 부녀자들은 배우자 선택의 자유를 지녔다. 그 원인 가운데 하나가 '호화' 풍기風氣, 즉 북방 유목민의 풍속과 전통의 영향과 관련이 있다. 북방 유목민의 사회구조 가운데 여성이 상대적으로 사회 지위가 높았고 혼인에서도 일정 수준의 자주권을, 정치적으로도 참여권을 지녔다. 유목민은 중원에 들어온 후 정권을 세우면서 자신들의 습속을 가져와서 중국에 영향을 주었다.[15] 그뿐만 아니라 위진남북조시대에는 부녀자의 정조 관념이 상대적으로 희박했다. 사회에서는 부녀자의 정절을 중시하지 않았다. 이혼 재가, 음일사분淫佚私奔, 미혼동거의 배례背禮 행위, 개가와 재가, '구내惧內, 懼內', 투기는 당시 익숙한 현상이었다.[16]

이와 함께 강한强悍, 즉 용맹한 여성이 많았다.[17] 16국 시대 전진의 황제 부등苻登의 아내 모씨毛氏는 장용壯勇하고 기사騎射에 능하고 적을 죽였다.[18] 북위 전기 하북에서 활동한 이파李波의 여동생도 영무 선전英武善戰으로 유명했다.[19] 북위 후기에도 각종 전쟁에서 무용을 선보인 여성들이 있었다. 북위 임성왕 원징의 어머니 맹씨孟氏는 원징이 양주자사揚州刺史로 근무할 때 적수賊帥 강경진姜慶眞이 성을 공격하자 군사들을 독려해 방어해서 성을 지키는 큰 공을 세웠다.[20] 북위 재동태수梓潼太守 구금룡苟金龍의 아내 유씨劉氏는 구금룡이 병에 걸리자 몸소 군사들을 지휘해 양군梁軍에게서 성을 지켜냈다.[21] 무공현武功縣 사람 손도온孫道溫의 아내 조씨趙氏는 만사추노万俟醜奴가 기주岐州를 공격할 때 여성들을 모아 흙을 성으로 날라 성벽을 높였다. 덕분에 성은 만사추노 군대의 공격을 막을 수 있었다.[22] 또한 양대안의 아내 반씨潘氏는 기사騎射에 능했다.[23] 위진남북조시대에 출현한 강한强悍 부녀는 시대의 산물이며, 특히 북조 경내에서 북방 유목민의 거칠고 질박한 습속의 영향을 받았다. 따라서 이러한 유형의 부녀는 남조보다 많았다.[24] 이 가운데 임성왕 원징의 어머니 맹씨는 임성왕 원징이 지방관이 아닌 조정에서 근무할 때 낙양에서 거주했으므로, 낙양의 일부 여성도 강한의 특징을 지녔음을 알 수 있다.

북위 후기, 즉 낙양 시대 여성들이 정치에 참여할 방법은 관리가 되는 방법이 있었다. 북위의 여관女官 조직은 『북사』「후비전」 서문에 간단히 기록되었다.

> 후에 여직女職을 설치해 내사內事를 담당하게 했다. 내사內司는 상서령과 복야僕射, 작사作司·대감大監·여시중女侍中 세 관직은 2품이며, 감監·여상서女尙書·미인美人, 여사女史·여현인女賢人·서사書史·서녀書女·소서小書 여5관女五官은 3품의 지위에 해당한다. 중재인中才人·공인供人·중사여생中使女生·재인才人·공사궁인恭使宮人은 4품, 춘의春衣·여주女酒·여향女饗·여식女食·해관여노奚官女奴는 5품의 지위에 해당한다.[25]

앞의 인용문을 보면 여직, 즉 여관은 2품의 내사·작사·대감·여시중, 3품의 감·여상서·미인·여사·여현인·서사·서녀·소서 여5관, 4품의 중재인·공인·중사여생·재인·공사궁인, 5품의 춘의·여주·여향·여식·해관여노 등으로 조직되었다.[2] 그런데 앞의 인용문에서 언급된 여관의 품계를 보면 5품 이상이다. 이는 직무에 비하면 남성들의 관직보다 품계가 높다는 인상을 준다. 『북사』「후

---

2 원문에서 내사는 상서령과 상서복야와 동급이라고 기술했다. 상서령과 상서복야는 각각 정2품과 종2품이므로 아래의 작사·대감·여시중과 함께 2품으로 구분했다.

비전」에 기록된 수대隋代 여관의 품계를 보면 최고위직인 6상六尙 10인은 종5품, 사司 28인은 종6품, 전典 28인은 종7품, 장掌 28인은 종9품이었다. 이 밖에 여사女史는 유외관流外官이었다.[26] 북위와 수대의 여관 품계를 비교하면 북위의 최하위 여관이 5품인 데 비해 수대 최고위 여관의 품계가 5품으로 큰 차이를 보인다. 확연히 북위 시대 여관의 품계가 높았다. 따라서 여관의 정치적 지위가 높다고 해석할 수 있다. 그런데 과연 정말로 그러할까?

이 여관은 여시중을 제외하면 궁녀들이 맡았다. 낙양 북쪽 북망산에서 출토된 여관 출신 묘지명에서 이들의 원래 신분과 입궁해 여관이 된 배경을 확인할 수 있다. 예를 들면 궁전품대감宮典稟大監을 지낸 유화인劉華仁(460~521년)이 집안이 적몰된 후 어려서 궁정宮廷에 들어왔다.[27] 궁내어작여상서宮內御作女尙書 풍영남馮迎男(466~521년)은 향곡鄕曲의 난難으로 적몰되어 5세에(470년) 어머니를 따라 궁정에 배치되었다.[28] 궁작사宮作司 장안희張安姬(457~521년)는 13세에 궁宮에 적몰되었다.[29] 또한 왕유녀王遺女(439~521년) 역시 남편 당맥고當陌高가 자사와 권력을 다투다가 실각하고 이 때문에 궁에 적몰되었다.[30] 여상서女尙書 왕승남王僧男(454~521년)도 가족이 적몰하고 혼자 6세에 입궁했다.[31] 이어서 궁대내사宮大內司를 거쳐 고당현군高唐縣君에 봉해진 양씨楊氏(452~521년)는 동진과 유송 시대에 청하군에서 살다가 헌문제 때 역성歷城을 함락할 때 항복해 궁녀가 되었다.[32] 이상으로 살펴본 유화인, 풍영남, 장안희, 왕유녀, 왕승남, 고당현군 양씨 6인이 궁녀가 된 과정을 보면 본래 일반 백성이나 관리의 집안 출신이었으나 반란과 전쟁에서 패한 후 적몰되어 궁녀가 되었다. 『북사』「후비」열전을 보면 태무제의 보태후保太后, 즉 보모 혹은 유모였던 두씨竇氏는 남편이 죄를 저지르고 주살되자 두 딸과 함께 입궁했다.[33] 또한 문성제의 보모 상씨常氏도 '因事入宮'이라 했다.[34] '사事'의 구체적인 상황을 알 수 없으나, 역시 죄인이 되어 궁녀가 되었다고 해석할 수 있다. 심지어 문성제의 황후 풍씨(풍태후)도 아버지 풍랑馮朗이 죄를 저지르고 주살되자 적몰되어 입궁했다.[35] 이러한 예를 보면 모든 궁녀가 적몰된 죄인은 아니었겠지만, 궁녀들의 지위가 높지는 않았다는 느낌을 준다.

앞에서 설명한 여관들은 주로 궁녀들이 맡았던 반면 여시중은 일반 부녀가 맡았다. 『북사』「임성왕운전부징전任城王雲傳附澄傳」에는 여시중에 관한 정보를 담고 있는 구절이 있다. 다음 글에서 살펴보자.

> 신구 원년(518년) 조서를 내려 여시중에게 초선貂蟬을 더해 외시중外侍中의 치장과 같게 하려고 했다. 임성왕 징은 표를 올려 다음과 같이 간했다. "고조(효문제)와 세종(선무제) 시기 모두 여시중관女侍中官이 있었지만, 상이象珥(귀고리)에 금선金蟬을 매달고 추발鬌髮에 혼초腪貂가 닿게 하는 것을 본 적이 없습니다. 강남 위진僞晉(동진을 지칭) 목하후穆何后의 여상서에게 초당貂璫을 덧붙이게 했는데, 이는 쇠란衰亂의 시대에 요망妖妄한 복식입니다. 부인이 남성의 옷을 착용하는 것은 음陰이 지나쳐 양陽이 되는 것이므로 목제穆帝와 애제哀帝 이후 국통國統이 두 번 끊어졌습니다. 이로 인해 유유劉裕가 역모를 꾀한 것입니다. 예용거조禮容擧措는 풍화風化의 근본입니다. 마땅히 예전의 의례에 따르고 이전의 조서대로 하시기를 청합니다". 제帝는 이를 따랐다.[36]

앞에서 여시중의 대칭代稱이 외시중, 즉 시중임을 알 수 있다. 이는 남성 위주의 관명이 아니라 남녀의 시각을 고려해 여성 시중은 '여시중', 남성 시중은 '외시중'으로 호칭했음을 시사한다. 그리고 여시중은 이미 효문제와 선무제 시기에 존재했음을 알 수 있다. 앞의 인용문은 여시중의 복식을 남성 시중, 즉 외시중과 같게 해서 남녀 시중의 복식상 차별을 없애려고 했던 조칙에 대한 논란이다. 선무제 시기 내시중內侍中(여시중)을 지냈던 한회韓賄의 부인 고씨[37][3]와 효무제 영

3 한회의 부인 고씨의 아버지는 고양(高颺), 오빠는 고조(高肇)와 고현(高顯)이었다(「韓賄夫人高氏

희 연간(532~534년) 여시중에 임명된 낙안공주 원씨(원중영)[38]를 제외하면 여시중은 호태후 시기에 빈출한다. 임조칭제 이후 호태후는 여동생 호씨,[39] 우충의 처 원씨[40] 상산공주常山公主, 목씨, 돈구장공주頓丘長公主[41] 등을 여시중으로 임명했다. 또한 고환이 권력을 잡은 후 고환의 종부제從父弟 고악高岳의 어머니 산씨山氏가 여시중에 임명되었다.[42] 이러한 예를 살펴보면, 다른 여관과는 달리 여시중은 기혼 여성 가운데 임명했던 것으로 보인다. 그리고 여시중들의 면면을 살펴보면, 공주, 태후의 동생, 영군장군 우충의 처 등으로, 주로 황실이나 외척, 고관 가문에서 여시중을 배출했음을 알 수 있다.

흥미로운 사실은 여시중과 묘비명에 보이는 각종 여관이 활동한 시기가 주로 호태후의 섭정기와 일치한다는 점이다. 앞에서 살펴본 것처럼 『위서』에 보이는 여시중은 모두 호태후가 임용했다. 여관들의 묘지명을 보면 호태후 섭정 시기에 사망했던 것으로 보아 호태후 집권 시기에 내사, 작사, 태감(대감) 등의 고위직 여관을 역임했을 것이다. 특히 호태후의 여동생 호씨는 호태후 정권에서 중요한 위치를 차지했다. 호씨의 남편이 호태후 시대에 영군장군을 지냈으며, 한때 호태후를 유폐하고 전권을 행사했던 원차였기 때문이다. 원차는 호태후의 매부라는 관계 때문에 통직산기시랑通直散騎侍郎에서 영군장군으로 중용되었다. 호태후는 여시중인 동생 호씨와 영군장군·시중·상식전어尙食典御·위위衛尉를 겸한 원차를 이용해 자기의 권력을 공고히 했다.[43] 여기서 호씨는 언니 호태후와 남편 원차를 연결하는 역할을 담당했을 것이다. 원차 이전에 영군장군으로 전권을 행사했던 우충의 처 왕씨[44] 역시 여시중으로 호태후와 남편 우충의 가교 역할을 담당했을 것이다. 『안씨가훈』「치가편」에는 북제 시대 여성들의 활발한 활동을 살펴볼 수 있는 일화가 소개되어 있다.

墓銘」, 『漢魏南北朝墓誌彙編』, p. 153). 고씨는 선무제 시기 권력을 잡았던 오빠 고조와 선무제의 황후 고씨 덕분에 내시중(여시중)으로 활약한 것으로 보인다.

강동, 즉 남조의 부녀자들은 대개 교유하지 않으므로, 혼인한 후 양가 사이에도 십 수 년간 서로 만나지 않고 오직 심부름꾼[使人]을 보내 문안하고 선물을 주어 공손함을 다한다. 반면 업하鄴下, 즉 북제의 풍속은 부녀자가 집안일을 모두 관장해, 쟁송의 곡직曲直을 가리고, 세도가들을 방문한다. 그들의 수레는 거리를 메우고 호화로운 복장으로 관청을 드나들며, 자식의 벼슬을 구하고, 남편을 위해 억울함을 송사한다. 항대恒代(북위를 지칭)의 유풍인가?[45]

안지추는 결혼한 여자가 교유하지 않고, 심지어 친정에도 자주 가지 않는 남조의 풍습과 북제의 풍습을 비교하면서 북제 시기 엽관 운동이나 각종 소송 등 북제 여성들의 치맛바람을 북위 시대의 유산으로 생각했다. 오환과 선비 역시 전쟁을 제외한 일들을 여성들이 결정해 처리했던 점을 상기하면[46] 이러한 치맛바람은 선비의 풍속, 즉 유목민의 여권 우위의 풍속이 북제 시대까지 계속되었다고 볼 수 있을 것이다. 효문제는 수레를 타고 다니는 부인이 호복 금지령이 내린 이후에도 호복을 여전히 착용하고 다니는 것을 발견하고 임성왕 원징을 힐책했다.[47] 이 부인이 왜 길거리를 돌아다니다가 효문제의 눈에 띄게 되었는지 사서에서는 구체적으로 밝히고 있지 않다. 그러나 앞의 인용문의 내용을 비교해보면, 길거리를 돌아다니는 사실 자체가 한인들의 풍속과 달랐다고 볼 수 있다. 아마도 앞의 인용문처럼 엽관 운동이나 재판 등을 위해 관청이나 유력자들을 찾아갔을 것이다. 호태후 시기의 여시중들은 엽관 운동이나 각종 소송을 제기하는 여성들과 호태후를 연결하는 역할을 담당했을 것이며, 사실 호태후에게 청탁하기에는 남성들보다 여성들이 수월하였을 것이다.

호태후 시기보다 앞선 선무제 시기 소보인의 아내가 청탁했던 예가 보인다. 남제의 황실 일족인 소보인蕭寶夤은 규정에 따라 남조 투항자들이 사는 귀정리歸正里[48]에 살았으나 성 밖에서 이인夷人들과 사는 것을 수치로 생각했다. 그래서 아내인 남양장공주南陽長公主에게 낙양성 안에서 살 수 있도록 선무제에게 말해

달라고 했다. 누이의 청탁을 받은 선무제는 소보인의 부탁을 들어주어 영안리永安里에 저택을 하사했다.[49] 남양장공주가 여시중이었는지는 확인할 수 없지만, 소보인은 여성을 통한 청탁이 만연했음을 알았으므로 규정에 배치하는 성내 이사를 관철한 것이다.

앞에서 살펴본 것처럼 북위 후기 여관은 여성들이 왕성하게 정치에 간여할 수 있게 한 장치로 이해할 수 있다. 종실·외척·권세가 여성들이 맡았던 여시중이 전형적으로 여성을 정치에 간여할 수 있게 했다. 요컨대 현재로서는 여시중을 맡았던 여성들이 궁중을 드나들면서 황후 혹은 태후를 보필해서 정사에 간여했음을 확인할 수 있다. 『안씨가훈』「치가편」의 기록이 낙양 시대에도 적용된다면 여시중 외에도 많은 여성이 관청을 드나들며 각종 청탁과 소송에 간여했다고 볼 수 있을 것이다.

제12장

한인 여성의 호화

호태후

제1부에서는 효문제의 '한화 정책' 추진 이후에도 호어와 호복 금지 등이 제대로 지켜지지 않았음을 살펴보았다. 제2부에서는 낙양 천도 이후 낙양에서 여전히 초원 문화에 기반한 호인(유목민)의 음식 문화와 사냥과 활쏘기, 음악, 춤 등 놀이 문화, 수계혼收繼婚, levirate, 투기 등 호속이 존재했음을 살펴보았다. 이러한 풍속은 낙양의 호인(선비인)들이 자신의 고유문화를 여전히 유지했던 예이다. 그러나 이러한 호속은 호인뿐만 아니라 일부 한인 사이에서도 퍼져 있었다. 이번 장에서는 이러한 점에 주목해 선무제의 후궁인 한인 여성 호태후의 생활을 통해서 북위 후기 낙양의 한인들도 호인(유목민)들의 초원 문화를 따랐음을 살펴보려고 한다.

1절에서는 유가 사상에서 금기시한 여성의 정치 간여와 달리 수렴청정(임조칭제臨朝稱制)을 넘어 황제처럼 행동했던 여주女主 호태후의 정치 활동을 살펴본다. 2절에서는 호태후가 유가 의례와 예절을 어긴 사례를 검토해 호태후가 유가 사상과 윤리를 체득하지 못한 '문화상의 이적夷狄'이었음을 밝힌다. 3절에서는 과부였던 호태후의 남성 편력과 성생활을 살펴봄으로써 호태후가 호인의 수계혼과 문란한 성생활을 받아들였음을 검토한다. 4절에서는 호태후가 유가 사상보다 외래 종교인 불교에 심취했던 사례를 살펴본다. 이상으로 살펴본 예를 종합하면 호태후의 문화적 정체성을 밝힐 수 있을 것으로 기대한다.

1. 여성의 정치 간여: 황태후와 여주의 이중성

어린 황제가 즉위하면 태후가 임조칭제, 즉 수렴청정을 하며 권력을 행사하는 것은 이전에도 있었다. 물론 이는 황제의 친정親政이 시작할 때까지 임시로 권력을 위임받은 것에 지나지 않는다는 주장도 있다.[1] 도무제 이후 황의 생모로서 최초로 '자귀모사子貴母死'[2]의 희생양이 되지 않은 호태후는 태후로서 어린 효명제를 대신해 정사를 처리했다. 그러나 호태후는 단순한 임조칭제를 벗어나 황제처럼 행동했다. 다음에서 이러한 예를 살펴보자.

먼저 호태후는 황제만이 사용할 수 있는 용어를 사용하거나 의례를 주재했다. 『북사』「선무령황후 호씨전」에 따르면 호태후는 임조칭제한 후 영令을 조詔로 바꾸고, 신하들에게 상서할 때 전하 대신 폐하陛下라고 쓸 것을 지시하고 스스로 '짐'으로 칭했다.[3] 『위서』「원차전」을 보면 호태후와 중서사인中書舍人 한자희韓子熙의 문답에서 호태후는 자신을 '짐'이라 칭했다. 한자희도 호태후를 폐하라 칭했다.[4] 그런데 이러한 용어는 진 시황제가 명命을 제制, 영令을 조詔로 바꾸고, 짐을 황제만이 사용할 수 있게 한 이후,[5] 황제가 아닌 사람이 이러한 용어를 함부로 쓸 수 없었다. 따라서 짐을 자칭한 호태후는 이런 금기를 깨고 자신을 황제와 동일시한 것이다. 이는 호태후가 효명제 대신 각종 의례를 직접 주관한 사실에서도 드러난다. 구체적인 예는 아래의 2절에서 살펴보기로 하고 여기서는 생략한다. 또 호태후는 효명제를 대신해 재판에 임하거나 친히 효렴孝廉·수재秀才를 시험하고 조당에서 주군州郡의 계리計吏를 접견해 상계上計를 받았다.[6] 상계와 효렴과 수재의 시험은 전한 이후 위진남북조시대에도 원단元旦의 조회에서 거행되었다. 특히 황제가 대표하는 중앙정부와 상계리가 대표하는 지방 사이에서 원회元會의 조회 의례를 통해 군신 관계뿐만 아니라 중앙과 지방의 공납-종속 관계를 재확인 혹은 재생산했다.[7] 이처럼 중요한 의례에 호태후가 직접 참여한 것은 중앙과 지방의 관리들에게 자신이 사실상의 황제임을 과시하는 행위였다. 이처럼 황제와 맞먹는 용어를 사용하고 황제가 해야 할 의례를 직접 주관하는 호태후의 행동은 유교적 정치 이념이나 중국의 전통적인 정치체제로는 설명할 수 없다.

물론 호태후만이 아니라 풍태후도 황제와 비슷한 대접을 받았다. 효문제는 직접 풍태후의 수릉壽陵을 세우도록 명했다.[8] 황제가 아닌 황태후를 위해 생전에 수릉을 만드는 것은 파격적인 일로 볼 수 있다. 게다가 이 수릉, 즉 영고릉은 효문제의 수릉(평성에 있는 허릉虛陵)보다도 규모가 훨씬 컸다.[9] 또한 풍태후는 장안에 문선왕묘文宣王廟를 세우고 풍태후 집안, 즉 오묘지손五廟之孫과 외척, 육친六親, 시마緦麻까지 조세와 요역을 면제하도록 명했다.[10] 이는 전한의 여태후가 여선왕呂宣王의 내손內孫, 외손外孫, 내이손內耳孫, 현손까지 성단용城旦舂 등의 형벌을 내형耐刑과 귀신백찬鬼薪白粲으로 감하는 감형 특권을 부여한 조치보다도[11] 외척들에게 준 더 큰 특혜였다.

이처럼 풍태후 시기부터 황태후가 황제와 맞먹으려는 시도가 시작되었고, 호태후 때 절정을 이루었음을 알 수 있다. 이는 '2성二聖'이라는 용어에서도 확인할 수 있다. 전근대의 중국에서는 황제는 성인聖人과 동일시되므로 본래 '성聖'은 '성상聖上'처럼 황제 혹은 천자가 사용하는 용어였다.[12] '2성' 역시 두 명의 성인聖人, 즉 두 명의 천자를 지칭하는 용어로 사용되었다. 예컨대 『한서漢書』「위현성전韋玄成傳」에는 주周 성왕成王이 '2성지업二聖之業'을 이루었다는 구절이 있다.[13] 여기에서 2성은 안사고顏師古의 주석처럼 주 문왕文王과 무왕武王을 뜻했다.[14] 한漢의 덕을 서술한 반표班彪의 「전인편典引篇」에 기록된 "고광이성高·光二聖"[15]의 2성二聖은 한고조漢高祖와 광무제光武帝를 지칭한다. 삼국시대 조위曹魏의 왕랑王郎이 올린 상소문에도 "폐하께서는 이미 덕德과 복福이 저 2성을 겸했고, 춘추春秋는 희문姬文과 육무育武의 때보다 많습니다"[16]라는 구절에서도 '2성'은 주 문왕과 무왕을 뜻한다.

이와 달리 북위 시대에 사용된 '2성'의 용례는 주 문왕과 무왕, 한고조와 광무제처럼 두 명의 천자를 뜻하는 '2성'이 아니라 황제와 황태후를 칭하는 '2성'의 용례가 빈출한다. 야마모토 노리코山本德子는 '2성'이 북위 시대 효문제와 풍태후, 효명제와 호태후 등 황제와 황태후를 지칭하는 용어로 사용되었고, 수대隋代에 황제와 황후를 지칭하는 용어로 변용되었음을 지적했다. 그리고 이러한 '2성'의 용법을 "한·이漢夷의 혼잡混雜에 의해 발생한" 것으로 보았다.[17] '2성'의 의미 변화는 앞에서 설명한 것처럼 풍태후 시기에 시작해 호태후 시기에 노골화된 '황태후들의 황제화皇帝化' 시도로 볼 수 있다. 앞에서 설명한 것처럼 본래 중국식 의미에서 황태후는 황제의 나이가 어릴 때, 성인이 될 때까지 권한을 위임받아 대리 통치하는 존재일 뿐이다.[18]

전통적으로 남성 중심의 한인(중국인)의 사회적 분위기에서 풍태후나 호태후가 황제와 맞먹는 권력을 행사하고 사실상 황제로 행세하는 것을 용인했던 사회적 분위기는 무엇일까? 사마천이 『사기』에서 여태후가 섭정했던 시기를 「여후 본기」로 설정했던 점이 「항우 본기」와 함께 역대 역사가들의 비판을 받았던 점은 주지의 사실이다.[19] 무측천과 위황후의 정치 참여를 '무위의 화'라 칭하는 것도 여성의 정치 간여를 부정적으로 평가하는 남성 위주 사회의 시각이다. 당대 무측천과 위황후가 정권을 잡았을 때 이를 타도하려는 움직임이 있었다. 장간지張柬之 등이 모의해 병상에 있던 무측천을 몰아내고 중종을 복위시킨 일과 이융기(뒷날의 현종)가 금군 장령들과 모의해 위황후 세력을 몰아내고 아버지 예종을 복위시킨 일은 '무위의 화'를 바로잡는 행위로 전통 사학에서는 높이 평가되었다. 그러나 북위 시대 풍태후나 호태후의 집권에 반대해 반란을 일으키거나 타도하려는 예는 거의 없다. 오히려 호태후가 원차에 의해 유폐되었을 때, 원차를 제거하고 호태후의 임조칭제로 회귀하려는 움직임이 보인다. 예컨대 즉 호태후의 종자 호승경과 비신좌우備身左右 장차거張車渠 등 수십 인의 원차 암살기도, 우위장군右衛將軍 해강생 부자의 암살기도는 모두 호태후의 재집권을 시도한 것이다.[20] 원차를 제거하려는 영군부 장령들이 존재하는 것은 호태후가 이들의 지지를 받았음을 뜻한다. 예컨대 해강생은 경주자사涇州刺史로 재직하며 호태후 일족과 친분 관계에 있었기 때문에 호태후의 권력 복귀를 기도했고 한다.[21] 이는 여성의 정치 간섭에 거부감이 없었다는 점에서 특기할 만하다. 전쟁을 제외한 일들을 여성들이 결정해 처리했던[22] 오환과 선비의 유풍遺風이 북위 전기뿐만 아니라 후기에도 지속되었으므로 가능했을 것이다.

2. 호태후의 유가 의례와 예절 무시

제2부 제10장에서 살펴본 것처럼 북위를 포함한 북조 시대 여성들은 배우자의 선택, 자유로운 이혼, 개가와 재가, 투기 등 이전과 전통 중국의 여성상과 다른 면모를 보였다.[23] 호태후 역시 이러한 면이 보인다. 대표적인 예가 활쏘기이다. 호태후는 서림원의 법류당에 행차해 시신侍臣에게 활쏘기를 명령해 능하지 못한 자는 벌했고, 스스로 활을 쏴서 침針의 구멍을 맞추었다.[24] 또한 호태후는 궐구闕口 온수溫水로 행차해 계두산鷄頭山에 올라 몸소 상아잠象牙簪을 쏴서 한 발에 명중하는 것을 문무 관료들에게 보게 했다.[25] 이 일화는 호태후가 활쏘기를 좋아하고 실제로도 잘했음을 보여주는 예이다. 단순한 이분법적으로 보기 어렵지만, 전란기인 16국 시대가 아닌 평화기에 한인 여성인 호태후가 활쏘기에 능했음은 정상적인 상황이 아니다. 호태후가 유목민의 습속을 어느 정도 수용했다고 볼 수 있을 것 같다.

바꾸어 말하면 호태후에게서 발견되는 호속은 북위 후기 사회가 효문제의 한화 정책에도 여전히 호인들의 문화적 전통을 유지하고 있었기 때문으로 볼 수 있다.[26] 호태후의 증조할아버지는 후진에서, 할아버지는 하(혁련하)에서 벼슬했다. 그리고 그들의 본관은 서북 국경에 위치한 안정군이다. 따라서 유목민이나 그들의 습속에 대해 어느 정도 알고 있었을 것이다.[27] 혹은 호태후가 선무제의 후궁이 되어 궁정에 들어온 후 여전히 남아 있었던 호속의 영향을 받았을 것이다. 이 때문에 중국식 황태후의 의례 등에 벗어난 일들을 마음껏 할 수 있었고, 수계혼에 익숙했을 뿐만 아니라(3절 참조) 활쏘기에도 능할 수 있었을 것이다.

호속의 수용만큼 중요한 것은 한문화의 정수인 유가 사상, 그 가운데 유가 의례를 잘 따랐느냐 하는 문제이다. 결론부터 말하면 효문제의 며느리에 해당하는 호태후는 유가의 남성 중심적인 의례를 잘 지키지 않았다. 본 항에서 구체적인 예를 살펴본다.

호태후는 효명제 대신 제례를 직접 주관하려 했다. 예관과 박사들의 논의에서 불가하다고 했으나 당시 저명한 유학자였던 시중 최광에게서 긍정적인 답변을 이끌어내어 결국 제사를 직접 주관했다.[28] 예컨대 효문소황후 개장 때 호태후는 상주가 되어 일을 처리했다.[29] 유가 의례에 따르면 태후가 조정의 각종 제례에 참석하는 것이 예의에 어긋나는 행동이었다. 호태후는 선무제의 둘째 누나 난릉장공주[30]가 자신의 남편 유휘劉輝가 장씨張氏와 진씨녀陳氏女와 성관계를 맺은 사건 때문에 병이 생겨 죽자 친림親臨해 통곡했고 태극동당太極東堂에서 거애擧哀했으며, 성 밖 수 리까지 친송親送했다.[31] 황제들이 태극동당이라는 공적인 장소에서 거애했으므로 호태후가 태극동당을 이용한 것도 태후가 황제만이 할 수 있는 행위를 한 것이다.

황실 여성의 제사 참여는 북위뿐만 아니라 북제와 북주에서도 발견된다. 『수서』「예의지」를 보면 호속의 영향이 강했던 북제에서는 황후가 제사에 참여할 수 있었다.[32] 북주에서도 황후들이 북제처럼 황후가 제사에 참여할 수 있었으며, 북제와는 달리 황후가 아헌亞獻을 맡았던 예가 보인다.[33] 또한 당대唐代의 예이기는 하지만, 중종의 황후 울씨韋氏가 남교의 제사에 참여하려고 했다. 이때의 사정을 『신당서』「예악지」에서는 다음과 같이 기록했다.

> 무릇 남녀는 서로 내외內外로 문란하지 않는데 하물며 교묘郊廟는 어떻겠는가? 중종 때에 장차 남교에서 제사 지내려고 할 때 국자제주國子祭酒 축흠명祝欽明은 황후가 제사를 도와야 한다고 말하니 태상박사 당소唐紹와 장흠서蔣欽緖는 불가하다고 말하고 좌복야 위거원韋巨源만이 축흠명祝欽明의 설이 옳다고 여겼다. 이에 황후가 아헌이 되고 대신 이교李嶠 등의 딸이 재낭齋娘이 되어서 변두籩豆를 들었다. 덕종德宗 정원貞元 6년(790년)에 황태자를 아헌亞獻, 친왕親王을 종헌終獻으로 삼았다.[34]

앞의 인용문 첫 부분에서 교묘라는 제사 의례에서 남녀가 동시에 참석할 수 없음을 밝혔다. 그러나 중종 때 권력을 행사했던 위황후는 상서좌복야 위거원과 국자제주 축흠명의 도움을 받아 반대를 무릅쓰고 아헌으로 남교 제사에 참여했다. 이는 북주 황후의 제사 참여와 유사하지만, 북위의 호태후나 당의 위황후 모두 권력을 배경으로 반대를 무시하고 제사에 참여한 것이다. 한편으로 북위 호태후 시기와 북제, 북주, 당 무측천과 위황후 활동 시기는 호속이 만연했고 여성들의 지위와 활동이 활발했던 시기였다는 공통점을 지닌다.

그러나 리수지는 황후와 육궁(후궁), 여무女巫가 제사에 관여하는 것은 고제古制에 위반됨이 확실하다고 했다. 그리고 황후와 육궁이 제사에 관여하는 것은 북방 유목민의 모권주의의 유산이라고 주장했다. 즉, 여무가 제사에 참여하는 것은 초원 민족 중에 비교적 많이 보인다는 것이다.[35] 북위에서도 도무제 천사 2년(405년) 서교 제천 당시에 황후와 후궁, 여무가 제천의식에 참여해 주관했던 일들이 확인된다.[36] 따라서 북위에서도 여성들이 제사에 참여하는 호속이 존재했음을 확인할 수 있다. 따라서 한인인 호태후가 각종 제사에 참여한 것은 북위 전기의 호속을 따랐던 증거이며, 중국 고유의 제사 풍습, 즉 여성들의 제사 참여 금지를 어긴 것이다. 즉, 북위 후기에도 여성들이 제사에 참여하는 유목민들의 풍습이 여전히 남아 있었고 효명제의 생모인 호태후는 한인이었지만 오히려 호속에 전염되었음을 발견할 수 있다.

또한 호태후는 『예기』 등에 기록된 예법을 어겼다. 호태후가 왕공의 저택을 자주 방문하자 최광이 간언했다.

> 이해 가을에 영태후가 자주 왕공의 제택(저택)에 행차했다. 최광은 표를 올려서 "『예기』에서 '제후는 문질問疾과 조상弔喪이 아닌데도 제신諸臣의 집에 들어가는 것을 군신은 희롱으로 여겼다'라고 했습니다. 왕후와 부인을 언급하지 않은 것은 신하의 집에 가는 뜻이 없음을 밝힌 것입니다. 부인은 부모가 살아 있으면 때에 따라 부모를 찾아뵈었지만, 부모가 죽으면 경과 대부에게 방문하게 했습니다. 『춘추』에서는 진陳·송宋·제齊 군주의 딸이 모두 주왕周王의 왕후가 되었지만, 본국을 방문했다는 기사는 없습니다. 이 제도는 사대부에게 심하니, 결혼을 허락하면 형兄을 위로하는 것은 또한 의를 얻지 못한 것입니다. 위녀衛女가 부모의 집으로 돌아갈 생각을 하더라도 예로써 스스로 억누릅니다. 재치載馳와 죽간竹竿이 만들어진 이유입니다. 한漢의 상관황후上官皇后가 장차 창읍왕昌邑王을 폐하려 할 때, 곽광霍光은 외조外祖였고 친히 재보가 되었으니 상관황후는 오히려 무기를 둔 유장帷帳을 설치하고 신하들을 응대해 남녀의 구별을 보였으니 이는 나라의 대절大節입니다. …… (후략) ……"라고 간언했다.[37]

앞의 인용문을 보면 군주가 신하들의 집에 가는 것도 정상적인 예의는 아니며, 특히 여성, 즉 왕후나 부인도 마찬가지였다. 그럼에도 남의 집인 왕공의 저택를 방문하는 호태후를 전한 소제昭帝의 상관황후上官皇后가 남녀의 구별을 보였던 예를 제시하며 따를 것을 간언했다. 『자치통감』에 따르면 이 간언은 양 무제 천감 15년, 즉 516년에 올린 것이다.[38]

그뿐만 아니라 호태후가 화려한 장식을 하고 자주 유행遊幸을 나서자 원순은 이를 간언했다.

> 영태후는 자주 장식을 꾸미고 여러 차례 유행에 나섰다. 원순은 대면해 "예에 따르면, 부인은 남편을 잃으면 미망인이라 자칭하고 머리에서 주옥珠玉을 빼버리고, 옷에 비단을 사용하지 않습니다. 폐하는 황제의 어머니로써 천하에 임하고 나이는 불혹인데 수식修飾의 과함이 심하니 어찌 후세에 보이겠습니까?"라고 말했다. 영태후는 부끄러워 나가지 않았다.[39]

『자치통감』에 따르면 앞의 인용문은 양 무제 보통 6년(525년), 즉 북위 효명제 효창 원년에 발생한 사건이다.[40] 원순의 간언 내용이 실제 예법이라면 호태후는 과부인데도 지나치게 화려하게 장식해 원순의 지적을 받은 것이다. 이는 호태후가 과부의 예를 제대로 지키지 않았음을 보여준다. 그리고 최광의 '곡학아세'의 유권해석 덕분에 신하들의 집에 드나들게 된 후 10년 동안 궁 밖으로 나가는 행동을 고치지 않았다.

앞에서 호태후가 유가의 의례에서 금기시하는 제사 참여 등 예법을 어겼던 예들을 살펴보았다. 호태후는 안정군 임경현 출신의 한인이었지만, 한문화의 정수인 유가 의례에 미숙했거나 고의로 의례를 무시했다. 혈통상 한인인지는 몰라도 문화적으로 보면 중화中華라고 보기 어렵다. 호태후가 유가 의례를 지키지 않은 점은 성생활에서 살펴볼 수 있다. 이 부분은 다음 절에서 살펴본다.

3. 호태후의 음행: 수계혼과 과부의 '문란한' 성생활

선무제 사후 과부가 된 호태후는 여전히 성생활을 즐겼다. 아래에서 수계혼과 과부의 성생활이라는 관점에서 살펴보자.

먼저 호태후는 청하왕 원역과 정을 통했다. 『북사』 「선무령황후호씨전」에서는 호태후가 청하왕 원역을 '逼幸'했다고 기록했다.[41] '핍행'은 단순한 총애가 아니라 육체적 관계로 해석된다.[42] 그러나 이에 이의를 제기할 수 있다. 『위서』 「천상지」의 기록을 보자.

> 이전에 [???] 삼년 구월 태백太白이 집법執法을 범하였다. 이해 팔월 영군[장군] 우충은 마음대로 복야 곽조郭祚를 살해했다. 구월에 태후가 음란과 성적 방종은 나날이 심해졌고, 청하왕 원역을 핍행하기에 이르렀다.[43]

앞의 밑줄 친 부분을 보면 『북사』 「선무령황후호씨전」의 '핍행'이 성관계를 의미함을 알 수 있다. 그런데 이는 단순한 치정이 아니다. 청하왕 원역은 선무제의 동생이기 때문이다. 즉, 호태후와 청하왕 원역의 음란한 관계는 유교적 도덕 관념에서는 이해할 수 없지만, 유목민들 사이에 보편적인 수계혼의 유제遺制로 해석하면 자연스럽다. 원차가 청하왕 원역을 살해하고 호태후를 유폐한 것은[44] 다소 과민한 반응처럼 생각된다. 그러나 청하왕 원역이 선무제의 동생이므로 황제의 자격이 있었기에 원차가 권력을 빼앗길 것으로 생각했던, 위기의식의 발로로 해석할 수 있다.

호태후는 청하왕 원역이 살해된 후 원차에게 권력을 빼앗기고 유폐되었다. 그러나 다시 원차를 제거하고 권력을 되찾았다.[45] 그 후 호태후는 정엄과 이신궤李神軌 등과 성관계를 맺었다.

> 정엄은 궁액宮掖을 더럽히고 어지럽혔으며, 세勢는 해내에 기울었다. 이신궤와 서흘徐紇은 모두 [호태후를] 알현해 모시니 1~2년 중에 벼슬은 금요禁要를 총괄하는 자리에 올랐다. 손으로는 왕작王爵을 쥐고, 경중輕重은 마음에 있었으며, 조정에서 공공연히 음란했으니, 사방에서 더럽다고 평가했다.[46]

앞 인용문의 첫 구절과 마지막 구절을 보면 호태후가 정엄, 이신궤, 서흘과 성관계를 맺었음을 알 수 있다. 이는 『위서』「정엄전」에서도 확인된다.

> 정엄은 자字가 계연季然이고 형양군 사람이다. 용모는 웅장하고 아름다웠다. 처음에 사도司徒 호국진의 행참군行參軍이 되었고, 이 인연으로 영태후에게 총애를 받았지만 당시 사람들은 알지 못했다. 정엄은 원외산기시랑員外散騎侍郎 직후直後에 임명되었다. 영태후가 유폐된 후, 소보인蕭寶夤이 서정西征할 때 소보인은 정엄을 개부속開府屬으로 임명했다. 효창 연간 초기에 태후가 원차를 몰아내고 권력을 다시 잡자 정엄은 사신을 통해 다시 조정으로 들어가기를 청했고 다시 총애와 예우를 받았다. 간의대부諫議大夫 중서사인中書舍人 겸 상식전어領嘗食典御에 임명되었다. 밤낮으로 금중에 드나들며 총애는 더욱 깊었다. 정엄이 매번 휴목休沐할 때 태후는 늘 엄동閹童을 보내 정엄의 집을 따라가서 시종하게 했다. 정엄은 자기 아내를 보고 다만 집안일만 물어볼 뿐이었다.[47]

앞의 인용문을 보면 정엄은 아마도 호태후의 1차 집정 시기에도 이미 호태후와 성관계를 맺은 것 같다. 호태후가 다시 권력을 잡은 후 정엄이 밤낮으로 금중에 드나들었다는 표현에서 굳이 밤이 언급된 것을 보면, 이때도 음행을 저질렀다고 추측할 수 있다. 정엄이 휴가 때 집에 가면 호태후는 환관을 보내 정엄과 아내가 성관계를 맺는지 감시했다. 그래서 정엄은 아내에게 집안일만 물어볼 수밖에 없었다고 이해된다.

정엄 외에 이신궤도 호태후와 부적절한 관계에 있었다. 『위서』「이신궤전」의 해당 기록을 보자.

> 이신궤는 효창 연간에 영태후의 총우寵遇를 받았고 세勢는 조야에 기울었다. 당시에 유악帷幄에서 총애를 받았으며 정엄과 함께 쌍雙이 되었다는 이야기도 있었다.

그러나 당시 사람들은 명확히 알지 못했다.[48]

앞의 인용문에서는 이신궤가 호태후(영태후)의 정치적 총애를 받았을 뿐만 아니라 침실(유악)에서도 '총애(원문은 '幸'임)'를 받았다고 기록했다. 침실에서 받은 '총애'는 성관계를 뜻한다. 앞의 인용문은 모호하게 기록되었지만, 아래의 『북사』「이신궤전」은 이를 구체적으로 기록했다.

> 이세철李世哲의 아우 이신궤는 소명小名이 청순靑肫이고 아버지 [이숭]의 작위 진류후陳留侯를 세습했다. 여러 차례 정벌에 나아가서 자못 장령의 기氣가 있었다. 효창 연간에 영태후가 마음대로 음란한 짓을 하였고 나누어 복심腹心 온희媪姬를 밖으로 보내 몰래 열인悅人을 구했다. 이신궤는 사자使者의 천거를 받았고, 총우와 권세는 조야에 기울었다. 당시에 유악의 총애를 받았으며 정엄과 쌍이 되었다.[49]

앞의 인용문과 『위서』「이신궤전」의 기록을 대조하면 밑줄 친 부분이 새로 첨가되었음을 알 수 있다. 앞의 밑줄 친 부분에서 열인은 『한어 대사전』에 따르면 면수面首, 즉 남첩男妾이라는 뜻이었다. 따라서 앞 인용문의 밑줄 친 부분은 영태후, 즉 호태후가 자기의 섹스 파트너를 구하기 위해 심복 여성을 밖으로 보내 찾았으며 이신궤가 뽑혀 호태후의 잠자리 상대가 되었고, 덕분에 정치적인 권력을 장악했음을 기록한 것이다. 앞에서 제시한 기록이 필자의 주관이 강하다고 비판할 수도 있다. 『위서』「천상지」의 기록을 살펴보자.

> 그 후에 태후가 음란하고 어리석었으므로, 천하가 크게 무너졌다. 상(효명제)이 성인이 될 나이였고, 호태후의 총신을 주살하려고 했다. 이 때문에 정엄 등이 두려워해 마침내 태후를 설득해 효명제를 독살했다. 이주씨가 병주에서 흥했고 결국 제실지운齊室之運을 열었으니, 복락지업卜洛之業은 드디어 폐허가 되었다.[50]

앞의 인용문에서 호태후가 성적으로 음란했고, 그 때문에 조정이 문란했으며 이주영이 권력을 장악하게 되었다고 기록했다. 이 두 기록을 보면 호태후가 성적으로 문란 혹은 방종했음은 분명한 사실이었다. 이 밖에 『위서』「정희전」의 기록에서도 호태후의 음행을 기록했다.[51] 쑨퉁쉰도 호태후가 성적으로 음란했음을 지적했으므로 필자의 주장은 단순한 억측은 아니다.[52]

이 밖에 양화楊華도 호태후와 성관계를 맺었다. 『양서』 권39 「양화전」을 살펴보자.

> 양화는 무도武都 구지仇池 사람이다. 아버지 [양]대안은 [북]위 명장名將이었다. 양화는 젊어서 용력勇力이 있었고 용모는 웅위雄偉했다. [북]위 호태후는 강제로 양화와 통했다. 양화는 화가 미칠까 두려워해 곧 그의 부곡部曲을 거느리고 양梁에 항복했다. 호태후는 그를 여전히 그리워했기 때문에 「양백화楊白華」 가사歌辭를 지어서 궁인에게 밤낮으로 가서 팔을 다리를 밟으며 노래하게 했다. 사辭는 매우 그를 슬퍼하고 원망했다.[53]

앞 인용문에 등장하는 양화의 아버지 양대안은 구지저仇池氐 양난당楊難當의 손자였다. 따라서 양화도 혈통상 저인氐人이었다.[54] 앞의 인용문을 보면 저인 양화가 한인 호태후에게 접근한 것이 아니라 반대로 호태후가 양화를 협박해 강제로 성관계를 맺었다. 양화는 이 때문에 양으로 망명했다. 여기서 양화도 호태후의 성관계 상대자였음을 확인할 수 있다.

그런데 안정 호씨 가운데 호태후만 음란했던 것은 아니었다. 호태후와 동향인 안정군 임경현 출신인 호장인胡長仁[55]의 여동생인 북제 무성제武成帝의 황후 호씨는 무성제의 총신인 화사개和士開와 성관계를 맺었다.[56] 이 기록을 보면 호씨의 음행이 호태후 한 여성에만 해당하는 것이 아니며, 혈통상 한인이더라도 안정 호씨의 여성들이 정숙하지 않았고 전통적인 유가 사상이나 의례에 충실한 가문이 아니었음을 알 수 있다.

4. 외래 종교 불교의 숭상

1절부터 3절까지 호태후가 유가 사상이 지배하는 정치와 의례라는 중국적 관례를 무시하고 일부는 호속을 수용했음을 지적했다. 즉, 호태후는 한문화뿐만 아니라 호속에 물들었고, 한문화의 정수인 유가 사상과 의례를 지키지 않았다. 그뿐만 아니라 외래 종교인 불교를 독실하게 믿었다. 본 절에서는 호태후의 불교 애호 현상을 살펴본다.

호태후는 안정군 임경현 사람이지만 집에서 대대로 불교를 믿었고 그녀의 아버지 유주자사 호국진은 매우 독실한 불교도였다.[57] 호태후는 사탑을 세웠고 재회齋會를 거행했으며 영녕사와 진태상군사 등 국가의 대사大寺를 세웠다. 또한 518년 십일월 송운宋雲과 숭립사崇立寺 승려 혜생惠生을 서역으로 보내 불경을 가져오게 했다. 이들은 522년에 낙양으로 대승 학설을 가져와서 중국 불학에 대소승을 도입하는 데 공헌했다.[58] 또한 효명제 희평 연간에는 낙양성 안 태사太社의 서쪽에 영녕사를 만들었다. 이때 호태후는 백관들을 이끌고 영녕사를 방문해 높이 40여 장丈의 9층 불도佛圖를 세우게 했다.[59] 이때 중과 비구니(승니僧尼), 사녀士女 수만 명이 영녕사에 모여들었다.[60] 이때의 상황을 『자치통감』에서 다음과 같이 서술했다.

> 예전에 위魏 세종(선무제)은 요광사를 건설했으나 완성하지 못한 상황에서 이 해(516년)에 호태후가 또 영녕사를 만들었다. 요광사와 영녕사는 모두 궁의 옆에 있었다. 또한 이궐구에 석굴사를 만들었다. 모두 토목의 미美를 다할 정도로 [화려하고 아름다웠다]. 그러나 영녕[사]는 더욱 성대해 높이 8장丈이나 되는 상像이 1개,

중인中人과 같은 것이 10개, 옥상玉像 2개가 있었다. 9층 부도를 만들 때 땅을 파고 기초를 축조해 아래로 황천黃泉에 이르렀다. 부도는 높이가 90장이었고, 상찰上刹은 다시 높이가 10장으로 하였고, 매일 밤 조용한 시간에 검鈐과 탁鐸의 소리를 10리 밖에서 들을 수 있었다. 불전은 [황제의 정전正殿인] 태극전과 같았고, 남문南門은 단문端門과 같았다. 승방은 1000간이었고, 주珠·옥玉·금錦·수繡는 사람들의 마음과 눈을 놀라게 하였다. 불법佛法이 중국에 들어온 후 탑묘塔廟가 이처럼 성대한 적은 아직 없었다.[61]

앞의 인용문에서 볼 수 있듯이 영녕사는 크고 호화로운 절이었다. 이처럼 호태후의 임조칭제(수렴청정) 기간에 영녕사와 태상공사太上公寺 등의 불사를 세우느라 공비工費가 많이 들었다. 또한 지방의 주에도 각각 오급불도五級佛圖를 세웠다. 따라서 백성들은 부담이 늘어나 토목 공사 때문에 피로했다.[62] 이에 2년 후인 518년에 임성왕 원징이 호태후의 불교 애호를 비판했다. 효문제는 낙양 천도 당시 낙양을 건설하면서 성안에 니사尼寺를 각각 1개씩 세우게 하고 나머지는 낙양성 밖에 세우도록 명령했다. 임성왕 원징은 타협책으로 아직 완성되지 않은 불사를 성곽 밖으로 옮기고 불사에 거주하는 승려를 50인 이하로 줄일 것을 주장했다. 그러나 임성왕 원징의 명령은 지켜지지 않았다.[63] 호태후는 효문제가 만든 명령까지 어기면서 불교 우대 정책을 취했다.

호태후뿐만 아니라 안정 호씨 일족도 불교를 숭상했다. 호태후 일족 가운데 효명제의 황후 호씨는 비구니가 되었다. 비구니가 되었던 북위 황후 7인 가운데 풍씨馮氏 가족은 2인, 호씨 가족도 2인을 차지했다. 이는 호태후 일족이 불교를 독실하게 믿었던 예로 볼 수 있을 것이다.[64]

제3부

호속 유지의 배경

제13장

호속 유지의 정치적 배경

본 장에서는 낙양 천도와 효문제의 '한화 정책' 이후 낙양에 사는 호인(선비인)들이 자신들의 고유한 문화를 유지하고 보존할 수 있었던 정치적 배경을 네 가지 측면에서 살펴본다. 먼저 1절에서는 효문제의 빈번한 장기 순행과 친정이 '한화 정책'의 추진에 끼친 영향을 분석한다. 2절에서는 낙양 천도에 반대해 일어한 두 개의 정변, 즉 목태·육예의 난과 황태자 원순의 평성 도망 미수 사건이라는 두 개의 정변이 효문제의 전면적인 낙양 이주 정책에 영향을 주었음을 살펴본다. 3절에서는 효문제의 '한화 정책'에 예외적인 조항이 많았으므로 제대로 지켜지지 못했음을 호어 금지와 이장移葬 문제 등을 중심으로 검토한다. 4절에서는 효문제의 후계자인 선무제가 효문제가 임명한 원로대신들을 물리치고 효문제의 정책을 제대로 계승하지 않았음을 검토한다.

1. 효문제의 잦은 순행·친정과 장기간의 도성 부재

제1부와 제2부에서 검토한 것처럼 효문제의 '한화 정책'은 제대로 집행되거나 실

표 13-1 태화 17년(493년)~태화 23년(499년) 효문제의 체류 지역 및 기간[1]

체류지	기간	체류 비율	체류지	기간	체류 비율	체류지	기간	체류 비율
낙양	760일	38.7%	장안	18일	0.9%	곡당원	6일	0.3%
업	146일	7.4%	신야	103일	5.2%	이동 기간	595일	30.4%
평성	180일	9.2%	현호	155일	7.9%	전체	1963일	100.0%

행되지 않았고 호속은 여전히 남아 있었다. 이렇게 된 배경에는 효문제가 '한화 정책'을 감독하지 못했다는 점이 있었고, 이는 잦은 순행과 장기간의 친정 때문이었다.

선행 연구에서는 효문제가 낙양 천도의 지지를 이끌어 내고자 남벌南伐을 계획해 평성을 떠났던 태화 17년(493년) 팔월부터 효문제가 사망한 태화 23년(499년) 사월까지 효문제가 머무른 장소와 기간을 산출했다. 이를 바탕으로 각 지역에 머물렀던 기간을 나타내면 〈표 13-1〉과 같다.[2]

〈표 13-1〉에서 유의할 점은 신야新野와 현호懸瓠, 곡당원穀塘原으로 간 것은 순행이라기보다는 남제 친정을 위해 들른 전쟁터이거나 군사적 요충지였다는 점이다. 그리고 태화 17년에서 태화 23년까지 효문제의 순행과 친정이 섞여 있으므로 수도인 낙양에 체류한 기간이 짧을 수밖에 없다. 즉, 전쟁이라는 요인 때문에 체류 기간이 비정상적으로 길게 보일 수 있다는 뜻이다. 그뿐만 아니라 효문제가 하루 일정으로 도성都城 밖을 나간 행차나 17일 혹은 6일이 소요된 숭고嵩高 혹은 소평진小平津 행차가 생략되었다. 따라서 실제로 낙양에 머무른 기간은 〈표 13-1〉보다 적다. 또한 이동 기간에는 효문제가 전국 순행을 위해 돌아다녔던 여러 주진州鎭에 머물렀던 기간까지 포함되었다. 이처럼 〈표 13-1〉에는 통계 수치상 한계가 있음을 먼저 밝혀둔다.

〈표 13-1〉에서 두드러진 특징은 낙양 천도 이후 낙양에 머물렀던 기간이 760일로 2년이 넘는다는 사실이다. 이는 해당 시기의 약 40%에 해당한다. 그리고 순행 혹은 친정을 위해 길에서 허비한 기간과 여러 주진에 들렀던 기간, 즉 〈표

13-1〉에서 '이동 기간'이 약 3분의 1에 해당한다. 그리고 주요 전장 혹은 군사적 요충지였던 신야와 현호에서 체류한 기간이 길다. 요컨대 효문제는 낙양 천도 이후 낙양에 정주한 것이 아니라 화북 전체의 민심 확보를 위한 전국 순행과 남제 친정을 위해 여러 지역을 오가는 데 많은 시간을 썼다.[3] 이처럼 효문제의 순행과 친정이 잦고 낙양을 비운 기간이 길었다면, 효문제를 수행하던 관리들 역시 오랫동안 낙양을 비웠다는 뜻이다.

다음으로 효문제가 호어 금지를 선언한 이후 효문제의 낙양 체류 혹은 순행, 친정 여부를 날짜별로 검토해보자.

〈표 13-2〉에 따르면 효문제는 213일이 소요된 남제 친정에서 돌아온 태화 19년 오월 계미일(495년 6월 23일)로부터 16일 후에 유명한 호어 금지 조치를 취했다. 이로부터 47일 이후인 구월 병술일(495년 10월 24일)부터 30일 동안 업鄴에 행차했다. 이후 태화 21년 정월 을사일(497년 3월 6일)부터 136일까지 영고릉과 금릉을 참배하고 같은 해 팔월부터 507일에 걸친 2차 남제 친정을 감행했다. 그 사이 하루 일정의 행차가 17일과 6일이 걸린 짧은 이동을 제외하면, 태화 19년 시월 병진일(495년 11월 23일)부터 태화 21년 정월 을사일(497년 3월 6일)까지 약 448일 동안 낙양에 머물러 있었다. 이 사이에 대천호(평성에서 낙양으로 옮긴 호인들)의 평성 이장(천장)을 금지하고 호적을 하남군 낙양현으로 바꾸게 하는 조치와 탁발씨 등 여러 호인의 성姓을 한인(중국인)들처럼 한 글자 성(단성)으로 바꾸는 조치를 취했다.[4]

순행과 정치 일정표를 살펴보면 낙양으로 옮긴 호인들에게 호어 사용을 금지하고 한어(중국어)를 사용하게 한 효문제의 조치를 충분히 실행할 시간은 있었던 것처럼 보인다. 효문제의 순행이나 친정에 참여하지 않은 일부 호인 지배층은 낙양에 머무르며 한인들과 접촉하거나 한어를 배울 시간이 있었을 것이다.

반면 효문제를 호위하거나 남제 친정에 종군했던 우림·호분 등 호인 출신의 군사들의 상황은 달랐다. 『수서』「경적지」에 따르면 북위 초에는 군대에서 이

표 13-2　호어 금지 전후부터 효문제 사후까지 효문제의 위치[5]

날짜	기간	효문제의 위치	사건
태화 18년(494년) 시월 신해(11월 23일)~태화 19년(495년) 오월 계미(6월 23일)	213일	중산 당호(唐湖)→업→낙양→현호→여수(汝水) 서(西)→팔공산(八公山)→종리(鍾離)→소양(邵陽)→하비(下邳)→팽성(彭城)→소패(小沛)→하구(瑕丘)→노성(魯城)→확오(碻磝)→활대→석제→귀환	1차 남제 친정
태화 19년(495년) 유월 기해(7월 9일)	당일	낙양	호어 금지, 낙양으로 옮긴 호인의 하남 매장, 본적을 하남 낙양인으로 바꾸는 조치 취함
태화 19년(495년) 구월 병술(10월 24일)~시월 병진(11월 23일)	30일	낙양→업→낙양	업 순행
태화 20년(496년) 팔월 무술(8월 31일)~팔월 갑인(9월 16일)	17일	낙양→숭고→환궁	숭고산(崇高山) 행차
태화 20년(496년) 구월 무진(9월 30일)~구월 계유(10월 5일)	6일	낙양→소평진→환궁	소평진 방문
태화 21년(497년) 정월 을사(3월 6일)~유월 경신(7월 19일)	136일	태원→평성→영고릉→운중→금릉→이석(離石)→용문(龍門)→포판(蒲坂)→장안→위수→황하→귀환	영고릉과 금릉 참배
태화 21년(497년) 팔월 임신(9월 29일)~태화 23년(499년) 정월 무술(2월 17일)	507일	하남궁(河南宮)→화림원→완성(宛城)→남양→신야→면수(沔水)→신야→남양→완북성(宛北城)→신야→번성→호양(湖陽)→비양(比陽)→현호→업→귀환	2차 남제 친정
태화 23년(499년) 삼월 경진(3월 31일)~사월 병오삭(丙午朔, 4월 26일)	27일	남벌→양성(梁城)→마권(馬圈)→곡당원	3차 남제 친정

어, 즉 호어를 사용했다.[6] 다시 말해 북위의 군인들은 효문제가 호어를 금지하기 전까지 여전히 호어를 사용했을 것이다. 따라서 이들 가운데 30세 이하인 호인들은 효문제의 한어 사용 조치 이후 한어를 배우고 구사해야 했다. 그러나 1년이

표 13-3　북위 후기 대남제(對南齊) 전쟁에 동원된 군대의 종류와 수[9]

시기	전쟁터	군대 수	군대의 종류
497년	?	20만	졸(卒)?
497년	?	100만?	?
497년	형주(荊州, 남양)	4만	
497년	남양	수 만	기병
497년	구산(朐山)	10만	?
497년?	의양(義陽)	20만	?
497년?	남정[南鄭, 한중(漢中)]	10만	?
497~498년	번성[양양(襄陽)]	20만	기병
498년	등성(鄧城, 남양)	10만	기병
498년	용항수[龍亢戍, 마두군(馬頭郡)]	2만 5000	보병(2만?)과 기병(5000)
499년	남양 일대	10여 만	기병

넘는 기간에 군사들이 한어를 배울 정도로 한가하지는 않았다. 『남제서』「위로전」을 보면 495년부터 효문제의 2차 남제 친정까지 수많은 전투가 지속되었다. 호인 가운데 일부는 이미 남쪽 변경에 파견되어 남제를 상대로 한 전쟁에 종사했을 것이다. 남제 친정은 호어 금지 이후 2년 뒤에 재개되었지만, 낙양 일대에 잔류했던 군사들이 그 동안 전쟁 준비와 훈련에 몰두해야 했음은 당연하다. 그리고 태화 21년(497년)부터 효문제가 죽을 때까지 북위의 군사들은 회수淮水와 한수漢水 일대에서 남제의 군사들과 싸워야 했다.

그런데 태화 21년 2차 남제 친정 당시 효문제는 36군軍을 거느렸는데, 북위 군대의 수를 100만이라고 자칭했다.[7] 이보다 2년 전 효문제는 1차 남제 친정 당시 군인을 포함해 30만을 거느리고 전쟁터로 향했었다.[8] 이 기록을 보면 2차 남제 친정 당시 군인의 수가 100만이라는 것은 과장으로 볼 수 있다. 필자는 북위와 남제의 전쟁에 동원된 북위의 군대 수를 정리해보았다.

〈표 13-3〉은 효문제의 2차 남제 친정이 행해진 497년부터 효문제의 3차 남제 친정까지 남제의 군대와 싸운 북위 군대의 수와 종류를 정리한 것이다. 북위의

군대가 각 지역을 공격하기 위해 분산되었던 점을 감안한다고 하더라도 10~20만의 대군이 남제 원정에 동원되었음을 확인할 수 있다. 그렇다면 효문제의 남제 친정에 동원된 군사는 10만과 100만 사이, 즉 뭉뚱그려 수십 만에 해당하는 대군이었다고 규모를 추산할 수 있다.

여기에서 효문제가 같은 해 무용지사武勇之士 15만 명을 우림과 호분으로 선발하는 조서를 반포했던 점을 상기하자.[10] 이 조서 반포 이후 다음 해인 496년 대천지사代遷之士를 우림과 호분으로 임명했다.[11] 그런데 현재 학자들은 양자를 동일시해 대천호 15만 명이 우림과 호분으로 임명되었고, 이 15만 명을 평성에서 낙양으로 이주한 호인들의 성인 남성으로 파악하는 것이 일반적이다.[12] 따라서 효문제의 남제 친정에는 평성에서 낙양으로 이주했던 이른바 대천호의 대부분 남성이 군인으로 참전한 것으로 추정한다.

세 차례의 남제 친정은 모두 1708일이었고, 호어 금지 이후에 벌어진 2차와 3차 남제 친정은 모두 합해 534일 동안 지속되었다. 이러한 상황에서 대다수의 호인 군사가 군사훈련과 실전에 참여하면서 한어와 한문을 배울 환경이 되었을까? 탁발씨 등 호인들이 사용했던 언어는 아마도 현재의 몽골어나 튀르크어와 유사한 문법과 어휘를 지녔을 것으로 추정된다.[1] 이러한 우랄 알타이어 사용자가 어순이 다른 한어를 짧은 시간에 배우는 것은 쉽지 않았을 것이다. 호어 금지와 한어 사용 조치가 취해진 태화 19년 이후 호인들이 효문제처럼 낙양 일대에 체류했다고 하더라도 1년 조금 넘는 기간에 한어를 완전히 습득할 수는 없었을 것이다. 게다가 전쟁에 참전해 1년 반 정도의 시간을 보냈다면 그 전에 한어를 배웠다고 하더라도 이를 여전히 기억하고 구사하기는 쉽지 않았을 것이다.

또한 〈표 13-3〉을 보면 북위 군대는 기병이 주류였음을 알 수 있다. 북위와 남제의 국경인 회수와 한수 이남은 기병이 위력을 발휘할 수 없는 늪과 호수, 강

---

1 21쪽 각주 1 참조.

이 많은 지형이었음을 상기하자. 그런데도 중국 사정에 밝은 효문제가 다수의 기병을 거느리고 남제를 공격한 이유를 이해할 수 없다. 어쨌든 호인 위주의 기병들이 다수 동원되었던 것으로 보아 이들이 유목민 혹은 기마민의 기질과 풍습을 여전히 가지고 있었고 북위 전기처럼 군령 혹은 호령으로 호어를 사용했을 것이다. 요컨대 효문제의 순행과 장기간의 친정은 호인 군사들에게 한어를 배울 기회와 시간을 주지 못했을 것이다.

이처럼 효문제가 자주 낙양을 비우고 특히 남제를 상대로 전쟁에 몰두하면서 낙양에서 시행되는 '한화 정책'을 제대로 감독할 여력이 없었을 것이다. 『자치통감』「제기」 동혼후 영원 원년 춘정월 무술조에는 499년 2월 17일 위주, 즉 효문제가 낙양성으로 돌아와 모帽를 쓰고 소오小襖를 입은 부인이 수레를 타고 가는 모습을 보고 임성왕 원징에게 아직 호복을 입고 다니는 사람이 있다고 꾸중했던 기록이 있다. 임성왕 원징은 이러한 복장으로 다니는 사람이 적다고 대답해 상황을 모면하려고 하였다. 여기서 호삼성은 모帽와 소오가 대북, 즉 호인 부인의 복장이라고 주석했다.[13] 효문제는 낙양에서 호복을 입고 다니는 모습을 보고 '한화 정책'을 총괄하는 임성왕 원징을 질책했음을 알 수 있다. 효문제가 발견한 호복을 입은 여성이 예외적인 소수인지 혹은 다수인지는 앞의 기록만으로 판단하기 어렵다. 그러나 효문제가 전쟁터에서 군대를 지휘하고 있는 동안 낙양에 있던 호인들은 효문제가 낙양에 없는 틈을 이용해 호복 착용 금지 조치를 어긴 것이다. 이는 아무리 신임하는 신하에게 '한화 정책'을 총괄하도록 맡겨도 남쪽 변경에 있었던 효문제가 호인들의 '방종'과 '탈선'을 막지 못했던 증거이다.

또한 효문제는 예제 방면에서도 '한화'를 추진했다. 실제 성과는 어땠을까? 제1부 5장에서 살펴본 『위서』「예지」1의 기록에는 효문제가 중국 전통의 예제 등을 부활했지만, 효문제 사후 즉위한 선무제와 효명제 시기에는 유학과 예악이 널리 퍼지지 않았다고 기록했다.[14] 『위서』「예지」4에서도 효문제가 구전舊典, 즉 유교 경전이나 의례서를 참조해 관복冠服을 제정했으나 일찍 죽는 바람에 널리 퍼지지 못했고, 효문제 사후부터 효명제가 다시 의례를 제정하게 하기 전까지 관복 등 의례가 효문제의 계획대로 실행되지 못했다.[15] 『위서』 「예지」의 두 기록은 모두 효문제의 예제 개혁이 효문제 생전에 완성되지 못했음을 공통적으로 지적했다. 여러 가지 이유가 있겠지만, 두 인용문에서는 효문제가 일찍 죽었기 때문이라고 기록했다. 효문제는 태화 23년(499년)에 33세의 젊은 나이에 세상을 떠났다. 『위서』 본기에는 정확한 죽은 이유를 기록하지 않았으나, 전쟁 중에 병에 걸려 죽었음은 확실하다.[16] 또 다른 이유를 찾으라면, 앞의 호복 문제처럼 효문제가 낙양을 자주 비움으로써 자신의 지시 사항에 관심을 가지고 제대로 챙기지 못했기 때문일 것이다. 그러므로 관복이나 의례를 제정하라고 명령했지만 효문제의 관심이 없자 미적거리다가 효문제 생전에 실현되지 못했을 것이다.

요컨대 효문제의 순행과 친정을 따라간 호인 군사들은 호어 금지와 한어 습득 등 한문화(중국 문화)를 배울 시간이 없었을 것이다. 그리고 낙양에 잔류한 관리나 호인들도 효문제의 관심이 전쟁에 쏠린 틈을 타서 여전히 호복을 착용하고 예제 개혁 등 '한화 정책'의 시행에 소홀했다.

2. 낙양 천도의 반발: 목태의 난과 황태자 원순의 평성 도망 미수 사건

효문제가 493년 말 낙양 천도를 결정했을 때 낙양 천도에 찬성한 사람은 이충李沖, 이소李韶, 임성왕 원징, 상산왕 원준, 남안왕 원정 등이었다. 광릉왕 원우와 우열의 열전을 보면[17] 당시 천도에 반대한 구인舊人(호인)은 절반이었다.[18] 구체적으로 원로대신 원비와 목비穆羆, 원우, 원청룡元靑龍, 여수은呂受恩 등 호인 지배층의 상층부 인사들이 효문제의 낙양 천도 계획에 반대했다.[19] 특히 원비는 조정에서도 호복을 입어[20] 효문제의 '한화 정책'에 따르지 않을 것임을 천명해 소극적으로 반항했다. 반면 목태와 육예는 반란을 일으켜 효문제의 낙양 천도와 기타 조치에 적극적인 반대의 뜻을 표출했다. 1항과 2항에서 효문제의 정책에 반기를 든 사건들을 살펴보자.

1) 목태·육예의 난

목태는 북위 황실의 부마를 10여 명 배출한 목숭穆崇의 후손이었다.[21] 목태도 장무장공주章武長公主와 결혼했다.[22] 이후 평탄한 벼슬길을 밟았던 목태는 상서우복야로 재직할 당시 풍태후가 효문제를 폐하고 함양왕 원희를 세우려고 하자 태위 동양왕 원비, 상서 이충과 함께 반대해 효문제를 지켜냈다.[23] 육예는 문성제를 옹립했던 육려陸麗[24]의 아들이었다. 육예는 10여 세에 아버지의 작위인 무군대장군撫軍大將軍 평원왕平原王을 세습했다.[25] 이처럼 목태와 육예는 훈신 팔성에 속하는 호인 명문 가문 출신이었고 벼슬길도 순탄했다. 그런 이들이 왜 반란을 일으켰을까?

먼저 『위서』「목태전」의 기록을 살펴보자.

> 예전에 문명태후(풍태후)가 고조(효문제)를 별실別室에 유폐하고 장차 폐해서 내쫓으려고 모의했다. 그러나 목태가 간절히 간언해 이에 그쳤다. 고조는 이를 고마워해 산하山河를 하사했으며, 총애와 대우가 매우 극진했다. 목태는 병이 오래되었다고 말하고 항주자사가 되기를 구했다. 결국 육예를 정주자사로 삼아서 목태가 대신하게 했다. **목태는 천도를 원하지 않았다.** 육예가 아직 출발하지 않았으나 목태가 [부임지인 항주]에 이르러 몰래 서로 선동하고 유인해 반란을 도모했다. 목태는 이에 육예, 안락후安樂侯 원륭元隆, 무명진장撫冥鎮將 노군후魯郡侯 원업元業, 효기장군驍騎將軍 원초元超, 양평후陽平侯 하두賀頭, 사성교위射聲校尉 원낙평元樂平, 전 팽성진장彭城鎮將 원발元拔, 대군태수代郡太守 원진元珍, 진북장군鎮北將軍 낙릉왕樂陵王 원사예元思譽 등과 함께 삭주자사朔州刺史 양평왕 원이元頤를 우두머

리로 추대하기로 모의했다. 원이는 이를 따르지 않았지만 거짓으로 허락해서 목태 일당을 안정시키고 몰래 반란의 상황을 표를 올려 보고했다. 고조는 임성왕 원징에게 병주와 사주肆州의 군대를 이끌고 목태 일당을 토벌하게 했다. 원징은 먼저 치서시어사治書侍御史 이환李煥에게 수레 한대로 대代에 가게 해서 목태 일당을 만나게 했다. 목태 등은 놀랐지만 계책이 나오지 않았다. 이환은 역도逆徒를 효유曉諭해 화복禍福을 보이니, 이에 흉당凶黨의 마음이 떠났고 목태를 위해 일하려는 사람이 없었다. 목태는 반드시 패할 것이라고 짐작하고 이에 휘하의 수백 인을 이끌고 곽문郭門에서 이환을 공격해 한 번의 승리를 기대했다. 그러나 이기지 못하자 단마單馬로 달아나 성의 서쪽으로 나갔으나 사로잡혀 호송되었다. 원징이 평성에 도착한 후 몸소 당여黨與를 치죄했다. 고조가 대(평성)로 행차한 후 친히 죄인을 만나보고 그 반상反狀을 물었으며 목태 등은 복주伏誅되었다.[26]

앞의 인용문은 목태의 난의 경과를 요약한 것이다. 효문제의 폐위를 막은 목태가 효문제를 배신하고 반란을 일으킨 이유는 낙양 천도의 반대였다. 이는 『북사』「원비전」의 기록에서도 보인다.

원비元丕 부자는 대개 낙양 천도를 좋아하지 않았다. [효문]제가 평성을 떠날 때 태자 원순에게 구경舊京(평성)에 머무르게 했다. 장차 낙양으로 돌아갈 때 원륭元隆과 목태 등은 몰래 원순에게 머무르도록 모의하고 이를 틈타 군대를 일으켜 형북陘北을 점거하려고 했다. 원비는 이때에 늙어서 병주에 거주했고 비록 거사의 모의에 참여하지는 않았지만 [아들인] 원륭과 원초元超가 모두 원비에게 사정을 알렸다. 원비는 밖으로 모의가 성공하지 못할 것을 염려해 입으로는 어려움으로 치달을 것이라고 했지만, 마음속으로는 모사에 동의했다. [효문]제가 평성으로 행차해 목태 등을 수모首謀로, 원륭 형제는 모두 당黨으로 판결했다. 원비 역시 효문제를 따라 평성에 이르러 매번 효문제 곁에서 심문했으며, 효문제는 원비에게 앉아서 보게 했다. 원업元業 등 형제는 모두 모역謀逆의 죄罪로써 유사有司가 노륙孥戮에 처해야 한다고 상주했다. 조서를 내려 원비는 연좌해야 하나 이전에 죽이지 않는다는 조서를 내렸고 자신은 역모에 물들지 않았으므로 사형을 면하는 대신 태원太原 백성으로 삼았고, 후처後妻의 두 아들에게 따라가게 했다. 원륭과 원초 동모제(같은 어머니가 낳은 형제)와 나머지 서형제庶兄弟는 모두 돈황으로 유배되었다.[27]

『북사』「원비전」에서도 원비 부자가 효문제의 낙양 천도에 불만을 표시했음을 확인할 수 있다. 이 때문에 원륭 형제는 직접 목태와 반란을 일으키기로 모의했다. 앞의 인용문에서는 목태와 원륭이 원순에게 평성에 머무르게 하려고 했다고 기록했다. 선행 연구에 따르면 원순이 태화 19년(495년) 유월 원순에게 평성에 가서 풍희馮熙의 초상에 조문하게 할 때 목태 등이 원순에게 평성에 잔류하도록 권했다고 한다. 육예는 결정하지 못하고 태자 원순은 낙양으로 돌아갔다. 이후 황태자 원순의 낙양 탈출이 실패했고, 이어서 목태의 모의가 구체화되었다고 한다.[28]

황태자 원순에 대한 언급은 앞에서 살펴본 『위서』「목태전」 및 다음에 살펴볼 『남제서』「위로전」, 『자치통감』의 기록과 다르다. 앞에서 살펴본 『위서』와 『북사』의 기록에서는 목태와 원륭 형제 등이 반란을 일으킨 원인이 낙양 천도였다고 기록했다. 반면 『남제서』「위로전」은 달리 기록했다.

노虜의 정북장군 항주자사 거록공鉅鹿公 복록고하록혼伏鹿孤賀鹿渾(육예)은 상건을 지키고, 굉宏(효문제)의 종숙從叔 평양왕平陽王 안수安壽(원이元頤)는 상건의 서북에 위치한 회책懷柵에 주둔했다. 복록호하록혼은 굉이 중국인을 임용하는 것을 비난하며 정주자사 풍익공馮翊公 목린目隣(목태), 안락공安樂公 탁발아간아托跋阿幹兒(원륭)와 함께 안수를 옹립하고 하북에 웅거할 것을 모의했다. 시간이 오래되어도 실행되지 않자 안수는 두려워해 이를 굉에게 고했다. [굉은] 복록호하록혼

등 수백 인을 죽였으나 안수는 전과 같이 임용했다.[29]

앞의 인용문에는 모의에 참여한 호인들을 본래의 호성과 호명胡名으로 표기했다. 복록고하록혼, 즉 육예가 모의를 주도한 것으로 기록했다. 그리고 이들의 반대 이유는 중국인, 즉 한인의 임용이었다. 이는 『자치통감』과도 비슷하다.

> 예전에 위魏 문명태후가 위주를 폐하려 하자 목태는 간절히 간언해 그치게 했다. 이로부터 목태는 총애를 받았다. 효문제가 낙양으로 천도하고 친히 임명한 자들은 대개 중주中州의 유사儒士였으므로, 종실과 대인代人이 왕왕 좋아하지 않았다. 목태는 상서우복야에서 정주자사로 임명되었다. 스스로 병이 오래되었고, 땅이 따뜻하면 더욱 심해진다고 말해 항주자사恒州刺史로 부임하기를 청했다. [효문]제는 목태를 위해 항주자사 육예를 정주자사로 임명하고, 목태를 대신 항주자사에 임명했다. 목태가 [부임지인 항주]에 도착했을 때 육예는 아직 출발하지 않았다. 드디어 서로 모의해서 난을 일으키기로 했으며 몰래 진북대장군鎭北大將軍 낙륙왕樂陸王 원사예, 안락후 원륭, 무명진장 노군후 원업, 효기장군 원초 등과 결탁해 함께 삭주자사 양평왕 원이를 우두머리로 추대했다. 원사예는 원천사元天賜의 아들이었고, 원업은 원비의 아우였으며, 원륭과 원초는 모두 원비의 아들이었다. 육예는 낙양의 목명沐明 때문에 목태에게 거사를 늦출 것을 권해 목태는 반란을 시작하지 않았다.[30]

앞의 인용문에서 효문제가 낙양 천도 이후 중주 유사를 임용해 종실과 대인, 즉 호인이 불만을 가졌다고 기록했다. 이 때문에 목태와 육예 등이 반란을 일으킬 생각을 가진 것이다. 『자치통감』이 『남제서』「위로전」의 자료와 다른 점은 육예의 건의로 반란을 늦추었다는 점이다. 그러나 대체로 목태의 난 원인에 한정하면, 『자치통감』은 『남제서』「위로전」의 견해를 따랐다.

앞에서 네 가지 자료를 토대로 목태와 육예가 반란을 일으킨 이유를 검토했다. 『위서』에서는 낙양 천도, 『남제서』와 『자치통감』은 한인 관료의 등용을 반란의 원인으로 제시했다. 그러나 후자가 맞다고 하더라도 모든 호인(종실宗室과 대인代人)이 불만을 가졌고 효문제에 반대한 것이 아니었다. 목태와 육예 등으로부터 우두머리로 추대된 원이(원안수元安壽)는 오히려 이 사실을 효문제에게 알려 반란을 초기에 진압하는 데 기여했다.[31] 반면 남안왕 원정은 목태의 난을 알았지만 보고하지 않아 사후에 봉국封國과 작위를 빼앗겼다.[32] 앞의 『북사』 「원비전」에서 살펴본 것처럼 원비도 이 사실을 알았지만 직접적으로 가담하지 않았고, 아들들만 가담했다.[33] 효문제의 입장에서 보면 북위 황실(종실)과 목씨·육씨 등 유력한 호인 가문이 가담한 목태의 난은 낙양 천도와 한화 정책뿐만 아니라 자신도 몰락할 수 있는 위기였다. 목태의 난에 참가한 사람은 「원징전」에 따르면 100여 명이었고, 「우열전」에 따르면 반란에 가담한 대도代都의 구족舊族은 많았다고 한다. 대다수의 호인 지배층이 반대한 상황이었으므로 목태의 난을 신속히 진압하지 않았다면 효문제의 낙양 천도와 한화 정책은 중지되었으며 국가의 분열과 멸망이 조성되었을 것이라고 평가하기도 한다.[34]

2) 황태자 원순의 평성 도망 미수

원순은 자字가 원도元道이다. 태어나서 생모가 죽어 풍태후가 양육했다.[35] 효문제는 태화 17년(493년) 유월 황자 원순을 황태자로 삼았다.[36] 효문제는 순행과 친정으로 낙양을 비울 때 원순에게 낙양의 유수留守와 각종 제사를 맡겼다.[37] 그러나 황태자 원순은 아버지 효문제가 낙양에 없는 사이에 평성으로 도주하려고 했다.

㉮ 원순이 서학書學을 좋아하지 않고 체모體貌는 비대했으므로 하락河洛의 여름

무더위를 매우 싫어했으며, 매번 북방에서 보냈던 추억에 잠겼다. 중서자中庶子 고도열高道悅이 자주 고언苦言으로 간언했으나, 원순은 그를 매우 원망했다. 고조(효문제)가 숭악崧岳에 행차할 때 원순은 금용[성]金墉城에 주둔하고 있었다. 그는 서액문西掖門 안에서 측근들과 모의하며 목마牧馬를 불러들여 경기輕騎를 이끌고 대代(평성)로 달아나려고 했다. 이에 몸소 [간언하는] 고도열을 금중에서 찔러 [죽였다]. 영군[장군] 원엄元儼은 문을 닫고 [원순의 도망을] 막았으니 밤에 사태가 진정되었다. 다음날 새벽에 상서尙書 육수陸琇는 남쪽으로 달려가 효문제에게 이 사실을 알렸다. 효문제는 이 소식을 듣고 놀라고 한탄하며 밖으로 그 일에 대해 언급하지 않게 하고 변구汴口에 이르러 돌아왔다. 그리고 원순을 불러 죄를 따져 물었고 함양왕 원희 등과 함께 친히 원순에게 장杖으로 매질했다. 또한 원희 등에게 교대로 대신 매질하게 해서 100여 대를 때린 후 밖으로 끌어내니 한 달여 동안 일어나지 못했다. 효문제는 [원순을] 성 서쪽의 별관別館에 억류했다. 그리고 신하들을 청휘당淸徽堂으로 불러 알현받아 원순을 태자의 자리에서 폐할 것을 의논했다. 사공司空 태자태부太子太傅 목량과 상서복야 [태자太子] 소보少保[2] 이충李沖은 모두 관冠을 벗고 머리를 조아리며 사죄했다. 효문제는 "경들이 사죄하는 것은 사私이고, 내가 의논하는 것은 나라이다. 옛 사람의 말에 국가의 대의大義를 위해 부모의 정도 버린다고 했다. 현재 원순이 아버지를 거역하고 존자尊者에게 등을 돌리고 항삭恒朔을 점거하려고 했다. 천하에 아버지와 나라가 없었던 적이 없었다. 어찌 그에게 관용을 베풀며 마음과 몸이 함께한다는 말인가! 이 소아小兒를 오늘 없애지 않으면 곧 국가의 큰 화근이 될 것이며, 나에게 후사가 없게 된다면 영가의 난[永嘉之亂]이 있을까봐 두렵다"라고 말했다. 그리고 원순을 폐해 서인庶人으로 삼아 하양河陽에 가두고 병사들에게 지키

---

2 『위서』「이충전(李沖傳)」에서는 '소보'를 '소부(少傅)'로 표기했다(『魏書』, 卷53 「李沖傳」, p. 1185, "遷尙書僕射, 仍領少傅. 改封淸淵縣開國侯, 邑戶如前. 乃太子恂廢, 沖罷少傅").

게 했으며, 제공하는 옷과 음식은 굶주림과 추위를 겨우 면할 정도였다. 원순은 곤경에 처해서 자못 잘못을 알고 뉘우치며 늘 불경을 읽고, 예배禮拜하며 선善으로 마음을 돌리려 했다. …… (중략) …… 효문제가 대代를 방문한 후 마침내 장안으로 갔다. [어사御史]중위中尉 이표李彪는 기회를 틈타 몰래 표를 올려서 원순이 다시 측근들과 역모를 모의한다고 고발했다. 효문제는 장안에서 중서시랑中書侍郎 형만邢巒과 함양왕 원희에게 조서를 받들어 초주椒酒를 가지고 하양을 방문해 원순을 사사賜死하게 하니, 이때 [원순의] 나이 15세였다. 조악한 관棺과 상복常服으로 염殮하고 하양성河陽城에 묻었다.[38]

㉮는 태자 원순이 황하 유역의 더위를 싫어하고 평성으로 돌아가려고 하다가 잡혀서 결국 폐위되고 살해되는 과정을 기록한 것이다. 선행 연구자들은 효문제의 태자 원순은 낙양 천도 혹은 한화 정책의 반대파들이 일으킨 목태의 난 등의 희생자라고 평가했다.[39] 그러나 『남제서』 「위로전」에는 원순을 『위서』와 달리 기록했다.

㉯ 원굉이 수도를 옮길 당시 원순은 기뻐하지 않았으며, 상건으로 돌아가려고 했다. [원]굉이 의관을 만들어 원순에게 주었으나, 원순은 몰래 뜯고 찢어버렸으며, 머리를 풀어헤치고 땋았으며 옷은 좌임했다. 대풍大馮은 총애를 얻자 밤낮으로 원순을 참소했다. 원굉이 업성鄴城으로 나가 말타기와 활쏘기를 하[며 즐겼]다. 원순은 이 기회를 틈타 반란을 일으켜 북쪽[의 평성]으로 돌아가려고 몰래 궁중의 어마御馬 3000필을 뽑아서 하음저河陰渚에 두었다. 황후가 이를 듣고 원순을 불러 체포하고 사자에게 말을 달려 원굉에게 이를 고하게 하니, 원굉은 원순을 무비성無鼻城으로 옮기고 하교河橋의 북쪽 2리에서 원순을 살해했으며 서인의 예로 장사 지냈다.[40]

앞의 인용문 ㉯를 인용문 ㉮와 비교하면, 원순은 효문제의 호복 금지 조치에 반항하고 낙양을 지키라는 아버지 효문제의 명령을 어기고 평성으로 도망가려고 하는 등 상대적으로 능동적으로 효문제에게 대항했다. 그러나 ㉯의 밑줄 친 부분은 『위서』와 비교하면 사실과 다르다. 한 학자의 고증에 따르면, 대풍의 참소는 『위서』에 기록되지 않았고, 효문제가 행차한 곳은 업鄴이 아니라 숭고嵩高 혹은 숭악崧嶽이었으며[3] 도망가는 원순을 사로잡은 사람은 풍후馮后가 아니라 원엄이었다. 또한 원문의 '황후'는 대풍을 가리키는 것 같으나, 앞의 문장에서 소풍小馮이 폐위되었음을 언급하지 않았고, 원순이 피살된 다음에 대풍을 황후로 삼았다고 하는 것으로 보아 '황후'는 대풍으로 볼 수 없다.[41] 즉, 『남제서』 「위로전」의 원순 관련 기사는 세부적인 내용이 실제 상황과 다르므로 사료적인 가치를 의심할 수 있다는 반론을 할 수 있다. 한편 『자치통감』 권140 명제 건무 삼년 팔월조에는 다음과 같이 기록되었다.

> ㉰ ㉠ 위魏의 태자 순恂이 학문을 좋아하지 않았으며, 몸이 본래 비대했고 하남의 지열地熱을 [견디지 못해] 늘 북쪽의 [평성으로] 돌아갈 생각만 했다. ㉡ 위주(효문제)는 태자 순에게 의관을 하사했지만, 순은 늘 개인적으로 호복을 착용했다. ㉢ 요동遼東 사람 중서자 고도열은 자주 간절히 간언했지만, 원순은 그를 싫어했다. 팔월 무술일(496년 8월 31일)에 효문제는 숭고에 행차했는데, 원순과 좌우의 측근들이 몰래 모의해 목마牧馬를 불러 경기輕騎로 평성으로 달아나려고 했

3 『위서』 권22 「폐태자순전」에서는 효문제가 숭악으로 행차했다고 기록했고(『魏書』, 卷22 「廢太子恂傳」, p. 588, "高祖幸崧岳, [元]恂留守金墉, 於西掖門內與左右謀, 欲召牧馬輕騎奔代, 手刃[高]道悅於禁中"), 『위서』 「고도열전(高道悅傳)」에서는 효문제가 태화 22년 가을에 중악(中岳)으로 행차했다고 했다(『魏書』, 卷62 「高道悅傳」, p. 1401, "太和二十年秋, 車駕幸中岳, 詔太子[元]恂入居金墉, 而[元]恂潛謀還代, 忿[高]道悅前後規諫, 遂於禁中殺之"). 여기서 중악은 숭산(嵩山)이다. 『자치통감』 권140 「제기」에서는 효문제가 숭고로 갔다고 했다(『資治通鑑』, 卷140 「齊紀」 明帝建武三年條, p. 4400, "八月, 戊戌, 帝如嵩高, [元]恂與左右密謀, 召牧馬, 輕騎奔平城, 手刃[高]道悅於禁中").

고 몸소 고도열을 금중에서 찔러 죽였다. 중령군中領軍 원엄은 문을 닫아 [원순의 탈출을] 막으니 사람들은 밤에야 안정되었다. 아침 일찍 상서尙書 육수는 말을 달려 효문제에게 이 사실을 고했고 효문제는 크게 놀라며 그 일을 비밀에 붙이고 변구에 이르러 돌아왔다. [효문제는] 갑인일(496년 9월 16일)에 입궁해 원순을 만나보고 그 죄를 캐물었으며 친히 함양왕 원희와 교대로 원순을 장杖으로 100여 대를 때린 후에 밖으로 끌어내어 성의 서쪽에 가두니 [원순은] 한 달여 후에야 능히 일어날 수 있었다.[42]

㉰ 가운데 ㉠과 ㉢은 『위서』 「폐태자순전廢太子恂傳」과 거의 비슷하며, ㉡ 부분은 『남제서』 「위로전」의 기록과 유사하다. 사마광의 『자치통감』이 역대 정사를 편년체로 재구성한 역사책이 아니라 나름대로 사료 비판을 통해 기사를 취사선택했음은 주지의 사실이다.[43] 따라서 위의 『자치통감』 인용문은 사마광과 그의 조수들이 『위서』 「폐태자순전」과 『남제서』 「위로전」에서 나름대로 옳다고 판단한 기록들을 절충해 정리한 것으로 볼 수 있다.

한 중국 학자는 『자치통감』과 『남제서』 「위로전」의 기록을 바탕으로 효문유황후孝文幽皇后 풍씨와 태자 원순이 정치적 갈등 관계에 있었으며, 북방 유목민의 특징을 잘 보여주는 변발과 호복을 착용했던 것으로 보아 원순은 한화 정책에 반대했던 인물이었다고 주장했다.[44] 이에 대해 효문유황후 풍씨와 태자 원순의 정치적 대립은 『위서』에서 검증할 수 없다는 비판이 제기된다.[45] 그러나 효문제의 입장에서 보면 원순이 평성으로 도주하려고 한 것은 한화 정책의 계승자가 되어야 할 황태자 원순이 자신의 정책에 대해 반대한 것으로 받아들여졌을 것이다. 그러므로 효문제는 함양왕 원희와 함께 교대로 아들 원순을 직접 때렸다.

3) 정변의 영향: 이중 거주(안신)와 평성 거주의 허용

목태·육예의 난과 황태자 원순의 평양 도망 미수 사건을 진압하기는 했지만 효문제가 입은 정치적·심적 타격은 컸다. 목태는 효문제가 황제의 자리에서 쫓겨날 위기를 막아준 인물이었다. 그리고 원순은 자신의 뒤를 이을 후계자였다. 1항과 2항에서 살펴본 것처럼 목태·육예의 난과 황태자 원순의 평성 도망 미수 사건이 일어난 공통적인 원인은 낙양 천도의 반대였다. 효문제는 목태가 반란을 일으킨 또 다른 원인인 한인 관료의 등용과 황태자 원순이 반발한 '한화 정책'의 실행은 포기하지 않았지만, 낙양 천도에 대한 반발은 재고해야 했다. 효문제는 낙양 천도를 포기하지 않았지만, 낙양에 살기 싫어하는 호인들의 바람을 들어줌으로써 그들의 반발을 무마하려고 했다. 호인들의 반발을 무마하는 방법은 『위서』 권15 「원휘전」에 보인다.

> 예전에 고조(효문제)가 낙양으로 천도했으나 벼슬하던 구귀舊貴들이 모두 이사移徙를 어려워했다. 고조는 여러 무리의 뜻에 맞추고자 했으므로 드디어 겨울에는 남쪽(낙양을 지칭한다)에 살고 여름이 되면 북쪽(자신들의 원주지)으로 돌아가 살도록 허락했다.[46]

앞의 인용문에 따르면, '구귀'로 불리는 호인 지배층은 여름에 자신의 거주지에서 생활하고 겨울에만 낙양의 조정에서 근무했다. 이를 안신雁臣이라고 한다.[47] 앞의 인용문에서 호인 지배층 전부가 '안신' 생활을 했다고 해석할 수는 없지만, 앞의 인용문과 『낙양가람기』, 『위서』와 『북제서』 등의 기록을 보면 당시에 '안신' 생활을 하는 호인들이 많았음을 알 수 있다. 제15장 3절에서 상세히 서술하겠지만, 낙양에 거주하지 않고 자신의 고향에서 살 수 있었던 안신들은 자신의 유목민 문화 혹은 초원 문화를 유지했고 한문화의 영향을 최소화할 수 있었다. 그리고 낙양에서 근무하며 만난 낙양 거주 호인들에게도 호속을 주입하거나 유지하게 하는 데 영향을 주었을 것이다.[48]

효문제가 안신 생활을 용인한 이후 일부 호인은 낙양에서 살지 않아도 되었다. 그러나 자신의 부락(부족)과 낙양의 조정을 왕래하며 사는 안신 외에 낙양으로 이주한 대천호는 본적을 하남군 낙양현(하남 낙양인)으로 고쳐야 했다.[49] 제1부 제4장 1절에서 살펴본 것처럼 일부 호인은 하남군 낙양현의 본적을 가졌지만, 평성 등 북변의 본적도 가졌다. 이는 이들이 항주·연주 등의 대중정大中正을 겸임한 예에서 확인할 수 있다. 중정中正은 자신의 본적에 거주하는 인물의 평가와 관리 추천을 담당하므로 이들이 하남군 낙양현이 아닌 지역의 대중정에 임명된 것은 국가에서 이중 본적을 허용한 것으로 해석된다.

이중 거주를 허용하는 안신과 이중 본적에서 한 걸음 더 나아가 517년 효명제는 전향적인 명령을 내렸다. 『자치통감』 권148 「양기」 4 무제 천감 십륙년 시월조의 기록을 살펴보자.

> [시월] 을묘일(517년 11월 26일)에 위주魏主(효명제)는 조서를 내려 천사遷徙하지 않은 북경(평성) 사민들은 모두 북경에 머물러 살며 영원히 생업에 종사하게 했다.[50]

앞의 인용문에 따르면 평성과 그 주변 지역에 살던 사람들이 낙양으로 이주하지 않았을 경우 평성 일대에 계속 살게 했다. 앞의 인용문에서 517년 당시 낙양 천도 이후 낙양으로 이주해야 하는데도 20년이 넘은 현재 낙양으로 천사하지 않은 사람들, 즉 앞의 인용문의 기록으로는 북경(평성) 사민이 존재했음을 알 수 있다. 즉, 효문제의 낙양 천도 이후 평성 및 인근 지역 사람들의 낙양 이주가 일시적으로 행해진 것이 아니라 점진적으로 진행되었거나, 제대로 실행되지 못했음을 알 수 있다. 이들은 평성과 그 주변 지역에 살면서 가을 혹은 겨울에 낙양에 가서 벼슬살이하는 안신 생활을 하는 사람일 수도 있다. 어떤 경우이건 이들은 517년에 낙양에 이주하지 않고 북경, 즉 평성과 주변 지역에 살 수 있게 하는 국가의 허가를 받았다.

앞에서 살펴본 것처럼 안신과 평성 유거留居 허용은 일부 호인은 낙양으로 이주하지 않도록 허용한 예외 조항이었고, 호인의 낙양 이주가 제대로 시행되지 못했다는 증거였다. 한 중국 학자는 평성에서 낙양으로 이주한 사람을 약 108만 명으로 추정했다.[51] 『낙양가람기』에 따르면 북위 후기 이후 낙양의 인구는 10만 9000여 호였다.[52] 1호당 5인으로 가정하면 54만 5000명이었다. 『낙양가람기』에서 낙양 호수戶數가 어느 황제 시기의 통계인지 밝히지 않았으나 중국 학자가 추산한 대천호의 인구가 낙양의 인구보다 2배나 된다는 사실 역시 평성 일대의 호인이 모두 낙양으로 이주하지 않았음을 보여준다.

3. '한화 정책'의 예외 조항

1) 제도· 법령과 필연적인 예외

"예외 없는 법률은 없다"라는 속담처럼 법령과 제도에 예외 조항이 있을 수 있다. 효문제 시기에 제정된 각종 법률과 제도에서도 이를 확인할 수 있다. 대토지 사유를 억제하고 국가의 수전授田을 시행해 다수의 군현민郡縣民 창출에 기여했다는 균전제均田制에는 노비奴婢와 소에도 노전露田[53] 혹은 마전麻田[54]이 지급되었다. 이 급전給田 규정을 보면 노비와 소를 다수 소유한 지방 호족豪族들은 여전히 대토지를 소유할 수 있었다. 이러한 예외 규정은 '한화 정책'에 해당하는 정책과 법률에서도 확인된다.

먼저, 호성의 한성 개칭, 즉 두 글자 이상인 호성을 단성(한 글자 성)으로 바꾼 태화 20년(496년)의 조치이다. 이 조치는 호인에게 한인의 성姓을 사용하게 함으로써 호인을 한인으로 동화시키려는 조치로 해석된다. 그런데 『위서』에는 이 조치가 명확히 기록되지 않았다. 『위서』「고조기」 태화 이십년 춘정월 정묘조에는 탁발씨만 원씨로 바꾸라는 조서만 있다.[55] 이 조치를 보면 호성을 바꾸는 대상은 북위 황실인 탁발씨에 한정된다. 『자치통감』에서는 나머지 호인도 한 글자의 한성으로 바꾸었다고 해석했다.[56] 그런데 『위서』「관씨지」에는 성姓을 바꾼 연도가 표기되지는 않았지만, 호성과 함께 바뀐 한성을 병기했다.[57] 따라서 정확한 시점은 알 수 없지만, 탁발씨를 제외한 나머지 호인도 호성을 한성으로 바꾸었음은 분명하다.

『위서』「관씨지」에 나열된 호성의 한성 개칭 규정을 자세히 살펴보면 예외가 있었다. 즉, 토욕혼씨,[58] 하약씨,[59] 나씨,[60] 유씨庾氏,[61] 우문씨, 모용씨[62] 6성은 한성으로 바꿀 필요 없이 원래의 성姓을 그대로 사용하도록 허용했다. 이 밖에 사서와 묘지명, 조상기를 보면 여전히 호성을 사용한 예가 발견된다. 예컨대 「황석애법의형제자매등조상제기」[63]에 따르면 흘두릉씨[紇豆陵侯地拔]와 일불씨一佛氏와 乙弗莀洛(장원조의 죽은 아내)는 호성의 한성 개칭 이후 사용해야 하는 '두竇'와 '을乙' 대신 여전히 호성을 사용했다. 반면 혁련씨[赫連儒와 赫連悅]와 저거씨[沮渠顯遵], 곡사씨[斛斯康德], 호연씨[呼延伏姬와 呼延摩香]도 여전히 호성을 사용했다. 이 4개 호성은 『위서』「관씨지」에 한성으로 개칭된 이후의 한 글자 성이 기록되지 않았다. 이 가운데 혁련씨, 저거씨, 곡사씨는 『위서』와 『북제서』에서도 여전히 복성의 호성으로 표기되었다. 또한 『위서』와 『북제서』의 호성 표기 예를 살펴보면 이들의 성씨 표기를 통해 낙양이 아닌 북위의 북쪽 변방에 거주하는 호인들은 호성과 한성을 모두 사용했다. 일단 낙양 외의 지역에 거주하는 호인들은 한성과 호성 가운데 하나를 택해 사용했음을 알 수 있다. 또한 곡률씨 같은 일부 고차인과 강인들도 본래의 호성을 그대로 사용했다.[64]

다음으로 낙양 천도 이후 옛 수도 평성과 인근 사람들의 낙양 천사 문제를 검토해보자. 효문제는 낙양 천도를 감행하고 평성의 호인들을 낙양으로 이주시켰다. 이들을 대천호라고 한다. 그런데 낙양 천도 이후 평성(대代)에 머물렀던 인물들이 보인다. 효문제의 총애를 받았던 외척 풍희馮熙는 태화 19년(495년)에 대에서 살다가 죽었다. 이는 황후와 태자가 대(평성)로 가서 곡을 한 점에서도 확인된다.[65] 광천왕 원략元略의 부인도 낙양 천도 이후 대에 머물다가 죽었으며, 이 여성의 무덤 때문에 장례에 관한 규칙이 만들어졌다.[66] 이 두 사람은 연로해 예외적으로 평성에 남도록 허락했을 수도 있다.

이어서 작제爵制 개혁을 살펴보자. 전한 초 한고조 유방劉邦이 이성 제후왕異姓諸侯王을 제거한 후 위·진·남조 시대까지 찬탈자를 제외한 이성異姓 신하가 왕으로 봉해진 예가 없었다. 그러나 북위에서는 효문제 시기까지 47개의 왕작王爵이 이성의 신하들에게 주어지고 세습되었으며 27인이 사후 왕으로 추봉追封되었다.[67] 수봉자에 봉해진 상당수가 부락 수령이었음을 감안하면 호인 지배층은 북위 황실 탁발씨에 준하는 대접을 받았을 것이다. 또한 북위뿐만 아니라 흉노, 계호 등 유목국가와 북제, 요遼, 금, 원 등 이민족 왕조에서도 이성왕異姓王을 남봉濫封하는 현상이 공통적으로 발견된다.[68] 따라서 왕작은 한대 이래의 중국 제도이지만, 이성왕을 남봉하는 현상은 이민족 왕조인 북위에서 자의적으로 운영한 것이다.

효문제는 이러한 왕작 제도를 바꾸었다. 태화 18년(494년) 작제를 개혁했고,[69] 후직령後職令에는 전직령前職令과는 달리 왕·공·후侯·백伯·자子·남男이 제1품(정1품) 이하의 품계에 편입되었다.[70] 그리고 태화 16년(492년) 태조 도무제의 자손에게만 왕작을 허용하고 그 외의 종실 제왕과 이성 제왕異姓諸王의 작위를 공으로 강등했다.[71] 그런데 이성 제왕 가운데 장손도생長孫道生의 후손만 장손도생의 공훈을 기려 왕작을 유지하게 했다.[72] 북위 전기 왕작을 부락 수령과 그 일족, 외척, 공신들에게 주었음을 고려하면 효문제는 장손씨의 세력을 고려해 예외 규정을 두었다고 할 수 있다. 또한 유창劉昶(송왕宋王), 소보인蕭寶夤(제왕齊王,

단양왕丹陽王), 소종蕭綜(단양왕)처럼 남조에서 귀부한 황실 일족에게 왕의 작위를 주었다. 언기호焉耆胡 차이락車伊洛의 아들 차헐車歇도 전부왕前部王의 작위를 세습했고, 연흥 3년(473년)에 죽자 아들 차백주車伯主가 전부왕이 되었다.[73] 그런데 정시 2년(505년) 선월광鄯月光의 묘지명에 따르면 선월광의 시아버지인 차백생車伯生은 전부왕이었다.[74] 이 묘지명의 예에서 북위 내지로 옮겨서 거주한 이민족의 군장들도 여전히 왕작을 지녔음을 알 수 있다.

앞에서 살펴본 것처럼 효문제의 작제 개혁 이후 비非태조 계열의 종실과 이성에게 사여된 왕작은 북위에 투항한 남조 종실, 서역의 군주에 한정되었다. 즉, 효문제의 작위 남봉 방지 조치는 효명제 시기까지 잘 지켜졌다고 볼 수 있다. 그러나 효무제 사후 이주영의 옹립으로 즉위한 효장제 시기부터 왕작 남봉의 금기는 허물어졌다. 효장제가 이주영의 진영에서 황하를 건넌 후 형 팽성왕 소劭를 무상왕無上王, 아우 패성공覇城公 자정子正을 시평왕始平王으로 봉함과 동시에 이주영을 태원왕에 봉했다.[75] 이성의 신하를 왕에 봉한 것은 사실상 이주영의 찬탈 가능성을 시인한 것으로 볼 수 있다. 이후 이주영 등 이주씨가 정권을 잡으면서 이주씨 일족 10인이 왕으로 봉해졌다. 『위서』 권40 「육사전부자창전陸俟傳附子彰傳」에 따르면 건의建義 연간 초 이주영은 구사舊事를 회복하고자 해서 일시적으로 서성庶姓, 즉 이성異姓 신하들을 왕으로 봉했다.[76] 이후 효장제는 무태武泰 원년(524년) 하사월 북위 종실과 이성 신하들을 대거 왕으로 봉했다. 이성 가운데 이연식李淵寔처럼 외척도 있고, 장손치長孫稚와 목소穆紹처럼 대신이면서 일족이 왕에 봉해진 명문 출신도 있었다. 또한 원소경源紹景, 풍경馮冏, 육자창陸子彰, 장손열長孫悅 등 선조가 왕작을 받았던 사람들이 효문제 때 공으로 강등되었다가 왕작을 회복했다.[77] 이후 효장제는 이주영에게 살해된 무상왕無上王 원소元劭의 자식과 기타 종실을 왕으로 봉하는 등 여러 차례에 걸쳐 종실인 원씨를 왕에 봉하는 조치를 취했다.[78] 이처럼 북위 말 효장제 시기 왕의 남봉은 왕조 말기 일반적으로 관료제가 파괴되며 관작이 남발되는 현상이다. 즉, 효장제 시기 왕의 남봉과 왕작 사여 대상을 제한한 효문제 시기의 작제 개혁은 형해화되고, 대신 이전처럼 이성에게도 왕을 봉하는 관행이 되살아났다. 이러한 예외 규정은 호인들의 정치적 영향력을 확대하는 계기가 되었다.

2) 예외가 만들어낸 '한화 정책'의 형해화

1항에서 살펴본 것처럼 효문제의 정책에는 다양한 예외 조항이 있었다. 이러한 예외 조항이 '한화 정책'을 어떻게 무력화했는지 살펴보자.

먼저 호어 금지이다. 제1부 제1장에서 이미 살펴보았으므로 간단하게 정리해보자.

효문제는 호어를 금지했지만, 태화 19년 유월 기해일에 반포된 이른바 호어 금지의 조서를 보면[79] 금지의 대상은 '조정지인'에 한정되었다. 따라서 호어 금지 조치는 호인 전체가 아니라 조정에서 근무하는 호인 관리들에 한정됨을 알 수 있다. 또한 효문제의 호어 금지 조치 이후 30세 이상의 호인은 호어를 사용할 수 있는 예외 조항이 있었다.[80] 중국의 석학 탕창루는 다음과 같이 말했다.

> 30세 이상인 사람의 호어 사용은 쉽게 바꿀 수 없어 호어 금지를 위반해도 처벌하지 않지만, 30세 이하이면서 조정에서 벼슬하는 탁발 족인이 예전처럼 호어를 한어漢語로 바꾸지 않는다면 관작官爵을 강등하게 했다.[81]

앞의 인용문에서 알 수 있듯이 탕창루는 이 규정이 실제로 실행되었다고 이해했다. 이 두 규정에 따르면 30세 이상의 모든 호인과 조정에서 근무하지 않는 호인들은 반드시 한어를 사용할 필요가 없었고 여전히 호어를 사용할 수 있었다. 이러한 예외 조항 때문에 실제로 한어를 사용할 필요가 없는 호인이 대부분이었다.

다음으로 낙양 천도 이후 내려진 이장 금지 정책을 살펴보자. 효문제는 태화 19년 유월 병진일(495년 7월 26일) 낙양 천도 이후 낙양으로 이주한 관리와 백성들에게 옛 수도 평성으로 이장하는 것을 금지하는 조치를 내렸다.[82] 『위서』「광천왕해전」에는 이를 상세히 규정했다. 이에 따르면 낙양에 이주해 사는 호인들이 평성 일대로 이장하지 못하게 한 앞 인용문의 조치는 호복 금지와 호인의 본적을 하남 낙양인으로 바꾼 조치와 함께 호인들이 고토故土를 그리워하지 못하게 하고 한화 정책을 본격적으로 추진하기 위한 포석이라는 견해가 있다.[83] 그런데 다섯째 조항에 따르면 하남군 낙양현의 본적을 가진 호인들도 대(평성)에서 근무하거나 생활하는 호인이라면 평성과 낙양 가운데 매장지를 선택할 수 있었다. 여섯째 조항과 일곱째 조항에 따르면 항주恒州(평성 일대)와 연주, 기타 주 출신의 호인들은 매장지를 자신이 임의로 택하게 했다.[84] 2절 3항에서 살펴본 것처럼 평성 일대의 모든 호인이 낙양으로 이주한 것이 아니고 517년에는 평성 일대에서 거주할 수 있도록 허락받았다.[85] 이러한 예외 조항 덕분에 낙양 외의 지역에 본적을 둔 호인들은 낙양 외의 지역에 매장할 수 있었다. 따라서 이 규정은 호인들에게 하남군 낙양현이라는 정체성을 심어주려는 정책에도 허점이 있었음을 보여준다.

4. 선무제의 '태업': '한화 정책'의 묵살

1) 선무제의 언어와 문화 환경

선무제(483~515년)는 원래 제위에 오를 자격이 없었으나 당시 황태자 원순(선무제의 형)이 낙양 천도에 반대하는 목태의 난에 가담하다가 태화 20년(496년) 폐위되었으므로[86] 다음 해 태자가 되었고 효문제 사후에 제위에 오를 수 있었다.[87]

폐태자廢太子 원순은 서학書學을 좋아하지 않고 비대한 몸으로 하남의 더위를 이기지 못해 효문제 몰래 평성으로 달아나고자 했다.[88] 반면 선무제는 어릴 때부터 의젓한 모습을 보여 효문제에게 깊은 인상을 심어주었다. 태자 원순의 난 이후 효문제가 아우 팽성왕 원협에게 선무제에게서 비상한 지상志相이 있었는지 의심했는데 이를 확인했다고 말했다.[89] 495년 효문제가 호어 금지 조치를 내린 후 아마도 선무제는 이를 잘 지켰던 것 같다. 선무제가 태자가 된 시기는 그보다 2년 후인 497년이었기 때문이다. 즉, 효문제는 자신의 정책을 잘 실천할 것 같은 선무제를 신임해 태자로 삼아 제위를 물려주려고 했을 것이다.

앞에서 살펴본 정치적 상황을 보면 차기 후계자로 지명된 선무제의 한어와 한문 구사 능력은 효문제가 만족할 수준이었을 것이다. 『위서』「세종기」에서는 선무제가 경經과 역사를 좋아했고 불교를 좋아해 강론할 때마다 밤을 새도 피곤함을 잊었다고 기록했다.[90] 그러나 선무제는 한문에 능하고 한어만 구사한 것은 아니었다. 선무제는 495년 당시 13세였기 때문에 규정상 호어 대신 한어를 사용해야 했다. 그러나 한어를 배웠다고 하더라도 호어를 잊은 것은 아닌 것 같다. 선무제는 499년 효문제 사후 원비는 낙양에 가서 당시 태자(선무제)를 만났고 화림도정에서 벌어진 연회에서 재회했다.[91] 연회에서 선무제가 원비와 대화했다면 호어를 사용하는 원비 때문에 선무제가 호어를 사용했을 것이다.[92] 선무제는 호어와 한어뿐만 아니라 불경의 원래 언어인 인도어 혹은 중앙아시아의 언어도 모두 구사할 수 있었을 것이다.[93]

이처럼 여러 언어를 구사하는 선무제는 단순히 중국 문화에만 관심을 지닌 것은 아니었다. 다음 항에서 설명하겠지만, 선무제는 유가 사상보다 불교에 더 관심이 많았다. 『위서』「배연준전裵延儁傳」에 따르면 선무제는 오직 석전釋典, 즉 불교 경전에 몰두했고 유가 경전에는 관심을 두지 않았다.[94] 『위서』「석로지」의 해당 기록을 보자.

세종(선무제)은 불리佛理를 독실하게 좋아해 매년 늘 금중에서 친히 경론經論를 강講했고, 널리 명승名僧을 모아 의지義旨를 표명標明했다. 사문조록沙門條錄은 내기거內起居에게 기록하게 했다.[95]

앞의 인용문을 보면 선무제는 불교에 매우 심취했음을 알 수 있다. 이는 선무제가 룽먼 석굴을 만든 사실에서도 확인된다. 선무제는 낙양 남쪽의 이궐산伊闕山에 효문제와 생모인 효문소황후 고씨, 나중에는 자신을 위해 석굴 3개를 만들었다. 룽먼 석굴이라 불리는 이 석굴은 80여만 명의 노동력을 동원해 만들었다.[96]

선무제는 불교에만 심취한 문약한 인물은 아니었다. 선무제가 북망으로 사냥갔던 기회를 노려 함양왕 원희가 모반을 계획했던 예[97]와 선무제가 매일 화림원에서 희사戲射를 즐겼던[98] 예가 『위서』에서 확인된다. 선무제뿐만 아니라 친동생 광평왕 원회와 아들 효무제, 조카 효장제·효정제, 원탄元誕(선무제의 이복형제 함양왕 원희의 아들), 원흔元欣(원우의 아들) 등도 사냥을 좋아했다.[99] 이는 효문제의 직계가족이 유목민들의 놀이인 사냥을 좋아했음을 확인해주는 예이다. 2부 8장에서 살펴본 것처럼 선무제의 활쏘기와 비석 세우기는 유목민의 습속을 그대로 이어받았음을 시사한다.[100]

마지막으로 선무제는 황후 고씨의 투기에 제제를 가하지 않았다. 고황후高皇后는 선무제가 여성을 가까이하지 못하도록 감시해 선무제가 죽을 때까지 선무제와 성관계를 맺지 못한 부인과 빈嬪이 있었다. 따라서 선무제는 오직 아들은 효명제 1명만 남겼다.[101] 선무제가 남성 중심의 유가 사상을 체득했다면 고황후의 투기를 두고 보지 않았을 것이다. 즉, 선무제는 한문화를 받아들였지만, 여전히 호속에 익숙한 인물이었음을 알 수 있다.

사냥과 활쏘기의 예를 살펴보면 선무제는 호인들의 상무적인 습속을 여전히 유지했음을 알 수 있다. 따라서 선무제는 화북의 한인을 통치하기 위해 한어와 한문, 경經·사史로 대표되는 한문화에 익숙했지만, 자신의 모국어인 호어와 서역의 언어도 구사했을 뿐만 아니라 외래 종교인 불교에 심취했다. 그러면서도 호인들의 풍습에도 익숙했다. 따라서 선무제는 다양한 종족의 문화를 섭취한 다문화의 배경을 지녔을 뿐, 일방적으로 한화된 인물은 아니었다.

2) 선무제의 친정과 그 영향

선무제는 형 태자 원순 대신 태자가 된 후 태화 23년(499년) 효문제가 남제 친정에서 병에 걸려 사망하자 즉위했다. 효문제는 남정南征 도중 사망하기 직전 함양왕 희, 북해왕 상祥, 광양왕 가嘉, 임성왕 징澄 등 종실 제왕 네 명과 왕숙王肅·송변宋弁 등 한인 관료 두 명, 모두 여섯 명에게 선무제를 보필하라는 유조遺詔를 남겼다.[102] 그러나 선무제는 수보首輔인 숙부 함양왕 원희와 긴장 관계에 놓이게 된다. 함양왕 원희가 영군장군 우열에게 가동을 보내 황제의 친위 부대인 우림과 호분을 자신의 호위병으로 달라고 요구했다. 우열은 거부하자 함양왕 원희는 "나는 천자의 아들이었고 천자의 숙부이다. 원보의 명령은 조서와 무엇이 다른가?"라고 말했다.[103] 함양왕 원희는 우열의 거부로 우림과 호분을 얻지 못했지만, 이는 함양왕 원희가 절대적인 권력을 행사하며 조카인 선무제를 위협하는 일화였다. 선무제는 함양왕 원희와 기타 보정 대신輔政大臣들의 권력이 위협적이라고 생각하고, 친위 쿠데타를 일으켜 이들을 권좌에서 몰아내고 직접 정사를 처리하려고 했다. 선무제는 경명 2년(501년) 정월 약제礿祭 다음날 영군장군 우열을 불러 직합 이하 60여 명을 준비시켰고 함양왕 원희와 팽성왕 원협, 북해왕 원상을 불러 권력을 내놓도록 협박해 이를 관철했다.[104] 그리고 정월 정사일(501년 2월 25일)에 신하들을 태극전전太極前殿에 불러 자신이 친히 나라를 다스릴 것임을 선언했다.[105]

그러나 선무제의 친정親政은 순조롭지 않았다. 권력을 빼앗긴 함양왕 원희가 선무제를 제거하고 황제가 되려는 음모를 꾸몄다. 『위서』「세종기」 경명 이년 하오월 임술조에는 단순히 함양왕 원희가 모반하다 사사賜死되었다고 간단히 기록했다.[106] 『위서』「함양왕희전」에서는 원희가 선무제의 친정 이후 불안을 느꼈고 유소구劉小苟의 살해 위협을 듣고 걱정했다고 했다. 함양왕 원희는 조수趙脩가 선무제의 총애를 받으며 왕공들을 접견하지 않자 소외감을 느꼈다. 이에 처남 겸급사황문시랑兼給事黃門侍郎 이백상李伯尙과 모반을 시도했다.[107] 그러나 선무제는 영군장군 우열과 우충 부자의 도움으로 함양왕 원희의 반란을 진압했다. 우열 부자가 중심이 된 친위군이 선무제를 지지했으므로 선무제가 성공할 수 있었다.[108]

선무제가 친정하면서 효문제의 정책은 반드시 일관적으로 지속되지 않았다. 『위서』「세종기」 사신왈史臣曰에는 선무제의 평가가 실려 있다.

> 세종(선무제)이 성고聖考(효문제)의 덕업德業을 이어받으니 천하에서는 풍화風化를 생각하고 바랐다. 그러나 선무제는 옷소매를 늘어뜨리고 팔짱을 끼고 아무 일도 하지 않았지만 변요邊徼는 복종했다. 선무제는 관대함으로써 아랫사람들을 통제했고 머뭇거리며 판단하지 않으니 태화지풍太和之風이 쇠퇴했다. 한대와 비교하면 [선무제는] 원[제]元帝, 성[제]成帝, 안[제]安帝, 순[제]順帝에 필적하지 않는가?[109]

앞의 인용문을 보면 사신史臣은 선무제가 효문제의 업적을 이어받기를 기대했으나, 아무 일도 하지 않음으로써 태화의 풍조가 쇠퇴했다고 평가했다. 즉, 선무제는 효문제의 정책을 그대로 실천한 것은 아니었다고 이해할 수 있다. 『위서』 권105지之4 「천상지」4에서는 선무제의 총신 고조高肇가 재빨리 선제의 법을 바꾸었다고 기록했다.[110] 여기에서 선제는 효문제를 지칭하고, 선제의 법은 '한화 정책'을 비롯한 효문제의 정책을 지칭한다고 볼 수 있다. 고조는 선무제의 허락 혹은 묵인하에 효문제의 정책을 바꾸었다. 따라서 효문제의 정책은 선무제 이후까지 완전히 지속되었다고 보기 어렵다. 선무제 이후 바뀐 정책을 구체적으로 살펴보자.

효문제는 성족 분정(성족 상정)과 문벌 통혼으로 상징되는 문벌 정책을 추진했다. 그러나 효문제 당대當代는 물론 이후에도 문벌보다 능력을 중시하는 분위기가 지속되었다. 효문제는 문벌, 유술儒術, 문학文學을 중시했지만, 선무제 이후 점차 관위官位, 권세權勢, 군공軍功, 이간吏幹을 중시하는 이전의 분위기로 복귀했다. 이는 무武와 군공軍功의 중시, 비문벌非門閥(한인寒人)의 중정中正 충임, 기사騎射·사책射策·대책對策 등 시험을 통한 관리의 임용과 승진에서 보인다.[111]

또한 제1부 제6장에서 살펴본 것처럼 효문제가 시작한 예악의 전장 제도가 선무제 시기에도 제대로 확립되지 않았고 유학과 예악이 널리 퍼지지 않았다. 그리고 효명제 때에야 제도가 거칠게 갖추어졌다.[112] 관복冠服과 중국식 수레, 의복의 제정과 도입도 효문제 시기에 시작되었지만, 선무제 시기에는 완성되지 않았고, 효명제 시기에야 만들어졌다.[113] '한화'의 기준을 유가 사상이나 의례의 도입으로 본다면 선무제는 효문제의 '한화 정책'을 계승한 것이 아니라 유가 사상과 관련된 제도 수립을 추진하지 않고 방치한 것이다. 반면 선무제는 불교에 심취했고 경명 원년(500년)부터 정광 4년(523년)까지 80여만 명을 동원해 인도 문화의 영향을 받은 석굴 예술을 반영한[114] 룽먼 석굴을 세웠다.[115]

이어서 선무제의 친정 이후 우열을 비롯한 영군부 장령의 정치 개입이 현저히 증가했다. 이는 관제상 변화를 초래했다. 북위 후기에는 외형상 북위 전기의 근시관이 시위侍衛 기구인 영군부와 시종侍從 기구인 문하성門下省, 시봉侍奉 기구인 문하성門下省의 6국六局으로 분화되었지만, 실제적으로는 영군부 장령이 후자의 관직을 겸하거나, 후자의 상호 겸임도 두드러졌다. 이는 북위 전기 근시관의 기능이 관행적으로 남아 있었음을 뜻한다. 즉, 외형상 중국식 관제이지만, 실질적으로는 호족식 관행대로 운영되었다.[116] 북위 전기 근시관처럼 친위 부대인 영군부 장령들이 정치에 개입하면서 남조와는 달리 문서 행정을 담당하는 중서성보다 황제를 지근에서 보필하느냐가 중요해졌다.

이와 아울러 대부분 호인인 영군부 장령들은 자신들의 문화 유지에도 영향을 주었을 것이다. 『수서』 「경적지」에 따르면 북위 초에는 군대에서 이어, 즉 호어를 사용했다.[117] 북위 말기와 동위 시대에 고환이 군대에서 선비어를 썼다는 일화에서[118] 동위 시대에도 군대에서 호어(선비어)가 사용되었음을 알 수 있다. 북위 초와 북위 말·동위의 군대에서 호어를 사용했으므로 중간인 북위 후기 군대에서 호령 등에 호어가 사용되었다고 보아도 무방할 것이다. 30세 이상의 호인은 호어를 사용할 수 있는 예외 조항[119]에 해당하는 우열과 우충은 호어를 사용했고 그의 명령을 받는 영군부 장령들과 우림·호분은 적어도 군령과 호령을 호어로 의사소통했음을 알 수 있다.[120] 영군장군과 영군부의 주요 장령인 좌위장군左衛將軍·우위장군右衛將軍·무위장군武衛將軍을 지낸 자 가운데 약 75%가 호인이었고, '직위直衛', 즉 직합[장군]·직침·직재·직후의 54%가 호인이었다.[121] 이러한 종족 분포 역시 영군부의 장령들과 사병들이 평상시 혹은 작전 중에 여전히 호어를 썼음을 시사한다. 혹은 영군부의 장령과 일반 사병인 우림과 호분 다수가 호인이었으므로 호어의 사용이 묵인되었을지도 모른다.[122] 또한 이들은 유목민의 군사 문화를 여전히 지니고 있었을 것이다. 따라서 권력을 잡은 영군부 장령과 사병들이 자신들의 언어와 습속을 유지했다고 해서 제지할 수 없었을 것이다.

제14장

호속 유지의 경제적·환경적 배경

본 장에서는 호속 유지의 경제적 배경을 검토한다. 먼저 1절에서는 '한화 정책', 즉 한문화(중국 문화)로 동화하는 정책에서 상징적인 위치를 차지하는 유가의 의례 공간과 학교들이 제대로 건설되지 못하거나 수리되지 못한 이유를 북위 후기 국가 재정의 측면에서 분석한다. 2절에서는 낙양의 호인 지배층이 양고기와 유제품 섭취라는 고유의 음식 문화를 유지하고 사냥과 말타기, 활쏘기 등을 할 수 있게 한 물적 토대인 하양 목장을 살펴본다. 3절에서는 수도 낙양 부근에 설치된 하양 목장에서 목축을 할 수 있게 된 배경을 위진남북조시대 기후의 한랭화 현상과 농업·목축의 경계선 남하라는 관점에서 검토한다.

1. 유가 예제 건축 미비의 재정적 배경

1) 과다한 재정지출: 과다한 군비 지출과 낙양 건설

효문제의 낙양 천도 이후 북위는 새로운 수도 낙양성의 건설과 남제 공격 때문에 과다한 재정지출이 동시에 일어났다. 먼저 낙양 천도와 낙양성 건설과 관련된 기사를 살펴보자. 이평은 선무제의 업鄴 순행을 반대하는 상소문을 올렸다.

> ······ (전략) ······ 숭경嵩京이 처음 만들어지고, 낙읍이 비로소 조영되었습니다. 비록 햇수로 10년이 넘었지만 근본적인 토대는 아직 성취되지 않았습니다. 대민代民이 낙양에 이르니 비로소 마음의 기울임이 다했고 자산資産은 옮기는 와중에 다 없어졌으며 우축牛畜은 운송 도중 넘어져 죽었습니다. 태행산太行山의 험난한 곳을 넘어가고 장진長津의 어려움을 돌파해 고된 일을 하며 통과함으로써 경궐京闕에 도달할 수 있었습니다. 그러나 부자가 태반太半의 손실을 입었으니 빈자貧者의 피해 정도는 가히 알 수 있을 것입니다. 또한 여러 해 동안 전쟁에 종군하다 보니 한 가롭게 편히 앉아 있을 여유조차 없습니다. 경명 연간 이후 조금 휴식을 얻을 수 있었지만 농업에 종사하는 자는 2년분의 식량도 저축하지 못했고 집 짓는 사람은 겨우 몇 간의 집을 가졌을 뿐입니다. 이수伊水와 전수瀍水에서 진력하지 않는 자가 없지만 사람마다 자신의 일이 급합니다. 진실로 마땅히 신인新人을 안정시켜야 하며 그들에게 곡식을 심고 거두는 일을 권하고, 국가에 명령해 9년의 양식을 가질 수 있게 하며 집에는 수해와 가뭄에 대비한 식량을 갖추도록 해야 합니다. 만약 굴레와 고삐로써 꾀하려고 하면 폐廢하는 바가 많을 것입니다. 일부一夫가 역에 종사하면 온 집안이 업業을 잃습니다. ······ (후략) ······[1]

이평은 낙양 천도 이후 국가의 기틀이 아직 완성되지 않았고, 낙양으로 이주한 대민, 즉 호인이 이주 과정에서 궁핍해졌으며, 효문제 이래 남제·양과 전쟁을 치르느라 백성들의 가계가 피폐했음을 지적했다.[2] 누의婁毅가 효문제의 남벌을 반대하는 상소에서도 낙양 천도 당시 직업을 바꾸게 되어 생계가 막연해졌고, 낙양 천도 전해에 흉년이 들어 민심이 흉흉했음을 지적했다.[3] 따라서 평성에서 낙양으로 이주한 대천호의 궁핍은 재정수입 징수 대상을 감소시켰다.

앞의 인용문에서 주목할 점은 이평의 국가 재정관이다. 이평은 국가가 9년분의 곡식을 저장하고 백성들도 수해와 가뭄 등 자연재해와 흉년에 대비해 식량을 비축해야 한다고 주장했다. 앞의 인용문에서 국가가 잉여의 재물을 비축해야 함을 강조했다. 그러나 낙양 천도 이후 낙양성 건설과 남제를 상대로 벌인 잦은 전쟁으로 재물을 축적하기는커녕 재정지출을 감당하기에도 벅찼다. 특히 남제나 양梁과 벌인 전쟁은 국가 재정에 큰 부담이 되었다. 효문제의 낙양 천도 이후 효명제 시기까지 북위와 남제·양의 크고 작은 전쟁이 지속되었다. 이는 군비의 증가를 뜻한다. 『위서』「고조기」에 따르면, 효문제는 태화 19년 사월 갑신일(495년 5월 31일)에 이미 한관閑官의 녹祿을 줄여 군국지용軍國之用, 즉 군사비에 충당하게 하는 명령을 내렸다.[4] 그러나 이때 한관들의 봉록만 줄인 것이 아니었다. 『위서』「우률제전부충전于栗磾傳附忠傳」에는 이와 관련된 구절이 있다.

> 태화 연간에 군국軍國에 일이 많아, 고조(효문제)는 용도가 부족하자 백관의 녹을 4분의 1 줄였다. 우충은 권력을 농단하고 있으면서 은혜와 혜택으로써 자신에 대한 권력을 공고히 하고자 이전에 줄였던 녹을 이전의 액수로 회복시켰고 직인職人은 1급 진급시켰다. 옛 제도에 따르면, 천하의 민民은 견絹과 포布 1필 외에 각자 면綿과 마麻 8량兩을 납부해야 했다. 우충은 이것으로써 증가한 녹祿을 충당해 백관에게 지급했다.[5]

앞의 인용문에 따르면 효문제가 전쟁을 포함한 재정 지출이 많아서 백관의 봉록을 4분의 1 줄였음을 기록했다. 따라서 『위서』「고조기」의 기사처럼 한관뿐만 아니라 전체 관료의 봉록이 감소했음을 알 수 있다.

그런데 이러한 삭감은 관료들의 봉록에만 한정되지 않았다. 태화 22년 칠월 임오일(498년 8월 5일) 조서에서는 황후의 사부私府와 후궁의 지출, 황실 오복五服 내 친척에게 주어지는 항공恒供을 절반으로 줄였고, 군대에 있는 황실 일족에 주어지는 비용은 3분의 1을 줄이도록 명령했다.[6] 식읍 2000호를 받았던[7] 팽성왕 원협은 국질國秩, 직봉職俸, 친휼親恤을 바치겠다고 주청했다. 효문제는 팽성왕 원협의 청을 일부 받아들여 친휼과 국질의 3분의 1을 국고로 귀속했다.[8] 이 기사는 『자치통감』「제기」7 명제 영태 원년조에 보인다.

> 추칠월에 위魏 팽성왕 원협은 표를 올려 국질, 직봉, 친휼을 바쳐 군국의 비용에 보태겠다고 청했다. 위주는 조서를 내려 "몸을 나누어 나라를 도우려고 하는 것은 이치가 아니니다. 직봉을 바치는 것은 보류하고 친휼과 국질은 3분의 1을 받겠다"라고 했다. 임오일(498년 8월 5일)에 또다시 조서를 내려 황후 사부의 절반을 줄였고 육궁六宮·빈어嬪御와 오복 남녀에게 주었던 공휼供恤 역시 절반을 줄였으며 군대에 있는 자는 3분의 1을 줄여서 군상軍賞으로 주게 했다.[9]

앞의 인용문, 즉 『자치통감』「제기」7 명제 영태 원년조의 기사는 『위서』「고조기」[10]와 「팽성왕협전」[11]의 기록을 498년 추칠월에 거의 동시에 발생한 사건으로 보았다. 호삼성의 주에 따르면 국질은 팽성국질彭城國秩, 직봉은 팽성왕 원협이 관직에 있는 대가로 받는 급료, 친휼은 황제가 원협에게 내린 재물이라고 했다.[12] 즉, 북위 황실 일족의 경우 일반 신하들에게도 주어지는 식읍에서 거둔 수입과 관료의 봉급뿐만 아니라 황제가 일족에게 하사하는 재물도 주요 수입원임을 알 수 있다. 그런데 인용문의 마지막 부분을 보면 황후와 후궁의 소비지출과 황실 친척들에게 주어지는 하사품을 줄였고, 팽성왕 원협이 개인적으로 바친 급료와 하사품을 받았던 이유가 군상의 지급 때문이었음을 알 수 있다. 군상은 남제를 상대로 한 전쟁에 종군하는 장령과 사병들에게 하사하는 상이라는 뜻이지만, 군비로도 확대해석할 수 있다.

또한 효문제의 친정 때 낙양에 머무르며 지키던 우복야를 겸했던 임성왕 원징도 국질 1년 조租에 해당하는 포백布帛을 군자軍資로 바치겠다고 표를 올려 청했다. 이에 효문제는 그 절반을 받겠다는 조서를 내렸다.[13] 이 기사는 496년에 일어난 목태의 난과 태화 23년 정월 무술일(499년 2월 17일)에 끝난 2차 남제 친정과 업鄴 방문 사이에 있는 것으로 보아 앞의 498년 황후·후궁, 황실, 관료들의 수입을 삭감했던 조치와 밀접한 관계가 있을 것이다.

앞에서 살펴본 것처럼 효문제의 남제 친정 때문에 궁중의 비용과 관료들의 봉급, 하사품을 줄였고, 일부 종실 제왕은 수입의 일부를 자발적으로 내놓아야 했다. 그 이유는 전쟁 비용의 충당이었다. 이러한 상황으로 보아 당시 남제를 상대로 한 전쟁 비용이 국가 재정에 큰 부담이 되었음을 확인할 수 있다. 이는 양과의 전쟁이 끊이지 않았던 선무제 재위 시기에도 마찬가지였다. 선무제는 영평 2년(509년) 4만 명분의 무기를 만들라는 조서를 내렸다.[14] 이는 남조 양과의 전쟁에 대비하는 상황에서 불가결한 조치였다.

그러나 전쟁 외에 재정지출이 증가한 원인 중 한 가지 간과한 것이 있다. 바로 낙양 천도 이후 도성 낙양의 건설이다. 명원제 시기(409~418년)에 예주자사 우율제于栗磾가 낙양에 주둔할 당시 낙양은 오랫동안 변방이었고 들에는 연기가 없을 정도로 황폐한 지역이었다.[15] 명원제 다음인 태무제 시기의 안힐安頡과 사마영수司馬靈壽 등의 북위군은 호뢰虎牢, 활대滑臺, 낙양 세 성을 점령하고 3성민 500여 가家를 황하 이북의 하내河內로 강제 이주시켰다.[16] 500여 가는 3성 전체의 인구는 아니었겠지만, 황하 이북으로 끌고 간 백성이 1성 당 170여 가였다고 한다면 태무제 시기에도 낙양은 인구가 많은 도시는 아니었음을 알 수 있다. 따라서 낙양 천도 당시 황폐한 낙양의 궁전과 성곽, 관청, 시가지 등을 전면적으로 재건하는 것은 필수적인 사업이었다. 효문제는 낙양으로 천도하기로 결정한 이후 사공 목량과 상서 이충, 장작대장將作大匠 동작董爵에게 낙양성의 건설을 명령했다. 그리고 업성에 이미 마련한 궁전이 완성되자 업성을 방문해 머물렀다.[17] 이는 낙양이 궁전조차 없는, 준비된 수도가 아니었음을 뜻한다.

따라서 효문제는 남제 친정에 나섬과 동시에 도성 낙양 건설이라는 토목공사를 병행했다. 그러나 남제 친정을 최우선의 과제로 정한 효문제였으므로 낙양 건설은 시간이 걸릴 수밖에 없었다. 기록상 제일 먼저 완성된 것은 태화 19년 팔월 정사일(495년 9월 25일)에 완성된 금용궁金墉宮이다.[18] 『자치통감』에 따르면, 이때 국자國子, 태학, 사문소학四門小學을 낙양에 세웠다.[19] 이어서 6년 후인 경명 2년(501년) 사주목司州牧 광양왕 원가元嘉가 낙양성에 323방坊을 축조하자고 건의해 선무제가 기내畿內의 부夫 5만 명을 동원해 40일 만에 축조한 기록이 있다.[20] 이는 낙양의 성방城坊이 천도한 지 7년 후에 완성되었음을 뜻한다.[21] 방坊은 성 안의 구획이기 때문에 낙양성의 성벽은 그 전에 축조되었을 것이다. 다음 해인 양 천감 원년, 즉 경명 3년(502년)에 낙양의 궁전이 완성되었다.[22] 호삼성의 주에 따르면 남제 무제 영명 11년(493년)에 낙양의 궁실을 착공했다고 한다.[23] 이는 낙양의 궁실이 10여년 만에 완성되었음을 뜻한다. 특히 황제의 거처인 궁실이 낙양 천도를 선언한 지 8년 후에 완성된 것은 남제와 벌인 전쟁과 함께 낙양 건설이라는 토목공사가 병행되었기 때문이다. 그리고 전쟁과 함께 대규모 토목공사를 병행하느라 재정수입보다 재정지출이 많았던 상황이 크게 작용했다.

2) 재정수입의 불안정과 호태후의 불사 건축

선무제가 죽고 어린 효명제가 즉위하자 생모인 호태후가 권력을 장악했다. 제12장 4절에서 살펴본 것처럼 호태후는 불교를 독실하게 믿었다. 호태후에게는 불사 건설의 우선순위가 유가의 의례 건축보다 높았다. 이는 이숭의 상소에서 확인할 수 있다. 이숭은 희평 원년(516년) 명당과 태학 등 유학·의례 공간의 수리를 촉구하는 상주上奏를 올리고[24] 영녕사와 요광사의 토목공사 인력과 비용을 줄여 이를 명당과 태학, 국자감 등의 수리에 써야 한다고 주장했다.[25] 이숭의 제안은 당시 재정 부족을 고려한 것이었다. 당시 호태후(영태후)는 전쟁 때문에 수리를 하지 못했다며 올해 풍년이 들었으므로 명당의 재건에 나서겠다고 공언했지만,[26] 『자치통감』의 기록에 따르면 호태후는 '우령優令'으로 답했으나 이숭의 간언을 따르지 않았다. 독실한 불교 신자인 호태후에게는 명당과 태학, 국자감의 수리보다 영녕사와 요광사, 석굴사(룽먼 석굴)의 토목공사가 더 중요했기 때문이다.[27]

이는 영녕사 건축의 재원 조달에서 확인할 수 있다. 호태후는 정광 3년(522년) 혹은 그 이후 영광불사永寧佛寺를 만들기 위해 관록官祿을 10분의 1 삭감해 재원을 조달했다.[28] 여기에서 호태후가 불사 건축 비용을 명당과 태학, 국자감 등 유가 의례 건축물 개보수 비용으로 전환하라는 주장에 동의할 수 없었음을 확인할 수 있다. 한정된 재원으로 불사와 유가 건축물을 모두 만들 수 없는 상황에서 불교를 애호하는 호태후가 양자 가운데 어느 쪽에 우선순위를 둘 지는 쉽게 예상할 수 있다. 『자치통감』 권149 「양기」 5 무제 천감 십팔년 오월조의 기록에서도 기부랑 원자공이 불사를 만드는 데 필요한 인력과 재력을 끌어다가 명당과 벽옹을 완성해야 한다고 주장했지만, 받아들여지지 않았다.[29] 이는 선무제와 호태후가 남조의 남제 혹은 양과의 전쟁 비용, 낙양 도성의 건설과 아울러 룽먼 석굴과 불사의 건축에 재정과 노동력을 투입했으므로 명당과 벽옹 같은 유가 의례 공간의 건축 혹은 수리는 뒷전에 밀렸다. 이는 의지의 부족과 함께 당시 국가 재정의 한계 때문이었다.

이러한 상황에서 효창 연간(525~527년) 염지도장鹽池都將의 설치는 소금 전매 수입 증대를 꾀한 조치였다. 북위의 염철鹽鐵 정책은 국가의 전매專賣와 사영私營을 반복했다.[1] 하동군의 염지鹽池에 한정되지만, 본래 관官에서 염리鹽利에 세금을 부과하다가 폐지하자 부강한 백성들이 이를 독점해 효문제 연홍 연간 말기

1 염철 전매의 실시와 폐지를 반복한 것은 효문제의 아우이자 선무제의 숙부였던 함양왕 원희처럼 염철 사업에 투자한 권력층이 있었기 때문이다(『魏書』, 卷21上 「咸陽王禧傳」, p. 537, "禧性驕奢, 貪淫財色, 姬妾數十, 意尙不已, 衣被繡綺, 車乘鮮麗, 猶遠有簡娉, 以恣其情, 由是昧求貨賄, 奴婢千數, 田業鹽鐵偏於遠近, 臣吏僮隸, 相繼經營. 世宗頗惡之").

에 감사監司를 세워 염리를 세금으로 징수하며 공사公私가 이익을 공유했다. 선무제가 즉위해 소금의 생산과 판매에 대한 금지 조치를 다시 없애고 백성들과 이익을 공유했다. 그리고 국용國用에 필요하면 별도로 조제條制를 만들어 필요한 세금을 거두었을 뿐이었다.[2] 그러다가 효명제 때 고양왕 원옹과 청하왕 원역 등의 상주上奏로 염관鹽官을 두어 염지를 관리하게 했다가 염관의 폐지와 설치를 반복했다.[30] 효창 연간 재정수입이 부족하자 조정에서는 염지도장을 설치했다.[31] 재정수입 증대에 소금 전매제도가 크게 기여했기 때문이었다. 따라서 염철 전매가 폐지되었던 시기에는 재정수입을 확보할 수단이 적었으므로 재정지출이 제한될 수밖에 없었다. 호태후는 개인의 사치와 불사 건축으로 생긴 재정 부담을 절약으로 해결하기보다 염지도장을 설치해 염지 감독을 강화하고 소금 전매 수입 증대로 과도한 재정지출로 생긴 재정 수지를 맞추려고 했다.

2. 육식과 기사의 원천 하양 목장

효문제는 낙양 천도 이후 태화 17년(493년) 우문복宇文福에게 명해 말을 사육할 장소를 조사하라는 조치를 내렸다. 이에 우문복은 석제 서쪽과 하내河內 동쪽 사이 황하 남북 1000리를 목지牧地로 정했으며, 이곳은 북제 시대에도 마장馬場으로 불렀다.[32] 『위서』 권113 「식화지」에 따르면 효문제는 하양에 목장을 만들어 융마戎馬 10만 필을 늘 준비해 경사京師의 군경軍警을 위해 사용하게 했다. 하양 목장의 말은 북위의 최대 목축 지역인 하서 목장河西牧場에서 중계지인 병주

2 『위서』 「세종기」에 따르면 경명 4년(503년) 염지의 이익을 국가로 환수(還收)했다는 기록이 있다(『魏書』, 卷8 「世宗紀」 景明四年秋七月條, p. 196, "庚午, 詔還收鹽池利以入公"). 본문의 기록을 보면, 이를 소금의 전매로 해석하기는 어려울 것 같다.

목장拼州牧場으로 옮긴 후 점차로 남쪽으로 옮겨 수토水土에 익숙해진 한 후 하양 목장으로 옮겨왔다.[33] 하양 목장은 군용 융마를 공급할 뿐만 아니라 북위 황실과 관료 다수의 생활에 필요한 우유, 고기, 가죽 등을 공급했다.[34] 그리고 광평왕 원회가 하북 마장에서 사냥을 했으며, 양춘楊椿이 태복경이었을 때 훔친 종목전種牧田도 마장의 전지田地에 속했다고 한다.[35]

『주서』「양관전楊寬傳」에 따르면 효장제 시기 원천목은 양관에게 소 30마리, 수레 5승乘, 면견綿絹 15수레, 양 50마리를 상으로 주었다.[36] 원천목이 양관에게 상으로 준 물품 가운데 양이 존재했으며, 소보다 많았음이 주목된다. 당시 군대의 위치상 소나 양을 보급할 장소는 가까운 하양 목장이었을 것이다. 이 자료를 통해 하양 목장에서 말뿐만 아니라 양을 길렀음을 추정할 수 있다.

북위 낙양성에 궁성이 북쪽에 위치한 이유를 유사시에 도망가기 위함이라고도 한다.[37] 실제로 북위 말 효장제가 양梁의 원조를 받은 북해왕 원호의 낙양 점령 당시 하양 목장과 북중부北中府가 있는 황하 이북의 하내河內로 피한 사례는 이를 입증한다.[38] 이와 함께 필자는 『위서』 본기에 보이지 않는 선무제의 수렵과 효명제가 원유苑囿에서 말을 탄 기사가[39] 『위서』 열전이나 『자치통감』에 나타나는 사실에 주목하고자 한다. 낙양 천도 이후 북위 황제의 순행이 거의 보이지 않는 것은 주지의 사실이다.[40] 그리고 『위서』 본기에서 낙양 천도 이후 북위 황제의 수렵 기사는 동위 효정제 시기 535년, 536년, 543년에 네 차례만 기록되어 있을 뿐이다.[41] 구체적인 날짜와 장소는 알 수 없지만 선무제는 함양왕 원희의 난을 평정한 이후에도 왕중흥王仲興 등과 함께 자주 유행遊幸을 나갔다.[42] 물론 이는 『위서』「세종기」에 기록되지 않았으므로 선무제가 실제로 순행한 기간이나 횟수는 공식적인 수치보다 많았을 것이다. 북위 낙양 시대에 아직 야성을 탈피하지 못한 북위 황제들이 신하들의 이목을 피하고 비공식적으로 수렵이나 말타기 등을 즐길 수 있던 것은 궁성이 낙양성 북쪽에 위치해 바로 후원後園으로 나갈 수 있고, 낙양 북쪽의 북망산에서 황하 이북에 걸친 목장이 존재했기 때문일 것이다.[43] 이와 함께 낙양성의 북서쪽에 있던 금용성에는 태화 19년(495년)에 완성된 금용궁이 있었고[44] 중서외성中書外省이 존재했다.[45] 선무제가 낙양성 안에 있는 관청이 아닌 금용성의 중서외성에서 율령 제정과 토의를 명한 이유를 사서에서 발견할 수 없다. 그러나 선무제가 자주 유행을 떠나고 그 장소가 하양 목장이었다면, 금용성의 중서외성은 황제가 낙양성의 궁전을 떠나 있는 동안 임시로 정무를 처리하는 공간으로 활용되었을 것이다.

요컨대 하양 목장은 선무제와 효명제의 사냥과 말타기를 위한 공간을 제공했고 북위 황실과 관료 등에게 우유와 고기, 가죽 등을 공급하는 공간이었다.[46] 따라서 하양 목장은 호인 지배층이 육류와 유제품을 먹는 음식 문화를 유지할 수 있게 하는 공간이었다. 또한 유목민들이 사냥과 말타기 같은 유희를 즐기는 공간이었다. 즉, 낙양의 호인 지배층은 하양 목장 덕분에 자신들의 고유한 생활 방식과 문화를 유지할 수 있었다.

3. 기후변동: 목축 경계선의 남이

4절에서 하양 목장이 낙양에 거주하는 호인들에게 자신들의 문화를 유지하는 공간으로 기능했음을 살펴보았다. 그런데 하양 목장의 규모도 규모거니와 낙양 주변에 목축지가 등장했다는 것이 이상한 현상으로 보일 수 있다. 전국시대부터 전한 시대에는 경수涇水와 위수渭水에서 산시 성山西省의 용문산龍門山과 여량산呂梁山, 항산恒山과 장성長城, 랴오닝 성 일대를 잇는 선을 중심으로 선의 남쪽은 농경, 북쪽은 목축을 주업으로 삼는다고 보았다. 즉, 이 선은 농경과 목축의 경계선이라고 했다.[47] 또한 이 선은 당대唐代의 농경과 목축의 한계선이기도 했다.[48]

〈그림 14-1〉에서 볼 수 있듯이 평성, 즉 한대漢代의 대代는 이 경계선의 북쪽

그림 14-1 한대(漢代) 농경과 목축의 경계선[49]

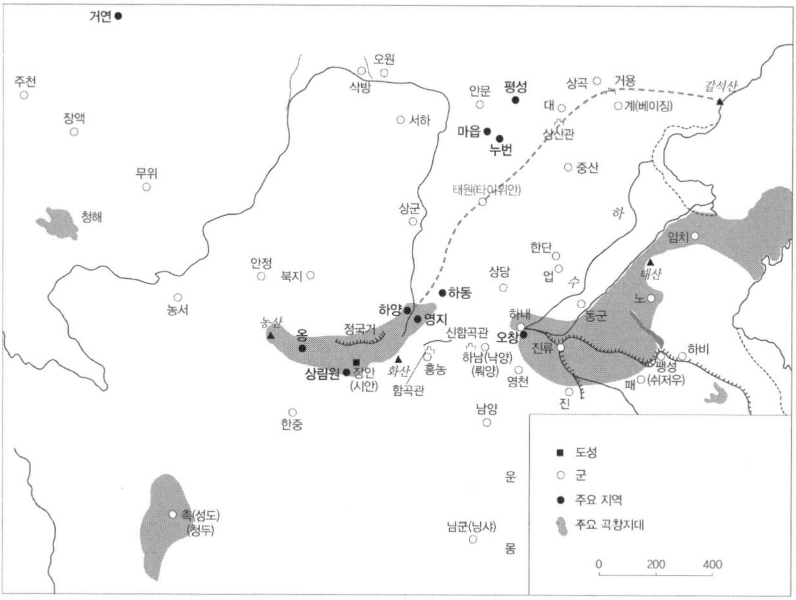

에 위치하므로 주로 목축을 생업으로 했음을 알 수 있다. 이는 『사기』 「화식열전貨殖列傳」과 『한서』 「지리지地理志」에서 농경에 종사하지 않는다고[50] 기술한 것과 일치한다. 그리고 평성은 바로 그 북쪽에 해당했다. 여기에서 농경과 목축의 경계선 북쪽에 있더라도 농경을 할 수 없는 것은 아니다. 지리학에서는 이러한 경계선 일대를 점이지대로 부르며, 경계선에서 일정한 범위 안에서는 두 가지 요소가 혼합되어 나타난다고 보았다. 중국의 농경과 목축에 국한해 말한다면 이를 농목 복합 지역이라고 표현하기도 한다.[51]

〈그림 14-1〉과 〈그림 14-2〉를 보면 전국시대·전한 시대와 당대唐代의 농업과 목축의 경계선은 하양 목장의 북쪽에 위치했다. 따라서 하양 목장이 목축에 적합한 땅이 아니었다는 반론도 할 수 있다. 그러나 이는 위진남북조시대의 기후 변동을 간과한 것이다. 중국 기후 연구자들에 따르면 전한 성제成帝 건시建始 4년

그림 14-2 당대(唐代) 농경과 목축의 경계선[52]

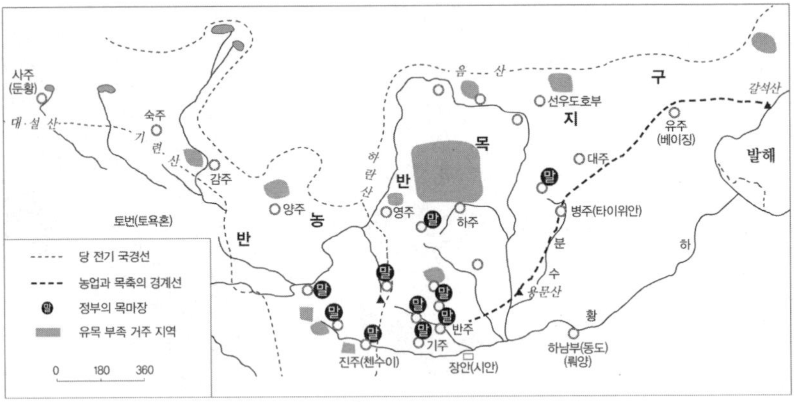

(기원전 29년)부터 수 문제隋文帝 개황開皇 20년(600년) 혹은 후한 초부터 6세기 상반기까지 중국은 이른바 2차 한랭기에 속했다.[53] 구체적으로 남북조시대에 여름의 눈과 서리, 겨울과 봄의 눈, 큰 추위, 큰 가뭄에 관한 기사가 빈출하며 코끼리의 분포가 이전의 황하 유역에서 회수 이남으로 축소되었다. 그뿐만 아니라 『위서』의 기록을 보면 남북조시대의 물후物候가 춘추전국시대보다 늦어졌다. 예컨대 『일주서逸周書』와 『예기』「월령月令」에서는 복숭아꽃이 피는 것을 경칩의 첫 번째 징후라고 기록했지만, 『위서』에서는 경칩의 두 번째 징후라고 했다. 그리고 『위서』에서 청명의 세 징후가 『예기』「월령」에서는 중춘仲春의 징후로 기록되었다. 양자를 비교하면 북위 시대가 춘추전국시대 혹은 『예기』의 실제 편찬 연대라는 한대보다 상대적으로 추웠음을 시사한다. 또한 『제민요술齊民要術』에 서술된 곡식의 파종과 재배 시기를 현재와 비교하면 15~30일 늦음을 알 수 있다. 그뿐만 아니라 황하 유역에서 쌀을 재배하지 않았음도 확인된다. 이는 남북조시대가 추웠음을 뜻한다. 학자들의 추정에 약간의 차이가 있지만 이 시대 연평균 온도가 현재보다 최소 0.82℃, 최대 2.66℃ 하락했다.[54] 당시 복숭아꽃의 개화 시기가 이전 시대보다 2~4주 늦춰졌으며, 석류 재배를 비교하면 6세기 전반까지 현재

의 허난 성河南省과 산둥 성山東省은 현재보다 추웠다고 한다.[57] 반면 위진남북조시대가 한랭기라는 통설에 반대하는 소수설도 있다.[58] 이러한 반론을 검증하기 위해 중국과 일본의 기온 그래프를 살펴보자.

〈그림 14-3〉을 보면 위진남북조시대 기후 하강 현상에 주목한 선행 연구 결과와 일치한다. 즉, 위진남북조시대는 현재보다 1~2도 정도 기온이 낮았다.

〈그림 14-3〉이 추정에 기반한 그래프라면, 탄소 동위원소 등을 분석해 기온을 과학적으로 복원한 연구도 있다.

그림 14-3 중국 기후 그래프[55]

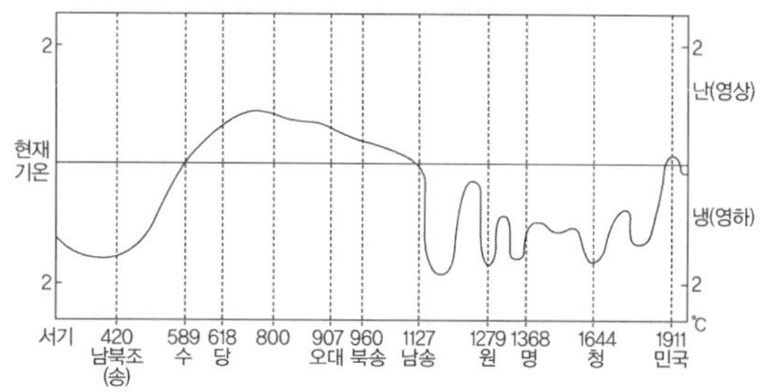

그림 14-4 랴오닝 성 기온 그래프[56]

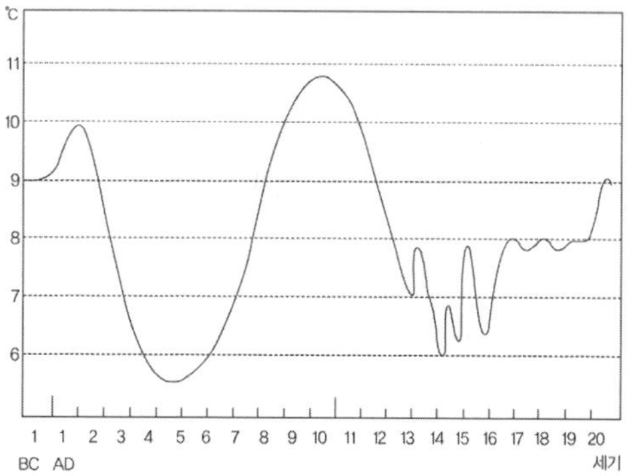

〈그림 14-4〉는 중국 랴오닝 성의 기온 그래프이다. 그리고 〈그림 14-5〉는 일본 규슈九州 섬의 서남부에 있는 야쿠시마屋久島에서 서생하는 야쿠스기屋久杉의 나이테를 안정 탄소 동위체로 분석한 야쿠시마의 기온과 기후변동 그래프이다. 〈그림 14-6〉은 일본 혼슈本州 섬의 후쿠시마福島, 니가타新潟, 군마群馬 3현 사이에 위치한 오제尾瀬라는 고원의 이탄층泥炭層의 꽃가루를 분석해 복원한 기온 곡선이다.

같은 중국의 동북 랴오닝 성의 기온을 표시한 〈그림 14-4〉는 기후학자들이 추정한 중국의 기온 그래프(〈그림 14-3〉)과 대체로 일치한다. 각각 탄소 동위원소와 꽃가루를 분석하고 일본의 기온을 나타내는 〈그림 14-5〉와 〈그림 14-6〉은

그림 14-5 야쿠스기의 안정 탄소 동위체 분석에서 분석한 기후 복원도[59]

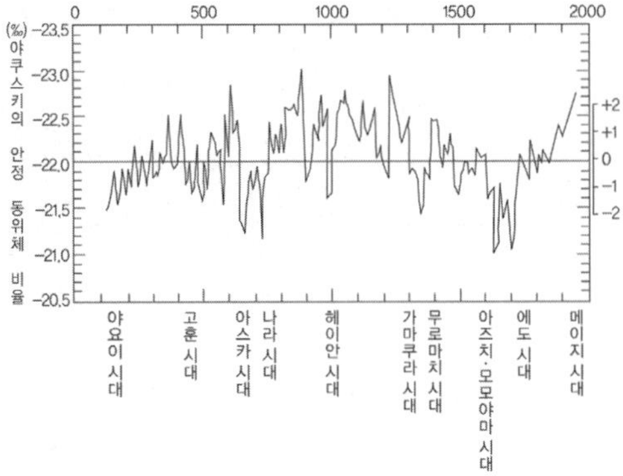

그림 14-6 오제가하라(尾瀬ヶ原) 회탄층 화분 분석 결과로 복원한 고기온 곡선[60]

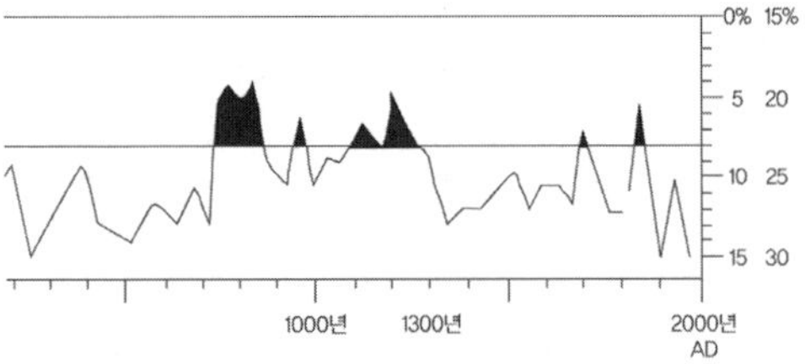

〈그림 14-3〉과 〈그림 14-4〉보다 곡선의 상하 이동이 자세하지만, 위진남북조시대인 4~7세기의 기온이 현재보다 기온이 낮았음을 발견할 수 있다. 앞에서 살펴본 〈그림 14-4〉부터 〈그림 14-6〉까지의 그래프에 보이는 위진남북조시대 기온도 〈그림 14-3〉처럼 현재보다 기온이 낮은 한랭기였음을 보여준다.[61]

농작물의 재배가 기온과 관련 있으므로, 한랭기인 북위 전기의 농작물의 북한계선은 춘추전국시대부터 한대까지의 경수涇水-위수渭水-용문산龍門山과 여량산呂梁山-항산恒山-장성長城-랴오닝 성으로 이어지는 선보다 훨씬 남쪽으로 후퇴했음을 추정할 수 있다. 따라서 하양 목장 일대가 목축을 할 수 있는 지역이라는 것은 당시 기후변동의 상황을 보면 불가능한 상황이 아니었다. 위진남북조시대 황하 중류의 북안北岸인 업성 일대에 목축이 성행했다는 연구는[62] 필자의 주장을 뒷받침한다.

〈그림 14-7〉은 선행 연구에서 목축을 할 수 있었던 하양 목장과 업鄴 일대를 이어서 당시의 농목 경계선을 추정해 표시한 것이다. 〈그림 14-1〉, 〈그림 14-2〉와 비교하면 농경과 목축의 경계선이 황하까지 남하했음을 확인할 수 있다.

이처럼 북위 후기 당시 이상 저온 현상은 낙양 일대에 위치한 하양 목장에서

그림 14-7 북위 시대 추정 농목 경계선

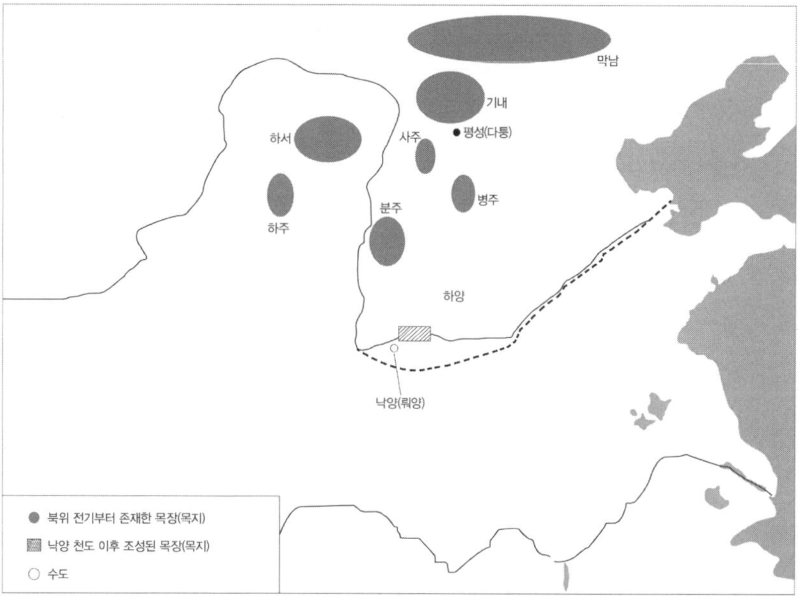

목축할 수 있는 기후 조건을 만들어주었을 뿐만 아니라 호복 착용에도 영향을 주었을 것이다. 북위 전기의 예이지만 한인(중국인)인 호수胡叟가 대표적인 호복인 가죽으로 만든 고습을 입었던 예[63]는 종족과 문화에 따라 호복이나 한복(중국옷)을 착용한 것이 아니라 추위를 막는 실용적인 이유로 입었을 것이다. 수군조모垂裙皂帽가 귀를 덮어 보온 효과와 추위 방지 효과가 있었기 때문이다.[64] 또한 호인들이 착용한 좁은 소매와 입이 좁은 바지, 가죽신(피화皮靴)은 보온에 유리했다.[65] 북위 전기가 한랭기로 현재보다 추웠으므로 추위를 견디기 위해 보온과 방한에 유리한 호복이 선호되었음은 자연스러운 현상이었을 것이다.[66]

제15장

북변 호인의 호속

대부분의 학자는 육진을 비롯한 북변 일대의 호인들은 낙양 거주 호인들과 문화적으로 이질적이었다고 본다. 이 점이 특히 육진의 난으로 표출되었다는 것이다. 회삭진 출신인 고환이 본래 한인이지만 장기간 회삭진에 거주하며 "드디어 선비와 같게 되었다"라는 구절을 보면[1] 육진 등 북변 지역에 호속(선비 문화鮮卑文化)이 만연했음을 보여준다고 한다.[2] 본 장에서는 육진과 평성, 사주肆州 등을 포함한 북변 지역의 언어와 문화, 풍습을 살펴본다.

1절에서는 북변의 호인들이 사용한 언어(호어) 문제를 검토한다. 2절에서는 북변 호인들의 주거와 호복 착용, 목축 생활, 유목민의 배상법 전통, 매장 풍습 등 각종 생활 풍속을 분석한다. 3절에서는 북변에 살면서 낙양과 고향을 오가는 안신雁臣들의 존재와 이들이 낙양의 호인들에게 문화적으로 끼친 영향을 살펴본다.

1. 북변 호인들의 언어

북위 붕괴를 초래한 육진의 반란은 한화된 대천호, 즉 낙양의 호인들과 호화를 유지한 호인 사이에 발생한 이질감과 정치적 소외감이 발단이 되었다는 것이 학계의 통설이다.[3] 육진 가운데 각각 회삭진과 무천진 출신이 주축이 된 동위·북제와 서위·북주에서 선비화鮮卑化 현상이 나타나며 조정과 호인 지배층 사이에서 호어, 즉 선비어가 사용되었다.[4] 동위·북제와 서위·북주 시대의 근간이 된 지배층이 호어를 사용했다면 이들이 본래 회삭진과 무천진에서 생활했을 때부터 호어를 사용했기 때문임을 알 수 있다. 따라서 적어도 평성 북변의 육진 지역에 사는 호인과 한인들은 북위 후기에도 호어를 사용했다는 논리가 성립한다.[5]

한자로 기록된 『위서』에 육진에 대한 기록이 거의 없는 상황이므로 육진 사람들이 어떤 언어를 사용했는지 판별할 자료는 거의 없다. 『북사』「문선황후 이씨전」에 문선제의 황후 이씨李氏가 가하돈황후可賀敦皇后가 되었다는 기록이 보인다.[6] 『남제서』「위로전」에서도 태무제의 황후 혁련씨를 황후 가손皇后可孫으로 칭한 예가 보인다.[7] '가손可孫'은 카툰, 즉 카간의 아내를 뜻한다.[8] 따라서 원문의 "황후 가손"은 "황후=가손"으로 해석할 수 있다. 『남제서』「위로전」의 기록처럼 『북사』「문선황후 이씨전」의 가하돈황후의 '가하돈加賀敦'은 돌궐어나 몽골어에서 카간의 부인을 지칭하는 '카툰'의 음사音寫임은 분명하다. 즉, 회삭진이 지배층을 이룬 북제에서 돌궐어 계통의 단어가 사용된 것을 보면 회삭진을 비롯한 육진에서 호어가 통용되었음을 보여준다. 이 밖에 호어 사용의 예는 이름에서 확인된다. 호인들의 이름 가운데 자字로 표현된 것이 실제 이름인 경우가 많다. 예컨대 고환의 자字인 하육혼賀六渾,[9] 북제의 건국 공신의 하나인 곡률금 일가에서도 그의 증조할아버지 배후리倍侯利, 할아버지 번지근幡地斤, 아버지 대나괴大那瓌뿐만 아니라 곡률금의 자字 아육돈阿六敦[10] 신무군 첨산현 출신 하발윤의 자字 가니可泥,[11] 후막진상의 아버지 곡고제斛古提,[12] 북주의 사실상의 창업 군주[1] 우문태의 자字 흑달黑獺,[13] 하발악의 자字 아두니阿斗泥,[14] 약간혜若干惠

1 형식상 북주의 개국군주는 우문태의 아들인 효민제(孝閔帝) 우문각(宇文覺)이지만, 실제로 서위의

의 아버지인 수리주樹利周,[15] 질렬복구叱列伏龜의 자字 마두타摩頭陁,[16] 울지형의 자字 박거라薄居羅,[17] 대代 무천 사람 한과韓果의 자字 아육발阿六拔,[18] 우문심宇文深의 자字 노간奴干[19]은 호어에서 유래되었다. 이들이 호어 이름을 지은 것은 호어를 사용했기 때문이다.[20]

평성 남부에 위치한 사주肆州 수용군에는 계호 이주씨 일가가 목축에 종사하며 살았다.[21] 계호는 갈호[2]와 동일한 종족이라고 한다.[22] 후조를 세웠던 석륵 역시 갈인羯人이었으며, 16국 시대에도 여전히 갈어를 사용했다.[23] 이주영 역시 한어(중국어)가 아닌 불특정한 호어를 사용했다.[24]

『북사』「이주영전」에 따르면, 이주영이 노가虜歌와 수리보리지곡, 회파락廻波樂을 불렀다.[25] 노가는 노어虜語, 즉 호어 가사로 된 노래였을 것이다. 또한 한 학자는 이주영이 선비어(호어)로 회파락을 불렀을 것으로 보았다.[26] 즉, 이주영은 갈어 외에도 선비어 등의 호어도 할 줄 알았을 것이다. 이 밖에 수용 일대에 살았던 '목자'로 칭해진 호인들 역시 이주영처럼 호어를 사용했을 것이다. 이처럼 사주肆州 수용군 일대에는 호어를 사용하는 호인이 다수 살았다.[27]

북변에 살았던 호인들은 호어를 사용했으므로 한어와 한문에 서툴렀다. 이는 사적간의 예에서 확인된다. 평성 일대인 선무현 출신인 사적간은 효명제 정광 연간 초에 역당을 토벌한 공으로 장군에 임명되고 낙양에 숙위했다.[28] 낙양에서 벼슬살이한 사적간은 글자를 쓸 줄 몰라 이름 '干' 자를 쓸 때 위의 획을 나중에 썼기 때문에 당시 사람들은 그를 천추라고 불렀다. 또 무장 왕주는 '周' 자를 쓸 때 먼저 '吉' 자를 쓰고 밖에 있는 획을 썼다. 사적간과 왕주는 아들과 손자 대에야 비로소 글자를 알게 되었다.[29] 곡률금은 본명인 '敦' 자를 쓰지 못해 '金' 자로

권력을 장악해 우문각에게 권력을 넘겨준 실질적인 창업자는 우문태였다. 따라서 북조 시대 우문태는 태조로 추증되었다.

2 羯이 康國·石國 등에 거주했던 서역 계통의 種族이라는 견해가 일반적이다(唐長孺, 「魏晉雜胡考」, 414~427쪽; 陳寅恪, 「五胡種族問題」, 84~86쪽).

바꾸었지만, 이마저 쓰지 못해 사마자여가 '金' 자를 쓰는 것을 가르쳐주어야 할 정도였다.[30] 이처럼 북변에 살던 호인들은 한문에 서툴렀고, 이는 한문화(중국 문화)에 익숙하지 못했음을 뜻한다. 심지어 사적간처럼 낙양 조정에서 근무한 호인들도 예외는 아니었다.[31]

2. 북변 호인들의 생활 풍속

1) 호인의 주거

육진 등 북쪽의 변경 지방에 살던 호인들과 안신들은 어떤 주거 형태에서 살았을까? 북위 전기부터 각종 호인은 이동식 천막에서 생활했다. 예컨대 『자치통감』에 따르면, 태무제가 450년에 유송을 정벌하러 친정할 때, 과보산瓜步山 위에 전옥氈屋을 세웠다. 호삼성의 주에 따르면 『위서』에서는 '전옥'이 아닌 '행궁行宮'으로 기록했다.[32] 이 밖에 『송서』에서 유송과 북위가 전투하는 기록에서 전옥이라는 단어가 빈출했다.[33] 전쟁 상황에서는 수시로 이동하므로 이동식 천막이 필요했겠지만, '전氈'이 모직물이라는 뜻이므로 북위의 군대가 사용한 '전옥'은 평상시 유목 생활을 하면서 사용했던 유목민 특유의 이동식 가옥임을 알 수 있다. 또한 북위와 같은 시기에 몽골고원에 있었던 유연(예예芮芮) 사람들은 궁려穹廬와 전장氈帳에서 살았다.[34] 토욕혼은 수초水草를 따라 다니며 성곽 없이 생활하다가 후에 궁옥宮屋을 세웠으나 일반 백성들은 여전히 전려백자장氈廬百子帳을 행옥行屋으로 삼아 거주했다.[35] 여기에서 행옥은 현재도 흔히 볼 수 있는 유목민들의 이동식 천막을 지칭한다. 북위 전기의 호인들도 몽골고원과 청해靑海에서 활동하던 유연 및 토욕혼과 같은 유목민들이 다수였으므로 짐승의 털로 짠 이동식 천막에서 생활했을 것이다.[36]

모직물로 만든 이동식 천막은 효문제 시기에도 보인다. 효문제 시기 남제의 사신이 북위의 서교 제천을 목격하고 남긴 기록에 따르면 북위에는 100명이 앉을 수 있는 산 혹은 백자장이라 불리는 천막이 있었다.[37] 이는 토욕혼에서 사용하던 전려백자장[38]을 연상시킨다. 이때는 아직 효문제가 서교 제천을 폐지하는 등 '한화 정책'을 시행하기 전의 상황이었다. 그런데 『남제서』「위로전」에서는 효문제가 495년 남제 정벌에 나서 수양壽陽으로 진격했을 때 북위의 군중에 흑전행전黑氈行殿이 있었으며, 20명이 앉을 수 있는 규모였다고 기록했다.[39] 흑전행전은 앞에서 언급한 백자장보다 규모가 작지만, 이때는 이미 '한화 정책'을 선언한 후이므로 여전히 이동식 천막을 사용했음을 확인할 수 있다. 『남제서』「조호전」에서는 북위의 군대가 번성樊城을 포위한 후 성에서 몇 리 떨어진 곳에 영돈營頓을 만들고 전옥을 설치했다는 기록이 보인다.[40] 북위가 번성을 포위했던 시점은 남제의 영태永泰 원년(498년)이었으며, 이미 효문제가 '한화 정책'을 시행한 지 3~4년이 지난 뒤였다. 이상의 예를 통해 효문제가 '한화 정책'을 선언한 이후 몇 년 동안 북위의 군대에서 여전히 흑전행전이나 전옥 같은 모직물로 만든 이동식 천막을 사용했음을 알 수 있다.[41]

이러한 이동식 가옥은 북위 전기 경기인 항주恒州(평성)·삭주·연주와 육진, 오르도스 지방의 유목민들의 일상적인 주거 형태였을 것이다. 또한 낙양에 거주하더라도 이주영처럼 자신의 본거지와 낙양을 오가는 이중생활을 보장받은 안신과 그들의 종자들은 1년에 적어도 절반의 기간은 이동식 천막에서 살 기회를 획득한 것이다. 주거 형태는 그곳에 사는 사람들의 생활에도 영향을 주었으므로 북위 전기처럼 유목민들 고유의 이동식 가옥에서 생활했던 북위 후기 호인들의 생활과 활동 역시 완전히 유목민들의 생활에서 벗어날 수는 없었을 것이다.[42]

2) 호복의 착용

육진 등 북변에 살던 호인들은 '한화 정책'과 상관없이 여전히 호복을 착용했다. 예컨대 이주영의 친척 이주세륭爾朱世隆은 호복을 착용했다.[43] 호복 착용의 예는 회황진장 우경于景의 예에서 살펴볼 수 있다.

> 우충이 죽은 후 우경于景은 무위장군에 임명되었다. 그러나 원차를 제거하기로 모의했다가 [들통나 실패하자] 원차는 우경을 정로장군征虜將軍 회황진장으로 좌천시켰다. 유연 군주의 아나괴가 반란을 일으켰을 때 진민鎭民들이 양름糧廩을 달라고 간절히 청했으나 우경은 주지 않았다. 이에 진민들은 우경에 대한 분함을 이기지 못해 드디어 반란을 일으켰다. 진민들은 우경과 우경의 아내를 사로잡아 별실別室에 구류하고 모두 우경 부부의 의복을 벗기고 우경에게 가죽옷(피구皮裘)을, 우경의 아내에게 고강오故絳襖를 입혔다. 우경 부부에게 명예를 더럽히고 욕보인 것은 이와 같았다. 진민들은 한 달여 후에 우경 부부를 살해했다.[44]

선행 연구에 따르면 호복의 특징은 교령交領·착수窄袖·단고短褲, 허리춤과 소매가 좁은 호복과 좌임, 둥근 옷깃의 둘레[圓領], 고습복褲褶服, 협령 소수, 양당裲襠, 가죽옷皮裘服, 입령立領, 소유오小襦襖, 대모戴帽 등이었다.[45] 따라서 앞의 인용문에서 우경이 입은 가죽옷과 우경의 아내가 입은 고강오는 호복임을 알 수 있다. 앞 인용문은 당시 회황진의 진민들이 가죽옷과 고강오 등 호복을 입었음을 입증한다. 회황진이 다른 육진과 기후와 목축 생활의 공통점을 가지고 있으므로 다른 육진의 진민들도 호복을 착용했다고 보아도 큰 잘못은 없을 것이다. 이는 북제의 문선제와 북주의 선제宣帝, 동위의 후경侯景과 왕굉王紘 등 육진 출신의 동위·북제와 서위·북주 지배층이 여전히 호복을 입었다는 사실에서 확인된다. 이처럼 북위 후기와 말기에 북진 지역에 살던 사람들은 효문제의 호복 금

지 조치와 상관없이 가죽옷과 소오小襖와 같은 호복을 입으며 생활했다.[46]

또한 헌문제 시기 항복해 고평高平・박골률薄骨律 2진鎭에 거주한 유연 만여 호의 90%가 도망가자 조정에서 유연을 회북淮北으로 강제 이주시켜 도망을 막자는 주장이 제기되었다. 이때 양춘楊椿은 남토南土의 습열濕熱 때문에 유연 사람들이 반드시 모두 없어질 것이라며 반대했다.[47] 양춘의 말 가운데 "의모식육衣毛食肉"이라는 구절이 주목된다.[48] 당시 오르도스와 황하 상류에 거주했던 유연 사람들은 털가죽으로 만든 옷, 즉 호복을 착용했음을 보여준다. 『자치통감』에서는 이 기사를 양 무제 천감 7년, 즉 북위 선무제 영평 원년(508년)에 배치했다.[49] 즉, 당시 오르도스에 살던 유연 사람들과 기타 유목민들 역시 북위 후기까지 호복을 입으며 고유한 습속을 유지했다.[50]

이상의 예를 살펴보면, 낙양 시대 북쪽으로 현재의 산시 성山西省 중북부 지역인 평성과 사주肆州를 거쳐 황하 상류, 현재의 네이멍구자치구 중부 일대인 육진 지역부터 이주세륭이 살았던 수용 일대를 거쳐 네이멍구자치구 서부인 오르도스 및 닝샤후이족자치구까지 이르는 지역에 살던 호인들과 일부 한인(중국인)은 이전처럼 호복을 입으며 살았다.[51]

3) 목축 생활

육진을 비롯한 북변에 거주한 사람의 일부는 농경에 종사하기도 했지만, 주로 목축 활동에 종사했다. 고환의 처남인 누소의 할아버지 누제婁提는 가동家僮이 1000명을 헤아렸고 소와 말은 골짜기로 그 수를 헤아릴 정도로 대규모로 가축을 길렀다.[52] 고환이 누씨婁氏와 결혼했을 때 처음으로 말을 소유했다는 『북사』와 『북제서』의 기록을 보면[53] 누씨가 지참금으로 말을 가져왔음을 알 수 있다. 이는 누소의 세대에도 목축에 종사하고 말을 비롯한 가축을 길렀음을 보여준다. 그리고 고환과 곡률금이 불렀다는 칙륵가[54]는 음산 아래에 있는 칙륵천敕勒川이 초원이라는 사실과 소와 양이 있는 장면을 목가적으로 잘 묘사했다.[55] 이 노래에서 주로 육진에 걸쳐있는 칙륵인들의 거주지는 소와 양을 기르는 목축 지역임을 알 수 있다.[56]

육진 남쪽에 위치한 평성 일대에 설치된 항주의 자사에 임명되어 뇌물을 많이 받았던 원심元深(원연元淵)은 말 1000필을 가진 자에게서 100필을 취했다.[57] 뇌물을 말로 받았던 것을 보면 평성과 항주 일대가 북위 후기에도 목축이 성한 지역이었음을 알 수 있다.

평성(항주) 남쪽의 사주肆州 북수용 일대에서 이주씨 등은 부락(부족) 형태로 목축 생활을 하며 살았다. 이주영의 고조할아버지인 이주우건은 도무제 시기 영민추장이 되어 397년 계호 무사 1700인을 이끌고 후연 정벌에 참여해 세운 공으로 수용천秀容川 일대 사방 300리의 땅을 하사받았다.[58] 이주신홍 때에 소와 양, 낙타, 말이 많아 색깔로 무리를 구별했고, 골짜기 수로 가축의 수를 헤아릴 정도로 가축이 많았다. 이주신홍은 효문제 시기에 조정 대신들에게 명마名馬를 바쳤을 정도였다. 이주신홍은 매해 봄과 가을에 처자와 함께 천택川澤에서 목축의 상황을 감독했다.[59] 이 기사에서 이주신홍의 생활을 보면 북수용 일대도 목축이 성했음을 알 수 있다. 이주신홍의 아들인 이주영은 소유한 말을 골짜기 12개에 나누어 가두었다.[60] 이 기사는 이주영이 말을 비롯해 많은 가축을 소유했음을 보여준다.[61]

또한 효명제 정광 5년(524년) 남수용 목자 우걸진이 태복경 육연陸延을 살해한 사례가 주목된다.[62] 여기서 중앙의 관리인 태복경이 남수용에 있었던 것은 이 지역에 국영 목장이 존재했고 태복경은 이를 시찰하기 위해 파견되었음을 알 수 있다. 그리고 '목자'에 주목하면 사주肆州 남수용 일대에서도 목축에 종사하는 사람들이 다수 존재했음을 알 수 있다. 이주영 일가와 남수용 목자 우걸진의 예를 보면 사주肆州·병주 일대에 거주하는 호인들은 목축 생활에 종사하며 호어와 호속을 유지하며 살았음을 알 수 있다.[63]

선행 연구에 따르면 북위 후기 목장 혹은 목지는 주로 하서(오르도스)와 항주, 육진 일대에 분포했다. 이는 앞에서 살펴본 목축과 관련된 기사들과 대체로 부합한다. 즉, 육진을 비롯한 북위의 북변은 목축이 주요 산업이었다.[64]

육진과 북변에 살던 호인과 일부 한인은 목축 생활을 하면서 일상생활에서 말타기와 활쏘기를 함으로써 무예로 단련되었다. 이주영의 아버지인 이주신흥은 봄과 가을에 천택에서 가축들을 세어보았고 사냥을 했다.[65] 이는 이주신흥이 목축과 함께 유목 경제의 양대 축인 사냥 활동에 참여했고, 심지어 오락으로도 즐겼음을 보여준다. 또한 질렬연경叱列延慶, 하발도발賀拔度拔, 하발승賀拔勝, 하발악賀拔岳, 후막진열侯莫陳悅, 후연侯淵, 위경尉景, 하적간賀狄干, 하발윤, 한현韓賢, 유귀劉貴, 막다루대문莫多婁貸文, 고시귀高市貴, 사적회락厙狄迴洛, 사적성厙狄盛, 설고연薛孤延, 단침段琛, 장보락張保洛, 위흥경尉興敬, 왕회王懷, 장경張瓊, 곡률광거斛律羌擧, 모용소종慕容紹宗, 질렬평叱列平, 사적복련厙狄伏連, 설숙薛琡, 만사보万俟普, 만사락万俟洛, 가주혼원可朱渾元, 유풍劉豐, 독고영업獨孤永業, 누예婁叡, 유량劉亮, 왕덕王德, 질렬복구叱列伏龜, 염진閻進, 한과韓果, 채우蔡祐, 사적창厙狄昌, 전홍田弘, 왕용王勇, 우문규宇文虯, 이루령伊婁靈, 후식侯植, 두치竇熾, 사적치厙狄峙, 우문현화宇文顯和 등이 용맹하거나 기사騎射에 능하고 무예가 뛰어났다.[66] 우문귀宇文貴가 공부보다 무예로 출세해야 한다고 말한 것[67]은 상무적 기상을 강조하는 육진 출신 호인과 한인들의 일반적인 심리였을 것이다.

이와 더불어 목축 생활에 종사하면서 육진을 비롯한 북변 사람들은 가축의 젖과 유제품, 고기 등을 먹었다. 이는 유목민들의 전통적인 음식 문화였다.

4) 유목민의 배상법 전통

탁발부가 새외에서 활동할 때의 상황을 기록한 『위서』 「형벌지」에 서기 시대 탁발부의 법이 보인다.

위 초魏初의 예속禮俗은 순박純朴하고, 형금刑禁은 소략하고 간단했다. 선제宣帝가 남천南遷한 후, 다시 4부대인四部大人을 설치하니, 이들은 왕정王庭에 앉아 사송辭訟을 판결하고, 언어로써 약속하고, 기사記事를 새겨 계약했다. 그러나 영어囹圄와 고신考訊의 법法이 없었으므로 범죄자들은 모두 임시로 추방하도록 판결했다. 신원제도 이를 따랐으며 바꾸지 않았다.[68]

앞의 인용문에서 알 수 있듯이, 신원제 당시에도 일정한 법률 조항이 거의 없었고 감옥이나 심문도 없었다. 그러나 소성제 십익건 건국 2년에 법률 조항을 만들었다.

소성제 건국 2년. 사형에 처해야 하는 자는 그 집에서 금과 말을 바쳐 대속代贖하도록 허락한다. 대역大逆을 범한 자는 친족의 남녀는 어린이나 어른에 상관없이 모두 참한다. 남녀가 예로써 교제하지 않으면 모두 사형에 처한다. 백성이 서로 죽일 경우 피살자의 집에 말과 소 49마리를 주고 송장 기물送葬器物을 바치도록 평결한다. 계신繫訊과 연체連逮에 연좌되지 못하게 한다. 관물官物을 훔치면 다섯 배를 배상하고, 사물私物을 훔치면 10배를 배상한다. 법령이 명백하니 백성들은 편안하게 여겼다.[69]

앞의 인용문에서 사형수에게 금과 말을 바쳐 대속할 수 있게 하고 살인자도 말과 소를 바치고 장례에 필요한 물자를 바쳐서 대속할 수 있게 한 점은 태笞나 장杖 혹은 그 이상의 벌을 내리는 중국의 법률과 다르다. 그리고 훔친 물건을 관물은 5배, 사물은 10배를 배상하게 하는 법률도 중국의 법률과 다르다. 이 가운데 훔친 물건의 몇 배를 배상하는 법률은 부여의 배상법에서 유래되었으며 고구려와 백제, 일본에 영향을 주었다고 한다. 그뿐만 아니라 이러한 배상법은 탁발부의 십익건 시기에 제정된 형벌에도 영향을 주었다고 한다.[70] 이 연구에 따르면 십익건 시기의 법률은 멀리 부여의 영향을 받은 것이다. 부여와 고구려, 백제뿐만 아니라 돌궐과 실위室韋, 거란, 여진, 몽골 등에서 살인과 상해, 간음, 도범盜犯 등의 범죄를 물자로 배상하는 법 문화가 있었음이 확인된다.[71] 이러한 법률은 유목민들의 법률에서 영향을 받았고, 만주와 한반도에도 영향을 주었을 것이다. 따라서 앞에서 살펴본 『위서』「형벌지」의 배상과 대속 규정은 유목민 법 문화의 연장선상에서 파악할 수 있다. 즉, 서기 시대 유목민의 문화를 유지하고 있었기 때문일 것이다.[72]

도무제는 하북을 평정한 후 관제와 음악, 의례를 정하면서 삼공낭중三公郎中 왕덕王德에게 율령을 정하게 했다.[73] 이후 여러 차례에 걸쳐 법률을 개정하거나 제정했다. 대개 연호를 따서 천흥률天興律, 신가율神麚律, 정평률正平律, 태안수율太安修律, 정시율正始律 등으로 불린다. 특히 선무제 정시 원년(504년)에 반포한 정시율은 예제가 법전에 편입되어 법률의 유가화가 완성되었다고 평가된다.[74]

앞에서 설명한 유목민들의 법률이 율령을 제정하고 반포한 효문제 이후에도 여전히 통용되었지는 기록의 부족으로 알 수 없다. 그러나 선비 구속의 나무, 즉 나인 형체裸人形體의 처벌 방법은 태화율을 반포하기 이전에 명문 규정이 되었고 통용되었던 것으로 보아[75] 유목민들의 법률 중 일부는 통용되었을 가능성이 있다. 즉, 호인과 한인에게 서로 다른 법률을 적용했을 것이다. 이는 다른 유목국가에서 발견된다. 거란(요)의 경우 거란과 제이諸夷는 고유의 법에 따라, 한인은 중국의 율령에 따라 재판하게 했다.[76] 발해인渤海人은 한법漢法에 따라 재판하고 처벌하라는 『요사』「형법지」 규정을 보면[77] 정주 농경민에 적용하는 한법과 거란인 및 기타 유목민에게 적용하는 법이 공존했음을 알 수 있다. 몽골제국의 경우에는 몽골인은 야삭jasaq, 색목인色目人의 주류인 무슬림은 샤리아shariah, 한인과 남인은 『지원신격至元新格』, 『대원통제大元通制』, 『지정조격至正條格』 등 중국식 법률을 적용했다.[78]

북위 말에 고환이 정권을 잡은 후 관물과 사물을 훔치면 배상하는 규정이 있었고, 서위·북주도 마찬가지였다.[79] 즉, 북제와 북주에서도 배상의 법이 법문法問의 주요 내용이 되었으며, 북위의 법률 유산을 계승한 것이라고 한다. 심지어 『당률소의唐律疏議』「명례편名例篇」 이장입죄조以贓入罪條에 반영되었다.[80] 그런데 회삭진 출신이 건국한 동위·북제와 무천진 출신들이 세운 서위·북주에서 배상법이 통용되었던 것은 북위 후기 회삭진과 무천진을 비롯한 육진에서도 이러한 배상법이 통용되었기 때문일 것이다. 적어도 육진을 비롯한 북변에서는 십익건 시절에 만들어진 법률이나 이것이 개정된 법률이 통용되었을 것이다.[81]

5) 매장 풍습

북위 낙양 시대 북변의 무덤은 주로 북위의 옛 수도인 평성 주변과 막남漠南, 현재의 산시 성山西省 북부와 네이멍구자치구 지역에서 발견되었다. 선행 연구에 따르면 이 시기의 무덤은 신상 부부 합장묘辛祥夫婦合葬墓(1975),[82] 봉화돌묘封和突墓(1981),[83] 원숙 부부 합장묘元淑夫婦合葬墓(1984),[84] 요제희묘姚齊姬墓(1986),[85] 손룡 화상 석관묘孫龍畵像石棺墓[86] 등이 발견되었다. 이 밖에 무덤의 주인을 알 수 없지만 북위 낙양 시대의 무덤으로 추정되는 무덤도 많다. 현재 이 시기의 무덤이 많지 않으므로 북변의 매장 문화를 구체적으로 논할 단계는 아니다. 다만 선행 연구를 통해 발견된 무덤을 바탕으로 북변의 매장 문화를 소개하려고 한다.

북변, 즉 옛 수도 평성을 중심으로 한 삭주·항주·사주肆州·병주 등 지역의 무덤의 형태는 대부분 단실묘單室墓이다. 또한 요제희묘와 봉화돌묘, 원숙 부부묘는 방형묘실전실묘方形墓室磚室墓이었고, 신상 부부묘는 방형묘실토동묘方形墓室土洞墓였다. 부장품은 도용陶俑이 나오지 않았고 기물은 평성 시대 도기陶器의 성격이 이어졌다. 그리고 남조 풍격의 계수호鷄首壺 등 청자기靑瓷器가 일부 출토되었다. 전체적으로 옛 수도 평성 일대의 매장 풍습 가운데 무덤의 모양과 부장품은 낙양 지역의 그것과 유사한 점이 많았다. 그러나 이 지역의 매장 풍습은 기본적으로 평성 시대의 매장 풍습이 계승되었다.[87] 이는 북변의 매장 풍습이 한 문화의 영향을 받았지만, 호속을 유지했음을 보여준다.

북변 매장 풍습에서 주목할 점은 가축의 순장(순생)의 풍습이다. 내몽골 토묵천土默川 평원에서 태화 23년에 묻힌 요제희의 무덤에서 소와 말의 머리뼈와 지골肢骨이 발견되었다.[88] 이는 무덤에 동물을 죽여 함께 묻는 가축의 순장을 뜻한다. 이는 사서의 기록과 일치한다. 북위 말 활동했던 무천진 출신인 뇌소雷紹[89]는 죽기 전에 다음과 같은 유언을 남겼다.

> 아울러 불도佛道를 공경하고 받들어 믿었으므로 아들에게 유언으로 다음과 같이 말했다. "내 본향本鄕의 장법葬法은 반드시 큰 말을 죽이니, 죽은 사람에게는 이익이 없다. 너는 마땅히 그 풍습을 그만두고 나를 시복時服으로 염하고 장례를 검소하게 치러라." 장안으로 돌아와 장사를 치르니, 천자는 소복素服을 입고 조상했다. 뇌소雷紹에게 태위를 추증했고, 동원비기東園祕器를 하사했다.[90]

앞의 인용문에서 "반드시 큰 말을 죽인다(필살대마必殺大馬)"라는 구절은 무천진 일대의 사람들은 장례식을 지낼 때 말을 죽여 순장했음을 보여준다. 그리고 앞에서 언급한 요제희의 무덤에 말과 말의 머리가 발견된 것과 일치한다. 이처럼 말과 기타 가축을 죽여 죽은 이와 함께 묻는 풍습(순생)은 선비와 흉노 등 북아시아 초원 지대의 유목민들에게서 발견되는 풍습이었다.[91]

가축의 순장은 '서기 시대' 혹은 북위 전기의 무덤에서도 발견되는 현상이다. 북위 평성 시대의 토광묘土洞墓에서 순장 현상이 보이며, 순장에 쓰이는 동물은 대개 소, 양, 말, 개로 추정된다.[92] 예컨대 네이멍구자치구 호륜패이시呼倫貝爾市 진파이호기陳巴爾虎旗 완공完工과 신파이호우기新巴爾虎右旗 찰뢰낙이札賚諾爾에서 발견된 탁발 선비의 무덤에서 말과 소머리, 말 머리, 개 머리, 양 머리 등이 발견되었다.[93] 문성제 시기의 고윤高允이 폐지를 건의한 "살생殺牲" 행위는 장례 의식을 거행할 때 가요歌謠, 고무鼓舞, 소장과 함께 금지하도록 여러 차례 금령禁令이 내려졌다. 그러나 없어지지 않았다.[94] 즉, 문성제 시기까지도 선비 장속에 생순牲殉이 있었음을 알 수 있다.[95] 그리고 고윤의 건의에도 북위 말까지 평성 북쪽의 막남 지역에 가축의 순장이라는 유목민들의 풍습이 여전히 남아 있었음을 확인할 수 있다.

3. 안신과 낙양 호속

효문제는 낙양 천도 이후 낙양으로 이주한 대인代人, 즉 호인들의 본적을 하남군 낙양현으로 바꾸게 하고 하남(낙양)에 무덤을 만들게 했다.[96] 이는 호인들의 구별을 없애고 한인과 동일하게 편호화編戶化하며 낙양에 정거하게 하려는 목적을 지녔다. 이때 평성에서 낙양으로 이주한 호인들을 대천호라고 칭한다. 한 학자는 평성에서 낙양으로 이주한 사람은 약 108만 명이라고 추정했다.[97] 이는 한인과 호인을 합한 수치이지만, 일반적으로 대천호가 다수를 차지한다고 본다. 그러나 실제 상황은 달랐다. 『위서』 권15 「원휘전」을 보자.

> 예전에 고조(효문제)가 낙양으로 천도했으나 벼슬하던 구귀舊貴들이 모두 이사移徙를 어려워했다. 고조는 여러 무리들의 뜻에 맞추고자 했으므로 드디어 겨울에 남쪽(낙양을 지칭한다)에 살고 여름이 되면 북쪽(자신들의 원주지)으로 돌아가 살도록 허락했다.[98]

인용문의 '구귀'는 호인 지배층을 지칭하므로, 낙양으로 이주를 꺼리는 호인들을 달래기 위해 효문제는 호인들이 자신의 거주지에서 여름을 보내고 겨울은 낙양에서 보내는 생활을 허용한 것이다.[99]

『낙양가람기』에도 가을에 낙양에 와서 입시入侍하다가 봄에 자신의 거주지로 돌아가는 북이의 추장 일족을 안신이라 불렀다.[100] '북이'의 범위는 명확하지 않지만, 당시 '안신' 생활을 하는 호인이 많았음을 알 수 있다. 이에 해당하는 인물의 예가 사서에서 확인된다. 북수용 계호이며 대대로 영민추장을 지냈던 이주신홍은 겨울에 낙양에 머물고 여름에 부락(부족)으로 돌아가는 특권을 얻었다. 그는 산기상시 평북장군 수용 제1영민추장秀容第一領民酋長으로 임명되었으며, 실제로 매해 입조한 사실로 보아[101] 겨울에 낙양에서 숙위로 근무했을 것이다. 이주신홍의 아들 이주영은 아버지 이주신홍이 은퇴한 후 직침 유격장군游擊將軍으로 임명되고,[102] 이주영의 아들 이주보리爾朱菩提 역시 효명제 말기에 직합장군에 임명되었다.[103] 직합장군과 직침은 황제 또는 궁전을 숙위하는 직책이었으므로[104] 이주신홍처럼 낙양과 북수용을 오가며 생활했을 것이다. 또한 평성 서쪽의 선무善無에 거주했던 사적간은 효명제 정광 연간 초에 공을 세워 낙양에서 숙위했다. 그 역시 더위 때문에 겨울에 낙양에 입시하고 여름에 고향으로 돌아가는 생활을 했다.[105] 칙륵인 곡률금도 육진의 난 이후 파육한발릉으로부터 북위로 귀순해 제2영민추장第二領民酋長이 된 후 가을에 낙양에 입조하고 봄에 부락으로 돌아가는 안신 생활을 했다.[106]

앞에서 언급한 세 사람 혹은 세 가문 외에 안신 생활을 했을 것으로 추정되는 인물 혹은 가문이 있다. 예컨대 연주 창평군昌平郡(지금의 북경 서쪽)에 거주했던 원나후元羅侯[107]의 동생인 강양왕 원계 일족과 하남군 낙양현 출신이었지만 항주대중정과 연주대중정을 역임한 우경于景, 후강侯剛·후상侯祥 부자도 이중 본적을 가졌다는 점에서 낙양과 평성 인근에 집을 가지고 있었고, 계절별로 오가며 생활했을 것이다.[108]

이 밖에 독고신獨孤信 일족도 안신으로 추정된다. 아래 인용문은 『주서』 권16 「독고신전」의 첫 부분이다.

독고신은 운중 사람이며, 본명은 여원如願이다. 울씨魏氏(북위) 초에 36부部가 있었다. 독고신의 선조 복류둔伏留屯이 부락 대인部落大人이 되어 위魏와 함께 흥기했다. 할아버지 사니俟尼는 [문성제] 화평 연간에 양가자良家子로서 운중에서 무천으로 옮겨 주둔해 무천진에 대대로 살게 되었다. 아버지 고자庫者는 영민추장이었는데, 젊어서 웅호雄豪하고 절의節義가 있어서 북주北州에서는 모두 그를 경복敬服했다.[109]

앞의 인용문에서 독고신의 선조는 본래 운중에 거주하다가 문성제 화평 연간에 무천진으로 이주해 정착했다. 그런데 독고신의 묘지명에는 독고신의 본적을 하남군 낙양현[110]으로 기록해 앞의 인용문인 『주서』「독고신전」의 기록과 다르다. 독고신의 아들 독고장獨孤藏의 묘지명에도 본적을 삭주라고 적었다.[111] 주지하듯이 운중은 낙양 천도 이전에 경기 지방을 지칭하는 사주司州에 속했으나 낙양 천도 이후 사주는 삭주, 항주, 연주로 분할되었다. 북위 전기의 수도 평성과 그 인근 지역은 항주로, 성락盛樂과 운중 지역은 삭주로 편제되었다. 따라서 독고장의 묘지명에서 독고장의 본적을 삭주로 지칭한 것은 본적을 운중으로 기록한 『주서』「독고신전」과 일치한다. 그런데 독고신·독고장 부자의 묘지명에서 본적을 각각 다르게 표기한 이유는 무엇일까? 독고신의 또 다른 아들이자 독고장과 형제인 독고라獨孤羅의 묘지명에서 그 단초를 찾을 수 있다.

공公의 이름은 라羅이고 자字는 나인羅仁이며 운내雲內 성락 사람이다. 후에 하남의 낙양현에 살았다.[112]

독고라의 묘지명에는 독고신 일족의 본적이 본래 운내, 즉 운중의 성락이었다가 후에 하남의 낙양현으로 바뀌었다고 기록한 것이다. 원문에는 하남 낙양현 앞에 "거居"자가 있다. "거"는 효문제가 낙양으로 천도한 이후 대천호의 본적을 대인에서 하남 낙양인으로 바꾸게 한 조치와 관련이 있는 것 같다. 독고신과 독고장, 독고라 세 사람의 묘지명의 본적 기록을 종합하면 독고신의 선조는 낙양 천도 이후 잠시 하남 낙양으로 이주했다가 다시 무천진으로 돌아갔다고 보는 것이 정합적인 이해일 것이다. 독고신의 장지葬地는 알 수 없으나 장안에서 사망했고, 독고장은 장안 대사마방大司馬坊의 저택에서 사망한 이후 경양현涇陽縣 호독천胡瀆川에 묻혔으며,[113] 독고라는 옹주 경양현 홍독원洪瀆原 봉현향奉賢鄉 정민리靜民里에 매장되었다.[114] 즉, 독고신 일가는 서위·북주·수의 수도 장안에서 활동했고, 대부분 장안 부근에 있는 경양현에 매장되었다. 문벌을 모칭冒稱하던 가문들이 해당 성씨의 본적이나 고거故居에 들어앉아 문벌임을 확인받으려 했던 당시 상황을 보면, 북주가 북제를 정복한 이후 독고신 일가가 본적이라고 표기한 하남 낙양현에 무덤을 만들지 않고 장안 근처에 묻힌 것은 하남 낙양현에 큰 의미를 두지 않았음을 보여준다. 독고신의 선조는 필자가 추정한 것처럼 효문제가 낙양으로 천도한 이후 하남 낙양인으로 본적을 바꾸라는 조치에도 무천진에 여전히 정거했으므로 형식적인 본적인 낙양에 대한 애착이 없었을 것이다. 그런데 독고신의 아버지 고자가 영민추장이었던 점은 안신 생활을 했던 이주영 일가와 곡률금, 『낙양가람기』의 북이 추장을 연상시킨다. 즉, 독고신의 선조들은 『위서』 권15 「원휘전」의 기록처럼 낙양과 거주지인 무천진을 오가는 안신으로 볼 수 있을 것이다.

독고신 일가처럼 실제로는 북위 말에 낙양에 거주하지 않고 북변에 거주했지만, 하남 낙양을 본적으로 표기한 호인들이 빈출한다. 「하란상 묘지賀蘭祥墓誌」를 보자.

> 공의 이름은 상祥이고, 자字는 성락이며, 하남 낙양 사람이다. 울씨가 남천南遷할 때 36국國이 있었는데, 하란국賀蘭國은 그 가운데 네 번째였다.[115]

앞의 인용문에서 하란상賀蘭祥의 본적을 하남 낙양현으로 표기했다. 그런데 『주서』「하란상전」에는 다르게 서술했다.

> 하란상의 자字는 성락盛樂이다. 그의 선조는 위魏와 함께 일어났으며 흘복紇伏이 하란막하불賀蘭莫何弗이 되어 이를 씨氏로 삼았다. 그 후 양가자良家子로서 무천에 주둔하는 사람이 있어 그곳에서 살게 되었다. 아버지 초진初眞은 젊어서 이름이 알려졌고 향려鄕閭의 중시를 받았다. 초진은 태조의 누나 건안장공주建安長公主와 결혼했다. 보정保定 2년 태부太傅 주국柱國 상산군공常山郡公으로 추증되었다.[116]

『주서』「하란상전」에서는 하란상의 선조가 무천으로 이주했다고 기록했다. 하란상의 아버지 하란초진賀蘭初眞은 향려의 존경을 받았고 태조, 즉 우문태의 누이 건안장공주와 결혼했다. 우문태도 무천진에 거주했으므로 하란초진이 무천진에서 활동했음을 알 수 있다. 하란상은 우문태가 입관入關할 때 우문호宇文護와 함께 진양晉陽에 있다가 우문태가 보낸 사신을 따라 우문태의 진영으로 가서 활동했다. 봉조청奉朝請으로 잠깐 낙양의 조정에서 근무한 것을 제외하면 대부분 우문태의 부하로 활동했다.[117] 서위 이전 하란상의 활동을 검토하면 봉조청으로 근무했던 것을 제외하면 낙양과 관련성은 거의 없다.

또한 「하란상 묘지」에서는 하란상이 홍돌원洪突原에 묻혔다고 기록했다.[118] 「하란상 묘지」는 1965년 산시 성陝西省 셴양 시咸陽市 주룽향周陵鄕 하가촌賀家村에서 발견되었으므로[119] 하란상의 무덤이 있던 홍돌원은 장안의 서북, 즉 관중에 속했음을 알 수 있다. 독고신 일가처럼 하란상 가문 역시 하남 낙양현을 본적으로 표기했지만, 실제로는 대대로 무천진에서 거주했음을 확인할 수 있다. 이 역시 「하란상 묘지」의 본적은 대인을 하남 낙양현으로 바꾸라는 효문제의 본적 개칭 조치를 형식적으로 따른 것임을 알 수 있다. 하란상의 가문은 독고신 집안처럼 영민추장을 지내지 못했지만, 본적을 하남 낙양현으로 둔 채 무천진과 낙양을 왕래하는 안신이었을 것이다.

묘지명에 본적을 하남군 낙양현으로 표기한 울지운尉遲運[120]은 대성大成 원년(579년) 임지인 진주에서 사망하고 함양군咸陽郡 경양현 홍독향洪瀆鄉 영귀리永貴里에 묻혔다.[121] 울지운의 아버지 울지강尉遲綱[122]은 울지형의 아우였고,[123] 울지형은 대인이었다.[124] 원래 대代에서 거주했던 울지운 가문 역시 장안 근처 함양군 경양현에 묻혔는데도 울지운이 아무 연고가 없었던 하남 낙양현을 본적으로 표기한 것은 독고신·하란상 일가와 유사하다.

울지운의 아내 하발비사賀拔毗沙(542~599년)도 묘지명에 본적을 하남 낙양현으로 기록했으나 그의 아버지는 하발승이었다.[125] 『주서』「하발승전」에는 하발승의 본적과 북위 말 활동을 다음과 같이 기록했다.

> 하발승은 자字가 파호破胡이며, 신무군 첨산현 사람이다. 그의 선조는 울씨와 함께 음산에서 나왔다. 여회如回가 위 초에 대막불大莫弗이 되었다. …… 아버지 도발度拔은 성격이 과단성이 있고 굳셌다. 후에 무천군주武川軍主가 되었다. 위魏 정광 말년에 옥야진인 파육한발릉破六汗拔陵이 반란을 일으켜 남쪽으로 성읍城邑을 침입했다. 회삭진장懷朔鎭將 양균楊鈞이 도발의 명성을 듣고 통군統軍으로 임명해 1려旅의 군사를 주었다. 그 적賊 위가고衛可孤의 도당徒黨이 더욱 강성하여 무천진을 포위한 데 이어 회삭진을 공격했다. 하발승은 젊어서 지조志操가 있었고 기사에 능했으므로 북변에서 그의 담략膽略을 추천하지 않는 사람이 없었다. 이때 또 군주軍主가 되어 도발을 따라 진수鎭守했다.[126]

앞의 기록에서 신무군 첨산현은 『위서』「지형지」에 따르면 북위 말 회삭진이었다. 회삭진은 후에 삭주 신무군 등으로 바뀌었다. 앞의 인용문을 보면 하발승과 그의 아버지 하발도발은 육진의 난 때 옥야진인 파육한발릉의 일당인 위가고와 무천진 및 회삭진 일대에서 싸웠다. 그런데도 하발승의 딸 하발비사가 본적을 하남 낙양현으로 표기했다. 그런데 하발비사는 개황 19년 칠월 일일(599년 7월 28일) 저택에서 죽었고 인수仁壽 원년 시월 이십삼일(601년 11월 23일)에 옹주 경양현 봉현향 정민리에 묻혔다.[127] 하발비사 역시 연고가 없는 하남 낙양현을 본적으로 표기했지만, 장안과 남편 임지에서 활동했고 집에서 죽었으며 장안 부근의 경양현에 묻혔다. 하발비사의 친정인 하발씨 역시 효문제의 대인 본적 개칭 이후 형식적으로 본적을 하남 낙양현으로 표기해 하발비사의 묘지명에도 표기되었지만, 실제로 무천진에서 활동했다. 따라서 하발비사와 하발승의 가문도 낙양과 무천진을 오가는 안신에 포함될 가능성이 있었다.[3]

앞에서 살펴본 독고신·하란상·울지운·하발승 일족은 서위·북주에서 활동했으며 무천진과 회삭진이 고향이었다. 이처럼 낙양과 별다른 연고가 없는데도 이들 가족의 묘지명에는 본적을 하남 낙양현으로 기록했다. 이는 효문제가 대인, 즉 호인의 본적을 대代에서 하남 낙양현으로 바꾸라는 조치 이후 실제로 무천진과 회삭진에 살았는데도 형식적으로 하남 낙양현으로 남겨두었기 때문이다. 영민추장을 역임했던 이주신홍이 낙양과 고향 북수용을 오가는 안신 생활을 했던 것처럼 영민추장인 독고신의 아버지 독고고자獨孤庫者도 낙양과 무천진을 왕래하는 생활을 했을 가능성이 있다. 하란상·울지운·하발승 일족도 마찬가지 상황이었을 것이다.

요컨대 이주신홍과 이주영 일가, 사적간, 곡률금은 계절에 따라 낙양과 고향을 왕래하는 안신 생활을 했음은 『위서』와 『북제서』의 기록으로 명확히 알 수 있다. 이 밖에 『낙양가람기』에는 불특정 다수의 북이 추장을 안신으로 보았다.

---

3 하발도발 하발승은 무천진 군주(軍主)에 지나지 않았지만, 하발승의 아우 하발악은 태학생(太學生)이 되어 낙양에 머물렀다(『周書』, 卷14 「賀拔勝傳附岳傳」, p. 221, "岳字阿斗泥. 少有大志, 愛施好士. 初爲太學生, 及長, 能左右馳射, 驍果絶人"). 하발악은 무예에 능했으므로 육진의 난이 없었으면 무관이 될 가능성이 많았다. 이 경우 이주신홍, 사적간, 곡률금 등 안신처럼 낙양과 고향 무천진을 오가는 안신 생활을 했을 것이다.

필자는 원나후元羅侯·원계 형제 집안, 후강侯剛 집안, 독고신獨孤信, 하란상, 울지운尉遲運, 하발승도 안신처럼 낙양과 고향 혹은 현 거주지를 왕래하는 사람으로 추정했다.

무엇보다도 자신의 부락(부족)과 낙양을 왕래하던 안신들은 유목민들의 습속을 유지할 가능성이 많았다. 이는 이주영이 부락을 통솔해 사냥을 즐기는 등 유목민들의 생활을 유지했던 점에서 확인된다. 『위서』「이주영전」에 따르면 그의 아버지 이주신흥은 목축에 종사했으며 많은 가축을 보유했고, 조정에 말을 바치기도 했다. 또한 이주신흥과 이주영은 사냥을 즐겼다.[128] 이러한 모습을 보면 이주영 일가가 북위 말까지 대대로 수용에서 유목민의 생활을 유지했음을 알 수 있다. 따라서 낙양에 거주했던 일부 호인은 안신 생활을 했던 호인들과 접촉하면서 호속을 유지할 수 있었을 것이다.[129]

제16장

제3의 문화

서역 문화

북위의 뒤를 이은 동위·북제에는 고관으로 승진한 서역인[1]이 많았고, 특히 북제의 궁정이 서역 문화를 탐닉했음은 주지의 사실이다.[1] 북위 평성 시대[2]에 서역인들의 문화적 영향이나 북위와 서역의 교류 및 교역은 잘 알려져 있다.[2] 북위 낙양 시대는 앞선 시대인 북위 평성 시대 및 이후의 동위·북제 시대와는 달리 서역인들의 활동이 적은 것처럼 보인다. 그러나 필자는 『낙양가람기』를 숙독하면서 서역인들이 낙양에 거주하던 호인들에게 문화적으로 영향을 주었던 예들을 발견했다. 공교롭게도 뤄양 시 길리구吉利區의 여달묘呂達墓에서 출토된 남보석藍寶石 금반지[3]와 절민제節閔帝로 추정되는 무덤에서 발견된 동로마(비잔티움) 금화[4]는 서역인들의 상품이나 화폐가 북위 후기 낙양에서 통용된 증거이며, 『낙양가람기』의 기록과도 부합한다. 필자는 이에 착안해 문헌과 출토 유물을 검색해 북위 후기 낙양에서 활동한 각종 서역인의 존재를 확인하고 낙양에서 유행한

1 본 장에서 사용하는 '서역'은 중앙아시아와 페르시아(이란), 인도 등 문자 그대로 중국 서쪽에 위치한 지역을 지칭하는 개념으로 사용한다.

2 북위사의 분류 기준은 여러 가지가 있지만 이번 장에서는 효문제가 낙양에 천도하기 이전을 북위 평성 시대, 낙양 천도 이후를 북위 낙양 시대로 지칭하겠다.

서역 상품과 서역 문화의 양상을 재구성하려고 한다.

먼저 1절에서는 배경지식으로 북위 전기(북위 평성 시대)에 활동한 서역인과 서역 문화를 살펴본다. 2절에서는 북위 후기 수도 낙양에서 활동한 서역 상인과 교역, 북위 황실을 비롯한 호인 지배층의 서역 상품 애호 현상을 검토한다. 3절에서는 낙양에서 유행한 서역의 음악과 무용, 서커스, 마술의 모습을 살펴본다. 4절에서는 낙양에 전파된 불교와 서역 문화의 영향을 받은 불교예술의 양상을 분석한다. 마지막으로 5절에서는 북위 후기 낙양에서 활동한 서역인의 존재 의의와 서역 문화가 낙양과 낙양의 호인들에 끼친 영향을 검토한다.

1. 북위 평성 시대의 서역인과 서역 문화

서역인들이 북위와 관계를 맺은 것은 북위 전기부터였다. 북위 도무제 시기부터 활동했던 안동安同은 요동군의 호인이었다. 그런데 안동의 선조 안세고安世高는 한漢 조정에 입시했고, 서진 시대西晉時代에 요동으로 피난을 갔다. 안동의 아버지 안굴安屈은 전연의 모용위慕容暐를 섬겼다. 후에 안동은 도무제를 만나 섬기게 되었다.[5] 안동 일족은 도무제부터 문성제 시기까지 북위 조정에서 관리로 근무했다.[6] 한편 선건鄯乾의 묘지명에 따르면 그의 아버지 선시鄯視(469~512년)는 태평진군 6년(445년) 북위로 귀순했고 평서장군平西將軍 청평량삼주자사青平凉三州刺史 선선왕鄯鄯王의 관작을 받았다.[7]

본래 선시 부자는 중앙아시아의 오아시스 국가 선선鄯善, Charklik[8] 사람이었다. 선선은 태무제 태연 원년(435년)에 처음으로 북위에 사신을 파견했고, 북량의 잔여 세력인 저거무위의 공격을 받기도 했다. 북위의 만도귀萬度歸가 태평진군 6년(445년) 군사를 이끌고 선선을 정벌하자 항복한 선선왕 진달眞達은 평성에 보내졌다. 북위는 태평진군 9년(448년) 교지공交趾公 한발韓拔을 가절假節 정서

장군征西將軍 영호서융교위 선선왕鄯善王에 임명해 선선을 다스리게 했고, 선선인에게 내지의 군현처럼 부역賦役을 부과했다.[9] 『위서』의 기록을 참고하면, 선시는 선선의 멸망 이후 북위에 귀순한 선선인이었다.[3] 선행 연구에 따르면 선시는 북위에 항복한 진달眞達과 동일한 인물이며, 선시의 아버지(선건의 할아버지) 선총鄯寵은 선선왕 비룡比龍으로 비정된다.[10]

언기호焉耆胡 차이락도 태무제가 북량을 정복하자 북위에 투항해 전부왕에 봉해졌다. 그리고 북량의 잔여 세력인 저거무휘와 싸워 여러 차례 승리했고 저거무휘의 아들 건수乾壽 일파 500여 가家를 사로잡아 평성으로 보냈다. 또한 이보의 아우인 이흠李欽을 회유해서 돈황군敦煌郡으로 보냈고, 부중部衆 2000여 명을 거느리고 고창을 공격하고 언기焉耆의 동관東關 7성을 격파했다.[11] 차이락은 정평正平 원년(451년) 북위 태무제의 회유를 받아들여 동생 파리波利 등 10여 명을 인질로 평성에 보냈다. 다음 해인 정평 2년(452년) 차이락이 평성에 조회하니 태무제는 처첩과 노비, 전택田宅, 소와 양을 하사했고 상장군上將軍 전부왕의 벼슬을 주었다.[12] 후에 차이락의 아들 차헐이 전부왕의 작위를 세습했고, 연흥 3년(473년)에 죽자 아들 차백주가 전부왕이 되었다.[13] 또한 차이락의 아우인 차파리車波利는 천안天安 2년(467년) 입절장군立節將軍 낙관후樂官侯에 임명되었고, 황흥皇興 3년(469년)에 죽자 조카 차낙도車洛都가 낙관후라는 작위를 세습했다.[14]

다음으로 북위 전기에 활동한 각종 서역 상인들을 살펴보자. 서역 상인들은 북위와 중앙아시아 등지를 오가며 원격지 교역에 종사했다. 예컨대 태무제 시기에 대월지인大月氏人들이 평성에 와서 장사했고 유리도 만들었다.[15] 또한 태무제가 북량을 정복한 이후 북량의 영토인 하서회랑 일대에서 장사하던 소그드 상인

---

3 북위는 448년 한발을 선선왕 호서융교위(護西戎校尉)로 임명해 선선을 지키게 했다. 그러나 북위는 곧 선선에서 후퇴했다. 낙도(樂都)의 선선진(鄯善鎭)은 신강(新疆) 약강(若羌)에서 후퇴해 설치한 것이다(唐長孺, 「南北朝期間西域與南朝的陸道交通」, 『魏晉南北朝史拾遺』(中華書局, 1983), pp. 174~179). 묘지명의 자료로는 선시가 청해의 낙도로 이주했는지는 불분명하다.

들을 체포했다. 소그드왕은 문성제 초기에 사신을 보내 소그드 상인들을 풀어달라고 해서 허락을 받았다.[16] 헌문제 시기에는 상주자사相州刺史 이흔李訢이 백성들의 재물과 상호商胡의 보물을 착취한 예가 보인다.[17] 상주相州는 업鄴을 포함한 황하 하류의 북쪽에 위치한 지역이었다. 이흔의 예에서 상호, 즉 서역 상인들이 중국 내지인 업 일대에서 교역 활동에 종사했음을 알 수 있다. 이어서 태무제가 유연 친정 때 유연을 놓치고 돌아오면서 양주凉州 고호賈胡들에게서 유연에 관한 정보를 얻었다.[18] 여기서 상호 혹은 고호로 표기되는 서역 상인들은 북위에 유연 등에 대한 동정과 군사에 관한 정보를 제공했음을 알 수 있다.[19]

이어서 서역의 음악이 북위에 영향을 준 것은 북위 전기, 즉 평성 시대부터였다. 먼저 『위서』「악지」의 서술을 살펴보자.

> [도무제] 천흥 원년(398년) 겨울에 상서이부랑尙書吏部郎 등연鄧淵에게 명해서 율려律呂를 정하고 음악을 따르게 했다. 추존追尊한 황증조皇曾祖, 황조皇祖, 황고皇考 등 여러 황제[에 관한 제례에 사용하는] 음악은 팔일八佾을 사용하게 했고, 황시지무皇始之舞를 추게 했다. …… (중략) …… 정월 첫째 날에 신하들과 잔치를 즐기며 정교政敎를 선포했는데, 궁현宮懸의 정악正樂을 갖추어서 늘어놓았으며 연燕·조趙·진秦·오吳의 음音을 겸해 연주했으니, 5방五方의 다른 풍속의 곡이었다. 사시四時의 연회에서 또한 이를 사용했다. 무릇 악樂은 스스로 생겨난 것을 즐기는 것이며, 예는 그 근본을 잊지 않는 것이다. 액정掖庭에서는 진인대가眞人代歌를 불렀다. 이는 위로는 [북위의] 조종祖宗이 나라를 창업한 유래를 서술했고, 아래로는 군신君臣이 흥하고 쇠한 자취에 미쳤으며, 모두 150장章이었다. 저녁과 새벽에 진인대가를 노래했으며, 이때 사죽絲竹과 합주合奏했다. 교묘郊廟의 연회에서도 진인대가를 연주했다.[20]

인용문의 밑줄 친 부분은 전통 중국의 음악과 5호 여러 나라의 음악을 연회에서 함께 연주했음을 기록한 것이다. 이처럼 북위 궁중에서는 중국 전통 음악뿐만 아니라 북위가 정복했던 다양한 국가와 종족의 음악이 모두 사용되었음을 알 수 있다. 이는 '한화'도 호화도 아니라 두 문화가 뒤섞인 형태였다.[21]

다음으로 페르시아산 제품을 살펴보자. 개정蓋頂 위에 태화 5년(481년)이라고 새겨진 석함石函이 1964년 12월에 허베이 성河北省 정현定縣에서 발견되었다. 이 석함에서 사산조 페르시아의 은화 41개와 금기金器, 은기銀器, 동기銅器, 유리기玻璃器, 옥기玉器, 마노기瑪瑙器, 수정기水晶器, 진주, 조개, 산호, 곶식串飾 등이 출토되었다.[22] 이 유물 가운데 사산조 페르시아의 은화는 북위와 페르시아의 교역 혹은 중간에 있는 서역과의 교역이 활발했음을 보여준다. 북위 전기의 수도였던 평성에서 서역산 은 세공품이 출토되었다. 1970년 다퉁 시의 북위 성지城址에서 은배銀杯와 은완銀碗이, 1981년 9월 다퉁 시 서교 소참촌小站村에서 정시 원년(504년)에 만들어진 봉화돌의 무덤에서 은반銀盤이, 1988년 다퉁 시 북위묘장北魏墓葬에서 은완銀碗이 발견되었다. 이 세 무덤에서 출토된 유물은 모두 사산조 양식의 페르시아 은기였다.[23]

앞에서 살펴본 것처럼 북위 전기 수도인 평성과 기타 지역에 서역인들이 관리와 상인으로 활동했고 서역 음악이 북위 궁정에서도 통용되었을 뿐만 아니라 서역 상품이 평성과 하북 일대에서도 매매되고 사용되었음을 확인할 수 있다. 그렇다면 북위 후기, 즉 북위 낙양 시대에는 어땠을까? 이는 다음 절부터 서역 상인과 교역, 서역 음악과 무용, 서역 불교와 불교예술로 나누어 살펴보자.

2. 낙양의 서역 상인과 교역

1) 북위 후기 서역 상인의 활동

북위 후기에 서역과의 교역은 선무제 초기 형만邢巒의 상주문에 보인다.

> 경명 연간(500~503년) 초에, 승평지업升平之業을 이었고, 사강四疆이 청안淸晏하니 원근에서 와서 모였습니다. 이때 번공蕃貢이 길을 이었으며 상고商賈가 교대로 들어왔고 바치고 바꾼 물품이 일상적인 재정수입의 배보다 많았습니다.[24]

한 학자는 앞의 인용문을 분석해 선무제 경명 연간 이후 북위와 서역의 교역가 고조에 달했고 북위는 서역과의 교역를 통해 막대한 경제적 이익을 얻었다고 서술했다.[25] 또한 이 사료는 서역 상인들이 북위로 들어와 교역에 종사했음을 잘 보여준다. 『위서』「식화지」에도 북위와 서역 사이의 교역을 보여주는 기록이 있다.

> 위魏의 덕이 넓어진 이후 서역과 동이東夷가 진물珍物을 바쳤고 이를 왕부王府에 채웠다. 또한 남쪽 변경에[南垂]에 호시互市를 세우니 남방의 상품이 도달하니, 우모치혁羽毛齒革 등의 물자가 먼 곳에서도 왔다.[26]

앞의 인용문에 따르면, 북위는 동·서·남 삼면의 주변국들과의 교역으로 국가의 창고에 각종 재물로 충실할 정도로 경제적 이익을 얻었다. 이 인용문에서도 서역과 북위 사이의 교역이 활발했음을 확인할 수 있다. 한 통계에 따르면 낙양으로 천도한 이후 북위와 서역 여러 나라, 페르시아, 로마 사이의 조공은 119회에 달했다. 서역 사자使者들은 대마大馬, 명타名駝, 진보珍寶, 한혈마汗血馬, 순상馴象, 모우牦牛, 보검寶劍을 바쳤다.[27] 조공은 상인들의 교역을 분식하는 기록이 많았으므로,[28] 실제적으로 서역 상인들이 공식적으로 북위의 수도 낙양에 와서 교역한 횟수가 최소 119회라고 해석할 수 있다.[29]

『낙양가람기』「성남·용화사조」에는 서역 상인들의 활동을 알려주는 기록이 있다.

> 서이西夷 중 내부자來附者는 엄자관崦嵫館에서 지내게 하고, 모의리慕義里에 집을 주었다. 총령葱嶺 서쪽에서 대진국大秦國에 이르는 백국천성百國千城이 기뻐하며 [북위에] 귀순했고, 상호 판객販客들이 날마다 변경으로 달려오니, 이른바 온 천지의 거처가 되었다고 할 수 있다. 중국의 토풍土風을 좋아해 정착한 사람이 셀 수 없이 많았다. 이 때문에 내부內附한 백성이 만여 가家에 이르렀다. 문항門巷은 수정修整되었고 여합閭闔은 줄지어 늘어섰으며, 푸른 회화나무 그늘이 도로에 드리우고 초록빛의 버드나무가 뜰에 드리웠다. 천하에서 구하기 어려운 물건도 이곳에 모두 있었다.[30]

앞의 인용문에서 알 수 있듯이, 총령(파미르고원) 서쪽부터 대진大秦(원래는 로마제국이지만, 당시에는 동로마제국)까지 산재한 서역 각국과 도시의 상인들은 낙양에 거주하며 진귀한 물자를 구비함으로써 교역에 종사했다. 서역의 상호였던 화사개의 선조도[31] 낙양에 거주했을 것으로 추정된다.[32] 또한 북위 시대에 조파라문曹婆羅門에게 쿠차의 비파 연주법을 가르쳐준 상인의 예도 발견된다.[33] 화사개의 선조와 쿠차의 비파를 조파라문에게 가르쳐준 상인은 낙양에서 활동했고 동위 효정제 시기의 업鄴 천도 때 업으로 이주했을 것이다. 묘지명에서도 낙양에 거주했던 서역인의 이름이 발견된다. 당대唐代 강파康婆의 묘지명에 따르면 박릉博陵 사람 강파의 고조할아버지인 강라康羅가 북위 효문제 시기에 내부해 낙양에서 조회했고, 이후 낙양에 거주했다고 한다.[34] 안정安靜의 묘지명에 따르면 안정의 조상은 북위 시대에 낙양(주남周南)에 거주했다.[35] '안安'이라는 성으로 보아 안정의 조상은 안국安國 출신이었을 것이다. 『수서』 권83 「서역·안국전」에는 안국의 풍속이 강국康國, Samarkand과 같다고 기록한 것으로 보아[36] 안국 사람들도 강국 상인처럼 상술에 능해[37] 중앙아시아와 각지를 오가며 교역에 종사했을 것이다.[38]

서역 상인의 교역은 낙타의 도용(낙도용駱駝俑)에서도 확인된다. 원소묘元邵墓의 낙타용은 쌍봉이며 봉 사이에 안장을 놓고 위에 담毯을 덮고 그 위에 화대貨袋를 놓고 앞뒤에 용품과 식품을 놓았다. 원소묘와 후장묘侯掌墓에서 발굴된 낙타용은 쌍봉낙타이며, 낙타의 행장行裝은 서역 호인 상대商隊가 비단길에서 활동하는 모습을 반영했다. 이는 앞에서 인용한 『낙양가람기』의 기록과도 일치한다.[39] 이처럼 낙양 북위묘에서 낙타용이 출토되는 현상은 당시 낙양과 중앙아시아를 왕래하는 낙타와 서역 상인들이 존재했기 때문일 것이다. 이는 서역 상인들이 북위 후기 낙양에서 활동했음을 시사한다.[40]

낙양뿐만 아니라 양주涼州와 업鄴 등지에서 활동했던 서역 상인들의 존재가 확인된다. 예컨대 보태普泰 원년(531년) 양주자사涼州刺史 원섬元暹이 부인府人과 상호, 부인富人들의 재물을 빼앗았던 예[41]에서 북위 말 서역 출신 상호가 양주涼州에 거주했음을 확인할 수 있다. 「당고처사 강군 묘지」에 따르면 강원경康元敬의 선조가 효문제 시기에 업으로 이주했고, 「대당고처사 강군 묘지명병서」에 따르면 강철康悊의 선조도 북위 시대에 업에 거주했다.[42] 이 두 묘지명에서 강원경과 강철의 선조와 강라는 업에서 거주했으며, 성인 '강康'으로 보아 장사에 능한 강국 출신이었을 것이다.

『위서』와 『낙양가람기』, 각종 묘지명을 종합하면, 북위 후기의 수도 낙양에는 최대 만여 가家에 해당하는 서역 상인이 거주하며 교역에 종사했다. 그리고 중국 본토와 중앙아시아를 잇는 하서회랑에 위치한 양주涼州와 하북의 중심지인 업에 서역 상인들이 거주하는 것으로 보아 원격지 교역에 종사하는 서역 상인 외에 북위 각지에 거주하며 교역에 종사하는 서역 상인들도 존재했음을 알 수 있다.

2) 낙양의 서역 상품 애호

1항에서 살펴본 것처럼 북위 후기 서역 상인들은 서역과 북위를 왕래하거나 낙양과 업, 하서회랑 등지에 거주하며 교역에 종사했다. 본 항에서는 서역 상인들이 교역하고 낙양에서 유행했던 서역산 상품을 살펴본다.

북위는 이미 초기부터 페르시아 등 서아시아에 백릉白綾, 증견繒絹, 금錦, 은銀 등을 수출하고, 향료, 염료, 의약제 등 각종 약재를 수입했다. 또한 페르시아가 원산지인 9종염九種鹽이 태무제 태평진군(440~450년) 말년에 이미 사용되었음이 확인된다.[43] 9종염은 사람이나 말을 치료하는 약처럼 사용되었으므로,[44] 북위 후기에도 사용되었을 것이다.

서역산 유리 제품도 낙양에서 유행했다. 『낙양가람기』「성서」 법운사조에서는 당시 북위 황실 일족의 서역산 제품의 선호 현상을 확인할 수 있다.

> 원침元琛은 늘 종실과 만남을 가질 때마다 보기寶器를 늘여 놓았다. 금병金瓶과 은옹銀瓮이 100여 구였고 구경甌檠과 반합盤盒은 훌륭했다. 나머지 주기酒器에는 수정발水晶鉢과 마노완瑪瑙碗이 있었고, 적옥치赤玉巵는 수십 매였다. 만든 솜씨가 기묘奇妙했고, 중토中土에는 없는 것이며 모두 서역에서 온 것이다.[45]

앞의 인용문, 특히 밑줄 친 부분을 보면 하간왕 원침이 애호한 금병, 은옹, 구경, 반합, 수정발, 마노완, 적옥치가 모두 서역에서 만든 것임을 확인할 수 있다. 『위서』 권102 「서역전」에 따르면, 유리와 수정, 금錦, 능綾은 페르시아,[46] 계罽와 금은을 사용한 기물은 계빈국罽賓國[47]에서 생산되었고, 이 서역산 상품은 북

위의 낙양에서 소비되었다.[48]

하간왕 원침뿐만 아니라 북위 후기 낙양의 지배층이 서역산 제품을 애호했음이 발견된다. 예컨대 원소元韶가 북위 말 혹은 동위 초에 고환(북제 신무제)에게서 북위 황실의 보물을 하사받았다. 이 가운데 옥발玉鉢과 마노합馬瑙榼 등은 서역산이었다.[49] 이는 하간왕 원침뿐만 아니라 북위 황실도 서역산 그릇류를 애호했고 소장했음을 보여준다. 즉, 서역산 그릇의 애호는 하간왕 원침 혼자만의 현상은 아니었다.[50]

낙양 외의 지역에서 서역산 은기銀器가 발견되었다. 1981년 9월 다퉁 시 서교 소참촌小站村에서 정시 원년(504년)에 만들어진 봉화돌 무덤으로부터 은반銀盤이 출토되었다. 이 은반에 새겨진 사람은 심목 고비深目高鼻의 전형적인 이란인종에 속하며 장발長髮인데, 아르다시르 1세Ardašir I 혹은 바흐람 1세Bahram I 중 한 사람으로 추정된다.[51] 봉화돌의 무덤에서 발굴된 은반의 유통 경로와 입수 경로는 여러 가지 가능성이 있다.[4] 어떤 경우이건 이 은반이 서역에서 유입된 것은 확실하다. 봉화돌의 무덤에서 발굴된 은반은 서역에서 만든 기물이 북위 호인들 사이에서 인기가 있었다는 『낙양가람기』의 기록과 대체로 부합한다.

서역 각지와의 교역을 통해 서역산 상품뿐만 아니라 서역의 은화銀貨(은전銀錢)가 북위 낙양에서 통용되었을 것이다. 『북제서』 권31 「왕흔전」에는 은전에 대한 기록이 있다.

4 봉화돌 무덤에서 발견된 페르시아 은반의 내원으로는 네 가지 가능성이 있다. 첫째, 이 은반은 페르시아에서 쿠차 혹은 언기에 이르렀다가 북위가 쿠차를 평정한 후 전리품으로서 북위의 내부(內府)에 들어갔다가 후에 봉화돌에게 하사되었다. 둘째, 선무제 이전 페르시아 사신이 바친 물건을 봉화돌에게 하사한 것이다. 셋째, 봉화돌이 낙양에 거주한 상호나 페르시아 교민(僑民)에게서 얻었다. 넷째, 봉화돌이 사람을 서역에 보내 구했거나 하간왕 원침 등이 가지고 있던 것을 얻었다[馬雍, 「北魏封和突墓及其出土的波斯銀盤」, 『西域史地文物叢考』(北京: 文物出版社, 1990), p. 144] [原載 ≪文物≫, 1983-8(1983)].

> 왕흔王昕은 젊어서 열심히 공부하고 책을 읽었다. 태위 여남왕 열悅이 기병참군騎兵參軍으로 임명했다. …… (중략) …… 여남왕 열은 여러 차례 땅에 동전을 흩어놓으며 제좌諸佐에게 다투어 전을 줍게 했지만, 왕흔만 줍지 않았다. 여남왕 열은 또 은전銀錢을 [땅에] 흩어놓으며 왕흔을 쳐다보니, 왕흔은 은전 한 닢을 취했다.[52]

『위서』「숙종기」에 따르면 여남왕 원열元悅은 정광 원년(520년) 태위에 임명되었다가[53] 정광 4년(523년) 태위에서 태보로 승진했고,[54] 효창 2년(526년)에 태위를 잠깐 겸했다.[55] 따라서 태위에 재직한 기간을 살펴보면, 이 기사는 효명제 시기인 520~523년 혹은 526년에 발생했을 것이다. 앞의 인용문에서 원열이 소유한 은전이 주목된다. 효문제는 태화 19년(495년)에 태화오수太和五銖라는 글자가 쓰인 동전을 만들어 통용시켰다. 이때 백성들에게도 구리로 동전의 주조를 허락했다.[56] 또한 희평 2년에는 상서 최량의 상주로 항농군(홍농군)과 남청주南青州 원촉산苑燭山, 제주齊州 상산商山에서 구리를 채굴해 동전을 주조하게 했다.[57] 이러한 기록을 보면 북위 시대 주화는 구리로 만들었다. 그리고 현재 출토된 북위 시대 주화 가운데 은으로 만든 주화는 발견되지 않았다. 현재로서는 북위 시대에 만들어진 은전은 없었다. 그렇다면 앞의 인용문에 보이는 은전은 북위 외의 나라에서 주조되었을 것이다. 이와 관련해 "세부稅賦는 땅에 따라 조租를 징수하고 농토가 없는 사람은 은전을 징수한다"[58]라는 『위서』「구자전」의 기록이 주목된다. 『위서』「파사전」에서도 "부세賦稅는 땅에 따라 은전을 거둔다"[59]라고 기록했다. 허베이 성 정현에서 발견된 태화오년명太和五年銘 석함石函에는 사산조 페르시아의 은화 41개가 있었다.[60] 낙양 천도 이전인 태화 5년(481년)에 사산조 페르시아의 은화가 발견된 것으로 보아 평성 시대에 이미 사산조 페르시아의 은화가 북위의 영토 안에서 통용되었음을 알 수 있다. 또한 낙양 출토 페르시아 은화 연구에 따르면, 1991년 뤄양 시 이천현伊川縣 사마구촌司馬溝村에서 발견된 315매의 페르시아 은화(피루스 은화)가 북위 후기 서역, 즉 중앙아시아 및 서남아시아와의 교류의 산물이라고 주장했다.[61] 이 주장이 옳다면 효명제 시기인 520년대 낙양에서 여남왕 원열이 소유한 은전이 쿠차나 사산조 페르시아의 은전일 것이라는 필자의 추론[62]을 뒷받침하는 증거가 된다.

2013년 10월 27일 중국 신문의 보도에 따르면 북위 절민제節閔帝(원공元恭)의 무덤으로 추정되는 낙양 형산로衡山路 북위 대묘大墓에서 동로마(비잔티움) 금화가 발견되었다.[63] 이는 동로마 상인들이 낙양을 왕래하며 무역에 종사했거나 동로마의 금화가 낙양에서 통용되거나 북위 지배층의 수집 혹은 대상이 되었음을 시사한다.[64] 뤄양 시 북쪽 마파촌馬坡村에서 출토된 동로마 황제 아나스타시우스 1세Anastasius I Dicorus(재위 491~518년)의 금화[65]도 북위 후기에 전파된 금화일 것이다.

하간왕 원침은 서역 상품뿐만 아니라 서역의 명마에도 관심이 있었다. 『낙양가람기』「성서」 법운사조에 서역산 명마에 대한 기록이 보인다.

> [하간왕 원]침이 진주에서 근무할 때 대개 정적政績이 없었다. 원침은 사자使者를 서역으로 보내 명마를 구해오게 했다. 사자는 멀리 페르시아에 이르러 천리마를 얻어왔으니 이름을 '추풍적기追風赤驥'라고 했다. 700리를 가는 말이 10여 필이었고 모두 명자名字가 있었다.[66]

앞의 인용문에서 알 수 있듯이, 하간왕 원침은 서역의 명마를 좋아해 사자를 보내 중앙아시아와 페르시아로 가서 천리마를 구해오도록 명령했다. 700리를 가는 빠른 말을 10여 필을 소유했다는 기록으로 보아 하간왕 원침이 천리마나 기타 서역산 말을 많이 가지고 있었음을 알 수 있다. 『위서』「서역·파사국전」에 따르면, 명마는 파사국(페르시아)에서 생산되었다.[67] 따라서 하간왕 원침이 사온 서역산 말은 페르시아 말일 가능성이 크다.[68]

이 밖에 호상胡床도 북위 시대를 포함한 위진남북조시대에 널리 보급되었다.

그림 16-1　북위 영녕사 서문 유적 출토 유리구슬

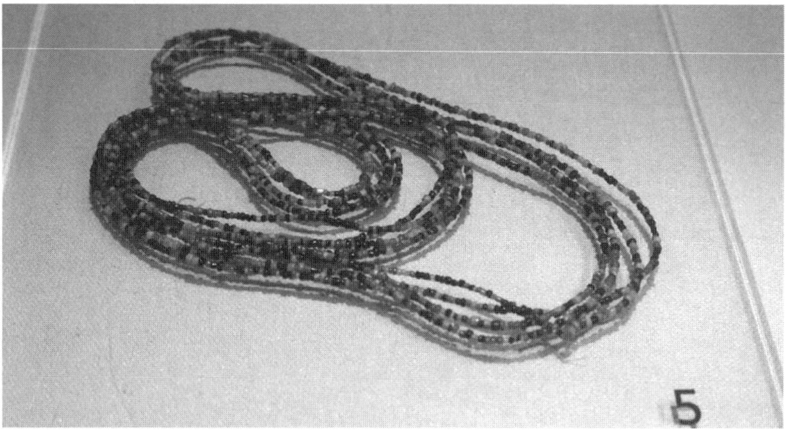

중국사회과학원 고고연구소와 협력해 한시적으로 한성백제박물관 전시, ⓒ 최진열.

이미 서역에서 전래된 호좌胡坐와 호상은 후한 말에 중원에 전래되어 서진 시대 상층부에서 호상이 사용되었고[69] 『진서晉書』 「오행지五行志」의 기록에도 보인다.[70] 당시 호인들뿐만 아니라 한인(중국인)들도 호상에 앉아 강자와 맥적을 먹는 것이 유행했다. 이는 전통적으로 무릎 꿇고 앉아서 음식을 먹는 한인들의 음식문화에 큰 영향을 주었다. 당대唐代에는 높은 탁자와 의자가 함께 사용되면서 위탁圍卓에 앉아 밥을 먹는 합식제合食制가 땅에 앉아서 따로 밥을 먹는 분식제分食制를 대체하게 되었다. 즉, 호상은 밥을 먹는 중국 전통의 방식을 근본적으로 바꾸어놓았다.[71] 호상만큼 중국의 문화를 바꾸지는 못했지만 오락의 일종인 악삭握槊은 서역에서 유래해 선무제 시기에 낙양에서 크게 유행한 호희胡戲였다.[72]

앞에서는 주로 사료를 중심으로 출토 유물과 대조하면서 서역에서 전래된 상품과 물건을 살펴보았다. 그 외에 문헌에는 기록이 없지만, 북위 후기 낙양에서 쓰인 서역산 제품이 출토되었다. 대표적인 유물이 북위 영녕사 서문 유적에서 출토된 유리구슬이다.[73]

〈그림 16-1〉에서 보듯이 유리구슬은 모두 15만여 개로 붉은색, 파란색, 황색,

녹색, 검은색 등 다양한 색깔을 지녔으며, 가운데에 구멍이 있었다.[74] 이 유리는 중국에서는 드물며 남아시아와 동남아시아, 중국 동남 연해, 한국 남해안에서 발견되었다. 분포 지역을 따서 명명된 인도양-태평양 유리구슬은 인도산이라고 한다.[75] 이 인도 유리구슬은 북위 후기 낙양에서 매매되거나 사용되었음을 보여 준다.

사료에는 기록이 없지만, 낙양과 인근의 북위묘에서 중앙아시아산 금반지가 발견되었다. 예컨대 뤄양박물관에서 소장하고 있는 양보석鑲寶石 금반지이다. 너비 2.2cm, 직경 2.1cm, 무게 9.3g인 이 금반지는 중앙아시아 혹은 서아시아에서 만들어져 수입된 북제 서현수徐顯秀 무덤에서 출토된 금반지와 유사하다.[76] 최근 뤄양 시 길리구 북위 여달묘呂達墓에서도 남보석 금반지가 발견되었다. 이 반지에는 연주문聯珠紋이 있고 보석이 박혔으며 직경 2.1cm, 높이 2.2cm, 무게 9.3g이다.[77] 크기를 보면 낙양 북위묘에서 출토된 남보석 금반지와 같으며, 서아시아의 소그드인이 제작한 것이다.[78] 여달묘에서 출토된 금반지는 직경 2.4cm이고 무게 10g인 북주 이현 부부묘李賢夫婦墓에서 출토된 금반지보다 작다. 이 금반지의 도안은 사산조 페르시아에서 유래했고, 원산지는 사산조 페르시아 혹은 중앙아시아로 추정된다.[79] 따라서 낙양 북위묘에서 출토된 반지는 북위 후기 낙양에 거주하던 사람들이 서역산 반지를 사용했음을 시사한다.[80] 이 밖에 북위 후기 서역의 수공업 기술이 전래되어 서역의 영향을 받은 도자기 그릇과 로마 유리, 금잔, 은사발, 은항아리, 굽다리 은잔, 굽다리 동잔, 금·은 대야, 큰 손잡이가 달린 잔 등이 낙양 일대에서 출토되었다.[81]

3. 낙양의 서역 음악과 무용, 서커스, 마술

서역 음악은 북위 낙양 시대의 궁정 음악에도 영향을 주었다. 『수서』「음악지」

에는 이를 확인해주는 기록이 있다.

[북]제 신무[제]神武帝, 高歡가 패업霸業을 처음 세우고 업鄴에 천도했지만, 여전히 [위魏의] 신하로 칭했기 때문에 모두 위魏의 전례典禮를 따랐다. 문성[제]가 처음으로 선양禪讓을 받아 [즉위했지만] 여전히 구장舊章을 바꾸지 않았다. …… (중략) …… 그 후에 장차 제도를 새로 만들고 옛것을 바꾸려고 하였는데, 상약전어 조정이 옛날에 낙하洛下[북위의 수도 낙양]에 있었을 때에 구악舊樂에 통달하고 잘 알았다고 스스로 말하고 다녔다. [조정은] '위[북위]는 운[주]와 삭[주에 있었던 시기] 처음으로 제화諸華를 공격해 지배한 이래 즐거이 토풍土風을 취했으나 자신들의 풍속은 바꾸지 않았습니다. 도무제 황시 원년(396)에 이르러 모용보[의 후연을] 중산에서 격파하고 진晉의 악기를 획득했지만 가려서 쓸 줄 모르고 모두 버렸습니다. ① 천흥 연간 초에 이부랑 등언해[등선]가 상주해 묘악廟樂을 올렸으며 궁현宮懸을 창제創制하였지만, 타악기와 관악기가 갖추어지지 않았습니다. 악장樂章이 모두 비었기 때문에 파라회가와 뒤섞이게 되었습니다. 처음에 팔일八佾을 사용해 황시지무皇始之舞를 만들었습니다. ② 태무제가 하서[북량]를 평정해 저거몽손의 기伎를 얻어 빈가대례賓嘉大禮에 모두 이전의 것과 혼용되었습니다. 이 음악이 홍한 것은 아마도 부견[전진을 지칭]의 말기에 여광이 출정해 서역을 평정하고 호융胡戎의 악樂을 얻어서 바뀌게 되어 진성秦聲에 섞이게 되었기 때문일 것입니다. 이른바 진한악秦漢樂입니다. [효무제] 영희 연간에 이르러 녹상서[사] 장손승업이 신의 아버지인 태상경 [조]형 등과 함께 검토해 고치고 다듬었으며 융戎과 화華[의 악樂]을 아울러 모두 채용했습니다. 종률鍾律에 이르러 찬란하게 크게 갖추어졌습니다. 예부터 계속 이어져 왔기 때문에 손익損益을 가히 알 수 있으니 현재 제도의 수립할 때 이로써 표준으로 삼을 것을 청합니다'라고 상서했다.[82]

앞의 인용문은 북제 문선제 시기 조정祖珽이 음악과 관련된 제도를 바꿀 것을 청하며 북위 시대 음악의 현실을 언급한 상소문이다.

먼저 ①에서 북위 초 도무제가 중국의 궁중 음악을 채용하고 도입했지만 완전하지 못해 파라회가와 같이 사용하게 되었음을 서술했다. 파라회簸邏回 혹은 발라회拔邏回는 각角이라 불리며 호로胡虜의 군중에서 사용한 악기였다.[83] 또 파라회가는 전쟁을 다루었으며,[84] 기병의 훈련과 작전 전 과정, 전쟁과 격앙의 내용이 많았기 때문에 호인(선비인)들이 좋아했고 군진의 음악으로 사용되었다.[85] 요컨대 ①과 여러 상황을 살펴보면 북위 초기에는 중국의 전통 음악과 유목민, 중앙아시아인들의 음악이 공존했다.[86]

밑줄 친 ② 부분을 보면 태무제가 북량을 정복한 후 "전진→후량→북량"으로 계승된 음악을 수용했음을 알 수 있다. 이보다 앞선 428년 태무제가 하夏를 격파하고 하의 악공樂工과 악기를 평성으로 가져왔다. 하는 본래 남흉노의 후예가 세웠고 서역과의 왕래가 빈번했으므로, 하의 악무樂舞는 북방 민족과 서역의 색채가 강했다.[87] 이처럼 중앙아시아 음악의 영향을 받은 피정복 국가의 음악이 북위 전기 수도 평성에 전해지면서 중앙아시아와 북방 유목민들의 음악이 북위 호인들의 음악에 섞이게 되었다.[88]

최근 연구 결과에 따르면 서역 악무樂舞 가운데 열반국悅般國의 고무鼓舞와 소륵악疏勒樂, 안국악安國樂, 구자악龜茲樂, 서량악西涼樂이 북위에 전래되었다.[89] 그뿐만 아니라 이러한 서역 악무는 중원 전통의 악무와 서량 악무西涼樂舞, 고구려 악무, 선비의 악무 등과 공존하고 교류하며 번영했다.[90]

서역의 음악인도 북위 수도 낙양에서 활동했다. 『구당서』 권29 「음악지」2 사이지악조의 기록을 보자.

> 후위 시대後魏時代에 조파라문이 있었다. 그는 상인에게서 쿠차 비파를 배워서 대대로 그 업業을 전했다. 손자 [조]묘달曹妙達에 이르러 더욱 북제 고양에게 중시되었으며 늘 스스로 호고胡鼓를 치며 음악에 호응했다.[91]

앞의 인용문에서는 후위, 즉 북위 시대에 활동했던 음악인 조파라문의 존재를 언급했다. 파라문婆羅門은 인도어인 'Brahmana'의 음역으로 보이며, 성인 '조曹'는 서역의 조국曹國, Kebud에서 따왔을 것이다. 『위서』에 따르면, 조국은 강국의 속국屬國이었으나,[92] 『신당서』에 따르면 소무 9성昭武九姓의 하나에 속했다.[93] 조파라문의 손자 조묘달은 『북사』 권92 「은행 · 호소아전」에 보인다.

> 조승노曹僧奴와 그의 아들 묘달妙達은 호비파胡琵琶를 잘 탔으며 더욱 총애와 예우를 입어 모두 개부開府에 임명되고 왕에 봉해졌다. …… (중략) …… 그리고 하주약何朱弱과 사추다史醜多의 무리 10여 명은 모두 춤, 노래, 음악에 능해 역시 의동개부儀同開府에 이르렀다.[94]

앞의 인용문에서 인용한 조승노, 조묘달, 하주약, 사추다 등은 가무와 음악에 능했다. 그런데 이 구절 아래에는 "호소아胡小兒 등은 눈이 푹 들어가고 코가 높았으며(안비심험眼鼻深險)"[95]라는 구절이 있는 것으로 보아 앞에서 언급된 네 사람은 이른바 심목 고비의 신체적 특징을 가진 서역인이었음을 알 수 있다. 조승노와 조묘달 부자가 북위 시대에 활동한 조파라문의 후손이었음을 보면 하주약과 사추다의 조상도 북위 시대에 음악과 가무에 종사했을 것이다.[96] 강康, 안安, 석石, 미米, 하何, 화심火尋, 무지戊地, 사史 등 소무 9성과 목국穆國 출신의 음악가와 예술가도 북위뿐만 아니라 북제와 북주 시대에도 활동했다.[97]

『낙양가람기』에는 서역의 무희舞姬와 음악의 존재를 추측할 수 있는 예가 보인다. 하간왕 원침은 서역으로부터 획득한 여악女樂과 명마를 종실과의 모임에서 보여주었다.[98] 서역으로 사자를 보내 페르시아에서 명마를 얻었으므로 명마와 함께 구한 여악은 호선무胡旋舞를 추는 호선녀胡旋女로 추측된다. 고양왕 원옹의 가기家妓에 호가胡笳에 능한 무녀舞女가 존재해 공후箜篌를 뜯고 노래한 기록이 있다.[99] 이 음악과 춤도 서역의 음악과 춤으로 추정된다.[100]

또한 한위와 북조의 백희百戲 가운데 잡기雜技, 악기, 가무는 서역에서 유래되었거나 서역을 통해 중국으로 전래되었고 서역의 예인藝人이 중국으로 왔다. 최근 낙양에서 출토된 북제 편호扁壺에 있는 악무 도안樂舞圖案을 보면 5명이 1조가 되어 노래하며 춤추는 장면이 새겨져 있다. 이 가운데 파사婆娑 1명이 춤을 추고 오른쪽의 2명은 비파를 연주했다. 비파는 서역의 악기이고 화면에 보이는 5명은 심목 고비高鼻深目이며 착수장삼窄袖長衫과 요속대腰束帶, 호화胡靴 등 호인 복식을 착용했다. 5명은 서역에서 내지로 온 예인인 중앙아시아인일 것으로 추정된다.[101] 비록 시대는 다르지만, 이들이 북제의 수도인 업이나 태원이 아니라 낙양에 거주했던 것으로 보아 북위 시대에도 거주했던 서역 출신 예인이었을 것이다.

마지막으로 염화묘染華墓의 무용舞俑 Ⅲ식式의 도용陶俑은 심목 고비의 신체적 특징을 지녔다.[102] 사진을 보면 남성임을 알 수 있다. 이는 다수의 여성과 서역 출신 남성이 춤과 무용에 종사했음을 보여준다. 이 자료로 서역인의 춤이 낙양에서 유행했음을 알 수 있다. 북위 후기의 예는 아니지만, 북제 시대에 활동한 범수范粹의 묘에서 출토된 5인 1조의 악무 장면을 연출한 도용이 보인다. 이 가운데 손에 비파를 쥐고 머리에 호모를 쓰고 몸에 좁은 소매의 장삼(착수장삼)을 입고 발에 반통화半筒靴를 신은 호인용胡人俑(중앙아시아 사람 도용)은[103] 당대唐代의 호등무胡騰舞를 연주했을 것으로 추정된다.[104] 북제 시대에 활약한 중앙아시아 노래와 춤들이 존재한 것으로 보아 북위 후기 낙양에도 중앙아시아 노래와 춤의 존재를 상정해볼 수 있다.[105]

서역의 음악과 노래뿐만 아니라, 서역의 서커스와 마술이 낙양에서 유행한 예들이 보인다. 서역승西域僧이 죽은 나무를 살리고 사람을 나귀나 말로 바꾸어 주변 사람들을 놀라게 한 예가 『낙양가람기』 법운사조에 보인다.[106] 『낙양가람기』에 따르면 매년 사월 사일 불교 행사 때 서역의 서커스와 묘기가 낙양에서 선보였다.

사월 사일에 석가를 태운 코끼리상은 늘 밖으로 나갔다. 이때 벽사 사자辟邪師子가 그 앞에서 이끌었다. 칼을 삼키고 불을 토하며, 말을 모는 묘기가 한쪽에서 벌어졌다. 그리고 장대를 오르거나 줄을 타는 묘기는 늘 있지 않았다. 기묘한 묘기와 다른 복장은 낙양의 저잣거리에서 으뜸이었다. 석가를 태운 코끼리상이 멈춘 곳에는 사람들이 담장처럼 에워싸서 봤으므로 서로 밟거나 뛰어올랐고 이 때문에 사람이 죽는 일도 생겼다.[107]

앞의 인용문을 보면 음력 사월 팔일 석가모니의 탄신일을 전후해 석가를 태운 코끼리상이 장추사長秋寺 밖으로 행진할 때 서역의 서커스와 마술이 코끼리상 행렬과 함께 공연되었다. 그리고 낙양 사람들에게 최고의 볼거리를 선사했음을 알 수 있다.

여남왕 원열도 악인樂人과 곡예사, 마술사를 경락사景樂寺로 불러 절 안에서 연기를 구경했다.

여남왕 열은 음악에 재능이 있는 사람을 불러 절 안에서 연주하게 했다. 기이한 새와 괴이한 짐승들이 불전의 뜰에 모여 춤을 추고 하늘로 날아가는 환혹幻惑은 세상 사람들이 보지 못한 것이었다. 여러 가지 기이한 서커스와 마술이 이 절 안에 모였다. 당나귀를 잘라 던지면 다른 동물로 바뀌고 우물에서 물이 솟아나게 하며, 대추와 오이를 심어 잠깐 사이에 자라게 해서 모두 먹게 했다. 이를 본 사녀士女는 눈이 혼란스럽고 미혹되었다.[108]

앞의 인용문에서 알 수 있듯이, 여남왕 원열은 곡예와 마술을 좋아했고 낙양에 사는 다른 사람들도 곡예와 마술에 현혹되었다. 『위서』 권102 「서역·열반국전」에서 태무제 태평진군 9년 열반국悅般國에서 마술에 능한 환인幻人을 조공할 때 함께 보낸 기록[109]을 보면, 곡예사와 마술사는 낙양 천도 이전부터 서역에서

북위로 들어왔음을 알 수 있다.[110]

앞에서 살펴본 것처럼 북위 후기 낙양에는 서역의 음악과 춤, 곡예와 마술이 유행했고 낙양 사람들이 이를 즐겼음을 확인할 수 있다.

4. 낙양의 서역 불교와 서역 불교예술

선무제 연창 연간(512~515년)에 북위 경내에는 절이 1만 3727개였다.[111] 정확한 시기는 알 수 없지만 『낙양가람기』에 따르면 인구 10만 9000호戶의 낙양에 1367개의 절이 있었다.[112] 대략 전체 절의 10%에 해당한다. 『자치통감』에 따르면 북위의 수도 낙양에 체류한 서역 출신 승려가 3000여 명이었고, 당시 북위의 선무제가 영명사 1000여 간을 세워 이들을 거처하게 했다.[113] 『낙양가람기』 「성서」 영명사조에도 낙양에서 불교가 성행해 이국의 사문들이 낙양으로 폭주했으므로 선무제가 영명사를 세워 이국 사문들을 거주하게 했다고 기록했다.[114] 이들은 서역부터 대진국까지 여러 나라의 사문 3000여인이었다.[115] 또한 낙양성 밖 남쪽의 모의리에 위치한 보리사菩提寺는 서역 호인西域胡人이 세웠다는 기록으로 보아 서역 출신의 승려와 서역인 신자들이 드나들었던 불사였을 것이다.[116] 이 밖에 서역 출신 승려 담마류지曇摩流支가 경명 2년(501년)에,[117] 늑나마리勒那摩提와 보리류지菩提流支가 영평 원년(508년)에 낙양에 들어와[118] 경전을 번역했다.[119]

앞에서 살펴본 각종 문헌뿐만 아니라 금석문 자료에서도 서역 출신 승려의 존재를 확인할 수 있다. 1984년 11월 허난 성 언사현偃師縣 남채장향南蔡莊鄉 송만촌宋灣村에서 북위 정광 4년(523년)에 세워진 소역장군掃逆將軍 적흥조翟興祖 등의 조상비造像碑가 발견되었다. 일부 하급 관리와 다수의 백성이 금전이나 재물을 모아 새긴 조상비에는 시주한 사람들의 명단이 새겨졌다. 이 가운데 '향화주香花主 지승안支僧安'[120]이 주목된다. '지승안'의 '지支'는 월지月氏의 약칭으로 당시 중국 문헌에서 사용되었다. 따라서 지승안은 당시 낙양에 거주하던 월지 출신의 불교 승려였다.[121] 이 조상비는 서역 출신 승려들이 낙양 인근에서 활동했음을 보여준다.[122]

앞에서 북위 후기의 낙양에 거주했던 서역 출신의 불교 승려들에 대한 기록을 살펴보았다. 이들은 최소 3000여 명이었다. 전근대이건 근현대이건 한 도시에 외국인 성직자가 3000여 명이나 활동한다는 것은 상상하기 어렵다. 이들은 불교를 신봉하는, 낙양에 거주하는 한인들과도 만났을 것이며 문화적으로 영향을 주었을 것이다. 예컨대 불교를 독실하게 믿었던 선무제는 영평 2년 십일월 기축일(509년 12월 11일)에 식건전式乾殿에서 승려와 조신들을 위해 『유마힐경維摩詰經』을 강론했다.[123] 또한 선무제는 경經과 사史를 좋아했을 뿐만 아니라 불교를 좋아해서 강론할 때마다 밤을 새도 피곤함을 잊었다고 기록되었다.[124] 이 밖에 『위서』 「배연준전」과 「석로지」에서도 선무제가 불교에 심취했다는 기록[125]을 확인할 수 있다. 선무제는 불교에 심취했을 뿐만 아니라, 불경을 번역할 정도로 서역의 언어나 문자에도 관심을 가졌다.[126]

또한 선무제는 낙양 남쪽의 이궐산에 효문제와 생모인 효문소황후 고씨, 나중에는 자신을 위해 석굴 3개를 만들었다. 이 석굴은 경명 원년(500년)부터 정관 4년(523년)까지 80만 2366명분의 노동력을 동원했다.[127] 이른바 룽먼 석굴이라 불리는 이 석굴은 석굴을 파고 석불石佛을 만드는 인도의 간다라 양식을 따른 것이다.[128] 룽먼 석굴을 포함한 석굴 예술은 인도 문화의 영향을 받은 것임이 분명하다.

이 밖에 낙양의 서쪽에 세운 법운사法雲寺는 서역 오장국烏場國 호사문胡沙門 담마라曇摩羅가 세웠으며 불전과 승방은 모두 호식胡飾, 즉 서역의 건축양식으로 만들었다. 또한 서역에서 가져온 사리골舍利骨과 불아佛牙, 불경, 불상을 소장했다.[129] 이처럼 일부 불사와 석굴, 석불이 서역, 그 가운데 인도나 중앙아시아의 양식을 그대로 들여왔을 뿐만 아니라 여전히 중국에서도 서역 출신의 승려들이 호복을 착용했던 예가 보인다. 뤄양 시 멍진 현 북진촌北陳村 북위벽화묘北魏壁畵墓, 즉 왕온묘[130]에서 사유용思維俑이 발굴되었다. 사유용은 전모氈帽를 쓰고 몸에 백색의 원령착수포圓領窄袖袍를 입고 백색 고화高靴를 신었다. 그리고 심목 고비라는 신체적 특징을 바탕으로 호인, 즉 중앙아시아 출신으로 추정된다.[131] 사유용은 당시 중앙아시아에서 불교를 포교하러 온 승려들이 많았음을 반영하는 유물이다. 한인들의 한복을 착용한 것이 아니며, 호복 혹은 서역의 복장을 착용했음을 알 수 있다.[132]

룽먼 석굴의 일부 건축물도 서역의 영향을 받았다. 선행 연구에 따르면, 룽먼 석굴의 이오니아식 기둥과 팔각 과릉형瓜棱形 요문주凹紋柱는 본래 그리스의 이오니아식 석주石柱와 다른 양식이었다. 기원전 4~3세기 중앙아시아를 거쳐 간다라 지역에 전파되었다. 이후 5세기 말 북위 후기에 중원 지역에 불교와 간다라 양식이 전해졌을 때, 그리스식 석주도 북위에 들어왔다. 룽먼 석굴의 그리스식 석주는 그리스와 페르시아, 인도, 중국의 문화 교류의 산물이었다.[133]

이처럼 낙양에 전해진 선행 연구에 따르면 대형 석굴이 만들어지고 이역異域의 문화가 유입되며 불교 복식이 여성 복식에 영향을 주었다.[134] 특히 도용의 발식髮式과 장식품을 보면 발식은 불교의 영향을 받아 여성들의 머리 모양은 나계螺髻와 쌍계雙髻가 대세였다.[135] 예컨대 염화묘, 왕온묘, 낙양연체전창이호묘의 여시용女侍俑 복식은 선비 고습과 불교 복식을 혼합한 것이다.[136]

이 밖에 북위를 포함한 위진남북조시대에 중국에 전파된 불교는 종교뿐만 아니라 불교의 발상지인 인도 문화의 중국 유입에도 영향을 주었다. 귀신鬼神과 지괴志怪의 고사故事, 우언寓言, 전설傳說, 성운학聲韻學과 4성四聲, 간다라 미술, 회화, 음악, 조각, 천문학과 산술算術, 의학醫藥 등의 인도 문화가 중국 문화에 큰 충격을 주었음은 주지의 사실이다.[137] 불교 경전에 언급된 악기도 불교와 함께 중국에 전해졌다. 그리고 구자악龜茲樂과 서량악西涼樂이 유입되었을 때 선선마니善善摩尼, 파가아婆伽兒, 우전불곡于闐佛曲 등 불교음악의 성격을 지닌 악곡이 북위를 포함한 중국에 전파되었다. 이러한 불교음악은 남북조시대에 중국의 민간 음악과 합쳐져 중국풍의 불곡이 만들어졌다.[138]

5. 국제도시 낙양 속의 서역인과 서역 문화

1) 낙양의 서역인과 기타 비한족

2~4절에서 살펴본 것처럼 북위 후기 수도 낙양에는 상인, 음악인, 무용수, 승려 등 다양한 직업에 종사하는 서역인이 거주했다. 이 밖에 관료와 무사(군인), 북위 황제의 후궁으로 활동한 각종 서역인도 문헌과 출토 유물을 통해 확인된다.

태평진군 6년에 북위에 투항한 선시의 아들 선건의 본적은 사주司州 하남군 낙양현 낙빈리洛濱里였다. 선건은 원외산기시랑과 영좌우 보국장군 성문교위를 거쳐 정로장군 안정내사安定內史에 임명되었고 영평 5년 정월 사일(512년 2월 6일)에 사망한 이후 정로장군 하주자사河州刺史 임택후臨澤侯에 추증되었으며 연창 원년延昌元年 팔월 이십육일(512년 9월 22일) 낙양 북망에 매장되었다.[139] 선건의 묘지명에서 알 수 있듯이, 일부 서역인이 북위 낙양 시대에 무장으로 활동했음을 알 수 있다. 특히 선건이 역임한 벼슬 가운데 영좌우, 보국장군, 성문교위, 정로장군은 무관의 관직이고 그중에서도 영좌우는 황제의 친위 부대 장령이었다.[140]

이 밖에 안령절 묘지에 따르면 안령절安令節의 선조는 안식국安息國 출신이었으며 한 조정漢朝廷에 입시해 중국에 살게 되었다. 안령절의 선조는 후위(북위), 북주, 수를 거쳐 경京과 낙洛에서 벼슬했고, 현재의 본적이 빈주豳州 의록현宜祿縣이 되었다.[141] 안령절 선조들의 본적은 무위군武威郡 고장현姑臧縣이었고, 당대唐代에는 의주宜州 의록현이었다. 그러나 북위 낙양에서 벼슬했다는 기록으로

그림 16-2 채회무사용

뤄양박물관 소장, ⓒ최진열.

보아 낙양에서 활동했음은 분명하다. 안령절과 비슷한 상황에 처한 사람이 안토근安吐根이다. 안토근은 본래 안식국 출신의 호인이며, 증조할아버지 때 북위에 귀항歸降해 주천군酒泉郡에서 살았다. 안토근은 북위 말 유연(예예)에 사신으로 파견되었다가 억류되어 머물렀고, 천평 연간에 유연의 사신으로 동위에 파견되었다.[142] 안토근이 북위의 사신이었던 것으로 보아 낙양의 북위 조정에서 벼슬했을 것이다.

선시 등 서역인 무장을 따라 온 서역인 출신의 중하급 장령이나 사병들도 존재했을 것이다. 2005년 뤄양 시 의양현宜陽縣에서 징집되었고 현재 뤄양박물관에 소장된 채회갑기구장용彩繪甲騎具裝俑은 홍색 돌기모突騎帽를 쓰고 심목 고비이며, 몸에는 권령착수구의卷領窄袖袭衣를 착용했다.[143] 또, 낙양의 북위 묘에서 출토된 도용 가운데 하남 언사偃師 연체전창이호묘聯體磚廠二號墓의 무사용(Ⅰ型),[144] 양기묘楊機墓의 무사용(1式)과 부순무사용扶盾武士俑, 집검무사용執劍武士俑, 갑기구장용甲騎具裝俑(2式)[145]은 중앙아시아인의 심목 고비라는 신체적인 특징을 지녔다.

〈그림 16-2〉는 양기묘에서 출토된 채회무사용彩繪武士俑이다. 〈그림 16-2〉의 채회무사용의 얼굴은 심목 고비라는 코카서스 인종의 특징을 가지고 있으며, 외모로 보아 서역인으로 추정된다. 서역인 외모의 보병 무사용은 당시 서역인들이 북위 군대에 보병으로 종사했음을 방증한다.[5] 북위의 군대에 서역인들이 복무했다는 기록은 없지만, 북제의 군대에 서역호西域胡가 군인으로 참전했던 『진서陳書』「소마가전」의 기록이 보인다.[146] 이 기록은 북제가 북위의 제도를 그대로 계승했으므로[147] 북위 낙양 시대에도 서역인들이 북위 군인으로 활동했다는 방증 자료가 될 수 있다.

다음으로 서역 여성들에 대한 묘지명 기록이 있다. 우전국주于闐國主의 딸 우선희가 문성제의 비빈이 되었다가 효창 2년 이월 이십칠일(526년 3월 25일) 낙양의 금용성에서 사망했고 같은 해 사월 사일(526년 4월 30일) 서릉西陵에 매장되었다.[148] 우선희가 북위 황제의 무덤이 있는 운중 금릉에 묻히지 않고 낙양의 북망산에 묻힌 이유는 알 수 없지만,[6] 우선희는 낙양 천도 이후 30년 이상 낙양에 거주했다. 앞에서 소개한 선시의 일족으로 추정되는 선월광鄯月光은 전부왕 차백생의 아들과 결혼했다.[149] 차백생은 앞에서 설명한 차백주의 형제로 추정된다.[7]

5 예완쑹(葉萬松)은 낙양에서 출토된 호인용은 낙양에 교거(僑居)하거나 낙양에 장사하러 왔거나 낙양의 군대에 투신한 서역 호인 형상을 표현한 것이라고 보았다[葉萬松, 「周秦漢魏時期洛陽與西域的文化交流」, 洛陽市文物局·洛陽白馬寺漢魏故城文物保管所 編, 『漢魏洛陽故城研究』(北京: 科學出版社, 2000), p. 986]. 이 점은 필자의 추론과 일치한다.

6 제1부 제6장에서 살펴본 것처럼 『위서』「광천왕략전부자해전(廣川王略傳附子諧傳)」에는 낙양 천도 이후 낙양으로 이주한 대천호의 장지에 대한 규정이 보인다. 이에 따르면 남편의 무덤이 평성에 있을 경우 낙양에서 죽은 부녀자는 평성의 남편 무덤에 합장해야 했다(『魏書』, 卷20 「文成五王·廣川王略傳附子諧傳」, pp. 527~528). 문성제는 운중의 금릉에 묻혔으므로(『魏書』, 卷5 「高宗紀」 和平六年條, p. 123, "五月癸卯, 帝崩于太華殿, 時年二十六. 六月丙寅, 上尊謚曰文成皇帝, 廟號高宗. 八月, 葬雲中之金陵") 문성제의 비빈인 우선희는 낙양 망산(邙山)이 아닌 운중 금릉에 묻혀야 했다.

7 야마모토 미쓰오(山本光朗)는 차백주(車伯主)를 차이락의 아들 차헐의 아들인 차백주의 오기로 보았다[山本光朗, 「鄯乾墓誌銘について」, ≪史林≫, 67-6(1984), pp. 120上~120下].

또한 북제 후주後主의 총신寵臣이었던 화사개의 조상은 서역의 상호商胡였으며, 원래의 성은 소화씨素和氏였다. 화사개의 아버지 화안和安은 북위 말 중서사인中書舍人에 임명되었고, 동위 효정제 때 두각을 나타내어 고환에게 발탁되어 의주자사儀州刺史에 임명되었다.[150] 효정제는 효무제가 고환을 피해 관롱의 우문태에게 도망가자 고환이 세운 괴뢰 황제이다. 고환은 효정제를 즉위시킨 후 수도를 낙양에서 업으로 옮겼다.[151] 이때 화안·화사개 부자도 업으로 이주했을 것이다.[152] 따라서 화안처럼 일부 서역인은 북위 후기 낙양에서 벼슬을 하며 관료로 활동했을 것이다.

마지막으로 당대唐代 묘지명에서도 북위 낙양 시대에 활동했던 서역인이 발견된다. 당대 강파康婆의 묘지명에 따르면 박릉 사람 강파의 선조는 강국왕康國王이라고 하며 고조할아버지인 강라가 북위 효문제 시기에 내부해 낙양에서 조회했고, 이후 낙양에 거주했다고 한다. 그래서 본래 낙양을 본적으로 삼았다.[153] 그런데 강국은 태무제 태연 연간(435~440년) 사신을 보낸 후부터 북위와 통교하지 않았다.[154] 따라서 강국왕이 효문제 시기에 나라를 들어 북위에 내부했다는 강파 묘지명의 기록은 사실이라고 보기 어렵다. 그러나 강국 사람들이 상고商賈에 능했다는 기록을 보면[155] 교역을 위해 개별적으로 북위의 수도 낙양에 왔을 가능성은 있다. 또한 안정의 묘지명에 따르면 안정의 조상은 북위 시대에 낙양(주남)에 거주했다.[156] 이어서 강부인康夫人(강돈康敦)의 선조가 서진 태시太始 연간 이후 낙양에 살았다는 기록을 보면,[157] 강부인의 조상도 북위 후기 낙양에 거주했을 가능성이 있다.

앞에서 살펴본 것처럼 북위 시대 낙양에 거주했던 서역인과 서역 문화의 존재는 북위 후기의 수도 낙양이 호인과 한인 외에 다양한 인종의 사람이 살았음을 보여준다. 『낙양가람기』「성남」선양문조에 따르면 영교永橋 남쪽에 금릉관金陵館, 연연관燕然館, 부상관扶桑館, 엄자관崦嵫館 등 북위에 귀부한 외국인들을 수용하는 사이관四夷館이 있었다. 북위에 귀부한 외국인들은 이곳에서 3년을 지낸 후에 남조 출신(원문에는 오인吳人)은 귀정리, 북이는 귀덕리歸德里, 동이는 모화리慕化里, 서이는 모의리로 옮겨 거주했다.[158]

호인과 한인, 서역인들 외에도 다양한 종족이 낙양에 거주했음이 확인된다. 효명제 정광 원년(520년)에 낙양에서 거행된 청하왕 원역의 장례식에 참석한 이인夷人 수백 명이 이면剺面했다.[159] 이인이 어떤 종류의 이민족을 지칭하는지는 분명하지 않지만, 선행 연구에 따르면 이면은 흉노와 돌궐 외에 계호, 강, 토욕혼, 스키타이 등 유목민에게 보이는 풍습이다.[160] 따라서 청하왕 원역을 위해 이면을 한 이인은 계호와 강처럼 북위의 지배를 받던 각종 유목민이거나 돌궐과 토욕혼 등 북위 주변의 유목민일 것이다.[161]

낙양에는 고구려인들도 거주했다. 효문제의 후궁으로 선무제를 낳은 효문소황후 고씨高氏[162]와 선무제의 황후 고씨高氏,[163] 이 두 황후를 배출한 고조高肇의 가문은 고구려인이었다.[164] 또한 북해왕 원상과 사통한 안정왕 원섭의 비妃 고씨高氏도[165] 고구려인이었다.[8] 그리고 고숭高崇과 고겸지高謙之·고공지 형제도 고구려 출신이었다.[166]

낙양에서 출토된 도용을 보면 낙양에는 더 다양한 외국인이 살았을 가능성이 있다. 원소묘에서 출토된 곤륜용崑崙俑을 보면 두발頭髮은 권곡卷曲이고 신체는 표한彪悍하며 아프리카 흑인의 형상이다.[167] 또한 1985년 멍진 현 망산향邙山鄉 삼십리포촌三十里鋪村에서 발굴된 무사용 가운데 M22:26은 심목 고비과 쌍목 응시雙目凝視에 둥근 테두리와 좁은 소매의 장포(원령착수장포圓領窄袖長袍)와 요속대의 착용으로 보아 아라비아인으로 추정된다.[168] 이 도용이 당시 낙양 사람들의 생활을 그대로 묘사하고 반영한 것이라면 당시 북위의 수도 낙양은 아랍인과 흑인들까지 살 정도로 다양한 인종이 사는 '국제도시'였음을 보여준다.[169]

---

8 227쪽 각주 6 참조.

2) 낙양의 서역 문화와 그 의의

이처럼 '국제도시' 낙양에서 거주했던 한인 외의 다른 종족들은 어느 정도 자신의 문화와 습속을 유지하며 생활했다. 본문에서 살펴본 것처럼 낙양에 거주하던 서역인들은 한인들의 복장인 한복(중국옷)이 아닌 대개 호인(유목민)이나 서역의 복장을 착용했고[170] 서역 불사를 그대로 재현한 법운사 같은 절도 존재했다. 즉, 자신들의 습속과 풍습을 어느 정도 유지했다.[171]

서역인 외에 낙양에 사는 다른 종족들도 자신의 문화를 유지했다. 『낙양가람기』의 기록에 따르면, 남제에서 망명한 왕숙王肅은 처음에 강남의 물고기국(어갱)과 차(명즙)를 먹고 마셨지만, 얼마 후 양고기를 먹고 낙장(낙죽)을 마셨다.[172] 그뿐 아니라 왕숙은 차 마시는 강남의 풍습을 여전히 유지했다. 또한 화북 출신인 유호劉縞는 왕숙의 식습관을 따라하며 차를 음용하다가 팽성왕 원협의 핀잔을 받았다.[173] 이 일화는 유목민들의 '양 문화'와 물고기 요리와 차로 상징되는 강남 한인들의 '어 문화'가 대립했던 일종의 문화 충돌로 해석하기도 하지만,[174] 북방 한인과 강남에서 망명한 한인이 자신의 음식 문화를 유지함과 동시에 상대방의 음식 문화를 받아들였음을 확인할 수 있다. 『낙양가람기』「성남」 선양문조를 보면 남조에서 투항한 사람들이 살던 곳 부근에 있었던 영교시永橋市에서 이수와 낙수의 물고기가 팔렸고 사서士庶들이 회膾를 사려고 이곳에 몰려들었다. 물고기의 맛이 좋아 낙수의 잉어[鯉]와 이수의 방어[魴]가 소와 양보다 비싸다는 말이 떠돌았던 일화가 보인다.[175] 같은 책 「성동城東」 경녕사조景寧寺條에도 오인방吳人坊이라 불리던 귀정리에 살던 남조 출신자들이 항시巷市를 세우고 물고기로 만든 음식을 파는 모습이 나온다. 이에 당시 사람들은 시장을 어별시魚鱉市로 불렀다.[176] 이를 통해 남조 출신 사람들이 낙양에서 자신들의 음식 문화를 유지했고 오히려 강남의 음식이 낙양에서 유행했음을 알 수 있다.[177]

낙양에서 유목민과 강남(남조)의 음식뿐만 아니라 서역의 음식도 유행했을 것으로 생각된다. 『제민요술』에서 강자, 맥적과 더불어 대표적인 외국 음식으로 기록된 호갱은 양갈비(양협 羊脅)과 양육 羊肉, 총두 葱頭, 안석류즙 安石榴汁 등을 섞어 만들었으며, 서역에서 유래되었다.[178] 6세기 중반에 쓰인 『제민요술』에 등장하는 호갱은 하북뿐만 아니라 낙양에서도 유행했을 것이다. 이처럼 적어도 음식 문화에 관한 한, 낙양에서는 유목민들의 육식 문화와 물고기와 차로 대표되는 남조의 음식 문화, 서역의 호갱 등의 음식이 공존하는 공간이었다.

필자는 낙양 인구의 10분의 1을 차지하는 서역인이 낙양 문화를 근본적으로 바꾸었다고 주장하지는 않는다. 그러나 서역인이 퍼트린 문화가 중국에 영향을 준 것은 사실이다. 예컨대 서역의 호가, 강적 羌笛, 비파 등의 악기가 유행했다.[179] 게다가 한위와 북조의 백희 가운데 잡기, 악기, 가무는 서역에서 유래되었거나 서역을 통해 중국으로 전래되었다. 그리고 서역의 예인이 중국에 와서 서역의 문화를 전파했다.[180] 한 학자는 호인의 중국 거주는 서역의 문화 예술과 풍속 전통이 황하 유역으로 전해지는 데 영향을 주었다고 보았다. 즉, 농경 문명 위주의 황하문명과 유목 문명이 핵심인 서역 문명이 만나 낙양 지역에서 새로운 문화 예술 풍모가 나타났다.[181] 낙양에 거주했던 서역인과 낙양에 영향을 준 서역 문화는 낙양에 한인과 한문화(중국 문화)만 존재했을 것 같은 선입견이 잘못되었음을 환기시킨다. 서역 문화는 호인(유목민)들이 한인과 한문화에 일방적으로 경도되는 것을 막는 완충적인 역할을 했을 것이다. 한인뿐만 아니라 북방의 유목민, 고구려 등 만주와 한반도의 사람들, 남조에서 귀화한 사람들, 중앙아시아와 인도, 페르시아 등 서역 사람들이 낙양에 거주했고 자신들의 문화를 유지했을 뿐만 아니라 다른 종족들에게 자신의 문화를 퍼뜨렸다. 따라서 북위의 호인 지배층이 일방적으로 한문화만을 수용한 것이 아니라 다양한 종족의 문화를 섭취할 수 있는 공간이 낙양이었다.[182]

종장

북위 후기 낙양 사회

문화의 샐러드 볼

제1부에서는 효문제의 한화 정책이 제대로 실행되었는지 문헌과 고고 유물을 바탕으로 검증했다. 그 결과 낙양에 거주한 호인들은 일부는 효문제의 한화 정책에 따라 중국의 문화와 풍습을 받아들였지만, 호속이 유지된 분야도 있었음을 확인했다. 예컨대 효문제의 '한화 정책'에 해당하는 언어, 복식, 성姓, 본적, 이장 금지, 의례, 제사, 음악 등 여덟 가지 항목을 검토한 결과 낙양에 거주했던 호인들이 성과 본적, 이장 금지는 효문제의 명령대로 비교적 잘 지켰음을 확인했다. 반면 언어, 의례, 제사, 음악에 대한 조치는 제대로 지켜지지 않고 호속이 여전히 남아 있었다. 바꾸어 말하면 낙양의 호인들은 중국식 성과 본적, 중국식 매장 등 한문화(중국 문화)를 따르면서도 자신들의 언어, 의례, 제사, 음악을 유지했다. 전자만 강조하면 효문제의 '한화 정책'이 제대로 실현되었다고 볼 수 있다. 그러나 후자를 강조하면 효문제의 '한화 정책'이 제대로 실현되지 않았다고 주장할 수 있다.

제2부에서는 효문제의 '한화 정책'으로 정부에서 명시한 내용은 아니지만, 북위 낙양 시대 호인들과 일부 한인(중국인)의 생활상을 검토했다. 그 결과 북위 낙양 시대 낙양에 거주한 호인들은 호속, 즉 자신들의 문화와 습속을 여전히 유지

했음을 확인할 수 있었다. 결론적으로 호인들의 음식, 사냥과 활쏘기, 호풍의 가무와 상투희, 타족 등 유희, "동→남→서→북"의 방향감각, 주상복군鑄像卜君, 나무, 단나袒裸, 이면剺面, 궁중 후궁의 기도와 축원祈祝, 호어의 이름, 수계혼, 여성의 투기, 여성들의 정치와 사회 활동 등 다양한 호인의 풍속이 낙양 시대에도 여전히 존재했다. 또한 낙양 시대 호인들 사이에 만연한 인척의 상간相姦과 다처, 간통 등 문란한 성관계는 호인들이 유가 윤리를 지키지도 않았음을 보여준다. 그리고 북위 낙양 시대에 활동했던 북위 황실 성원의 이름을 검토하면 같은 이름을 사용한 동명이인同名異人이 『위서』와 묘지명에 자주 보인다. 이는 종족宗族 안에서 같은 이름이 나오지 않게 하는 피휘 관행이라는 유가 사상에 기반을 둔 중국인의 관행이 북위 낙양 시대에는 아직 정착되지 않았음을 보여준다.

유가의 사상과 윤리 수용을 '한화'의 기준으로 본다면 호인들은 '한화'되지 않았고, 본인들의 윤리와 도덕을 유지한 것으로 볼 수 있다. 혹은 이민족(미개인)으로서 금수禽獸와 같은 행위를 했다는 화이론華夷論적 평가도 할 수 있다. 그런데 호태후는 유가 문화의 세례를 받은 '정숙한 한인 여성'이 아니라 각종 호속을 따른 '호화된 한인'이었다. 호태후는 임조칭제를 하는 태후를 넘어 황제처럼 행동했고, 아들 효명제 대신 제사를 주관했으며 유가 의례와 예절을 무시했다. 또한 과부인 호태후는 남편 선무제의 동생 청하왕 원역, 정엄, 이신궤, 양화 등과 정을 통했다. 『위서』「천상지」에서도 호태후의 음란함을 지적하기도 하였다. 이처럼 한인인데도 유가 문화와 윤리를 지키지 않은 호태후는 외래 종교인 불교를 독실하게 믿었다. 호태후의 활동을 살펴보면 한인 여성으로 북위 황실을 '한화'한 것이 아니라 오히려 '호화'되었다. 호태후는 북위 낙양 시대 호속을 수용한 한인의 전형적인 예로 주목된다. 또한 호태후의 호속 감염은 북위 황실이 여전히 호속을 유지했음을 반증한다.

제3부에서는 낙양 천도와 효문제의 '한화 정책'에도 낙양에 거주했던 호인들이 호속을 유지했던 배경 혹은 환경을 정치, 재정, 경제, 환경 등으로 나누어 살

펴보았다. 먼저 정치적인 측면을 살펴보면, 효문제는 각종 '한화 정책'을 선포한 후 낙양에서 실행 여부를 살펴본 것이 아니라 잦은 순행과 남제 친정에 참가하면서 장기간 낙양에 거주하지 못했으므로 '한화 정책'의 감독을 소홀히 할 수밖에 없었다. 이는 낙양에 체류한 호인들이 효문제의 눈치를 피해 호속을 유지했음을 시사한다.[1] 또한 호인들의 반발을 우려해 호어 금지, 이장, 본적의 개칭, 낙양 천사遷徙 등 '한화 정책'의 중요한 정책과 명령에서 예외 규정을 두었다. 특히 호어 금지는 30세 이상에게는 해당하지 않았고, 조정 혹은 조정의 특정 장소로 해석할 수 있는 조당 안으로 한정함으로써 사실상 효과가 적었다.[2] 또한 재정적으로 '한화 정책'을 추진할 재원이 부족했다. 남조의 남제와 양梁과의 전쟁 때문에 전쟁 비용이 증가했고, 선무제와 호태후가 불사 건축에 관심을 가졌으므로 유가의 예제 건축이나 증축, 개보수에 써야 할 비용이 부족했다. 따라서 '한화 정책'의 상징이자 유가 문화의 정수인 명당, 태학, 국자감은 제대로 건설되지 않았거나 보수되지 않고 황폐하게 버려졌다. 이어서 당시 한랭기였던 기후는 목축을 할 수 있는 지역을 남쪽으로 이동시켜 낙양 주변의 하양 목장에서 목축을 할 수 있었다. 이는 낙양 거주 호인들에게 양털과 양젖(양유羊乳) 등 의식주에 필요한 재료를 공급하는 역할을 했다. 그뿐만 아니라 한랭한 기후 때문에 추위에 강한 호복을 입을 수밖에 없었다.

주지하듯이 평성과 그 주변 등 북변에서 살았던 각종 호인과 일부 호화된 한인은 언어, 주거, 호복 착용, 목축, 유목민의 배상법 전통 등 호속을 유지했다. 이들 중 일부는 낙양의 북위 조정에서 근무했다. 이주영 가문의 예에서 알 수 있듯이 이들은 봄과 여름에 자신의 고향에서 유목 혹은 목축 생활을 하다가 가을과 겨울에 낙양에서 숙위했다. 이를 안신雁臣이라고 한다. 호속을 유지한 이들은 낙양에 거주하는 호인들과 교류하면서 문화적으로 영향을 주었을 것이다.[3] 북변의 호인 외에도 10만 9000여 호戶 가운데 1만 호에 달하는 낙양의 서역인도 낙양의 문화를 다채롭게 하는 역할을 했다. 『위서』에는 낙양 거주 서역인의 기록이 거의 없지만, 『낙양가람기』와 『북제서』, 『수서』, 각종 묘지명, 서역인 형상의 도용 등의 자료를 종합하면 북위 후기 낙양의 서역인들은 관료와 무인, 상인으로 활동했다. 또한 낙양에서 서역의 음악과 무용, 불교와 서역의 영향을 받은 불교문화, 호갱 등의 음식, 호가·비파 등 악기가 유행했다. 그리고 북위 황실 일족을 중심으로 유리 제품, 금병金瓶, 은옹銀瓮, 구경甌檠, 반합盤盒, 수정발水晶鉢, 마노완瑪瑙碗, 적옥치赤玉巵, 금반지, 페르시아산 은기銀器, 명마 등 각종 서역산 상품이 소비되었다. 낙양에서 유행한 서역 문화는 낙양 거주 호인들이 자신의 호속과 한문화, 서역 문화 가운데 선택할 수 있는 여지를 넓혀주었다. 바꿔 말하면 북변의 호인과 낙양의 서역인의 문화는 낙양 거주 호인들에게 영향을 주었고 다원적인 낙양의 문화에 기여했다.[4]

요컨대 효문제의 '한화 정책' 자체가 호인들의 생활과 문화를 완전히 부정하고 금지하는 조치가 아니었을 뿐만 아니라 '한화 정책'의 주요 조치들도 제대로 지켜지지 않았음을 알 수 있다. 물론 북위 후기 호인들은 자신의 고유한 풍습과 생활을 유지하면서도 중국의 한문화를 받아들인 것은 부정할 수 없는 사실이다. 그러나 본문에서 살펴본 증거만으로도 효문제의 '한화 정책' 이후 낙양으로 이주한 호인들은 "완전히 한화되었다"는 '전반 한화全般漢化'론은 사실이 아니다. 또한 "한문화의 수용=한화"로 보는 기존의 시각도 수정할 필요가 있다. 호인 가운데 한문화에 심취해 자신의 고유문화를 포기한 사람들도 있는 반면, 자신의 문화와 습속만 묵수墨守했던 사람들도 있고, 양자를 받아들인 사람들도 있다. 이처럼 다양한 문화 수용의 스펙트럼을 인정한다면 북위 후기 호인들의 한문화 수용에 대한 선입견을 벗어던질 수 있을 것이다. 즉, 북위 후기 낙양은 문화의 용광로melting pot가 아니라 샐러드 볼, 즉 호속과 한문화, 서역 문화의 공존 상황으로 보는 것이 당시 상황에 부합할 것이다.

역대 이민족 왕조와 북위의 동화론 신화와 호속 유지

현재 중국 학계에서는 이민족 왕조가 한화되었다는 주장이 거의 모든 이민족 왕조 연구에서 등장했다.[5] 그러나 페르시아어로 쓰인 『집사』가 남아 있는 몽원蒙元 시대나 만주문자滿洲文字로 작성된 만주 문서가 남아 있는 청대 연구의 경우, 미국 학계를 중심으로 중국 학계의 일방적인 동화론 대신 호胡·한漢 문화의 공존 혹은 이민족 왕조의 문화적 정체성 유지를 강조하는 연구 경향이 등장했다.

요(거란)는 정치적 중심지가 농경 지역이 아닌 유목 지역인 요하遼河 상류였고 역대 황제들의 사시날발四時捺鉢[6]은 유목민들의 계절이동과 사냥 전통을 계승해 거란인의 문화와 습속을 유지하는 역할을 했다. 금(여진)은 화북 지역을 지배한 후 한화되었다고 보기도 하지만, 여진인은 시종일관 자신들의 문화를 유지했다는 소련 학자들의 연구도 있다.[7] 몽원 제국의 몽골인들은 중국을 지배하면서 한화되지 않았다는 것이 다수의 견해이다.

청대의 경우 만주인의 한화에 반대하는 학자들은 만주어와 만주문자에 능통한 학자들이다. 이들에 따르면, 청대에 만주문자가 군사정보 등 행정 문서에 광범위하게 사용되었고, 심지어 한문으로 번역되지 않은 문자들도 존재했다. 또한 팔기八旗의 영수들은 만주어를 주로 사용했다. 18세기부터 만주문자는 문화 상징으로 변해 만주인들의 정체성과 신분의 상징이 되었다.[8] 또한 19세기말에 다수의 만주인이 만주문자를 잊고 보편적으로 한문을 사용했다는 주장에 대해 이블린 로스키Evelyn Sakakida Rawski는 청 황제들이 한문을 자유자재로 사용하기는 했지만, 만주인의 정체성을 상실했다는 증거는 없다고 주장했다. 즉, 만주인들이 한문을 사용했다는 사실이 반드시 만주인들이 자신의 정체성을 상실했다는 증거는 되지 못한다는 것이다.[9] 오히려 청 말까지 유지되었던 팔기제도는 만주인들의 귀속 의식을 공고히 했고 만주인들의 정체성을 드러내는 장치였다.[10] 최근에는 강희제康熙帝가 설계한 제국이 만주인의 정체성을 강조하는 방향으로 진행되었다는 설이 제기되었다. 즉, 강희제는 자금성紫禁城 대신 창춘원暢春園을 만들어 5~6개월씩 머물면서 새로운 정치의 중심지로 삼았다. 또한 만주인의 정체성을 유지하기 위해 팔기를 우대하고 만주어의 위상을 제고했으며, 만주인의 기질을 유지하고 할하 몽골을 복속시키는 전략으로서 대규모 사냥을 자주 벌였다.[11]

앞에서 살펴본 요, 금, 원, 청 등 이른바 정복왕조는 중국의 문화를 받아들였지만, 자신의 고유한 문화적 전통을 유지했다는 것이 미국을 비롯한 외국 학계의 견해이다. 중국 학계를 중심으로 한 기존 견해에 따르면, 북위 효문제의 '한화 정책'은 이민족 왕조에서 유일하게 자발적으로 중국 혹은 한문화로 동화하려는 움직임으로 평가된다. 반면, 금 세종과 청의 여러 황제는 각각 여진인과 만주인의 주체성을 유지하기 위해 노력했다. 양자를 비교하면, 효문제의 '한화 정책'은 중국에 동화하려는 이례적인 정책으로 인식되었다. 그러나 이 책에서 살펴본 것처럼 북위 후기 낙양에 거주한 호인들은 중국 문화를 받아들였지만, 의식주와 언어를 비롯한 호속을 유지했고 각종 서역 문화를 향유했다. 따라서 낙양의 호인들은 한문화에 일방적으로 동화된 것이 아니었고, 이들이 살았던 낙양은 한문화, 호속(유목민의 문화), 서역 문화가 공존하는 샐러드 볼이었다. 이처럼 낙양 천도와 효문제의 '한화 정책' 이후의 북위 역사는 이민족 왕조의 역사에서 유례없는 이민족의 일방적인 동화 과정이 아니라 자신의 문화적 주체성을 유지하는 과정이었다. 이는 요, 금, 원, 청과 유사하다. 따라서 북위를 비롯한 16국·북조의 여러 나라를 침투 왕조(잠입 왕조), 요(거란)·금(여진)·원(몽골)·청(만주)을 정복왕조로 편의상 나누고[12] 전자는 동화되었다는 편의적인 분류와 도식은 지양되어야 한다.

이민족 왕조가 한문화에 동화하기는커녕 반대로 한인들에게 영향을 주었다고 보기도 한다. 예컨대 몽골인들의 한화를 강조하는 중국 학계에서도 몽골인들이 한문화와 제도를 수용함과 동시에 몽골인들의 풍습을 유지했다는 주장도 제기되었다. 예컨대 자신들의 무속巫俗과 장례, 혼인(수계혼), 복식, 언어, 남녀 동석同席 등의 풍습을 지켰고 오히려 중국에 이를 전파했다. 또한 유럽의 기독교 문화와 아라비아의 이슬람 문화, 천문, 지리, 수학, 건축, 기술 등을 중국에 전파해 '중화 문화中華文化'를 풍부하게 했다.[13]

청대의 경우 만주인들이 중국을 지배한 후 한인들에게 강요한 변발과 만복滿服(기복旗服)은 오히려 '한족 호화'의 증거이다. 처음에는 "머리를 자를지언정 머리털을 자를 수 없다(두가단, 발불가치頭可斷, 髮不可薙)"라며 저항했던 한인들은 결국 이를 따르게 되었다. 심지어 청이 망하고 중화민국이 성립된 이후에도 한인 사대부들은 여전히 만복을 입었고, 1922년 이후에도 중국 여성들 사이에서 기복은 유행했으며, 현재도 넓은 소비시장을 형성하고 있다.[14] 또한 현재 표준어(푸퉁화普通話)로 간주되는 베이징어는 본래 산둥 방언에서 나온 만주인(기인旗人)의 한어에서 유래한 북경 관화北京官話에 기원을 두고 있다. 따라서 중국어는 한인의 입장에서 보면 이민족인 청조淸朝의 기인이 창시했다고 볼 수 있다.[15]

몽원 제국과 청대처럼 북위에서도 호속에 빠진 한인들의 존재가 확인된다. 제10장과 제11장 여기저기에서 보인 한인 여성들의 '자유로운' 성생활과 사회 활동과 제12장에서 분석한 호속에 빠진 호태후의 사례는 한문화에 동화된 호인이 일부 존재하는 것처럼 호속에 동화된 한인들이 존재했음을 보여준다. 또한 북방 이민족의 요리인 호포육, 호갱, 강자, 호반, 맥적 등 5~6종과 개고기를 먹지 않는 유목민들의 습속도 16국·북조 시대에 들어와 중국 음식 문화의 한 관례로 정착했다.[16] 북위를 포함한 16국·북조 시대 호인들의 문화가 현재까지 중국 문화에 영향을 주었음은 몽원 제국과 청에서도 보이는 공통된 현상이었다.

요컨대 호속을 유지하고 오히려 호속을 한인에게 영향을 주었다는 점에서 북위는 다른 이민족 왕조와 비슷한 궤적을 밟았음을 확인할 수 있다.

『위서』의 편향성과 한화 위주의 서술

북제 초기 위수가 편찬한 『위서』는 반포 당시부터 논란이 많아 예사穢史로 불렸던 사서였다.[17] 당대唐代의 유지기劉知幾[18]와 청대의 조익[19]도 『위서』를 부정적으로 평가한 반면 『사고전서총목제요四庫全書總目提要』에서는 『위서』를 긍정적으로 기술했다.[20] 『위서』에 대한 찬반 양론은 20세기 이후에도 지속되어 『위서』를 예사로 평가하는 견해[21]와 반대하는 견해[22]가 나뉜다.

그런데 사가와 에이지는 『위서』의 예사 여부 논쟁을 뛰어넘어 『위서』와 '한화 정책'의 관계에 주목한 연구를 발표했다. 고환이 옹립한 효무제가 '대도代都의 구제舊制'를 이용해 즉위했지만,[23] 『위서』 권11 「출제기」에는 『북사』 「효무제기」의 동일 기사에 있는 '대국代國의 구제'에 관한 부분이 생략되었다. 이는 고환이 선비적(호족적)인 즉위 의례에 참가했음을 직필했기 때문일 것이다. 사가와 에이지는 위수의 『위서』는 '탁발부 부족 연합체'가 아닌 '중화 왕조' 북위를 강조하기 위해 효문제의 한화 정책을 전면적으로 긍정했다고 보았다. 따라서 『위서』는 '한화 정책'에 유리한 내용만 기록하게 된 것이다.[24] 사가와 에이지의 선행 연구는 본문에서 살펴본 필자의 문제의식과 기본적으로 일치한다. 『위서』는 낙양 시대 호인들의 호속을 기록하기를 꺼렸고 마치 한화된 것처럼 기록했다. 예컨대 『위서』 「석로지」에 낙양 천도 이후의 불교 기사는 룽먼 석굴 축조 기사를 제외하면 낙양 천도 이전보다 소략하지만, 『낙양가람기』를 보면 북위 낙양 시대에 불교가 더욱 흥성했음을 발견할 수 있다. 『위서』에는 북위 낙양 시대에 활동한 서역인의 흔적을 전혀 찾을 수 없지만, 제16장에서 살펴본 것처럼 『북제서』와 『수서』에서 북위 낙양 시대에 활동한 서역인의 존재를 확인할 수 있다.

『위서』의 편향적인 서술은 20세기 후반기에 발견된 각종 금석문 자료를 통해 확인되며, 『위서』의 편찬자 위수가 호족적 정치적 유사 등을 은폐했음이 드러났다.

먼저 알선동석각문嘎仙洞石刻文을 살펴보자. 미원핑米文平이 1980년 네이멍구 자치구 호륜패이맹呼倫貝爾盟 악륜춘자치기鄂倫春自治旗에서 발견한 북위 태무제 시대의 「알선동석각문」[25]은 『위서』를 재평가할 자료였다. 미원핑이 발견한 「알선동석각문」은 『위서』「예지」와 거의 비슷한 내용이다.[26] 『위서』「오락후전」에 따르면 북위 태무제는 오락후烏洛侯로부터 서북쪽에 북위(탁발부) 선조의 구허舊墟와 석실石室이 있다는 정보를 듣고 중서시랑中書侍郎 이창李敞을 보내 제사 지내게 하니, 이창은 제사를 지낸 후에 축문祝文을 석벽石室의 벽에 새기고 돌아왔다.[27] 이 석각문石刻文은 『위서』「예지」의 내용과 비슷하지만, 황제와 황후 대신 유목민 고유의 군주호인 카간可寒과 카툰可敦의 칭호가 사용되었음이 확인되었다. 따라서 위수가 호족적(선비적) 습속을 야비하다고 삭제했을 것으로 추정하기도 한다.[28]

다음으로 1990년대 발견된 「문성제 남순비」[29]이다. 「문성제 남순비」는 문성제가 화평 2년(461년) 하북 순행을 마치고 돌아오다가 영구현에 세운 비석이다. 이 「문성제 남순비」에는 『위서』에 보이지 않는 다양한 호족(선비)계 관명이 발견되었다. 따라서 이 점에 착안해 호족계 관명에 착안한 연구가 빈출했다.[30] 그리고 『위서』에서 이민족 지배를 연상시키는 기록을 누락했을 것으로 보기도 한다.[31] 필자는 「문성제 남순비」에 보이는 호족계 관명을 검토하면서 『위서』「관씨지」에는 보이지만 열전에 보이지 않는 관직, 즉 수은受恩·몽양蒙養·장덕長德·훈사訓士,[32] 부압鳧鴨·백로白鷺,[33] 무덕武德·수근修勤,[34] 기린관騏驎官[35]도 위수가 『위서』를 편찬하면서 위·진·남조의 관명으로 대체했을 것으로 생각한다. 또한 『남제서』에 보이는 직진直眞, 오왜진烏矮眞, 비덕진比德眞, 박대진樸大眞, 호락진胡洛眞, 걸만진乞萬眞, 가박진可博眞, 불죽진拂竹眞, 함진咸眞, 계해진契害眞, 절궤진折潰眞, 부진附眞, 양진羊眞, 사근지하俟懃地何, 막제莫堤, 욱약郁若, 수별관受別官, 구두화관九豆和官[36]도 북위 전기에 널리 사용되었다. 그러나 『위서』에서는 의도적으로 삭제했거나 위·진·남조 계열의 중국식 관명으로 대체했을 것이다.[37] 『송서』와 『남제서』 같은 남조계 사서와 「문성제 남순비」에 보이지만 『위서』에 보이지 않는 '직근直勤'이 이 방증의 한 예이다.[38]

이 밖에 마쓰시타 겐이치는 각종 석각石刻과 문헌 사료에서 동위와 서위 초까지도 '대대大代'라는 국호가 널리 사용되었음을 확인하고 『위서』에는 국호 '대代'의 용례가 없음을 밝혀 위수가 고의로 배제했다고 보았다.[39] 필자는 이를 북위의 정통성 문제와 관련지어 설명했다.[40] 또한 필자는 「문성제 남순비」와 「태무제 동순비」, 「조비간묘문」에 발견된 호인의 호어 이름이 『위서』에서는 중국식 이름으로 표기되었거나 혹은 여러 글자가 한 글자로 약칭되었음을 확인했다.[41] 이는 『위서』가 북위 전기부터 호인들이 중국식 성姓과 이름을 쓴 것처럼 오인하도록 표기했음을 시사한다.

앞에서 살펴본 각종 금석문은 주로 북위 전기의 자료라는 한계가 있다. 그러나 이러한 금석문에 보이는 호어 성명과 호족계 관명이 『위서』에서 중국식 성명과 관명으로 대체된 것을 보면 『위서』는 호족적 색채를 제거하려는 목적을 지녔음을 발견할 수 있다. 따라서 『위서』는 낙양 시대 호인들의 호속을 기록하기를 꺼렸고 마치 한화된 것처럼 기록했을 것이다. 바꾸어서 생각하면, 중국으로 이주한 이민족이 한문화에 동화되고 흡수되었다는 동화론적 선입견을 배제하더라도 호인들의 색채와 정치적·문화적 영향력을 지우고 서술한 『위서』를 읽으면 당연히 효문제의 '한화 정책'이 성공했다고 믿을 수밖에 없을 것이다.

성족 분정과 통혼, 남은 과제

본래 이 책에서 효문제의 문벌 정책, 즉 성족 분정[42]과 통혼으로 대표되는 문벌 정책[43]도 다룰 계획이었다. 선행 연구에서는 분류의 관점에 따라 성족 분정과 통혼의 문벌 정책을 한화 정책에 포함해 설명하기 때문이었다.[44] 북위 황실과 한인 관료의 통혼은 호인 지배층과 한인 지배층漢人支配層의 정치적 통합 혹은 중국 학자들의 주장처럼 호인들의 혈통상 동화(한화),[45] 호한 지배층의 결합과 정치적 의미의 한화,[46] 호인들의 민족정신 상실[47] 등으로 해석된다. 따라서 '한화 정책'에 포함되는 성족 분정(정성족, 성족 상정)과 북위 황실과 한인 문벌의 통혼, 효문제의 문벌 정책을 분석할 필요가 있다. 그러나 이 세 주제는 또 하나의 연구 주제가 될 수 있으며 분량의 한계 때문에 이 책에서 다루기 어려웠다.

이 가운데 필자는 이른바 효문제의 통혼 정책의 성격을 분석했다. 북위의 문벌은 역임한 벼슬에 따라 등급(가격家格)이 정해지기 때문이다. 효문제가 정략적으로 통혼했던 범양 노씨, 형양 정씨, 청하 최씨, 태원 왕씨太原王氏, 농서 이씨, 경조 울씨京兆韋氏·박릉 최씨博陵崔氏 7성 8가七姓八家 가운데 직계 3세대의 경우 4성 4가가 사성四姓이었고, 나머지 4성 4가는 사성에 해당하지 않는다. 방계를 포함한 3세대의 경우 5성 6가는 사성에 해당하고 2성 2가는 사성에 포함되지 않았다. 즉, 최소 4개 가계, 최대 6개 가계가 사성에 포함되었다. 범위를 확장하면, 직계 3세대 혹은 방계를 포함한 3세대로 나눠 살펴본 결과 효문제의 황후와 후궁을 배출한 가문 가운데 5개(직계 3세대) 혹은 7개(방계를 포함한 3세대)만이 효문제 시기 성족 분정으로 정해진 사성 등급에 속할 뿐이었다. 효문제가 관직에 따른 가문의 등급을 만든 만큼, 효문제가 황후나 후궁을 배출한 가문을 문벌, 즉 『신당서新唐書』「유충전柳沖傳」의 사성에 속하는 가문으로 만들려고 했다면 이들 가문에게 유리하게 사성 등급의 표준을 조작했을 것이다. 결과가 그렇지 않은 것은 특히 효문제가 후궁으로 특별히 간택한 가문을 일부러 문벌로 분식한 것이 아님을 보여준다. 이는 효문제 아우들과 통혼한 한인 가문의 등급에서도 비슷한 경향이 보인다. 즉, 농서 이씨, 형양 정씨, 범양 노씨 3성姓의 5개 가계 가운데 형양 정씨의 정평성鄭平城 가계는 어떤 경우이건 사성 등급에서 제외되었다. 범양 노씨의 노신보盧神寶 가계는 직계 3세대의 경우 사성에서 제외되었다. 사성에서 제외한 가문이 효문제 아우들의 통혼 상대로 선택된 것을 보면, 효

문제 아우들의 통혼 상대가 문벌이라는 통념과 배치된다.[48]

이러한 실증적 분석을 통해 효문제의 통혼 정책은 북위 황실과 기존에 존재하는 한인들의 문벌권門閥圈과 통혼권通婚圈에 끼어들려고 한 것이 아니라 사성 등급이라는 문벌에 소외된 한인 관료들을 끌어들여 정권을 안정시키려는 정치적 수단이었음을 알 수 있다. 필자가 정리한 자료에 따르면, 한인들을 상대로 한 고량膏粱·화유華腴·갑甲·을乙·병丙·정丁의 사성 등급에서도 당대唐代의 5성 7가五姓七家 등의 가문은 사성 등급이 낮거나 사성 등급에서 제외되었다. 이러한 잠정적인 결론에 따르면, 기존에 존재하거나 한인 관료들이 우세한 문벌권에 북위 황실인 원씨(탁발씨)와 목씨와 육씨를 정점으로 한 훈신 팔성 등 호인 지배층이 안착하려고 한 것이 아니었다. 반대로 성족 분정은 호인 지배층이나 북위 황실과 통혼 관계를 맺은 장락 풍씨長樂馮氏 등 외척과 은행 집단恩倖集團에게 유리한 문벌 질서門閥秩序였고, 한인 관료들은 이 문벌 질서에서 중요한 지위를 차지한 것이 아니었다. 지금까지 분석한 필자의 연구 논리와 고증을 더욱 가다듬고 연구 논문과 연구서로 발표하면 효문제의 '한화 정책'에 대한 선행 연구의 오류와 학계의 선입견이 잘못되었음을 밝힐 수 있을 것이다.

각 장의 주

서장 효문제의 '한화 정책' 연구사

1 『魏書』, 卷7下「高祖紀」下 太和十八年十有二月條, p. 176, "壬寅, 革衣服之制". 이 사료에는 호복을 금지했다는 표현은 없으나 『자치통감』에서는 호복을 금지했다고 기록했다[『資治通鑑』, 卷139「齊紀」5 明帝建武元年十二月條, p. 4370, "魏主欲變易舊風, 壬寅, 詔禁士民胡服. 國人多不悅(國人者, 與魏同起於北荒之子孫也)"]. 이하 정사와 『자치통감』은 중화서국(中華書局) 표점교감본(標點校勘本)에 따른다.

2 『魏書』, 卷7下「高祖紀」下 太和二十年春正月條, p. 179, "二十年春正月丁卯, 詔改姓爲元氏".

3 『魏書』, 卷7下「高祖紀」下 太和十九年條, p. 177, "六月己亥, 詔不得以北俗之語言於朝廷, 若有違者, 免所居官".

4 『魏書』, 卷7下「高祖紀」下 太和十九年六月條, p. 178, "丙辰, 詔遷洛之民, 死葬河南, 不得還北. 於是代人南遷者, 悉爲河南洛陽人".

5 恩格思, 『反杜林論』(北京: 人民出版社, 1956), p. 189[唐長孺, 「拓跋族的漢化過程」, 『魏晋南北朝史論叢續編』(北京: 三聯書店, 1959), p. 153 재인용].

6 唐長孺, 「北魏均田制中的幾個問題」, 『魏晋南北朝史論叢續編』(北京: 三聯書店, 1959), pp. 132~154.

7 陳寅恪, 「北魏後期的漢化(孝文帝的漢化政策)」, 萬繩楠 整理, 『陳寅恪魏晉南北朝史講演錄』(北京: 黃山書社, 1987), pp. 254~267.

8 勞榦, 「論魏孝文之遷都與華化」, ≪中央硏究院歷史語言硏究所集刊≫, 8-4(1939), pp. 488~493.

9 劉精誠, 『魏孝文帝傳』(天津: 天津人民出版社, 1993), pp. 104~108.

10 華蓋, 「"胡服騎射"與"全面漢化": 趙武靈王和魏孝文帝的改革」, ≪滄桑≫, 1995-3(1995), pp. 43左~48右; 于春梅, 「中國文化傳統與北魏孝文帝改革」, ≪齊齊哈爾大學學報≫, 2001-1(2001), pp. 38左~40右; 曹淑萍, 「論北魏"孝文改制"的歷史特點」, ≪宿州師專學報≫, 第17卷 第3期, 2002-9(2002), pp. 32左~32右, 64左~64右; 趙野春, 「鮮卑漢化: 論北魏孝文帝改革對民族關係的調整」, ≪西北民族硏究≫, 2003-2(總第37期)(2003), pp. 31~40; 岳雪蓮, 「從北魏孝文帝改革看拓跋鮮卑的文化變遷」, ≪湖北經濟學院學報(人文社會科學版)≫, 第4卷 第3期(2007), pp. 110左~111右, 80左~80右.

11 唐長孺, 「拓跋族的漢化過程」, pp. 132~154; 陳寅恪, 「北魏後期的漢化(孝文帝的漢化政策)」, pp. 254~267; 周積明, 「魏晉南北朝時期的胡漢文化衝突」, 武漢: 『中南民族學院學報·哲社版』(1991)[復印報刊資料 魏晉南北朝隋唐史(K22) 1991-8], pp. 6~8; 湯奪先, 「北魏孝文帝改革鮮卑族生活方式」, ≪民族敎育硏究≫, 2001-2(第12卷)(2001), pp. 76左~79右; 孫同勛, 『拓跋氏的漢化及其他』(臺北: 稻鄕出版社, 2006), pp. 3~176; 許永壽, 「試論北魏政權的漢化」, ≪黑龍江史誌≫, 2010-5(總第222期)(2010), pp. 13左~14右; 王永平, 「孝文帝漢化政策及其歷史影響」, 胡阿祥 等著, 『魏晉南北朝史十五講』(南京: 鳳凰出版社, 2010).

12 方國瑜, 「南北朝時期內地與邊境各族的大遷移及融合」, ≪民族硏究≫, 1982-5(1982); 白翠琴, 「論魏晉南北朝時期民族的遷徙與融合」, ≪中央民族學院學報≫, 1987-1(1987); 白翠琴, 「論魏晉南北朝民族融合對漢族發展的影向」, ≪社會科學戰線≫, 1990-3(1990); 錢國旗, 「論南遷拓跋鮮卑與漢族融合過程中共同心理素質的形成」, ≪南京大學學報≫, 1991-2(1991); 施光明, 「魏晉南北朝交融三題」, ≪文史哲≫, 1993-3(1993); 李紅艶, 「對魏晉南北朝時期北方民族融合模式的探討」, ≪烟臺大學學報≫ 1999-2(1999); 王福應, 「魏晉南北朝時期北方民族大遷徙與大融合論略」, ≪忻州師範學院學報≫, 2000-2(2000), 劉振華, 「民族融合與文化整合: 論陳寅恪魏晉南北朝史研究」, ≪揚州大學學報≫, 2001-6(2001); 羅君, 「魏晉南北朝時期民族融和的段階性和地區特點」, ≪新疆敎育學院學報≫, 2003-3(2003); 朱大渭, 「儒家民族觀與十六國北朝民族的融合及其歷史影向」, ≪中國史硏究≫, 2004-2(2004); 胡祥琴, 「民族政權構成與魏晉南北朝時期的胡漢融合」, ≪西北第二民族學院學報≫, 2005-1(2005).

13 趙向群·侯文昌, 「孝文帝的漢化政策與拓跋民族精神的喪失」, ≪許昌學院學報≫, 第22卷 第6期(2003), pp. 35左~39右.

14 郝松枝, 「全般漢化與北魏王朝的速亡: 北魏孝文帝改革的經驗與敎訓」, ≪陝西師範大學學報(哲學社會科學版)≫, 第32卷 第1期(2004), pp. 73~77; 李春玲, 「簡論鮮卑漢化與北朝興衰」, ≪理論界≫, 2008-7(2008).

15 그 외에 이 책에 인용되지 않은 북위 호족들의 한화 혹은 동화 문제에 대한 연구 성과는 祁美琴, 「關于十年來"漢化"及其相關問題研究的考察」, ≪西域硏究≫, 2006-2(2006), pp. 103~113; 張元興, 「近二十餘年魏晉南北朝少數民族與漢族交融史研究綜述」, ≪黑龍江民族叢刊(雙月刊)≫, 2007-4(總第99期)(2007), pp. 78~83 참조.

16 『廿二史箚記』[王樹民 校證, 『廿二史箚記校證』(北京: 中華書局, 1984)], 卷14 「魏孝文遷洛」條, pp. 306~307.

17 陳寅恪, 「北魏後期的漢化(孝文帝的漢化政策)」, pp. 254~255.

18 唐長孺, 「拓跋族的漢化過程」, pp. 142~143.

19 何德章, 「論北魏孝文帝遷都事件」, ≪魏晉南北朝隋唐史資料≫, 26(1997), pp. 72~82.

20 陳寅恪, 「北魏後期的漢化(孝文帝的漢化政策)」, pp. 257~260; 孫同勛, 「孝文帝的遷都與漢化」, pp. 115~116.

21 劉精誠, 『魏孝文帝傳』, pp. 113~115, 118~120.

22 彭體用, 「從鮮·漢統治階級的逐步合流看北魏統治的强固」, ≪中南民族學院學報≫, 1985-1(1985); 錢國旗, 「北魏統治集團民族界限的淡化及其對鮮漢民族融合的影向」, ≪青島師傅學報≫, 11-1(1994).

23 陳寅恪, 「北魏後期的漢化(孝文帝的漢化政策)」, p. 262; 唐長孺, 「論北魏孝文帝定姓族」, 『魏晉南北朝史論拾遺』(北京: 中華書局, 1983), pp. 79~91; 高升記, 「試論北魏孝文帝定姓族」, ≪山西大學學報(哲學社會科學版)≫, 1995-1(1995), pp. 69~74; 高生記, 「北魏孝文帝定姓族制度散論」, ≪太原師範學院學報(社會科學版)≫, 2-2(2003), pp. 73左~75右; 任艶艶, 「北魏孝文帝的門閥主義」, ≪滄桑≫, 2006-1(2006), pp. 18左~19右.

24 孫同勛, 「孝文帝的遷都與漢化」, pp. 120~121.

25 같은 글, pp. 171~173.

26 高凱, 「從性比例失調看北魏時期拓跋鮮卑與漢族的民族融合」, ≪史學理論研究≫, 2000-2[2000(K 22,

2000-5)], pp. 43~53.

27 李春祥·呂寶艷,「北魏孝文帝門閥制新探」, ≪通化師範學報(社會科學)≫, 1997-2(1997), pp. 34~37.

28 劉精誠,『魏孝文帝傳』, pp. 120~121; 孫同勛,「孝文帝的遷都與漢化」, pp. 100~101.

29 逯耀東,「拓跋氏與中原士族的婚姻關係」, 黃寬重·劉增貴 主編,『家族與社會』(北京: 中國大百科全書出版社, 2005)[原載『新亞學報』, 7卷 1期(1965)], pp. 245~247; 孫同勛,「孝文帝的遷都與漢化」,『拓跋氏的漢化及其他: 北魏史論文集』(臺北: 稻鄕出版社, 2005), pp. 50~82, 166~169; 劉精誠,『魏孝文帝傳』, pp. 122~123.

30 崔珍烈,『북위황제 순행과 호한사회』(서울대학교출판문화원, 2011), 64~73쪽.

31 佐藤智水,「北魏皇帝の行幸について」,『岡山大·文·紀要』, 5(通卷 45)(1984), pp. 39上~53; 朴漢濟,「魏晉-隋唐時代 胡族君主의 中華帝王으로의 變身過程과 그 論理: '多民族國家' 形成의 一 契機에 대한 探索」, ≪중앙아시아연구≫, 9(2004), 9쪽.

32 Ping-ti Ho, "Lo-yang, A. D. 495-534: A Study of Physical and Socio-Economic Planning of a Metropolitan Area", *Harvard Journal of Asiatic Studies*, Vol. 26(1966), pp. 70~91; 逯耀東,「北魏平城對洛陽規建的影向」,『從平城到洛陽: 拓跋魏文化轉變的歷程』(北京: 中華書局, 2006), pp. 173~176.

33 唐長孺,「北魏均田制中的幾個問題」, pp. 132~154.

34 崔珍烈,『북위황제 순행과 호한사회』, 353~355쪽.

35 呂一飛,『胡族習俗與隋唐風韻: 魏晉北朝北方少數民族社會風俗及其對隋唐的影向』(北京: 書目文獻出版社, 1994), p. 145; 李書吉,『北朝禮制法系研究』(北京: 人民出版社, 2002), pp. 70~72.

36 李書吉,『北朝禮制法系研究』, pp. 68, 72.

37 劉精誠,『魏孝文帝傳』, pp. 108~111; 康樂,『從西郊到南郊: 國家祭典與北魏政治』(臺北: 稻鄕出版社, 1995), pp. 166~280; 李書吉,『北朝禮制法系研究』; 高賢棟,「北魏孝文帝時期的禮制建設」, ≪烟臺大學學報(哲社版)≫, 16-4(2003-10)(2003), pp. 453~455.

38 陳寅恪,『隋唐制度淵源略論考』(上海: 上海古籍出版社, 1982), pp. 4~61; 孫同勛,「孝文帝的遷都與漢化」, p. 104.

39 何德章,「北魏鮮卑族人名的漢化: 讀北朝墓志札記之一」, ≪魏晉南北朝隋唐史資料≫, 14(1996), pp. 39~46; 羅新,「北魏皇室制名漢化考」, 中國中古史研究編委會 編,『中國中古史研究』, 第2卷(北京: 中華書局, 2011), pp. 137~149.

40 劉精誠,『魏孝文帝傳』, pp. 121~122; 川本芳昭,「五胡十六國·北朝時代における「正統」王朝について」,『魏晉南北朝時代の民族問題』(東京: 汲古書院, 1998), pp. 66~83; 川本芳昭,「封爵制度」,『魏晉南北朝時代の民族問題』, pp. 268~273.

41 川本芳昭,「內朝制度」,『魏晉南北朝時代の民族問題』, pp. 208~221.

42 王慧涓,「北魏漢化道路上的尙書制度研究」(山西大學2008屆碩士學位論文, 2008), pp. 1~33.

43 孫同勛,「孝文帝的遷都與漢化」, p. 110.

44 같은 글, pp. 112~113.

45 같은 글, pp. 107~109.

46 劉懷榮,「北魏的漢化歷程與歌詩藝術考論」, ≪中國詩歌研究≫, 2003-00(2003), pp. 94~110.

47 姚紅艷,「略論孝文帝漢化改革的動力來源」, ≪徐州教育學院學報≫, 23-1(2008), pp. 71左~73右.

48 孫同勛,「孝文帝的遷都與漢化」, p. 91.

49 李培棟,「北魏太和改制前胡漢形勢論」, ≪上海師範大學學報≫, 1994-2(1994), pp. 83~85; 趙士田,「馮太后·孝文帝改革芻議」, ≪絲路學刊≫, 1996-3(1996), pp. 32左~35右.

50 王永平,「青齊士人之北徙與北魏文化之變遷」,『中古士人遷移與文化交流』(北京: 社會科學文獻出版社, 2005), pp. 196~224; 馮帆,「青齊士人在北魏漢化中的作用」, ≪山東省農業管理幹部學院學報≫, 22-6(2006), pp. 140左~141右; 馮帆,「山東士人與北朝漢化」(首都師範大學碩士學位論文, 2007), pp. 43~47.

51 古賀昭岑,「北魏の部族解散について」, ≪東方學≫, 59(1980), pp. 64上~75上.

52 川本芳昭,「胡族漢化の實態について」,『魏晉南北朝時代の民族問題』[原載「胡族國家」,『魏晉南北朝隋唐時代史の基本問題』(汲古書院, 1997)], pp. 390~410.

53 湯奪先,「北魏孝文帝改革鮮卑族生活方式」, p. 78右.

54 逯耀東,「北魏前期的文化與政治形態」,「從平城到洛陽: 拓跋魏文化轉變的歷程』(北京: 中華書局, 2006), pp. 43, 64~65.

55 呂一飛,『胡族習俗與隋唐風韻』.

56 劉錫濤,「南北朝時期中原地區的生活胡風現象」, ≪新疆大學學報≫, 2001-1(2001).

57 孫同勛,『拓跋氏的漢化及其他』, pp. 102~103, 125~127.

58 朱大渭 外,『魏晉南北朝社會生活史』(北京: 中國社會科學出版社, 1998), p. 550; 孫同勛,『拓跋氏的漢化及其他』, p. 125.

59 朴漢濟,「東魏-北齊時代의 胡漢體制의 전개: 胡漢 葛藤과 二重構造」, 서울大學校東洋史學研究室 編,『分裂과 統合: 中國 中世의 諸相』(지식산업사, 1998), 140쪽.

60 崔珍烈,「北魏後期 胡語사용 현상과 그 배경」, ≪中國古中世史研究≫, 제23집(2010), 195~246쪽.

61 古賀昭岑,「北魏の部族解散について」, pp. 64上~65上; 孫同勛,『拓跋氏的漢化及其他』, pp. 125~126; 崔珍烈,「北魏後期 洛陽거주 胡人들의 생활과 문화: 孝文帝의 '漢化政策'의 재검토」, ≪中國古中世史研究≫, 제24집(2010), 379~434쪽.

62 中國社會科學院考古研究所河南二隊,「河南偃師縣杏園村的四座北魏墓」, 洛陽師範學院河洛文化國際研究中心 編,『洛陽考古集成』 秦漢魏晉南北朝卷·上(北京: 北京圖書館出版社, 1997)[原載 ≪考古≫, 1991-9(1991)], p. 1048右; 洛陽市第二文物工作隊,「洛陽紗廠西路HM555發掘簡報」,『洛陽考古集成』 秦漢魏晉南北朝卷·上, p. 1126左; 崔珍烈,「北魏後期 洛陽거주 胡人들의 생활과 문화: 孝文帝의 '漢化政策'의 재검토」, 392~403쪽; 崔珍烈,「北魏後期 洛陽 출토 陶俑의 服飾 分析: 胡服 착용 여부의 통계적 검토」, ≪중앙아시아연구≫, 16(2011), 29~52쪽.

63 Jennifer Holmgren, "Empress Dowager Ling of the Northern Wei and the T'o-pa Sinicization Question," *Papers on Far Eastern History* 18(1978), pp. 155~156.

64 같은 글, pp. 154~159.

65 松下憲一,「北朝正史における「代人」」,『北魏胡族體制論』(札幌: 北海道大學出版會, 2007), pp. 161~170; 崔珍烈,「雲崗石窟 曇曜五窟 五帝의 재해석: 廟號와 國號로 본 北魏의 정체성」, ≪中央아시아研究≫, 10(2005), 1~23쪽.

66 宿白, 「北魏洛陽城和北邙陵墓: 鮮卑遺蹟輯錄之三」, 洛陽市文物局·洛陽白馬寺漢魏故城文物保管所 編, 『漢魏洛陽故城研究』(北京: 科學出版社, 2000)[原載 ≪文物≫, 1978-7(1978)], pp. 450~455; 朴漢濟, 「北魏 洛陽社會와 胡漢體制: 都城區劃과 住居分布를 중심으로」, ≪泰東古典研究≫, 6(1990); 朴漢濟, 「中國古代의 都市: 漢~唐의 都城構造를 중심으로」, 『강좌 한국고대사』 7(2002).

67 孟凡人, 「試論北魏洛陽城的形制與中亞古城形制的關係: 兼談絲路沿線城市的重要性」, 杜金鵬·錢國祥 主編, 『漢魏洛陽城遺址研究』(北京: 科學出版社, 2007), pp. 211~224.

68 宿白, 「北魏洛陽城和北邙陵墓」, pp. 455~461.

69 石冬梅, 「北魏太和新官制并未模倣南朝」, ≪天府新論≫, 2007-3(2007), pp. 811左~221右.

70 李書吉, 『北朝禮制法系研究』, p. 43; 孫同勛, 「孝文帝的遷都與漢化」, pp. 110~112.

71 崔珍烈, 「北魏後期 胡語사용 현상과 그 배경」, 195~246쪽; 崔珍烈, 「北魏後期 洛陽거주 胡人들의 생활과 문화: 孝文帝의 '漢化政策'의 재검토」, 379~434쪽.

제1부 효문제의 '한화 정책' 검토

제1장 호어 금지: 북위 후기 낙양 거주 호인의 호어 사용

1 鄭欽仁, 「譯人與官僚機構」, 『北魏官僚機構研究續編』(臺北: 稻禾出版社, 1995), pp. 217~239; 崔珍烈, 「北魏前期 胡語 사용 현상과 그 배경」, ≪동아시아문화연구≫(『韓國學論集』 改題), 46집(2009), 205~225쪽.

2 『魏書』, 卷7下 「高祖紀」 太和十九年條, p. 177, "六月己亥, 詔不得以北俗之語言於朝廷, 若有違者, 免所居官".

3 川本芳昭, 「北魏における身分制について」, 『魏晋南北朝時代の民族問題』(東京: 汲古書院, 1998), pp. 345~352.

4 同勛, 「孝文帝的遷都與漢化」, 『拓跋氏的漢化及其他』(臺北: 稻鄉出版社, 2006), pp. 125~126.

5 錢國祥, 「魏晉洛陽都城對東晉南朝的影響」, ≪考古學集刊≫, 18集(2010), p. 394; 佐川英治, 「漢魏洛陽城」, p. 69下.

6 傅熹年 主編, 『中國古代建築史』, 第二卷 兩晉·南北朝·隋唐·五代建築(北京: 中國建築工業, 2003), p. 110; 佐川英治, 「漢魏洛陽城」, 佐川英治·陳力·小尾夫, 『漢魏晉南北朝都城復元圖の研究』, 平成22~平成25年度科學研究費補助金基盤研究(B)研究成果報告書(最新の考古調査および禮制研究の成果を用いた中國古代都城史の新研究)(2014.3), p. 69上.

7 孫同勛, 『拓跋氏的漢化及其他』, pp. 125~126; 朱大渭 外, 『魏晉南北朝社會生活史』, p. 550; 崔珍烈, 「北魏後期 胡語사용 현상과 그 배경」, 197~200쪽.

8 『周書』, 卷15 「于謹傳」, p. 234, "于謹字思敬, 河南洛陽人也. 小名巨彌".

9 같은 글, p. 234, "曾祖[于]婆, 魏懷荒鎮將. 祖[于]安定, 平涼郡守·高平郡將. 父[于]提, 隴西郡守, 荏平縣伯. 保定二年, 以謹著勳, 追贈使持節·柱國大將軍·太保·建平郡公".

10 窪添慶文, 「北魏の州の等級について」, 『魏晉南北朝官僚制研究』(東京: 汲古書院, 2003)[原載 『高知大學敎育學部硏究報告』第二部 40(1988)], p. 158 表6 州の等級の比較(1), p. 161 表8 州の等級の對比(2).

11 『周書』, 卷15「于謹傳」, p. 244, "正光四年, 行臺廣陽王元深治兵北伐, 引[于]謹爲長流參軍, 特相禮接. 所有謀議, 皆與謹參之. 乃使其子佛陁拜焉, 其見待如此. 遂與廣陽王破賊主斛律野穀祿等. 時魏末亂, 羣盜蜂起, 謹乃從容謂廣陽王曰: '自正光以後, 海內沸騰, 郡國荒殘, 農商廢業. 今殿下奉義行誅, 遠臨關塞, 然醜類蟻聚, 其徒實繁, 若極武窮兵, 恐非計之上者. 謹願稟大王之威略, 馳往喩之, 必不勞兵甲, 可致淸蕩.' 廣陽王然之. [于]謹兼解諸國語, 乃單騎入賊, 示以恩信".

12 『北齊書』, 卷38「元文遙傳」, p. 503, "武定中, 文襄徵爲大將軍府功曹. 齊受禪, 於登壇所受中書舍人, 宣傳文武號令".

13 鄭欽仁, 「譯人與官僚機構」, pp. 236.

14 『北齊書』, 卷38「元文遙傳」, p. 503, "起家員外散騎常侍. 遭父喪, 服闋, 除太尉東閤祭酒. 以天下方亂, 遂解官侍養, 隱於林慮山".

15 崔珍烈, 「北魏後期 胡語사용 현상과 그 배경」, 211~212쪽.

16 『周書』, 卷26「長孫儉傳」, p. 427, "長孫儉, 河南洛陽人也. 本名慶明. 其先, 魏之枝族, 姓托拔氏. 孝文遷洛, 改爲長孫. 五世祖[長孫]嵩, 魏太尉·北平王".

17 같은 글, p. 427, "孝昌中, 起家員外散騎侍郎, 從爾朱天光破隴右. 太祖臨夏州, 以[長孫]儉爲錄事, 深器敬之. 賀拔岳被害, 太祖赴平涼, 凡有經綸謀策, [長孫]儉皆參預".

18 같은 글, p. 428, "又除行臺僕射·荊州刺史. 時梁岳陽王蕭詧內附, 初遣使入朝, 至荊州. 儉於廳事列軍儀, 具戎服, 與使人以賓主禮相見. 儉容貌魁偉, 音聲如鐘, 大爲鮮卑語, 遣人傳譯以問客. 客惶恐不敢仰視".

19 孫同勛, 「孝武帝的遷都與漢化」, pp. 125~126.

20 『周書』, 卷29「達奚寔傳」, p. 502, "達奚寔字什伏代, 河南洛陽人也. 高祖涼州, 魏征西將軍·山陽公. 父顯相, 武衛將軍".

21 崔珍烈, 「北魏後期 胡語사용 현상과 그 배경」, 210~213쪽.

22 朱大渭 外, 『魏晉南北朝社會生活史』, p. 510.

23 『魏書』, 卷21上「獻文六王上·咸陽王禧傳」, p. 536, "高祖曰: '自上古以來及諸經籍, 焉有不先正名, 而得行禮乎? 今欲斷諸北語, 一從正音. 年三十以上, 習性已久, 容或不可卒革; 三十以下, 見在朝廷之人, 語音不聽仍舊. 若有故爲, 當降爵黜官. 各宜深戒. 如此漸習, 風化可新. 若仍舊俗, 恐數世之後, 伊洛之下復成被髮之人. 王公卿士, 咸以然不?' [元]禧對曰: '實如聖旨, 宜應改易.' 高祖曰: '朕嘗與李沖論此, [李]沖言: 「四方之語, 竟知誰是? 帝者言之, 卽爲正矣, 何必改舊從新.」 [李]沖之此言, 應合死罪.' 乃謂[李]沖曰: '卿實負社稷, 合令御史牽下.' [李]沖免冠陳謝".

24 唐長孺, 「拓跋族的漢化過程」, p. 145.

25 朱大渭 外, 『魏晉南北朝社會生活史』, p. 510.

26 개별 인물의 생몰 연대에 관한 사료는 지면 관계상 생략하며, 주석이 없는 것은 崔珍烈, 「北魏後期 胡語사용 현상과 그 배경」, 203~204쪽, 주 27~48 참조.

27 원장 묘지는 宮萬松·宮萬瑜, 「濟源出土的北魏宗室元萇墓誌銘考釋」, ≪中原文物≫, 2011-5(2011), pp. 72左~72右. 탁본 사진은 p. 73 참조.

28 「侯夫人墓誌」, 『漢魏南北朝墓誌彙編』(趙超, 天津: 天津古籍出版社, 1992), p. 42.

29 「于仙姬墓誌」, 『漢魏南北朝墓誌彙編』, p. 180.

30 「故太尉公穆妻尉太妃墓誌銘」, 『漢魏南北朝墓誌彙編』, p. 112.

31 『北史』 卷15 「魏諸宗室·武衛將軍謂傳附丕傳」, p. 555; 『魏書』, 卷14 「武衛將軍謂傳附東陽王丕傳」, p. 360.

32 『北史』, 卷13 「后妃上·魏宣武靈皇后胡氏傳」, p. 504, "太后與明帝幸華林園, 宴羣臣于都亭曲水, 令王公已下賦七言詩. 太后詩曰: '化光造物含氣貞.' 明帝詩曰: '恭己無爲賴慈英.' 王公已下賜帛有差".

33 『北史』, 卷13 「后妃上·魏·宣武靈皇后胡氏傳」, p. 505, "有蜜多道人, 能胡語, 帝置於左右. 太后慮其傳致消息, 三月三日, 於城南大巷中殺之, 方懸賞募賊. 又於禁中殺領左右·鴻臚少卿谷會·紹達, 並帝所親也"

34 古賀昭岑, 「北魏の部族解散について」, p. 64下.

35 『魏書』, 卷114 「釋老志」, p. 3030, "初, 皇始中, 趙郡有沙門法果, 誡行精至, 開演法籍. 太祖聞其名, 詔以禮徵赴京師. 後以爲道人統, 綰攝僧徒"; 『魏書』, 卷114 「釋老志」, p. 3036, "京師沙門師賢, 本罽賓國王種人 …… 師賢仍爲道人統".

36 불교 연구자인 린신이(林欣儀)는 2012년 8월 26일 제6회 중국 고중사 청년 학자 연의회에서 필자의 발표 때 '밀다'가 'dharmamitra'의 음역이며 밀다 도인이 인도인일 가능성이 큼을 지적해주었다. 이는 필자의 오류를 교정하는 데 도움이 되었다. 이 자리를 빌려 린신이에게 사의를 표한다.

37 川本芳昭, 「北魏における身分制について」, pp. 345~352.

38 『위서』에서 '북어'의 용례는 「함양왕희전」의 구절에서만 보인다(『魏書』, 卷21上 「獻文六王上·咸陽王禧傳」, p. 536, "高祖曰: 「…… 今欲斷諸北語 一從正音. ……」").

39 『北史』, 卷48 「尒朱榮傳」, p. 1760, "又北人語訛, 語'尒朱'爲'人主'. 上又聞其在北言, 我姓人主".

40 『魏書』, 卷7下 「高祖紀」 太和十九年條, p. 177.

41 『資治通鑑』, 卷152 「梁紀」 武帝大通二年二月條, 4737, "有蜜多道人, 能胡語, 帝常置左右. 太后使人殺之於城南而懸賞購賊, 由是母子之間 嫌隙日深".

42 모리야스 다카오, 「당대 불교적 세계지리와 '호'의 실태」, 중앙아시아학회 엮음, 『실크로드의 삶과 종교』(사계절출판사, 2006).

43 『魏書』, 卷7下 「高祖紀」下 太和十八年十有二月條, p. 176, "壬寅, 革衣服之制".

44 『資治通鑑』, 卷139 「齊紀」5 明帝建武元年十二月條, p. 4370, "魏主欲變易舊風, 壬寅, 詔禁士民胡服. 國人多不悅".

45 『北史』, 卷13 「后妃上·魏·宣武靈皇后胡氏傳, p. 503, "旣誕明帝, 進爲充華嬪. 先是, 宣武頻喪皇子, 自以年長, 深加愼護, 爲擇乳保, 皆取良 家宜子者, 養於別宮, 皇后及充華皆莫得而撫視焉".

46 『魏書』, 卷58 「楊播傳附昱傳」, pp. 1291~1292, "延昌三年, 以本官帶詹事丞. 于時, 肅宗在懷抱之中, 至於出入, 左右乳母而已, 不令宮僚聞知. 昱諫曰: 「陛下不以臣等凡淺, 備位宮臣, 太子動止, 宜令翼從. 然自此以來, 輕爾出入, 進無二傅輔導之美, 退闕羣僚陪侍之式, 非所謂示民軌儀, 著君臣之義. 陛下若召太子, 必降手敕, 令臣下咸知, 爲後世法.」 於是詔曰: 「自今已後, 若非朕手敕, 勿令兒輒出. 宮臣在直者, 從至萬歲門」".

47 崔珍烈, 「北魏後期 胡語사용 현상과 그 배경」, 215~220, 229~230쪽.

48 『魏書』, 卷36 「李順傳附憲傳」, p. 835, "正光二年二月, 肅宗講於國子堂, 召憲預聽, 又以子騫爲國子生".

49 『魏書』, 卷38「王慧龍傳附遵業傳」, p. 879, “及[崔]光爲肅宗講孝經, [王]遵業預講, [王]延業錄義, 並應詔作釋奠侍宴詩”; 『魏書』, 卷72「賈思伯傳」, p. 1615, “時太保崔光疾甚, 表薦[賈]思伯爲侍講, 中書舍人馮元興爲侍讀. [賈]思伯遂入授肅宗杜氏春秋”; 『魏書』, 卷79「馮元興傳」, p. 1760, “及太保崔光臨薨, 薦[馮]元興爲侍讀. 尙書賈思伯爲侍講, 授肅宗杜氏春秋於式乾殿, [馮]元興常爲摘句, 儒者榮之”.

50 『魏書』, 卷77「辛雄傳」, p. 1694, “肅宗謂雄曰: 「誨, 朕家諸子, 摽以親懿. 籌策機計, 仗卿取勝耳.」”; 『魏書』, 卷79「董紹傳」, p. 1759, “蕭寶夤反於長安也, 紹上書求擊之, 云: ‘臣當出瞎巴三千, 生噉蜀子.’ 肅宗謂黃門徐紇曰: ‘此巴眞瞎也!’ 紇曰: ‘此是紹之壯辭, 云巴人勁勇, 見敵無所畏懼, 非實瞎也.’ 帝大笑, 敕紹速行”.

51 『隋書』, 卷32「經籍志」 經·孝經條, p. 935, “又云魏氏遷洛, 未達華語, 孝文帝命侯伏侯可悉陵, 以夷言譯孝經之旨, 敎于國人, 謂之國語孝經”.

52 이상 『隋書』, 卷32「經籍志」 經·小學條, p. 945.

53 田餘慶, 「≪代歌≫·≪代記≫和北魏國史」, 『拓跋史探』(北京: 三聯書店, 2003)[原載 ≪歷史敎育≫, 269, 2001-1(2001)], pp. 217~225. 鄭欽仁, 「譯人與官僚機構」, pp. 227~228.

54 『隋書』, 卷32「經籍志」 經·小學條, p. 947.

55 『隋書』, 卷32「經籍志」 經·小學條, p. 947, “又後魏初定中原, 軍容號令, 皆以夷語. 後染華俗, 多不能通, 故錄其本言, 相傳敎習, 謂之‘國語’. 今取以附音韻之末”.

56 『北齊書』, 卷21「高乾傳附弟昂傳」, p. 295, “于時, 鮮卑共輕中華朝士, 唯憚服於[高]昂. 高祖每申令三軍, 常鮮卑語, [高]昂若在列, 則爲華言”.

57 『魏書』, 卷74「尒朱榮傳」, 1643, “高祖羽健, 登國初爲領民酋長, 率契胡武士千七百人從駕平晉陽, 定中山”.

58 『宋書』, 卷74「臧質傳」, p. 1912, “燾與質書曰: 「吾今所遣鬪兵, 盡非我國人, 城東北是丁零與胡, 南是三秦氐·羌. 設使丁零死者, 正可減常山·趙郡賊; 胡死, 正減幷州賊; 氐·羌死, 正減關中賊. 卿若殺丁零·胡無不利」”.

59 『魏書』, 卷27「穆崇傳附泰傳」, p. 663, “泰不願遷都, 叡未及發而泰已至, 遂潛相扇誘, 圖爲叛. 乃與叡及安樂侯元隆, 撫冥鎭將·魯郡侯元業, 驍騎將軍元超, 陽平侯賀頭, 射聲校尉元樂平, 前彭城鎭將元拔, 代郡太守元珍, 鎭北將軍·樂陵王思譽等謀推朔州刺史陽平王頤爲主. 頤不從, 頤許以安之, 密表其事. 高祖乃遣任城王澄率幷肆兵以討之”.

60 『魏書』, 卷74「尒朱榮傳」, p. 1645, “秀容內附胡民乞扶莫于破郡, 殺太守; 南秀容牧子萬子乞眞反叛, 殺太僕卿陸延; 幷州牧子素和婆崙嶮作逆. 榮並前後討平之. 遷直閤將軍·冠軍將軍, 仍別將. 內附叛胡乞·步落堅胡劉阿如等作亂瓜肆, 敕勒北列步若反於沃陽, 榮滅之. 以功封安平縣開國侯, 食邑一千戶. 尋加通直散騎常侍. 敕勒斛律洛陽作逆桑乾西, 與費也頭牧子迭相掎角, 榮率騎破洛陽於深井, 逐牧子於河西”.

61 『魏書』, 卷103「高車傳」, pp. 2309~2310, “後高祖召高車之衆隨車駕南討, 高車不願南行, 遂推袁紇樹者爲主, 相率北叛, 遊踐金陵, 都督宇文福追討, 大敗而還. 又詔 平北將軍·江陽王繼爲都督討之, 繼先遣人慰勞樹者. 樹者入蠕蠕, 尋悔, 相率而降”.

62 『資治通鑑』, 卷141「齊紀」 明帝永泰元年八月壬子條, p. 4431, “魏主之入寇也, 遣使發高車兵. 高車憚遠役, 奉袁紇樹者爲主, 相帥北叛. 魏主遣征北將軍宇文福討之, 大敗而還, 福坐黜官. 更命平北將軍江陽王繼都督北討諸軍事以討之, 自懷朔以東悉稟節度, 仍攝鎭平城. …… 庚子, 詔北伐高車”.

63 『魏書』, 卷74「尒朱榮傳」, pp. 1644~1645, “蠕蠕主阿那瓌寇掠北鄙, 詔假榮節, 冠軍將軍·別將, 隸都督李崇北征. 榮率其新部四千人追擊, 度磧, 不及而還”.

64 『北史』, 卷48「尒朱榮傳」, p. 1760, “又北人語訛, 語‘尒朱’爲‘人主’. 上又聞其在北言, 我姓人主”.

65 辛聖坤, 「北朝 兵戶制의 變遷과 丁兵制의 性格」, ≪慶尙史學≫, 11(1995), p. 58.

66 崔珍烈, 「北魏後期 친위부대의 정치개입과 그 배경: 領軍府의 구조·인적구성·정치개입방식을 중심으로」, ≪역사문화연구≫, 30(2008), 286~293쪽.

67 『魏書』, 卷53「李沖傳」, p. 1179, “李沖, 字思順, 隴西人, 敦煌公寶少子也”.

68 『魏書』, 卷21上「獻文六王上·咸陽王禧傳」, p. 536.

69 『魏書』, 卷113「官氏志」, p. 2973.

70 鄭欽仁, 「譯人與官僚機構」, pp. 223~224.

71 川本芳昭, 『中國の歷史』 5 中華の崩壞と擴大(魏晉南北朝)(講談社, 2005), pp. 216~217; 崔珍烈, 「北魏前期 胡語 사용 현상과 그 배경」, 219~221쪽.

72 崔珍烈, 「北魏前期 胡語 사용 현상과 그 배경」, 208~210쪽.

73 『魏書』, 卷53「李沖傳」, p. 1179, “李沖, 字思順, 隴西人, 敦煌公寶少子也”.

74 『魏書』, 卷39「李寶傳」, 885, “李寶, 字懷素, 小字衍孫, 隴西狄道人, 私署涼王暠之孫也. 父翻, 字士舉, 小字武彊, 私署驍騎將軍, 祁連·酒泉·晉昌三郡太守. 寶沉雅有度量, 驍勇善撫接. 伯父歆爲沮渠蒙遜所滅, 寶徙於姑臧. 歲餘, 隨舅唐契北奔伊吾, 臣於蠕蠕. 其遺民歸附者稍至二千. 寶傾身禮接, 甚得其心, 衆皆樂爲用, 每希報雪. 屬世祖遣將討沮渠無諱於敦煌, 無諱捐城遁走. 寶自伊吾南歸敦煌, 遂修繕城府, 規復先業. 遣弟懷達奉表歸誠. 世祖嘉其忠款, 拜懷達散騎常侍·敦煌太守, 別遣使授寶使持節·侍中·都督西垂諸軍事·鎭西大將軍·開府儀同三司·領護西戎校尉·沙州牧·敦煌公, 仍鎭敦煌, 四品以下聽承制假授”.

75 『魏書』, 卷48「高允傳」, p. 1071, “時世祖怒甚, 敕[高]允爲詔, 自[崔]浩已下·僮吏已上百二十八人皆夷五族. [高]允持疑不爲, 頻詔催切”.

76 『魏書』, 卷111「刑罰志」, 2876, “延興四年, 詔自非大逆干紀者, 皆止其身, 罷門房之誅. 自獄付中書覆案, 後頗上下法, 遂罷之, 獄有大疑, 乃平議焉. 先是諸曹奏事, 多有疑請, 又口傳詔敕, 或致矯擅. 於是事無大小, 皆令據律正名, 不得疑奏. 合則制可, 失衷則彈詰之, 盡從中墨詔. 自是事咸精詳, 下莫敢相罔”.

77 川本芳昭, 「內朝制度」, pp. 200~206; 崔珍烈, 「北魏前期 胡語 사용 현상과 그 배경」, 220~221쪽.

78 嚴耀中, 『北魏前期政治制度』(長春: 吉林教育出版社, 1990), p. 75.

79 崔珍烈, 「北魏前期 近侍官의 性格: 「文成帝南巡碑」의 분석을 중심으로」, ≪역사문화연구≫, 28(2007), 55~58쪽.

80 鄭欽仁, 「譯人與官僚機構」, p. 236.

81 『北齊書』, 卷25「張纂傳」, p. 359, “張纂 字徽纂, 代郡平城人也. 父[張]烈, 桑乾太守. 纂初事尒朱榮, 又爲尒朱兆都督長史”.

82 『北齊書』, 卷25「張纂傳」, p. 360, “[張]纂事高祖二十餘歲, 傳通敎令, 甚見親賞”.

83 『北齊書』, 卷46「循吏·張華原傳」, p. 638, “張華原, 字國滿, 代郡人也. 少明敏, 有器度. 高祖開驃騎府, 引爲法曹參軍, 遷大丞相府屬, 仍侍左右. 從於信都, 深爲高祖所親待, 高祖每號令三軍, 常令宣諭意旨”.

84 『魏書』, 卷44「孟威傳」, pp. 1005~1006, "孟威, 字能重, 河南洛陽人".

85 姚薇元, 『北朝胡姓考』(北京: 中華書局, 1962), pp. 1~399.

86 『魏書』, 卷44「孟威傳」, pp. 1005~1006, "頗有氣尙, 尤曉北土風俗. 歷東宮齋帥·羽林監. 時四鎭高車叛投蠕蠕, 高祖詔[孟]威曉喩禍福, 追還逃散, 分配爲民. 後以明解北人之語, 敕在著作, 以備推訪".

87 같은 글, p. 1006, "永平中, 自鎭遠將軍·前軍將軍·左右直長, 加龍驤將軍, 出使高昌. 還, 遷城門校尉·直閤將軍·沃野鎭將. 正光初, 蠕蠕主阿那瓌歸國, 詔遣前郢州刺史陸希道兼侍中爲使主, 以威兼散騎常侍爲副, 遠畿迎接. 阿那瓌之還國也, 復以[孟]威爲平北將軍·光祿大夫, 假員外常侍, 爲使主護送之. 前後頻使遠蕃, 粗皆稱旨. 復加撫軍將軍".

88 崔珍烈, 「北魏後期 胡語사용 현상과 그 배경」, 213~214쪽.

89 『北齊書』, 卷24「孫搴傳」, p. 341, "孫搴, 字彥擧, 樂安人也. 少厲志勤學, 自檢校御史再遷國子助教. 太保崔光引修國史, 頻歷行臺郞, 以文才著稱".

90 『北齊書』, 卷24「孫搴傳」, p. 341, "高祖引[孫]搴入帳, 自爲吹火, 催促之. 搴援筆立成, 其文甚美. 高祖大悅, 卽署相府主簿, 專典文筆. 又能通鮮卑語, 兼宣傳號令, 當煩劇之任, 大見賞重".

91 같은 글, p.342, "司馬子如與高季式召[孫]搴飮酒, 醉甚而卒, 時年五十二".

92 『資治通鑑』, 卷157「梁紀」13 武帝大同二年條, p. 4871, "司馬子如·高季式召孫搴劇飮, 醉甚而卒".

93 『資治通鑑』, 卷157「梁紀」13 武帝大同二年條 考異, p. 4871, "考異曰: 典略, 孫搴卒在大同十年四月. 按搴卒然後陳元康爲功曹. 高愼叛, 高澄已令元康救崔暹, 邙山之戰, 元康又勸高歡追宇文泰, 事並在九年. 北史元康傳又云, '草劉蠡升軍書.' 按蠡升滅在元年, 孫搴二年猶存. 今不取. 然則搴卒宜置於澄入輔之下".

94 崔珍烈, 「北魏後期 胡語사용 현상과 그 배경」, 214~215쪽.

95 『北史』, 卷15「魏諸宗室·武衛將軍謂傳附丕傳」, p. 555; 『魏書』, 卷14「武衛將軍謂傳附東陽王丕傳」, p. 360.

96 같은 글, p. 556, "孝文崩, [元]丕自幷來赴, 宣武引見之, 以[元]丕舊老, 禮有加焉. 尋敕留洛陽. 後宴于華林都亭, 特令二子扶侍坐"; 『魏書』, 卷14「武衛將軍謂傳附東陽王丕傳」, p. 361, "高祖崩, [元]丕自幷州來赴, 世宗引見之. 以[元]丕舊老, 禮有加焉. 尋敕留洛陽. 後宴于華林都亭, 特令二子扶侍坐起".

97 崔珍烈, 「北魏後期 胡語사용 현상과 그 배경」, 205~206쪽.

98 『魏書』, 卷31「于栗磾傳附烈傳」, p. 739, "咸陽王禧爲宰輔, 權重當時, 曾遣家僮傳言於[于]烈曰: '須舊羽林虎賁執仗出入, 領軍可爲差遣.' [于]烈曰: '天子諒闇, 事歸宰輔, 領軍但知典掌宿衛, 有詔不敢違, 理無私給.' 奴悵然而返, 傳[于]烈言報[元]禧. [元]禧復遣謂[于]烈曰: '我是天子兒, 天子叔, 元輔之命, 與詔何異?' [于]烈厲色而答曰: '向者亦不道王非是天子兒·叔. 若是詔, 應遣官人, 所由遣私奴索官家羽林, [于]烈頭可得, 羽林不可得!' [元]禧惡烈剛直, 遂議出之, 乃授使持節·散騎常侍·征北將軍·恒州刺史. [于]烈不願藩授, 頻表乞停, 輒優答弗許. [于]烈乃謂彭城王勰曰: '殿下忘先帝南陽之詔乎? 而逼老夫乃至於此.' 遂以疾固辭".

99 崔珍烈, 「北魏後期 胡語사용 현상과 그 배경」, 207~208쪽.

100 『魏書』, 卷31「于栗磾傳附烈傳」, pp. 739~740, "世宗以禧等專擅, 潛謀廢之. 會二年正月礿祭, 三公並致齋於廟, 世宗夜召[于]烈子[于]忠謂曰: '卿父忠允貞固, 社稷之臣. 明可早入, 當有處分.' [于]忠奉詔而出. 質明, [于]烈至, 世宗詔曰: '諸父慢怠, 漸不可任, 今欲使卿以兵召之, 卿其行乎?' [于]烈對曰: '老臣歷奉累朝, 頗以幹勇賜識, 今日之事, 所不敢辭.' 乃將直閣已下六十餘人, 宣旨召咸陽王禧·彭城王勰·北海王詳, 衛送至于帝前. 諸公各稽首歸政. 以[于]烈爲散騎常侍·車騎大將軍·領軍, 進爵爲侯, 增邑三百戶, 幷前五百戶. 自是長直禁中, 機密大事, 皆所參焉";『魏書』, 卷31「于栗磾傳附烈傳」, p. 740, "太尉·咸陽王禧謀反也, 武興王楊集始馳於北邙以告. 時世宗從禽於野, 左右分散, 直衛無幾, 倉卒之際, 莫知計之所出. 乃敕烈子忠馳覘虛實. 烈時留守, 已處分有備, 因忠奏曰:「臣雖朽邁, 心力猶可, 此等猖狂, 不足爲慮. 願緩蹕徐還, 以安物望.」世宗聞之, 甚以慰悅. 及駕還宮, 禧已遁逃. 詔烈遣直閣叔孫侯將虎賁三百人追執之".

101 『魏書』, 卷16「道武七王傳附江陽王繼傳」, p. 402, "靈太后以子叉姻戚, 數與肅宗幸繼宅, 置酒高會, 班賜有加".

102 崔珍烈,「北魏後期 胡語 사용 현상과 그 배경」, 209쪽.

103 같은 글, 204~210쪽.

104 『魏書』, 卷113「官氏志」, p. 2973, "[天興四年]十二月 復尙書三十六曹, 曹置代人令史一人, 譯令史一人, 書令史二人".

105 『南齊書』, 卷57「魏虜傳」, p. 985, "諸曹府有倉庫, 悉置比官, 皆使通虜漢語, 以爲傳驛".

106 鄭欽仁,「譯人與官僚機構」, pp. 223~224.

107 같은 글, p. 231; 逯耀東,「北魏前期的文化與政治形態」, pp. 69~70; 川本芳昭,「鮮卑の文字について」, 今西裕一郎 編,『九州大學21世紀COEプログラム「東アジアと日本: 交流と變容」: 統括ワ-クショップ報告書』(九州大學, 2007), pp. 140~144.

108 鄭欽仁,「譯人與官僚機構」, p. 231; 逯耀東,「北魏前期的文化與政治形態」, pp. 69~70.

109 崔珍烈,「北魏後期 胡語 금지 再論」, ≪역사와교육≫, 제19집(2014), 216~217쪽.

110 『魏書』, 卷30「呂洛拔傳附文祖傳」, p. 732, "長子文祖, 顯祖以其勳臣子, 補龍牧曹奏事中散. 以牧產不滋, 坐徙於武川鎭. 後[呂]文祖以舊語譯注皇誥, 辭義通辯, 超授陽平太守. 未拜, 轉爲外都曹奏事中散".

111 『南齊書』, 卷57「魏虜傳」, 990, "至七年, 遣使邢巒·侯靈紹復通好. 先是劉纘再使虜, 太后馮氏悅而親之. 馮氏有計略, 作皇誥十八篇, 僞左僕射李思沖稱史臣注解. 是歲, 馮氏死".

112 崔珍烈,「北魏前期 胡語 사용 현상과 그 배경」, 213쪽.

113 『隋書』, 卷32「經籍志」經·孝經條, p. 935, "又云魏氏遷洛, 未達華語, 孝文帝命侯伏侯可悉陵, 以夷言譯孝經之旨, 敎于國人, 謂之國語孝經".

114 崔珍烈,「北魏前期 胡語 사용 현상과 그 배경」, 212~213쪽.

115 逯耀東,「拓跋氏與中原士族的婚姻關係」, pp. 245~247; 何德章,「北魏遷洛後鮮卑貴族的文士化: 讀北朝碑志札記之三」, ≪魏晉南北朝隋唐史資料≫, 20(2003); 孫同勛,「孝文帝的遷都與漢化」, pp. 166~169.

116 『魏書』, 卷19下「景穆十二王下·任城王雲傳附順傳」, p. 481, "彝兄順, 字子和. 九歲師事樂安陳豐, 初書王羲之小學篇數千言, 晝夜誦之, 旬有五日, 一皆通徹. 豐奇之, 白澄曰: '豐十五從師, 迄于白首, 耳目所經, 未見此比, 江夏黃童, 不得無雙也.' 澄笑曰: '藍田生玉, 何容不爾.' 十六, 通杜氏春秋, 恒集門生, 討論同異. 于時四方無事, 國富民康, 豪貴子弟, 率以朋遊爲樂, 而順下帷讀書, 篤志愛古. 性謇諤, 淡於榮利, 好飮酒, 解鼓琴, 能長吟永歎, 吒詠虛室. 世宗時, 上魏頌, 文多不載".

117 같은 글, p. 483, "初, 城陽王徽慕順才名, 偏相結納. 而廣陽王淵姦徽妻于氏, 大爲嫌隙. 及淵自定州被徵,

入爲吏部尙書, 兼中領軍. 順爲詔書, 辭頗優美".

118 『北史』, 卷15 「魏諸宗室 · 常山王遵傳附暉傳」, p. 570, "悝弟暉, 字景襲. 少沉敏, 頗涉文史".

119 같은 글, p. 570~571, "再遷侍中, 領右衛將軍. 雖無補益, 深被親寵. 凡在禁中要密之事, 暉別奉旨, 藏之於櫃, 唯暉入乃開, 其餘侍中 · 黃門莫有知者".

120 『北史』, 卷50 「宇文忠之傳」, p. 1836, "忠之涉獵文史, 頗有筆札, 釋褐太學博士".

121 『北史』, 卷15 「魏諸宗室 · 昭成子孫 · 常山王遵傳附壽興傳」, p. 569, "壽興命筆自作墓誌銘曰: 「洛陽男子, 姓元名景. 有道無時, 其年不永.」 餘文多不載. 顧謂其子曰: 「我棺中可著百張紙, 筆兩枚, 吾欲訟顯於地下. 若高祖之靈有知, 百日內必取顯. 如遂無知, 亦何足戀!」"

122 崔珍烈, 「北魏後期 胡語 금지 再論」, ≪역사와교육≫, 제19집(2014), 218~219쪽.

123 『魏書』, 卷81 「劉仁之傳」, p. 1794, "劉仁之, 字山靜, 河南洛陽人. 其先代人, 徙于洛. 父爾頭, 在外戚傳. 仁之少有操尙, 粗涉書史, 眞草書迹, 頗號工便. 御史中尉元昭引爲御史. 前廢帝時, 兼黃門侍郎, 深爲尒朱世隆所信用. 出帝初, 爲著作郎, 兼中書令, 旣非其才, 在史未嘗執筆".

124 『魏書』, 卷78 「張普惠傳」, p. 1730, "時任城王澄爲司空, 表議書記, 多出普惠".

125 『魏書』, 卷85 「溫子昇傳」, p. 1875, "正光末, 廣陽王淵爲東北道行臺, 召爲郎中, 軍國文翰皆出其手. 於是才名轉盛".

126 『北齊書』, 卷36 「邢卲傳」, p. 476, "深爲領軍元叉所禮, 叉新除尙書令, 神儁與陳郡袁翻在席, 叉令卲作謝表, 須臾便成, 以示諸賓. 神儁曰: 「邢卲此表, 足使袁公變色」".

127 崔珍烈, 「北魏後期 胡語 금지 再論」, ≪역사와교육≫, 제19집(2014), 219~220쪽.

128 『魏書』, 卷75 「尒朱彦伯傳附弟仲遠傳」, p. 1666, "彦伯弟仲遠, 頗知書計. 肅宗末年, 尒朱榮兵威稍盛, 諸有啓謁, 率多見從. 而仲遠摹寫榮書, 又刻榮印, 與尙書令史通爲姦詐, 造榮啓表, 請人爲官, 大得財貨, 以資酒色, 落魄無行".

129 『魏書』, 卷73 「楊大眼傳」, p. 1636, "大眼雖不學, 恒遣人讀書, 坐而聽之, 悉皆記識. 令作露布, 皆口授之, 而竟不多識字也".

130 崔珍烈, 「北魏後期 胡語 금지 再論」, ≪역사와교육≫, 제19집(2014), 220쪽.

131 『北齊書』, 卷15 「厙狄干傳」, p. 197, "厙狄干, 善無人也. 魏正光初, 除掃逆黨, 授將軍, 宿衛於內. 以家在寒鄉, 不宜毒暑, 冬得入京師, 夏歸鄉里".

132 같은 글, p. 198, "干不知書, 署名爲'干'字, 逆上畫之, 時人謂之穿錐. 又有武將王周者, 署名先爲'吉'而後成其外, 二人至子孫始並知書".

133 『魏書』, 卷66 「崔亮傳」, pp. 1479~1480, "尋除殿中尙書, 遷吏部尙書. 時羽林新害張彝之後, 靈太后令武官得依資入選. 官員旣少, 應選者多, 前尙書李韶循常擢人, 百姓大爲嗟怨. [崔]亮乃奏爲格制, 不問士之賢愚, 專以停解日月爲斷. 雖復官須此人, 停日後者終於不得; 庸才下品, 年月久者灼然先用. 沉滯者皆稱其能. [崔]亮外甥司空諮議劉景安書規[崔]亮曰: …… [崔]亮答書曰: 「……今勳人甚多, 又羽林入選, 武夫崛起, 不解書計, 唯可彍弩前驅, 指蹤捕噬而已. ……」"

134 崔珍烈, 「北魏後期 胡語 금지 再論」, ≪역사와교육≫, 제19집(2014), 221~223쪽.

1 『資治通鑑』, 卷110 「晉紀」32 安帝隆安二年條, p. 3483, "十二月, 己丑, 魏王珪卽皇帝位, 大赦, 改元天興. 命朝野皆束髮加帽".

2 逯耀東, 「北魏前期的文化與政治形態」, p. 58.

3 『隋書』, 卷12 「禮儀志」7, p. 254, "且後魏已來, 制度咸闕. 天興之歲, 草創繕修, 所造車服, 多參胡制. 故魏收論之, 稱爲違古, 是也".

4 『資治通鑑』, 卷125 「宋紀」7 文帝元嘉二十七年條, p. 3948, "魏群臣初聞有宋師, 言於魏主, 請遣兵救緣河穀帛. 魏主曰: '馬今未肥, 天時尙熱, 速出必無功. 若兵來不止, 且還陰山避之. 國人本著羊皮袴, 何用綿帛! 展至十月, 吾無憂矣.'"

5 呂一飛, 『胡族習俗與隋唐風韻』, p. 13.

6 逯耀東, 「北魏前期的文化與政治形態」, pp. 58~59; 崔珍烈, 「北魏 平城時代 胡人들의 생활과 습속: 胡俗 유지와 그 배경을 중심으로」, ≪東方學志≫, 149(2010), 287~288쪽.

7 『魏書』, 卷7下 「高祖紀」 太和十年條, p. 161, "十年春正月癸亥朔, 帝始服袞冕, 朝饗萬國"; 『資治通鑑』, 卷136 「齊紀」2 武帝永明四年(486)條, p. 4270, "春, 正月, 癸亥朔, 魏高祖朝會, 始服袞冕".

8 『資治通鑑』, 卷136 「齊紀」2 武帝永明四年條 胡註, p. 4270, "胡注: 史言魏孝文用夏變夷".

9 같은 글, p. 4272, "夏, 四月, 辛酉朔, 魏始制五等公服; 甲子, 初以法服·御輦祀南郊(胡注: 公服, 朝廷之服; 五等, 朱·紫·緋·綠·靑. 法服, 袞冕以見郊廟之服)".

10 『魏書』, 卷7下 「高祖紀」下 太和十年八月乙亥條, p. 161, "八月乙亥, 給尙書五等品爵已上朱衣·玉珮·大小組綬".

11 『資治通鑑』, 卷137 「齊紀」3 武帝永明九年十一月條, p. 4315, "魏舊制, 羣臣季冬朝賀, 服褲褶行事, 謂之小歲; 丙戌, 詔罷之".

12 『南齊書』, 卷57 「魏虜傳」, p. 991, "[永明]十年, 上遣司徒參軍蕭琛·范雲北使. [拓跋]宏西郊, 卽前祠天壇處也. [拓跋]宏與僞公卿從二十餘騎戎服繞壇, [拓跋]宏一周, 公卿七匝, 謂之蹋壇. 明日, 復戎服登壇祠天, [拓跋]宏又繞三匝, 公卿七匝, 謂之繞天. 以繩相交絡, 紐木枝棖, 覆以靑繒, 形制平圓, 下容百人坐, 謂之爲'繖', 一云'百子帳'也. 於此下宴息. 次祠廟及布政明堂, 皆引朝廷使人觀視".

13 呂一飛, 『胡族習俗與隋唐風韻』, p. 35.

14 何德章, 「論北魏孝文帝遷都事件」, pp. 72~82.

15 『魏書』, 卷7下 「高祖紀」下 太和十八年十二月壬寅條, p. 176, "壬寅, 革衣服之制"; 『北史』, 卷3 「魏本紀·孝文帝」太和十八年十二月壬寅條, p. 112.

16 『資治通鑑』, 卷139 「齊紀」5 明帝建武元年十二月條, p. 4370, "魏主欲變易舊風, 壬寅, 詔禁士民胡服. 國人多不悅".

17 『資治通鑑』, 卷140 「齊紀」6 明帝建武二年十二月甲子條, p. 4392, "甲子, 魏主引見群臣於光極堂, 頒賜冠服".

18 『資治通鑑』, 卷140 「齊紀」6 明帝建武二年十二月甲子條 胡註, p. 4392, "賜冠服以易胡服".

19 『資治通鑑』, 卷140 「齊紀」6 明帝建武二年五月甲午條, p. 4387, "大責留守之官曰: 「昨望見婦女猶服夾領小袖, 卿等何爲不遵前詔!」 皆謝罪". 이 기록은 『위서』 「함양왕희전」에도 보인다(『魏書』, 卷21上 「獻

文六王上·咸陽王禧傳」, p. 536, "又引見王公卿士, 責留京之官曰: 「昨望見婦女之服, 仍爲夾領小袖. 我徂東山, 雖不三年, 旣離寒暑, 卿等何爲而違前詔?」"). 본문에서 『위서』 대신 『자치통감』의 기사를 인용한 이유는 『위서』 열전에는 대개 어떤 행위가 발생한 연도와 월일을 표기하지 않으므로 이를 표기한 『자치통감』의 기록이 유용하기 때문이다.

20 崔珍烈, 「北魏後期 洛陽거주 胡人들의 생활과 문화」, 394쪽; 馬曉麗·崔明德, 「對拓跋鮮卑及北朝漢化問題的總體考察」, ≪中國邊疆史地硏究≫, 22-1(2012), p. 6.

21 『南齊書』, 卷45 「始安貞王道生傳附遙昌傳」, p. 794, "明日引軍向城東, 遣道登道人進城內施衆僧絹五百匹, 慶遠 · 選之各袴褶絡帶".

22 『資治通鑑』, 卷140 「齊紀」 6 明帝建武三年八月條, p. 4400, "魏太子恂不好學; 體素肥大, 苦河南地熱, 當思北歸. 魏主賜之衣冠, 恂常私著胡服".

23 『南齊書』, 卷57 「魏虜傳」, p. 996, "宏初徙都, 詢意不樂, 思歸桑乾. 宏制衣冠與之, 詢竊毁裂, 解髮爲編服左衽".

24 高敏, 「≪南齊書·魏虜傳≫書後」, 『魏晉南北朝史發微』(北京: 中華書局, 2005), pp. 286~288; 孫同勛, 「孝文帝的遷都與漢化」, p. 130.

25 『資治通鑑』, 卷141 「齊紀」 7 明帝建武四年二月條, p. 4408, "初, 魏主遷都, 變易舊俗, 幷州刺史新興公丕皆所不樂; 帝以其宗室耆舊, 亦不之逼, 但誘示大理, 令其不生同異而已. 及朝臣皆變衣冠, 朱衣滿坐, 而丕獨胡服於其間, 晩乃稍加冠帶, 而不能脩飾容儀, 帝亦不强也"; 『北史』, 卷15 「魏諸宗室·武衛將軍謂傳附丕傳」, p. 555; 『魏書』, 卷14 「神元平文諸帝子孫·東陽王丕傳」, p. 360.

26 逯耀東, 「北魏前期的文化與政治形態」, p. 59.

27 『資治通鑑』, 卷142 「齊紀」 8 東昏侯永元元年春正月戊戌條, p. 4434, "魏主爲任城王[元]澄曰 '朕離京以來, 舊俗少變不?' 對曰, '聖化日新.' 帝曰 '朕入城, 見車上婦人有戴帽, 著小襖, 何謂日新!' 對曰 '著者少, 不著者多.' 帝曰 '任城, 此欲使滿城盡著邪?' [元]澄與留守官皆免冠謝".

28 『資治通鑑』, 卷142 「齊紀」 8 東昏侯永元元年春正月戊戌條 胡註, p. 4434, "史言魏主汲汲於用夏變夷".

29 같은 글, p. 4434, "此代北婦人之服也".

30 『魏書』, 卷19中 「景穆十二王·任城王雲傳附澄傳」, p. 469, "'朕昨入城, 見車上婦人冠帽而著小襦襖者, 若爲如此, 尙書何爲不察?'"

31 『魏書』, 卷21 「獻文六王上·咸陽王禧傳」, p. 536, "又引見王公卿士, 責留京之官曰: '昨望見婦女之服, 仍爲夾領小袖. 我徂東山, 雖不三年, 旣離寒暑, 卿等何爲而違前詔?'"

32 逯耀東, 「北魏前期的文化與政治形態」, p. 60.

33 張承宗·魏向東, 『中國風俗通史』 魏晉南北朝卷(上海: 上海文藝出版社, 2006), p. 81.

34 崔珍烈, 「北魏後期 洛陽거주 胡人들의 생활과 문화」, 394쪽; 馬曉麗·崔明德, 「對拓跋鮮卑及北朝漢化問題的總體考察」, p. 6.

35 『資治通鑑』, 卷148 「梁紀」 4 武帝天監十七年條, p. 4640, "魏胡太后遣使者宋雲與比丘惠生如西域求佛經. 司空任城王澄奏: '昔高祖遷都, 制城內唯聽置尼寺各一, 餘皆置於城外; 蓋以道俗殊歸, 欲其淨居塵外故也. 正始三年, 沙門統惠深, 始違前禁, 自是卷詔不行, 私謁彌衆, 都城之中, 寺踰五百, 占奪民居, 三分且一, 屠沽塵穢, 連比雜居. 往者代北有法秀之謀, 冀州有大乘之變. 太和 · 景明之制, 非徒使緇素殊途,蓋亦以防微杜漸. 昔如來闡敎, 多依山林, 今此僧徒, 戀著城邑, 正以誘於利欲, 不能自己, 此乃釋氏之糟糠, 法王之社鼠, 內戒所不容, 國典所共棄也. 臣謂都城內寺未成可徙者, 宜悉徙於郭外, 僧不滿五十者, 倂小從大; 外州亦準此.' 然卒不能行".

36 『資治通鑑』, 卷147「梁紀」3 武帝天監八年條, p. 4594, "時佛敎盛於洛陽, 沙門之外, 自西域來者三千餘人, 魏主別爲之立永明寺千餘間以處之. 處士南陽馮亮有巧思, 魏主使與河南尹甄琛 · 沙門統僧暹擇嵩山形勝之地立閑居寺, 極巖壑土木之美. 由是遠近承風, 無不事佛, 比及延昌, 州郡共有一萬三千餘寺";『洛陽伽藍記』(范祥雍 校注, 上海: 上海古籍出版社, 1999), 卷4「城西 · 永明寺條」, p. 235, "永明寺, 宣武皇帝所立也, 在大覺寺東. 時佛法經像, 盛於洛陽, 異國沙門, 咸來輻輳, 負錫持經, 適玆樂(樂)土, 世宗故立此寺, 以憩之. 房廡連亘, 一千餘間".

37 崔珍烈, 「北魏後期 洛陽거주 胡人들의 생활과 문화」, 396~398쪽.

38 같은 글, 397~398쪽.

39 黃良瑩, 「北朝服飾研究」(蘇州大學博士學位論文, 2009), p. 41.

40 『魏書』, 卷108「禮志」4, p. 2817, "至高祖太和中, 始考舊典, 以制冠服, 百僚六宮, 各有差次. 早世升遐, 猶未周洽. 肅宗時, 又詔侍中崔光 · 安豐王延明及在朝名學更議之, 條章粗備焉".

41 『文苑英華』, 卷672「徐陵與顧記室書」, "去年正月十五日, 尙書官大朝, 元凱旣集, 丞郎肅然. 忽有陳慶之兒陳暄者, 帽簪釘額, 紅條布裏頭, 虜袍通踝, 胡靴至膝, 直來郎座, 遍相排抱, 或坐或立, 且歌且咏. 吾卽呼舍吏責列, 不答而走".

42 呂一飛, 『胡族習俗與隋唐風韻』, p. 36.

43 같은 책, p. 36; 朱大渭 外, 『魏晉南北朝社會生活史』, p. 15.

44 竺小恩, 「從北魏服飾改革看胡漢文化關係」, ≪河西學院學報≫, 22-4(2006), p. 30右.

45 『魏書』, 卷77「高崇傳附恭之(道穆)傳」, p. 1713, "幼孤, 事兄如父母. 每謂人曰: '人生厲心立行, 貴於見知, 當使夕脫羊裘, 朝佩珠玉者. 若時不我知, 便須退迹江海, 自求其志.'";『北史』, 卷50「高道穆傳」, p. 1826, "道穆以字行於世, 學涉經史, 所交皆名流儁士. 幼孤, 事兄如父. 每謂人曰: '人生厲心立行, 貴於見知, 當使夕脫羊裘, 朝佩珠玉. 若時不我知, 便須退迹江海, 自求其志.' 御史中尉元匡高選御史, 道穆奏記求用於匡, 匡遂引爲御史".

46 『魏書』, 卷104補「自序」, p. 2324, "出帝嘗大發士卒, 狩於嵩少之南, 旬有六日, 時旣寒苦, 朝野嗟怨. 帝與從官皆胡服而騎, 宮人及諸妃主雜其間, 奇伎異飾, 多非禮度";『北史』, 卷56「魏收傳」, p. 2026.『위서』에는 열전 전체가 누락된 부분도 있고『위서』권104의「자서(自序)」역시 마찬가지이다. 이 경우『위서』보다『북사』의 동일 열전을 인용하는 것이 일반적이지만 원문의 "帝與從官皆胡服而騎, 宮人及諸妃主雜其間"이『북사』에서 누락되었다. 따라서『북사』대신『위서』의 문장을 인용했다.

47 『夢溪筆談』(沈括, 叢書集成初編 281, 北京: 中華書局, 1985), 卷1 故事, p. 3, "中國衣冠, 自北齊以來, 乃全用胡服. 窄袖 · 緋綠短衣 · 長靿靴 · 有鞢帶, 皆胡服也. 窄袖利于馳射, 短衣 · 長靿皆便于涉草. 胡人樂茂草, 常寢處其間, 予使北時皆見之. 雖王庭亦在深荐中, 予至胡庭日, 新雨過, 涉草, 衣褲皆濡, 唯胡人都無所沾".

48 『朱子語類』(朱熹 著, 黎靖德 編, 京都: 中文出版社, 1970), 卷91「禮」8 雜說條, p. 卷91, p. 3後(3694), "今世之服, 大抵皆胡服, 如上領衫 · 靴 · 鞋之屬. 先王冠服, 掃地盡矣. 中國衣冠之亂, 自晉五胡, 後來遂相承襲, 唐接隋, 隋接周, 周接元魏, 大抵皆胡服".

49 『朱子語類』, 卷91「禮」8 雜說條, p. 卷91, p. 4前(3696), "而今衣服未得復古, 且要辨得華華夷. 今上領衫與靴皆胡服, 本朝因唐, 唐因隋, 隋因周, 周因元魏. 隋煬帝有游幸, 遂令臣下服戎服, 三品以上服紫, 五品以上服緋, 六品以下服綠, 皆戎服也. 至唐有三等服: 有朝服, 又有公服, 治事時著, 便是法服, 有衣裳·佩玉等. 又有常時服, 便是今時公服, 則無時不服. 唐初年服袖甚窄, 全是胡服; 中年漸寬, 末年又寬, 但看人家畵古賢可見".

50 『後漢書』 志第三十 「輿服志」下 委貌冠·皮弁冠條, p. 3665, "行大射禮於辟雍, 公卿諸侯大夫行禮者, 冠委貌, 衣玄端素裳. 執事者冠皮弁, 衣緇麻衣, 皁領袖, 下素裳, 所謂皮弁素積者也".

51 黃良瑩, 「北朝服飾研究」, p. 83.

52 같은 글, p. 83.

53 『史記』, 卷43 「趙世家」, pp. 1806~1807, "召樓緩謀曰: '我先王因世之變, 以長南藩之地, 屬阻漳·滏之險, 立長城, 又取藺·郭狼, 敗林人於荏, 而功未遂. 今中山在我腹心, 北有燕, 東有胡, 西有林胡·樓煩·秦·韓之邊, 而無彊兵之救, 是亡社稷, 柰何? 夫有高世之名, 必有遺俗之累. 吾欲胡服.' 樓緩曰: '善.' 羣臣皆不欲. 於是肥義侍, 王曰: '簡·襄主之烈, 計胡·翟之利. 爲人臣者, 寵有孝弟長幼順明之節, 通有補民益主之業, 此兩者臣之分也. 今吾欲繼襄主之跡, 開於胡·翟之鄉, 而卒世不見也. 爲敵弱, 用力少而功多, 可以毋盡百姓之勞, 而序往古之勳. 夫有高世之功者, 負遺俗之累; 有獨智之慮者, 任驁民之怨. 今吾將胡服騎射以教百姓, 而世必議寡人, 柰何?' 肥義曰: '臣聞疑事無功, 疑行無名. 王既定負遺俗之慮, 殆無顧天下之議矣. 夫論至德者不和於俗, 成大功者不謀於衆. 昔者舜舞有苗, 禹袒裸國, 非以養欲而樂志也, 務以論德而約功也. 愚者闇成事, 智者1未形, 則王何疑焉.' 王曰: '吾不疑胡服也, 吾恐天下笑我也. 狂夫之樂, 智者哀焉; 愚者所笑, 賢者察焉. 世有順我者, 胡服之功未可知也. 雖驅世以笑我, 胡地中山吾必有之.' 於是遂胡服矣".

54 王國維, 「胡服考」, 『觀堂集林』下(石家莊: 河北教育出版社, 2002), pp. 662~690.

55 『三國志』, 卷56 「吳書」11 「呂範傳」 注引『江表傳』, p. 1309, "範出, 更釋褠, 著袴褶, 執鞭, 詣閤下啓事, 自稱領都督, 策乃授傳, 委以衆事".

56 『晉書』, 卷25 「輿服志」 中朝大駕鹵簿條, p. 772, "袴褶之制, 未詳所起, 近世凡車駕親戎·中外戒嚴服之".

57 羅宗眞, 『六朝考古』(南京: 南京大學出版社, 1996), pp. 189~190; 竺小恩, 「從北魏服飾改革看胡漢文化關係」, pp. 30左~30右; 黃良瑩, 「北朝服飾研究」, p. 87.

58 羅宗眞, 『六朝考古』, pp. 190~191.

59 宿白, 「洛陽地區北朝石窟的初步考察」, 龍門文物保管所·北京大學考古系, 『龍門石窟』, 1(北京: 文物出版社, 1991), pp. 225~239.

60 石華, 「北魏婦女服飾研究」, pp. 49, 50~51, 57.

61 黃良瑩, 「北朝服飾研究」, p. 41.

62 石華, 「北魏婦女服飾研究」(山東大學碩士學位論文, 2008), pp. 51~52.

63 崔珍烈, 「北魏後期 洛陽 출토 陶俑의 服飾 分析」, 40쪽, 〈표 2〉 洛陽 출토 北魏墓 陶俑의 胡服.

64 黃良瑩, 「北朝服飾研究」, p. 106.

65 崔珍烈, 「北魏後期 洛陽 출토 陶俑의 服飾 分析」, 40쪽, 〈표 2〉 洛陽 출토 北魏墓 陶俑의 胡服.

66 石松日奈子, 「北魏佛教美術中の胡服像」, ≪中國史研究≫, 35(2005), pp. 78~89; 崔珍烈, 「北魏 平城時代 胡人들의 생활과 습속」, 286~291쪽.

67 武卓卓, 「民族融合背景下的女性服飾演變: 以北魏墓葬中出土的陶俑·壁畫爲研究對象」(山西大學 2013屆碩士學位論文, 2013), p. 21.

68 商春芳, 「洛陽北魏墓女俑服飾淺論」, ≪華夏考古≫, 2000-3(2000), pp. 72右~74右, 76左.

69 蘇哲, 『魏晋南北朝壁畫墓の世界: 繪に描かれた群雄割據と民族移動の時代』(東京: 白帝社, 2007), p. 114.

70 劉航宇, 「北魏楊機墓出土文物賞介」, ≪收藏家≫, 2006-11(2006), pp. 26左~26中; 石華, 「北魏婦女服飾研究」, p. 65; 武卓卓, 「民族融合背景下的女性服飾演變」, pp. 28~29.

71 石華, 「北魏婦女服飾研究」, p. 40.

72 石松日奈子, 「敦煌莫高窟第二八五窟北壁の供養者像と供養者題記」, ≪龍谷史壇≫, 131(2010); 石松日奈子, 「龍門石窟和鞏縣石窟的漢服貴族供養人像: "主從形式供養人圖像"的成立」, 『石窟寺研究』, 1(北京: 文物出版社, 2010), pp. 84左~85左.

73 石華, 「北魏婦女服飾研究」(山東大學碩士學位論文, 2008), pp. 60~65.

74 黃良瑩, 「北朝服飾研究」, p. 41.

75 『北史』, 卷3 「魏本紀·孝文帝紀」 太和十六年正月甲子條, p. 107, "甲子, 詔罷袒裸".

76 武卓卓, 「民族融合背景下的女性服飾演變」, p. 51.

77 黃良瑩, 「北朝服飾研究」, p. 106.

78 武卓卓, 「民族融合背景下的女性服飾演變」, p. 52, 圖 6.4 袒裸女俑(郭定興墓 HM555:26).

79 石華, 「北魏婦女服飾研究」, p. 60.

80 徐嬋菲, 「洛陽北魏元懌墓壁畫」, 洛陽師範學院河洛文化國際研究中心 編, 『洛陽考古集成·秦漢魏晉南北朝卷』(北京: 北京圖書館出版社, 2007)[原載 ≪文物≫, 2002-2(2002)], p. 1122右.

81 洛陽市文物工作隊, 「河南洛陽市吉利區兩座北魏墓的發掘」, ≪考古≫, 2011-9(2011), p. 45左.

82 竺小恩, 「從北魏服飾改革看胡漢文化關係」, pp. 30左~30右; 商春芳, 「洛陽北魏墓女俑服飾淺論」, pp. 72右~74右, 76左.

83 石華, 「北魏婦女服飾研究」, p. 40.

84 黃良瑩, 「北朝服飾研究」, pp. 111~113; 武卓卓, 「民族融合背景下的女性服飾演變」, p. 43.

85 武卓卓, 「民族融合背景下的女性服飾演變」, pp. 42~44.

86 石華, 「北魏婦女服飾研究」(山東大學碩士學位論文, 2008), p. 49.

87 洛陽博物館, 「洛陽北魏元邵墓」, pp. 1022左~1022右.

88 崔珍烈, 「北魏後期 洛陽 출토 陶俑의 服飾 分析」, 41~42쪽.

89 劉錫濤, 「北朝時期中原地區的生活胡風現象」, pp. 363~366; 竺小恩, 「從北魏服飾改革看胡漢文化關係」, p. 30右.

제3장 호성의 한성 개칭 검토

1 『魏書』, 卷7下 「高祖紀」下 太和二十年春正月條, p. 179, "二十年春正月丁卯, 詔改姓爲元氏".

2 『北史』, 卷3 「魏本紀·高祖孝文帝」 p. 115, "二十年春正月丁卯, 詔改姓元氏".

3 『資治通鑑』, 卷140「齊紀」6 明帝建武三年正月條, p. 4393, "魏主下詔, 以爲: '北人謂土爲拓, 后爲跋. 魏之先出於黃帝, 以土德王, 故爲拓跋氏. 夫土者, 黃中之色, 萬物之元也; 宜改姓元氏. 諸功臣舊族自代來者, 姓或重複, 皆改之.' 於是始改拔拔氏爲長孫氏, 達奚氏爲奚氏, 乙旃氏爲叔孫氏, 丘穆陵氏爲穆氏, 步六孤氏陸氏, 賀賴氏爲賀氏, 獨孤氏爲劉氏, 賀樓爲氏樓氏, 勿忸于氏爲于氏, 尉遲氏爲尉氏; 其餘所改, 不可勝紀".

4 『魏書』, 卷113「官氏志」, pp. 3006~3014.

5 『金石萃編』[『石刻史料叢書』(臺北: 藝文印書館, 1980)], 卷27「孝文弔比干墓文」, pp. 5後~10前.

6 『魏書』, 卷7下 高祖紀下 太和十九年六月丙辰條, p. 178, "於是代人南遷者, 悉爲河南洛陽人".

7 『魏書』, 卷7下 高祖紀 太和十八年十一月條, p. 175, "丁丑, 車駕幸鄴. 甲申, 經比干之墓, 傷其忠而獲戾, 親爲弔文, 樹碑而刊之. 己丑, 車駕至洛陽".

8 『金石萃編』, 卷27「孝文弔比干墓文」, p. 2後.

9 張金龍, 「北魏後期禁衛武官制度」, p. 751.

10 羅新, 「北魏直勤考」, p. 37 주 3 참조. 그러나 왕창이나 뤄신 모두 태화 18년이 아니라 태화 20년 이후로 보는 이유는 제시하지 않았다.

11 崔珍烈, 『北魏皇帝의 巡幸 硏究』, 189~190쪽.

12 羅新, 「跋北魏太武帝東巡碑」, ≪北大史學≫, 11(2005), pp. 177~186.

13 羅新, 「北魏孝文帝弔比干碑的立碑時間」, 『中古北族名號硏究』(北京: 北京大學出版社, 2009), pp. 253~258.

14 羅新, 「北魏孝文帝弔比干碑的立碑時間」, pp. 253~258.

15 육진의 난 이후 북위의 정국에 관해서는 谷川道雄, 『隋唐帝國形成史論』(東京: 筑摩書房, 1971), pp. 178~187 참조.

16 『魏書』, 卷9「肅宗紀」 正光五年三月條, p. 235, "三月, 沃野鎭人破落汗拔陵聚衆反殺鎭將, 號眞王元年".

17 『魏書』, 卷18「廣陽王建傳附深傳」, p. 429, "及沃野鎭人破六韓拔陵反叛, 臨淮王彧討之, 失利, 詔深爲北道大都督, 受尙書令李崇節度".

18 姚薇元, 『北朝胡姓考』, pp. 126~128.

19 『魏書』, 卷113「官氏志」, p. 3010, "出大汗氏, 後改爲韓氏".

20 『魏書』, 卷9「肅宗紀」 正光五年夏四月條, p. 235, "高平酋長胡琛反, 自稱高平王, 攻鎭以應拔陵. 別將盧祖遷擊破之, 琛北遁".

21 『魏書』, 卷9「肅宗紀」 正光五年冬十月條, p. 238, "胡琛遣其將宿勤明達寇豳·夏·北華三州".

22 같은 글, p. 238, "高平人攻殺卜朝, 共迎胡琛".

23 『魏書』, 卷113「官氏志」, p. 3006, "獻帝以兄爲紇骨氏, 後改爲胡氏".

24 『晉書』, 卷97「四夷·北狄·匈奴傳」, p. 2550, "其四姓, 有呼延氏·卜氏·蘭氏·喬氏. …… 卜氏則有左沮渠·右沮渠 …… ".

25 『魏書』, 卷113「官氏志」, p. 3010, "須卜氏, 後改爲卜氏".

26 『魏書』, 卷30「宿石傳」, p. 724, "宿石, 朔方人也, 赫連屈孑弟文陳之曾孫也. 天興二年, 文陳父子歸闕, 太祖嘉之, 以宗女妻焉, 賜奴婢數十口, 拜爲上將軍. 祖若豆根, 太宗時賜姓宿氏, 襲上將軍".

27 『魏書』, 卷113「官氏志」, p. 3011, "宿六斤氏, 後改爲宿氏".

28 『魏書』, 卷9「肅宗紀」孝昌三年春正月甲申條, p. 246, "賊帥叱干騏驎入據豳州"; 『魏書』, 卷21上「獻文六王·北海王詳傳附頊傳」, p. 564, "其後, 賊帥宿勤明達·叱干騏驎等寇亂豳華諸州, 乃復顥王爵, 以本將軍加使持節·假征西將軍·都督華豳東秦諸軍事·兼左僕射·西道行臺, 以討明達"; 『魏書』, 卷61「畢衆敬傳」, p. 1363, "永安中, 祖暉從大嶺柵規入州城. 于時賊帥叱干騏驎保太子壁, 祖暉擊破之".

29 『魏書』, 卷113「官氏志」, p. 3012, "叱干氏, 後爲薛氏".

30 『魏書』, 卷9「肅宗紀」正光五年六月條, p. 236, "六月, 秦州城人莫折太提據城反, 自稱秦王, 殺刺史李彦. 詔雍州刺史元志討之. 南秦州城人孫掩·張長命·韓祖香據城反, 殺刺史崔遊以應太提".

31 『魏書』, 卷9「肅宗紀」正光五年七月條, p. 236, "是月, 涼州幢帥于菩提·呼延雄執刺史宋穎據州反".

32 『魏書』, 卷113「官氏志」, p. 3007, "勿忸于氏, 後改爲于氏".

33 『晉書』, 卷97「四夷·北狄·匈奴傳」, p. 2550, "其四姓, 有呼延氏·卜氏·蘭氏·喬氏. 而呼延氏最貴, 則有左日逐·右日逐, 世爲輔相 …… ".

34 『魏書』, 卷9「肅宗紀」正光五年八月丁酉條, p. 237, "南秀容牧子于乞眞反, 殺太僕卿陸延. 別將尒朱榮討平之".

35 『魏書』, 卷74「尒朱榮傳」, p. 1645, " …… 南秀容牧子萬子乞眞反叛, 殺太僕卿陸延 …… ".

36 『魏書』, 卷9「肅宗紀」正光五年冬十月條, p. 237, "冬十月, 營州城人劉安定·就德興據城反, 執刺史李仲遵. 城人王惡兒斬安定以降".

37 같은 글, p. 3007, "獨孤氏, 後改爲劉氏".

38 『魏書』, 卷113「官氏志」, p. 3013, "冤賴氏, 後改爲就氏".

39 姚薇元, 『北朝胡姓考』, pp. 254~256, 273~276, 324~326.

40 『魏書』, 卷9「肅宗紀」孝昌二年正月條, p. 243, "五原降戶鮮于脩禮反於定州, 號魯興元年".

41 姚薇元, 『北朝胡姓考』, pp. 312~316.

42 『魏書』, 卷9「肅宗紀」孝昌元年八月條, p. 241, "柔玄鎭人杜洛周率衆反於上谷, 號年眞王, 攻沒郡縣, 南圍燕州".

43 『魏書』, 卷9「肅宗紀」孝昌二年九月條, p. 245, "甲申, 常景又破洛周, 斬其武川王賀拔文興·別帥侯莫陳升, 生擒男女四百口, 牛驢五千餘頭".

44 『梁書』, 卷56「侯景傳」, p. 833, "魏孝昌元年, 有懷朔鎭兵鮮于脩禮, 於定州作亂, 攻沒郡縣; 又有柔玄鎭兵吐斤洛周, 率其黨與, 復寇幽·冀, 與脩禮相合, 衆十餘萬. 後脩禮見殺, 部下潰散, 懷朔鎭將葛榮因收集之, 攻殺吐斤洛周, 盡有其衆, 謂之「葛賊」".

45 『魏書』, 卷113「官氏志」, p. 3021, "賀拔氏, 後改爲何氏".

46 같은 글, p. 3012, "侯莫陳氏, 後改爲陳氏".

47 『魏書』, 卷9「肅宗紀」孝昌二年三月甲寅條, p. 243, "甲寅, 西部敕勒斛律洛陽反於桑乾, 西與河西牧子通連".

48 『魏書』, 卷9「肅宗紀」孝昌二年夏四年癸巳條, p. 243, "朔州城人鮮于阿胡·厙狄豐樂據城反".

49 『魏書』, 卷113「官氏志」, p. 3012, "厙狄氏, 後改爲狄氏".

50 『魏書』, 卷74「尒朱榮傳」, p. 1645, "秀容內附胡民乞扶莫于破郡, 殺太守; 南秀容牧子萬子乞眞反叛, 殺太僕卿陸延; 并州牧子素和婆崙嶮作逆. 榮並前後討平之. …… 內附叛胡乞·步落堅胡劉阿如等作亂瓜肆, 敕勒北列步若反於沃陽, 榮滅之. 以功封安平縣開國侯, 食邑一千戶. 尋加通直散騎常侍. 敕勒斛律洛陽作逆桑乾西, 與費也頭牧子迭相掎角, 榮率騎破洛陽於深井, 逐牧子於河西".

51 『周書』, 卷49「異域上·稽胡傳」, p. 897, "魏孝昌中, 有劉蠡升者, 居雲陽谷, 自稱天子, 立年號, 署百官. 屬魏氏政亂, 力不能討. 蠡升遂分遣部衆, 抄掠居民, 汾·晉之間, 略無寧歲. 齊神武遷鄴後, 始密圖之.

52 『魏書』, 卷113「官氏志」, p. 3009, "乞扶氏, 後改爲扶氏".

53 같은 글, p. 3009, "素和氏, 後改爲和氏".

54 『魏書』, 卷75「尒朱天光傳」, p. 1676, "時費也頭帥紇豆陵伊利·万俟受洛干等據有河西, 未有所附".

55 『魏書』, 卷113「官氏志」, p. 3012, "次南有紇豆陵氏, 後改爲竇氏".

56 『魏書』, 卷80「叱列延慶傳」, p. 1771.

57 『魏書』, 卷80「斛斯椿傳」, p. 1772.

58 『魏書』, 卷80「賀拔勝傳」, pp. 1779~1780.

59 『魏書』, 卷80「賀拔勝傳附可泥傳」, p. 1781.

60 『魏書』, 卷80「賀拔勝傳附岳傳」, p. 1782.

61 『魏書』, 卷80「侯莫陳悅傳」, p. 1784.

62 姚薇元, 『北朝胡姓考』, p. 104.

63 『魏書』, 卷113「官氏志」, p. 3009, "叱利氏, 後改爲利氏".

64 孫同勛, 「孝文帝的遷都與漢化」, pp. 119~120.

65 「尒朱紹墓誌銘」, 『漢魏南北朝墓誌彙編』, pp. 263~264.

66 같은 글, pp. 265~266.

67 「乞伏寶墓誌」, 『漢魏南北朝墓誌彙編』, pp. 304~305.

68 「魏故使持節平北將軍恒州刺史行唐伯元(龍)使君墓誌銘」, 『漢魏南北朝墓誌彙編』, p. 46.

69 「元ㅁ墓誌銘」, 『漢魏南北朝墓誌彙編』, p. 60, "夫人叱羅氏, 儀曹尚書·使持節·散騎常侍·安東將軍·都督兖州諸軍事·兖州刺史·帶方靜公興之長女也".

70 「長樂王丘目陵亮夫人尉遲造彌勒像記(1840)」, 『龍門石窟碑刻題記彙錄』(龍門石窟研究所 劉景龍·李玉昆 主編, 北京: 中國大百科全書出版社, 1998), pp. 430~431.

71 崔珍烈, 「北魏前期 皇室通婚정책: 겹사돈婚의 만연과 그 정치적 기능을 중심으로」, ≪역사와교육≫, 11(2010), 138~141쪽.

72 「一佛造像記(1841)」, 『龍門石窟碑刻題記彙錄』, p. 431.

73 山西省考古研究所·靈丘縣文物局, 「山西靈丘北魏文成帝≪南巡碑≫」, ≪文物≫, 1997-12(1997), p. 79右.

74 『魏書』, 卷113「官氏志」, p. 3011, "乙弗氏, 後改爲乙氏".

75 『魏書』, 卷7下「高祖紀」下 太和二十年春正月條, p. 179, "二十年春正月丁卯, 詔改姓爲元氏".

76 「佛弟子代妙姬造像記(2240)」, 『龍門石窟碑刻題記彙錄』, pp. 495~496.

77 「魏故使持節鎭北將軍都督建兖華三州諸軍事華州刺史阜平縣開國伯赫連(悅)公墓誌銘」, 『漢魏南北朝墓誌彙編』, p. 275.

78 李獻奇, 「北魏正光四年翟興祖等人造像碑」, 杜金鵬·錢國祥 主編, 『漢魏洛陽城遺址研究』(北京: 科學出版社, 2007)[原載 ≪中原文物≫, 1985-2(1985)], pp. 829~830.

79 『魏書』, 卷113 「官氏志」, p. 3012, "次南有紇豆陵氏, 後改爲竇氏".

80 같은 글, p. 3011, "乙弗氏, 後改爲乙氏".

81 「黃石崖法義兄弟姉妹等造像題記」『金石補正』, 卷16; 國家圖書館善本金石組 編, 『先秦秦漢魏晉南北朝石刻文獻全編』 第一冊(北京: 北京圖書館出版社, 2003), p. 144; 尙永琪, 「3-6世紀佛教傳播背景下的北方社會群體硏究」(吉林大學博士學位論文, 2006), p. 141.

82 尙永琪, 「3-6世紀佛教傳播背景下的北方社會群體硏究」, p. 141.

83 『魏書』, 卷113 「官氏志」, p. 3008, "吐谷渾氏, 依舊吐谷渾氏".

84 같은 글, p. 3008, "賀若氏, 依舊賀若氏".

85 같은 글, p. 3009, "那氏, 依舊那氏".

86 같은 글, p. 3009, "庾氏, 依舊庾氏".

87 같은 글, p. 3012, "東方宇文·慕容氏, 卽宣帝時東部, 此二部最爲强盛, 別自有傳".

88 같은 글, p. 3010, "奚斗盧氏, 後改爲索盧氏".

89 같은 글, p. 3008, "吐谷渾氏, 依舊吐谷渾氏".

90 같은 글, p. 3008, "賀若氏, 依舊賀若氏".

91 같은 글, p. 3009, "那氏, 依舊那氏".

92 같은 글, p. 3009, "庾氏, 依舊庾氏".

93 같은 글, p. 3012, "東方宇文·慕容氏, 卽宣帝時東部, 此二部最爲强盛, 別自有傳".

94 같은 글, p. 3010, "奚斗盧氏, 後改爲索盧氏".

95 『魏書』, 卷50 「慕容白曜傳附契傳」, p. 1123, "初, 慕容破後, 種族仍繁. 天賜末, 頗忌而誅之. 時有遺免, 不敢復姓, 皆以'輿'爲氏. 延昌末, 詔復舊姓, 而其子女先入掖庭者, 猶號慕容, 特多於他族".

96 『魏書』, 卷103 「高車傳」, p. 2309, "太祖時, 分散諸部, 唯高車以類粗獷, 不任使役, 故得別爲部落".

97 『魏書』, 卷92 「乞伏保傳」, p. 1883, "乞伏保 , 高車部人也"; 『魏書』, 卷87 「節義 婁提蛭拔寅傳」, p. 1892, "時有敕勒部人蛭拔寅兄地于, 坐盜食官馬, 依制命死"; 『金石萃編』, 卷27 「孝文弔比干墓文」, p. 8前; 『北齊書』, 卷17 「斛律金傳」, p. 219, "斛律金, 字阿六敦, 朔州勑勒部人也".

98 崔珍烈, 「北魏의 種族政策: '부족해산'의 실상과 對'部落首領' 정책을 중심으로」, ≪魏晉隋唐史硏究≫(≪中國古中世史硏究≫로 변경), 제10집(2003), 72쪽.

99 馬長壽, 『碑銘所見前秦至隋初的關中部族』(北京: 中華書局, 1985), 附錄 「關中北魏北朝隋初未著錄的羌村十種造像碑銘」, pp. 89~91.

100 姚薇元, 『北朝胡姓考』, pp. 326~330, 332~334.

101 孫同勛, 「孝文帝的遷都與漢化」, pp. 119~120.

102 「長樂王丘目陵亮夫人尉遲造彌勒像記(1840)」, 『龍門石窟碑刻題記彙錄』, pp. 430~431.

103 「一佛造像記(1841)」, 『龍門石窟碑刻題記彙錄』, p. 431.

104 「佛弟子代妙姬造像記(2240)」, 『龍門石窟碑刻題記彙錄』, pp. 495~496.

105 李獻奇, 「北魏正光四年翟興祖等人造像碑」, pp. 829~830.

106 「黃石崖法義兄弟姉妹等造像題記」『金石補正』, 卷16; 國家圖書館善本金石組 編, 『先秦秦漢魏晉南北朝石刻文獻全編』 第一冊, p. 144; 尙永琪, 「3-6世紀佛敎傳播背景下的北方社會群體研究」, p. 141.

제4장 본적 개칭과 호인의 정체성

1 『魏書』, 卷7下 「高祖紀」下 太和十九年六月丙辰條, p. 178, "於是代人南遷者, 悉爲河南洛陽人".

2 『魏書』, 卷73 「奚康生傳」, p. 1629, "奚康生, 河南洛陽人. 其先代人也, 世爲部落大人".

3 『魏書』, 卷81 「綦儁傳」, p. 1791, "綦儁, 字檰顯, 河南洛陽人也, 其先代人".

4 『魏書』, 卷81 「山偉傳」, p. 1792, "山偉, 字仲才, 河南洛陽人也, 其先代人".

5 『魏書』, 卷81 「劉仁之傳」, p. 1792, "劉仁之, 字山靜, 河南洛陽人. 其先代人, 徙于洛".

6 『北齊書』, 卷38 「元文遙傳」, p. 503, "元文遙, 字德遠, 河南洛陽人, 魏昭成皇帝六世孫也".

7 『北齊書』, 卷26 「薛琡傳」, p. 369, "薛琡, 字曇珍, 河南人. 其先代人, 本姓叱干氏".

8 『周書』, 卷9 「皇后·宣帝元皇后傳」, p. 147, "宣帝元皇后名樂尙, 河南洛陽人也. 開府晟之第二女. 年十五, 被選入宮, 拜爲貴妃. 大象元年七月, 立爲天右皇后".

9 『周書』, 卷15 「于謹傳」, p. 243, "于謹字思敬, 河南洛陽人也".

10 『周書』, 卷26 「長孫儉傳」, p. 427, "長孫儉, 河南洛陽人也".

11 『周書』, 卷26 「長孫紹遠傳」, p. 429, "長孫紹遠字師, 河南洛陽人".

12 『周書』, 卷26 「斛斯徵傳」, p. 432, "斛斯徵字士亮, 河南洛陽".

13 『周書』, 卷29 「達奚寔傳」, p. 502, "達奚寔字什伏代, 河南洛陽人也".

14 『周書』, 卷34 「趙昶傳」, pp. 588~589, "元定字願安, 河南洛陽人也".

15 窪添慶文, 「本貫·居住地·墓誌から見た北魏宗室」, 『魏晉南北朝官僚制研究』(東京: 汲古書院, 2003) [原載 「從 籍貫·居住地·葬地所見的北魏宗室」, ≪國際中國學研究≫, 5(2002)], pp. 496~503.

16 「元珍墓誌銘」, 『漢魏南北朝墓誌彙編』, p. 76.

17 「元天穆墓誌」, 『漢魏南北朝墓誌彙編』, p. 276.

18 「元龍墓誌銘」, 『漢魏南北朝墓誌彙編』, pp. 45~46.

19 「元愔墓誌銘」, 『漢魏南北朝墓誌彙編』, p. 232.

20 「元悛墓誌銘」, 『漢魏南北朝墓誌彙編』, p. 231.

21 「元弼墓銘」, 『漢魏南北朝墓誌彙編』, pp. 37~38.

22 「元平墓誌銘」, 『漢魏南北朝墓誌彙編』, p. 143.

23 「元昭墓誌銘」, 『漢魏南北朝墓誌彙編』, p. 144.

24 「元引墓誌銘」, 『漢魏南北朝墓誌彙編』, p. 135.

25 「元暉墓誌銘」, 『漢魏南北朝墓誌彙編』, pp. 110~112.

26 宮萬松·宮萬瑜, 「濟源出土的北魏宗室元萇墓誌銘考釋」, ≪中原文物≫, 2011-5(2011), pp. 72左~72右. 탁본 사진은 p. 73.

27 「元孟輝墓誌銘」, 『漢魏南北朝墓誌彙編』, p. 116.

28 「元侔墓誌銘」, 『漢魏南北朝墓誌彙編』, p. 60.

29 「馮邕之妻元氏墓誌」, 『漢魏南北朝墓誌彙編』, p. 128.

30 「元玕君墓誌銘」,『漢魏南北朝墓誌彙編』, p. 315.

31 「元暐墓誌銘」,『漢魏南北朝墓誌彙編』, pp. 216~218.

32 「元均墓誌」,『漢魏南北朝墓誌彙編』, p. 360.

33 「元爽墓誌銘」,『漢魏南北朝墓誌彙編』, p. 307.

34 「元繼墓誌銘」,『漢魏南北朝墓誌彙編』, p. 259.

35 「元乂墓誌銘」,『漢魏南北朝墓誌彙編』, p. 181.

36 「元廣墓誌」,『漢魏南北朝墓誌彙編』, p. 91.

37 「元鑑墓誌」,『漢魏南北朝墓誌彙編』, p. 51.

38 「元倪墓誌銘」,『漢魏南北朝墓誌彙編』, p. 134.

39 「元維墓誌」,『漢魏南北朝墓誌彙編』, p. 256.

40 「元則墓誌銘」,『漢魏南北朝墓誌彙編』, p. 200.

41 「元悅墓誌銘」,『漢魏南北朝墓誌彙編』, p. 63.

42 「元尙銘」,『漢魏南北朝墓誌彙編』, p. 141.

43 「元仙墓誌銘」,『漢魏南北朝墓誌彙編』, p. 133.

44 「元敷墓誌」,『漢魏南北朝墓誌彙編』, 136.

45 「元緒墓誌銘」,『漢魏南北朝墓誌彙編』, p. 52.

46 「元懃墓志」,『新出魏晉南北朝墓志疏證』, p. 115.

47 「元宥墓誌銘」,『漢魏南北朝墓誌彙編』, p. 236.

48 「元均之墓銘」,『漢魏南北朝墓誌彙編』, 225.

49 「元弼墓誌」,『漢魏南北朝墓誌彙編』, p. 279.

50 「元騰墓誌銘」,『漢魏南北朝墓誌彙編』, p. 109;「元華光墓誌銘」,『漢魏南北朝墓誌彙編』, p. 165.

51 「元秀墓誌銘」,『漢魏南北朝墓誌彙編』, p. 131.

52 「元斡墓誌」,『漢魏南北朝墓誌彙編』, p. 37.

53 「元欽銘」,『漢魏南北朝墓誌彙編』, pp. 249~251.

54 「元固墓誌銘」,『漢魏南北朝墓誌彙編』, p. 211.

55 「元壽安墓誌銘」,『漢魏南北朝墓誌彙編』, p. 190.

56 「元周安墓誌銘」,『漢魏南北朝墓誌彙編』, p. 247.

57 「元瞻墓誌銘」,『漢魏南北朝墓誌彙編』, pp. 227~228.

58 「元思墓誌」,『漢魏南北朝墓誌彙編』, p. 50.

59 「元顯儁墓誌銘」,『漢魏南北朝墓誌彙編』, p. 68.

60 「魏故假節輔國車騎大將軍青州刺史元(字伯陽)公墓誌銘」,『漢魏南北朝墓誌彙編』, p. 194.

61 「元恭墓誌」,『漢魏南北朝墓誌彙編』, p. 297.

62 「元顯魏墓誌銘」,『漢魏南北朝墓誌彙編』, p. 166.

63 「元纂墓誌銘」,『漢魏南北朝墓誌彙編』, 175.

64 「元熙墓誌銘」,『漢魏南北朝墓誌彙編』, p. 169.

65 「元廞墓誌銘」,『漢魏南北朝墓誌彙編』, p. 240.

66 「元始和墓誌」,『漢魏南北朝墓誌彙編』, p. 47.
67 「元崇業墓誌銘」,『漢魏南北朝墓誌彙編』, p. 154.
68 「元順墓誌銘」,『漢魏南北朝墓誌彙編』, p. 223.
69 「元斌墓誌銘」,『漢魏南北朝墓誌彙編』, p. 140.
70 「元肅墓銘」,『漢魏南北朝墓誌彙編』, p. 303.
71 「元讚遠墓誌銘」,『漢魏南北朝墓誌彙編』, p. 309.
72 「元擧墓誌銘」,『漢魏南北朝墓誌彙編』, p. 215.
73 「元暐墓誌銘」,『漢魏南北朝墓誌彙編』, p. 175.
74 「元晬墓誌銘」,『漢魏南北朝墓誌彙編』, p. 368.
75 「元液墓誌銘」,『漢魏南北朝墓誌彙編』, pp. 269~271.
76 「元誘墓誌銘」,『漢魏南北朝墓誌彙編』, p. 171.
77 「元珽墓誌銘」,『漢魏南北朝墓誌彙編』, p. 190.
78 「元茂墓誌銘」,『漢魏南北朝墓誌彙編』, p. 163.
79 「元彦墓誌銘」,『漢魏南北朝墓誌彙編』, pp. 88~89.
80 「元湛墓誌銘」,『漢魏南北朝墓誌彙編』, p. 239.
81 「元融墓誌銘」,『漢魏南北朝墓誌彙編』, p. 205.
82 「元颺墓誌銘」,『漢魏南北朝墓誌彙編』, p. 75.
83 「元璨墓誌」,『漢魏南北朝墓誌彙編』, p. 152.
84 「元嵩墓誌」,『漢魏南北朝墓誌彙編』, p. 52.
85 「元遙墓誌」,『漢魏南北朝墓誌彙編』, p. 93.
86 「元略墓誌銘」,『漢魏南北朝墓誌彙編』, p. 237.
87 「元靈曜墓誌序銘」,『漢魏南北朝墓誌彙編』, p. 137.
88 「元簡墓誌」,『漢魏南北朝墓誌彙編』, p. 37.
89 「元子邃墓誌銘」,『漢魏南北朝墓誌彙編』, p. 401.
90 「元禮之墓誌」,『漢魏南北朝墓誌彙編』, p. 252.
91 「元子永墓誌」,『漢魏南北朝墓誌彙編』, p. 252.
92 「元貴妃誌銘」,『漢魏南北朝墓誌彙編』, pp. 92~93.
93 「元延明墓誌銘」,『漢魏南北朝墓誌彙編』, pp. 286~290.
94 「元演墓誌銘」,『漢魏南北朝墓誌彙編』, pp. 68~69.
95 「元祐墓誌銘」,『漢魏南北朝墓誌彙編』, pp. 107~108.
96 「元羽墓誌銘」,『漢魏南北朝墓誌彙編』, p. 40.
97 「元端墓誌銘」,『漢魏南北朝墓誌彙編』, p. 233.
98 「元項墓誌銘」,『漢魏南北朝墓誌彙編』, p. 290.
99 「元顥墓誌銘」,『漢魏南北朝墓誌彙編』, p. 291.
100 「元譚墓誌銘」,『漢魏南北朝墓誌彙編』, p. 229.
101 「元謐誌銘」,『漢魏南北朝墓誌彙編』, p. 142.

102 「元譿墓誌」, 『漢魏南北朝墓誌彙編』, p. 115.

103 「元煥墓誌銘」, 『漢魏南北朝墓誌彙編』, p. 168.

104 「元子正墓誌銘」, 『漢魏南北朝墓誌彙編』, p. 245.

105 「元文誌銘」, 『漢魏南北朝墓誌彙編』, p. 296.

106 「閭伯昇墓誌銘」, 『漢魏南北朝墓誌彙編』, p. 338.

107 「元詳墓誌」, 『漢魏南北朝墓誌彙編』, p. 54.

108 「元勰墓誌銘」, 『漢魏南北朝墓誌彙編』, p. 54.

109 「元子直墓誌銘」, 『漢魏南北朝墓誌彙編』, p. 150.

110 「元昉墓誌銘」, 『漢魏南北朝墓誌彙編』, p. 243.

111 「元懌誌銘」, 『漢魏南北朝墓誌彙編』, p. 172.

112 「元寶建墓誌」, 『漢魏南北朝墓誌彙編』, p. 340.

113 「元悌墓誌銘」, 『漢魏南北朝墓誌彙編』, p. 219.

114 「元誨墓誌」, 『漢魏南北朝墓誌彙編』, p. 273.

115 「元寶月墓誌銘」, 『漢魏南北朝墓誌彙編』, p. 176.

116 「元懷墓誌」, 『漢魏南北朝墓誌彙編』, p. 92.

117 「元睿墓志」, 『新出魏晉南北朝墓志疏證』, p. 75.

118 「元光基墓誌銘」, 『漢魏南北朝墓誌彙編』, p. 366.

119 「元賢墓誌銘」, 『漢魏南北朝墓誌彙編』, p. 386.

120 「元湛銘」, 『漢魏南北朝墓誌彙編』, p. 356.

121 「元鸞墓誌」, 『漢魏南北朝墓誌彙編』, p. 46.

122 「元顯墓誌」, 『漢魏南北朝墓誌彙編』, p. 359.

123 「元襲墓誌」, 『漢魏南北朝墓誌彙編』, p. 295.

124 「元信墓誌銘」, 『漢魏南北朝墓誌彙編』, p. 230.

125 「元恩墓誌銘」, 『漢魏南北朝墓誌彙編』, p. 266.

126 「元悰墓誌」, 『漢魏南北朝墓誌彙編』, p. 352.

127 「元誕墓誌銘」, 『漢魏南北朝墓誌彙編』, p. 233.

128 「元徽墓誌銘」, 『漢魏南北朝墓誌彙編』, p. 299.

129 「元寧墓誌」, 『漢魏南北朝墓誌彙編』, p. 157.

130 「元洛神墓誌」, 『漢魏南北朝墓誌彙編』, p. 218.

131 「楊保元妻華山郡主元氏誌銘」, 『漢魏南北朝墓誌彙編』, p. 385.

132 「元鷙墓誌銘」, 『漢魏南北朝墓誌彙編』, p. 342.

133 「長孫子澤墓誌銘」, 『漢魏南北朝墓誌彙編』, p. 312.

134 「長孫瑱墓誌銘」, 『漢魏南北朝墓誌彙編』, pp. 74~75.

135 「封ㅁ妻長孫氏墓誌」, 『新出魏晉南北朝墓志疏證』, p. 112.

136 「叔孫協墓誌銘」, 『漢魏南北朝墓誌彙編』, p. 117.

137 「叔孫固墓誌之銘」, 『漢魏南北朝墓誌彙編』, p. 365.

138 「丘哲墓誌」,『漢魏南北朝墓誌彙編』, p. 267.

139 「穆紹墓誌銘」,『漢魏南北朝墓誌彙編』, pp. 282~284.

140 「穆循墓志」,『新出魏晉南北朝墓志疏證』, p. 66.

141 「穆彦墓誌銘」,『漢魏南北朝墓誌彙編』, p. 267.

142 「穆子巖墓誌」,『漢魏南北朝墓誌彙編』, p. 381.

143 「穆纂墓誌銘」,『漢魏南北朝墓誌彙編』, p. 121.

144 「穆玉容墓誌銘」,『漢魏南北朝墓誌彙編』, p. 109.

145 趙君平·趙文成,『河洛墓刻拾零』(北京: 北京圖書館出版社, 2007), p. 34.

146 「于景墓誌銘」,『漢魏南北朝墓誌彙編』, p. 196.

147 「于纂墓誌銘」,『漢魏南北朝墓誌彙編』, p. 200.

148 「賀蘭祥墓志」,『新出魏晉南北朝墓志疏證』, p. 245.

149 「故太尉公穆妻尉太妃墓誌銘」,『漢魏南北朝墓誌彙編』, p. 112.

150 「苟景墓誌銘」,『漢魏南北朝墓誌彙編』, p. 257.

151 「閭伯昇墓誌銘」, p. 337.

152 「于君妻和醜仁墓誌」,『漢魏南北朝墓誌彙編』, pp. 293~294.

153 「封昕墓誌」,『漢魏南北朝墓誌彙編』, p. 64.

154 「山徽墓銘」,『漢魏南北朝墓誌彙編』, p. 262.

155 「吐谷渾璣墓誌」,『漢魏南北朝墓誌彙編』, pp. 89~90.

156 「赫連悅墓誌銘」,『漢魏南北朝墓誌彙編』, pp. 275~276.

157 「鄯乾墓銘」,『漢魏南北朝墓誌彙編』, p. 66.

158 『金石萃編』卷27「孝文弔比干墓文」, pp. 6前~10前.

159 「奚智墓誌」, p. 50.

160 「奚眞墓誌銘」,『漢魏南北朝墓誌彙編』, p. 142.

161 「于纂墓誌銘」,『漢魏南北朝墓誌彙編』, p. 208.

162 「山暉墓誌銘」,『漢魏南北朝墓誌彙編』, p. 79.

163 「陸紹墓誌銘」,『漢魏南北朝墓誌彙編』, p. 235.

164 『金石萃編』卷27「孝文弔比干墓文」, pp. 8前, 9前.

165 『魏書』, 卷9「肅宗紀」熙平二年十月乙卯條, pp. 226~227, "乙卯, 詔曰: '北京根舊, 帝業所基, 南遷二紀, 猶有留住. 懷本樂故, 未能自遣, 若未遷者, 悉可聽其仍停, 安堵永業. 門才術藝·應於時求者, 自別徵引, 不在斯例. 周之子孫, 漢之劉族, 遍於海內, 咸致蕃衍, 豈拘南北千里而已哉.'"

166 『資治通鑑』, 卷148「梁紀」4 武帝天監十六年十月條, p. 4632, "乙卯, 魏詔, 北京士民未遷者, 悉聽留居爲永業".

167 『資治通鑑』, 卷148「梁紀」4 武帝天監十六年十月條胡註, p. 4632, "魏以代郡爲北京".

168 崔珍烈, 「北魏後期 洛陽거주 胡人들의 생활과 문화」, 388~389쪽.

169 『金石萃編』, 卷27「孝文弔比干墓文」, p. 8前.

170 같은 글, p. 9前.

171 「封和突墓誌銘」, 『漢魏南北朝墓誌彙編』, p. 44.

172 『魏書』, 卷80 「叱列延慶傳」, p. 1771, "叱列延慶, 代西部人也, 世爲酋帥".

173 『魏書』, 卷80 「侯莫陳悅傳」, p. 1784, "侯莫陳悅, 代郡人也".

174 『北齊書』, 卷15 「婁昭傳」, p. 196, "婁昭, 字菩薩, 代郡平城人也, 武明皇后之母弟也".

175 『北齊書』, 卷15 「厙狄干傳」, p. 197, "厙狄干, 善無人也".

176 『魏書』, 卷106上 「地形志」上 恒州條 細注, p. 2497, "恒州: 天興中置司州, 治代都平城, 太和中改. 孝昌中陷, 天平二年置, 寄治肆州秀容郡城".

177 『魏書』, 卷106上 「地形志」上 恒州條, pp. 2497~2498 참조.

178 『北齊書』, 卷20 「叱列平傳」, p. 278, "叱列平, 字殺鬼, 代郡西部人也, 世爲酋帥. 平有容貌, 美鬚髯, 善騎射".

179 『北齊書』, 卷20 「慕容紹宗傳」, p. 272, "慕容紹宗, 慕容晃第四子太原王恪後也. 曾祖騰, 歸魏, 遂居於代".

180 『北齊書』, 卷19 「厙狄迴洛傳」, p. 254, "厙狄迴洛, 代人也".

181 『北齊書』, 卷19 「薛孤延傳」, pp. 255~256, "薛孤延, 代人也".

182 『北齊書』, 卷19 「段琛傳」, p. 258, "段琛字懷寶, 代人也".

183 『北齊書』, 卷19 「尉摽傳」, p. 258, "尉摽, 代人也".

184 『北齊書』, 卷19 「侯莫陳相傳」, p. 259, "侯莫陳相, 代人也. 祖伏頹, 魏第一領民酋長".

185 『北齊書』, 卷20 「慕容儼傳附厙狄伏連傳」, p. 283, "又有代人厙狄伏連, 字仲山, 少以武幹事尒朱榮, 至直閤將軍. 後從高祖建義, 賜爵蛇丘男".

186 『北齊書』, 卷41 「綦連猛傳」, p. 539, "綦連猛, 字武兒, 代人也. 其先姬姓, 六國末, 避亂出塞, 保祁連山, 因以山爲姓, 北人語訛, 故曰綦連氏.".

187 『周書』, 卷9 「皇后 · 文宣叱奴皇后傳」, p. 143, "文宣叱奴皇后, 代人也. 太祖爲丞相, 納后爲姬, 生高祖".

188 『周書』, 卷19 「達奚武傳」, p. 303, "達奚武 字成興, 代人也. 祖眷, 魏懷荒鎭將. 父長, 汧城鎭將".

189 『周書』, 卷27 「梁椿傳」, p. 451, "梁椿字千年, 代人也. 祖屈朱, 魏昌平鎭將. 父提, 內(正)[三]郎".

190 『周書』, 卷28 「陸騰傳」, p. 469, "陸騰字顯聖, 代人也".

191 『周書』, 卷28 「賀若敦傳」, p. 473, "賀若敦, 代人也".

192 『周書』, 卷29 「宇文盛傳」, p. 493, "宇文盛字保興, 代人也".

193 『周書』, 卷29 「伊婁穆傳」, p. 499, "伊婁穆字奴干, 代人也".

194 『周書』, 卷33 「厙狄峙傳」, p. 569, "厙狄峙, 其先遼東人, 本姓段氏, 匹磾之後也, 因避難改焉. 後徙居代, 世爲豪右. 祖淩, 武威郡守. 父貞, 上洛郡守".

195 『周書』, 卷20 「叱列伏龜傳」, p. 341, "叱列伏龜字摩頭陁, 代郡西部人也. 世爲部落大人. 魏初入附, 遂世爲第一領民酋長. 至龜, 容貌瓌偉, 腰帶十圍, 進止詳雅, 兼有武藝. 嗣父業, 復爲領民酋長".

196 『周書』, 卷11 「晉蕩公護傳附叱羅協傳」, p. 177, "護長史代郡 叱羅協 · 司錄弘農馮遷及所親任者, 皆除名. …… 叱羅協本名與高祖諱同, 後改焉".

197 『周書』, 卷27 「赫連達傳」, p. 439, "赫連達字朔周, (成)[盛]樂人, 勃勃之後也. 曾祖庫多汗, 因避難改姓杜氏".

198 『魏書』, 卷106上 「地形志」上 雲州條 細注, p. 2500, "雲州: 舊置朔州, 後陷, 永熙中改, 寄治并州界".

199 「叱羅協墓志」, 『新出魏晉南北朝墓志疏證』, p. 269.

200 「厙狄氏尉(孃孃)郡君墓誌銘」, 『漢魏南北朝墓誌彙編』, pp. 407~408.

201 「閭炫墓誌銘」, 『漢魏南北朝墓誌彙編』, p. 421.

202 「獨孤思男墓誌銘」, 『漢魏南北朝墓誌彙編』, p. 454.

203 「獨孤渾貞墓志」, 『新出魏晉南北朝墓志疏證』, p. 241.

204 「奚智墓誌」, 『漢魏南北朝墓誌彙編』, p. 50.

205 「侯夫人墓誌銘」, 『漢魏南北朝墓誌彙編』, p. 42.

206 「和邃墓誌銘」, 『漢魏南北朝墓誌彙編』, p. 207.

207 「侯剛墓誌」, 『漢魏南北朝墓誌彙編』, pp. 188~190.

208 「侯掌墓志」, 『新出魏晉南北朝墓志疏證』, p. 104.

209 「侯忻墓志」, 『新出魏晉南北朝墓志疏證』, pp. 132~133.

210 『魏書』, 卷80 「斛斯椿傳」, p. 1772, "斛斯椿, 字法壽, 廣牧富昌人也".

211 『魏書』, 卷80 「賀拔勝傳」, pp. 1779~1780, "賀拔勝, 字破胡, 神武尖山人. 祖爾逗, 選充北防, 家於武川".

212 『魏書』, 卷80 「侯淵傳」, p. 1786, "侯淵, 神武尖山人也".

213 『魏書』, 卷106上 「地形志」上 朔州神武郡條 및 附化郡條, p. 2499.

214 『魏書』, 卷106上 「地形志」上 朔州條 細注, p. 2498, "朔州: 本漢五原郡, 延和二年置爲鎭, 後改爲懷朔, 孝昌中改爲州. 後陷, 今寄治幷州界".

215 『北齊書』, 卷19 「賀拔允傳」, p. 245, "賀拔允 , 字可泥, 神武尖山人也".

216 『北齊書』, 卷19 「莫多婁貸文傳」, p. 252, "莫多婁貸文, 太安狄那人也".

217 『北齊書』, 卷20 「步大汗薩傳」, pp. 278~279, "步大汗薩, 太安狄那人也".

218 『北齊書』, 卷20 「斛律羌擧傳」, p. 266, "斛律羌擧, 太安人也. 世爲部落酋長.".

219 『北齊書』, 卷27 「万俟普傳」, p. 375, "万俟普, 字普撥, 太平人, 其先匈奴之別種也".

220 『北齊書』, 卷27 「破六韓常傳」, p. 378, "破六韓常, 字保年, 附化人, 匈奴單于之裔也. 右谷蠡王潘六奚沒於魏, 其子孫以潘六奚爲氏, 後人訛誤, 以爲破六韓. 世領部落, 其父孔雀, 世襲酋長".

221 『魏書』, 卷106上 「地形志」上 朔州條, pp. 2498~2499 참조.

222 『北齊書』, 卷19 「厙狄盛傳」, p. 255, "厙狄盛, 懷朔人也".

223 『北齊書』, 卷27 「可朱渾傳」, p. 376, "可朱渾元 , 字道元. 自云遼東人, 世爲渠帥, 魏時擁衆內附, 曾祖護野肱終於懷朔鎭將, 遂家焉".

224 『北齊書』, 卷15 「竇泰傳」, p. 193, "竇泰, 字世寧, 大安捍殊人也. 本出淸河觀津冑, 祖羅, 魏統萬鎭將, 因居北邊".

225 『北齊書』, 卷15 「潘樂傳」, p. 201, "潘樂, 字相貴, 廣寧石門人也. 本廣宗大族, 魏世分鎭北邊, 因家焉. 父永, 有技藝, 襲爵廣宗男".

226 『北齊書』, 卷15 「韓軌傳」, p. 200, "韓軌, 字百年, 太安狄那人也".

227 『北齊書』, 卷19 「尉長命傳」, p. 248, "尉長命, 太安狄那人也".

228 「厙狄洛)誌」, 『漢魏南北朝墓誌彙編』, p. 414.

229 「齊故樂陵王妃斛律氏墓誌銘」, 『漢魏南北朝墓誌彙編』, p. 419.

230 「齊故庫狄氏武始郡君斛律(昭男)夫人墓誌銘」, 『漢魏南北朝墓誌彙編』, p. 414.

231 「可朱渾孝裕墓志」, 『新出魏晉南北朝墓志疏證』, p. 226.

232 「劉悅墓誌」, 『漢魏南北朝墓誌彙編』, p. 445.

233 『周書』, 卷16 「侯莫陳崇傳」, p. 268, "侯莫陳崇字尙樂, 代郡武川人. 其先, 魏之別部, 居庫斛眞水. 五世祖曰太骨都侯. 其後, 世爲渠帥. 祖允, 以良家子鎭武川, 因家焉. 父興, 殿中將軍·羽林監".

234 『周書』, 卷17 「若干惠傳」, p. 280, "若干惠字惠保, 代郡武川人也".

235 『周書』, 卷27 「韓果傳」, p. 441, "韓果字阿六拔, 代武川人也".

236 『周書』, 卷29 「宇文虯傳」, p. 492, "宇文虯字樂仁, 代武川人也".

237 『周書』, 卷16 「獨孤信傳」, p. 263, "獨孤信, 雲中人也, 本名如願. 魏氏之初, 有三十六部, 其先伏留屯者, 爲部落大人, 與魏俱起. 祖俟尼, 和平中, 以良家子自雲中鎭武川, 因家焉. 父庫者, 爲領民酋長, 少雄豪有節義, 北州咸敬服之".

238 『周書』, 卷17 「梁禦傳」, p. 279, "梁禦字善通, 其先安定人也. 後因官北邊, 遂家於武川, 改姓爲紇豆陵氏".

239 『周書』, 卷14 「賀拔勝傳」, p. 215, "賀拔勝 字破胡, 神武尖山人也".

240 『周書』, 卷27 「厙狄昌傳」, p. 448, "厙狄昌字恃德, 神武人也".

241 『魏書』, 卷106上 「地形志」上 朔州條, pp. 2498~2499 참조.

242 『北齊書』, 卷43 「源彪傳」, p. 577, "源彪, 字文宗, 西平樂都人也".

243 『北齊書』, 卷19 「劉貴傳」, p. 250, "劉貴, 秀容陽曲人也".

244 『北齊書』, 卷41 「鮮于世榮傳」, p. 539, "鮮于世榮, 漁陽人也".

245 「尒朱元靜墓誌」, 『漢魏南北朝墓誌彙編』, p. 417.

246 「尒朱紹墓誌銘」, 『漢魏南北朝墓誌彙編』, p. 263.

247 같은 글, p. 265.

248 「乞伏寶墓誌」, 『漢魏南北朝墓誌彙編』, p. 304.

249 「乞伏保達墓誌」, 『漢魏南北朝墓誌彙編』, p. 450.

250 「賀屯植墓誌」, 『漢魏南北朝墓誌彙編』, p. 480.

251 「魏元氏故蘭(將)夫人墓誌銘」, 『漢魏南北朝墓誌彙編』, p. 251.

252 「佛弟子代妙姬造像記(2240)」, 『龍門石窟碑刻題記彙錄』, pp. 495~496.

253 「魏故使持節鎭北將軍都督建兗華三州諸軍事華州刺史皐平縣開國伯赫連(悅)公墓誌銘」, 『漢魏南北朝墓誌彙編』, p. 275.

254 『北齊書』, 卷41 「獨孤永業傳」, p. 544, "獨孤永業, 字世基, 本姓劉, 中山人".

255 『周書』, 卷17 「劉亮傳」, p. 284, "劉亮中山人也, 本名道德".

256 『北齊書』, 卷20 「慕容儼傳」, p. 279, "慕容儼, 字恃德, 淸都成安人, 慕容廆之後也".

257 「大齊故宇文(誠)君墓誌之銘」, 『漢魏南北朝墓誌彙編』, p. 443.

258 「劉懿墓誌銘」, 『漢魏南北朝墓誌彙編』, p. 336.

259 「忻始牛角墓誌」, 『漢魏南北朝墓誌彙編』, p. 452.

260 「狄湛墓志」, 『新出魏晉南北朝墓志疏證』, p. 172.

261 「賀婁悅墓志」, 『新出魏晉南北朝墓志疏證』, p. 170.

262 『魏書』, 卷92「乞伏保傳」, p. 1883, "乞伏保 , 高車部人也. 父居, 顯祖時爲散騎常侍, 領牧曹尙書, 賜爵寧國侯".

263 『魏書』, 卷87「節義·婁提蛭拔寅傳」, p. 1892, "時有敕勒部人蛭拔寅兄地于, 坐盜食官馬, 依制命死. 拔寅自誣己殺, 兄又云實非弟殺, 兄弟爭死, 辭不能定. 高祖詔原之".

264 『金石萃編』, 卷27「孝文弔比干墓文」, p. 8a.

265 『北齊書』, 卷17「斛律金傳」, p. 219, "斛律金 字阿六敦 朔州勑勒部人也".

266 『魏書』, 卷103 高車傳, p. 2309, "太祖時, 分散諸部, 唯高車以類粗獷, 不任使役, 故得別爲部落".

267 崔珍烈, 「北魏의 種族政策」, 72쪽.

268 松下憲一, 「北朝正史における「代人」」, pp. 161~170.

269 같은 글, pp. 161~170.

270 「于景墓誌銘」, p. 196, "君諱景, 字百年, 河南洛陽人也. 至永平中, 除寧朔將軍直寢恒州大中正 從班例也".

271 『魏書』, 卷31「于栗磾傳附忠傳」, p. 742, "世宗旣而悔之, 復授衛尉卿, 領左衛將軍 · 恒州大中正"; 『魏書』, 卷31「于栗磾傳附昕傳」, p. 747, "子昕, …… 轉輔國將軍 · 北中郎將 · 恒州大中正".

272 구품관인법의 자세한 내용은 미야자키 이치사다, 『구품관인법의 연구』, 임대희 외 옮김(소나무, 2002), 18~465쪽 참조.

273 『魏書』, 卷93「恩倖·侯剛傳」, p. 2004, "侯剛, 字乾之, 河南洛陽人, 其先代人也. …… 俄爲侍中 · 撫軍將軍 · 恒州大中正".

274 「魏故侍中使持節都督冀州諸軍事車騎大將軍儀同三司冀州刺史武陽縣開國公侯(剛)君之墓誌」, 『漢魏南北朝墓誌彙編』, p. 188.

275 『魏書』, 卷93「恩倖·侯剛傳附祥傳」, p. 2006, "剛以上谷先有侯氏, 於是始家焉. 正光中, 又請以詳爲燕州刺史, 將軍如故, 欲爲家世之基. 尋進後將軍. [正光]五年 拜司徒左長史, 領嘗藥典御 · 燕州大中正".

276 『魏書』, 卷44「宇文福傳」, p. 1000, "宇文福, 河南洛陽人. 其先南單于之遠屬, 世爲擁部大人".

277 같은 글, p. 1001, "延昌中, 以本官領左衛將軍, 除散騎常侍 · 都官尙書, 加安東將軍 · 營州大中正".

278 『魏書』, 卷10「孝莊紀」永安三年九月條, p. 266, "庚子, 詔諸舊代人赴華林園, 帝將親簡叙".

279 『魏書』, 卷81「山偉傳」, p. 1793, "時天下無事, 進仕路難, 代遷之人, 多不霑預. 及六鎭 · 隴西二方起逆, 領軍元叉欲用代來寒人爲傳詔以慰悅之, 而牧守子孫投狀求者百餘人. 又欲杜之, 因奏立勳附隊, 令各依資出身. 自是北人悉被收敍".

280 같은 글 pp. 1793~1794, "國史自鄧淵 · 崔琛 · 崔浩 · 高允 · 李彪 · 崔光以還, 諸人相繼撰錄, 綦儁及[山]偉等諂說上黨王天穆及尒朱世隆, 以爲國書正應代人修緝, 不宜委之餘人, 是以[綦]儁 · [山]偉等更主大籍. 守舊而已, 初無述著. 故自崔鴻死後, 迄終偉身, 二十許載, 時事蕩然, 萬不記一, 後人執筆, 無所憑據, 史之遺闕, 偉之由也. 外示沉厚, 內實矯競. 與綦儁少甚相得, 晩以名位之間, 遂若水火. 與宇文忠之之徒 · 代人爲黨, 時賢畏惡之".

281 『魏書』, 卷81「山偉傳」, p. 1792, "山偉, 字仲才, 河南洛陽人也, 其先代人"; 『魏書』, 卷81「山偉傳」, p. 1791, "綦儁, 字ㅈ劌顯, 河南洛陽人也, 其先代人".

282 『魏書』, 卷8 世宗紀 正始元年十二月丙子條, p. 198, "十有二月丙子 以苑牧公田分賜代遷之戶".

283 『魏書』, 卷8 世宗紀 延昌二年閏二月辛丑條, p. 213, "閏二月辛丑 以苑牧之地賜代遷民無田者".

284 『隋書』, 卷24「食貨志」, p. 677, "京城四面, 諸坊之外三十里內爲公田. 受公田者, 三縣代遷戶執事官一品已下, 逮于羽林武賁, 各有差. 其外畿郡, 華人官第一品已下, 羽林武賁已上, 各有差".

제5장 묘지명의 묘호 표기 검토

1 『魏書』, 卷1「序紀」始祖神元皇帝條, p. 5, "太祖卽位, 尊爲始祖".

2 『魏書』, 卷1「序紀」平文帝條, p. 10, "天興初, 尊曰太祖".

3 『魏書』, 卷1「序紀」昭成帝條, p. 16, "太祖卽位, 尊曰高祖".

4 『魏書』, 卷181「禮志」1, pp. 2747~2748, "[太和十四年四月] 詔曰: 「祖有功 宗有德 自非功德厚者 不得擅祖宗之名 居二祧之廟. …… 烈祖有創基之功 世祖有開拓之德 宜爲祖宗 百世不遷. 而遠祖平文功未多於昭成 然廟號爲太祖; 道武建業之勳 高於平文 廟號爲烈祖. 比功校德 以爲未允. 朕今奉尊道武爲太祖 與顯祖爲二祧 餘者以次而遷」".

5 『魏書』, 卷7下「高祖紀」太和十五年秋七月己卯條, p. 168, "己卯 詔議祖宗 以道武爲太祖".

6 『魏書』, 卷7下「高祖紀」下 太和十六年春正月甲子條, p. 169, "制諸遠屬非太祖子孫及異姓爲王, 皆降爲公, 公爲侯, 侯爲伯, 子男仍舊, 皆除將軍之號".

7 宮萬松·宮萬瑜, 「濟源出土的北魏宗室元萇墓誌銘考釋」, p. 72左, "使持節·散騎常侍·都督雍州關西諸軍事·安西將軍·雍州刺史松玆公姓元諱萇字于巔, 河南洛陽宣平鄕永智里人也. 太祖平文皇帝六世孫, 高涼王之玄孫, 使持節·散騎常侍·征南將軍·肆州刺史·襄陽公之孫, 使持節羽眞輔國將軍·幽州刺史松玆公之世子也".

8 「魏故給事中晉陽男元(孟輝)君墓誌銘」, 『漢魏南北朝墓誌彙編』, p. 116, "魏故給事中晉陽男元君墓誌銘 君諱孟輝, 字子明, 河南洛陽恭里人也. 太祖平文皇帝高涼王七世孫".

9 『魏書』, 卷14「神元平文諸帝子孫·高涼王孤傳」, p. 349, "高涼王孤, 平文皇帝之第四子也".

10 「魏故使持節侍中太宰丞相柱國大將軍假黃鉞都督十州諸軍事雍州刺史武昭王(元天穆)墓誌」, 『漢魏南北朝墓誌彙編』, p. 276, "魏故使持節侍中太宰丞相柱國大將軍假黃鉞都督十州諸軍事雍州刺史武昭王墓誌 王諱天穆 字天穆, 河南洛陽人也. …… 太祖平文皇帝之後. 高梁神武王之玄孫".

11 「魏故寧遠將軍洛州刺史元(廣)公之墓誌」, 『漢魏南北朝墓誌彙編』, p. 91, "魏故寧遠將軍洛州刺史元公之墓誌公諱廣, 字延伯, 洛陽人也. 烈祖道武皇帝之苗裔".

12 「魏故安西將軍涼州刺史元(維)君之墓誌」, 『漢魏南北朝墓誌彙編』, p. 256, "魏故安西將軍涼州刺史元君之墓誌君諱維, 字景範, 河南雒陽崇讓里人也. 烈祖道武皇帝之玄孫".

13 「太尉領司州牧驃騎大將軍頓丘郡開國公穆文獻公亮墓誌銘」, 『漢魏南北朝墓誌彙編』, p. 41, "高祖崇, 侍中太尉宜都貞公. 稟蕭曹之資, 佐命列祖, 廓定中原, 左右皇極".

14 『魏書』, 卷27「穆崇傳」, p. 661, "太祖之居獨孤部, 崇常往來奉給, 時人無及者. 後劉顯之謀逆也, 平文皇帝外孫梁眷知之, 密遣崇告太祖. 眷謂崇曰: '顯若知之問汝者, 丈夫當死節, 雖刀劍別割, 勿泄也.' 因以寵妻及所乘良馬付崇曰: '事覺, 吾當以此自明.' 崇來告難, 太祖馳如賀蘭部. 顯果疑眷泄其謀, 將囚之. 崇乃唱言曰: '梁眷不顧恩義, 奬顯爲逆, 今我掠得其妻馬, 足以雪忿.' 顯聞而信之. 窟咄之難, 崇外甥于桓等謀執太祖以應之, 告崇曰: '今窟咄已立, 衆咸歸附, 富貴不可失, 願舅圖之.' 崇乃夜告太祖, 太祖誅桓等, 北踰陰山, 復幸賀蘭部. 崇甚見寵待".

15 같은 글, p. 661, "太祖爲魏王, 拜崇征虜將軍. 從平中原, 賜爵歷陽公, 散騎常侍".

16 『水經注』[段熙仲 點校, 陳橋驛 復校, 『水經注疏』(南京: 江蘇古籍出版社, 1989)] 「㶟水條」, p. 1134, "㶟水又東北, 逕白狼堆南, 魏烈祖道武皇帝于是遇白狼之瑞, 故斯阜納稱焉".

17 佐川英治, 「東魏北齊革命と『魏書』の編纂」, ≪東洋史硏究≫, 64-1(2005), p. 58.

18 崔珍烈, 「雲崗石窟 曇曜五窟 五帝의 재해석」, 14쪽, 〈그림 1〉 文成帝 당시 상황으로 복원한 北魏皇室의 가계도와 묘호.

19 같은 글, p. 9 〈표 2〉 北魏의 시대구분 및 歷史像 수정 사용.

20 佐川英治, 「東魏北齊革命と『魏書』の編纂」, p. 51.

21 朴漢濟, 『中國中世胡漢體制硏究』(一潮閣, 1988), 142쪽.

22 崔珍烈, 「雲崗石窟 曇曜五窟 五帝의 재해석」, 13쪽, 〈표 3〉 太和 14년(490) 廟號변경 전후 대조표.

23 같은 글, 15쪽, 〈표 5〉 前燕과 北魏의 廟號 대조.

24 『晉書』, 卷123 「慕容垂載記」, p. 3090, "僞諡成武皇帝, 廟號世祖, 墓曰宣平陵".

25 『晉書』, 卷5 「孝懷帝紀」 永嘉六年八月辛亥條, p. 124, "劉琨乞師于猗盧, 表盧爲代公".

26 『晉書』, 卷5 「孝愍紀」 建興三年二月丙子條, p. 129, "進封代公猗盧爲代王".

27 『魏書』, 卷2 「太祖紀」 登國元年夏四月條, p. 20, "夏四月, 改稱魏王".

28 르네 그루쎄, 『유라시아유목제국사』, 김호동·유원수·정재훈 옮김(사계절, 1999), 116쪽.

29 崔珍烈, 「雲崗石窟 曇曜五窟 五帝의 재해석」, 2~3쪽.

30 松下憲一, 「北朝正史における「代人」」, 『北魏胡族體制論』(札幌: 北海道大學出版會, 2007), pp. 161~170.

31 松下憲一, 「北魏の國號「大代」と「大魏」」, 『北魏胡族體制論』(札幌: 北海道大學出版會, 2007)[原載 「北魏の國號「大代」と「大魏」」, ≪史學雜誌≫, 113-6(2004)], pp. 126~127.

32 崔珍烈, 「雲崗石窟 曇曜五窟 五帝의 재해석」, 7쪽.

제6장 매장 문화와 이장

1 『魏書』, 卷7下 「高祖紀」, 太和十九年六月條, p. 178, "丙辰, 詔遷洛之民, 死葬河南, 不得還北".

2 『魏書』, 卷62 「李彪傳」, pp. 1388~1389, "「其七曰: 禮云: 臣有大喪, 君三年不呼其門. 此聖人緣情制禮, 以終孝子之情者也. 周季陵夷, 喪禮稍亡, 是以要絰卽戎, 素冠作刺, 逮于虐秦, 殆皆泯矣. 漢初, 軍旅屢興, 未能遵古. 至宣帝時, 民當從軍屯者, 遭大父母·父母死, 未滿三月, 皆弗徭役; 其朝臣 喪制, 未有定聞. 至後漢元初中, 大臣有重憂, 始得去官終服. 暨魏武·孫·劉之世, 日尋干戈, 前世禮制復廢而不行. 晉時, 鴻臚鄭默喪親, 固請終服, 武帝感其孝誠, 遂著 令以爲常. 聖魏之初, 撥亂返正, 未遑建終喪之制. 今四方無虞, 百姓安逸, 誠是孝慈 道洽, 禮敎興行之日也. 然愚臣所懷, 竊有未盡. 伏見朝臣丁父憂者, 假滿赴職, 衣錦乘軒, 從郊廟之祀, 鳴玉垂緌, 同節慶之醼, 傷人子之道, 虧天地之經. 愚謂如有 遭大父母·父母喪者, 皆聽終服. 若無其人有曠庶官者, 則優旨慰喩, 起令視事, 但綜 司出納敷奏而已, 國之吉慶, 一令無預. 其軍戎之警, 墨縗從役, 雖愆於禮, 事所宜行也. 如臣之言少有可採, 願付有司別爲條制.」 高祖覽而善之, 尋皆施行".

3 『宋書』, 卷95 「索虜傳」, p. 2322, "死則潛埋, 無墳壟處所, 至於葬送, 皆虛設棺柩, 立冢槨, 生時車馬器用皆燒之以送亡者".

4 『晉書』, 卷104「石勒載記」上, p. 2720, "勒母王氏死, 潛窆山谷, 莫詳其所. 旣而備九命之禮, 虛葬于襄國城南".

5 『晉書』, 卷105「石勒載記」下, pp. 2751~2752, "以咸和七年死, 時年六十, 在位十五年. 夜瘗山谷, 莫知其所, 備文物虛葬, 號高平陵. 僞謚明皇帝, 廟號高祖".

6 『晉書』, 卷127「慕容德載記」, p. 3172, "其月死, 卽義熙元年也, 時年七十. 乃夜爲十餘棺, 分出四門, 潛葬山谷, 竟不知其尸之所在".

7 『宋書』, 卷95「索虜傳」, p. 2322, "死則潛埋, 無墳壟處所, 至於葬送, 皆虛設棺柩, 立冢槨, 生時車馬器用皆燒之以送亡者".

8 呂一飛, 『胡族習俗與隋唐風韻』, p. 148.

9 李書吉, 『北朝禮制法系硏究』, pp. 72~73.

10 曹永年, 「說"潛埋虛葬"」, ≪文史≫, 31(1988).

11 朴漢濟, 「魏晉南北朝時代 墓葬習俗의 變化와 墓誌銘의 流行」, ≪東洋史學硏究≫, 104(2008), 47~50쪽.

12 『北史』, 卷13「后妃上·魏文成文明皇后馮氏傳」, p. 495, "文成崩, 故事, 國有大喪, 三日後御服器物一以燒焚, 百官及中宮皆號泣而臨之. 后悲叫自投火, 左右救之, 良久乃蘇"; 『魏書』, 卷13補「皇后·文成文明皇后馮氏傳」, p. 328.

13 『魏書』, 卷48「高允傳」, p. 1074, "前朝之世, 屢發明詔, 禁諸婚娶不得作樂, 及葬送之日歌謠·鼓舞·殺牲·燒葬, 一切禁斷. 雖條旨久頒, 而俗不革變. 將由居上者未能悛改, 爲下者習以成俗, 敎化陵遲, 一至於斯".

14 『魏書』, 卷48「高允傳」, pp. 1074~1075, "秦始皇作爲地市, 下固三泉, 金玉寶貨不可計數, 死不旋踵, 尸焚墓掘. 由此推之, 堯舜之儉, 始皇之奢, 是非可見, 今國家營葬, 費損巨億, 一旦焚之, 以爲灰燼. 苟靡費有益於亡者, 古之臣奚獨不然. 今上爲之不輟, 而禁下民之必止, 此三異也".

15 『後漢書』, 卷90「烏桓傳」, p. 2980, "俗貴兵死, 斂屍以棺, 有哭泣之哀, 至葬則歌舞相送. 肥養一犬, 以彩繩纓牽, 并取死者所乘馬衣物, 皆燒而送之, 言以屬累犬, 使護死者神靈歸赤山".

16 『三國志』, 卷30「魏書·烏丸傳」, p. 832, "貴兵死, 斂屍有棺, 始死則哭, 葬則歌舞相送. 肥養犬, 以采繩嬰牽, 并取亡者所乘馬·衣物·生時服飾, 皆燒以送之".

17 呂一飛, 『胡族習俗與隋唐風韻』, pp. 142~143.

18 『後漢書』, 卷90「鮮卑傳」, p. 2985, "鮮卑者, 亦東胡之支也, 別依鮮卑山, 故因號焉. 其言語習俗與烏桓同"; 『三國志』, 卷30「魏書·鮮卑傳」裴松之注, p. 836, "『魏書』曰: 鮮卑亦東胡之餘也, 別保鮮卑山, 因號焉. 其言語習俗與烏丸同".

19 吳松巖, 「盛樂·平城地區北魏鮮卑·漢人墓葬比較分析」, ≪北方文物≫, 2008-4(2008), p. 24右.

20 大同市考古硏究所, 「山西大同迎賓大道北魏墓群」, ≪文物≫, 2006-10(2006), p. 71左; 師煥英, 「從平城到洛陽: 北魏墓葬的考古學硏究」(山西大學2007屆碩士學位論文, 2007), p. 31.

21 大同市考古硏究所, 「山西大同七里村北魏墓發掘簡報」, ≪文物≫, 2006-10(2006), p. 44右.

22 呂一飛, 『胡族習俗與隋唐風韻』, p. 145; 李書吉, 『北朝禮制法系硏究』, pp. 70~72.

23 楊樹達, 『漢代婚喪禮俗考』(上海: 上海古籍出版社, 2000), pp. 176~179.

24 『魏書』, 卷1「序紀」昭成帝建國二十三年條, p. 14, "十三年夏六月, 皇后慕容氏崩. 秋七月, 衛辰來會葬, 因而求婚, 許之".

25 『魏書』, 卷34「盧魯元傳」, pp. 801~802, "及薨, 世祖甚悼惜之. 還, 臨其喪, 哭之哀慟. 東西二宮命太官日送奠, 晨昏哭臨, 訖則備奏鐘鼓伎樂".

26 范兆飛, 「北魏鮮卑喪葬習俗考論」, p. 130左.

27 師煥英, 「從平城到洛陽」, p. 30.

28 吳松巖, 「盛樂·平城地區北魏鮮卑·漢人墓葬比較分析」, p. 27右.

29 徐海峰, 「三世紀至五世紀河套及大同地區鮮卑考古遺存述論」, ≪文物春秋≫, 2000-1(總第51期)(2000), pp. 16左, 18左.

30 楊泓, 「北朝文化源流探討之一: 司馬金龍墓出土遺物的再硏究」, 『漢唐美術考古與佛敎藝術』(北京: 科學出版社, 2000), pp. 115~125.

31 孫危, 『鮮卑考古學文化硏究』(北京: 科學出版社, 2007), p. 126.

32 范兆飛, 「北魏鮮卑喪葬習俗考論」, p. 130左.

33 李書吉, 『北朝禮制法系硏究』, pp. 68, 72.

34 『北史』, 卷13「后妃上·魏·文成文明皇后馮氏傳」, p. 497, "帝毁瘠, 絶酒肉不御者三年".

35 『魏書』, 卷62「李彪傳」, pp. 1388~1389, "'其七曰: 禮云: 臣有大喪, 君三年不呼其門. 此聖人緣情制禮, 以終孝子之情者也. 周季陵夷, 喪禮稍亡, 是以要絰即戎, 素冠作刺, 逮于虐秦, 殆皆泯矣. 漢初, 軍旅屢興, 未能遵古. 至宣帝時, 民當從軍屯者, 遭大父母·父母死, 未滿三月, 皆弗徭役; 其朝臣 喪制, 未有定聞. 至後漢元初中, 大臣有重憂, 始得去官終服. 暨魏武·孫·劉之世, 日尋干戈, 前世禮制復廢而不行. 晉時, 鴻臚鄭默喪親, 固請終服, 武帝感其孝誠, 遂著 令以爲常. 聖魏之初, 撥亂返正, 未遑建終喪之制. 今四方無虞, 百姓安逸, 誠是孝慈 道洽, 禮敎興行之日也. 然愚臣所懷, 竊有未盡. 伏見朝臣丁父憂者, 假滿赴職, 衣錦乘軒, 從郊廟之祀, 鳴玉垂緌, 同節慶之醼, 傷人子之道, 虧天地之經. 愚謂如有 遭大父母·父母喪者, 皆聽終服. 若無其人有曠庶官者, 則優旨慰喩, 起令視事, 但綜 司出納敷奏而已, 國之吉慶, 一令無預. 其軍戎之警, 墨縗從役, 雖愆於禮, 事所宜行也. 如臣之言少有可採, 願付有司別爲條制.' 高祖覽而善之, 尋皆施行".

36 『魏書』, 卷113「官氏志」, p. 3006, "太和以前, 國之喪葬祠禮, 非十族不得與也. 高祖革之, 各以職司從事".

37 『魏書』, 卷83下「外戚下·高肇傳」, pp. 1830~1831, "四年, 世宗崩, 赦罷征軍. 肅宗與肇及征南將軍元遙等書, 稱諱言, 以告凶問. 肇承變哀愕, 非唯仰慕, 亦私憂身禍, 朝夕悲泣, 至于羸悴. 將至, 宿瀍澗驛亭, 家人夜迎省之, 皆不相視. 直至闕下, 衰服號哭, 昇太極殿, 奉喪盡哀".

38 『魏書』, 卷21上「獻文六王·趙郡王幹傳附子謐傳」, p. 543, "謐在母喪, 聽音聲飮戲, 爲御史中尉李平所彈. 遇赦, 復封".

39 『魏書』, 卷108之4「禮志」4之4 喪服下, p. 2799, "三年七月, 司空·淸河王懌第七叔母北海王妃劉氏薨, 司徒·平原郡開國公高肇兄子太子洗馬員外亡, 並上言, 未知出入猶作鼓吹不, 請下禮官議決. 太學博士封祖胄議: '喪大記云: 期九月之喪, 旣葬飮酒食肉, 不與人樂之; 五月三月之喪, 比葬, 飮酒食肉, 不與人樂之; 世叔母·故主·宗子, 直云飮酒食肉, 不言不與人樂之. 鄭玄云: 『義服恩輕.』 以此推之, 明義服葬容有樂理. 又禮: 『大功言而不議, 小功議而不及樂.』 言論之間, 尙自不及, 其於聲作, 明不得也. 雖復功緦, 樂在宜止.' 四門博士蔣雅哲議: '凡三司之尊, 開國之重, 其於王服, 皆有厭絶. 若尊同體敵, 雖疏尙宜徹樂. 如或不同, 子姓之喪非嫡者, 旣殯之後, 義不闕樂.' 國子助敎韓神固議: '夫羽旄可以展耳目之適, 絲竹可以肆遊宴之娛, 故於樂貴縣, 有哀則廢. 至若德儉如禮, 升降有數, 文物昭旂旗之明, 錫鸞爲行動之響, [鳴鐃以警衆, 聲笳以淸路者, 所以辨等]列, 明貴賤, 非措哀樂於其間矣. 謂威儀鼓吹依舊爲允'".

40 范兆飛, 「北魏鮮卑喪葬習俗考論」, pp. 131右~132左.

41 師煥英, 「從平城到洛陽」, pp. 30~31, 41~42.

42 楊泓, 「南北朝墓的壁畵和拼鑲磚畵」, 中國社會科學院考古硏究所 編, 『中國考古學論叢』(北京: 科學出版社, 2007), p. 126.

43 黃河舟, 「淺析北朝墓葬形制」, ≪文博≫, 1985-3(1985). 다른 의견은 方殿春, 「論北方圓形墓葬的起源」, ≪北方文物≫, 1988-3(1988); 謝寶富, 『北朝婚喪禮俗硏究』(北京: 首都師範大學出版社, 1998), p. 170 참조.

44 『魏書』, 卷9 「肅宗紀」 神龜元年十二月辛卯條, p. 228, "十有二月辛未, 詔曰: '民生有終, 下歸兆域, 京邑隱賑, 口盈億萬, 貴賤攸憑, 未有定所, 爲民父母, 尤宜存恤. 今制乾脯山以西, 擬爲九原'".

45 宿白, 「北魏洛陽城和北邙陵墓」, pp. 455~461.

46 楊寬, 『中國古代陵寢制度史硏究』(上海: 上海古籍出版社, 1985), p. 45.

47 窪添慶文, 「本貫·居住地·墓誌から見た北魏宗室」, pp. 504~512.

48 郭建邦, 「北魏寧懋石室和墓誌」, ≪中原文物≫, 1980-2, 1980.

49 郭玉堂, 『洛陽出土石刻時地記』(鄭州: 大象出版社, 2005); 黃明蘭, 「洛陽北魏畵像石棺」, ≪考古≫, 1980-3(1980).

50 范兆飛, 「北魏鮮卑喪葬習俗考論」, pp. 133右~134左.

51 「劉華仁墓誌銘」, 『漢魏南北朝墓誌彙編』, p. 122, "吉凶雜樂, 隊送終宅".

52 范兆飛, 「北魏鮮卑喪葬習俗考論」, p. 133右.

53 『魏書』, 卷21上 「獻文六王·趙郡王幹傳附子謐傳」, p. 543, "謐在母喪, 聽音聲飮戲, 爲御史中尉李平所彈. 遇赦, 復封".

54 蔡鴻生, 『唐代九姓胡與突厥文化』(北京: 中華書局, 1998), p. 25; 李書吉, 『北朝禮制法系硏究』, pp. 67~68.

55 『後漢書』, 卷19 「耿弇傳附秉傳」, p. 718, "匈奴聞秉卒, 擧國號哭, 或至犂面流血".

56 『北史』, 卷99 「突厥傳」, p. 3288, "死者, 停屍於帳, 子孫及親屬男女各殺羊·馬, 陳於帳前祭之, 遶帳走馬七匝, 詣帳門以刀剺面且哭, 血淚俱流, 如此者七度乃止"; 『周書』, 卷50 「異域下·突厥傳」, p. 910, "死者, 停屍於帳, 子孫及諸親屬男女, 各殺羊馬, 陳於帳前, 祭之. 繞帳走馬七匝, 一詣帳門, 以刀剺面, 且哭, 血淚俱流, 如此者七度, 乃止. 擇日, 取亡者所乘馬及經服用之物, 幷屍俱焚之, 收其餘灰, 待時而葬. 春夏死者, 候草木黃落, 秋冬死者, 候華葉榮茂, 然始坎而瘗之. 葬之日, 親屬設祭, 及走馬剺面, 如初死之儀. 葬訖, 於墓所立石建標. 其石多少, 依平生所殺人數. 又以祭之羊馬頭, 盡懸挂於標上. 是日也, 男女咸盛服飾, 會於葬所".

57 江上波夫, 「ユーラシア北方民族の葬禮における剺面·截耳·剪髮について」, 『ユーラシア北方文化の硏究』(京都: 山川出版社, 1951), pp. 144~157; 呂一飛, 『胡族習俗與隋唐風韻』, pp. 225~226; 李書吉, 『北朝禮制法系硏究』, pp. 67~68; 張慶捷, 「"剺面截耳與椎心割鼻"圖解讀」, 『民族匯聚與文明互動: 北朝社會的考古學觀察』(北京: 商務印書館, 2010), pp. 562~563.

58 『魏書』, 卷22「孝文五王·淸河王懌傳」, p. 592, "正光元年七月, [元]叉與劉騰逼肅宗於顯陽殿, 閉靈太后於後宮, 囚[元]懌於門下省, 誣[元]懌罪狀, 遂害之, 時年三十四. 朝野貴賤, 知與不知, 含悲喪氣, 驚振遠近. 夷人在京及歸, 聞[元]懌之喪, 爲之剺面者數百人".

59 川本芳昭,「北魏における身分制について」, pp. 345~352.

60 『洛陽伽藍記』, 卷3「城南」龍華寺條, p. 160.

61 『魏書』, 卷74「尒朱榮傳」, p. 1644.

62 崔珍烈,「北魏後期 洛陽거주 胡人들의 생활과 문화」, 425~427쪽.

63 中國社會科學院考古硏究所洛陽漢魏城隊·洛陽古墓博物館,「北魏宣武帝景陵發掘報告」, ≪考古≫, 1994-9(1994).

64 磁縣文化館,「河北磁縣東魏茹茹公主墓發掘簡報」, ≪文物≫, 1984-9(1984), pp. 1~9.

65 中國社會科學院考古硏究所·河北省文物硏究所,『磁縣灣漳北朝壁畵墓』(北京: 科學出版社, 2003), pp. 171, 196~199.

66 陝西省考古硏究所,「西安北郊北周安伽墓發掘簡報」, ≪考古與文物≫, 2000-6(2000).

67 沈睿文,「夷俗幷從: 安伽墓和北朝燒物葬」, ≪中國歷史文物≫, 2006-4(2006), pp. 6左~6右.

68 范兆飛,「北魏鮮卑喪葬習俗考論」, pp. 134右~135左.

69 같은 글, pp. 137左~137右.

70 黃河舟,「淺析北朝墓葬形制」, ≪文博≫, 1985-3(1985). 다른 의견은 方殿春,「論北方圓形墓葬的起源」, ≪北方文物≫, 1988-3(1988); 謝寶富,『北朝婚喪禮俗硏究』, p. 170.

71 『魏書』, 卷7下「高祖紀」, 太和十九年六月條, p. 178, "丙辰, 詔遷洛之民, 死葬河南, 不得還北".

72 『魏書』, 卷20「文成五王·廣川王略傳附子諧傳」, pp. 527~528, "有司奏, 廣川王妃薨於代京, 未審以新尊從於卑舊, 爲宜卑舊來就新尊. 詔曰: '遷洛之人, 自玆厥後, 悉可歸骸邙嶺, 皆不得就塋恒代. 其有夫先葬在北, 婦今喪在南, 婦人從夫, 宜還代葬; 若欲移父就母, 亦得任之. 其有妻墳於恒代, 夫死於洛, 不得以尊就卑; 欲移母就父, 宜亦從之; 若異葬亦從之. 若不在葬限, 身在代喪, 葬之彼此, 皆得任之. 其戶屬恒燕, 身官京洛, 去留之宜, 亦從所擇. 其屬諸州者, 各得任意.' 詔贈諧武衛將軍, 謚曰剛. 及葬, 高祖親臨送之".

73 陳寅恪,「北魏後期的漢化(孝文帝的漢化政策)」, p. 256.

74 宿白,「北魏洛陽城和北邙陵墓: 鮮卑遺蹟輯錄之三」, 杜金鵬·錢國祥 主編,『漢魏洛陽城遺址硏究』(北京: 科學出版社, 2007) [原載 ≪文物≫, 1978-7(1978)], pp. 455~461.

75 窪添慶文,「本貫·居住地·墓誌から見た北魏宗室」, pp. 504~512.

76 陳長安,「洛陽邙山北魏定陵終寧陵考」, 杜金鵬·錢國祥 主編,『漢魏洛陽城遺址硏究』(北京: 科學出版社), 2007 [原載 ≪中原文物≫, 1987年特刊(1987)], pp. 640~642 表1-3; 陳長安,「邙山北魏墓誌中的洛陽地名及相關問題」, 杜金鵬·錢國祥 主編,『漢魏洛陽城遺址硏究』(北京: 科學出版社, 2007) [原載 ≪中原文物≫, 1987年特刊(1987)], p. 676 表1; p. 678 表2; p. 681 表3; p. 682 表4, 表5; p. 683 表6; p. 684 表7; p. 687 表8.

77 「顯祖嬪侯夫人墓誌銘」,『漢魏南北朝墓誌彙編』, p. 42.

78 「大魏高宗文成皇帝嬪耿氏墓誌銘」,『漢魏南北朝墓誌彙編』, pp. 73~74, "嬪鉅鹿宋子人也. …… 以七月辛酉崩於洛陽西嶺".

79 「大魏顯祖成嬪墓誌」,『漢魏南北朝墓誌彙編』, p. 78, "大魏顯祖成殯者, 代郡平城人也. …… 春秋七十有二, 以延昌四年正月乙巳朔九日癸丑薨于金牖舊宮. 皇上矜悼, 六宮哀慟, 送終之事, 靡非禮焉. 二月壬午葬于山陵之域, 敬刊玄瑜, 式述景迹云爾".

80 「魏故高宗耿(壽姬)嬪墓誌銘」,『漢魏南北朝墓誌彙編』, p. 102.

81 「魏帝先朝故于(仙姬)夫人墓誌」,『漢魏南北朝墓誌彙編』, p. 180.

82 「顯祖獻文皇帝第一品嬪侯夫人墓誌銘」,『漢魏南北朝墓誌彙編』, p. 42.

83 『魏書』, 卷5「高宗紀」和平六年條, p. 123, "五月癸卯, 帝崩于太華殿, 時年二十六. 六月丙寅, 上尊謚曰文成皇帝, 廟號高宗. 八月, 葬雲中之金陵";『魏書』, 卷6「顯祖紀」, p. 132, "承明元年, 年二十三, 崩於永安殿, 上尊謚曰獻文皇帝, 廟號顯祖, 葬雲中金陵".

84 『魏書』, 卷20「廣川王諧傳」, pp. 527~528, "詔曰:「…… 其有夫先葬在北, 婦今喪在南, 婦人從夫, 宜還代葬. ……」".

85 『魏書』, 卷13「明元昭哀皇后姚氏傳」, p. 325, "明元昭哀皇后姚氏, 姚興女也, 興封西平長公主. 太宗以后禮納之, 後爲夫人. 后以鑄金人不成, 未昇尊位, 然帝寵幸之, 出入居處, 禮秩如后焉. 是後猶欲正位, 而后謙讓不當. 泰常五年薨, 帝追恨之, 贈皇后璽綬, 而後加謚焉. 葬雲中金陵".

86 『魏書』, 卷13「道武宣穆皇后劉氏」, p. 325, "登國初, 納爲夫人, 生華陰公主, 後生太宗. 后專理內事, 寵待有加, 以鑄金人不成, 故不得登后位. 魏故事, 後宮産子將爲儲貳, 其母皆賜死. 太祖末年, 后以舊法薨. 太宗卽位, 追尊謚號, 配饗太廟";『魏書』, 卷13「明元密皇后杜氏傳」, p. 326, "初以良家子選入太子宮, 有寵, 生世祖. 及太宗卽位, 拜貴嬪. 泰常五年薨, 謚曰密貴嬪, 葬雲中金陵. 世祖卽位, 追尊號謚, 配饗太廟. 又立后廟于鄴, 刺史四時薦祀";『魏書』, 卷13「太武敬哀皇后賀氏傳」, p. 327, "太武敬哀皇后賀氏, 代人也. 初爲夫人, 生恭宗. 神䴥元年薨, 追贈貴嬪, 葬雲中金陵. 後追加號謚, 配饗太廟";『魏書』, 卷13「文成元皇后李氏傳」, p. 331, "及生顯祖, 拜貴人. 太安二年, 太后令依故事, 令后具條記在南兄弟及引所結宗兄洪之, 悉以付託. 臨訣, 每一稱兄弟, 輒拊胸慟泣, 遂薨. 後謚曰元皇后, 葬金陵, 配饗太廟";『魏書』, 卷13「獻文思皇后李氏傳」, p. 331, "姿德婉淑, 年十八, 以選入東宮. 顯祖卽位, 爲夫人, 生高祖. 皇興三年薨, 上下莫不悼惜. 葬金陵. 承明元年追崇號謚, 配饗太廟";『魏書』, 卷13「孝文貞皇后林氏傳」, p. 332, "勝無子, 有二女, 入掖庭. 后容色美麗, 得幸於高祖, 生皇子恂. 以恂將爲儲貳, 太和七年后依舊制薨. 高祖仁恕, 不欲襲前事, 而稟文明太后意, 故不果行. 謚曰貞皇后, 葬金陵".

87 『魏書』, 卷13「景穆恭皇后郁久閭氏傳」, p. 327, "景穆恭皇后郁久閭氏, 河東王毗妹也. 少以選入東宮, 有寵. 眞君元年, 生高宗. 世祖末年薨. 高宗卽位, 追尊號謚. 葬雲中金陵, 配饗太廟".

88 「故城陽康王元壽妃之墓志」,『漢魏南北朝墓誌彙編』, p. 52, "故城陽康王元壽妃之墓誌妃姓麴. …… 春秋七十有三, 維大魏正始四年歲次丁亥八月戊子朔十六日癸卯薨于京師. 葬于長陵之東. 殯于其子懷王之塋".

89 『魏書』, 卷19下「景穆十二王下·城陽王長壽傳附鸞傳」, pp. 509~510, "次子鸞, 字宣明. 始繼叔章武敬王, 及兄卒, 還襲父爵. …… 正始二年薨, 時年三十八. 贈帛六百匹, 詔中書舍人王雲宣旨臨弔, 贈鎭北將軍·冀州刺史, 謚懷王".

90 『魏書』, 卷19下「景穆十二王下·城陽王長壽傳」, pp. 509~510, 延興五年薨, 謚康王."

91 宮萬松·宮萬瑜,「濟源出土的北魏宗室元萇墓誌銘考釋」, p. 72左, "使持節·散騎常侍·都督雍州關西諸

軍事·安西將軍·雍州刺史松茲公姓元諱萇字于巓, 河南洛陽宣平鄕永智里人也". 탁본 사진은 p. 73 참조.

92 같은 글, p. 72右, "永平中, 河南尹·河南邑中正·侍中·度支尙書, 詮量鮮卑姓族四大中正, 使持節散騎常侍·都督關西諸軍事·安西將軍·雍州刺史. …… 延昌四年歲在乙未秋/七月壬寅朔十有一日壬子薨于位, 春秋五十有八. …… 熙平二年歲次/丁酉二月壬辰朔廿九日庚申窆于河內軹縣嶺山之白楊焉".

93 宮萬松·宮萬瑜, 「濟源出土的北魏宗室元萇墓誌銘考釋」, p. 74左.

94 「元淑墓誌」, 『新出魏晉南北朝墓志疏證』, pp. 61~63.

95 大同市博物館, 「大同東郊北魏元淑墓」, ≪文物≫, 1989-8(1989); 王銀田, 「元淑墓誌考釋: 附北魏高琨墓誌小考」, ≪文物≫, 1989-8(1989).

96 「元淑墓誌」, p. 63.

97 『魏書』, 卷20「廣川王諧傳」, pp. 527~528, "詔曰: 「…… 若不在葬限, 身在代喪, 葬之彼此, 皆得任之. …… 」"

98 「封和突墓誌銘」, 『漢魏南北朝墓誌彙編』, p. 44, "屯騎校尉領都牧令昌國子公姓封, 字和突, 恒州代郡平城人也. 昊天不弔, 春秋六十有四, 以景明二年春正月薨於官. 帝用震悼, 遣使卽柩, 贈州刺史蜜印綬, 禮也. 以正始元年夏四月卜兆于武周界".

99 大同博物館, 「大同市小站村花圪塔臺北魏墓發掘簡報」, ≪文物≫, 1983-8(1983); 馬雍, 「北魏封和突墓及其出土的波斯銀盤」, 『西域史地文物叢考』(北京: 文物出版社, 1990).

100 『魏書』, 卷20「廣川王諧傳」, pp. 527~528, "詔曰: 「…… 其戶屬恒燕, 身官京洛, 去留之宜, 亦從所擇. …… 」"

101 「故徵士奚(智)墓誌」, 『漢魏南北朝墓誌彙編』, p. 50, "故徵士奚君諱智字洪籌者, 恒州樊氏嶂山渾人也. …… 卒於洛陽, 時年七十三矣. 葬在瀍泉之源. 妻燉煌宋氏. 大魏止始四年歲在丁亥三妻南陽宗氏. 月庚申朔十三日壬申記. 俱合葬焉".

102 『魏書』, 卷113「官氏志」, p. 3006, "弟爲達奚氏, 後改爲奚氏. …… 凡與帝室爲十姓, 百世不通婚. 太和以前, 國之喪葬祠禮, 非十族不得與也. 高祖革之, 各以職司從".

103 「故徵士奚(智)墓誌」, 『漢魏南北朝墓誌彙編』, p. 50, "始與大魏同先, 僕膾可汗之後裔中古遷移, 分領部衆, 遂因所居, 改爲達奚氏焉. 逮皇業徒嵩, 更新道制, 勅姓奚氏".

104 같은 글, p. 50.

105 「魏故孝廉奚(眞)墓誌銘」, 『漢魏南北朝墓誌彙編』, p. 142.

106 「乞伏寶墓誌」, 『漢魏南北朝墓誌彙編』, pp. 304~305, "君諱寶, 字菩薩, 金城郡楡中縣人也. …… 以太昌元年十一月薨. 冕旒銜酸, 縉紳殞涕, 乃贈使持節衛大將軍河州刺史, 以永熙二年三月廿一日窆於北芒之西嶺".

107 「員標墓志」, 『新出魏晉南北朝墓志疏證』, pp. 55~57.

108 楊寧國, 「寧夏彭陽出土北魏員標墓誌磚」, ≪考古與文物≫, 2001-5(2001).

109 「員標墓志」, p. 56.

110 「趙猛墓志」, p. 106, "君諱猛, 字玄威, 南陽西崿人也. …… 旣還桑梓, 時假安定令, 而上靈降災, 春秋七十, 太和十二年八月十七日卒于家. 粵正光五年歲次甲辰十月戊寅朔十月二十日葬于蒲城南隅".

111 李百勤, 『河東出土墓誌錄』(太原: 山西人民出版社, 1994).

112 『魏書』, 卷20 廣川王諧傳, pp. 527~528, "詔曰: 「…… 其屬諸州者, 各得任意」".

제7장 중국 예악·제사 도입의 검토: 북위 후기 유가 의례 수용의 허실

1 『北史』, 卷42 「王肅傳」, p. 1540, "自晉氏喪亂, 禮樂崩亡, 孝文雖釐革制度, 變更風俗, 其間朴略, 未能淳也. [王]肅明練舊事, 虛心受委, 朝儀國典, 咸自[王]肅出".

2 『魏書』, 卷108之1 「禮志」1, pp. 2733~2734, "自永嘉擾攘, 神州蕪穢, 禮壞樂崩, 人神殲殄. 太祖南定燕趙, 日不暇給, 仍世征伐, 務恢疆宇. 雖馬上治之, 未遑制作, 至於經國軌儀, 互舉其大, 但事多粗略, 且兼闕遺. 高祖稽古, 率由舊則, 斟酌前王, 擇其令典, 朝章國範, 煥乎復振. 早年厭世, 叡慮未從, 不爾劉馬之迹夫何足數! 世宗優遊在上, 致意玄門, 儒業文風, 顧有未洽, 墜禮淪聲, 因之而往. 肅宗已降, 魏道衰羸, 太和之風, 仍世凋落, 以至於海內傾圮, 綱紀泯然".

3 『魏書』, 卷108之4 「禮志」4, p. 2817, "太祖天興元年冬, 詔儀曹郎董謐撰朝覲·饗宴·郊廟·社稷之儀. 六年, 又詔有司制冠服, 隨品秩各有差, 時事未暇, 多失古禮. 世祖經營四方, 未能留意, 仍世以武力爲事, 取於便習而已. 至高祖太和中, 始考舊典, 以制冠服, 百僚六宮, 各有差次. 早世升遐, 猶未周洽. 肅宗時, 又詔侍中崔光·安豐王延明及在朝名學更議之, 條章粗備焉".

4 『隋書』, 卷10 「禮儀志」5, 輿輦條, p. 195, "後魏天興初, 詔儀曹郎董謐撰朝饗儀, 始制軒冕, 未知古式, 多違舊章. 孝文帝時, 儀曹令李韶, 更奏詳定, 討論經籍, 議改正之. 唯備五輅, 各依方色, 其餘車輦, 猶未能具. 至熙平九年, 明帝又詔侍中崔光與安豐王延明·博士崔瓚採其議, 大造車服. 定制, 五輅並駕五馬. 皇太子乘金輅, 朱蓋赤質, 四馬. 三公及王, 朱屋青表, 制同於輅, 名曰高車, 駕三馬. 庶姓王·侯及尚書令·僕已下, 列卿已上, 並給軺車, 駕用一馬. 或乘四望通幰車, 駕一牛. 自斯以後, 條章粗備, 北齊咸取用焉".

5 李書吉, 『北朝禮制法系研究』, p. 43.

6 『資治通鑑』, 卷148 「梁紀」4 武帝天監十五年九月條, p. 4628, "初, 魏世宗作瑤光寺, 未就, 是歲, 胡太后又作永寧寺, 皆宮側; 又作石窟寺於伊闕口, 皆極土木之美. 而永寧尤盛, 有金像高丈八者一, 如中人者十, 玉像二. 爲九層浮圖, 掘地築基, 下及黃泉; 浮圖高九十丈, 上刹復高十丈, 每夜靜, 鈴鐸聲聞十里. 佛殿如太極殿, 南門如端門. 僧房千間, 珠玉錦繡, 駭人心目. 自佛法入中國, 塔廟之盛, 未之有也. 揚州刺史李崇上表, 以爲「高祖遷都垂三十年, 明堂未脩, 太學荒廢, 城闕府寺頗亦頹壞, 非所以追隆堂構, 儀刑萬國者也. 今國子雖有學官之名, 而無教授之實, 何異兔絲·燕麥, 南箕·北斗! 事不兩興, 須有進退, 宜罷尚方雕靡之作, 省永寧土木之功, 減瑤光材瓦之力, 分石窟鐫琢之勞, 及諸事役非急者, 於三時農隙脩此數條, 使國容嚴顯, 禮化興行, 不亦休哉!」太后優令答之, 而不用其言".

7 『資治通鑑』, 卷149 「梁紀」5 武帝天監十八年五月條, p. 4647, "魏自永平以來, 營明堂·辟雍, 役者多不過千人, 有司復借以脩寺及供他役, 十餘年竟不能成. 起部郎源子恭上書, 以爲 '廢經國之務, 資不急之費, 宜徹減諸役, 早圖就功, 使祖宗有嚴配之期, 蒼生有禮樂之富.' 詔從之, 然亦不能成也".

8 『通典·禮典』(杜佑 撰, 王文錦 外 點校, 北京: 中華書局, 1988), 卷44 「沿革四·吉禮三」, pp. 1221~1222, "遷洛之後, 宣武·永平·延昌中, 欲建明堂, 而論者或云五室, 或云九室, 值代亂不成, 宗配之禮迄無所說".

9 『魏書』, 卷108之2 「禮志」2, p. 2767, "初, 世宗永平·延昌中, 欲建明堂. 而議者或云五室, 或云九室, 頻屬年饑, 遂寢. 至是復議之, 詔從五室. 及元叉執政, 遂改營九室. 值世亂不成, 宗配之禮, 迄無所設".

10 『魏書』, 卷181 「禮志」1, p. 2747, "[太和十四年]四月, 經始明堂, 改營太廟".

11 『魏書』, 卷19中「景穆十二王·任城王雲傳附澄傳」, p. 471, "澄表曰: '臣參訓先朝, 藉規有日, 前言舊軌, 頗亦聞之. 又昔在恒代, 親習皇宗, 熟祕序疑庭無闕日. 臣每於侍坐, 先帝未常不以書典在懷, 禮經爲事, 周旋之則, 不輟於時. 自鳳擧中京, 方隆禮教, 宗室之範, 每蒙委及, 四門之選, 負荷銓量. 自先皇升遐, 未遑修述, 學宮虛荷四門之名, 宗人有闕四時之業, 靑衿之緖, 於玆將廢. 臣每惟其事, 竊所傷懷. 伏惟聖略宏遠, 四方罕務, 宴安之辰, 於是乎在. 何爲太平之世, 而令子衿之歎興焉; 聖明之日, 而使宗人之訓闕焉. 愚謂可勅有司, 修復皇宗之學, 開闢四門之教, 使將落之族, 日就月將.' 詔曰: '胄子崇業, 自古盛典, 國均之訓, 無應久廢, 尙書更可量宜修立.' 澄又表母疾解州任, 不聽".

12 『魏書』, 卷56「鄭羲傳附道昭傳」, pp. 1240~1241, "遷國子祭酒, 道昭表曰: '臣竊以爲: 崇治之道, 必也須才; 養才之要, 莫先於學. 今國 子學堂房粗置, 弦誦闕爾. 城南太學, 漢魏石經, 丘墟殘毁, 藜藿蕪穢, 遊兒牧豎, 爲之歎息, 有情之輩, 實亦悼心, 況臣親司, 而不言露. 伏願天慈回神紆眄, 賜垂鑒察. 若臣微意, 萬一合允, 求重敕尙書·門下, 考論營制之模, 則五雍可翹立而興, 毁銘可不日而就. 樹舊經於帝京, 播茂範於不朽. 斯有天下者之美業也.' 不從".

13 董省非, 「略論北魏統治中原的幾個問題」, ≪浙江學刊≫, 1986-6(1986), p. 107.

14 『魏書』, 卷113「官氏志」, p. 3006, "又命疏屬曰車焜氏, 後改爲車氏. 凡與帝室爲十姓, 百世不通婚. 太和以前, 國之喪葬祠禮, 非十族不得與也. 高祖革之, 各以職司從事".

15 康樂, 『從西郊到南郊』, pp. 166~280; 高賢棟, 「北魏孝文帝時期的禮制建設」, pp. 453左~455左.

16 『魏書』, 卷11「出帝紀」, pp. 281~282, "中興二年夏四月, 安定王自以疏遠, 未允四海之心, 請遜大位. 齊獻武王與百僚會議, 僉謂高祖不可無後, 乃共奉王. 戊子, 卽帝位於東郭之外, 入自東陽·雲龍門, 御太極前殿, 羣臣朝賀".

17 『北史』, 卷5「孝武帝紀」, p. 170, "卽位于東郭之外, 用代都舊制, 以黑氈蒙七人, [高]歡居其一, 帝於氈上西向拜天訖, 自東陽·雲龍門入".

18 逯耀東, 「北魏前期的文化與政治形態」, pp. 64~65.

19 『資治通鑑』, 卷155「梁紀」十一 武帝中大通四年條, p. 4824, "戊子, 孝武帝卽位於東郭之外, 用代都舊制, 以黑氈蒙七人, 歡居其一, 帝於氈上西向拜天畢, 入御太極殿, 群臣朝賀, 升閶闔門大赦, 改元太昌".

20 『資治通鑑』, 卷155「梁紀」十一 武帝中大通四年條胡註, p. 4824, "魏自孝文帝用夏變夷, 宣武·孝明卽位皆用漢·魏之制, 今復用夷禮".

21 『魏書』, 卷8「世宗紀」, p. 191, "[太和]二十三年夏四月丁巳, 卽皇帝位于魯陽, 大赦天下".

22 『魏書』, 卷9「肅宗紀」, p. 221, "[延昌]四年春正月丁巳夜, 卽皇帝位. 戊午, 大赦天下".

23 呂一飛, 『胡族習俗與隋唐風韻』, p. 210.

24 馬長壽, 『烏桓與鮮卑』(上海: 上海人民出版社, 1962), p. 255.

25 呂一飛, 『胡族習俗與隋唐風韻』, pp. 211~212.

26 『北史』, 卷13「后妃上·魏·宣武靈皇后胡氏傳」, p. 503, "太后以明帝沖幼, 未堪親祭, 欲傍周禮夫人與君交獻之義, 代行祭禮. 禮官博議以爲不可, 而太后欲以幃幔自鄣, 觀三公行事. 重問侍中崔光, 光便據漢和熹鄧后薦祭故事. 太后大悅, 遂攝行初祀"; 『魏書』, 卷13補「皇后·宣武靈皇后胡氏傳」, p. 338.

27 『北史』, 卷13「后妃上·魏·宣武靈皇后胡氏傳」, p. 504, "太后父薨, 百僚表請公除, 太后不許. 尋幸永寧寺, 親建刹於九級之基, 僧尼士女赴者數萬人. 及改葬文昭高后, 太后不欲令明帝主事, 乃自爲喪主, 出至終寧陵, 親奠遺事, 還哭於太極殿, 至於訖事, 皆自主焉";『魏書』, 卷13補「皇后 · 宣武靈皇后胡氏傳」, p. 338.

28 李書吉,『北朝禮制法系硏究』, p. 51.

29 『魏書』, 卷108之1「禮志」1, p. 2735, "太祖初, 有兩彗星見, 劉后使占者占之, 曰: '祈之則當掃定天下.' 后從之, 故立其祀. 又立ㅁㅁ神十二, 歲一祭, 常以十一月, 各用牛一 · 雞三. 又立王神四, 歲二祭, 常以八月 · 十月, 各用羊一. 又置獻明以上所立天神四十所, 歲二祭, 亦以八月 · 十月. 神尊者以馬, 次以牛, 小以羊, 皆女巫行事";『魏書』, 卷108之1「禮志」1, p. 2736, "天賜二年夏四月, 復祀天于西郊, 爲方壇一, 置木主七於上. 東爲二陛, 無等; 周垣四門, 門各依其方色爲名. 牲用白犢 · 黃駒 · 白羊各一. 祭之日, 帝御大駕, 百官及賓國諸部大人畢從至郊所. 帝立青門內近南壇西, 內朝臣皆位於帝北, 外朝臣及大人咸位於青門之外, 后率六宮從黑門入, 列於青門內近北, 並西面. 廩犧令掌牲, 陳於壇前. 女巫執鼓, 立於陛之東, 西面. 選帝之十族子弟七人執酒, 在巫南, 西面北上. 女巫升壇, 搖鼓. 帝拜, 后肅拜, 百官內外盡拜. 祀訖, 復拜. 拜訖, 乃殺牲. 執酒七人西向, 以酒灑天神主, 復拜, 如此者七. 禮畢而返. 自是之後, 歲一祭".

30 『魏書』, 卷19中「景穆十二王中 · 任城王雲傳附順傳」, pp. 482~483, "靈太后頗事妝飾, 數出遊幸. [元]順面諍曰: '禮, 婦人夫喪, 自稱未亡人, 首去珠玉, 衣不被綵. 陛下母臨天下, 年垂不惑, 過甚修飾, 何以示後世?' 靈太后慚而不出. 還入宮, 責[元]順曰: '千里相徵, 豈欲紅中見辱也!」[元]順曰:「陛下盛服炫容, 不畏天下所笑, 何收臣之一言乎?'"

31 『資治通鑑』, 卷150「梁紀」6 武帝普通六年四月條, p. 4697, "太后頗事粧飾, 數出遊幸, 元順面諫曰: '禮, 婦人夫沒自稱未亡人, 首去珠玉, 衣不文采. 陛下母臨天下, 年垂不惑, 脩飾過甚, 何以儀刑後世!' 太后慚而還宮, 召[元]順, 責之曰: '千里相徵, 豈欲衆中見辱邪!' [元]順曰: '陛下不畏天下之笑, 而恥臣之一言乎!'"

32 『魏書』, 卷21上「獻文六王上 · 趙郡王幹傳附謐傳」, p. 543, "謐在母喪, 聽音聲飲戲, 爲御史中尉李平所彈. 遇赦, 復封".

제2부 북위 후기 낙양의 호속

제8장 북위 후기 낙양 호인들의 생활

1 『제민요술』에 나오는 육식 가공 방법은 王玲,「≪齊民要術≫與北朝胡漢飮食文化的融合」, ≪中國農史≫, 2005-4(2005), pp. 13~19 참조.

2 장징,『공자의 식탁』, 박해순 옮김(뿌리와이파리, 2002), 97~125쪽.

3 북위 황제의 순행은 佐藤智水,「北魏皇帝の行幸について」; 崔珍烈,「北魏 皇帝 巡幸의 統計的 性格: 巡幸頻度 · 巡幸期間 · 순행활동의 통계적 분석을 중심으로」, ≪中國古中世史硏究≫, 제26집(2011), 119~156쪽; 崔珍烈,『북위황제 순행과 호한사회』(서울대학교출판문화원, 2011), 57~142쪽 참조.

4 『南齊書』, 卷45「始安貞王道生傳附遙昌傳」, pp. 792~793, "二年, 虜主元宏寇壽春, 遣使呼城內人, 遙昌遣參軍崔慶遠 · 朱選之詣宏. …… 宏設酒及羊炙雜果, ……"

5 『洛陽伽藍記』, 卷3「城南」報德寺條, p. 147, "[王]肅初入國, 不食羊肉及酪漿等物, 常飯鯽魚羹, 渴飮茗汁. …… 經數年已後, [王]肅與高祖殿會, 食羊肉酪粥甚多. 高祖怪之, 謂[王]肅曰: '卿中國之味也. 羊肉何如魚羹? 茗飮何如酪漿?' [王]肅對曰: '羊者是陸産之最, 魚者乃水族之長. 所好不同, 並各稱珍. 以味言之, 甚是羊比齊 · 魯大邦, 魚比邾 · 莒小國. 唯茗不中, 與酪作奴.'"

6 薛瑞澤, 「論北魏河洛地區的飮食」, ≪河南科技大學學報(社會科學版)≫, 30-5(2012), pp. 6左~6右.

7 『洛陽伽藍記』, 卷3 「城南」 報德寺條, p. 147, "[王]肅字公懿, 琅琊人也. …… 太和十八年, 背逆歸順".

8 崔珍烈, 「北魏後期 洛陽거주 胡人들의 생활과 문화」, 404~405쪽.

9 張承宗·魏向東, 「魏晉南北朝飮食風俗硏究」, 中國魏晉南北朝史學會 大同平城北朝硏究會 編, 『北朝硏究』 1(北京: 北京燕山出版社, 1999), pp. 345~346; 逯耀東, 「≪崔氏食經≫的歷史與文化意義」, 「從平城到洛陽: 拓跋魏文化轉變的歷程」(北京: 中華書局, 2006), pp. 121~122; 翟景雲, 「略論北魏前期音樂及其影響」, ≪樂府學≫, 4(2009), p. 34.

10 『魏書』, 卷19上 「景穆十二王·京兆王子推傳附太興傳」, pp. 443~444, "初, 太興遇患, 請諸沙門行道, 所有資財, 一時布施, 乞求病愈, 名曰'散生齋'. 及齋後, 僧皆四散, 有一沙門方云乞齋餘食. 太興戲之曰: '齋食旣盡, 唯有酒肉.' 沙門曰: '亦能食之.' 因出酒一斗, 羊脚一隻, 食盡猶言不飽. 及辭出後, 酒肉俱在, 出門追之, 無所見. 太興遂佛前乞願, 向者之師當非俗人, 若此病得差, 卽捨王爵入道. 未幾便愈, 遂請爲沙門, 表十餘上, 乃見許".

11 薛瑞澤, 「論北魏河洛地區的飮食」, p. 6左.

12 『魏書』, 卷19上 「景穆十二王·濟陰王小新成傳附暉業傳」, p. 448, "暉業以時運漸謝, 不復圖全, 唯事飮啗, 一日三羊, 三日一犢".

13 『魏書』, 卷110 「食貨志」, p. 2861, "有司又奏內外百官及諸蕃客稟食及肉悉二分減一, 計終歲省肉百五十九萬九千八百五十六斤, 米五萬三千九百三十二石".

14 張敏, 「北魏前期農牧關係的演變」, ≪許昌學院學報≫, 24-4(2005), p. 39左.

15 崔珍烈, 「北魏後期 洛陽거주 胡人들의 생활과 문화」, 406쪽.

16 『洛陽伽藍記』, 卷3 「城南」 勸學里正覺寺條, p. 148, "彭城王謂[王]肅曰: '卿不重齊魯大邦, 而愛邾莒小國.' [王]肅對曰: '鄕曲所美, 不得不好.' 彭城王重謂曰: '卿明日顧我, 爲卿設邾莒之食, 亦有酪奴.' 因此復號茗飮爲酪奴".

17 趙海麗, 「"魚文化"與"羊文化": ≪洛陽伽藍記≫所述南北朝文化衝突與交融探論」, ≪理論學刊≫, 152(2006), pp. 103左~104左.

18 張承宗·魏向東, 「魏晉南北朝飮食風俗硏究」, pp. 345~346.

19 『洛陽伽藍記』, 卷3 「城南」 勸學里正覺寺條, p. 148, "自是朝貴讌會, 雖設茗飮, 皆置不復食, 唯江表殘民遠來降者好之".

20 崔珍烈, 「北魏後期 洛陽거주 胡人들의 생활과 문화」, 405~406쪽.

21 『魏書』, 卷94 「閹官·王琚傳」, p. 2015, "後降爵爲公, 扶老自平城從遷洛邑. 高祖以其朝舊, 遣左右勞問之. 琚附表自陳初至家多乏, 蒙賜帛二百匹. 常飮牛乳, 色如處子".

22 같은 글, p. 2015, "王琚, 高平人, 自云本太原人".

23 王曉衛, 「論北魏文明太后的族屬及所受敎育」, ≪歷史敎學≫, 1998-1(1998), pp. 13右~14左.

24 薛瑞澤, 「論北魏河洛地區的飮食」, p. 6左.

25 『太平御覽』[李昉 等 撰, 北京: 中華書局, 1960(1998重印)], 卷861 「飮食部·漿」 引『西魏書』, p. 10前

(3827下), "又曰咸陽王禧謀逆被擒, 送華林都亭, 着千斤錢格·鏁格, 羽林掌衛之時, 熱甚, 禧渴悶垂死, 勅斷水漿. 侍中崔光令左右送酪漿升餘, 禧一飮而盡".

26 『魏書』, 卷9「肅宗紀」正光四年條, p. 234, "[二月己卯] 以蠕蠕主阿那瓌率衆犯塞, 遣尙書左丞元孚兼尙書, 爲北道行臺, 持節喩之. 夏四月, 阿那瓌執元孚, 驅掠畜牧北遁. 甲申, 詔驃騎大將軍·尙書令李崇, 中軍將軍·兼尙書右僕射元纂率騎十萬討蠕蠕, 出塞三千餘里, 不及而還".

27 『魏書』, 卷18「太武五王·臨淮王譚傳附孚傳」, p. 426, "孚持白虎幡勞阿那瓌於柔玄·懷荒二鎭間. 阿那瓌衆號三十萬, 陰有異意, 遂拘留孚, 載以轀車, 日給酪一升, 肉一段".

28 『北史』, 卷98「蠕蠕傳」, pp. 3260~3261, "[正光]二年正月, 阿那瓌等五十四人請辭, 明帝臨西堂, 引見阿那瓌及其叔伯兄弟五人, 升階賜坐, 遣中書舍人穆弼宣勞. 阿那瓌等拜辭, 詔賜阿那瓌細明光人馬鎧二具, 鐵人馬鎧六具; 露絲銀纏槊二張幷白毦, 赤漆槊十張幷白毦, 黑漆槊十張幷幡, 露絲弓二張幷箭, 朱漆柘弓六張幷箭, 黑漆弓十張幷箭; 赤漆楯六幡幷刀, 黑漆盾六幡幷刀; 赤漆鼓角二十具; 五色錦被二領, 黃紬被褥三十具; 私府繡袍一領幷帽, 內者緋納襖一領·緋袍二十領幷帽, 內者雜綵千段; 緋納小口袴褶一具內中宛具, 紫納大口袴褶一具內中宛具, 百子帳十八具, 黃布幕六張; 新乾飯一百石, 麥麨八石, 榛麨五石; 銅烏錥四枚, 柔鐵烏錥二枚各受二斛, 黑漆竹榼四枚各受二升, 婢二口, 父草馬五百疋, 駝百二十頭, 牸牛一百頭, 羊五千口; 朱畫盤器十合; 粟二十萬石. 至鎭給之"; 『魏書』, 卷103補「蠕蠕傳」, p. 2300.

29 崔珍烈, 「北魏後期 洛陽거주 胡人들의 생활과 문화」, 406~407쪽.

30 逯耀東, 「≪崔氏食經≫的歷史與文化意義」, p. 124.

31 『魏書』, 卷93「恩倖·侯剛傳」, p. 2004, "本出寒微, 少以善於鼎俎, 進飪出入. 久之, 拜中散, 累遷冗從僕射·嘗食典御. …… 稍遷奉車都尉·右中郎將·領刀劍左右, 加游擊將軍·城門校尉. 遷武衛將軍, 仍領典御, 又加通直散騎常侍".

32 같은 글, p. 2005, "於是令曰: 「[侯]剛自太和進食, 遂爲典御, 歷兩都·三帝·二太后, 將三十年, 至此始解".

33 崔珍烈, 「北魏後期 친위부대의 정치개입과 그 배경」, 296~302쪽.

34 姚薇元, 『北朝胡姓考』, p. 87.

35 逯耀東, 「≪崔氏食經≫的歷史與文化意義」, pp. 124~125.

36 崔珍烈, 「北魏後期 洛陽거주 胡人들의 생활과 문화」, 407~409쪽.

37 장징, 『공자의 식탁』, 97~103쪽; 王玲, 「≪齊民要術≫與北朝胡漢飮食文化的融合」, pp. 13~19.

38 逯耀東, 「≪崔氏食經≫的歷史與文化意義」, pp. 123~126.

39 崔珍烈, 「北魏後期 北邊 胡人의 胡俗 유지와 그 영향: 雁臣과 洛陽 胡俗의 관계를 중심으로」, ≪人文學研究≫, 22(2014), 169~171쪽.

40 『魏書』, 卷44「宇文福傳」, p. 1000, "時仍遷洛, 敕[宇文]福檢行牧馬之所. [宇文]福規石濟以西·河內以東, 拒黃河南北千里爲牧地".

41 張承宗·魏向東, 「魏晉南北朝飮食風俗研究」, p. 346; 朱大渭, 「北魏的國營畜牧業經濟」, 『六朝史論』, 北京: 中國社會科學出版社, 2005, p. 348; 薛瑞澤, 「論北魏河洛地區的飮食」, 5右.

42 周一良, 「馬場」, 『周一良集』, 第貳卷魏晉南北朝史札記(瀋陽: 遼寧教育出版社, 1998), pp. 565~566.

43 崔珍烈, 「北魏後期 洛陽거주 胡人들의 생활과 문화」, 409~410쪽; 崔珍烈, 『북위황제 순행과 호한사회』, 466쪽.

44 『資治通鑑』, 卷144「齊紀」和帝中興元年夏四月條, p. 4487, "會[宣武]帝出獵北邙, [元]禧與其黨會城西小宅, 欲發兵襲帝, 使長子[元]通竊入河內擧兵相應. 乞伏馬居說[元]禧, '還入洛城, 勒兵閉門, 天子必北走桑乾, 殿下可斷河橋, 爲河南天子'".

45 崔珍烈, 「北魏後期 洛陽거주 胡人들의 생활과 문화」, 410쪽.

46 『魏書』, 卷22「孝文五王 · 京兆王愉傳」, p. 589, "世宗每日華林戲射, 衣衫騎從, 往來無間".

47 『魏書』, 卷58「楊播傳附昱傳」, p. 1291, "子[楊]昱, 字元晷. 起家廣平王[元]懷左常侍, [元]懷好武事, 數出遊獵, [楊]昱每規諫".

48 周一良, 「馬埸」, pp. 565~566.

49 『魏書』, 卷11「出帝紀」永熙元年九月己酉條, p. 285, "復田于北原"; 『魏書』, 卷11「出帝紀」永熙二年十二月丁巳條, p. 289, "車駕狩於嵩陽"; 『魏書』, 卷11「出帝紀」永熙三年二月辛巳條, p. 289, "幸洪池陂, 遂遊田".

50 『魏書』, 卷12「孝靜帝紀」天平二年十二月壬午條, p. 299, "車駕狩于鄴東"; 『魏書』, 卷12「孝靜帝紀」天平三年冬十月癸亥條, p. 305, "車駕狩于西山"; 『魏書』, 卷12「孝靜帝紀」無情元年冬十一月甲午條, p. 306, "車駕狩于西山"; 『魏書』, 卷12「孝靜帝紀」無情元年春正月記事條, p. 306, "車駕蒐于邯鄲之西山".

51 崔珍烈, 「北魏後期 洛陽거주 胡人들의 생활과 문화」, 410~411쪽.

52 『北齊書』, 卷28「元坦傳」, p. 383, "元坦 祖魏獻文皇帝 咸陽王禧第七子".

53 같은 글, p. 384, "性好畋漁, 無日不出, 秋冬獵雉免, 春夏捕魚蟹, 鷹犬常數百頭. 自言寧三日不食, 不能一日不獵".

54 『魏書』, 卷21上「獻文六王 · 廣陵王羽傳附欣傳」, p. 551, "恭兄欣, 字慶樂. 性粗率, 好鷹犬".

55 黎虎, 「北魏前期的狩獵經濟」, 『魏晋南北朝史論』(北京: 學苑出版社, 1999), pp. 154~157; 崔珍烈, 『北魏皇帝의 巡幸 硏究』, 65~71쪽.

56 崔珍烈, 「北魏後期 洛陽거주 胡人들의 생활과 문화」, 411~412쪽.

57 『魏書』, 卷8「世宗紀」景明三年條, pp. 194~195, "九月正史, 車駕行幸鄴. …… 戊寅, 閱武於鄴南. 帝親射, 遠及一里五十步, 羣臣勒銘於射所".

58 『魏書』, 卷5「高宗紀」和平二年條, p. 119, "二月辛卯, 行幸中山. 丙午, 至于鄴, 遂幸信都. 三月, 劉駿遣使朝貢. 輿駕所過, 皆親對高年, 問民疾苦. 詔民年八十以上, 一子不從役. 靈丘南有山, 高四百餘丈. 乃詔群官仰射山峰, 無能踰者. 帝彎弧發矢, 出山三十餘丈, 過山南二百二十步, 遂刊石勒銘. 是月, 發幷 · 肆州五千人治河西獵道. 辛巳, 輿駕還宮".

59 『資治通鑑』, 卷148「梁紀」武帝天監十七年條, p. 4636, "[張]普惠又以魏主好遊騁苑囿, 不親視朝, 過崇佛法, 郊廟之事多委有司, 上疏切諫 ……"

60 『洛陽伽藍記』, 卷5「城北」禪虛寺條, p. 247, "寺在大夏門御道西. 寺前有閱武場, 歲終農隙, 甲士習戰, 千乘萬騎, 常在於此. 有羽林馬僧相善觝角戲, 擲戟與百尺樹齊等; 虎賁張車渠擲刀出樓一丈. 帝亦觀戲在樓, 恒令二人對爲角戲". 호분 장차거는 호태후의 복권을 위해 호태후의 종자 호승경과 함께 당시 실력자 원차를 죽이려 했던 인물이므로(『北史』, 卷13「后妃上 · 魏 · 宣武靈皇后胡氏傳」, p. 504, "其後太后從子都統僧敬與備身左右張車渠等數十人謀殺叉, 復奉太后臨朝. 事不克, 僧敬坐徙邊, 車渠等死, 胡氏多免黜"; 『魏書』, 卷13補「皇后 · 宣武靈皇后胡氏傳」, p. 339) 원문의 '帝'는 효명제이다.

61 崔珍烈,「北魏後期 洛陽거주 胡人들의 생활과 문화」, 412~413쪽.

62 『北史』, 卷13「后妃上·魏·宣武靈皇后胡氏傳」, pp. 503~504, "幸西林園法流堂, 命侍臣射, 不能者罰之. 又自射針孔, 中之. 大悅, 賜左右布帛有差";『魏書』, 卷13補「皇后·宣武靈皇后胡氏傳」, p. 338.

63 崔珍烈,「北魏後期 洛陽거주 胡人들의 생활과 문화」, 413쪽.

64 逯耀東,「北魏前期的文化與政治形態」, pp. 67~69; 崔珍烈,「北魏 平城時代 胡人들의 생활과 습속」, 312~317쪽.

65 『魏書』, 卷109「樂志」, p. 2828, "太和初, 高祖垂心雅古, 務正音聲. 時司樂上書, 典章有闕, 求集中祕羣官議定其事, 幷訪吏民, 有能體解古樂者, 與之修廣器數, 甄立名品, 以諧八音. 詔'可'. 雖經衆議, 於時卒無洞曉聲律者, 樂部不能立, 其事彌缺. 然方樂之制及四夷歌舞, 稍增列于太樂".

66 『北史』, 卷13「后妃上·魏·文成文明皇后馮氏傳」, p. 496, "太后曾與孝文幸靈泉池, 宴羣臣及蕃國使人·諸方渠帥, 各令爲其方舞".

67 『隋書』, 卷14「音樂志」中, pp. 313~314, "齊神武霸跡肇創, 遷都于鄴, 猶曰人臣, 故咸遵魏典. 及文宣初禪, 尙未改舊章. …… 其後將有創革, 尙藥典御祖珽自言, 舊在洛下, 曉知舊樂. 上書曰: '魏氏來自雲·朔, 肇有諸華, 樂操土風, 未移其俗. 至道武帝皇始元年, 破慕容寶于中山, 獲晉樂器, 不知采用, 皆委棄之. 天興初, 吏部郎鄧彥海, 奏上廟樂, 創制宮懸, 而鍾管不備. 樂章既闕, 雜以簸邏迴歌. 初用八佾, 作皇始之舞. 至太武帝平河西, 得沮渠蒙遜之伎, 賓嘉大禮, 皆雜用焉. 此聲所興, 蓋苻堅之末, 呂光出平西域, 得胡戎之樂, 因又改變, 雜以秦聲, 所謂秦漢樂也. 至永熙中, 錄尙書長孫承業, 共臣先人太常卿瑩等, 斟酌繕修, 戎華兼采, 至於鍾律, 煥然大備. 自古相襲, 損益可知, 今之創制, 請以爲準'".

68 『太平御覽』, 卷584「樂部」角條, "角長五尺, 形如竹筒, 本細末稍大, 未詳所起, 今鹵簿及軍中用之. …… 此器俗名拔邏回, 蓋胡虜警軍之音, 所以書傳無之, 海內亂離, 至侯景圍臺城, 方用之也".

69 『隋書』, 卷15「音樂志」下, p. 383, "大角, 第一曲起捉馬, 第二曲被馬, 第三曲騎馬, 第四曲行, 第五曲入陣, 第六曲收軍, 第七曲下營, 皆以三通爲一曲, 其辭並本之鮮卑".

70 呂一飛,『胡族習俗與隋唐風韻』, 1994, pp. 166~167.

71 張志忠,「大同北魏彩繪樂俑鑑賞」, ≪收藏家≫, 2008-12(2008), p. 13中.

72 『北史』, 卷48「尒朱榮傳」, p. 1762, "[尒朱]榮雖威名大振, 而擧止輕脫, 正以馳射爲伎藝, 每入朝見, 更無所爲, 唯戲上下馬. 於西林園宴射, 恒請皇后出觀, 幷召王公妃主, 共在一堂. 每見天子射中, 輒自起舞叫, 將相卿士, 悉皆盤旋, 乃至妃主婦人, 亦不免隨之擧袂. 及酒酣耳熱, 必自匡坐唱虜歌, 爲樹梨普梨之曲. 見臨淮王彧從容閑雅, 愛尙風素, 固令爲敕勒舞. 日暮罷歸, 便與左右連手蹋地, 唱廻波樂而出".

73 『魏書』, 卷74「尒朱榮傳」, p. 1644, "父[尒朱]新興, 太和中, 繼爲酋長. …… 及遷洛後, 特聽冬朝京師, 夏歸部落".

74 朱大渭 外,『魏晉南北朝社會生活史』, p. 377.

75 呂一飛,『胡族習俗與隋唐風韻』, pp. 180~182.

76 崔珍烈,「北魏後期 洛陽거주 胡人들의 생활과 문화」, 413~415쪽.

77 郭晝曉,「洛陽北魏彩繪陶俑」, pp. 5右~6左.

78 같은 글, p. 6左.

79 郭晝曉,「洛陽北魏彩繪陶俑」, p. 6右; 劉航宇,「北魏楊機墓出土文物賞介」, p. 27右.

80 劉航宇, 「北魏楊機墓出土文物賞介」, p. 27右.

81 高西省·葉四虎, 「北魏楊機墓陶俑的藝術特色」, pp. 32左~32右.

82 郭畵曉, 「洛陽北魏彩繪陶俑」, p. 7左.

83 『北史』, 卷48 「尒朱榮傳附文暢傳」, p. 1763, “與丞相司馬任胄 · 主簿李世林 · 都督鄭仲禮 · 房子遠等相狎, 外示盃酒交, 而潛謀害齊神武. 自魏氏舊俗, 以正月十五日夜爲打簇戲, 能中者卽時賞帛. [任]胄令[鄭]仲禮藏刀於袴中, 因神武臨觀, 謀竊發, 事捷, 共奉[尒朱]文暢. 爲任氏家客薛季孝所告. 以姊寵, 止坐[尒朱]文暢一房. [尒朱]文暢死時年十八”.

84 『魏書』, 卷12補 「孝靜帝紀」 天平四年條, p. 301, “四年春正月, 禁十五日相偸戲”.

85 『資治通鑑』, 卷159 「梁紀」15 武帝大同十一年條, p. 4925, “東魏儀同爾朱文暢與丞相司馬任胄 · 都督鄭仲禮等, 謀因正月望夜觀打簇戲作亂(胡注: 北史曰: 魏氏舊俗, 以正月十五夜爲打簇戲, 能中者卽時賞帛. 按魏書, 孝靜天平四年, 春, 正月, 禁打簇相偸戲. 蓋此禁尋弛也), 殺丞相歡, 奉文暢爲主; 事泄, 皆死. 文暢, 榮之子也; 其姊, 敬宗之后, 及仲禮姊大車, 皆爲歡妾, 有寵, 故其兄弟皆不坐”.

86 呂一飛, 『胡族習俗與隋唐風韻』, p. 217.

87 崔珍烈, 「北魏後期 洛陽거주 胡人들의 생활과 문화」, 415~416쪽.

88 呂一飛, 『胡族習俗與隋唐風韻』, pp. 217~219.

89 崔珍烈, 「北魏後期 洛陽거주 胡人들의 생활과 문화」, 416~417쪽.

90 朴漢濟, 「五胡赫連夏國의 도시 統萬城의 選址와 그 구조: 一胡族國家의 都城經營方式」, ≪東洋史學研究≫, 69(2000), 107~108쪽, 특히 108쪽의 주 161과 주 162 참조.

91 陳烈, 「遼代部族軍考」, 赤峰: 『昭烏達師專學報·漢文哲社版』 1992-1(1992)(復印報刊資料 宋遼金元史 K23 1992-3), pp. 78~79.

92 『魏書』, 卷113 「官氏志」, pp. 3006~3014.

93 『宋書』, 卷74 「臧質傳」, p. 1912, “[拓跋]燾與質書曰, ‘吾今所遣鬪兵, 盡非我國人, 城東北是丁零與胡, 南是三秦氐 · 羌. 設使丁零死者, 正可減常山 · 趙郡賊; 胡死, 正減幷州賊; 氐 · 羌死, 正減關中賊. 卿若殺丁零 · 胡, 無不利’”.

94 譚其驤 主編, 『中國歷史地圖集』 第四冊(東晉十六國·南北朝時期)(北京: 地圖出版社, 1982), pp. 27~28.

95 『魏書』, 卷19中 「任城王雲傳附澄傳」, p. 475, “時四中郎將兵數寡弱, 不足以襟帶京師, 澄奏宜以東中帶滎陽郡, 南中帶魯陽郡, 西中帶恒農郡, 北中帶河內郡, 選二品 · 三品親賢兼稱者居之, 省非急之作, 配以爲兵, 如此則深根固本 · 强幹弱枝之義也. 靈太后初將從之, 後議者不同, 乃止”.

96 崔珍烈, 「北魏後期 洛陽거주 胡人들의 생활과 문화」, 418~419쪽.

97 呂一飛, 『胡族習俗與隋唐風韻』, pp. 209~210.

98 趙翼, 『廿二史箚記』, 卷14 「後魏以鑄像卜休咎」, p. 301.

99 『北史』, 卷13 「后妃上·魏·道武皇后慕容氏傳」, p. 492, “道武皇后慕容氏, 寶之季女也. 中山平, 入充掖庭, 得幸. 左丞相·衛王儀等奏請立皇 后, 帝從儀, 令后鑄金人成, 乃立之”; 『魏書』, 卷13補 「皇后·道武皇后慕容氏傳」, p. 325.

100 『北史』, 卷13 「后妃上·魏·明元昭哀皇后姚氏傳」, p. 493, “明元昭哀皇后姚氏, 姚興女西平長公主也. 明元以后禮納之, 後爲夫人. 后以鑄金人不成, 未升尊位, 然帝寵禮如后. 是後猶欲正位, 后謙不當. 泰常五年, 薨, 帝追恨之, 贈皇后璽綬而加謚焉. 葬雲中金陵";『魏書』, 卷13補「皇后·明元昭哀皇后姚氏傳」, p. 325.

101 『魏書』, 卷74「尒朱榮傳」, p. 1647,「榮抗表之始, 遣從子天光 · 親信奚毅及倉頭王相入洛, 與從弟世隆密議廢立. 天光乃見莊帝, 具論榮心, 帝許之. 天光等還北, 榮發晉陽. 猶疑所立, 乃以銅鑄高祖及咸陽王禧等六王子孫像, 成者當奉爲主, 惟莊帝獨就」.

102 『資治通鑑』, 卷152「梁紀」武帝大通二年三月條, pp. 4742~4743, "有朝士百餘人後至 榮復以胡騎圍之 令曰 '有能爲禪文者免死.' 侍御史趙元則出應募 遂使爲之. 榮又令其軍士言, '元氏旣滅 爾朱氏興.' 皆稱萬歲. 榮又遣數十人拔刀向行宮 帝與無上王劭,始平王子正俱出帳外. 榮先遣并州人郭羅刹,西部高車叱列殺鬼侍帝側 詐言防衛 抱帝入帳 餘人卽殺劭及子正 又遣數十人遷帝於河橋 置之幕下".

103 『北史』, 卷6「齊本紀」上 高祖紀, p. 211, "旣而[尒朱]榮以神武爲親信都督. 于時魏明帝銜鄭儼 · 徐紇, 逼靈太后, 未敢制, 私使[尒朱]榮擧兵內向. [尒朱]榮以神武爲前鋒. 至上黨, 明帝又私詔停之. 及帝暴崩, [尒朱]榮遂入洛. 因將簒位, 神武諫恐不聽, 請鑄像卜之, 鑄不成, 乃止".

104 『魏書』, 卷74「尒朱榮傳」, p. 1648, "榮旣有異圖, 遂鑄金爲己像, 數四不成. 時幽州人劉靈助善卜占, 爲榮所信, 言天時人事必不可爾. …… 獻武王等曰: '未若還奉長樂, 以安天下.' 於是還奉莊帝".

105 『資治通鑑』, 卷152「梁紀」武帝大通二年 三月條, p. 4740, "爾朱榮與元天穆, 以彭城宣王有忠勳, 其子長樂王子攸, 素有令望, 欲立之. 又遣從子天光及親信奚毅,倉頭王相入洛, 與爾朱世隆密議. 天光見子攸, 具論榮心, 子攸許之. 天光等還晉陽, 榮有疑之, 乃以銅爲顯祖諸孫各鑄像, 有長樂像成(胡注: '魏人立后皆鑄像以卜之. 慕容氏謂冉閔以金鑄己像不成. 胡人鑄像以卜君 其來尙矣 故爾朱榮效之')".

106 呂一飛,『胡族習俗與隋唐風韻』, pp. 209~210; 邵麗坤 · 李薇,「拓跋鮮卑的鑄金人立后制度略探」, ≪東北史地≫, 2008-6(2008), pp. 55左~56右.

107 『晉書』, 卷110「慕容儁載記」, p. 2832, "及冉閔殺石祗, 僭稱大號, 遣其使人常煒聘於鄴. …… 裕曰:「又聞[冉]閔鑄金爲己象, 壞而不成, 奈何言有天命?」[常]煒曰:「…… 鑄形之事, 所未聞也」".

108 趙翼,『廿二史箚記』, 卷14「後魏以鑄像卜休咎」, p. 301.

109 『魏書』, 卷74「尒朱榮傳」, p. 1647, "師次河內, 重遣王相密來奉迎, 帝與兄彭城王劭 · 弟始平王子正於高渚潛渡以赴之. [尒朱]榮軍將士咸稱萬歲. 於時武泰元年四月九日也".

110 崔珍烈,「北魏後期 北邊 胡人의 胡俗 유지와 그 영향: 雁臣과 洛陽 胡俗의 관계를 중심으로」, ≪人文學研究≫, 22(2014) 참조.

111 崔珍烈,「北魏後期 洛陽거주 胡人들의 생활과 문화」, 419~422쪽.

112 李書吉,『北朝禮制法系硏究』, p. 190.

113 『魏書』, 卷111「刑罰志」, pp. 2876~2877, "高祖馭宇, 留心刑法. 故事, 斬者皆裸形伏質, 入死者絞, 雖有律, 未之行也. 太和元年, 詔曰: '刑法所以禁暴息姦, 絶其命不在裸形. 其參詳舊典, 務從寬仁.' …… 又詔曰: '民由化穆, 非嚴刑所制. 防之雖峻, 陷者彌甚. 今犯法至死, 同入斬刑, 去衣裸體, 男女媟見. 豈齊之以法, 示之以禮者也. 今具爲之制'".

114 『魏書』, 卷19下「景穆十二王下 · 安定王休傳附願平傳」, p. 519, "坐裸其妻王氏於其男女之前, 又强姦妻妹於妻母之側. 御史中丞侯剛案以不道, 處死, 絞刑, 會赦免, 黜爲員外常侍".

115 崔珍烈,「北魏後期 洛陽거주 胡人들의 생활과 문화」, 422~423쪽.

116 『北史』, 卷3「魏本紀·高祖孝文帝紀」太和十六年正月條, p. 107, "甲子, 詔罷袒裸".

117 呂一飛, 『胡族習俗與隋唐風韻』, p. 226.

118 『北史』, 卷24「王憲傳附昕傳」, p. 883, "武帝或時袒露, 與近臣戲狎, 每見[王]昕, 卽正冠而斂容焉".

119 崔珍烈, 「北魏後期 洛陽거주 胡人들의 생활과 문화」, 423~424쪽.

120 『北史』, 卷13「后妃·魏宣武靈皇后胡氏傳」, p. 503, "而椒庭之中, 以國舊制, 相與祈祝, 皆願生諸王·公主, 不願生太子".

121 崔珍烈, 「北魏後期 洛陽거주 胡人들의 생활과 문화」, 427쪽.

제9장 북위 황실과 호인의 이름

1 『南齊書』, 卷47「王融傳」, p. 819, "總錄則邽姓直勒渴侯"; 『宋書』, 卷95「索虜傳」, pp. 2355~2356, "使持節征南大將軍勃海王直懃天賜, 侍中尙書令安東大將軍始平王直懃渴言侯, 散騎常侍殿中尙書令安西將軍西陽王直懃蓋戶千, 領幽冀之衆七萬, 濱海而南".

2 『魏書』, 卷42「薛辯傳」, p. 942, "長子初古拔, 一曰車輅拔, 本名洪祚, 世祖賜名".

3 『周書』, 卷4「明帝紀」, p. 53, "世宗明皇帝諱毓, 小名統萬突".

4 『周書』, 卷5「武帝紀」, p. 63, "高祖武皇帝諱邕, 字禰羅突"

5 陳寅恪, 「北魏後期的漢化(孝文帝的漢化政策)」, pp. 258~260.

6 崔珍烈, 「北魏前期 胡語 사용 현상과 그 배경」, 214~216쪽; 崔珍烈, 『북위황제 순행과 호한사회』, 387~389, 390~394쪽; 崔珍烈, 「北魏 皇室 一族 이름의 중복 현상과 그 배경」, ≪人文學硏究≫, 제17집(2012), 152~153쪽.

7 羅新, 「北魏皇室制名漢化考」, pp. 139~143.

8 이상 姚薇元, 『北朝胡姓考』, pp. 401~415.

9 崔珍烈, 『북위황제 순행과 호한사회』, 388~389쪽; 崔珍烈, 「北魏 皇室 一族 이름의 중복 현상과 그 배경」, 153~154쪽.

10 본문에서 인용한 「태무제 동순비」의 원문은 羅新, 「跋北魏太武帝東巡碑」, p. 179 재인용.

11 羅新, 「跋北魏太武帝東巡碑」, pp. 180~182.

12 崔珍烈, 『북위황제 순행과 호한사회』, 390~391쪽; 崔珍烈, 「北魏 皇室 一族 이름의 중복 현상과 그 배경」, 154쪽.

13 山西省考古硏究所·靈丘縣文物局, 「山西靈丘北魏文成帝≪南巡碑≫」, pp. 72右~78左.

14 崔珍烈, 『북위황제 순행과 호한사회』, 391~392쪽; 崔珍烈, 「北魏 皇室 一族 이름의 중복 현상과 그 배경」, 154~155쪽.

15 『水經注』[段熙仲 點校, 陳橋驛 復校, 『水經注疏』(南京: 江蘇古籍出版社, 1989)], 卷13, p. 1157.

16 『北史』, 卷96「吐谷渾傳」, p. 3181.

17 『資治通鑑』, 卷120「宋紀」宋文帝元嘉三年條, p. 3789; 元嘉四年條, p. 3795.

18 羅新, 「高昌文書中的柔然政治名號」, 『中古北族名號硏究』, pp. 162~163.

19 羅新, 「論闕特勤之闕」, 『中古北族名號硏究』, p. 206.

20 같은 글, p. 212.

21 崔珍烈, 『북위황제 순행과 호한사회』, 393쪽; 崔珍烈, 「北魏 皇室 一族 이름의 중복 현상과 그 배경」, 155쪽.

22 何德章, 「北魏鮮卑族人名的漢化」, pp. 39~46; 羅新, 「北魏皇室制名漢化考」, pp. 137~149.

23 『魏書』, 卷19下 「景穆十二王下 · 章武王太洛傳」, p. 513; 『北史』, 卷18 『景穆十二王下 · 章武王太洛傳」, p. 675.

24 『魏書』, 卷19下 「景穆十二王下 · 章武王太洛傳附朗傳」, p. 515.

25 「魏故安西將軍銀靑光祿大夫元(朗)公之墓誌銘」, 『漢魏南北朝墓誌彙編』, pp. 201~203.

26 『魏書』, 卷19中 「景穆十二王中 · 任城王雲傳附朗傳」, p. 485; 『北史』, 卷18 『景穆十二王下 · 任城王雲傳附朗傳」, p. 666.

27 『魏書』, 卷15 「昭成子孫 · 常山王遵傳附昭傳」, p. 376; 『北史』, 卷15 「魏諸宗室 · 常山王遵傳附陪斤傳」, pp. 566~567; 「魏故使持節散騎常侍車騎大將軍儀同三司尙書左僕射冀州刺史元(昭)公墓誌銘」, 『漢魏南北朝墓誌彙編』, pp. 144~146.

28 『魏書』 卷15 「昭成子孫 · 常山王遵傳附紹傳」, p. 376; 『北史』, 卷15 「魏諸宗室 · 常山王遵傳附紹傳」, p. 567.

29 崔珍烈, 「北魏 皇室 一族 이름의 중복 현상과 그 배경」, 149~150쪽.

30 『北史』, 卷21 「崔宏傳」, p. 769, "崔宏 字玄伯, 淸河東武城人, 魏司空林之六世孫也"

31 『魏書』, 卷24 「崔玄伯傳」, p. 620, "崔玄伯, 淸河東武城人也, 名犯高祖廟諱, 魏司空林六世孫也".

32 『魏書』, 卷103 「匈奴宇文莫槐傳」, p. 2304, "莫槐虐用其民, 爲部人所殺, 更立其弟普撥爲大人. 普撥死, 子丘不勤立, 尙平文女. 丘不勤死, 子莫廆立, 本名犯太祖諱".

33 『南齊書』, 卷47 「王融傳」, 819, "總錄則邽姓直勒渴侯".

34 陳寅恪, 「北魏後期的漢化(孝文帝的漢化政策)」, p. 259.

35 『魏書』, 卷106下 「地形志」2 秦州 · 天水郡條, p. 2610, "上封(前漢屬隴西, 後漢屬漢陽, 晉屬. 犯太祖諱改. 有席水)".

36 『魏書』, 卷106下 「地形志」2 陝州 · 恒農郡條, p. 2631, "恒農郡(前漢置, 以顯祖諱, 改曰'恒')".

37 『魏書』, 卷61 「張讜傳」, p. 1369, "張讜, 字處言, 淸河東武城人也. 六世祖名犯顯祖諱, 晉長秋卿".

38 『魏書』, 卷95 「略陽氐呂光傳附纂傳」, p. 2086, "纂弟大司馬洪, 名犯顯祖諱, 以猜忌不容, 起兵攻纂, 纂殺之, 縱兵大掠".

39 崔珍烈, 「北魏 皇室 一族 이름의 중복 현상과 그 배경」, 144~148쪽, 〈표 1〉 北魏皇帝 同名 비교표.

40 『魏書』, 卷19下 「景穆十二王下 · 章武王太洛傳」, p. 513; 『北史』, 卷18 『景穆十二王下 · 章武王太洛傳」, p. 675.

41 『顔氏家訓』[顔之推 著, 王利器 撰 『顔氏家訓集解』(北京: 中華書局, 1996)(增補本)], 卷2 「風操」篇, p. 61, "禮云: '見似目瞿, 聞名深瞿.' 有所感觸, 惻愴心眼; 若在從容平常之地, 幸須申其情耳. 必不可避, 亦當忍之; 猶如伯叔兄弟, 酷類先人, 可得終身腸斷, 與之絶耶? 又: '臨文不諱, 廟中不諱, 君所無私諱.' 益知聞名, 須有消息, 不必期於顚沛而走也. 梁世謝擧, 甚有聲譽, 聞諱必哭, 爲世所譏. 又有臧逢世 · 臧嚴之子也, 篤學修行, 不墜門風; 孝元經牧江州, 遣往建昌督事, 郡縣民庶, 競修箋書, 朝夕輻輳, 几案盈積, 書有稱'嚴寒'者, 必對之流涕, 不省取記, 多廢公事, 物情怨駭, 竟以不辦而退. 此並過事也".

42 『禮記』 曲禮上, "君所無私諱, 謂臣言於君前, 不辟家諱, 尊無二, 臨文不諱, 爲其失事正; 廟中不諱, 爲有事於高祖, 則不諱曾祖以下, 尊無二也, 於下則諱上".

43 『魏書』, 卷76「盧同傳」, p. 1681, "盧同, 字叔倫, 范陽涿人, 盧玄之族孫. 父輔, 字顯元, 本州別駕. ⋯⋯ 還轉尙書右丞, 進號輔國將軍, 以父諱不拜, 改授龍驤".

44 『北史』, 卷100「涼武昭王李暠傳附延寔傳」, p. 3333, "莊帝卽位, 以母舅之尊, 超授侍中·太保, 封濮陽郡王. 延寔以太保犯祖諱, 又以王爵非庶姓所宜, 抗表固辭, 徙封濮陽郡公, 改授太傅"; 『魏書』, 卷83下「外戚下·李延寔傳」, p. 1837, "莊帝卽位, 以元舅之尊, 超授侍中·太保, 封濮陽郡王. 延寔以太保犯祖諱, 又以王爵非庶姓所宜, 抗表固. 徙封濮陽郡公, 改授太傅".

45 『魏書』, 卷57「高祐傳」, p. 1259, "高祐, 字子集, 小名次奴, 勃海人也. 本名禧, 以與咸陽王同名, 高祖賜名祐"; 『北史』, 卷31「高允傳附祐傳」, p. 1135, "祐字子集, 允之從祖弟也. 本名禧, 以與咸陽王同名, 孝文賜名焉".

46 『北史』, 卷16「太武五王·臨淮王譚傳附彧傳」, p. 606, "彧本名亮, 字仕明, 時侍中穆紹與彧同署, 避紹父諱, 啓求改名. 詔曰: '仕明風神運吐, 常自以比荀文若, 可名彧, 以取定體相倫之美.'"; 『魏書』, 卷18「太武五王·臨淮王譚傳附彧傳」, p. 419, "彧本名亮, 字仕明, 時侍中穆紹與彧同署, 避紹父諱, 啓求改名. 詔曰: '仕明風神運吐, 常自以比荀文若, 可名彧, 以取定體相倫之美'".

47 『魏書』, 卷19上「景穆十二王·濟陰王小新成傳附暉業傳」, p. 448, "暉業之在晉陽也, 無所交通, 居常閑暇, 乃撰魏藩王家世, 號爲辨宗室錄, 四十卷, 行於世". 『북사』「위수전」에서는 『변종실록』이 30권이라고 기록했다(『北史』, 卷56「魏收傳」, pp. 2030~2031, "濟陰王暉業撰辨宗室錄三十卷").

48 『北史』, 卷17『景穆十二王上·京兆王子推傳附恒傳」, p. 637, "暉業之在晉陽也, 無所交通, 居常閑暇, 乃撰魏藩王家世, 號爲辨宗錄四十卷, 行於世".

49 崔珍烈, 「北魏 皇室 一族 이름의 중복 현상과 그 배경」, 150쪽.

50 『魏書』, 卷19下「景穆十二王下·章武王太洛傳附朗傳」, p. 515.

51 「魏故安西將軍銀青光祿大夫元(朗)公之墓誌銘」, 『漢魏南北朝墓誌彙編』, pp. 201~203.

52 『魏書』, 卷19中「景穆十二王中·任城王雲傳附朗傳」, p. 485; 『北史』, 卷18『景穆十二王下·任城王雲傳附朗傳」, p. 666.

53 『魏書』, 卷19下「景穆十二王下·城陽王長壽傳附徽傳」, pp. 510~512; 『北史』, 卷18『景穆十二王下·城陽王長壽傳附徽傳」, pp. 673~674; 「魏故使持節侍中太保大司馬錄尙書事司州牧城陽王(元徽)墓誌銘」, 『漢魏南北朝墓誌彙編』(趙超, 天津: 天津古籍出版社, 1992), pp. 299~301.

54 『魏書』, 卷21上「獻文六王上·高陽王雍傳附徽傳」, p. 558.

55 『魏書』, 卷21下「獻文六王下·彭城王勰傳附襲傳」, p. 584.

56 「君諱襲(元襲)墓誌」, 『漢魏南北朝墓誌彙編』, pp. 295~296.

57 『魏書』, 卷19上「景穆十二王上·陽平王新成傳附欽傳」, p. 443; 『北史』, 卷17『景穆十二王上·陽平王新成傳附欽傳」, p. 631.

58 「大魏故侍中特進驃騎大將軍尙書左僕射司州牧司空公鉅平縣開國侯元(欽)君之神銘」, 『漢魏南北朝墓誌彙編』, pp. 249~251.

59 『魏書』, 卷21下「獻文六王下·彭城王勰傳附欽傳」, p. 585.

60 崔珍烈,「北魏 皇室 一族 이름의 중복 현상과 그 배경」, 151쪽.

61 『魏書』, 卷16「道武七王·廣平王連傳附根傳」, p. 401.

62 『北史』, 卷16『道武七王·京兆王黎傳附吐根傳」, p. 595.

63 『魏書』, 卷15 「昭成子孫·常山王遵傳」, pp. 374~375; 『北史』, 卷15 「魏諸宗室·常山王遵傳」, pp. 565~566.

64 「元ㅁ墓誌銘」,『漢魏南北朝墓誌彙編』, p. 60.

65 『魏書』, 卷15「昭成子孫·常山王遵傳附素傳」, p. 375; 『北史』, 卷15「魏諸宗室·常山王遵傳附素傳」, p. 566.

66 「元保洛銘」,『漢魏南北朝墓誌彙編』, p. 59.

67 「元ㅁ墓誌銘」,『漢魏南北朝墓誌彙編』, p. 60.

68 羅新,「北魏皇室制名漢化考」, p. 149.

69 『魏書』, 卷15「昭成子孫·常山王遵傳附德傳」, p. 378; 『北史』, 卷15「魏諸宗室·常山王遵傳附德傳」, p. 570.

70 「元ㅁ墓誌銘」,『漢魏南北朝墓誌彙編』, p. 60.

71 崔珍烈,「北魏 皇室 一族 이름의 중복 현상과 그 배경」, 157~158쪽.

72 羅新,「北魏皇室制名漢化考」, pp. 139~149.

73 「廣川王祖母太妃侯造彌勒像記(2272)」,『龍門石窟碑刻題記彙錄』, p. 501. 원문은 다음과 같다.

景明三年(502년)
景明三年八月十八日廣
川王祖母太妃侯爲亡夫
侍中使持節征北大將軍
廣川王賀蘭汗造彌勒像
願令永絶苦因速成正覺

74 「魏故龍驤將軍荊州刺史廣川孝王(元煥)墓誌銘」,『漢魏南北朝墓誌彙編』, p. 169.

75 『魏書』, 卷20「文成五王·廣川王略傳」, p. 526; 『北史』, 卷19『文成五王·廣川王略傳」, p. 684.

76 崔珍烈,「北魏 皇室 一族 이름의 중복 현상과 그 배경」, 158~159쪽.

77 羅新,「北魏皇室制名漢化考」, pp. 146~147.

78 『魏書』, 卷20「文成五王·廣川王略傳」, p. 526; 『北史』, 卷19『文成五王·廣川王略傳」, p. 684; 「魏故龍驤將軍荊州刺史廣川孝王(元煥)墓誌銘」,『漢魏南北朝墓誌彙編』, p. 169.

79 『魏書』, 卷19下「景穆十二王下·南安王楨傳附略傳」, pp. 506~507; 『北史』, 卷18『景穆十二王下·南安王楨傳附略傳」, pp. 671~672; 「魏故侍中驃騎大將軍儀同三司尙書令徐州刺史太保東平王元(略)君墓誌銘」,『漢魏南北朝墓誌彙編』, pp. 237~239.

80 崔珍烈,「北魏 皇室 一族 이름의 중복 현상과 그 배경」, 159쪽.

81 「故徵士奚(智)墓誌」,『漢魏南北朝墓誌彙編』, p. 50.

82 「魏故孝廉奚(眞)墓誌銘」,『漢魏南北朝墓誌彙編』, p. 142.

83 「故徵士奚(智)墓誌」,『漢魏南北朝墓誌彙編』, p. 50.

84 「魏故孝廉奚(眞)墓誌銘」, 『漢魏南北朝墓誌彙編』, p. 142.

85 吳磬軍, 「新出「魏尉陵·賀夫人墓誌銘」淺說」, ≪榮寶齋≫, 2005-3(2005), p. 194中, "魏故儀同三司定州刺史尉公墓誌銘: 公諱陵, 字可悉陵, 善無善無人也".

86 같은 글, p. 195下, "魏故武邑郡君尉氏賀夫人墓誌銘: 夫人諱示回, 字示回, 廣牧富昌人".

87 崔珍烈, 「北魏 皇室 一族 이름의 중복 현상과 그 배경」, 159~160쪽.

88 「大魏征東大將軍大宗正卿洛州刺史樂安王(元緖)墓誌銘」, 『漢魏南北朝墓誌彙編』, p. 52, "大魏征東大將軍大宗正卿洛州刺史樂安王墓誌銘君諱緖, 字紹宗, 河南洛陽人也. 明元皇帝之曾孫, 儀同宣王範之正ㅁ, 衛大將軍簡王梁之元子".

89 『魏書』, 卷17 「明元六王·樂安王範傳附良傳」, p. 415; 『北史』, 卷16 『明元六王·樂安王範傳附良傳」, p. 603.

90 崔珍烈, 「北魏 皇室 一族 이름의 중복 현상과 그 배경」, 161쪽.

91 『金石萃編』(『石刻史料叢書』), 卷27 「孝文弔比干墓文」, pp. 5後~10前.

92 「故徵士奚(智)墓誌」, 『漢魏南北朝墓誌彙編』, p. 50.

93 「魏故孝廉奚(眞)墓誌銘」, 『漢魏南北朝墓誌彙編』, p. 142.

94 「魏平北將軍懷朔鎭都大將終廣男叔孫(協)公墓誌銘」, 『漢魏南北朝墓誌彙編』, p. 117.

95 陳寅恪, 「北魏後期的漢化(孝文帝的漢化政策)」, pp. 258~260.

96 「魏平北將軍懷朔鎭都大將終廣男叔孫(協)公墓誌銘」, 『漢魏南北朝墓誌彙編』, p. 117.

97 『北史』, 卷16 「道武七王·京兆王黎傳附羅傳」, p. 598, "及法僧反叛後, 樹遺公卿百僚書, 暴叉過惡, 言: '叉本名夜叉, 弟羅實名羅刹. 夜叉·羅刹, 此鬼食人, 非遇黑風, 事同飄墮. 嗚呼魏境! 離此二災'"; 『魏書』, 卷16 「道武七王·京兆王黎傳附羅傳」, pp. 406~407, "初, 咸陽王禧以逆見誅, 其子樹奔蕭衍, 衍封爲鄴王. 及法僧反叛後, 樹遺公卿百僚書曰: '…… 元叉本名夜叉, 弟羅實名羅刹, 夜叉·羅刹, 此鬼食人, 非遇黑風, 事同飄墮'".

98 『望月佛敎大辭典』[望月信亨 編, (京都: 世界聖典刊行協會, 1954~1958)], pp. 4895上~4896下.

99 蘇慧廉, 『漢傳佛學大辭典』(1937); 『望月佛敎大辭典』, p. 4953中.

100 崔珍烈, 「北魏 皇室 一族 이름의 중복 현상과 그 배경」, 162~163쪽.

101 『魏書』, 卷21上 「獻文六王上·高陽王雍傳附誕傳」, 558, "誕弟勒叉, 勒叉弟亘, 亘弟伏陀, 伏陀弟彌陀, 彌陀弟僧育, 僧育弟居羅".

102 『望月佛敎大辭典』, pp. 3089中~3091下.

103 같은 책, p. 4471上.

104 같은 책, pp. 71下~73中.

105 崔珍烈, 「北魏 皇室 一族 이름의 중복 현상과 그 배경」, 163쪽.

106 『魏書』, 卷21上 「獻文六王上·北海王詳傳」, 565, "武定中, 子娑羅襲. 齊受禪, 爵例降".

107 『魏書』, 卷114 「釋老志」, p. 3027, "釋迦年三十成佛, 導化羣生, 四十九載, 乃於拘尸那城娑羅雙樹間, 以二月十五日而入般涅槃".

108 『望月佛敎大辭典』, pp. 2184上~2184下.

109 崔珍烈, 「北魏 皇室 一族 이름의 중복 현상과 그 배경」, 163~164쪽.

110 「元徽墓誌」, 『漢魏南北朝墓誌彙編』, p. 301.

111 같은 글, p. 237.

112 『大漢和辭典』, 5, p. 376(5005).

113 崔珍烈, 「北魏 皇室 一族 이름의 중복 현상과 그 배경」, 164쪽.

114 『魏書』, 卷8 「世宗紀」, p. 215, "雅愛經史, 尤長釋氏之義, 每至講論, 連夜忘疲". 이 밖에 『위서』 「배연준전」과 「석로지」에서도 선무제(세종)가 불교에 심취했다는 기록을 확인할 수 있다(『魏書』, 卷69 「裴延儁傳」, p. 1528, "時世宗專心釋典, 不事墳籍, 延儁上疏諫曰: ……"; 『魏書』, 卷114 「釋老志」, p. 3042, "世宗篤好佛理, 每年常於禁中, 親講經論, 廣集名僧, 標明義旨. 沙門條錄, 爲內起居焉").

115 『歷代三寶記』 引『李廓錄』, "初譯, 宣武皇帝御親于大殿上, 一日自筆受, 後方付沙門僧辨訖了"; 『十地經論』 崔光序, "于時皇上親紆玄藻, 飛翰輪首, 臣僚僧徒, 毗贊下風. 四年夏, 翻譯周訖"(이상 李書吉, 『北朝禮制法系研究』, p. 133 재인용).

116 『資治通鑑』, 卷148 梁紀 武帝天監十七年條, p. 4695, "普惠又以魏主好遊騁苑囿, 不親視朝, 過崇佛法, 郊廟之事多委有司, 上疏切諫, ……"

117 尙永琪, 「3-6世紀佛教傳播背景下的北方社會群體研究」, p. 122.

118 『北史』, 卷17上 「景穆十二王上·京兆王子推傳附太興傳」, p. 632, "初, 太興遇患, 請諸沙門行道, 所有資財, 一時布施, 乞求病愈, 名曰散生齋. 及齋後, 僧皆四散, 有一沙門方云乞齋餘食. 太興戲之曰: '齋食既盡, 唯有酒肉.' 沙門曰: '亦能食之.' 因出酒一斗, 羊脚一隻. 食盡, 猶言不飽. 及辭出後, 酒肉俱在. 出門追之, 無所見. 太興遂佛前乞願: '向者之師, 當非俗人. 若此病得差, 卽捨王爵入道.' 未幾便愈, 遂請爲沙門. 表十餘上, 乃見許. 時孝文南討在軍, 詔皇太子於四月八日爲之下髮, 施帛二千疋. 旣爲沙門, 名僧懿, 居嵩山. 太和二十二年終"; 『魏書』, 卷19上 「景穆十二王·京兆王子推傳附太興傳」, pp. 443~444.

119 『北史』, 卷19 「孝文六王·汝南王悅傳」, p. 718, "汝南王悅, 好讀佛經, 覽書史, 爲性不倫, 俶儻難測"; 『魏書』, 卷22 「孝文五王·汝南王悅傳」, p. 593.

120 崔珍烈, 「北魏 皇室 一族 이름의 중복 현상과 그 배경」, 164~165쪽.

121 『魏書』, 卷92 「列女·苟金龍妻劉氏傳」, p. 1984.

122 『魏書』, 卷58 「楊播傳附侃傳」, p. 1284.

123 『魏書』, 卷74 「尒朱榮傳附菩提傳」, p. 1656; 『北史』, 卷48 『尒朱榮傳附菩提傳」, p. 1762.

124 『魏書』, 卷74 「尒朱榮傳附叉羅傳」, p. 1656; 『北史』, 卷48 『尒朱榮傳附叉羅傳」, p. 1762.

125 『魏書』, 卷74 「尒朱榮傳附文殊傳」, p. 1656; 『北史』, 卷48 『尒朱榮傳附文殊傳」, p. 1763.

126 『魏書』, 卷74 「尒朱榮傳附文暢傳」, p. 1656; 『北史』, 卷48 『尒朱榮傳附文暢傳」, p. 1763.

127 『魏書』, 卷74 「尒朱榮傳附文略傳」, p. 1656; 『北史』, 卷48 『尒朱榮傳附文略傳」, pp. 1763~1764.

128 『魏書』, 卷9 「肅宗紀」 正光五年秋七月條, p. 236, "是月, 涼州幢帥于菩提·呼延雄執刺史宋穎據州反".

129 『北史』, 卷16 「道武七王·京兆王黎傳附羅傳」, p. 597, "叉遂令通直郎宋維告司染都尉韓文殊欲謀逆立懌, 懌坐禁止"; 『魏書』, 卷16 「道武七王·京兆王黎傳附羅傳」, p. 404, "叉遂令通直郎宋維告司染都尉韓文殊欲謀逆立懌, 懌坐禁止".

130 『魏書』, 卷45 「韋閬傳附文殊傳」, p. 1011.

131 『魏書』, 卷91 「術藝·耿玄傳」, p. 1958, "冠軍將軍·濮陽賈元紹·章武呂朏·濟北馮道安·河內馮懷·海東郡李文殊並工於法術, 而道虔·月光·文殊爲優, 其餘不及".

제10장 북위 후기 낙양 호인들의 결혼과 성 풍속

1 중국 주변 이민족의 수계혼 풍습은 舒順林, 「匈奴婚姻習俗論」, ≪北方文物≫, 1996-3(總第47期)(1996), pp. 65~68; 秦新林, 「元代蒙古族的婚姻習俗及其變化」, ≪殷都學刊≫, 1998-4(1998), pp. 35~36; 武沐·王希隆, 「對烏孫收繼婚制度的再認識」, ≪西域硏究≫, 2003-4(2003), pp. 104~111; 秦新林, 「元代收繼婚束及其演變與影響」, ≪殷都學刊≫, 2004-2(2004), pp. 68左~70右; 武沐, 「對匈奴收繼婚制度的再探討: 匈奴婚姻制度硏究之一」, ≪中國邊疆史地硏究≫, 15-1(2005), pp. 34~42; 田旺杰, 「中國古代民族收繼婚探討」, ≪西北第二民族學院學報≫, 2005-1(總第65期)(2005), pp. 70~73 참조.

2 『史記』, 卷110 「匈奴列傳」, p. 2879, "父死, 妻其後母; 兄弟死, 皆取其妻妻之".

3 『三國志』, 卷30 「魏書」 烏丸傳, p. 832, "父兄死, 妻後母執嫂; 若無執嫂者, 則己子以親之次妻伯叔焉 死則歸其故夫"; 『후한서』 오환전(烏桓傳)에도 동일한 내용이 실려 있다(『後漢書』, 卷90 烏桓傳, p. 2979).

4 『後漢書』, 卷84 「西羌傳」, p. 2869, "父沒則妻後母, 兄亡則納釐嫂, 故國無鰥寡, 種類繁熾".

5 『魏書』, 卷101 「吐谷渾傳」, p. 2240, "父兄死, 妻後母及嫂等, 與突厥俗同".

6 『魏書』, 卷101 「宕昌羌傳」, p. 2242, "父子·伯叔·兄弟死者, 卽以繼母·世叔母及嫂·弟婦等爲妻"

7 周一良, 「崔浩國史之獄」, 『周一良集』 第貳卷魏晋南北朝札記(瀋陽: 遼寧敎育出版社, 1998), pp. 545~551.

8 李凭, 『北魏平城時代』(北京: 社會科學文獻出版社, 2000), pp. 103~108.

9 『魏書』, 卷16 「道武七王·京兆王黎傳附羅傳」, p. 408, "[元]叉弟羅, 字仲綱, 以儉素著稱. …… [元]叉死之後, [元]羅逼叉妻, 時人穢之. 或云其救命之計也".

10 『北史』, 卷16 「道武七王·京兆王黎傳附羅傳」, p. 624, "叉死後, 羅通叉妻, 時人穢之, 或云其救命之計也".

11 Jennifer Holmgren, "Empress Dowager Ling of the Northern Wei and the T'o-pa Sinicization Question," pp. 155~156.

12 『北史』, 卷13 「后妃上·魏·宣武靈皇后胡氏傳」, p. 503, "時太后逼幸淸河王懌, 淫亂肆情, 爲天下所惡. 領軍元叉·長秋卿劉騰等奉明帝於顯陽殿, 幽太后於北宮, 於禁中殺懌"; 『魏書』, 卷13補 「皇后·宣武靈皇后胡氏傳」, p. 339.

13 王曉衛, 「北朝鮮卑婚俗考述」, ≪中國史硏究≫, 1988-3(1988).

14 Jennifer Holmgren, "Empress Dowager Ling of the Northern Wei and the T'o-pa Sinicization Question," pp. 154~159.

15 『魏書』, 卷15 「昭成子孫·常山王遵傳附暉傳」, pp. 378~380.

16 『北史』, 卷15 「魏諸宗室·常山王遵傳附暉傳」, pp. 570~572.

17 「魏故龍驤將軍太常少卿元(俊)君墓誌銘」, 『漢魏南北朝墓誌彙編』(趙超, 天津: 天津古籍出版社, 1992), pp. 231~232.

18 『魏書』, 卷15 「昭成子孫·常山王遵傳附德傳」, p. 378; 『北史』, 卷15 「魏諸宗室·常山王遵傳附德傳」, p. 570.

19 『魏書』, 卷15 「昭成子孫·常山王遵傳附暉傳」, p. 388 校勘記11, "忠子暉 北史卷一五作'悝弟暉', 則是忠弟德之子. 按上文壽興傳稱'從兄暉'. 壽興是忠子, 暉若也是忠子, 豈能稱從兄? 又附傳照例各從其父兄,暉傳不列於忠傳後, 而列於德傳後, 也可證他是德之子. 宋趙明誠金石錄卷二十一元暉碑跋, 已云魏書和北史不同, '以碑考之, 北史是也'. 墓誌集釋元暉墓誌圖版五五稱'父冀州刺史·河間簡公'. 集釋卷三據元侔·元峻·元愔墓誌均見本書, 證明此'河間簡公'卽此傳的元德, 元侔等誌的元於德, 北史是而魏書非".

20 『魏書』, 卷69「袁翻傳附昇傳」, p. 1545, "颺弟昇, 太學博士·司徒記室·尚書儀曹郎中·正員郎·通直常侍. 颺死後, 昇通其妻. 翻慚恚, 爲之發病, 昇終不止, 時人鄙穢之. 亦於河陰見害"; 『北史』, 卷47「袁翻傳附昇傳」, pp. 1719~1720, "颺死後, 昇通其妻, 翻恚, 爲之發病, 昇終不止, 時人鄙穢之. 亦於河陰見害".

21 『魏書』, 卷47「盧玄傳附正通傳」, p. 1053, "子正通, 開府諮議. 少有令譽, 徵赴晉陽, 遇患卒. 妻鄭氏, 與正通弟正思淫亂, 武定中, 爲御史所劾, 人士疾之"; 『北史』, 卷30「盧玄傳附正通傳」, p. 1080, "子正通 , 少有令譽, 位開府諮議, 卒. 妻謝氏, 與 正通弟正思淫亂, 爲御史所劾, 人士疾之".

22 『魏書』, 卷21上「獻文六王上·北海王詳傳」, p. 561, "[元]詳又蒸於安定王燮妃高氏, 高氏卽茹皓妻姊".

23 『魏書』, 卷105之二「天象志」二, p. 2376, "四年五月庚戌, 月犯太微. 占曰'貴人憂'. 九月, 安定王燮薨".

24 「故侍中太傅領司徒公錄尚書事北海王(元詳)墓誌」, 『漢魏南北朝墓誌彙編』, p. 54.

25 『魏書』, 卷19下「景穆十二王下·安定王休傳附燮傳」, p. 518, "次子燮, 除下大夫. 世宗初, 襲拜太中大夫, 除征虜將軍·華州刺史. …… 後除征虜將軍·豳州刺史".

26 『廿二史箚記』, 卷11「宋齊多荒主」, pp. 230~338 및「宋世閨門無禮」, pp. 238~239.

27 『魏書』, 卷21上「獻文六王上·廣陵王羽傳」, p. 551, "羽先淫員外郎馮俊興妻, 夜因私遊, 爲俊興所擊. 積日祕匿, 薨於府, 年三十二".

28 『魏書』, 卷19下「城陽王長壽傳附徽傳」, p. 511, "又不能防閑其妻于氏, 遂與廣陽王[元]淵姦通".

29 『魏書』, 卷32「封懿傳附回傳」, p. 762, "轉爲七兵尚書, 領御史中尉. 尚書右僕射元欽與從父兄[元]麗妻崔氏姦通, [封]回乃劾奏, 時人稱之".

30 『魏書』, 卷25「長孫道生傳附稚傳」, p. 649, "稚妻張氏, 生二子, 子彦·子裕. 後與羅氏私通, 遂殺其夫, 棄張納羅".

31 『魏書』, 卷26「尉古眞傳附顯業傳」, p. 658, "範弟顯業, 散騎常侍. 與太原公主姦通, 生子彦. 武定中, 衛將軍·南營州刺史".

32 『北史』, 卷16「道武七王·京兆王黎傳附叉傳」, p. 597, "太傅·淸河王懌以親賢輔政, 每欲斥黜之. 叉遂令通直郎宋維, 告司染都尉韓文殊欲謀逆立懌, 懌坐禁止. 後窮案無實, 懌雖得免, 猶以兵衛守於宮西別館. 久之, 叉恐懌終爲己害, 乃與侍中劉騰密謀, 詐取主食中黃門胡度·胡定列, 誣懌云: '貨度等金帛, 令以毒藥置御食中以害帝.' 騰以具奏. 明帝信之, 乃御顯陽殿. 騰閉永巷門, 靈太后不得出. 懌入, 遇叉於含章殿後, 命宗士及直齋執懌衣袂, 將入含章東省. 騰稱詔集公卿議, 以大逆論. 咸畏叉, 無敢異者. 唯僕射游肇執意不同. 叉·騰持公卿議入奏, 夜中殺懌".

33 같은 글, p. 597, "於是假爲靈太后辭遜詔, 叉遂與太師·高陽王雍等輔政. 常直禁中, 明帝呼爲姨父. 自後百僚重跡. 後帝徙御徽音殿, 叉亦入居殿右, 曲盡佞媚, 遂出入禁中, 恒令勇士持刀劍以自先後. 叉於千秋門外廠下施木闌檻, 有時出入, 止息其中, 腹心防守, 以備竊發".

34 같은 글, p. 597, "初, 叉之專政, 矯情自飾, 勞謙待士. 得志之後, 便自驕愎, 耽酒好色, 與奪任情. 乃於禁中自作別庫掌握之, 珍寶充牣其中. 叉曾臥婦人於食輿, 以帊覆之, 輿入禁內, 出亦如之, 直衛雖知, 莫敢言者. 姑姊婦女, 朋淫無別. 政事怠墮, 綱紀不擧, 州鎭多非其人, 於是天下遂亂矣. 叉自知不法, 恐被廢

黜, 乃陰遣從弟洪業 召武州人姬庫根等與之聚宴, 遂爲誓盟, 欲令爲亂, 朝廷必以己爲大將軍往伐, 因以共爲表裏, 如此可得自立. 根等然其言, 乃厚遺根等, 遣還州, 與洪業買馬";『魏書』, 卷16補「道武七王·京兆王黎傳附乂傳」, p. 405.

35 『北史』, 卷26「薛彪子傳附子琡傳」, p. 923, "魏東平王元匡妾張氏, 淫逸放恣. 琡初與姦通, 後納以爲婦";『北齊書』, 卷26補「薛琡傳」, p. 371.

36 『北史』, 卷13「后妃上·魏·宣武靈皇后胡氏傳」, p. 505, "鄭儼汙亂宮掖, 勢傾海內, 李神軌·徐 紇並見親侍, 一二年中, 位總禁要. 手握王爵, 輕重在心, 宣淫於朝, 爲四方之所穢";『魏書』, 卷13補「皇后·宣武靈皇后胡氏傳」, p. 339;『魏書』, 卷93「恩倖·鄭儼傳」, p. 2007, "鄭儼, 字季然, 滎陽人. 容貌壯麗. 初爲司徒胡國珍行參軍, 因緣爲靈太后所幸, 時人未之知也".

37 『魏書』, 卷47「盧玄傳附元明傳」, p. 1061, "元明凡三娶, 次妻鄭氏與元明兄子士啓淫汙, 元明不能離絶".

38 『魏書』, 卷56「鄭羲傳附嚴祖傳」, p. 1242, "子嚴祖, 頗有風儀, 粗觀文史. 歷通直郎·通直常侍. 輕躁薄行, 不修士業, 傾側勢家, 乾沒榮利, 閨門穢亂, 聲滿天下. 出帝時, 御史中尉綦儁劾嚴祖與宗氏從姊姦通. 人士咸耻言之, 而嚴祖 聊無愧色";『北史』, 卷35「鄭羲傳附嚴祖傳」, p. 1306, "子嚴祖, 頗有風儀, 粗觀文史, 輕躁薄行, 不修士. 孝武時, 御史中尉綦儁劾嚴祖與宋氏從姊姦通, 人士咸恥言之, 而嚴祖聊無愧色".

39 『魏書』, 卷56「鄭羲崔辯傳」史臣曰, p. 1257, "史臣曰: 鄭羲機識明悟, 爲時所許, 懿兄弟風尙, 俱有可觀, 故能並當榮遇, 其濟美矣. 嚴祖穢薄, 忝其家世. 幼儒令問促年, 伯猷賄以敗業, 惜乎!".

40 『魏書』, 卷56「鄭羲傳附順傳」, p. 1243, "自靈太后預政, 淫風稍行, 及元叉擅權, 公爲姦穢. 自此素族名家, 遂多亂雜, 法官不加糾治, 婚宦無貶於世, 有識咸以歎息矣";『北史』, 卷35「鄭羲傳附順祖傳」, p. 1308, "自靈太后豫政, 淫風稍行, 及元叉擅權, 公爲奸穢, 自此素族名家, 遂多亂雜. 法官不加糾正, 婚宦無貶, 於時有識, 咸以歎息矣".

41 『魏書』, 卷45「韋閬傳附融傳」, p. 1015, "彪弟融, 解褐員外散騎侍郎. 以軍功賜爵長安伯. 稍遷大司馬開府司馬. 融娶司農卿趙郡李瑾女, 天平中, 疑其妻與章武王景哲姦通, 乃刺殺之. 懼不免, 仍亦自害";『北史』, 卷26『韋閬傳附融傳」, p. 960.

42 『魏書』, 卷45「裴駿傳附詢傳」, p. 1022, "時太原長公主寡居, 與詢私姦, 肅宗仍詔詢尙焉".

43 萬繩楠,『魏晉南北朝文化史』(上海: 東方出版中心, 2007), pp. 148~149; 張雲華,「論北朝婦女的妬悍風氣」, ≪史學集刊≫, 2008-6(2008), p. 103.

44 『魏書』, 卷47「盧玄傳附元明傳」, p. 1061.

45 萬繩楠,『魏晉南北朝文化史』, p. 149.

46 같은 글, p. 149; 張雲華,「論北朝婦女的妬悍風氣」, pp. 101~102.

제11장 북위 후기 여성의 활동

1 山本德子,「北朝系婦人の妬忌について: 北魏を中心として」, ≪立命館文學≫, 270(1967), pp. 78上~101下; 張雲華,「論北朝婦女的妬悍風氣」, p. 100.

2 『魏書』, 卷21上「獻文六王上·北海王詳傳」, p. 563, "詳之初禁也, 乃以蒸高事告母. 母大怒, 詈之苦切, 曰: '汝自有妻妾侍婢, 少盛如花, 何忽共許高麗婢姦通, 令致此罪. 我得高麗, 當噉其肉.' 乃杖詳背及兩脚百餘下, 自行杖, 力疲乃令奴代. 高氏素嚴, 詳每有微罪, 常加責罰, 以絮褁杖. 至是, 去絮, 皆至瘡膿. 詳苦杖, 十餘日乃能立. 又杖其妃劉氏數十, 云: '新婦大家女, 門戶匹敵, 何所畏也, 而不檢校夫婿. 婦人皆妬, 獨不妬也!' 劉笑而受罰, 卒無所言".

3 『魏書』, 卷59「劉昶傳附輝傳」, p. 1311, "正始初, 尙蘭陵長公主, 世宗第二姊也".

4 같은 글, pp. 1311~1312, "公主頗嚴妬, 輝嘗私幸主侍婢有身, 主笞殺之. 剖其孕子, 節解, 以草裝實婢腹, 裸以示輝. 輝遂忿憾, 疏薄公主. 公主姊因入聽講, 言其故於靈太后, 太后敕淸河王懌窮其事. 懌與高陽王雍·廣平王懷奏其不和之狀, 無可爲夫婦之理, 請離婚, 削除封位. 太后從之. 公主在宮周歲, 高陽王及劉騰等皆爲言於太后. 太后慮其不改, 未許之, 雍等屢請不已, 聽復舊義. 太后流涕送公主, 誡令謹護".

5 같은 글, p. 1312, "正光初, 輝又私淫張陳二氏女. 公主更不檢惡, 主姑陳留公主共相扇獎, 遂與輝復致忿爭. 輝推主墮床, 手脚毆蹈, 主遂傷胎, 輝懼罪逃逸. 靈太后召淸河王懌決其事, 二家女髡笞付宮, 兄弟皆坐鞭刑, 徙配敦煌爲兵".

6 『北史』, 卷22「長孫道生傳附觀子承業傳」, p. 815, "羅年大承業十餘歲, 酷妬忌. 承業雅相敬愛, 無姬妾. 童侍之中在承業左右嫌疑致死者, 乃有數四"; 『魏書』, 卷25「長孫道生傳附稚傳」, p. 649, "稚妻張氏, 生二子, 子彥·子裕. 後與羅氏私通, 遂殺其夫, 棄張納羅. 羅年大稚十餘歲, 妒忌防限. 稚雅相愛敬, 旁無姻妾, 僮侍之中, 嫌疑致死者, 乃有數四".

7 『北史』, 卷19「孝文六王·京兆王愉傳」, p. 715, "遷中書監. 爲納順皇后妹爲妃, 而不見禮答. 愉在徐州納妾李氏, 本姓楊, 東郡人, 夜聞其歌, 悅之, 遂被寵嬖. 罷州還京, 欲進貴之, 託右中郎將趙郡李恃顯爲之養父, 就之禮迎, 產子寶月. 順皇后召李入宮, 毁擊之, 强令爲尼於內, 以子付妃養之. 歲餘, 后父于勁以后久無所誕, 乃表勸廣嬪御. 因令后歸李於愉, 舊愛更甚"; 『魏書』, 卷22補「孝文五王·京兆王愉傳」, pp. 589~590.

8 張雲華, 「論北朝婦女的妬悍風氣」, p. 102.

9 『北史』, 卷13「后妃上·魏·宣武皇后高氏傳」, pp. 511~512, "初, 孝文幽后之寵也, 欲專其愛, 後宮接御, 多見阻遏. 孝文時言于近臣, 稱婦人妬防, 雖王者亦不能免, 況士庶乎. 宣武高后悍忌, 嬪御有至帝崩不蒙侍接者. 由是在洛二十餘年, 皇子全育者唯明帝而已".

10 『顏氏家訓』[王利器 撰, 『顏氏家訓集解』(北京: 中華書局, 1996)], 卷1「治家篇」, p. 47, "婦主中饋, 惟事酒食衣服之禮耳, 國不可使預政, 家不可使幹蠱; 如有聰明本智, 識達古今, 正當輔佐君子, 助其不足, 必無牝雞晨鳴, 以致禍也".

11 『後漢書』, 卷90「烏桓列傳」, p. 2979, "計謀從用婦人, 唯鬪戰之事乃自決之".

12 Jennifer Holmgren, "Empress Dowager Ling of the Northern Wei and the T'o-pa Sinicization Question," pp. 123~159; 謝斌, 「淺析胡太后從"立子殺母"制度中幸免的原因」, ≪廣西右江民族師專學報≫, 18-5(2005); 宋其蕤, 「亡國艶后: 胡靈皇后」, 『北魏女主論』(北京: 中國社會科學出版社, 2006); 馬望英, 「北魏末年靈胡太后述論」, ≪中華女子學院學報≫, 19-2(2007); 常倩, 「論北朝皇后多干政現象」, 中國魏晉南北朝史學會·大同平城北朝硏究會 編, 『北朝硏究』第六輯(北京: 科學出版社, 2008).

13 『北史』, 卷13「后妃上·魏·宣武靈皇后胡氏傳, p. 504, "其後太后從子都統僧敬與備身左右張車渠等數十人謀殺叉, 復奉太后臨朝. 事不克, 僧敬坐徙邊, 車渠等死, 胡氏多免黜. 後明帝朝太后於西林園, 宴文武侍臣, 飮至日夕, 叉乃起至太后前自陳, 外云太后欲害己及騰. 太后答云: '無此語.' 遂至于極昏. 太后乃起執明帝手下堂, 言: '母子不聚久, 今暮共一宿, 諸大臣送我入.' 太后與帝向東北小閤, 左衛將軍奚康生謀殺叉不果";『魏書』, 卷13補「皇后·宣武靈皇后胡氏傳」, p. 339.

14 張金龍,『北魏政治史研究』(蘭州: 甘肅教育出版社, 1996), pp. 294~297.

15 李文才,「魏晉南北朝婦女社會地位硏究」, p. 169.

16 같은 글, pp. 169~171, 174~176.

17 같은 글, pp. 187~188.

18 『晉書』, 卷96「列女·苻登妻毛氏傳」, pp. 2523~2524, "苻登妻毛氏, 不知何許人, 壯勇善騎射. 登爲姚萇所襲, 營壘旣陷, 毛氏猶彎弓跨馬, 率壯士數百人, 與萇交戰, 殺傷甚衆. 衆寡不敵, 爲萇所執. 萇欲納之, 毛氏罵曰: '吾天子后, 豈爲賊羌所辱, 何不速殺我!' 因仰天大哭曰: '姚萇無道, 前害天子, 今辱皇后, 皇天后土, 寧不鑒照!' 萇怒, 殺之".

19 『魏書』, 卷53「李孝伯傳附安世傳」, pp. 1176~1177, "初, 廣平人李波, 宗族强盛, 殘掠生民. 前刺史薛道檦親往討之, 波率其宗族拒戰, 大破檦軍. 遂爲逋逃之藪, 公私成患. 百姓爲之語曰: '李波小妹字雍容, 褰裙逐馬如卷蓬, 左射右射必疊雙. 婦女尙如此, 男子那可逢!' 安世設方略誘波及諸子姪三十餘人, 斬于鄴市, 境內肅然".

20 『魏書』, 卷92「任城國太妃孟氏傳」, p. 1983, "任城國太妃孟氏, 鉅鹿人, 尙書令·任城王澄之母. 澄爲揚州之日, 率衆出討. 於後賊帥姜慶眞陰結逆黨, 襲陷羅城. 長史韋纘倉卒失圖, 計無所出. 孟乃勒兵登陴, 先守要便. 激厲文武, 安慰新舊, 勸以賞罰, 喩之逆順, 於是咸有奮志. 親自巡守, 不避矢石. 賊不能克, 卒以全城. 澄以狀表聞, 屬世宗崩, 事寢".

21 『北史』, 卷91「列女·魏·苟金龍妻劉氏傳」, pp. 3000~3001, "梓潼太守苟金龍妻劉氏者, 平原人也, 廷尉少卿劉叔宗之姊也. 宣武時, 金龍爲郡, 帶關城戍主. 梁人攻圍, 會金龍疾病, 不堪部分, 劉遂厲城人, 修理戰具, 夜悉登城拒戰, 百有餘日, 兵士死傷過半. 戍副高景陰圖叛逆, 劉與城人斬景及其黨與數十人. 自餘將士, 分衣減食, 勞逸必同, 莫不畏而懷之. 井在外城, 尋爲賊陷, 城中絶水, 渴死者多. 劉乃集諸長幼, 喩以忠節, 遂相率告訴於天, 俱時號叫, 俄而澍雨. 劉命出公私布絹及至衣服, 懸之城內, 絞而取水, 所有雜器, 悉儲之. 於是人心益固. 會益州刺史傅豎眼將至, 梁人乃退. 豎眼嘆異之, 具狀奏聞. 宣武嘉之".

22 같은 글, p. 3002, "西魏武功縣孫道溫妻趙氏者, 安平人也. 万俟醜奴之反, 圍岐州, 久之無援. 趙乃謂城中婦女曰: '今州城方陷, 義在同憂.' 遂相率負土, 晝夜培城, 城竟免賊. 大統六年, 贈夫岐州刺史, 贈趙安平縣君".

23 『魏書』, 卷73「楊大眼傳」, p. 1633, "大眼妻潘氏, 善騎射, 自詣軍省大眼. 至於攻陳遊獵之際, 大眼令妻潘戎裝, 或齊鑣戰場, 或並驅林壑. 及至還營, 同坐幕下, 對諸僚佐, 言笑自得, 時指之謂人曰: '此潘將軍也'".

24 李文才,「魏晉南北朝婦女社會地位硏究」, p. 190.

25 『北史』, 卷13「后妃上」序言, p. 486, "內司視尙書令·僕. 作司·大監·女侍中三官視二品. 監, 女尙書, 美人, 女史·女賢人·書史·書女·小書女五官, 視三品. 中才人·供人·中使女生·才人·恭使宮人視四品, 春衣·女酒·女饗·女食·奚官女奴視五品";『魏書』, 卷13補「皇后傳」序, pp. 321~322.

26 같은 글, p. 490, "六尙二十二司, 員各二人, 唯司樂·司膳員各四人. 每司又置典及掌, 以貳其職. 六尙十人, 品從第五; 司二十八人, 品從第六; 典二十八人, 品從第七; 掌二十八人, 品從第九. 女史流外, 量局閑劇, 多者十人以下, 無定員數. 聯事分職, 各有司存焉".

27 「劉華仁墓誌銘」,『漢魏南北朝墓誌彙編』, p. 122, "家門傾覆, 幼履宮庭, 冥因有期, 蒙遭蘇門之業".

28 「魏故官御作女尙書馮(迎男)女郎之誌」, 『漢魏南北朝墓誌彙編』, p. 123, "因鄕曲之難, 家沒系官. 女郎時年五歲, 隨母配宮".

29 「張安姬墓誌銘」, 『漢魏南北朝墓誌彙編』, p. 123, "年十三, 因遭羅難, 家戮沒宮".

30 「傅姆王遺女墓誌」, 『漢魏南北朝墓誌彙編』, p. 124, "夫幽州當陌高, 字雒陽, 官爲深澤令, 與刺史競功亢衡, 互相陵壓. 以斯難躓遂入宮焉".

31 「女尙書王氏諱僧男墓誌」, 『漢魏南北朝墓誌彙編』, p. 124, "地華涇隴, 望帶豪胄. 男父以雄俠罔法, 渡馬招辜, 由斯尤戾. 唯男與母, 伶丁奈蓼, 獨入宮焉".

32 「大魏宮內司馬高唐縣君楊氏墓誌」, 『漢魏南北朝墓誌彙編』, p. 126, "因祖隨宦, 復旅淸河. 皇始之初, 南北兩分, 地擁王澤, 逆順有時, 時來則改, 以歷城歸誠, 遂入宮耳".

33 『北史』, 卷13 「后妃上·魏·太武惠太后竇氏傳」, p. 494, "先是, 太武保母竇氏, 初以夫家坐事誅, 與二女俱入宮, 操行純備, 進退以禮, 明元命爲太武保母".

34 『北史』, 卷13 「后妃上·魏·文成昭太后常氏傳」, p. 495, "又文成乳母常氏, 本遼西人, 因事入宮, 乳帝, 有劬勞保護之功. 文成卽位, 尊爲保太后, 尋尊爲皇太后, 告於郊廟".

35 『北史』, 卷13 「后妃上·魏·文成文明皇后馮氏傳」, p. 495, "后生於長安, 有神光之異. 朗坐事誅, 后遂入宮".

36 『北史』, 卷18 「景穆十二王下·任城王雲傳附澄傳」, p. 661, "神龜元年, 詔加女侍中貂蟬, 同外侍中之飾. 澄上表諫曰: '高祖·世宗皆有女侍中官, 未見綴金蟬於象珥, 極鼲貂於鬢髮. 江南僞晉穆何后有女尙書而加貂璫, 此乃衰亂之世, 妖妄之服. 且婦人而服男子之服, 至陰而陽, 故自穆·哀以降, 國統二絶. 因是劉裕所以爲逆. 禮容擧措, 風化之本, 請依常儀, 追還前詔.' 帝從之".

37 「韓賄夫人高氏墓銘」, 『漢魏南北朝墓誌彙編』, p. 153, "又以椒幃任要, 宜須翼輔, 授內侍中, 用委宮掖. 獻可諫否, 節凝圖篆".

38 「閭伯昇夫人樂安公主元氏墓誌銘」, 『漢魏南北朝墓誌彙編』, p. 338, "年十有五, 作嬪閭氏. 女節茂於公宮, 婦道顯於邦國. 永熙在運, 詔除女侍中".

39 『魏書』, 卷16 「道武七王·京兆王黎傳附叉傳」, p. 403, "靈太后臨朝, 以叉妹夫, 除通直散騎侍郎. 叉妻封新平郡君, 後遷馮翊郡君, 拜女侍中"; 『北史』, 卷16 道武七王 京兆王黎傳附叉傳, p. 596.

40 『魏書』, 卷31 「于栗磾傳附忠傳」, 746, "忠後妻中山王尼須女, 微解詩書, 靈太后臨朝, 引爲女侍中, 賜號范陽郡君".

41 『魏書』, 卷40 「陸俟傳附昕之傳」, p. 909, "昕之卒後, 母盧悼念過哀, 未幾而亡. 公主奉姑有孝稱, 神龜初, 與穆氏頓丘長公主並爲女侍中"; 『北史』, 卷28 陸俟傳附昕之傳, p. 1016.

42 『北齊書』, 卷13 「淸河王岳傳」, p. 174, "母山氏, 封爲郡君, 授女侍中, 入侍皇后".

43 張金龍, 『北魏政治史研究』, pp. 264~265.

44 『魏書』, 卷31 于栗磾傳附忠傳, p. 746.

45 『顔氏家訓』, 卷1 「治家篇」, p. 48, "江東婦女 略無交遊 其婚姻之家 或十數年間 未相識者 惟以信命贈遺致殷勤焉. 鄴下風俗 專以婦持門戶 爭訟曲直 造請逢迎 車乘塡街衢 綺羅盈府寺 代子求官 爲夫訴屈. 此乃恒,代之遺風乎?"

46 『後漢書』, 卷90 烏桓鮮卑列傳 烏桓, p. 2979, "計謀從用婦人 唯鬪戰之事乃自決之".

47 『資治通鑑』, 卷142 「齊紀」 東昏侯永元元年春正月戊戌條, p. 4434.

48 『洛陽伽藍記』, 卷3「城南」宣陽門條, pp. 160~161, “永橋以南, 圜丘以北, 伊·洛之間, 夾御道有四夷館. 道東有四館. 一名金陵, 二名燕然, 三名扶桑, 四名崦嵫. 道西有四館(里): 一曰歸正, 二曰歸德, 三曰慕化, 四曰慕義. 吳人投國者處金陵館, 三年已後, 賜宅歸正里”.

49 『洛陽伽藍記』[范祥雍 校注, 『洛陽伽藍記校注』(上海: 上海古籍出版社, 1999)], 卷3「城南」, 龍華寺條, p. 160, “景明初, 僞齊建安王蕭寶寅來降, 封會稽公, 爲築宅於歸正里. 後進爵爲齊王, 尙南陽長公主. 寶寅恥與夷人同列令公主啓世宗, 求入城內. 世宗從之, 賜宅於永安里”.

제12장 한인 여성의 호화: 호태후

1 李成珪, 「中國 古代 皇帝權의 性格」, 東洋史學會 엮음, 『東亞史上의 王權』(한울, 1993), 13~19쪽.

2 자귀모사에 대한 연구는 崔廣彬, 「北魏“立子殺母”制度考證」, ≪北方文物≫, 1997-1(總第49期)(1997); 李凭, 「北魏子貴母死故事考述」, 『東方傳統』(北京: 中國發展出版社, 1999); 李凭, 「乳母干政」, 『北魏平城時代』(北京: 社會科學文獻出版社, 2000), pp. 138~193; 田餘慶, 「北魏後宮子貴母死之制的形成和演變」, 『拓跋史探』(北京: 三聯書店, 2003)[原載 『國學硏究』, 5(北京: 北京大學出版社, 1998)], pp. 9~61; 田餘慶, 「關于子貴母死制度硏究的構思問題」, 『拓跋史探』(北京: 三聯書店, 2003); 呂炘, 「簡論北魏皇室“子將爲儲貳·其母皆賜死”制度」, ≪青海民族學院學報(社會科學版)≫, 29-3(2003); 謝斌, 「淺析胡太后從“立子殺母”制度中幸免的原因」; 劉宇衛, 「“子貴母死”故事的社會必要性和他國歷史前例的十個論點」, 中國魏晉南北朝史學會·大同平城北朝硏究會 編, 『北朝硏究』 第七輯(北京: 科學出版社, 2010) 참조.

3 『北史』, 卷13「后妃上·魏·宣武靈皇后胡氏傳」, p. 503, “及肅宗踐阼, 尊后爲皇太妃, 後尊爲皇太后. 臨朝聽政, 猶稱殿下, 下令行事. 後改令稱詔, 羣臣上書曰陛下, 自稱曰朕”; 『魏書』, 卷13補「皇后·宣武靈皇后胡氏傳」, pp. 337~338.

4 『魏書』, 卷16「道武七王·京兆王黎傳附江陽王叉傳」, p. 407, “其後靈太后顧謂侍臣曰: 「劉騰·元叉昔邀朕索鐵劵, 望得不死, 朕賴不與.」 中書舍人韓子熙曰: ‘事關殺活, 豈計與否. 陛下昔雖不與, 何解今日不殺?’ 靈太后憮然”.

5 『史記』, 卷6「秦始皇本紀」, p. 236, “丞相綰,御史大夫劫·廷尉斯等皆曰: ‘昔者五帝地方千里, 其外侯服夷服諸侯或朝或否, 天子不能制. 今陛下興義兵, 誅殘賊, 平定天下, 海內爲郡縣, 法令由一統, 自上古以來未嘗有, 五帝所不及.’ 臣等謹與博士議曰: ‘古有天皇, 有地皇, 有泰皇, 泰皇最貴. 臣等昧死上尊號, 王爲『泰皇』. 命爲『制』, 令爲『詔』, 天子自稱曰『朕』. 王曰: ‘去『泰』, 著『皇』, 采上古『帝』位號, 號曰『皇帝』. 他如議.’ 制曰: ‘可.’”

6 『北史』, 卷13「后妃上·魏·宣武靈皇后胡氏傳」, p. 504, “先是, 太后敕造申訟車, 時御焉. 出自雲龍大司馬門, 從宮西北, 入自千秋門, 以納冤訟. 又親策孝秀·州郡計吏於朝堂”; 『魏書』, 卷13補「皇后·宣武靈皇后胡氏傳」, p. 338.

7 와타나베 신이치로, 『천공의 옥좌: 중국 고대제국의 조정과 의례』, 문정희·임대희 옮김(신서원, 2002), 87~121쪽.

8 『北史』, 卷13「后妃上·魏·文成文明皇后馮氏傳」, p. 496, “孝文乃詔有司營建壽陵於方山, 又起永固石室, 將終爲清廟焉. 太和五年起作, 八年而成, 刊石立碑, 頌太后功德”; 『魏書』, 卷13補「皇后·文成文明皇后馮氏傳」, p. 329.

9 朴漢濟, 「문명태후의 치마폭과 효문제의 낙양 천도」, 『제국으로 가는 긴 여정: 북조·수·초당 시대』(사계절, 2003), 110~114쪽.

10 『北史』, 卷13 「后妃上·魏·文成文明皇后馮氏傳」, p. 496, "太后立文宣王廟於長安, 又立思燕佛圖於龍城, 皆刊石立碑. 太后又制, 內屬五廟之孫·外戚六親緦麻, 皆受復除"; 『魏書』, 卷13補 「皇后·文成文明皇后馮氏傳」, p. 329.

11 『張家山漢墓竹簡』 [張家山二四七號漢墓竹簡整理小組(北京: 文物出版社, 2001)], 「具律」 85號簡, p. 146, "呂宣王內孫·外孫·內耳孫玄孫, 諸侯王子·內孫耳孫, 徹侯子·內孫有罪, 如上造·上造妻以上".

12 李成珪, 「中國 古代 皇帝權의 性格」, 13~19쪽.

13 『漢書』, 卷73 「韋賢傳附玄成傳」, p. 3118, "罷郡國廟後月餘 復下詔曰: '…… 周之所以七廟者, 以后稷始封 文王·武王受命而王, 是以三廟不毁, 與親廟四而七. 非有后稷始封, 文·武受命之功者, 皆當親盡而毁. 成王成二聖之業, 制禮作樂, 功德茂盛, 廟猶不世, 以行爲謚而已.'"

14 『漢書』, 卷73 「韋賢傳附玄成傳」, p. 3119, "師古曰: '二聖, 文王·武王也.'"

15 『後漢書』, 卷40下 「班彪列傳」, pp. 1376~1377, "…… 是以高·光二聖 辰居其域, 時至氣動, 乃龍見淵躍. ……"

16 『三國志』, 卷13 「魏書·王朗傳」, p. 413, "時屢失皇子, 而後宮就館者少, 朗上疏曰: '昔周文十五而有武王, 遂享十子之祚, 以廣諸姬之胤. 武王旣老而生成王, 成王是以鮮於兄弟. 此二王者, 各樹聖德, 無以相過, 比其子孫之祚, 則不相如. 蓋生育有早晚, 所産有衆寡也. 陛下旣德祚兼彼二聖, 春秋高於姬文育武之時矣, 而子發未擧於椒蘭之奧房, 藩王未繁於掖庭之衆室, …….'"

17 山本德子, 「北朝系婦人の妬忌について: 北魏を中心として」, pp. 100上~101下.

18 李成珪, 「中國 古代 皇帝權의 性格」, 13~19쪽.

19 『廿二史箚記』, 卷1 「各史例目異同」, p. 3.

20 『北史』, 卷13 「后妃上·魏·宣武靈皇后胡氏傳」, p. 504, "其後太后從子都統僧敬與備身左右張車渠等數十人謀殺叉, 復奉太后臨朝. 事不克, 僧敬坐徙邊, 車渠等死, 胡氏多免黜. 後明帝朝太后於西林園, 宴文武侍臣, 飮至日夕, 叉乃起至太后前自陳, 外云太后欲害己及騰. 太后答云: '無此語.' 遂至于極昏. 太后乃起執明帝手下堂, 言: '母子不聚久, 今暮共一宿, 諸大臣送我入.' 太后與帝向東北小閤, 左衛將軍奚康生謀殺叉不果"; 『魏書』, 卷13補 「皇后·宣武靈皇后胡氏傳」, p. 339.

21 張金龍, 『北魏政治史研究』, pp. 294~297.

22 『後漢書』, 卷90 「烏桓列傳」, p. 2979, "計謀從用婦人, 唯鬪戰之事乃自決之".

23 朱秀凌, 「北魏婦女社會地位與社會作用簡述」, 中國魏晉南北朝史學會 大同平城北朝研究會 編, 『北朝研究』 1(北京: 北京燕山出版社, 1999), pp. 215~219.

24 『北史』, 卷13 「后妃上·魏·宣武靈皇后胡氏傳」, pp. 503~504; 『魏書』, 卷13補 「皇后·宣武靈皇后胡氏傳」, p. 338.

25 『北史』, 卷13 「后妃上·魏·宣武靈皇后胡氏傳」, p. 504, "後幸嵩高山, 夫人·九嬪·公主以下從者數百人, 升于頂中. 廢諸淫祀, 而胡天神不在其例. 尋幸闕口溫水, 登鷄頭山, 自射象牙簪, 一發中之, 敕示文武".

26 Jennifer Holmgren, "Empress Dowager Ling of the Northern Wei and the T'o-pa Sinicization Question," pp. 154~159.

27 『北史』, 卷80「外戚·胡國珍傳」, p. 2687; 『魏書』, 卷83下補「外戚下·胡國珍傳」, p. 1833.

28 『北史』, 卷13「后妃上·魏·宣武靈皇后胡氏傳」, p. 503; 『魏書』, 卷13補「皇后·宣武靈皇后胡氏傳」, p. 338.

29 『北史』, 卷13「后妃上·魏·宣武靈皇后胡氏傳」, p. 504, "太后父薨, 百僚表請公除, 太后不許. 尋幸永寧寺, 親建刹於九級之基, 僧尼士女赴者數萬人. 及改葬文昭高后, 太后不欲令明帝主事, 乃自爲喪主, 出至終寧陵, 親奠遣事, 還哭於太極殿, 至於訖事, 皆自主焉"; 『魏書』, 卷13補「皇后·宣武靈皇后胡氏傳」, p. 338.

30 『魏書』, 卷59「劉昶傳附輝傳」, p. 1311, "正始初, 尙蘭陵長公主, 世宗第二姊也".

31 같은 글, p. 1312, "正光初, 輝又私淫張陳二氏女. 公主更不檢惡, 主姑陳留公主共相扇獎, 遂與輝復致忿爭. 輝推主墮床, 手脚毆蹈, 主遂傷胎, 輝懼罪逃逸. 靈太后召淸河王懌決其事, 二家女髡笞付宮, 兄弟皆坐鞭刑, 徙配敦煌爲兵. 公主因傷致薨, 太后親臨慟哭, 擧哀太極東堂, 出葬城西, 太后親送數里, 盡哀而還. 謂侍中崔光曰: '向哭所以過哀者, 追念公主爲輝頓辱非一, 乃不關言, 能爲隱忍, 古今寧有此! 此所以痛之.'"

32 『隋書』, 卷7「禮儀志」2 七廟條, p. 135, "後齊文襄嗣位, 猶爲魏臣, 置王高祖秦州使君·王曾祖太尉武貞公·王祖太師文穆公·王考相國獻武王, 凡四廟. 文宣帝受禪, 置六廟: 曰皇祖司空公廟·皇祖吏部尙書廟·皇祖秦州使君廟·皇祖文穆皇帝廟·太祖獻武皇帝廟·世宗文襄皇帝廟, 爲六廟. 獻武已下不毁, 已上則遞毁. 並同廟而別室. 旣而遷神主於太廟. 文襄·文宣, 並太祖之子, 文宣初疑其昭穆之次, 欲別立廟. 衆議不同. 至二年秋, 始祔太廟. 春祠·夏礿·秋嘗·冬蒸, 皆以孟月, 幷臘, 凡五祭. 禘祫如梁之制. 每祭, 室一太牢, 始以皇后預祭. 河淸定令, 四時祭廟禘祭及元日廟庭, 並設庭燎二所".

33 같은 글, p. 136, "其時祭, 各於其廟, 祫禘則於太祖廟, 亦以皇后預祭. 其儀與後齊同. 所異者, 皇后亞獻訖, 后又薦加豆之籩, 其實菱芡芹菹兎醢. 冢宰終獻訖, 皇后親撤豆, 降還板位. 然後太祝撤焉".

34 『新唐書』, 卷13「禮樂志」3, p. 337, "夫男女之不相褻於內外也, 況郊廟乎? 中宗時, 將享南郊, 國子祭酒祝欽明言皇后當助祭, 太常博士唐紹·蔣欽緖以爲不可, 左僕射韋巨源獨以欽明說爲是. 於是以皇后爲亞獻, 補大臣李嶠等女爲齋娘, 以執籩豆焉. 至德宗貞元六年, 又以皇太子爲亞獻, 親王爲終獻". 이 일화에서 "夫男女之不相褻於內外也, 況郊廟乎?"라는 구절로 보아 유가의 제례에서 여성의 제사 참여를 금지했음을 알 수 있다.

35 李書吉, 『北朝禮制法系硏究』, p. 51.

36 『魏書』, 卷108之1「禮志」1, p. 2735, "太祖初, 有兩彗星見, 劉后使占者占之, 曰: '祈之則當掃定天下.' 后從之, 故立其祀. 又立ㅁㅁ神十二, 歲一祭, 常以十一月, 各用牛一·雞三. 又立王神四, 歲二祭, 常以八月·十月, 各用羊一. 又置獻明以上所立天神四十所, 歲二祭, 亦以八月·十月. 神尊者以馬, 次以牛, 小以羊, 皆女巫行事"; 『魏書』, 卷108之1「禮志」1, p. 2736, "天賜二年夏四月, 復祀天于西郊, 爲方壇一, 置木主七於上. 東爲二陛, 無等; 周垣四門, 門各依其方色爲名. 牲用白犢·黃駒·白羊各一. 祭之日, 帝御大駕, 百官及賓國諸部大人畢從至郊所. 帝立靑門內近南壇西, 內朝臣皆位於帝北, 外朝臣及大人咸位於靑門之外, 后率六宮從黑門入, 列於靑門內近北, 並西面. 廩犧令掌牲, 陳於壇前. 女巫執鼓, 立於陛之東, 西面. 選帝之十族子弟七人執酒, 在巫南, 西面北上. 女巫升壇, 搖鼓. 帝拜, 后肅拜, 百官內外盡拜. 祀訖, 復拜. 拜訖, 乃殺牲. 執酒七人西向, 以酒灑天神主, 復拜, 如此者七. 禮畢而返. 自是之後, 歲一祭".

37 『魏書』, 卷67「崔光傳」, p. 1493, "是秋, 靈太后頻幸王公第宅. 光表諫曰: '禮記云: 『諸侯非問疾弔喪而入諸臣之家, 是謂君臣爲謔.』不言王后夫人, 明無適臣家之義. 夫人父母在, 有時歸寧, 親沒, 使卿大夫聘. 春秋紀陳·宋·齊之女並爲周王后, 無適本國之事. 是制深於士大夫, 許嫁唁兄, 又義不得; 衛女思歸, 以禮自抑. 載馳·竹竿所爲作也. 漢上官皇后將廢昌邑, 霍光, 外祖也, 親爲宰輔, 后猶御武帷以接羣臣, 示男女之別, 國之大節. ……'"

38 『資治通鑑』, 卷148「梁紀」4 武帝天監十五年九月條, p. 4626.

39 『魏書』, 卷19中「景穆十二王中·任城王雲傳附順傳」, pp. 482~483, "靈太后頗事妝飾, 數出遊幸. [元]順面諍曰: '禮, 婦人夫喪, 自稱未亡人, 首去珠玉, 衣不被綵. 陛下母臨天下, 年垂不惑, 過甚修飾, 何以示後世?'"

40 『資治通鑑』, 卷150「梁紀」6 武帝普通六年四月條, p. 4697.

41 『北史』, 卷13「后妃上·魏·宣武靈皇后胡氏傳」, p. 503; 『魏書』, 卷13補「皇后·宣武靈皇后胡氏傳」, p. 339.

42 李文才, 「魏晉南北朝婦女社會地位硏究」, p. 173.

43 『魏書』, 卷105之4「天象志」1之4 星變下, p. 2436, "先是, 三年九月, 太白犯執法. 是歲八月, 領軍于忠擅戮僕射郭祚. 九月, 太后臨朝, 淫放日甚, 至逼幸淸河王懌".

44 『北史』, 卷13「后妃上·魏·宣武靈皇后胡氏傳」, p. 504.

45 張金龍, 『北魏政治史硏究』, pp. 280~291, 297~302; 張金龍, 「領軍將軍與北魏政治」, ≪中國史硏究≫, 1995-1(1995), pp. 58~59.

46 『北史』, 卷13「后妃上·魏·宣武靈皇后胡氏傳」, p. 505, "鄭儼汙亂宮掖, 勢傾海內, 李神軌·徐紇並見親侍, 一二年中, 位總禁要. 手握王爵, 輕重在心, 宣淫於朝, 爲四方之所穢"; 『魏書』, 卷13「皇后·宣武靈皇后胡氏傳」, p. 339.

47 『魏書』, 卷93「恩倖·鄭儼傳」, p. 2007, "鄭儼, 字季然, 滎陽人. 容貌壯麗. 初爲司徒胡國珍行參軍, 因緣爲靈太后所幸, 時人未之知也. 遷員外散騎侍郞·直後. 靈太后廢, 蕭寶夤西征, 以[鄭]儼爲開府屬. 孝昌初, 太后反政, [鄭]儼請使還朝, 復見寵待. 拜諫議大夫·中書舍人, 領嘗食典御. 晝夜禁中, 寵愛尤甚. [鄭]儼每休沐, 太后常遣閹童隨侍, [鄭]儼見其妻, 唯得言家事而已".

48 『魏書』, 卷66「李崇傳附神軌傳」, p. 1475, "孝昌中, 爲靈太后寵遇, 勢傾朝野, 時云見幸帷幄, 與鄭儼爲雙, 時人莫能明也".

49 『北史』, 卷43「李崇傳附神軌傳」, p. 1600, "世哲弟神軌, 小名靑肫, 受父爵陳留侯. 累出征伐, 頗有將領之氣. 孝昌中, 靈太后淫縱, 分遣腹心嫗姬出外, 陰求悅人. [李]神軌爲使者所薦, 寵遇勢傾朝野, 時云見幸帷幄, 與鄭儼爲雙".

50 『魏書』, 卷105之4「天象志」1之4 星變下, pp. 2439~2440, "其後太后淫昏, 天下大壞, 上春秋方壯, 誅諸佞臣. 由是鄭儼等竦懼, 遂說太后鴆帝. 旣而尒朱氏興于幷州, 終啓齊室之運, 卜洛之業遂丘墟矣".

51 『魏書』, 卷56「鄭義傳」, p. 1243, "自靈太后預政, 淫風稍行, 及元叉擅權, 公爲姦穢. 自此素族名家, 遂多亂雜, 法官不加糾治, 婚宦無貶於世, 有識咸以歎息矣"; 『北史』, 卷35「鄭義傳」, p. 1308, "自靈太后豫政, 淫風稍行, 及元叉擅權, 公爲奸穢, 自此素族名家, 遂多亂雜. 法官不加糾正, 婚宦無貶, 於時有識, 咸以歎息矣".

52 孫同勛, 「孝文帝的遷都與漢化」, pp. 130~131.

53 『梁書』, 卷39 「楊華傳」, pp. 556~557, "楊華, 武都仇池人也. 父大眼, 爲魏名將. 華少有勇力, 容貌雄偉, 魏胡太后逼通之, 華懼及禍, 乃率其部曲來降. 胡太后追思之不能已, 爲作楊白華歌辭, 使宮人晝夜連臂蹋足歌之, 辭甚悽惋焉".

54 『魏書』, 卷73 「楊大眼」, p. 1633, "楊大眼, 武都氐難當之孫也".

55 『北齊書』, 卷48 「文宣李后傳」, p. 668, "胡長仁, 字孝隆, 安定臨涇人, 武成皇后之兄. 父延之, 魏中書令".

56 『北史』, 卷14 「后妃下 · 齊 · 武成皇后胡氏傳」, pp. 522~523, "武成皇后胡氏, 安定胡延之女. 其母范陽盧道約女, 初懷孕, 有胡僧詣門曰: '此宅瓠蘆中有月.' 旣而生后. 天保初, 選爲長廣王妃. 産後主日, 有鴞鳴於産帳上. 武成崩, 尊爲皇太后. 陸媼及和士開密謀殺趙郡王叡, 出婁定遠 · 高文遙爲刺史. 和 · 陸諂事太后, 無所不至. 初, 武成時, 后與諸閹人褻狎. 武成寵幸和士開, 每與后握槊, 因此與后姦通. 自武成崩後, 數出詣佛寺, 又與沙門曇獻通. 布金錢於獻席下, 又挂寶裝胡牀於獻屋壁, 武成平生之所御也. 乃置百僧於內殿, 託以聽講, 日夜與曇獻寢處. 以獻爲昭玄統. 僧徒遙指太后以弄曇獻, 乃至謂之爲太上者. 帝聞太后不謹, 而未之信. 後朝太后, 見二少尼, 悅而召之, 乃男子也. 於是曇獻事亦發, 皆伏法. 并殺元山王三郡君, 皆太后之所昵也"; 『北齊書』, 卷9 「文宣李后傳」, p. 126, "武成皇后胡氏, 安定胡延之女. 其母范陽盧道約女, 初懷孕, 有胡僧詣門曰'此宅瓠蘆中有月', 旣而生后. 天保初, 選爲長廣王妃. 産後主日, 鴞鳴於産帳上. 武成崩, 尊爲皇太后, 陸媼及和士開密謀殺趙郡王叡, 出婁定遠 · 高文遙爲刺史. 和 · 陸諂事太后, 無所不至. 初武成時, 后與諸閹人褻狎. 武成寵幸和士開, 每與后握槊, 因此與后姦通. 自武成崩後, 數出詣佛寺, 又與沙門曇獻通. 布金錢於獻席下, 又挂寶裝胡牀於獻屋壁, 武成平生之所御也. 乃置百僧於內殿, 託以聽講, 日夜與曇獻寢處. 以獻爲昭玄統. 僧徒遙指太后以弄曇獻, 乃至謂之爲太上者. 帝聞太后不謹而未之信, 後朝太后, 見二少尼, 悅而召之, 乃男子也. 於是曇獻事亦發, 皆伏法, 並殺元 · 山 · 王三郡君, 皆太后之所昵也".

57 『北史』, 卷80 「外戚 · 胡國珍傳」, p. 2688, "國珍年雖篤老, 而雅敬佛法, 時事潔齋, 自禮拜. 至於出入侍從, 猶能跨馬據鞍. 神龜元年四月七日, 步從所建佛像, 發第至閶闔門四五里. 八日, 又立觀像, 晚乃肯坐. 勞熱增甚, 因遂寢疾. 靈太后親侍藥膳, 十二日薨, 年八十. 給東園溫明祕器, 五時朝服各一具, 衣一襲, 贈布五千匹, 錢一百萬, 蠟千斤. 大鴻臚持節監護喪事. 太后還宮, 成服於九龍殿, 遂居九龍寢室. 明帝服小功服, 擧哀於太極東堂. 又詔自始薨至七七, 皆爲設千僧齋, 齋令七人出家; 百日設萬人齋, 二七人出家"; 『魏書』, 卷83上 「外戚上 · 胡國珍傳」, pp. 1834~1835.

58 尙永琪, 「3-6世紀佛教傳播背景下的北方社會群體硏究」, p. 122.

59 『魏書』, 卷114 「釋老志」, pp. 3043~3044, "肅宗熙平中, 於城內太社西, 起永寧寺. 靈太后親率百僚, 表基立刹. 佛圖九層, 高四十餘丈, 其諸費用, 不可勝計. 景明寺佛圖, 亦其亞也. 至於官私寺塔, 其數甚衆".

60 『北史』, 卷13 「后妃上 · 魏 · 宣武靈皇后胡氏傳」, p. 504, "尋幸永寧寺, 觀建刹於九級之基, 僧尼士女赴者數萬人"; 『魏書』, 卷13 「皇后 · 宣武靈皇后胡氏傳」, p. 338.

61 『資治通鑑』, 卷148 「梁紀」4 武帝天監十五年九月條, p. 4628, "初, 魏世宗作瑤光寺, 未就, 是歲, 胡太后又作永寧寺, 皆宮側; 又作石窟寺於伊闕口, 皆極土木之美. 而永寧尤盛, 有金像高丈八者一, 如中人者十, 玉像二. 爲九層浮圖, 掘地築基, 下及黃泉; 浮圖高九十丈, 上刹復高十丈, 每夜靜, 鈴鐸聲聞十里. 佛殿如太極殿, 南門如端門. 僧房千間, 珠玉錦繡, 駭人心目. 自佛法入中國, 塔廟之盛, 未之有也".

62 『北史』, 卷18「景穆十二王下·任城王雲傳附澄傳」, p. 661, "時太后銳於興繕, 在京師則起永寧·太上公等佛寺, 工費不少, 外州各造五級佛圖. 又數爲一切齋會, 施物動至萬計. 百姓疲於土木之功, 金銀之價爲之踊上. 削奪百官祿力, 費損庫藏. 兼曲賚左右, 日有數千. 澄上表極言得失. 雖卒不從, 常優答禮之";『魏書』, 卷19上「景穆十二王·任城王雲傳附澄傳」, p. 480, "靈太后銳於繕興, 在京師則起永寧·太上公等佛寺, 功費不少, 外州各造五級佛圖, 又數爲一切齋會, 施物動至萬計. 百姓疲於土木之功, 金銀之價爲之踊上, 削奪百官事力, 費損庫藏, 兼曲賚左右, 日有數千. 澄故有此表. 雖卒不從, 常優答禮之".

63 『資治通鑑』, 卷148「梁紀」4 武帝天監十七年條, p. 4640.

64 尙永琪, 「3-6世紀佛教傳播背景下的北方社會群體硏究」, p. 123.

제3부 호속 유지의 배경

제13장 호속 유지의 정치적 배경

1 崔珍烈, 『북위황제 순행과 호한사회』, 444쪽, 〈표 26〉 태화 17~23년(493~499) 효문제의 체류지역과 기간.

2 이하 1절 내용의 대부분은 필자의 저서인 『북위황제 순행과 호한사회』, 443~455쪽(3편 4장 1절)을 재인용한다. 본 절의 본문에서 별도의 미주가 없더라도 이 책의 내용을 전제했음을 미리 밝힌다.

3 崔珍烈, 「北魏의 華北支配와 그 性格」(서울大學校 大學院 東洋史學科 文學碩士學位論文, 2002), 19쪽; 崔珍烈, 「北魏의 地域支配方式과 그 性格: 華北지역을 중심으로」, ≪東洋史學硏究≫, 92(2005), 126~127쪽.

4 『魏書』, 卷7下「高祖紀」下 太和十九年六月條, p. 178, "丙辰, 詔遷洛之民, 死葬河南, 不得還北. 於是代人南遷者, 悉爲河南洛陽人";『魏書』, 卷7下 高祖紀下 太和二十年春正月條, 179, "二十年春正月丁卯, 詔改姓爲元氏".

5 崔珍烈, 『북위황제 순행과 호한사회』, 445~446쪽, 〈표 27〉 호어금지 전후부터 효문제 사후까지 효문제의 동선.

6 『隋書』, 卷32「經籍志」經·小學條, p. 947.

7 『南齊書』, 卷57「魏虜傳」, p. 997, "[元]宏時大舉南寇, 僞咸陽王元憘·彭城王元勰·常侍王元嵩·寶掌王元麗·廣陵侯元燮·都督大將軍劉昶·王肅·楊大眼·奚康生·長孫稚等三十六軍, 前後相繼, 衆號百萬".

8 같은 글, p. 997, "[元]宏自率衆至壽陽, 軍中有黑氈行殿, 容二十人坐, 輦邊皆三郎曷刺眞, 槊多白眞毦, 鐵騎爲羣, 前後相接. 步軍皆烏楯槊, 綴接以黑蝦蟆幡. 牛車及驢駱駝載軍資妓女, 三十許萬人".

9 崔珍烈, 『북위황제 순행과 호한사회』, 448쪽, 〈표 28〉 북위 후기 대(對) 남제전쟁에 동원된 군대의 종류와 수.

10 『魏書』, 卷7下「高祖紀」下 太和十九年八月乙巳條, p. 178, "詔選天下武勇之士十五萬人爲羽林·虎賁, 以充宿衛".

11 『魏書』, 卷7下「高祖紀」下 太和二十年條, p. 180, "冬十月戊戌, 以代遷之士皆爲羽林·虎賁".

12 辛聖坤, 「北朝 兵戶制의 變遷과 丁兵制의 性格」, 6쪽 각주, 34; 葛劍雄, 『中國移民史』第二卷 先秦至魏晉南北朝時期(福州: 福建人民出版社, 1997), p. 591.

13 『資治通鑑』, 卷142「齊紀」東昏侯永元元年春正月戊戌條, p. 4434.

14 『魏書』, 卷108「禮志」1, pp. 2733~2734, "自永嘉擾攘, 神州蕪穢, 禮壞樂崩, 人神殲殄. 太祖南定燕趙, 日不暇給, 仍世征伐, 務恢疆宇. 雖馬上治之, 未遑制作, 至於經國軌儀, 互舉其大, 但事多粗略, 且兼闕遺. 高祖稽古, 率由舊則, 斟酌前王, 擇其令典, 朝章國範, 煥乎復振. 早年厭世, 叡慮未從, 不爾劉馬之迹夫何足數! 世宗優遊在上, 致意玄門, 儒業文風, 顧有未洽, 墜禮淪聲, 因之而往. 肅宗已降, 魏道衰羸, 太和之風, 仍世凋落, 以至於海內傾圮, 綱紀泯然".

15 『魏書』, 卷108「禮志」4, p. 2817, "太祖天興元年冬, 詔儀曹郎董謐撰朝覲·饗宴·郊廟·社稷之儀. 六年, 又詔有司制冠服, 隨品秩各有差, 時事未暇, 多失古禮. 世祖經營四方, 未能留意, 仍世以武力爲事, 取於便習而已. 至高祖太和中, 始考舊典, 以制冠服, 百僚六宮, 各有差次. 早世升遐, 猶未周洽. 肅宗時, 又詔侍中崔光·安豐王延明及在朝名學更議之, 條章粗備焉".

16 『魏書』, 卷7下「高祖紀」下 太和二十三年條, p. 185, "三月庚辰, 車駕南伐. 癸未, 次梁城. 甲申, 以順陽被圍危急, 詔振武將軍慕容平城率騎五千赴之. 丙戌, 帝不豫, 司徒·彭城王勰侍疾禁中, 且攝百揆".

17 『魏書』, 卷21上「獻文六王·廣陵王羽傳」, p. 546, "遷都議定, 詔羽兼太尉, 告于廟社. 遷京之後, 北蕃人夷多有未悟. 羽鎭撫代京, 內外肅然, 高祖嘉之";『魏書』, 卷31「于栗磾傳附烈傳」, p. 738, "及遷洛陽, 人情戀本, 多有異議, 高祖問烈曰: '卿意云何?' 烈曰: '陛下聖略淵遠, 非愚管所測. 若隱心而言, 樂遷之與戀舊, 唯中半耳.' 高祖曰: '卿既不唱異, 卽是同, 深感不言之益. 宜且還舊都, 以鎭代邑.' 敕留臺庶政, 一相參委".

18 孫同勛,「孝文帝的遷都與漢化」, pp. 102~103.

19 『北史』, 卷15「魏諸宗室·武衛將軍謂傳附丕傳」, pp. 554~555, "及帝還代, 丕請作歌, 詔許之. 歌訖, 帝曰: '公傾朕還車, 故親歌述志. 今經構已有次第, 故暫還舊京, 願後時亦同茲適.' 乃詔丕等以移都之事, 使各陳志. 燕州刺史穆羆進曰: '今四方未平, 謂可不移. 臣聞黃帝都涿鹿, 古昔聖王不必悉居中原.' 帝曰: '黃帝以天下未定, 故居于涿鹿. 旣定, 亦遷于河南.' 廣陵王羽曰: '臣思奉神規, 光崇丕業, 請決之卜筮.' 帝曰: '昔軒轅請卜兆, 龜焦, 乃問天老, 謂爲善, 遂從其言, 終致昌吉. 然則至人之量未然, 審於龜矣.' 帝又詔羣臣曰: '昔平文皇帝棄背, 昭成營居盛樂. 道武神武應天, 遷居平城. 朕幸屬勝殘之運, 故移宅中原. 北人比及十年, 使其徐移. 朕自多積倉儲, 不令窘乏.' 前懷州刺史青龍·前秦州刺史呂受恩等仍守愚固, 帝皆撫而答之, 辭屈, 退".

20 『資治通鑑』, 卷141「齊紀」7 明帝建武四年二月條, p. 4408. 이는 『위서』에서도 보인다(『魏書』, 卷14「神元平文諸帝子孫·東陽王丕傳」, p. 360).

21 목씨(穆氏)와 북위 황실의 통혼은 崔珍烈,「北魏前期 皇室通婚정책」, 138~141쪽 참조.

22 『魏書』, 卷27「穆崇傳附泰傳」, p. 663, "眞子泰, 本名石洛, 高祖賜名焉. 以功臣子孫, 尙章武長公主, 拜駙馬都尉, 典羽獵四曹事, 賜爵馮翊侯".

23 『資治通鑑』, 卷137「齊紀」3 武帝永明八年條, p. 4302, "初, 太后忌帝英敏, 恐不利於己, 欲廢之, 盛寒, 閉於空室, 絶其食三日; 召咸陽王禧, 將立之. 太尉東陽王丕·尙書右僕射穆泰·尙書李仲固諫, 及止, 帝初無憾意, 唯深德丕等. 泰, 崇之玄孫也".

24 『魏書』, 卷40「陸俟傳附麗傳」, p. 907, "太武崩, 南安王余立, 既而爲中常侍宗愛等所殺. 百僚憂惶, 莫知所立. 麗以高宗世嫡之重, 民望所係, 乃首建大義, 與殿中尙書長孫渴侯·尙書源賀·羽林郎劉尼奉迎高宗於苑中, 立之. 社稷獲安, 麗之謀矣. 由是受心膂之任, 在朝者無出其右"

25 같은 글, p. 911, "叡, 字思弼. 其母張氏, 字黃龍, 本恭宗宮人, 以賜麗, 生叡. 麗之亡也, 叡始十餘歲, 襲爵撫軍大將軍·平原王".

26 『魏書』, 卷27「穆崇傳附泰傳」, p. 663, "初, 文明太后幽高祖於別室, 將謀黜廢, 泰切諫乃止. 高祖德之, 錫以山河, 寵待隆至. 泰自陳病久, 乞爲恒州, 遂轉陸叡爲定州, 以泰代焉. 泰不願遷都, 叡未及發而泰已至, 遂潛相扇誘, 圖爲叛. 乃與叡及安樂侯元隆, 撫冥鎭將·魯郡侯元業, 驍騎將軍元超, 陽平侯賀頭, 射聲校尉元樂平, 前彭城鎭將元拔, 代郡太守元珍, 鎭北將軍·樂陵王思譽等謀推朔州刺史陽平王頤爲主. 頤不從, 僞許以安之, 密表其事. 高祖乃遣任城王澄率并肆兵以討之. 澄先遣治書侍御史李煥單車入代, 出其不意, 泰等驚駭, 計無所出. 煥曉諭逆徒, 示以禍福, 於是凶黨離心, 莫爲之用. 泰自度必敗, 乃率麾下數百人攻煥郭門, 冀以一捷. 不克, 單馬走出城西, 爲人擒送. 澄亦尋到, 窮治黨與. 高祖幸代, 親見罪人, 問其反狀, 泰等伏誅".

27 『北史』, 卷15「魏諸宗室·武衛將軍謂傳附丕傳」, p. 556, "[元]丕父子大意不樂遷洛. 帝之發平城, 太子[元]恂留於舊京. 及將還洛, [元]隆與穆泰等密謀留恂, 因舉兵據陘北. [元]丕時以老居并州, 雖不預始計, 而[元]隆·[元]超咸以告[元]丕. [元]丕外慮不成, 口乃致難, 心頗然之. 及帝幸平城, 推穆泰等首謀, [元]隆兄弟並是黨. [元]丕亦隨駕至平城, 每於測問, 令[元]丕坐觀. 與元業等兄弟並以謀逆, 有司奏處孥戮. 詔以丕應連坐, 但以先許不死之詔, 躬非染逆之身, 聽免死, 仍爲太原百姓, 其後妻二子聽隨. [元]隆·[元]超母弟及餘庶兄弟皆徙敦煌".

28 孫同勛, 「孝文帝的遷都與漢化」, pp. 129~130.

29 『南齊書』, 卷57「魏虜傳」, p. 996, "僞征北將軍恒州刺史鉅鹿公伏鹿孤賀鹿渾守桑乾, 宏從叔平陽王安壽戍懷柵, 在桑乾西北. 渾非宏任用中國人, 與僞定州刺史馮翊公目鄰·安樂公托跋阿幹兒謀立安壽, 分據河北. 期久不遂, 安壽懼, 告宏. 殺渾等數百人, 任安壽如故".

30 『資治通鑑』, 卷140「齊紀」6 明帝三年條, p. 4402, "初, 魏文明太后欲廢魏主, 穆泰切諫而止, 由是有寵. 及帝南遷洛陽, 所親任者多中州儒士, 宗室及代人往往不樂. 泰自尙書右僕射出爲定州刺史, 自陳久病, 土溫則甚, 乞爲恆州; 帝爲之徒恆州刺史陸叡爲定州, 以泰代之. 泰至, 叡未發, 遂相與謀作亂, 陰結鎭北大將軍樂陸王思譽·安樂侯隆·撫冥鎭將魯郡侯業·驍騎將軍超等, 共推朔州刺史陽平王頤爲主. 思譽, 天賜之子; 業, 丕之弟; 隆·超, 皆丕之子也. 叡以爲洛陽沐明, 勸泰緩之, 泰由是未發".

31 『北史』, 卷17『景穆十二王上·陽平王新成傳附安壽傳」, p. 630, "及恒州刺史穆泰謀反, 遣使推頤爲主, 頤密以狀聞, 泰等伏誅, 帝甚嘉之".

32 『魏書』, 卷19下「景穆十二王·南安王楨傳」, p. 495, "及恒州刺史穆泰謀反, 楨知而不告, 雖薨, 猶追奪爵封, 國除"; 『北史』, 卷18『景穆十二王下·南安王楨傳」, p. 668, "及恒州刺史穆泰謀反, 楨知而不告, 雖薨, 猶追奪爵封, 國除".

33 『北史』, 卷15「魏諸宗室·武衛將軍謂傳附丕傳」, p. 556.

34 孫同勛, 「孝文帝的遷都與漢化」, p. 130.

35 『北史』, 卷19「孝文六王·廢太子恂傳」, p. 713, "廢太子庶人恂, 字元道. 生而母死, 文明太后撫視之, 常置左右".

36 『魏書』, 卷7下「高祖紀」太和十七年六月條, p. 172, "立皇子恂爲皇太子".

37 『北史』, 卷19「孝文六王·廢太子恂傳」, p. 713, "後帝每歲征幸, 恂常留守, 主執廟祀".

38 『魏書』, 卷22「廢太子恂傳」, pp. 588~589, "[元]恂不好書學, 體貌肥大, 深忌河洛暑熱, 意每追樂北方. 中庶子高道悅數苦言致諫, [元]恂甚銜之. 高祖幸崧岳, [元]恂留守金墉, 於西掖門內與左右謀, 欲召牧馬輕騎奔代, 手刃[高]道悅於禁中. 領軍元儼勒門防遏, 夜得寧靜. 厥明, 尙書陸琇馳啓高祖於南, 高祖聞之駭惋, 外寢其事, 仍至汴口而還. 引[元]恂數罪, 與咸陽王[元]禧等親杖[元]恂, 又令[元]禧等更代, 百餘下, 扶曳出外, 不起者月餘. 拘於城西別館. 引見羣臣於淸徽堂, 議廢之. 司空·太子太傅穆亮, 尙書僕射·少保李沖, 並免冠稽首而謝. 高祖曰: '卿所謝者私也, 我所議者國也. 古人有言, 大義滅親. 今[元]恂欲違父背尊, 跨據恒朔. 天下未有無父國, 何其包藏, 心與身俱. 此小兒今日不滅, 乃是國家之大禍, 脫待我無後, 恐有永嘉之亂.' 乃廢爲庶人, 置之河陽, 以兵守之, 服食所供, 粗免飢寒而已. [元]恂在困躓, 頗知咎悔, 恒讀佛經, 禮拜歸心於善. …… 高祖幸代, 遂如長安. 中尉李彪承間密表, 告[元]恂復與左右謀逆. 高祖在長安, 使中書侍郞邢巒與咸陽王禧, 奉詔賫椒酒詣河陽, 賜[元]恂死, 時年十五. 殮以粗棺常服, 瘞於河陽城". 『위서』 권22는 원래의 판본에 누락되어 『북사』를 인용하는 것이 보통이다. 그러나 『북사』(『北史』, 卷19「孝文六王·廢太子恂傳」, pp. 713~714)보다 복원한 『위서』 권22「폐태자순전」의 기록이 상세하므로 『위서』를 인용한다.

39 呂克勤, 「淺論北魏孝文帝太子元恂之死」, ≪荷澤師專學報≫, 1997-1(1997), pp. 41~43; 傅義漢, 「從太子恂被殺看北魏的遷都鬪爭」, ≪大同職業技術學院學報≫, 17-3(2003), pp. 35左~42右; 傅義漢, 「論平城兵變與廢太子恂被殺」, ≪山西廣播電視大學學報≫, 3(總第40期)(2004), pp. 110左~111右.

40 『南齊書』, 卷57「魏虜傳」, p. 996, "宏初徙都, 詢意不樂, 思歸桑乾. 宏制衣冠與之, 詢竊毁裂, 解髮爲編服左衽. 大馮有寵, 日夜讒[元]詢. [元]宏出鄴城馬射, [元]詢因是欲叛北歸, 密選宮中御馬三千疋置河陰渚. 皇后聞之, 召執[元]詢, 馳使告[元]宏, [元]宏徙[元]詢無鼻城, 在河橋北二里, 尋殺之, 以庶人禮葬".

41 丁福林, 「≪南齊書≫卷五十七≪索虜傳≫校議」, ≪鹽城師範學院學報(人文社會科學版)≫, 27-3(2007), p. 122右.

42 『資治通鑑』, 卷140「齊紀」明帝建武三年八月條, p. 4400, "魏太子恂不好學; 體素肥大, 苦河南地熱, 當思北歸. 魏主賜之衣冠, 恂常私著胡服. 中庶子遼東高道悅數切諫, [元]恂惡之. 八月, 戊戌, 帝如嵩高, [元]恂與左右密謀, 召牧馬, 輕騎奔平城, 手刃道悅於禁中. 中領軍元儼勒門防遏, 人夜乃定. 詰旦, 尙書陸琇馳以啓帝, 帝大駭, 祕其事, 仍至汴口而還. 甲寅, 入宮, 引見[元]恂, 數其罪, 親與咸陽王禧更代杖之百餘下, 扶曳出外, 囚於城西, 月餘乃能起".

43 高國抗, 『중국사학사』(下), 오상훈·이개석·조병한 옮김(풀빛, 1998), 75~79쪽.

44 高敏, 「≪南齊書·魏虜傳≫書後」, pp. 286~288; 孫同勛, 「孝文帝的遷都與漢化」, p. 130.

45 丁福林, 「≪南齊書≫卷五十七≪索虜傳≫校議」, p. 122右.

46 『魏書』, 卷15「常山王遵傳附暉傳」, pp. 378~379, "初, 高祖遷洛, 而在位舊貴皆難於移徙, 時欲和合衆情, 遂許冬則居南, 夏便居北".

47 『洛陽伽藍記』, 卷3「城南」龍華寺條, p. 160, "北夷酋長遣子入侍者, 常秋來春去, 避中國之熱, 時人謂之鴈臣".

48 崔珍烈, 「北魏後期 北邊 胡人의 胡俗 유지와 그 영향: 雁臣과 洛陽 胡俗의 관계를 중심으로」, ≪人文學研究≫, 22(2014), 169~171쪽.

49 『魏書』, 卷7下「高祖紀」下 太和十九年六月丙辰條, p. 178, "於是代人南遷者, 悉爲河南洛陽人".

50 『資治通鑑』, 卷148「梁紀」4 武帝天監十六年十月條, p. 4632, "乙卯, 魏詔, 北京士民未遷者, 悉聽留居爲永業".

51 葛劍雄, 『中國移民史』 第二卷 先秦至魏晉南北朝時期, pp. 587~591.

52 『洛陽伽藍記』, 卷5「城北」, p. 349, "京師東西二十里, 南北十五里, 戶十萬九千餘".

53 『魏書』, 卷110「食貨志」, p. 2853, "諸男夫十五以上, 受露田四十畝, 婦人二十畝, 奴婢依良. 丁牛一頭受田三十畝, 限四牛".

54 『魏書』, 卷110「食貨志」, p. 2854, "諸麻布之土, 男夫及課, 別給麻田十畝, 婦人五畝, 奴婢依良. 皆從還受之法".

55 『魏書』, 卷7下「高祖紀」下 太和二十年春正月條, p. 179, "二十年春正月丁卯, 詔改姓爲元氏".

56 『資治通鑑』, 卷140「齊紀」6 明帝建武三年正月條, p. 4393, "魏主下詔, 以爲: '北人謂土爲拓, 后爲跋. 魏之先出於黃帝, 以土德王, 故爲拓跋氏. 夫土者, 黃中之色, 萬物之元也; 宜改姓元氏. 諸功臣舊族自代來者, 姓或重複, 皆改之.' 於是始改拔拔氏爲長孫氏, 達奚氏爲奚氏, 乙旃氏爲叔孫氏, 丘穆陵氏爲穆氏, 步六孤氏陸氏, 賀賴氏爲賀氏, 獨孤氏爲劉氏, 賀樓爲氏樓氏, 勿忸于氏爲于氏, 尉遲氏爲尉氏; 其餘所改, 不可勝紀".

57 『魏書』, 卷113「官氏志」, pp. 3006~3014.

58 같은 글, p. 3008, "吐谷渾氏, 依舊吐谷渾氏".

59 같은 글, p. 3008, "賀若氏, 依舊賀若氏".

60 같은 글, p. 3009, "那氏, 依舊那氏".

61 같은 글, p. 3009, "庾氏, 依舊庾氏".

62 같은 글, p. 3012, "東方宇文·慕容氏, 卽宣帝時東部, 此二部最爲强盛, 別自有傳".

63 「黃石崖法義兄弟姉妹等造像題記」『金石補正』, 卷16; 國家圖書館善本金石組 編, 『先秦秦漢魏晉南北朝石刻文獻全編』 第一冊(北京: 北京圖書館出版社, 2003), p. 144; 尙永琪, 「3-6世紀佛敎傳播背景下的北方社會群體硏究」, p. 141.

64 崔珍烈, 「北魏 孝文帝의 胡姓 개칭과 그 성격: 孝文帝의 漢化政策의 실증적 검토」, ≪大同文化硏究≫, 제82집(2013), 211~233쪽.

65 『北史』, 卷80「外戚·馮熙傳」, p. 2678, "十九年, 薨於代. 車駕在淮南, 留臺表聞, 還至徐州, 乃擧哀, 爲制緦服. 詔有司預辨凶儀, 幷開魏京之墓, 令公主之柩, 俱向伊洛. 凡所營送, 皆公家爲備. 又敕代給綵帛, 前後六千匹, 以供凶用. 皇后詣代都赴哭, 太子恂亦赴代哭弔"; 『魏書』, 卷83上「外戚上·馮熙傳」, p. 1820, "[太和]十九年, 薨於代. 車駕在淮南, 留臺表聞, 還至徐州乃擧哀. 爲制緦服, 詔有司豫辨凶儀, 幷開魏京之墓, 令公主之柩俱向伊洛. 凡所營送, 皆公家爲備. 又敕代給綵帛前後六千匹, 以供凶用. 皇后詣代都赴哭, 太子恂亦赴代哭弔. 將葬, 贈假黃鉞·侍中·都督十州諸軍事·大司馬·太尉·冀州刺史, 加黃屋左纛, 備九錫, 前後部羽葆鼓吹, 皆依晉太宰·安平獻王故事. 有司奏諡, 詔曰: '可以威强恢遠曰『武』, 奉諡於公.' 柩至洛七里澗, 高祖服衰往迎, 叩靈悲慟而拜焉. 葬日, 送臨墓所, 親作誌銘. 主生二子, 誕·脩".

66 『魏書』, 卷20「文成五王·廣川王略傳」, p. 527, "有司奏, 廣川王妃薨於代京, 未審以新尊從於卑舊, 爲宜卑舊來就新尊"; 『北史』, 卷19「文成五王·廣川王略傳」, pp. 685~686, "有司奏: '廣川王妃薨於代京, 未審以新尊從於卑舊, 爲宜卑舊來就新尊?' 詔曰: '遷洛之人, 自玆厥後, 悉可歸骸芒嶺, 皆不得就塋恒·代. 其有夫先葬北, 婦今喪在南, 婦人從夫, 宜還代葬. 若欲移父就母, 亦得任之. 其有妻墳於恒·代, 夫死於洛, 不得以尊就卑. 欲移母就父, 宜亦從之. 若異葬, 亦從之. 若不在葬限, 身在代喪, 葬之彼此, 皆得任之. 其戶屬恒·燕, 身官京洛, 去留之宜, 亦從所擇. 其屬諸州者, 各得任意.' 詔贈諮武衛將軍, 謚曰剛. 及葬, 帝親臨送之".

67 崔珍烈, 「中國 周邊國이 수용한 '王'의 이미지: 北朝의 異姓王 濫封과 百濟·新羅의 複數王출현현상의 비교사적 이해」, ≪中國古中世史硏究≫, 제17집(2007), 180~196쪽.

68 같은 글, 196~213쪽.

69 『魏書』, 卷7下「高祖紀」 太和十八年十二月條, p. 176, "己酉 詔王·公·侯·伯·子,·開國食邑者: 王食半, 公三分食一, 侯伯四分食一, 子男五分食一".

70 『魏書』, 卷113「官氏志」, pp. 2994~2998.

71 『魏書』, 卷7下「高祖紀」下 太和十六年春正月甲子條, p. 169.

72 『魏書』, 卷25「長孫觀傳」, p. 646, "抗子觀 少以壯勇知名 後襲祖爵上黨王. 時異姓諸王 襲爵多降爲公 帝以其祖道生佐命先朝 故特不降".

73 『魏書』, 卷30「車伊洛傳」, p. 724, "歇襲爵. 皇興末, 拜使持節·平西將軍·豫州刺史. 延興三年卒, 子伯主襲爵".

74 「鄯月光墓銘」, 『漢魏南北朝墓誌彙編』, p. 47, "大魏正始二年歲次乙酉十一月戊辰朔廿七日甲午, 前部王故車伯生息妻鄯月光墓銘".

75 『魏書』, 卷10「孝莊紀」 武泰元年夏四月戊戌條, p. 255, "南濟河, 卽帝位. 以兄彭城王劭爲無上王, 弟霸城公子正爲始平王. 以榮爲使持節·侍中·都督中外諸軍事·大將軍·尙書令·領軍將軍·領左右, 封太原王".

76 『魏書』, 卷40「陸俟傳附子彰傳」, p. 910, "建義初, 尒朱榮欲修舊事, 庶姓封王, 由是封子彰濮陽王, 食邑七百戶. 尋而詔罷, 仍復先爵".

77 『魏書』, 卷10「孝莊紀」 武泰元年夏四月條, pp. 256~257, "壬寅, 太原王尒朱榮上表, 請追謚無上王爲皇帝. 餘死於河陰者, 諸王·刺史贈三司, 三品者令僕, 五品者刺史, 七品以下及民郡·鎭. 諸死者子孫, 聽立後, 授封爵. 詔從之. 癸卯, 以前太尉公·江陽王繼爲太師·司州牧; 驃騎大將軍·府·儀同三司·相州刺史·北海王顥爲太傅·開府 仍刺史; 平東將軍·光祿大夫·淸淵縣開國侯李延寔爲太保, 進封陽平王, 尋轉太傅; 安南將軍·并州刺史元天穆爲太尉公, 封上黨王; 侍中·車騎大將軍·儀同三司楊椿爲司徒公; 車騎大將軍·儀同三司·頓丘郡開國公穆紹爲司空公, 領尙書令, 進爵爲王; 使持節·車騎大將軍·雍州刺史·上黨公長孫稚爲驃騎大將軍·開府儀同三司, 進爵爲王, 尋改封馮翊王; 中軍將軍·殿中尙書元諶爲儀同三司·尙書左僕射, 封魏郡王; 中軍將軍·給事黃門侍郎元頊爲東海王; 金紫光祿大夫·廣陵王恭爲儀同三司. 甲辰 追復故廣陽王淵·故樂安王鑒爵. 通直散騎常侍·敷城王坦爲咸陽王, 諫議大夫元貴平爲東萊王, 直閣將軍元肅爲魯郡王, 尙書郎中元曄爲長廣王, 馮翊郡開國公源紹景復先爵隴西王, 扶風郡開國公馮冏·東郡公陸子彰·北平公長孫悅並復其先王爵, 以北平王超還復爲安定王".

78 『魏書』, 卷10「孝莊紀」 武泰元年十一月戊午條, p. 261, "以無上王世子韶爲彭城王, 陳留王子寬爲陳留王, 寬弟剛爲浮陽王, 剛弟質爲林慮王"; 『魏書』, 卷10 孝莊紀 武泰二年五月丁丑條, p. 262, "進封城陽縣開國公元祉爲平原王, 安昌縣開國侯元鷙爲華山王, 並加儀同三司"; 『魏書』, 卷10「孝莊紀」 武泰二年八月丁卯條, p. 262, "封瓜州刺史元太榮爲東陽王"; 『魏書』, 卷10「孝莊紀」武泰三年冬十月癸卯朔條, pp. 266~267, "封安南將軍·大鴻臚卿元寶炬爲南陽王, 大宗正卿·汝陽縣開國公元脩爲平陽王, 通直散騎常侍·龍驤將軍·新陽縣開國伯元誕爲昌樂王. …… 以魏郡王諶徙封趙郡王, 諶弟子趙郡王爲改封平昌王"; 『魏書』, 卷11「前廢帝紀」, p. 278, "[九月]癸巳, 追尊皇考爲先帝, 皇妣王氏爲先太妃; 封皇弟永業爲高密王, 皇子子恕爲勃海王".

79 『魏書』, 卷7下「高祖紀」太和十九年條, p. 177, "六月己亥, 詔不得以北俗之語言於朝廷, 若有違者, 免所居官".

80 『魏書』, 卷21上「獻文六王上·咸陽王禧傳」, p. 536.

81 唐長孺, 「拓跋族的漢化過程」, p. 145.

82 『魏書』, 卷7下「高祖紀」, 太和十九年六月條, p. 178, "丙辰, 詔遷洛之民, 死葬河南, 不得還北".

83 陳寅恪, 「北魏後期的漢化(孝文帝的漢化政策)」, p. 256.

84 『魏書』, 卷20「文成五王·廣川王略傳附子諧傳」, pp. 527~528, "有司奏, 廣川王妃薨於代京, 未審以新尊從於卑舊, 爲宜卑舊來就新尊. 詔曰: '遷洛之人, 自玆厥後, 悉可歸骸邙嶺, 皆不得就塋恒代. 其有夫先葬在北, 婦今喪在南, 婦人從夫, 宜還代葬; 若欲移父就母, 亦得任之. 其有妻墳於恒代, 夫死於洛, 不得以尊就卑; 欲移母就父, 宜亦從之; 若異葬亦從之. 若不在葬限, 身在代喪, 葬之彼此, 皆得任之. 其戶屬恒燕, 身官京洛, 去留之宜, 亦從所擇. 其屬諸州者, 各得任意.' 詔贈諧武衛將軍, 謚曰剛. 及葬, 高祖親臨送之".

85 『資治通鑑』, 卷148「梁紀」4 武帝天監十六年十月條, p. 4632, "乙卯, 魏詔, 北京士民未遷者, 悉聽留居爲永業".

86 『魏書』, 卷7下「高祖紀」下 太和二十年冬十月丙寅條, p. 180, "丙寅, 廢皇太子恂爲庶人".

87 『魏書』, 卷8「世宗紀」, p. 191, "太和七年閏四月, 生帝於平城宮. 二十一年正月甲午, 立爲皇太子".

88 『魏書』, 卷22 孝文五王「廢太子恂傳」, p. 588, "[元]恂不好書學, 體貌肥大, 深忌河洛暑熱, 意每追樂北方. 中庶子高道悅數苦言致諫, [元]恂甚銜之. 高祖幸崧岳, [元]恂留守金墉, 於西掖門內與左右謀, 欲召牧馬輕騎奔代, 手刃[高]道悅於禁中. 領軍元儼勒門防遏, 夜得寧靜. 厥明, 尙書陸琇馳啓高祖於南, 外寢其事, 仍至汴口而還. 引[元]恂數罪, 與咸陽王禧等親杖恂, 又令[元]禧等更代, 百餘下, 扶曳出外, 不起者月餘. 拘於城西別館. 引見群臣於淸徽堂, 議廢之".

89 『魏書』, 卷8「世宗紀」, p. 215.

90 같은 글, p. 215, "雅愛經史, 尤長釋氏之義, 每至講論, 連夜忘疲".

91 『北史』, 卷15「魏諸宗室·武衛將軍謂傳附丕傳」, p. 556.

92 崔珍烈, 「北魏後期 胡語사용 현상과 그 배경」, 205~206쪽.

93 같은 글, 220~222쪽.

94 『魏書』, 卷69「裴延儁傳」, p. 1528, "時世宗專心釋典, 不事墳籍, 延儁上疏諫曰: ……".

95 『魏書』, 卷114「釋老志」, p. 3042, "世宗篤好佛理, 每年常於禁中, 親講經論, 廣集名僧, 標明義旨. 沙門條錄, 爲內起居焉".

96 같은 글, p. 3043.

97 『資治通鑑』, 卷144「齊紀」和帝中興元年夏四月條, p. 4487, "會[宣武]帝出獵北邙, [元]禧與其黨會城西小宅, 欲發兵襲帝, 使長子[元]通竊入河內擧兵相應. 乞伏馬居說[元]禧, 「還入洛城, 勒兵閉門, 天子必北走桑乾, 殿下可斷河橋, 爲河南天子」".

98 『魏書』, 卷22「孝文五王·京兆王愉傳」, p. 589, "世宗每日華林戲射, 衣衫騎從, 往來無間".

99 崔珍烈, 「北魏後期 洛陽거주 胡人들의 생활과 문화」, 410~412쪽.

100 같은 글, 412쪽.

101 『北史』, 卷13「后妃上·魏·宣武皇后高氏傳」, pp. 511~512.

102 『魏書』, 卷7下「高祖紀」下 太和二十三年三月條, p. 185, "庚子, 帝疾甚, 車駕北次穀塘原. 甲辰, 詔賜皇后馮氏死. 詔司徒勰徵太子於魯陽踐阼. 詔以侍中·護軍將軍·北海王詳爲司空公, 鎭南將軍王肅爲尙書令, 鎭南大將軍·廣陽王嘉爲尙書左僕射, 尙書宋弁爲吏部尙書, 與侍中·太尉公禧, 尙書右僕射·任城王澄等六人輔政. 顧命宰輔曰: '粵爾太尉·司空·尙書令·左右僕射·吏部尙書, 惟我太祖丕丕之業, 與四象齊茂, 累聖重明, 屬鴻曆於寡昧. 兢兢業業, 思纂乃聖之遺蹤. 遷都嵩極, 定鼎河瀍, 庶南蕩甌吳, 復禮萬國, 以仰光七廟, 俯濟蒼生. 困窮早滅, 不永乃志. 公卿其善毗繼子, 隆我魏室, 不亦善歟? 可不勉之!' 夏四月丙午朔, 帝崩于 穀塘原之行宮, 時年三十三".

103 『魏書』, 卷21上「咸陽王禧傳」, pp. 537~538, "景明二年春, 禧等爲將礿祭入齋, 世宗詔領軍于烈, 率左右召禧等入於光極殿. 詔曰: '恪雖寡昧, 忝承寶曆, 比纏尫疹, 實憑諸父, 苟延視息, 奄涉三齡. 父等歸遜殷勤, 今便親攝百揆, 且還府司, 當別處分.' 尋詔曰: '朕以寡昧, 夙罹閔凶, 憂煢在疚, 罔知攸濟. 實賴先帝聖德, 遺澤所覃, 宰輔忠賢, 劬勞王室, 用能撫和上下, 肅淸內外. 乃式遵復子, 歸政告遜, 辭理懇至, 邈然難奪. 便當勵茲空乏, 親覽機務. 王尊惟元叔, 道性淵凝, 可進位太保, 領太尉; 司空北海王季父英明, 聲略茂舉, 可大將軍·錄尙書事.'"; 『魏書』, 卷31「于栗磾傳附烈傳」, pp. 739~740, "世宗卽位, 寵任如前. 咸陽王禧爲宰輔, 權重當時, 曾遣家僮傳言於烈曰: '須舊羽林虎賁執仗出入, 領軍可爲差遣.' 烈曰: '天子諒闇, 事歸宰輔, 領軍但知典掌宿衛, 有詔不敢違, 理無私給.' 奴惘然而返, 傳烈言報禧. 禧復遣謂烈曰: '我是天子兒, 天子叔, 元輔之命, 與詔何異?' 烈厲色而答曰: '向者亦不道王非是天子兒·叔. 若是詔, 應遣官人, 所由遣私奴索官家羽林, 烈頭可得, 羽林不可得!' 禧惡烈剛直, 遂議出之, 乃授使持節·散騎常侍·征北將軍·恒州刺史. 烈不願藩授, 頻表乞停, 輒優答弗許. 烈乃謂彭城王勰曰: '殿下忘先帝南陽之詔乎? 而逼老夫乃至於此.' 遂以疾固辭".

104 『魏書』, 卷31「于栗磾傳附烈傳」, pp. 739~740, "世宗以禧等專擅, 潛謀廢之. 會二年正月礿祭, 三公並致齋於廟, 世宗夜召烈子忠謂曰: '卿父忠允貞固, 社稷之臣. 明可早入, 當有處分.' 忠奉詔而出. 質明, 烈至, 世宗詔曰: '諸父慢怠, 漸不可任, 今欲使卿以兵召之, 卿其行乎?' 烈對曰: '老臣歷奉累朝, 頗以幹勇賜識. 今日之事, 所不敢辭.' 乃將直閣已下六十餘人, 宣旨召咸陽王禧·彭城王勰·北海王詳, 衛送至于帝前. 諸公各稽首歸政".

105 『魏書』, 卷8「世宗紀」景明二年正月丁巳條, p. 193, "丁巳, 引見羣臣於太極前殿, 告以覽政之意".

106 『魏書』, 卷8「世宗紀」景明二年夏五月壬戌條, p. 193, "壬戌, 太保·咸陽王[元]禧謀反, 賜死".

107 『魏書』, 卷21上「咸陽王禧傳」, p. 538, "世宗旣覽政, 禧意不安. 而其國齋帥劉小苟, 每稱左右言欲誅禧. 禧聞而歎曰: '我不負心, 天家豈應如此!' 由是常懷憂懼. 加以趙脩專寵, 王公罕得進見. 禧遂與其妃兄兼給事黃門侍郎李伯尙謀反. 時世宗幸小平津, 禧在城西小宅. 初欲勒兵直入金墉, 衆懷沮異, 禧心因緩. 自旦達晡, 計不能決, 遂約不洩而散. 武興王楊集始出便馳告, 而禧意不疑. 乃與臣妾向洪池別墅, 遣小苟奉啓, 云'檢行田牧'. 小苟至邙嶺, 已逢軍人, 怪小苟赤衣, 將欲殺害. 小苟困迫, 言欲告反, 乃緩之. 禧是夜宿於洪池, 大風暴雨, 拔樹折木. 禧不知事露. 其夜, 或說禧曰: '殿下集衆圖事, 見意而停, 恐必漏洩, 今夕何宜自寬. 恐危禍將至.' 禧曰: '有此軀命, 應知自惜, 豈待人言.' 又說曰: '殿下兒婦已渡河, 兩頭不相知, 今俛眉自安, 不其危乎!' 禧曰: '初遣去日, 令如行人渡河, 聽我動靜. 我久已遣人追之, 計今應還.' 而尹作期與禧長子通已入河內郡, 列兵仗, 放囚徒. 而將士所在追禧".

108 張金龍, 『北魏政治史研究』, pp. 220~233.

109 『魏書』, 卷8 「世宗紀」 史臣曰, p. 215, "世宗承聖考德業, 天下想望風化, 垂拱無爲, 邊徼稽服. 而寬以攝下, 從容不斷, 太和之風替矣. 比夫漢世, 元·成·安·順之儔歟?"

110 『魏書』, 卷105之4 「天象志」 4, p. 2432, "是歲, 高肇鴆后及皇子, 明年又譖殺諸王, 天下冤之. 肇故東夷之俘, 而驟更先帝之法, 累構不測之禍, 干明孰甚焉, 魏氏之悖亂自此始也".

111 沈家平, 「試析北魏門閥制度的"先天不足"」, ≪通化師範學院學報≫, 30-9(2009), pp. 87左~87右.

112 『魏書』, 卷108之1 「禮志」 1, pp. 2733~2734.

113 『魏書』, 卷108之4 「禮志」 4, p. 2817; 『隋書』, 卷10 「禮儀志」 5, 輿輦條, p. 195.

114 周一良, 「談中外文化交流史」, 『周一良集』 第四卷(日本史及中外文化交流史)(瀋陽: 遼陽教育出版社, 1998), p. 573.

115 『魏書』, 卷114 「釋老志」, p. 3043.

116 崔珍烈, 「北魏後期 친위부대의 정치개입과 그 배경」, 302쪽.

117 『隋書』, 卷32 「經籍志」 經·小學條, p. 947.

118 『北齊書』, 卷21 「高乾傳附弟昂傳」, p. 295.

119 『魏書』, 卷21上 「獻文六王上·咸陽王禧傳」, p. 536.

120 崔珍烈, 「北魏後期 胡語사용 현상과 그 배경」, 206~207쪽.

121 崔珍烈, 「北魏後期 친위부대의 정치개입과 그 배경」, 286~293쪽.

122 崔珍烈, 「北魏後期 胡語사용 현상과 그 배경」, 197~210쪽.

제14장 호속 유지의 경제적·환경적 배경

1 『魏書』, 卷65 李平傳, pp. 1451~1452, "車駕將幸鄴, [李]平上表諫曰: '…… 嵩京創構, 洛邑俶營, 雖年跨十稔, 根基未就. 代民至洛, 始欲向盡, 資産罄於遷移, 牛畜斃於輦運, 陵太行之險, 越長津之難, 辛勤備經, 得達京闕, 富者猶損太半, 貧者可以意知. 兼歷歲從戎, 不遑啓處, 自景明已來, 差得休息. 事農者未積二年之儲, 築室者裁有數間之屋, 莫不肆力伊瀍, 人急其務. 實宜安靜新人, 勸其稼穡, 令國有九年之糧, 家有水旱之備. 若乘之以羈紲, 則所廢多矣. 一夫從役, 擧家失業. ……'"; 李平, 「諫幸鄴表」, 『全後魏文』(嚴可均 輯, 北京: 商務印書館, 1999), pp. 347~348.

2 崔珍烈, 『북위황제 순행과 호한사회』, 325쪽.

3 『魏書』, 卷30 「樓伏連傳附毅傳」, pp. 718~719, "後轉都督涼河二州·鄯善鎭諸軍事, 涼州刺史. 車駕南伐, 毅表諫曰: '伏承六軍雲動, 問罪荊揚, 弔民淮表, 一同甌越. 但臣愚見, 私竊未安. 何者? 京邑新遷, 百姓易業, 公私草創, 生途索然. 兼往歲弗稔, 民多飢饉, 二三之際, 嗟惋易興. 天道悠長, 宜遵養時晦, 願抑赫斯, 以待後日.'".

4 『魏書』, 卷7下 「高祖紀」 下 太和十九年夏四月甲申條, p. 177, "甲申, 減閑官祿以裨軍國之用".

5 『魏書』, 卷31「于栗磾傳附忠傳」, p. 743, "太和中軍國多事, 高祖以用度不足, 百官之祿四分減一. 忠既擅權, 欲以惠澤自固, 乃悉歸所減之祿, 職人進位一級. 舊制: 天下之民絹布一匹之外, 各輸綿麻八兩. 忠悉以與之".

6 『魏書』, 卷7下「高祖紀」下 太和二十二年秋七月壬午條, p. 184.

7 『魏書』, 卷21下「獻文六王·彭城王勰傳」, p. 571, "開建五等, 食邑二千戶, 轉中書令, 侍中如故, 改封彭城王".

8 『魏書』, 卷21下「獻文六王·彭城王勰傳」, p. 574.

9 『資治通鑑』, 卷141「齊紀」7 明帝永泰元年條, p. 4429, "秋, 七月, 魏彭城王勰表以一歲國秩·職俸·親恤裨軍國之用. 魏主詔曰: '割身存國, 理爲遠矣. 職俸便停, 親·國聽三分受一.' 壬午, 又詔損皇后私府之半, 六宮嬪御·五服男女供恤亦減半, 在軍者三分省一, 以給軍賞".

10 『魏書』, 卷7下「高祖紀」下 太和二十二年秋七月壬午條, p. 184, "秋七月壬午, 詔曰: '朕以寡德, 屬茲靖亂, 實賴羣英, 凱淸南夏, 宜約躬賞效, 以勸茂績. 后之私府, 便可損半; 六宮嬪御, 五服男女, 常恤恒供, 亦令減半; 在戎之親, 三分省一'".

11 『魏書』, 卷21下「獻文六王·彭城王勰傳」, p. 574, "勰表以一歲國秩·職俸·親恤以裨軍國, 詔曰: '割身存國, 理爲遠矣. 但汝以我親, 乃減己助國. 職俸便停, 親·國二事, 聽三分受一'".

12 『資治通鑑』, 卷141「齊紀」7 明帝永泰元年秋七月條 胡註, p. 4429, "國秩, 彭城國秩也; 職俸, 勰所居職合授之俸也; 親恤, 亦魏朝給勰以恤親者".

13 『魏書』, 卷19中「任城王雲傳附澄傳」, 469, "車駕南伐, 留澄居守, 復兼右僕射. 澄表請以國秩一歲租布帛助供軍資, 詔受其半".

14 『魏書』, 卷8 世宗紀 永平二年二月乙卯條, pp. 207~208, "二月乙卯, 詔曰: '比軍役頻興, 仗多毁敗, 在庫戎器, 見有無幾. 安不忘危, 古人所戒, 五兵之器, 事須充積, 經造既殷, 非衆莫擧. 今可量造四萬人雜仗'".

15 『魏書』, 卷31 于栗磾傳, 736, "遷豫州刺史, 將軍如故, 進爵新安侯. 洛陽雖歷代所都, 久爲邊裔, 城闕蕭條, 野無煙火. 栗磾刊闢榛荒, 勞來安集. 德刑既設, 甚得百姓之心".

16 『魏書』, 卷37「司馬叔璠傳附靈壽傳」, p. 861, "劉義隆侵境, 詔靈壽招引義士, 得二千餘人, 從西平公安頡破虎牢·滑臺·洛陽三城, 徙五百餘家入河內".

17 『魏書』, 卷7下「高祖紀」太和十七年條, p. 173, "仍定遷都之計. …… 冬十月戊寅朔, 幸金墉城. 詔徵司空穆亮與尙書李沖·將作大匠董爵經始洛京. 己卯, 幸河南城. …… 癸卯, 幸鄴城. 乙巳, 詔安定王休率從官迎家於代京, 車駕送於漳水上. 初, 帝之南伐也, 起宮殿於鄴西; 十有一月癸亥, 宮成, 徙御焉".

18 『魏書』, 卷7下「高祖紀」下 太和十九年八月丁巳條, p. 178, "金墉宮成".

19 『資治通鑑』, 卷140「齊紀」6 明帝建武二年八月丁巳條, p. 4389, "魏金墉宮成, 立國子·太學·四門小學於洛陽".

20 『魏書』, 卷8「世宗紀」景明二年條, p. 194, "九月丁酉, 發畿內夫五萬人築京師三百二十三坊 , 四旬而罷"; 『資治通鑑』, 卷144「齊紀」10 和帝中興元年條, p. 4498, "魏司州牧廣陽王嘉請築洛陽三百二十三坊, 各方三百步, 曰: '雖有暫勞, 姦盜永息.' 丁酉, 詔發畿內夫五萬人築之, 四旬而罷".

21 劉淑芬, 『六朝的城市與社會』(臺北: 臺灣學生書局, 1992), p. 418.

22 『資治通鑑』, 卷145「梁紀」1 武帝天監元年條, p. 4527, "魏洛陽宮室始成".

23 『資治通鑑』, 卷145「梁紀」1 武帝天監元年條 胡註, p. 4527, "齊武帝永明十一年魏始營洛陽, 至是宮室乃成".

24 『魏書』, 卷66「李崇傳」, p. 1471, "又府寺初營, 頗亦壯美, 然一造至今, 更不修繕, 廳宇凋朽, 牆垣頹壞, 皆非所謂追隆堂構, 儀形萬國者也".

25 『魏書』, 卷66「李崇傳」, p. 1472, "以臣愚量, 宜罷尙方雕靡之作, 頗省永寧土木之功, 幷減瑤光材瓦之力, 兼分石窟鐫琢之勞, 及諸事役非急者, 三時農隙, 修此數條".

26 같은 글, p. 1471, "仰惟高祖孝文皇帝稟聖自天, 道鏡今古, 徙馭嵩河, 光宅函洛, 模唐虞以革軌儀, 規周漢以新品制, 列教序於鄕黨, 敦詩書於郡國. 使揖讓之禮, 橫被於崎嶇; 歌詠之音, 聲溢於仄陋. 但經始事殷, 戎軒屢駕, 未遑多就, 弓劍弗追. 世宗統曆, 聿遵先緖, 永平之中, 大興板築, 續以水旱, 戎馬生郊, 雖逮爲山, 還停一簣".

27 『資治通鑑』, 卷148「梁紀」4 武帝天監十五年九月條, p. 4628.

28 『周書』, 卷37「寇儁傳」, p. 658, "正光三年, 拜輕(騎)[車]將軍, 遷揚烈將軍·司空府功曹參軍, 轉主簿. 時靈太后臨朝, 減食祿官十分之一, 造永寧佛寺, 令儁典之. 資費巨萬, 主吏不能欺隱. 寺成, 又極壯麗. 靈太后嘉之, 除左軍將軍".

29 『資治通鑑』, 卷149「梁紀」5 武帝天監十八年五月條, p. 4647, "魏自永平以來, 營明堂·辟雍, 役者多不過千人, 有司復借以脩寺及供他役, 十餘年竟不能成. 起部郎源子恭上書, 以爲「廢經國之務, 資不急之費, 宜徹減諸役, 早圖就功, 使祖宗有嚴配之期, 蒼生有禮樂之富.」詔從之, 然亦不能成也".

30 『魏書』, 卷110「食貨志」, pp. 2862~2863, "河東郡有鹽池, 舊立官司以收稅利, 是時罷之, 而民有富強者專擅其用, 貧弱者不得資益. 延興末, 復立監司, 量其貴賤, 節其賦入, 於是公私兼利. 世宗卽位, 政存寬簡, 復罷其禁, 與百姓共之. 其國用所須, 別爲條制, 取足而已. 自後豪貴之家復乘勢占奪, 近池之民, 又輒障吝. 強弱相陵, 聞於遠近. 神龜初, 太師·高陽王雍, 太傅·淸河王懌等奏: '鹽池天藏, 資育羣生. 仰惟先朝限者, 亦不苟與細民競玆贏利. 但利起天池, 取用無法, 或豪貴封護, 或近者吝守, 卑賤遠來, 超然絶望. 是以因置主司, 令其裁察, 強弱相兼, 務令得所. 且十一之稅, 自古及今, 取輒以次, 所濟爲廣. 自爾霑洽, 遠近齊平, 公私兩宜, 儲益不少. 及鼓吹主簿王後興等詞稱請供百官食鹽二萬斛之外, 歲求輸馬千匹·牛五百頭. 以此而推, 非可稍計. 後中尉甄琛啓求罷禁, 被敕付議. 尙書執奏, 稱琛啓坐談則理高, 行之則事闕, 請依常禁爲允. 詔依琛計. 乃爲繞池之民尉保光等擅自固護, 語其障禁, 倍於官司, 取與自由, 貴賤任口. 若無大宥, 罪合推斷. 詳度二三, 深乖王法. 臣等商量, 請依先朝之詔, 禁之爲便. 防姦息暴, 斷遣輕重, 亦準前旨. 所置監司, 一同往式.' 於是復置監官以監檢焉. 其後更罷更立, 以至於永熙".

31 『周書』, 卷37「寇儁傳」, p. 658, "孝昌中, 朝議以國用不足, 乃置鹽池都將, 秩比上郡. 前後居職者, 多有侵隱. 乃以儁爲之. 加龍驤將軍, 仍主簿".

32 『魏書』, 卷44「宇文福傳」, p. 1000, "還, 除都牧給事. 十七年, 車駕南討, 假冠軍將軍·後軍將軍. 時仍遷洛, 敕福檢行牧馬之所. 福規石濟以西·河內以東, 拒黃河南北千里爲牧地. 事尋施行, 今之馬場是也. 及從代移雜畜於牧所, 福善於將養, 並無損耗, 高祖嘉之".

33 『魏書』, 卷113「食貨志」, p. 2857, "世祖之平統萬, 定秦隴, 以河西水草善, 乃以爲牧地. 畜產滋息, 馬至二百餘萬匹, 橐駝將半之, 牛羊則無數. 高祖卽位之後, 復以河陽爲牧場, 恒置戎馬十萬匹, 以擬京師軍警之備. 每歲自河西徙牧於并州, 以漸南轉, 欲其習水土而無死傷也, 而河西之牧彌滋矣. 正光以後, 天下喪亂, 遂爲羣寇所盜掠焉".

34 朱大渭, 「北魏的國營畜牧業經濟」, p. 348.

35 周一良, 「馬場」, pp. 565~566.

36 『周書』, 卷22 「楊寬傳」, pp. 365~366, "師未還, 屬元顥自梁入洛, 孝莊出居河內. 天穆懼, 計無所出, 集諸將謀之. 寬曰: '吳人輕跳, 非王之敵. 況懸軍深入, 師老兵疲, 彊弩之末, 何能爲也. 願徑取成皐, 會兵伊洛, 戮帶定襄, 於是乎在. 此事易同摧朽, 王何疑焉.' 天穆然之, 乃引軍趣成皐, 令寬與爾朱能爲後拒. 尋以衆議不可, 乃回赴石濟. 寬夜行失道, 後期. 諸將咸言: '寬少與北海周旋, 今不來矣.' 天穆答曰: '楊寬非輕於去就者也, 其所逗留, 必有他故. 吾當爲諸君保明之.' 語訖, 候騎白寬至. 天穆撫髀而笑曰: '吾固知其必來.' 遽出帳迎之, 握其手曰: '是所望也.' 卽給牛三十頭·車五乘·綿絹一十五車·羊五十口".

37 朴漢濟, 「北魏 洛陽社會와 胡漢體制」, 9~19쪽.

38 杜士鐸 主編, 『北魏史』(太原: 山西高校聯合出版社, 1992), pp. 401~403.

39 『資治通鑑』, 卷148 「梁紀 」武帝天監十七年條, p. 4695, "普惠又以魏主好遊騁苑囿, 不親視朝, 過崇佛法, 郊廟之事多委有司, 上疏切諫 ……".

40 佐藤智水, 「北魏皇帝の行幸について」, p. 40下; 崔珍烈, 『북위 황제 순행과 호한사회』, 57~86쪽.

41 『魏書』, 卷12 「孝靜帝紀」 天平二年十二月壬午條, p. 299, "車駕狩于鄴東"; 『魏書』, 卷12 孝靜帝紀 天平三年冬十月癸亥條, p. 305, "車駕狩于西山"; 『魏書』, 卷12 孝靜帝紀 無情元年冬十一月甲午條, p. 306, "車駕狩于西山"; 『魏書』, 卷12 孝靜帝紀 無情元年春正月記事條, p. 306, "車駕蒐于邯鄲之西山".

42 『魏書』, 卷93 「王仲興」, p. 1997, "咸陽王禧之出奔也, 當時上下微爲駭震. 世宗於乾脯山追仲興馳入金墉城安慰. 後與領軍于勁共參機要, 因自理馬圈侍疾及入 金墉之功, 乞同元賞, 遂封上黨郡開國公, 食邑二千戶. 自拜武衛及受封之日, 車駕每臨饗其宅. 世宗游幸, 仲興常侍從, 不離左右, 外事得徑以聞, 百僚亦聳體而承望焉".

43 崔珍烈, 『북위황제 순행과 호한사회』, 466~468쪽.

44 『魏書』, 卷7下 「高祖紀」下 太和十九年八月丁巳條, p. 178.

45 선무제 정시 연간에 금용성의 중서외성에서 율령을 제정하고 논의했다는 기록이 보인다(『魏書』, 卷69 「袁翻傳」, p. 1536, "正始初, 詔尙書門下於金墉中書外省考論律令, 翻與門下錄事常景·孫紹, 廷尉監張虎, 律博士侯堅固, 治書侍御史高綽, 前軍將軍邢苗, 奉車都尉程靈虬, 羽林監王元龜, 尙書郎祖瑩·宋世景, 員外郎李琰之, 太樂令公孫崇等並在議限. 又詔太師·彭城王勰, 司州牧·高陽王雍, 中書監·京兆王愉, 前靑州刺史劉芳, 左衛將軍元麗, 兼將作大匠李韶, 國子祭酒鄭道昭, 廷尉少卿王顯等入預其事"; 『魏書』, 卷82 「常景傳」, p. 1801, "正始初, 詔尙書·門下於金墉中書外省考論律令, 敕景參議").

46 朱大渭, 「北魏的國營畜牧業經濟」, p. 348.

47 류제헌, 『중국역사지리』(문학과지성사, 1999), 140~141쪽.

48 史念海, 「隋唐時期重要的自然環境的變遷及其與人爲作用的關係」, 『唐代歷史地理研究』(北京: 中國社會科學出版社, 1998), pp. 77~81.

49 程光裕·徐聖謨 主編, 『中國歷史地圖』 下冊(臺北: 中國文化大學出版部, 1984), p. 21上; 최진열, 『북위 황제 순행과 호한사회』, 411쪽, 지도 26 한대 농경과 목축의 경계선.

50 『史記』, 卷129 「貨殖列傳」, p. 3254; 『漢書』, 卷28下 「地理志」下, p. 1656.

51 세오 다쓰히코, 『장안은 어떻게 세계의 수도가 되었나』, 최재영 옮김(황금가지, 2006), 41~42쪽.

52 史念海, 「隋唐時期重要的自然環境的變遷及其與人爲作用的關係」, p. 79; 최진열, 『북위황제 순행과 호한사회』, 413쪽, 〈지도 27〉 당대 농경과 목축의 경계선.

53 竺可楨, 「中國近五千年來氣候變遷的初步硏究」, 『歷史地理學讀本』(北京: 北京大學出版社, 2006)[原載 ≪考古學報≫, 1972-1(1972)], pp. 15~16; 劉昭民, 『기후의 반역: 기후로 본 중국의 흥망사』, 박기수·차경애 옮김(성균관대학교출판부, 2005), 59~62, 115~133쪽.

54 張丕遠 主編, 『中國歷史氣候變化』(濟南: 山東科學技術出版社, 1996); 竺可楨, 「中國近五千年來氣候變遷」, 葛劍雄·華林甫 編, 『歷史地理硏究』(武漢: 湖北敎育出版社, 2002), p. 61[原載 ≪考古學報≫, 1972-1(1972)]; 布雷特·辛斯基 編, 「氣候變遷和中國歷史」, ≪中國歷史地理論叢≫, 2003-2(2003), p. 59; 徐勝一, 「北魏孝文帝遷都洛陽與氣候變化之硏究」, ≪臺灣師大地理硏究報告≫, 38(2003), pp. 1~12; 劉昭民, 『기후의 반역』, 59~62, 134~146쪽; 吳宏岐, 『西安歷史地理硏究』(西安: 西安地圖出版社, 2006), pp. 99~104.

55 유소민, 『기후의 반역』, 55쪽, 〈그림 2〉 진대晉代와 남북조 이래 중국 기온변화곡선도.

56 鈴木秀夫, 『氣候變動と人間: 一萬年の歷史』(大明堂, 2000), p. 127.

57 竺可楨, 「中國近五千年來氣候變遷的初步硏究」, pp. 15~16.

58 葛全勝·方修琦·鄭景雲, 「中國歷史時期溫度變化特徵的新認識」, ≪地理科學進展≫, 2002-4(2002); 鄭景雲 外, 「過去2000年中國氣候變化硏究」, ≪地理硏究≫, 2010-9(2010).

59 北川浩之, 「屋久杉に刻まれた歷史時代の氣候變動」, 梅原猛·伊東俊太郞·安田喜憲 編, 『講座·文明と環境』 第六卷 歷史と氣候(朝倉書店, 1995), p. 50.

60 坂口豊, 「過去八〇〇〇年の氣候變化と人間の歷史」, ≪專修人文論集≫, 51(1993), p. 86.

61 최진열, 「16국시대 요서(遼西)의 인구 증감과 전연(前燕)·후연(後燕)·북연(北燕)의 대응」, 『백제와 요서지역(백제학연구총서 쟁점백제사 7)』(한성백제박물관, 2015), 136~138쪽.

62 市來弘志, 「魏晉南北朝時代における鄴城周邊の牧畜と民族分布」, 鶴間和幸 編, 『黃河下流域の歷史と環境: 東アジア海文明への道』(東京: 東方書店, 2007).

63 『魏書』, 卷52 「胡叟傳」, p. 1151, "每至貴勝之門, 恒乘一牸牛, 弊韋褲褶而已".

64 呂一飛, 『胡族習俗與隋唐風韻』, pp. 6~7.

65 같은 책, pp. 21~22; 朱大渭 外, 『魏晉南北朝社會生活史』, p. 91; 石松日奈子, 「北魏佛敎美術中の胡服像」, p. 78.

66 최진열, 『북위황제 순행과 호한사회』, 414~415쪽.

제15장 **북변 호인의 호속**

1 『北史』, 卷6 「齊本紀上·高祖神武帝紀」, p. 209, "齊高祖神武皇帝姓高氏, 諱歡, 字賀六渾, 勃海蓨人也. 六世祖隱, 晉玄菟太守. 隱生慶, 慶生泰, 泰生湖, 三世仕慕容氏. 及慕容寶敗, 國亂, 湖率衆歸魏, 爲右將軍. 湖生四子. 第三子謐, 仕魏, 位至侍御史, 坐法徙居懷朔鎭. …… 及神武生而皇妣韓氏殂, 養於同産姊壻鎭獄隊尉景家. 神武旣累世北邊, 故習其俗, 遂同鮮卑"; 『北齊書』, 卷1 「神武紀」上, p. 1, "神武旣累世北邊, 故習其俗, 遂同鮮卑".

2 孫同勛, 「孝文帝的遷都與漢化」, p. 148.

3 谷川道雄, 『隋唐帝國形成史論』, pp. 212~217.

4 唐長孺, 「拓跋族的漢化過程」, p. 154; 陳寅恪, 「北齊的鮮卑化及西胡化」, 萬繩楠 整理, 『陳寅恪魏晉南北朝史講演錄』, pp. 293~297; 孫同勛, 『拓跋氏的漢化及其他』, pp. 126~127.

5 崔珍烈, 「北魏後期 北邊 胡人의 胡俗 유지와 그 영향」, 148~149쪽.

6 『北史』, 卷14 「后妃下 · 齊 · 文宣皇后李氏傳」, p. 521, "文宣皇后李氏諱祖娥, 趙郡李希宗女也. …… 天保十年, 改爲可賀敦皇后"; 『北齊書』, 卷9 「文宣李后傳」, p. 125, "天保十年, 改爲可賀敦皇后".

7 『南齊書』, 卷57 「魏虜傳」, p. 984, "飮食厨名'阿眞厨', 在西, 皇后可孫恒出此廚求食. 初, 姚興以塞外虜赫連勃勃爲安北將軍, 領五部胡, 屯大城, 姚泓敗後, 入長安. 佛狸攻破勃勃子昌, 娶勃勃女爲皇后. 義熙中, 仇池公楊盛表云, '索虜勃勃, 匈奴正胤' 是也. 可孫昔妾媵之".

8 Boodberg, "The Language of the T'o-Pa Wei," pp. 169~170.

9 『北史』, 卷6 「齊本紀上 · 高祖神武帝紀」, p. 209, "齊高祖神武皇帝姓高氏, 諱歡, 字賀六渾, 勃海蓨人也. 六世祖隱, 晉玄菟太守. 隱生慶, 慶生泰, 泰生湖, 三世仕慕容氏. 及慕容寶敗, 國亂, 湖率衆歸魏, 爲右將軍. 湖生四子. 第三子謐, 仕魏, 位至侍御史, 坐法徙居懷朔鎭. …… 及神武生而皇妣韓氏殂, 養於同産姊壻鎭獄隊尉景家. 神武旣累世北邊, 故習其俗, 遂同鮮卑"; 『北齊書』, 卷1 「神武紀」上, p. 1, "神武旣累世北邊, 故習其俗, 遂同鮮卑".

10 『北齊書』, 卷17 「斛律金傳」, p. 219, "斛律金, 字阿六敦, 朔州勑勒部人也. 高祖倍侯利, 以壯勇有名塞表, 道武時率戶內附, 賜爵孟都公. 祖幡地斤, 殿中尙書. 父大那瓌, 光祿大夫 · 第一領民酋長. 天平中, 金貴, 贈司空公".

11 『北齊書』, 卷19 「賀拔允傳」, p. 245, "賀拔允 , 字可泥, 神武尖山人也. 祖爾頭, 父度拔, 俱見魏史. 允便弓馬, 頗有膽略, 與弟岳殺賊帥衛可肱, 仍奔魏. 廣陽王元深上允爲積射將軍, 持節防滏口. 深敗, 歸尒朱榮. 允父子兄弟並以武藝知名, 榮素聞之. 見允, 待之甚厚. 建義初, 除征東將軍 · 光祿大夫, 封壽陽縣侯, 邑七百戶. 永安中, 除征北將軍 · 蔚州刺史, 進爵爲公. 魏長廣王立, 改封燕郡公, 兼侍中. 使茹茹, 還至晉陽, 値高祖將出山東, 允素知高祖非常人, 早自結託. 高祖以其北土之望, 尤親禮之. 遂與允出信都, 參定大策".

12 『北齊書』, 卷19 「侯莫陳相傳」, p. 259, "侯莫陳相, 代人也. 祖伏頹, 魏第一領民酋長. 父斛古提, 朔州刺史 · 白水郡公".

13 『周書』, 卷1 「文帝紀」上, p. 1, "太祖文皇帝姓宇文氏, 諱泰, 字黑獺, 代武川人也".

14 『周書』, 卷12 「晉蕩公護傳」, p. 170, "其後爾朱天柱亡歲, 賀拔阿斗泥在關西, 遣人迎家累".

15 『周書』, 卷17 「若干惠傳」, p. 280, "若干惠字惠保, 代郡武川人也. 其先與魏氏俱起, 以國爲姓. 父樹利周, 從魏廣陽王深征葛榮, 戰沒, 贈冀州刺史".

16 『周書』, 卷20 「叱列伏龜傳」, p. 341, "叱列伏龜 字摩頭陁, 代郡西部人也. 世爲部落大人".

17 『周書』, 卷21 「尉遲迥傳」, p. 349, "尉遲迥字薄居羅, 代人也. 其先, 魏之別種, 號尉遲部, 因而姓焉. 父俟兜, 性弘裕, 有鑒識, 尙太祖姊昌樂大長公主, 生迥及綱. 俟兜病且卒, 呼二子, 撫其首曰: '汝等並有貴相, 但恨吾不見爾, 各宜勉之'".

18 『周書』, 卷27 「韓果傳」, p. 441, "韓果字阿六拔, 代武川人也. 少驍雄, 善騎射. 賀拔岳西征, 引爲帳內.

擊万俟醜奴及其枝黨, 轉戰數十合, 並破之. 膂力絶倫, 被甲荷戈, 升陟峯嶺, 猶涉平路, 雖數十百日, 不以爲勞. 以功授宣(武)[威]將軍 · 子都督. 從太祖討平侯莫陳悅, 遷都督, 賜爵邯鄲縣男".

19 『周書』, 卷27 「宇文測傳附深傳」, p. 455, "深字奴干".

20 崔珍烈, 「北魏後期 北邊 胡人의 胡俗 유지와 그 영향」, 149~151쪽.

21 『魏書』, 卷74 「尒朱榮傳」, p. 1643.

22 周一良, 「北朝的民族問題與民族政策」, 『周一良集』 第壹卷魏晋南北朝史論(瀋陽: 遼寧敎育出版社, 1998), pp. 199~203.

23 朱大渭 外, 『魏晉南北朝社會生活史』, pp. 373~374.

24 崔珍烈, 「北魏後期 胡語사용 현상과 그 배경」, 217쪽; 崔珍烈, 「北魏後期 胡語 금지 再論」, 215쪽.

25 『北史』, 卷48 「尒朱榮傳」, p. 1762.

26 呂一飛, 『胡族習俗與隋唐風韻』, pp. 180~182.

27 崔珍烈, 「北魏後期 胡語사용 현상과 그 배경」, 218~219쪽.

28 『北齊書』, 卷15 「厙狄干傳」, p. 197, "厙狄干, 善無人也. 魏正光初, 除掃逆黨, 授將軍, 宿衛於內. 以家在寒鄕, 不宜毒暑, 冬得入京師, 夏歸鄕里".

29 같은 글, p. 198, "干不知書, 署名爲'干'字, 逆上畫之, 時人謂之穿錐. 又有武將王周者, 署名先爲'吉'而後成其外, 二人至子孫始並知書".

30 『北史』, 卷54 「斛律金傳」, p. 1966, "金性質直, 不識文字. 本名敦, 苦其難署, 改名爲金, 從其便易, 猶以爲難. 司馬子如敎爲金字, 作屋況之, 其字乃就".

31 崔珍烈, 「北魏後期 胡語 금지 再論」, 216~222쪽; 崔珍烈, 「北魏後期 北邊 胡人의 胡俗 유지와 그 영향」, 152쪽.

32 『資治通鑑』, 卷124 「宋紀」 文帝元嘉二十七年十二月條, p. 2960, "魏主鑿瓜步山爲蟠道 於其上設氈屋(胡注: 考異曰 魏帝紀云 '癸未 車駕臨江 起行宮於瓜步山.' 蓋謂此也. 今從宋書)".

33 『宋書』, 卷46 「張邵傳附暢傳」, p. 1397, "魏主旣至, 登城南亞父塚, 於獻馬臺立氈屋"; 『宋書』, 卷59 「張暢傳」, p. 1600, "燾始至, 仍登城南亞父冢, 於獻馬臺立氈屋".

34 『南齊書』, 卷59 「芮芮虜傳」, p. 1023, "晉世, 什翼圭入塞內, 後芮芮逐水草, 盡有匈奴故庭, 威服西域. 土氣早寒, 所居爲穹廬氈帳".

35 『南齊書』, 卷59 「河南吐谷渾氏傳」, p. 1026, "多畜逐水草無城郭. 後稍爲宮屋 而人民猶以氈廬百子帳爲行屋".

36 崔珍烈, 「北魏 平城時代 胡人들의 생활과 습속」, 294~296쪽; 崔珍烈, 「北魏後期 北邊 胡人의 胡俗 유지와 그 영향」, 152~153쪽.

37 『南齊書』, 卷57 「魏虜傳」, p. 991, "以繩相交絡, 紐木枝棖, 覆以青繒, 形制平圓, 下容百人坐, 謂之爲'繖', 一云'百子帳'也. 於此下宴息".

38 『南齊書』, 卷59 「河南吐谷渾氏傳」, p. 1026.

39 『南齊書』, 卷57 「魏虜傳」, p. 994, "[拓跋]宏自率衆至壽陽, 軍中有黑氈行殿, 容二十人坐, 輦邊皆三郎曷刺眞, 槊多白眞毦, 鐵騎爲羣, 前後相接".

40 『南齊書』, 卷30 「曹虎傳」, p. 563, "元宏率十萬衆, 從羽儀華蓋, 圍樊城. 虎閉門固守. 虜去城數里立營頓, 設氈屋, 復再圍樊城, 臨沔水, 望襄陽岸乃去".

41 崔珍烈, 「北魏後期 洛陽거주 胡人들의 생활과 문화」, 391~392쪽; 崔珍烈, 「北魏後期 北邊 胡人의 胡俗 유지와 그 영향」, 153~154쪽.

42 崔珍烈, 「北魏後期 洛陽거주 胡人들의 생활과 문화」, 392쪽; 崔珍烈, 「北魏後期 北邊 胡人의 胡俗 유지와 그 영향」, 154쪽.

43 孫同勛, 『拓跋氏的漢化及其他』, pp. 122~123.

44 『魏書』, 卷31 「于栗磾傳附景傳」, p. 747, "[于]忠薨後, [于]景爲武衛將軍. 謀廢元叉, [元]叉黜爲征虜將軍·懷荒鎭將. 及蠕蠕主阿那瓌叛亂, 鎭民固請糧廩, 而[于]景不給. 鎭民不勝其忿, 遂反叛. 執縛[于]景及其妻, 拘守別室, 皆去其衣服, 令[于]景著皮裘, 妻著故絳襖. 其被毀辱如此. 月餘, 乃殺之".

45 崔珍烈, 「北魏後期 洛陽 출토 陶俑의 服飾 分析」, 37쪽.

46 孫同勛, 『拓跋氏的漢化及其他』, pp. 122~123; 宋其蕤, 『北魏女主論』, p. 293; 崔珍烈, 「北魏後期 北邊 胡人의 胡俗 유지와 그 영향」, 155~156쪽.

47 『魏書』, 卷58 「楊播傳附椿傳」, p. 1286, "初, 顯祖世有蠕蠕萬餘戶降附, 居於高平 · 薄骨律二鎭, 太和之末, 叛走略盡, 唯有一千餘家. 太中大夫王通 · 高平鎭將郎育等, 求徙置淮北, 防其叛走. 詔許之, 慮不從命, 乃使椿持節往徙焉. 椿以爲徙之無益, 上書曰: '臣以古人有言: 裔不謀夏, 夷不亂華. 荒忽之人, 羈縻而已. 是以先朝居之於荒服之間者, 正欲悅近來遠, 招附殊俗, 亦以別華戎 · 異內外也. 今新附者衆, 若舊者見徙, 新者必不安. 不安必思土, 思土則走叛. 狐死首丘, 其害方甚. 又此族類, 衣毛食肉, 樂冬便寒. 南土濕熱, 往必將盡. 進失歸伏之心, 退非藩衛之益. 徙在中夏, 而生後患, 愚心所見, 謂爲不可.' 時八座議不從, 遂徙於濟州緣河居之. 冀州元愉之難, 果悉浮河赴賊, 所在鈔掠, 如椿所策".

48 같은 글, p. 1286.

49 『資治通鑑』, 卷147 「梁紀」3 武帝天監七年條, p. 4585.

50 崔珍烈, 「北魏後期 北邊 胡人의 胡俗 유지와 그 영향」, 156쪽.

51 崔珍烈, 「北魏後期 洛陽거주 胡人들의 생활과 문화」, 402~403쪽; 崔珍烈, 「北魏後期 北邊 胡人의 胡俗 유지와 그 영향」, 157쪽.

52 『北齊書』, 卷15 「婁昭傳」, p. 196, "祖父提, 雄傑有識度, 家僮千數, 牛馬以谷量. 惟好周給, 士多歸附之. 魏太武時, 以功封眞定侯".

53 『北史』, 卷6 「齊本紀上·高祖神武帝紀」, p. 209, "家貧, 及娉武明皇后, 始有馬, 得給鎭爲隊主"; 『北齊書』, 卷1 「神武紀」上, p. 1, "家貧, 及聘武明皇后, 始有馬, 得給鎭爲隊主".

54 『北史』, 卷6 「齊本紀上·高祖神武帝紀」 武定四年十一月, p. 230, "是時, 西魏言神武中弩, 神武聞之, 乃勉坐見諸貴. 使斛律金敕勒歌, 神武自和之, 哀感流涕"; 『北齊書』, 卷2 「神武紀」下, p. 23, "是時西魏言神武中弩, 神武聞之, 乃勉坐見諸貴, 使斛律金勅勒歌, 神武自和之, 哀感流涕".

55 『北朝樂府』, "敕勒川, 陰山下. 天似穹廬, 籠盖四野. 天蒼蒼, 野茫茫. 風吹草低見牛羊".

56 崔珍烈, 「北魏後期 北邊 胡人의 胡俗 유지와 그 영향」, 157쪽.

57 『魏書』, 卷18 「廣陽王建傳附深傳」, p. 429, "後爲恒州刺史, 在州多所受納, 政以賄成, 私家有馬千匹者必取百匹, 以此爲恒".

58 『魏書』, 卷74 「尒朱榮傳」, p. 1643, "尒朱榮, 字天寶, 北秀容人也. 其先居於尒朱川, 因爲氏焉. 常領部落, 世爲酋帥. 高祖羽健, 登國初爲領民酋長, 率契胡武士千七百人從駕平晉陽, 定中山. 論功拜散騎常侍. 以居秀容川, 詔割方三百里封之, 長爲世業. 太祖初以南秀容川原沃衍, 欲令居之, 羽健曰: '臣家世奉國, 給侍左右. 北秀容既在剗內, 差近京師, 豈以沃塉更遷遠地.' 太祖許之".

59 같은 글, p. 1644, "父[尒朱]新興, 太和中, 繼爲酋長. 家世豪擅, 財貨豐贏. 曾行馬羣, 見一白蛇, 頭有兩角, 遊於馬前. [尒朱]新興異之, 謂曰 '爾若有神, 令我畜牧蕃息.' 自是之後, 日覺滋盛, 牛羊駝馬, 色別爲羣, 谷量而已. 朝廷每有征討, 輒獻私馬, 兼備資糧, 助裨軍用. 高祖嘉之, 除右將軍·光祿大夫. 及遷洛後, 特聽冬朝京師, 夏歸部落. 每入朝, 諸王公朝貴競以珍玩遺之, [尒朱]新興亦報以名馬. 轉散騎常侍·平北將軍·秀容第一領民酋長. [尒朱]新興每春秋二時, 恒與妻子閱畜牧於川澤, 射獵自娛".

60 『北史』, 卷6 「齊本紀上·高祖神武帝紀」, p. 211, "先是劉貴事[尒朱]榮, 盛言神武美, 至是始得見. 以憔悴故, 未之奇也. [劉]貴乃爲神武更衣, 復求見焉. 因隨[尒朱]榮之廄, 廄有惡馬, [尒朱]榮命剪之, 神武乃不加羈絆而剪, 竟不蹄齧. 已而起曰: '御惡人亦如此馬矣.' [尒朱]榮遂坐神武於牀下, 屛左右而訪時事. 神武曰: '聞公有馬十二谷, 色別爲羣, 將此竟何用也?' [尒朱]榮曰: '但言爾意.' 神武曰: '方今天子愚弱, 太后淫亂, 孽寵擅命, 朝政不行. 以明公雄武, 乘時奮發, 討鄭儼·徐紇而淸帝側, 霸業可擧鞭而成. 此賀六渾之意也.' [尒朱]榮大悅, 語自日中至夜半乃出. 自是每參軍謀"; 『北齊書』, 卷1 「神武紀」上, p. 3.

61 崔珍烈, 「北魏後期 北邊 胡人의 胡俗 유지와 그 영향」, 158~159쪽.

62 『魏書』, 卷9 「肅宗紀」 正光五年八月丁酉條, p. 237, "丁酉, 南秀容牧子于乞眞反, 殺太僕卿陸延. 別將尒朱榮討平之".

63 崔珍烈, 「北魏後期 北邊 胡人의 胡俗 유지와 그 영향」, 159쪽.

64 朱大渭, 「北魏的國營畜牧業經濟」, pp. 341~342, 344~345.

65 『魏書』, 卷74 「尒朱榮傳」, p. 1644, "父[尒朱]新興, 太和中, 繼爲酋長. …… [尒朱]新興每春秋二時, 恒與妻子閱畜牧於川澤, 射獵自娛. 肅宗世, 以年老啓求傳爵於榮, 朝廷許之. 正光中卒, 年七十四".

66 崔珍烈, 「北魏後期 北邊 胡人의 胡俗 유지와 그 영향」, 159~162쪽.

67 『周書』, 卷19 「宇文貴傳」, p. 311, "貴少從師受學, 嘗輟書歎曰: '男兒當提劍汗馬以取公侯, 何能如先生爲博士也!'".

68 『魏書』, 卷111 「刑罰志」, p. 2873, "魏初, 禮俗純朴, 刑禁疏簡. 宣帝南遷, 復置四部大人, 坐王庭決辭訟, 以言語約束, 刻契記事, 無囹圄考訊之法, 諸犯罪者, 皆臨時決遣. 神元因循, 亡所革易".

69 같은 글, p. 2873, "昭成建國二年: 當死者, 聽其家獻金馬以贖; 犯大逆者, 親族男女無少長皆斬; 男女不以禮交皆死; 民相殺者, 聽與死家馬牛四十九頭, 及送葬器物以平之; 無繫訊連逮之坐; 盜官物, 一備五, 私則備十. 法令明白, 百姓晏然".

70 張春海, 「論古夫余族"倍償"之法對古代東亞法制之影響」, ≪中央民族大學學報(哲學社會科學版)≫, 2005-5 (第33卷; 總第168期)(2006), pp. 28左~31左.

71 島田正郎, 「北方ユーラシア法文化圏」, 『東洋法史』[東京: 東京教學社, 1986(增訂版)], pp. 213~219.

72 崔珍烈, 「北魏後期 北邊 胡人의 胡俗 유지와 그 영향」, 163~164쪽.

73 『魏書』, 卷2 「太祖紀」 天興元年十有一月辛亥條, p. 33, "十有一月辛亥, 詔尙書吏部郎中鄧淵典官制, 立爵品, 定律呂, 協音樂; 儀曹郎中董謐撰郊廟·社稷·朝覲·饗宴之儀; 三公郎中王德定律令, 申科禁; 太史令晁崇造渾儀, 考天象; 吏部尙書崔玄伯總而裁之".

74 鄧奕琦,『北朝法制研究』(北京: 中華書局, 2005), pp. 49~56, 66~114; 孫同勛,「孝文帝的遷都與漢化」, pp. 106~109.

75 李書吉,『北朝禮制法系研究』, p. 190.

76 『遼史』, 卷61「刑法志」上, p. 937. "乃詔大臣定治契丹及諸夷之法, 漢人則斷以律令, 仍置鐘院以達民寃".

77 같은 글, p. 937. "至太宗時, 治渤海人一依漢法, 餘無改焉".

78 Paul Heng-chao Ch'en, *Chinese Legal Tradition under the Mongols: The Code of 1291 as Reconstructed* (Princeton: Princeton University Press, 1979), p. 3.

79 『唐明律合編』(薛允昇, 法律出版社, 1999) 引楊愼『昇庵外集』云, "昔高歡立法, 盜私物十備五, 盜官物十備三. 後周詔, 侵盜倉廩, 雖經赦免, 徵備如法".

80 張春海,「論古夫余族"倍償"之法對古代東亞法制之影響」, pp. 31左, 31右.

81 崔珍烈,「北魏後期 北邊 胡人의 胡俗 유지와 그 영향」, 159~162쪽; 崔珍烈,「北魏의 律令 수용과 그 실상」, ≪中國古中世史研究≫, 제37집(2015), 69~70쪽.

82 代尊德,「太原北魏辛祥墓」,『考古學集刊』1(北京: 中國社會科學出版社, 1981), pp. 197~202.

83 大同市博物館·馬玉基,「大同市小站村花圪塔臺北魏墓淸理簡報」, ≪文物≫, 1983-8(1983).

84 大同市博物館,「大同東郊北魏元淑墓」, ≪文物≫, 1989-8(1989).

85 鄭隆,「內蒙古包頭市姚齊姬墓」, ≪考古≫, 1988-9(1988); 鄭隆,「北魏"姚齊姬墓"淺議」,『包頭文物資料』2(1991).

86 王太明·賈文亮,「山西榆社縣發現北魏畵像石棺」, ≪考古≫, 1993-8(1993); 王太明,「榆社縣發現一批石棺」,『山西省考古學會論文集』3(山西古籍出版社, 2000), pp. 119~122; 常之坦,「北魏孫龍石棺"百戲"圖考辨」, ≪戲劇≫, 1991-3(1991).

87 倪潤安,「北魏洛陽時代墓葬文化分析」,『故宮博物院院刊』2010-4(總第150期)(2010), pp. 123, 127.

88 師煥英,「從平城到洛陽: 北魏墓葬的考古學研究」, p. 42.

89 『北史』, 卷49「雷紹傳」, p. 1807, "雷紹字道宗, 武川鎭人也".

90 같은 글, pp. 1807~1808, "兼敬信佛道, 遺敕其子曰: '吾本鄕葬法, 必殺大馬, 於亡者無益, 汝宜斷之, 斂以時服, 事從約儉.' 還葬長安, 天子素服臨弔, 贈太尉, 賜東園祕器".

91 師煥英,「從平城到洛陽」, p. 31.

92 같은 글, p. 31.

93 宿白,「東北內蒙古地區的鮮卑遺迹: 鮮卑遺迹輯錄之一」, ≪文物≫, 1977-5(1977).

94 『魏書』, 卷48「高允傳」, p. 1074, "前朝之世, 屢發明詔, 禁諸婚娶不得作樂, 及葬送之日歌謠·鼓舞·殺牲·燒葬, 一切禁斷. 雖條旨久頒, 而俗不革變. 將由居上者未能悛改, 爲下者習以成俗, 教化陵遲, 一至於斯".

95 崔珍烈,「北魏 平城時代 胡人들의 생활과 습속」, 299~303쪽.

96 『魏書』, 卷7下「高祖紀」下 太和十九年六月丙辰條, p. 178.

97 葛劍雄,『中國移民史』第二卷 先秦至魏晉南北朝時期, pp. 587~591.

98 『魏書』, 卷15「常山王遵傳附暉傳」, pp. 378~379, "初, 高祖遷洛, 而在位舊貴皆難於移徙, 時欲和合衆情, 遂許冬則居南, 夏便居北".

99 崔珍烈,「北魏後期 洛陽거주 胡人들의 생활과 문화」, 385~386쪽; 崔珍烈,「北魏後期 北邊 胡人의 胡俗

유지와 그 영향」, 166~167쪽.

100 『洛陽伽藍記』, 卷3「城南」龍華寺條, p. 160, "北夷酋長遣子入侍者, 常秋來春去, 避中國之熱, 時人謂之鴈臣".

101 『魏書』, 卷74「尒朱榮傳」, p. 1644, "父新興, 太和中, 繼爲酋長. …… 及遷洛後, 特聽冬朝京師, 夏歸部落. 每入朝, 諸王公朝貴競以珍玩遺之, 新興亦報以名馬. 轉散騎常侍·平北將軍·秀容第一領民酋長".

102 같은 글, p. 1644, "榮襲爵後, 除直寢·游擊將軍".

103 『魏書』, 卷74「尒朱榮傳附菩提傳」, p. 1656, "肅宗末, 拜羽林監. 尋轉直閤將軍".

104 張金龍, 「北魏後期的直閤將軍與"直衛"諸職」, 濟南: ≪文史哲≫, 1999-1(K 22 1999-3), pp. 29~34.

105 『北史』, 卷54「厙狄干傳」, p. 1956, "厙狄干, 善無人也. …… 魏正光初, 除掃逆黨, 授將軍, 宿衛於內. 以家在寒鄉, 不宜毒暑, 冬得入京師, 夏歸鄉里. 孝昌元年, 北邊擾亂, 奔雲中, 爲刺史費穆送于尒朱榮".

106 『北史』, 卷54「斛律金傳」, p. 1965, "斛律金字阿六敦, 朔州敕勒部人也. 高祖倍侯利, 魏道武時內附, 位大羽眞, 賜爵孟都公. 祖幡地斤, 殿中尙書. 父那瓌, 光祿大夫, 贈司空. …… 金性敦直, 善騎射, 行兵用匈奴法, 望塵知馬步多少, 嗅地知軍度遠近. 初爲軍主, 與懷朔鎭將楊鈞送蠕蠕主阿那瓌. 瓌見金獵射, 歎其工. 及破六韓拔陵構逆, 金擁衆屬焉, 署金爲王. 金度陵終敗, 乃統所部叛陵, 詣雲州. 魏除爲第二領人酋長, 秋朝京師, 春還部落, 號曰雁臣. 仍稍引南出黃瓜堆, 爲杜洛周所破".

107 『魏書』, 卷16「京兆王黎傳附羅侯傳」, p. 409, "繼弟羅侯, 遷洛之際, 以墳陵在北, 遂家於燕州之昌平郡. 內豐資產, 唯以意得爲適, 不入京師".

108 崔珍烈, 「北魏後期 洛陽거주 胡人들의 생활과 문화」, 387~388쪽; 崔珍烈, 「北魏後期 北邊 胡人의 胡俗 유지와 그 영향」, 168쪽.

109 『周書』, 卷16「獨孤信傳」, p. 263, "獨孤信, 雲中人也, 本名如願. 魏氏之初, 有三十六部, 其先伏留屯者, 爲部落大人, 與魏俱起. 祖俟尼, 和平中, 以良家子自雲中鎭武川, 因家焉. 父庫者, 爲領民酋長, 少雄豪有節義, 北州咸敬服之".

110 「周故柱國大將軍雍州刺史河內戾公(獨孤信)墓誌」, 『漢魏南北朝墓誌彙編』, p. 480.

111 「獨孤藏墓誌」, 『新出魏晉南北朝墓誌疏證』, p. 295.

112 같은 글, p. 474, "公諱羅, 字羅仁, 雲內盛樂人, 後居河南之洛陽縣".

113 같은 글, p. 296, "以宣政元年八月四日, 薨于長安大司馬坊第, 春秋卅五. …… 卽以其年十月卄日, 歲次戊戌窆于涇陽縣胡瀆川".

114 같은 글, p. 475, "春秋六十有六, 以十九年二月六日寢疾, 薨于位. …… 粤卄年歲次庚申二月庚申朔十四日癸酉, 厝于雍州涇陽縣洪瀆原奉賢鄉靜民里".

115 「賀蘭祥墓誌」, 『新出魏晉南北朝墓誌疏證』, p. 245, "公諱祥, 字盛樂, 河南洛陽人. 魏氏南遷, 有卅六國, 賀蘭國第四焉".

116 『周書』, 卷20「賀蘭祥傳」, p. 335, "賀蘭祥字盛樂. 其先與魏俱起, 有紇伏者, 爲賀蘭莫何弗, 因以爲氏. 其後有以良家子鎭武川者, 遂家焉. 父初眞, 少知名, 爲鄉閭所重. 尙太祖姊建安長公主. 保定二年, 追贈太傅·柱國·常山郡公".

117 같은 글, p. 335, "祥年十一而孤, 居喪合禮. 長於舅氏, 特爲太祖所愛. 雖在戎旅, 常博延儒士, 敎以書傳. 太祖初入關, 祥與晉公護俱在晉陽, 後乃遣使迎致之, 語在護傳. 年十七, 解褐奉朝請, 加威烈將軍.

祥少有膽氣, 志在立功. 尋擢補都督, 恆在帳下. 從平侯莫陳悅, 又迎魏孝武. 以前後功, 封撫夷縣伯, 邑五百戶".

118 「賀蘭祥墓誌」, 『新出魏晉南北朝墓誌疏證』, p. 247.

119 劉曉華, 「北周賀蘭祥墓誌及其相關問題」, ≪咸陽師範學院學報≫, 16-5(2001); 「賀蘭祥墓誌」, 『新出魏晉南北朝墓誌疏證』, pp. 247~248.

120 「尉遲運墓誌」, 『新出魏晉南北朝墓誌疏證』, p. 304, "公諱運, 字烏戈撥, 河南洛陽人".

121 같은 글, p. 305, "大成元年二月卄四日遘疾薨于秦州, 春秋卌有一. …… 其年十月十四日, 反葬于咸陽郡涇陽縣洪瀆鄉永貴里".

122 같은 글, p. 304, "父尉遲綱; 使持節, 太傅, 柱國大將軍, 大司空 吳公".

123 『周書』, 卷20 「尉遲綱傳」, p. 339, "尉遲綱字婆羅, 蜀國公迥之弟也".

124 『周書』, 卷21 「尉遲迥傳」, p. 349, "尉遲迥字薄居羅, 代人也. 其先, 魏之別種, 號尉遲部, 因而姓焉. 父俟兜, 性弘裕, 有鑒識, 尙太祖姊昌樂大長公主, 生迥及綱. 俟兜病且卒, 呼二子, 撫其首曰: '汝等並有貴相, 但恨吾不見爾, 各宜勉之'".

125 「尉遲運妻賀拔毗沙墓誌」, 『新出魏晉南北朝墓誌疏證』, p. 491, "夫人諱毗沙, 河南洛陽人也. …… 父勝, 太師 · 太宰 · 瑯琊獻公.

126 『周書』, 卷14 「賀拔勝傳」, pp. 215~216, "賀拔勝字破胡, 神武尖山人也. 其先與魏氏同出陰山. 有如回者, 魏初爲大莫弗. …… 父度拔, 性果毅, 爲武川軍主. 魏正光末, 沃野鎭人破六汗拔陵反, 南侵城邑. 懷朔鎭將楊鈞聞度拔名, 召補統軍, 配以一旅. 其賊僞署王衛可孤徒黨尤盛, 旣圍武川, 又攻懷朔. 勝少有志操, 善騎射, 北邊莫不推其膽略. 時亦爲軍主, 從度拔鎭守".

127 「尉遲運妻賀拔毗沙墓誌」, p. 491, "開皇十九年七月一日, 薨于第, 春秋五十八. 粤以仁壽元年歲次辛酉十月辛亥朔卄三日癸酉, 合葬于雍州涇陽縣奉賢鄉靜民里".

128 『魏書』, 卷74 「尒朱榮傳」, p. 1644, "父[尒朱]新興, 太和中, 繼爲酋長. 家世豪擅, 財貨豐贏. 曾行馬羣, 見一白蛇, 頭有兩角, 遊於馬前. [尒朱]新興異之, 謂曰'爾若有神, 令我畜牧蕃息.' 自是之後, 日覺滋盛, 牛羊駝馬, 色別爲羣, 谷量而已. 朝廷每有征討, 輒獻私馬, 兼備資糧, 助裨軍用. 高祖嘉之, 除右將軍 · 光祿大夫. 及遷洛後, 特聽冬朝京師, 夏歸部落. 每入朝, 諸王公朝貴競以珍玩遺之, [尒朱]新興亦報以名馬. 轉散騎常侍 · 平北將軍 · 秀容第一領民酋長. [尒朱]新興每春秋二時, 恒與妻子閱畜牧於川澤, 射獵自娛"; 上同, "及長, 好射獵, 每設圍誓衆, 便爲軍陳之法, 號令嚴肅, 衆莫敢犯".

129 崔珍烈, 「北魏後期 北邊 胡人의 胡俗 유지와 그 영향」, 169~171쪽.

제16장 제3의 문화: 서역 문화

1 陳寅恪, 「北齊的鮮卑化及西胡化」, pp. 297~300; 朴漢濟, 「東魏-北齊時代의 胡漢體制의 전개」, 200~209쪽.

2 張慶捷, 「山西漢代北朝墓葬壁畫記錄的社會實況」, 『桃李成蹊集』(香港: 香港中文大學出版社, 2004); 張慶捷, 「雲崗石窟與北魏平城外來文明藝術」, 「從西域到平城」, 『2005年雲崗國際會議文集』(北京: 文物出版社, 2006); 張慶捷, 「北魏平城波斯銀幣與絲綢之路的幾個問題」, 『民族匯聚與文明互動: 北朝社會的考古學觀察』(北京: 商務印書館, 2010).

3 洛陽市文物工作隊,「河南洛陽市吉利區兩座北魏墓的發掘」, p. 48右.

4 大衆網(http://weifang.dzwww.com/mshshh/201310/t20131027_9072977.htm), 鳳凰網(http://news.ifeng.com/gundong/detail_2013_10/27/30695480_0.shtml) 등 인터넷 신문 참조.

5 『魏書』, 卷30「安同傳」, p. 712, "安同, 遼東胡人也. 其先祖曰世高, 漢時以安息王侍子入洛. 歷魏至晉, 避亂遼東, 遂家焉. 父屈, 仕慕容暐, 爲殿中郎將. 苻堅滅暐, 屈友人公孫眷之妹沒入苻氏宮, 出賜劉庫仁爲妻. 庫仁貴寵之. 同因隨眷商販, 見太祖有濟世之才, 遂留奉侍. 性端嚴明惠, 好長者之言".

6 같은 글, pp. 712~717.

7 「魏故征虜將軍河州刺史臨澤定侯鄯(乾)使君墓銘」, 『漢魏南北朝墓誌彙編』, p. 66, "考以去眞君六年歸國. 自祖已上, 世君西夏".

8 이하 서역 지명의 알파벳 표기는 馮承鈞 原編, 陸峻嶺 增訂, 『西域地名』[北京: 中華書局, 1982(增訂本)]에 따랐다.

9 『魏書』, 卷102「西域·鄯善國傳」, pp. 2261~2262, "至太延初, 始遣使來獻. 四年, 遣其弟素延耆入侍. 及世祖平涼州, 沮渠牧犍弟無諱走保敦煌. 無諱後謀渡流沙, 遣其弟安周擊鄯善, 王比龍恐懼欲降. 會魏使者自天竺·罽賓還, 俱會鄯善, 勸比龍拒之, 遂與連戰, 安周不能克, 退保東城. 後比龍懼, 率衆西奔且末, 其世子乃應安周. 鄯善人頗剽劫之, 令不得通. 世祖詔散騎常侍·成周公萬度歸乘傳發涼州兵討之, 度歸到敦煌, 留輜重, 以輕騎五千渡流沙, 至其境. 時鄯善人衆布野, 度歸敕吏卒不得有所侵掠, 邊守感之, 皆望旗稽服. 其王眞達面縛出降, 度歸釋其縛, 留軍屯守, 與眞達詣京都. 世祖大悅, 厚待之. 是歲, 拜交趾公韓拔爲假節·征西將軍·領護西戎校尉·鄯善王以鎭之, 賦役其人, 比之郡縣"; 『魏書』, 卷4下 「世祖紀」下 太平眞君九年夏五月甲戌條, p. 102, "夏五月甲戌, 以交趾公韓拔爲假節·征西將軍·領護西戎校尉·鄯善王, 鎭鄯善, 賦役其民, 比之郡縣".

10 伊瀨仙太郎, 『中國西域經營史研究』(東京: 巖南堂書店, 1955), p. 118; 內田吟風, 「第五世紀東トルキスタンに關する一考察: 鄯善國の散滅を中心として」, ≪古代學≫, 10-1(1961), p. 4 柱3; 山本光朗, 「鄯乾墓誌銘について」, ≪史林≫, 67-6(1984), pp. 105上~106下; 餘太山, 『兩漢魏晉南北朝與西域關係史研究』(北京: 中國社會科學出版社, 1995), p. 161.

11 『魏書』, 卷30「車伊洛傳」, p. 723, "車伊洛, 焉耆胡也. 世爲東境部落帥, 恒修職貢. 世祖錄其誠款, 延和中授伊洛平西將軍, 封前部王, 賜絹一百匹, 綿一百斤, 繡衣一具, 金帶靴帽. 伊洛大悅, 規欲歸闕. 沮渠無諱斷路, 伊洛與無諱連戰, 破之. 時無諱卒, 其弟天周奪無諱子乾壽兵, 規領部曲. 伊洛前後遣使招喩, 乾壽等率戶五百餘家來奔, 伊洛送之京師. 又招喩李寶弟欽等五十餘人, 送詣敦煌. 伊洛又率部衆二千餘人伐高昌, 討破焉耆東關七城, 虜獲男女二百人, 駝千頭, 馬千匹. 以金一百斤奉獻".

12 같은 글, p. 723, "正平元年, 詔伊洛曰: 「歇年尙幼, 能固守城邑, 忠節顯著, 朕甚嘉之. 可遣歇詣闕.」伊洛令歇將弟波利等十餘人赴都. 正平二年, 伊洛朝京師, 賜以妻妾·奴婢·田宅·牛羊, 拜上將軍, 王如故".

13 같은 글, p. 724, "歇襲爵. 皇興末, 拜使持節·平西將軍·豫州刺史. 延興三年卒, 子伯主襲爵".

14 같은 글, p. 724, "波利, 天安二年拜立節將軍, 樂官侯. 皇興三年卒, 兄子洛都襲爵".

15 『魏書』, 卷102「西域·大月氏國傳」, p. 2275, "世祖時, 其國人商販京師, 自云能鑄石爲五色瑠璃, 於是採礦山中, 於京師鑄之".

16 『北史』, 卷97「西域·粟特傳」, p. 3221, "其國商人先多詣涼土販貨, 及魏克姑臧, 悉見虜. 文成初, 粟特王遣使請贖之, 詔聽焉. 自後無使朝獻";『魏書』, 卷102補「西域·粟特傳」, p. 2270.

17 『魏書』, 卷46「李訢傳」, p. 1040, "出爲使持節·安南將軍·相州刺史. 爲政淸簡, 明於折獄, 姦盜止息, 百姓稱之. …… 以訢治爲諸州之最, 加賜衣服. 自是遂有驕矜自得之志. 乃受納民財及商胡珍寶".

18 『魏書』, 卷36「崔浩傳」, p. 818, "及軍入其境, 蠕蠕先不設備, 民畜布野, 驚怖四奔, 莫相收攝. 於是分軍搜討, 東西五千里, 南北三千里, 凡所俘虜及獲畜産車廬, 彌漫山澤, 蓋數百萬. 高車殺蠕蠕種類, 歸降者三十餘萬落. 虜遂散亂矣. 世祖沿弱水西行, 至涿邪山, 諸大將果疑深入有伏兵, 勸世祖停止不追. 天師以浩曩日之言, 固勸世祖窮討, 不聽. 後有降人, 言蠕蠕大檀先被疾, 不知所爲, 乃焚燒穹廬, 科車自載, 將數百人入山南走. 民畜窘聚, 方六十里中, 無人領統. 相去百八十里, 追軍不至, 乃徐徐西遁, 唯此得免. 後聞涼州賈胡言, 若復前行二日, 則盡滅之矣. 世祖深恨之".

19 태무제 시기의 소그드 정책은 掛田良雄, 「北魏太武帝とソグド」, ≪防衛大學校紀要(人文科學分冊)≫, 92(2006) 참조.

20 『魏書』, 卷109「樂志」, p. 2827, "天興元年冬 詔尙書吏部郎鄧淵定律呂 協音樂 及追尊皇曾祖·皇祖·皇考諸帝 樂用八佾 舞皇始之舞 …… 正月上日 饗羣臣 宣布政敎 備列宮懸正樂 兼奏燕·趙·秦·吳之音 五方殊俗之曲 四時饗會亦用焉 凡樂者樂其所自生 禮不忘其本 掖庭中歌眞人代歌 上敍祖宗開基所由 下及君臣廢興之跡 凡一百五十章 昏晨歌之 時與絲竹合奏 郊廟宴饗亦用之".

21 逯耀東, 「北魏前期的文化與政治形態」, 『從平城到洛陽: 拓跋魏文化轉變的歷程』(北京: 中華書局, 2006), pp. 67~69.

22 河北省文化局文物工作隊, 「河北定縣出土北魏石函」, ≪考古≫, 1966-5(1966); 夏鼐, 「河北定縣塔基舍利中波斯薩珊朝銀幣」, ≪考古≫, 1966-5(1966); 前田正名, 「平城をめぐる交通路」, 『平城の歷史地理學的硏究』(東京: 風間書房, 1979), pp. 225, 242.

23 夏鼐, 「北魏封和突墓出土薩珊銀盤考」, ≪文物≫, 1983-8(1983); 馬雍, 「北魏封和突墓及其出土的波斯銀盤」, 『西域史地文物叢考』(北京: 文物出版社, 1990) [原載 ≪文物≫, 1983-8(1983)]; 齊東方, 「唐代金銀器硏究』(北京: 中國社會科學出版社, 1999), pp. 255~258; 石雲濤, 『三至六世紀絲綢之路的變遷』, p. 212.

24 『魏書』, 卷65「邢巒傳」, p. 1438, "世宗初, 巒奏曰: '…… 逮景明之初, 承升平之業, 四疆淸晏, 遠邇來同, 於是蕃貢繼路, 商賈交入, 諸所獻貿, 倍多於常. ……' 世宗從之".

25 石雲濤, 『三至六世紀絲綢之路的變遷』(北京: 文化藝術出版社, 2007), p. 159.

26 『魏書』, 卷110「食貨志」, p. 2858, "自魏德旣廣, 西域·東夷貢其珍物, 充於王府. 又於南垂立互市, 以致南貨, 羽毛齒革之屬無遠不至".

27 王萬盈, 「北魏時期的周邊貿易述論」, 殷憲·馬志强, 『北朝硏究』 2(北京: 北京燕山出版社, 2001), pp. 63~64.

28 傅築夫, 『中國封建社會經濟史』, 第3卷(北京: 人民出版社, 1984), p. 386.

29 崔珍烈, 「北魏後期 洛陽 거주 西域人과 西域文化」, ≪大同文化硏究≫, 제87집(2014), 244~245쪽.

30 『洛陽伽藍記』, 卷3「城南·龍華寺條」, p. 161, "西夷來附者處崦嵫館, 賜宅慕義里. 自葱嶺已西, 至於大秦, 百國千城, 莫不歡(款)附, 商胡販客, 日奔塞下, 所謂盡天地之區已. 樂中國土風, 因而宅者, 不可勝數. 是以附化之民, 萬有餘家. 門巷修整, 閭闔塡列, 靑槐蔭陌, 綠樹(柳)垂庭, 天下難得之貨, 咸悉在焉".

31 『北齊書』, 卷50「和士開傳」, p. 686, “和士開, 字彥通, 淸都臨漳人也. 其先西域商胡, 本姓素和氏”.

32 陳寅恪, 「北齊的鮮卑化及西胡化」, p. 300.

33 『舊唐書』, 卷29「音樂志」2 四夷之樂條, p. 1069, “後魏有曹婆羅門, 受龜茲琵琶於商人, ……”.

34 「大唐故康府君墓誌銘」(「大唐故洛陽康大農墓銘」)[周紹良 主編, 『唐代墓誌彙編』(上海: 上海古籍出版社, 1992)], 貞觀139, p. 96, “君諱婆, 字季大, 博陵人也, 本康國王之裔也. 高祖羅, 以魏孝文世, 擧國內附, 朝于洛陽, 因而家焉, 故爲洛陽人也”.

35 「大唐故處士安君墓誌銘幷序」[周紹良 主編, 『唐代墓誌彙編』(上海: 上海古籍出版社, 1992)] 顯慶059, p. 267, “君諱靜, 字處沖, 河南洛陽人也. 昔夏后承天, 派隆基於朔北; 魏皇統曆, 胤華胄於周南”.

36 『隋書』, 卷83「西域·安國傳」, p. 1849, “風俗同於康國”.

37 『魏書』, 卷102「西域·康國傳」, pp. 2281~2282, “善商賈, 諸夷交易多湊其國”; 『隋書』, 卷83「西域·康國傳」, p. 1849, “人皆深目高鼻, 多鬚髯. 善於商賈, 諸夷交易多湊其國”.

38 崔珍烈, 「北魏後期 洛陽 거주 西域人과 西域文化」, 245~247쪽.

39 葉萬松, 「周秦漢魏時期洛陽與西域的文化交流」, 洛陽市文物局·洛陽白馬寺漢魏故城文物保管所 編, 『漢魏洛陽故城硏究』(北京: 科學出版社, 2000), p. 986; 師煥英, 「從平城到洛陽」, p. 46.

40 崔珍烈, 「北魏後期 洛陽 거주 西域人과 西域文化」, 247~248쪽.

41 『魏書』, 卷19上「景穆十二王·京兆王子推傳附暹傳」, p. 445, “普泰元年, 除涼州刺史, 貪暴無極. 欲規府人及商胡富人財物, 詐一臺符, 誑諸豪等云欲加賞, 一時屠戮, 所有資財生口, 悉沒自入”.

42 森部豊, 「四世紀~10世紀の黃河下流域におけるソグド人」, 鶴間和幸 編, 『黃河下流域の歷史と環境: 東アジア海文明への道』(東京: 東方書店, 2007), pp. 19~20.

43 佐藤圭四郎, 「北魏時代における東西交涉」, 『イスラーム商業史の硏究: 附東西文化交流史』(同朋舍出版, 1981), pp. 282~293.

44 『宋書』, 卷46「張邵傳傳附暢傳」, p. 1398, “魏主又遣送氈及九種鹽幷胡豉, 云: ‘此諸鹽, 各有宜. 白鹽是魏主所食. 黑者療腹脹氣滿, 刮取六銖, 以酒服之. 胡鹽療目痛. 柔鹽不用食, 療馬脊創. 赤鹽·駮鹽·臭鹽·馬齒鹽四種, 並不中食. ……’”; 『魏書』, 卷53「李孝伯傳」, p. 1170, “世祖又遣賜[劉]義恭·[劉]駿等氈各一領, 鹽各九種, 幷胡豉. [李]孝伯曰: ‘有後詔: 凡此諸鹽, 各有所宜. 白鹽食鹽, 主上自食; 黑鹽治腹脹氣滿, 末之六銖, 以酒而服; 胡鹽治目痛; 戎鹽治諸瘡; 赤鹽·駮鹽·臭鹽·馬齒鹽四種, 並非食鹽. ……’”.

45 『洛陽伽藍記』, 卷4「城西」, 法雲寺條, p. 207, “[元]琛常會宗室, 陳諸寶器, 金甁銀瓮百餘口, 甌檠盤盒稱是. 自餘酒器, 有水晶鉢·瑪瑙〈盃〉碗, 赤玉巵數十枚, 作工奇妙, 中土所無, 皆從西域而來”.

46 『魏書』, 卷102「西域·波斯國傳」, pp. 2270~2271, “土地平正, 出金·銀·鍮石·珊瑚·琥珀·車渠·馬腦, 多大眞珠·頗梨·瑠璃·水精·瑟瑟·金剛·火齊·鑌鐵·銅·錫·朱砂·水銀·綾·錦·疊·㲲·氍毹·毾㲪·赤麞皮, 及薰陸·鬱金·蘇合·靑木等香, 胡椒·畢撥·石蜜·千年棗·香附子·訶梨勒·無食子·鹽綠·雌黃等物. 氣候暑熱, 家自藏冰”.

47 『魏書』, 卷102「西域·罽賓國傳」, p. 2277, “其人工巧, 雕文·刻鏤·織罽. 有金銀銅錫以爲器物”.

48 掛田良雄, 「『洛陽伽藍記』に見える西域人」, ≪防衛大學校紀要(人文科學分冊)≫, 100(2010), p. 20.

49 『北齊書』, 卷28「元韶傳」, p. 388, “韶逢一老母姓程, 哀之, 隱於私家十餘日, 莊帝訪而獲焉, 襲封彭城王. 齊神武帝以孝武帝后配之. 魏室奇寶, 多隨后入韶家. 有二玉鉢相盛, 可轉而不可出; 馬瑙榼容三升, 玉縫之. 皆稱西域鬼作也";『北史』, 卷19「獻文六王上·彭城王勰傳附韶傳」, p. 708, "齊神武後以孝武帝后配之, 魏室奇寶多隨后入韶家. 有二玉鉢相盛, 轉而不可出. 馬腦榼容三升, 玉縫之. 皆稱西域鬼作也".

50 崔珍烈,「北魏後期 洛陽 거주 西域人과 西域文化」, 250쪽.

51 馬雍,「北魏封和突墓及其出土的波斯銀盤」, pp. 138, 140.

52 『北齊書』, 卷31「王昕傳」, p. 415, "昕少篤學讀書, 太尉汝南王悅辟騎兵參軍. …… 悅數散錢於地, 令諸佐爭拾之, 昕獨不拾. 悅又散銀錢以目昕, 昕乃取其一".

53 『魏書』, 卷9「肅宗紀」正光元年冬十月乙卯條, p. 231, "冬十月乙卯, 以驃騎大將軍·儀同三司·汝南王悅爲太尉公".

54 『魏書』, 卷9「肅宗紀」正光四年十二月條, p. 235, "以太尉·汝南王悅爲太保".

55 『魏書』, 卷9「肅宗紀」孝昌二年正月壬子條, p. 243, "壬子, 以太保·汝南王悅領太尉".

56 『魏書』, 卷110「食貨志」, p. 2863, "魏初至於太和, 錢貨無所周流, 高祖始詔天下用錢焉. 十九年, 冶鑄粗備, 文曰'太和五銖', 詔京師及諸州鎮皆通行之. 內外百官祿皆準絹給錢, 絹匹爲錢二百. 在所遣錢工備爐冶, 民有欲鑄, 聽就鑄之, 銅必精練, 無所和雜. 世宗永平三年冬, 又鑄五銖錢. 肅宗初, 京師及諸州鎮或鑄或否, 或有止用古錢, 不行新鑄, 致商貨不通, 貿遷頗隔".

57 같은 글, p. 2865, "[熙平]二年冬, 尙書崔亮奏: '恒農郡銅靑谷有銅鑛, 計一斗得銅五兩四銖; 葦池谷鑛, 計一斗得銅五兩; 鸞帳山鑛, 計一斗得銅四兩; 河內郡王屋山鑛, 計一斗得銅八兩; 南靑州苑燭山·齊州商山並是往昔銅官, 舊迹見在. 謹按鑄錢方興, 用銅處廣, 旣有冶利, 並宜開鑄.' 詔從之. 自後所行之錢, 民多私鑄, 稍就小薄, 價用彌賤".

58 『魏書』, 卷102「西域·龜茲傳」, p. 2266, "稅賦準地徵租, 無田者則稅銀錢".

59 같은 글, p. 2271, "賦稅則準地輸銀錢".

60 河北省文化局文物工作隊,「河北定縣出土北魏石函」, ≪考古≫, 1966-5(1966); 夏鼐,「河北定縣塔基舍利中波斯薩珊朝銀幣」, ≪考古≫, 1966-5(1966); 前田正名,「平城をめぐる交通路」,『平城の歷史地理學的硏究』(東京: 風間書房, 1979), pp. 225, 242.

61 于倩·郭宏偉,「洛陽出土波斯銀幣探索」, ≪中國錢幣≫, 1995-1(1995), p. 16.

62 崔珍烈,「北魏後期 洛陽 거주 西域人과 西域文化」, 250~251쪽.

63 大衆網(http://weifang.dzwww.com/mshshh/201310/t20131027_9072977.htm), 鳳凰網(http://news.ifeng.com/gundong/detail_2013_10/27/30695480_0.shtml) 등 인터넷 신문 참조.

64 崔珍烈,「北魏後期 洛陽 거주 西域人과 西域文化」, 252쪽.

65 楊共樂,「洛陽出土東羅馬金幣銘文考析」, ≪中國歷史文物≫, 2008-6(2008), pp. 34左~34右.

66 『洛陽伽藍記』, 卷4「城西」, 法雲寺條, p. 207, "[元]琛在秦州, 多無政績, 遣使向西域求名馬, 遠至波斯國, 得千里馬, 號曰'追風赤驥'. 有七百里者, 十餘匹, 皆有名字".

67 『魏書』, 卷102「西域·波斯國傳」, p. 2271, "土出名馬·大驢及駝, 往往有日行七百里者. 富室至有數千頭".

68 崔珍烈,「北魏後期 洛陽 거주 西域人과 西域文化」, 252쪽.

69 劉錫濤,「北朝時期中原地區的生活胡風現象」, p. 371.

70 『晉書』, 卷27「五行志」上, p. 823, "泰始之後, 中國相尙用胡牀貊槃, 及爲羌煮貊炙, 貴人富室, 必畜其器, 吉享嘉會, 皆以爲先".

71 張承宗·魏向東, 「魏晉南北朝飮食風俗硏究」, p. 341.

72 『魏書』, 卷91 「蔣少游傳」, p. 1972, "趙國李幼序·洛陽丘何奴並工握槊. 此蓋胡戲, 近入中國, 云胡王有弟一人遇罪, 將殺之, 弟從獄中爲此戲以上之, 意言孤則易死也. 世宗以後, 大盛於時".

73 中國社會科學院考古硏究所洛陽漢魏城隊, 「北魏洛陽永寧寺西門遺址發掘紀要」, ≪考古≫, 1995-8 (1995), p. 700左.

74 中國社會科學院考古硏究所, 『北魏洛陽永寧寺』(中國大百科出版社, 1996), p. 136.

75 안자야오(安家瑤), 「중앙아시아인이 북위에서 제작한 유리기」, 권영필·김호동 엮음, 『중앙아시아의 역사와 문화』(솔출판사, 2007), 97~98쪽.

76 張慶捷, 「北齊徐顯秀墓外來寶石戒指及其社會背景」, 『民族匯聚與文明互動: 北朝社會的考古學觀察』(北京: 商務印書館, 2010), p. 423, 圖九 洛陽北魏墓中出土鑲寶石金戒指.

77 洛陽市文物工作隊, 「河南洛陽市吉利區兩座北魏墓的發掘」, p. 48右.

78 張慶捷, 「北齊徐顯秀墓外來寶石戒指及其社會背景」, pp. 415~423; 洛陽市文物工作隊, 「河南洛陽市吉利區兩座北魏墓的發掘」, pp. 57左~57右.

79 王效軍·程雲霞, 「寧夏固原地區出土的金銀器(上)」, p. 95右.

80 崔珍烈, 「北魏後期 洛陽 거주 西域人과 西域文化」, 253~254쪽.

81 한성백제박물관 엮음, 『중국 고대도성 문물전』(한성백제박물관, 2015),166쪽.

82 『隋書』, 卷14 「音樂志」中, pp. 313~314, "齊神武霸跡肇創, 遷都于鄴, 猶曰人臣, 故咸遵魏典. 及文宣初禪, 尙未改舊章. …… 其後將有創革, 尙樂典御祖珽自言, 舊在洛下, 曉知舊樂. 上書曰: '魏氏來自雲·朔, 肇有諸華, 樂操土風, 未移其俗. 至道武帝皇始元年, 破慕容寶于中山, 獲晉樂器, 不知采用, 皆委棄之. 天興初, 吏部郎鄧彦海, 奏上廟樂, 創制宮懸, 而鍾管不備. 樂章旣闕, 雜以簸邏迴歌. 初用八佾, 作皇始之舞. 至太武帝平河西, 得沮渠蒙遜之伎, 賓嘉大禮, 皆雜用焉. 此聲所興, 蓋苻堅之末, 呂光出平西域, 得胡戎之樂, 因又改變, 雜以秦聲, 所謂秦漢樂也. 至永熙中, 錄尙書長孫承業, 共臣先人太常卿瑩等, 斟酌繕修, 戎華兼采, 至於鍾律, 煥然大備. 自古相襲, 損益可知, 今之創制, 請以爲準.'".

83 『太平御覽』, 卷584 「樂部」 角條, p. 卷584前(2633), "角長五尺, 形如竹筒, 本細末稍大, 未詳所起, 今鹵簿及軍中用之. …… 此器俗名'拔邏回', 蓋胡虜警軍之音, 所以書傳無之. 海內亂離, 至侯景圍臺城, 方用之也".

84 『隋書』, 卷15 「音樂志」下, p. 383, "大角, 第一曲起捉馬, 第二曲被馬, 第三曲騎馬, 第四曲行, 第五曲入陣, 第六曲收軍, 第七曲下營. 皆以三通爲一曲. 其辭並本之鮮卑".

85 呂一飛, 『胡族習俗與隋唐風韻』, pp. 166~167.

86 崔珍烈, 「北魏 平城時代 胡人들의 생활과 습속」, 315쪽.

87 張志忠, 「大同北魏彩繪樂俑鑑賞」, p. 13中.

88 崔珍烈, 「北魏 平城時代 胡人들의 생활과 습속」, 315~316쪽.

89 王虹霞, 「由漢至唐西域樂舞的傳入及其傳播特點」(河南大學硏究生碩士學位論文, 2003), pp. 18~23; 閆江涌, 「魏晉南北朝時期中外音樂交流硏究」(安徽大學碩士學位論文, 2007), pp. 18~19.

90 閆江涌, 「魏晉南北朝時期中外音樂交流硏究」, p. 19.

91 『舊唐書』, 卷29 「音樂志」2 四夷之樂條, p. 1069, "後魏有曹婆羅門, 受龜玆琵琶於商人, 世傳其業, 至孫妙達, 尤爲北齊高洋所重, 常自擊胡鼓以和之".

92 『魏書』, 卷102「西域·康國傳」, p. 2281, "康國者, 康居之後也. …… 名爲强國, 西域諸國多歸之. 米國·史國·曹國·何國·安國·小安國·那色波國·烏那曷國·穆國皆歸附之".

93 『新唐書』, 卷221下「西域下·康傳」, p. 6243, "康者, 一曰薩末鞬, 亦曰颯秣建, 元魏所謂悉萬斤者. …… 枝庶分王, 曰安, 曰曹, 曰石, 曰米, 曰何, 曰火尋, 曰戊地, 曰史, 世謂'九姓', 皆氏 昭武".

94 『北史』, 卷92「恩幸·胡小兒傳」, p. 3055, "其曹僧奴·僧奴子妙達, 以能彈胡琵琶, 甚被寵遇, 俱開府封王. …… 其何朱弱·史醜多之徒十數人, 咸以能舞工歌及善音樂者, 亦至儀同開府".

95 『北史』, 卷92「恩幸·胡小兒傳」, p. 3055, "至於胡小兒等, 眼鼻深險, ……".

96 崔珍烈, 「北魏後期 洛陽 거주 西域人과 西域文化」, 257~258쪽.

97 閆江涌, 「魏晉南北朝時期中外音樂交流研究」, pp. 29~32.

98 『洛陽伽藍記』, 卷4「城西」, 法雲寺條, p. 207, "又陳女樂及諸名馬, 復引諸王按行府庫, 錦罽珠璣, 冰羅霧縠, 充積其內".

99 『洛陽伽藍記』, 卷3「城南」, 高陽王寺條, p. 177, "出則鳴騶御道, 文物成行, 鐃吹響發, 笳聲哀轉; 入則歌姬舞女, 擊筑吹笙, 絲管迭奏, 連宵盡日. …… 徐鼓箜篌而歌, 哀聲入雲, 行路聽者, 俄而成市.

100 掛田良雄, 「『洛陽伽藍記』に見える西域人」, pp. 25~26.

101 洛陽市文物工作隊, 『洛陽文物圖案集』(朝華出版社, 1991); 葉萬松, 「周秦漢魏時期洛陽與西域的文化交流」, p. 988.

102 偃師商城博物館, 「河南偃師兩座北魏墓發掘簡報」, p.1085右, p. 1086 圖五 15 참조.

103 河南省博物館, 「河南安陽北齊范粹墓發掘簡報」, ≪文物≫, 1972-1(1972), pp. 47~57.

104 韓順發, 「北齊黃釉瓷扁壺樂舞圖像的初步分析」, ≪文物≫, 1980-7(1980), pp. 41~69; 李梅田, 「中原魏晉北朝墓葬文化的階段性」, ≪華夏考古≫, 2004-1(2004), p. 53右.

105 崔珍烈, 「北魏後期 洛陽 거주 西域人과 西域文化」, 258~259쪽.

106 『洛陽伽藍記』, 卷4「城西」, 法雲寺條, p. 201, "祕咒神驗, 閻浮所無. 咒枯樹能生枝葉, 咒人變爲驢馬, 見之莫不忻怖".

107 『洛陽伽藍記』, 卷1「城內」, 長秋寺條, p. 43, "四月四日, 此像常出, 辟邪師子, 導引其前. 吞刀吐火, 騰驤一面; 綵幢上索, 詭譎不常. 奇伎異服, 冠於都市. 像停之處, 觀者如堵, 迭相踐躍, 常有死人".

108 『洛陽伽藍記』, 卷1「城內」, 景樂寺條, pp. 52~53, "召諸音樂, 逞伎寺內. 奇禽怪獸, 舞抃殿庭, 飛空幻惑, 世所未覩, 異端奇術, 總萃其中. 剝驢投井, 植棗種瓜, 須臾之間皆得食. 士女觀者, 目亂睛迷".

109 『魏書』, 卷102「西域·悅般國傳」, p. 2269, "眞君九年, 遣使朝獻. 幷送幻人, 稱能割人喉脉令斷, 擊人頭令骨陷, 皆血出或數升或盈斗, 以草藥內其口中, 令嚼咽之, 須臾血止, 養瘡一月復常, 又無痕瘢".

110 掛田良雄, 「『洛陽伽藍記』に見える西域人」, pp. 24~25.

111 『魏書』, 卷114「釋老志」, p. 3045, "至延昌中, 天下州郡僧尼寺, 積有一萬三千七百二十七所, 徒侶逾衆".

112 『洛陽伽藍記』, 卷5「城北」, p. 349, "京師東西二十里, 南北十五里, 戶十萬九千餘. …… 寺有一千三百六十七所".

113 『資治通鑑』, 卷147「梁紀」3 武帝天監八年條, p. 4594, "時佛教盛於洛陽, 沙門之外, 自西域來者三千餘人, 魏主別爲之立永明寺千餘間以處之. 處士南陽馮亮有巧思, 魏主使與河南尹甄琛·沙門統僧暹擇嵩山形勝之地立閒居寺, 極巖壑土木之美. 由是遠近承風, 無不事佛, 比及延昌, 州郡共有一萬三千餘寺".

114 『洛陽伽藍記』, 卷4「城西」, 永明寺條, p. 235, "時佛法經像, 盛於洛陽, 異國沙門, 咸來輻輳, 負錫持經, 適茲樂(樂)土, 世宗故立此寺以憩之".

115 같은 글, pp. 235~236, "百國沙門三千餘人, 西域遠者, 乃至大秦國, 盡天地之西垂, ㅁ〈耕耘〉績紡, 百姓野居, 邑屋相望, 衣服車馬, 擬儀中國".

116 『洛陽伽藍記』, 卷3「城南」菩提寺條, p. 173, "菩提寺, 西域胡人所立也. 在慕義里".

117 『歷代三寶記』, 卷3, "(景明)二年: 曇摩流支, 於洛陽白馬寺爲宣武譯如來入諸佛境界經二卷"; 鎌田茂雄, 『중국불교사 3: 南北朝의 佛敎(上)』, 章輝玉 옮김(장승, 1996), 七十下 주 608.

118 『續高僧傳』, 卷1, "以魏永平之初, 來遊東夏, 宣武皇帝下勅, 引勞, 供擬殷華, 處之永寧大寺, 四事將給七百梵僧, 勅以留支, 爲譯經之元匠也".

119 鎌田茂雄, 『중국불교사 3』, 358쪽.

120 李獻奇, 「北魏正光四年翟興祖等人造像碑」, p. 829.

121 같은 글, p. 832.

122 崔珍烈, 「北魏後期 洛陽 거주 西域人과 西域文化」, 260쪽.

123 『魏書』, 卷8「世宗紀」永平二年十一月條, p. 209, "己丑, 於式乾殿爲諸僧·朝臣講維摩詰經".

124 『魏書』, 卷8「世宗紀」, p. 215, "雅愛經史, 尤長釋氏之義, 每至講論, 連夜忘疲".

125 『魏書』, 卷69「裴延儁傳」, p. 1528, "時世宗專心釋典, 不事墳籍, 延儁上疏諫曰: ……"; 『魏書』, 卷114「釋老志」, p. 3042, "世宗篤好佛理, 每年常於禁中, 親講經論, 廣集名僧, 標明義旨. 沙門條錄, 爲內起居焉".

126 崔珍烈, 「北魏後期 洛陽 거주 西域人과 西域文化」, 260~261쪽.

127 『魏書』, 卷114「釋老志」, p. 3043, "景明初, 世宗詔大長秋卿白整準代京靈巖寺石窟, 於洛南伊闕山, 爲高祖·文昭皇太后營石窟二所. 初建之始, 窟頂去地三百一十尺. 至正始二年中, 始出斬山二十三丈. 至大長秋卿王質, 謂斬山太高, 費功難就, 奏求下移就平, 去地一百尺, 南北一百四十尺. 永平中, 中尹劉騰奏爲世宗復造石窟一, 凡爲三所. 從景明元年至正光四年六月已前, 用功八十萬二千三百六十六".

128 周一良, 「談中外文化交流史」, p. 573.

129 『洛陽伽藍記』, 卷4「城西」, 法雲寺條, p. 201, "西域烏場國胡沙門僧(曇)摩羅所立也. 在寶光寺西, 隔墻並門. …… 佛殿僧房, 皆爲胡飾, 丹素炫彩, 金玉垂輝. …… 西域所齎舍利骨及佛牙經像皆在此寺".

130 洛陽市文物工作隊, 「洛陽孟津北陳村北魏壁畫墓」, p. 1110左.

131 같은 글, p. 1112左.

132 崔珍烈, 「北魏後期 洛陽 거주 西域人과 西域文化」, 261~262쪽.

133 李文生·李小虎, 「龍門石窟所表現的北魏建築」, ≪敦煌研究≫, 2011-1(總第125期)(2011), p. 14右.

134 石華, 「北魏婦女服飾研究」, p. 49.

135 같은 글, p. 40과 p. 71.

136 같은 글, p. 57.

137 陳寅恪, 「佛教三題」, 萬繩楠 整理, 『陳寅恪魏晉南北朝史講演錄』(北京: 黃山書社, 1987), pp. 342~369; 周一良, 「談中外文化交流史」, pp. 566, 573; 萬繩楠, 『魏晉南北朝文化史』, p. 402.

138 閆江涌, 「魏晉南北朝時期中外音樂交流硏究」, pp. 32~33.

139 「魏故征虜將軍河州刺史臨澤定侯鄯(乾)使君墓銘」, p. 66, "君諱乾, 司州河南洛陽洛濱里人也. 侍中鎭西將軍鄯善王寵之孫, 平西將軍青平涼三州刺史鄯善王臨澤侯視之長子. …… 君初宦, 以王孫之望, 起家爲員外散騎侍郎, 入領左右輔國將軍城門校尉, 出爲征虜將軍安定內史. 春秋卄卄四, 以永平五年歲次壬辰正月四日薨. 蒙贈征虜將軍河州刺史, 謚曰定. 其年四月改爲延昌元年, 八月卄六日, 卜營丘兆於洛北芒而窆焉".

140 북위 후기 친위 부대인 영군부와 영군장군 이하 영군부 장령의 활동은 崔珍烈, 「北魏後期 친위부대의 정치개입과 그 배경」, 279~310쪽 참조.

141 「安令節墓誌」, 榮新江·張志淸 主編, 『從撒馬爾干到長安: 粟特人在中國的文化遺蹟』(北京: 北京圖書館出版社, 2004), p. 136, "君諱令節, 字令節, 先武威姑臧人, 出自安息國, 王子入侍于漢, 因而家焉. 歷後魏·周·隋, 仕于京洛, 故今爲宜州宜祿人".

142 『北史』, 卷92「恩幸·和士開傳附安吐根傳」, p. 3047, "安吐根, 安息胡人, 曾祖入魏, 家於酒泉. [安]吐根魏末充使蠕蠕, 因留塞北. 天平初, 蠕蠕主使至晉陽, [安]吐根密啓本蕃情狀, 神武得爲之備".

143 郭書曉, 「洛陽北魏彩繪陶俑」, ≪文物世界≫, 2009-5(2009), pp. 3右~4左.

144 偃師商城博物館, 「河南偃師兩座北魏墓發掘簡報」, 『洛陽考古集成·秦漢魏晉南北朝卷』[原載 ≪考古≫, 1993-5(1993)], p. 1091左.

145 洛陽博物館, 「洛陽北魏楊機墓出土文書」, ≪文物≫, 2007-11(2007), pp. 56右, 63右.

146 『陳書』, 卷31「蕭摩訶傳」, pp. 409~410, "太建五年, 衆軍北伐, 摩訶隨都督吳明徹濟江攻秦郡. 時齊遣大將尉破胡等率衆十萬來援, 其前隊有'蒼頭'·'犀角'·'大力'之號, 皆身長八尺, 膂力絶倫, 其鋒甚銳. 又有西域胡, 妙於弓矢, 弦無虛發, 衆軍尤憚之. 及將戰, [吳]明徹謂[蕭]摩訶曰: '若殪此胡, 則彼軍奪氣, 君有關·張之名, 可斬顔良矣.' [蕭]摩訶曰: '願示其形狀, 當爲公取之.' [吳]明徹乃召降人有識胡者, 云胡著絳衣, 樺皮裝弓, 兩端骨弭. 明徹遣人覘伺, 知胡在陣, 乃自酌酒以飮[蕭]摩訶. [蕭]摩訶飮訖, 馳馬衝齊軍, 胡挺身出陣前十餘步, 彀弓未發, [蕭]摩訶遙擲銑鋧, 正中其額, 應手而仆".

147 『隋書』, 卷 27「百官志」中, p. 751, "後齊制官, 多循後魏".

148 「魏帝先朝故于(仙姬)夫人墓誌」, 『漢魏南北朝墓誌彙編』, p. 180, "世曾祖文成皇帝故夫人者, 西城于闐國主女也. 雖殊化異風 飮和若一. …… 去二月卄七日薨於洛陽金墉之宮. …… 四月四日葬於西陵, 謚曰恭".

149 「鄯月光墓銘」, 『漢魏南北朝墓誌彙編』, p. 47, "大魏正始二年歲次乙酉十一月戊辰朔卄七日甲午, 前部王故車伯生息妻鄯月光墓銘".

150 『北齊書』, 卷50「和士開傳」, p. 686, "和士開, 字彦通, 淸都臨漳人也. 其先西域商胡, 本姓素和氏. 父安, 恭敏善事人, 稍遷中書舍人. 魏孝靜嘗夜中與朝賢講集, 命安看斗柄所指, 安答曰: '臣不識北斗.' 高祖聞之, 以爲淳直. 後爲儀州刺史".

151 『魏書』, 卷12「孝靜帝」天平元年冬十月丙子條, p. 298, "丙子, 車駕北遷于鄴. 詔齊獻武王留後部分. 改司州爲洛州, 以衛大將軍·尙書令元弼爲驃騎大將軍·儀同三司·洛州刺史, 鎭洛陽. 詔從遷之戶, 百官給復三年, 安居人五年".

152 陳寅恪, 「北齊的鮮卑化及西胡化」, p. 300.

153 「大唐故康府君墓誌銘」(「大唐故洛陽康大農墓銘」)[周紹良 主編, 『唐代墓誌彙編』(上海: 上海古籍出版社, 1992)], 貞觀139, p. 96, "君諱婆, 字季大, 博陵人也, 本康國王之裔也. 高祖羅, 以魏孝文世, 擧國內附, 朝于洛陽, 因而家焉, 故爲洛陽人也".

154 『魏書』, 卷102「西域·康國傳」, p. 2282, "太延中, 始遣使貢方物, 後遂絶焉".

155 같은 글, pp. 2281~2282, "善商賈, 諸夷交易多湊其國".

156 「大唐故處士安君墓誌銘幷序」, 『唐代墓誌彙編』, 顯慶059, p. 267, "君諱靜, 字處沖, 河南洛陽人也. 昔夏后承天, 派隆基於朔北; 魏皇統曆, 胤華胄於周南".

157 「康敦墓誌」(毛陽光, 「新見四方唐代洛陽粟特人墓誌考」, ≪中原文物≫, 2009-6(2009), p. 74左), "夫人諱敦, 其先康居國人也. 晉太始年中奉表獻珍珠寶物, 因留子孫, 遂爲河南洛陽人焉".

158 『洛陽伽藍記』, 卷3「城南」宣陽門條, pp. 160~161, "永橋以南, 圜丘以北, 伊·洛之間, 夾御道有四夷館. 道東有四館. 一名金陵, 二名燕然, 三名扶桑, 四名崦嵫. 道西有四館(里): 一曰歸正, 二曰歸德, 三曰慕化, 四曰慕義. 吳人投國者處金陵館, 三年已後, 賜宅歸正里. …… 北夷來附者處燕然館, 三年已後, 賜宅歸德里. …… 東夷來附者處扶桑館, 賜宅慕化里. 西夷來附者處崦嵫館, 賜宅慕義里".

159 『魏書』, 卷22「孝文五王·淸河王懌傳」, p. 592, "正光元年七月, [元]叉與劉騰逼肅宗於顯陽殿, 閉靈太后於後宮, 囚[元]懌於門下省, 誣[元]懌罪狀, 遂害之, 時年三十四. 朝野貴賤, 知與不知, 含悲喪氣, 驚振遠近. 夷人在京及歸, 聞[元]懌之喪, 爲之劈面者數百人".

160 呂一飛, 『胡族習俗與隋唐風韻』, pp. 225~226; 張慶捷, 「"劈面截耳與椎心割鼻"圖解讀」, pp. 562~563.

161 崔珍烈, 「北魏後期 洛陽 거주 西域人과 西域文化」, 267~268쪽.

162 『北史』, 卷13「后妃上·魏·孝文文昭皇后高氏傳」, p. 501, "孝文文昭皇后高氏, 司徒公肇之妹也. …… 後生宣武及廣平王懷·長樂公主"; 『魏書』, 卷13「皇后·孝文昭皇后高氏傳」, p. 335, "孝文昭皇后高氏, 司徒公肇之妹也. …… 遂生世宗. 後生廣平王懷, 次長樂公主. 及馮昭儀寵盛, 密有母養世宗之意, 后自代如洛陽, 暴薨於汲郡之共縣, 或云昭儀遣人賊后也".

163 『北史』, 卷13「后妃上·魏·宣武皇后高氏傳」, p. 511, "宣武皇后高氏, 文昭皇后兄偃之女也. 宣武納爲貴嬪, 生皇子, 早夭, 又生建德公主. 後拜爲皇后, 甚見禮重"; 『魏書』, 卷13「皇后·宣武皇后高氏傳」, p. 336, "宣武皇后高氏, 文昭皇后弟偃之女也. 世宗納爲貴人, 生皇子, 早夭, 又生建德公主. 後拜爲皇后, 甚見禮重".

164 姚薇元, 『北朝胡姓考』(北京: 中華書局, 1962), p. 272; 千寬宇, 『인물로 본 한국 고대사』(정음문화사, 1982), 162~165쪽; 仇鹿鳴, 「"攀附先世"與"僞冒士籍": 以渤海高氏爲中心的硏究」, ≪歷史硏究≫, 2008-2(2008), pp. 69~71.

165 『魏書』, 卷21上「獻文六王上·北海王詳傳」, p. 561, "[元]詳又蒸於安定王燮妃高氏, 高氏卽茹皓妻姊".

166 高路加, 『高姓群體的歷史與傳統』(呼和浩特: 內蒙古大學出版社, 1997), pp. 65~68.

167 洛陽博物館, 「洛陽北魏元邵墓」; 葉萬松, 「周秦漢魏時期洛陽與西域的文化交流」, p. 986.

168 洛陽市文物工作隊, 「洛陽孟津晉墓·北魏墓發掘簡報」; 葉萬松, 「周秦漢魏時期洛陽與西域的文化交流」, p. 986.

169 崔珍烈, 「北魏後期의 국제도시 洛陽: 種族 분포와 다문화 공존을 중심으로」, ≪도시인문학연구≫, 7-2(2015), 143~148쪽.

170 石松日奈子, 「敦煌莫高窟第二八五窟北壁の供養者像と供養者題記」, ≪龍谷史壇≫, 131(2010), pp. 82左~98左; 石松日奈子, 「龍門石窟和鞏縣石窟的漢服貴族供養人像: "主從形式供養人圖像"的成立」, 『石窟寺研究』, 1(北京: 文物出版社, 2010), pp. 82左~98左; 崔珍烈, 「北魏後期 洛陽 출토 陶俑의 服飾 分析」, 36~37쪽, 40쪽 〈표 2〉 洛陽 출토 北魏墓 陶俑의 胡服 착용 관계.

171 崔珍烈, 「北魏後期 洛陽 거주 西域人과 西域文化」, 269쪽.

172 『洛陽伽藍記』, 卷3 「城南」 報德寺條, p. 147.

173 같은 글, p. 148.

174 趙海麗, 「"魚文化"與"羊文化"」, pp. 103左~104左.

175 『洛陽伽藍記』, 卷3 「城南」 宣陽門條, p. 161, "別立市於樂(洛)水南, 號曰四通市, 民間謂永橋市. 伊·洛之魚, 多於此賣, 士庶須膾, 皆詣取之. 魚味甚美, 京師語曰: '洛鯉伊魴, 貴於牛羊'".

176 『洛陽伽藍記』, 卷2 「城東」 景寧寺條, p. 117, "孝義里東卽是洛陽小寺(市)北有車騎將軍張景仁宅. 景仁, 會稽山陰人也. 正光(景明)年初, 從蕭寶夤歸化, 拜羽林監, 賜宅城南歸正里, 民間號爲吳人坊, 南來投化者多居其內. 近伊洛二水, 任其習御. 里三千餘家, 自立巷(寺)市, 所賣口味, 多是水族, 時人謂爲魚鱉寺(市)也".

177 최진열, 「北魏後期의 국제도시 洛陽」, 154~155쪽.

178 張承宗·魏向東, 「魏晉南北朝飮食風俗研究」, pp. 341~342.

179 周積明, 「魏晉南北朝時期的胡漢文化衝突」, p. 9.

180 洛陽市文物工作隊, 『洛陽文物圖案集』; 葉萬松, 「周秦漢魏時期洛陽與西域的文化交流」, p. 988.

181 郭書曉, 「洛陽北魏彩繪陶俑」, pp. 5左~5右.

182 崔珍烈, 「北魏後期 洛陽 거주 西域人과 西域文化」, 269~270쪽.

종장 북위 후기 낙양 사회: 문화의 샐러드 볼

1 崔珍烈, 『북위 황제 순행과 호한사회』, 443~459쪽.

2 崔珍烈, 「北魏後期 胡語 금지 再論」, 199~230쪽.

3 崔珍烈, 「北魏後期 北邊 胡人의 胡俗 유지와 그 영향」, 166~171쪽.

4 崔珍烈, 「北魏後期 洛陽 거주 西域人과 西域文化」, 241~278쪽.

5 崔珍烈, 「前近代 中國의 '민족'과 '민족'문제」, ≪역사와교육≫, 15(2012), 73~112쪽.

6 池內宏, 「遼代春水考」, 『滿鮮史研究』 第一冊(中世)(東京: 吉川弘文館, 1976); 傅樂煥, 「遼代四時捺鉢考」, ≪歷史語言研究所集刊≫, 10-2(1942), pp. 223~347; 이용범, 「遼代春遊考」, 『中世 滿洲·蒙古史의 연구』(同和出版公社, 1988), 117~155쪽; 白俊瑞·李波, 「析契丹語的"捺鉢"」, ≪內蒙古大學學報(人文社會科學版)≫, 1998-4(1998), pp. 70~74; 黃鳳岐, 『契丹史研究』(赤峰: 內蒙古科學技術出版社, 1999), pp. 81~114; 李錫厚, 「論遼朝的政治體制」, pp. 8~14; 李錫厚, 「遼中期以後的捺鉢及其與斡魯朵中京的關係」, pp. 73~85[이상 『臨潢集』(保定: 河北大學出版社, 2001) 수록]; 谷文雙, 「遼代捺鉢制度研究」, ≪黑龍江民族叢刊≫, 總第 70期(2002-3)(2002), pp. 93左~98右; 王新迎, 「從遼聖宗前期捺鉢看南京城的職能及地位」, ≪首都師範大學學報(社會科學版)≫, 2004年增刊(2004), pp. 40左~45左; 胡廷榮, 「遼中京至廣平甸捺鉢間驛館考略」, ≪中國邊疆史地研究≫, 14-1(2004), pp. 52~55; 黃鳳岐, 「契丹捺鉢文

化探論」, ≪社會科學輯刊≫, 2004-4(總第129期)(2004), pp. 99左~103右; 尤李, 「遼金元捺鉢硏究評述」, ≪中國史硏究動態≫, 2005-2(2005), pp. 9~16.

7 Vorob'ev, "The Jurchen and the State of Chin(10th century-1234)," Gilbert Rozman(ed.), *Soviet Studies of Premodern China* (Ann Arbor: Center for Chinese Studies, The University of Michigan, 1984)(原載 Moscow: Nauka, 1975), p. 75[陶晉生, 「同化的再思考」, 汪榮祖·林冠群 主編, 『胡人漢化與漢人胡化』(嘉義縣: 中正大學臺灣人文硏究中心, 2006), p. 50].

8 Pamela Kyle Crossley and Evelyn S. Rawski, "A Profile of the Manchu Language in Ch'ing History," *Harvard Journal of Asiatic Studies*, Vol.53, No.1(1993.6), pp. 63~102.

9 Evelyn S. Rawski, *The Last Emperors: A Social History of Qing Imperial Institutions* (Berkeley: Univerity of California Press, 1998), pp. 4~5.

10 Mark C. Elliott, *The Manchu Way: The Eight Banners and Ethnic Identity in Late Imperial China* (Stanford: Stanford Univerity Press, 2001), p. 37.

11 송미령, 「康熙帝의 淸 帝國 구상과 滿洲族의 정체성: 예수회 선교사들의 기록을 중심으로」, ≪歷史學報≫, 196(2007), 127~153쪽.

12 Wittfogel, K. and Feng Chia-shêng, *History of Chinese Society: Liao(907~1125)* (Philadelphia, The American Philosophical Society, 1949), Introduction.

13 汪榮祖, 「論多民族中國的文化交融」, 汪榮祖·林冠群 主編, 『胡人漢化與漢人胡化』(嘉義縣: 中正大學臺灣人文硏究中心, 2006), pp. 20~21.

14 汪榮祖, 「論多民族中國的文化交融」, pp. 21~22; 이시바시 다카오, 『대청제국 1616~1799: 100만의 만주족은 어떻게 1억의 한족을 지배하였을까?』, 홍성구 옮김(휴머니스트, 2009), 33~34쪽.

15 이시바시 다카오, 『대청제국 1616~1799』, 31~32쪽.

16 장징, 『공자의 식탁』, 97~125쪽.

17 『北史』, 卷56 「魏收傳」, p. 2032, "於是衆口諠然, 號爲'穢史', 投牒者相次, 收無以抗之". 이하 정사류 사서는 중화서국 표점교감본에 의거한다.

18 『史通』[劉知幾 原著, 姚松·朱恒夫 譯註, 『史通全譯』(貴陽: 貴州人民出版社, 1997)], 卷12 「外篇·古今正史」2, p. 95.

19 趙翼, 『廿二史箚記』, 卷13 「魏書多曲筆」, pp. 263~264.

20 『四庫全書總目提要』[水瑢·紀昀 主編, 四庫全書總目提要編委會 整理(海口: 海南出版社, 1999)], 卷46 「史部·正史類」2, pp. 262左~262右.

21 岡崎文夫, 「魏收穢史」, ≪文化≫, 1-5(1934); 余嘉錫, 『四庫提要辨證』[昆明: 雲南人民出版社, 2004(初版 1985)].

22 尾崎康, 「魏書成立期の政局」, ≪史學≫, 34-3·4(1962); 瞿林東, 「說≪魏書≫非"穢史"」, ≪江漢論壇≫, 1985-5(1985); 周一良, 「魏收之史學」, 『周一良集』 第一卷(魏晉南北朝史論)(瀋陽: 遼陽敎育出版社, 1998).

23 『北史』, 卷5 「魏本紀·孝武帝紀」, p. 170, "於是假廢帝安定王詔策而禪位焉. 卽位于東郭之外, 用代都舊制, 以黑氈蒙七人, 歡居其一, 帝於氈上西向拜天訖, 自東陽·雲龍門入. 永熙元年夏四月戊子, 皇帝御太極前殿, 羣臣朝賀, 禮畢, 升閶闔門大赦".

24 佐川英治, 「東魏北齊革命と『魏書』の編纂」, pp. 54~58.

25 米文平, 『鮮卑史研究』(開封: 中州古籍出版社, 1994).

26 『魏書』, 卷108之1 「禮志」4之1 祭祀上, pp. 2738~2739, "魏先之居幽都也, 鑿石爲祖宗之廟於烏洛侯國西北. 自後南遷, 其地隔遠. 眞君中, 烏洛侯國遣使朝獻, 云石廟如故, 民常祈請, 有神驗焉. 其歲, 遣中書侍 郎李敞詣石室, 告祭天地, 以皇祖先妣配. 祝曰: '天子燾謹遣敞等用駿足·一元大武敢昭告于皇天之靈. 自啓闢之初, 祐我皇祖, 于彼土田. 歷載億年, 聿來南遷. 惟祖惟父, 光宅中原. 克翦兇醜, 拓定四邊. 冲人纂業, 德聲弗彰. 豈謂幽遐, 稽首來王. 具知舊廟, 弗毁弗亡. 悠悠之懷, 希仰餘光. 王業之興, 起自皇祖. 綿綿瓜瓞, 時惟多祜. 敢以丕功, 配饗于天. 子子孫孫, 福祿永延.' 敞等旣祭, 斬樺木立之, 以置牲體而還. 後所立樺木生長成林, 其民益神奉之. 咸謂魏國感靈祇之應也. 石室南距代京可四千餘里".

27 『魏書』, 卷100 「烏洛侯國傳」, p. 2224, "世祖眞君四年來朝, 稱其國西北有國家先帝舊墟, 石室南北九十步, 東西四十步, 高七十尺, 室有神靈, 民多祈請. 世祖遣中書侍郎李敞告祭焉, 刊祝文於室之壁而還".

28 紀游, 「一個千古求索的重要史迹: 記大興安嶺北段的拓跋鮮卑石室」, ≪文史知識≫, 1982-7(1982); 朴漢濟, 『中國中世胡漢體制研究』(一潮閣, 1988).

29 靳生禾·謝鴻喜, 「北魏皇帝≪南巡之頌≫碑考察報告」, ≪山西大學學報·哲學社會科學版≫, 1994-2(1994); 山西省考古研究所·靈丘縣文物局, 「山西靈丘北魏文成帝≪南巡碑≫」; 張慶捷, 「北魏文成帝≪南巡碑≫碑文考證」, ≪考古≫, 1998-4(1998).

30 이와 관련된 연구는 張慶捷, 「北魏文成帝≪南巡碑≫碑文考證」; 張慶捷·郭春梅, 「北魏文成帝≪南巡碑≫所見拓跋職官初探」, ≪中國史研究≫, 1999-2(K 22 1999-5); 張金龍, 「北魏前期的內侍·內行諸職」, ≪北大史學≫, 7(2000); 川本芳昭, 「北魏文成帝南巡碑について」, ≪九州大學東洋史論集≫, 28(2000); 松下憲一, 「北魏石刻史料に見える內朝官」; 張金龍, 「北魏文成帝≪南巡碑≫所見禁衛武官制度」, 『魏晉南北朝禁衛武官制度研究』(北京: 中華書局, 2004); 崔珍烈, 「北魏前期 近侍官의 性格: 「文成帝南巡碑」의 분석을 중심으로」, ≪역사문화연구≫, 28(2007) 등 참조.

31 川本芳昭, 「魏晉南北朝時代における民族問題研究についての展望」, 『中國の歷史世界: 統合のシステムと多元的發展』(東京: 東京道立大學出版會, 2002).

32 『魏書』, 卷113 「官氏志」, pp. 2972~2973, "[天興]三年十月, 置受恩·蒙養·長德·訓士四官. 受恩職比特進, 無常員, 有人則置, 親貴器望者爲之. 蒙養職比光祿大夫, 無常員, 取勤舊休閑者. 長德職比中散大夫, 無常員. 訓士職比諫議大夫, 規諷時政, 匡刺非違".

33 같은 글, pp. 2973~2974, "初, 帝欲法古純質, 每於制定官號, 多不依周漢舊名, 或取諸身, 或取諸物, 或以民事, 皆擬遠古雲鳥之義. 諸曹走使謂之鳧鴨, 取飛之迅疾; 以伺察者爲候官, 謂之白鷺, 取其延頸遠望. 自餘之官, 義皆類此, 咸有比況".

34 같은 글, p. 2974, "[天賜]二年二月, 復罷尙書三十六曹, 別置武歸·修勤二職. 武歸比郎中, 修勤比令史, 分主省務".

35 같은 글, p. 2974, "永興元年十一月, 置騏驎官四十人, 宿直殿省, 比常侍·侍郎".

36 『南齊書』, 卷57 「魏虜傳」, p. 985, "國中呼內左右爲'直眞', 外左右爲'烏矮眞', 曹局文書吏爲'比德眞', 檏衣人爲'檏大眞', 帶仗人爲'胡洛眞', 通事人爲'乞萬眞', 守門人爲'可薄眞', 僞臺乘驛賤人爲'拂竹眞', 諸州乘驛人爲'咸眞', 殺人者爲'契害眞', 爲主出受辭人爲'折潰眞', 貴人作食人爲'附眞'. 三公貴人, 通謂之'羊眞'. 佛狸置三公·太宰·尙書令·僕射·侍中, 與太子共決國事. 殿中尙書知殿內兵馬倉庫, 樂部尙書知伎樂及角史伍伯, 駕部尙書知牛馬驢騾, 南部尙書知南邊州郡, 北部尙書知北邊州郡. 又有俟懃地何, 比尙書; 莫堤, 比刺史; 郁若, 比二千石; 受別官比諸侯. …… 又置九豆和官, 宮城三里內民戶籍不屬諸軍戍者, 悉屬之".

37 崔珍烈, 「北魏의 律令 수용과 그 실상」, 56~58쪽.

38 Boodberg, Peter A., "The Language of the T'o-Pa Wei," p. 172; 羅新, 「北魏直勤考」, pp. 24~38.

39 松下憲一, 「北魏の國號「大代」と「大魏」」, 『北魏胡族體制論』, 札幌: 北海道大學出版會, 2007[原載 「北魏の國號「大代」と「大魏」」, ≪史學雜誌≫, 113-6(2004)].

40 崔珍烈, 「雲崗石窟 曇曜五窟 五帝의 재해석: 廟號와 國號로 본 北魏의 정체성」 ≪中央아시아硏究≫, 10(2005).

41 崔珍烈, 『북위황제 순행과 호한사회』, 389~395쪽; 崔珍烈, 「北魏 皇室 一族 이름의 중복 현상과 그 배경」, 156~161쪽.

42 井上晃, 「後魏姓族分定攷」, ≪史觀≫, 9(1936); 宮崎市定, 『九品官人法の硏究: 科擧前史』[京都: 同朋舍, 1977(初版 1956)], pp. 427~441; 唐長孺 「論北魏孝文帝定姓族」; 張旭華, 「北魏州中正在定姓族中的作用與地位: 兼論孝文帝定姓族的意義」, ≪鄭州大學學報(哲學社會科學版)≫ 1989-6(1989); 高升記, 「試論北魏孝文帝定姓族」; 陳爽, 「從"改降五等"到"分定姓族": 北朝門閥體制確立的歷史背景」, 『世家大族與北朝政治』(北京: 社會科學出版社, 1998); 高生記, 「北魏孝文帝定姓族制度散論」; 凌文超, 「鮮卑四大中正與分定姓族」, ≪文史≫, 2008-2(2008), pp. 105~113; 王春紅, 「皇權的日益擴張: 北魏及唐幾次官定姓族之共性」, ≪信陽師範學院學報(哲學社會科學版)≫, 29-6(2009), pp. 143左~147左.

43 효문제 시기 문벌 정책에 대한 연구는 唐長孺, 「拓跋族的漢化過程」; 谷川道雄, 「北魏官界における門閥主義と賢才主義」, 『隋唐帝國形成史論』(東京: 筑摩書房, 1971); 杜紹順, 「北魏門閥制度辨析」, ≪華南師範大學學報: 社科版≫, 1985-4(1985)(K22 魏晉南北朝隋唐史 1985-12, 1985); 蔣福亞, 「魏孝文帝遷都得失議」, ≪民族硏究≫, 1985-3(1985); 陳寅恪, 「北魏後期的漢化(孝文帝的漢化政策)」; 彭體用, 「試論北魏的門閥士族與皇權的關係」, ≪中南民族學院學報(哲學社會科學版)≫, 1988-2(總第29期)(1988); 孫如琦, 「也談孝文帝與北魏門閥制度」, ≪杭州大學學報≫, 19-4(1989); 孟聚, 「北魏孝文帝門閥制度論略」, ≪許昌師專學報(社會科學版)≫ 1990-2(1990); 劉精誠, 「建立門閥制度」, 『魏孝文帝傳』(天津: 天津人民出版社, 1993); 李春祥·呂寶艷, 「北魏孝文帝門閥制新探」; 陳爽, 「"四姓"辨疑: 北朝門閥體制的確立過程及其歷史意義」, 『世家大族與北朝政治』(北京: 社會科學出版社, 1998); 任艷艷, 「北魏孝文帝的門閥主義」; 陳志偉, 「北朝門閥制度之影響」, 『北華大學學報(社會科學版)』 10-2(2009) 등 참조.

44 唐長孺, 「拓跋族的漢化過程」, pp. 144~146; 陳寅恪, 「北魏後期的漢化(孝文帝的漢化政策)」, pp. 260~267.

45 高凱, 「從性比例失調看北魏時期拓跋鮮卑與漢族的民族融合」, pp. 43~53.

46 唐長孺, 「拓跋族的漢化過程」, p. 145; 彭體用, 「從鮮·漢統治階級的逐步合流看北魏統治的强固」; 錢國旗, 「北魏統治集團民族界限的淡化及其對鮮漢民族融合的影向」, pp. 46~53; 逯耀東, 「拓跋氏與中原士族的婚姻關係」; 張雲華, 「北魏宗室與"五姓"婚姻關係簡論」, ≪鄭州大學學報(哲學社會科學版)≫, 45-3

(2012), pp. 119左~123右.

47 趙向群·侯文昌,「孝文帝的漢化政策與拓跋民族精神的喪失」, pp. 35左~39右.

48 崔珍烈,「孝文帝 시기 皇室 通婚의 성격: 孝文帝와 諸弟 通婚 가문 등급의 분석을 중심으로」, ≪東洋史學硏究≫, 121(2012), 89~137쪽.

참고문헌

1. 사료

『史記』(司馬遷. 1992. 中華書局標點校勘本. 北京: 中華書局).

『漢書』(班固 撰. 顔師古 注. 1962. 北京: 中華書局).

『後漢書』(范曄. 1992. 中華書局標點校勘本. 北京: 中華書局).

『三國志』(陳壽 撰. 裴松之 注. 1992. 中華書局標點校勘本. 北京: 中華書局).

『晉書』(房玄齡 等 撰. 1974. 北京: 中華書局).

『魏書』(魏收 撰. 1988. 中華書局標點校勘本. 北京: 中華書局).

『宋書』(沈約 撰. 1992. 中華書局標點校勘本. 北京: 中華書局).

『南齊書』(蕭子顯 撰. 1992. 中華書局標點校勘本. 北京: 中華書局).

『梁書』(姚思廉 撰. 1973. 北京: 中華書局).

『北齊書』(李百藥 撰. 1997. 中華書局標點校勘本. 北京: 中華書局).

『周書』(令狐德棻 等 撰. 1992.『周書』. 中華書局標點校勘本. 北京: 中華書局).

『北史』(李延壽 撰. 1992『北史』. 中華書局標點校勘本. 北京: 中華書局).

『隋書』(魏徵 等撰. 1992. 中華書局標點校勘本. 北京: 中華書局).

『舊唐書』(劉昫 等撰. 1987. 中華書局標點校勘本. 北京: 中華書局).

『新唐書』(歐陽修·宋祁. 1975 中華書局標點校勘本. 北京: 中華書局).

『遼史』(脫脫 等撰. 1974. 北京: 中華書局).

『資治通鑑』[司馬光 編著. (元) 胡三省 音注. 1956.『資治通鑑』. 北京: 中華書局].

『通典』(杜佑 撰. 王文錦 外 點校. 1988. 北京: 中華書局).

『史通』(劉知幾 原著. 姚松·朱恒夫 譯註. 1997『史通全譯』. 貴陽: 貴州人民出版社).

『唐律疏議』(劉俊文 撰. 1996.『唐律疏議箋解』. 北京: 中華書局).

『唐明律合編』(薛允昇. 1999. 北京: 法律出版社).

『水經注』(楊守敬·熊會貞 疏. 段熙仲 點校. 陳橋驛 復校. 1999.『水經注疏』. 南京: 江蘇古籍出版社).

『洛陽伽藍記』(楊衒之 著. 范祥雍 校注. 1958/1999新1版3刷.『洛陽伽藍記校注』. 上海: 上海古籍出版社).

『太平御覽』(李昉 等 撰. 1960/1998年 重印 北京: 中華書局).

『歷代三寶記』[續修四庫全書編纂委員會 編. 1995.『續修四庫全書』(子部宗教類). 上海: 上海古籍出版社].

『續高僧傳』[續修四庫全書編纂委員會 編. 1995.『續修四庫全書』(子部宗教類). 上海: 上海古籍出版社].

『顔氏家訓』(王利器 撰. 1996.『顔氏家訓集解』. 北京: 中華書局).

『廿二史箚記』(趙翼. 王樹民 校證. 1992.『廿二史箚記校證』. 北京: 中華書局).

『夢溪筆談』(沈括. 1985. 叢書集成初編 281. 北京: 中華書局).

『朱子語類』(朱熹 著. 黎靖德 編. 1970. 京都: 中文出版社).

『四庫全書總目提要』(水瑢·紀昀 主編. 四庫全書總目提要編委會 整理. 1999. 海口: 海南出版社).

『四庫提要辨證』[余嘉錫. 2004(初版 1985). 昆明: 雲南人民出版社].

『漢魏南北朝墓誌彙編』(趙超. 1992. 天津: 天津古籍出版社).

『新出魏晉南北朝墓志疏證』(羅新·葉煒. 2005. 北京: 中華書局).

『龍門石窟碑刻題記彙錄』(龍門石窟研究所 劉景龍·李玉昆 主編. 1998. 北京: 中國大百科全書出版社).

『唐代墓誌彙編』(周紹良 主編. 1992. 上海: 上海古籍出版社).

『金石萃編』(1980.『石刻史料叢書』. 臺北: 藝文印書館).

『張家山漢墓竹簡』(張家山二四七號漢墓竹簡整理小組. 2001. 北京: 文物出版社).

『先秦秦漢魏晉南北朝石刻文獻全編』 第一冊(國家圖書館善本金石組 編. 2003. 北京: 北京圖書館出版社).

『河洛墓刻拾零』(趙君平·趙文成. 2007. 北京: 北京圖書館出版社).

『全後魏文』(嚴可均 輯. 1999. 北京: 商務印書館).

2. 연구서

국문

가마타 시게오(鎌田茂雄). 1996.『중국불교사 3: 南北朝의 佛教(上)』. 장휘옥(章輝玉) 옮김. 장승.

고국항(高國抗). 1998.『중국사학사』(下). 오상훈·이개석·조병한 옮김. 풀빛.

류제헌. 1999.『중국역사지리』. 문학과지성사.

르네 그루쎄(René Grousset). 1999.『유라시아유목제국사』. 김호동·유원수·정재훈 옮김. 사계절.

미야자키 이치사다(宮崎市定). 2002.『구품관인법의 연구』. 임대희 외 옮김. 소나무.

박한제(朴漢濟). 1988.『中國中世胡漢體制硏究』. 一潮閣.

세오 다쓰히코(妹尾達彦). 2006.『장안은 어떻게 세계의 수도가 되었나』. 최재영 옮김. 황금가지.

와타나베 신이치로(渡邊信一郎). 2002.『천공의 옥좌: 중국 고대제국의 조정과 의례』. 문정희·임대희 옮김. 신서원.

유소민. 2005.『기후의 반역』. 박기수·차경애 옮김. 성균관대학교출판부.

이시바시 다카오(石橋崇雄). 2009. 『대청제국 1616~1799: 100만의 만주족은 어떻게 1억의 한족을 지배하였을까?』. 홍성구 옮김. 휴머니스트.

장징(張競). 2002. 『공자의 식탁』. 박해순 옮김. 뿌리와이파리.

최진열. 2011. 『북위황제 순행과 호한사회』. 서울대학교출판문화원.

한성백제박물관 엮음. 2015. 『중국 고대도성 문물전』. 한성백제박물관.

중문

葛劍雄. 1997. 『中國移民史』 第二卷先秦至魏晉南北朝時期. 福州: 福建人民出版社.

康樂. 1995. 『從西郊到南郊: 國家祭典與北魏政治』. 臺北: 稻鄉出版社.

高路加. 1997. 『高姓群體的歷史與傳統』. 呼和浩特: 內蒙古大學出版社.

郭玉堂. 2005. 『洛陽出土石刻時地記』. 鄭州: 大象出版社.

羅新. 2009. 『中古北族名號研究』. 北京: 北京大學出版社.

羅宗眞. 1996. 『六朝考古』. 南京: 南京大學出版社.

譚其驤 主編. 1982. 『中國歷史地圖集』 第四冊 東晉十六國·南北朝時期. 北京: 地圖出版社.

杜士鐸 主編. 1992. 『北魏史』. 太原: 山西高校聯合出版社.

鄧奕琦. 2005. 『北朝法制研究』. 北京: 中華書局.

洛陽師範學院河洛文化國際研究中心 編. 2007. 『洛陽考古集成·秦漢魏晉南北朝卷』. 北京: 北京圖書館出版社.

洛陽市第二文物工作隊. 1994. 『畵像磚石刻墓誌研究』. 北京: 中州古籍出版社.

逯耀東. 2006. 「從平城到洛陽: 拓跋魏文化轉變的歷程』. 北京: 中華書局.

馬長壽. 1962. 『烏桓與鮮卑』. 上海: 上海人民出版社.

______. 1985. 『碑銘所見前秦至隋初的關中部族』. 中華書局.

萬繩楠. 2007. 『魏晉南北朝文化史』. 上海: 東方出版中心.

米文平. 1994. 『鮮卑史研究』. 開封: 中州古籍出版社.

傅築夫. 1984. 『中國封建社會經濟史』 第3卷. 北京: 人民出版社.

謝寶富. 1998. 『北朝婚喪禮俗研究』. 北京: 首都師範大學出版社.

山西大學歷史文化學院·山西省考古研究所·大同市博物館. 2006. 『大同南郊北魏墓群』. 北京: 科學技術出版社.

石雲濤. 2007. 『三至六世紀絲綢之路的變遷』. 北京: 文化藝術出版社.

孫同勛. 2006. 『拓跋氏的漢化及其他: 北魏史論文集』. 臺北: 稻鄉出版社.

孫危. 2007. 『鮮卑考古學文化研究』. 北京: 科學出版社.

宋其蕤. 2006.『北魏女主論』. 北京: 中國社會科學出版社.

楊寬. 1985.『中國古代陵寢制度史研究』. 上海: 上海古籍出版社.

楊樹達. 2000.『漢代婚喪禮俗考』. 上海: 上海古籍出版社.

嚴耀中. 1990.『北魏前期政治制度』. 長春: 吉林敎育出版社.

呂一飛. 1994.『胡族習俗與隋唐風韻: 魏晉北朝北方少數民族社會風俗及其對隋唐的影向』. 北京: 書目文獻出版社.

餘太山. 1995.『兩漢魏晉南北朝與西域關係史研究』. 北京: 中國社會科學出版社.

榮新江·張志淸 主編. 2004.『從撒馬爾干到長安: 粟特人在中國的文化遺蹟』. 北京: 北京圖書館出版社.

吳宏岐. 2006.『西安歷史地理研究』. 西安: 西安地圖出版社.

王素·李方. 1997.『魏晉南北朝敦煌文獻編年』. 北京: 新文豐出版公司.

姚薇元. 1962.『北朝胡姓考』. 北京: 中華書局.

劉淑芬. 1992.『六朝的城市與社會』. 臺北: 臺灣學生書局.

劉精誠. 1993.『魏孝文帝傳』. 天津: 天津人民出版社.

恩格思. 1956.『反杜林論』. 北京: 人民出版社.

李凭. 2000.『北魏平城時代』. 北京: 社會科學文獻出版社.

李書吉. 2002.『北朝禮制法系研究』. 北京: 人民出版社.

張金龍. 1995.『北魏官僚機構研究續篇』. 臺北: 稻禾出版社.

______. 1996.『北魏政治史研究』. 蘭州: 甘肅敎育出版社.

______. 2004.「北魏後期禁衛武官制度」.『魏晉南北朝禁衛武官制度研究』. 北京: 中華書局.

張丕遠 主編. 1996.『中國歷史氣候變化』. 濟南: 山東科學技術出版社.

張承宗·魏向東. 2006.『中國風俗通史』魏晉南北朝卷. 上海: 上海文藝出版社.

程光裕·徐聖謨 主編. 1984.『中國歷史地圖』下冊. 臺北: 中國文化大學出版部.

齊東方. 1999.「唐代金銀器研究』. 北京: 中國社會科學出版社.

朱大渭 外. 2005.『魏晉南北朝社會生活史』. 北京: 中國社會科學出版社.

中國社會科學院考古研究所. 1996.『北魏洛陽永寧寺』. 北京: 中國大百科出版社.

陳垣. 1999.『二十史朔閏表』(重印). 北京: 中華書局.

陳寅恪. 1963.『隋唐制度淵源略論考』. 北京: 中華書局.

蔡鴻生. 1998.『唐代九姓胡與突厥文化』. 北京: 中華書局.

馮承鈞 原編. 陸峻嶺 增訂. 1982.『西域地名』(增訂本). 北京: 中華書局.

黃鳳岐. 1999.『契丹史研究』. 赤峰: 內蒙古科學技術出版社.

일문

谷川道雄. 1971.『隋唐帝國形成史論』. 東京: 筑摩書房.

宮崎市定. 1977(初版 1956).『九品官人法の硏究: 科擧前史』. 京都: 同朋舍.

大村西崖. 1972.『支那美術史·彫塑篇』. 東京: 國書刊行會.

望月信亨 編. 1954~1958.『望月佛敎大辭典』. 京都: 世界聖典刊行協會.

蘇哲. 2007.『魏晉南北朝壁畵墓の世界: 繪に描かれた群雄割據と民族移動の時代』. 東京: 白帝社.

窪添慶文. 2003.『魏晉南北朝官僚制硏究』. 東京: 汲古書院.

伊瀨仙太郎. 1955.『中國西域經營史硏究』. 東京: 巖南堂書店.

前田正名. 1979.『平城の歷史地理學的硏究』. 東京: 風間書房.

川本芳昭. 1998.『魏晋南北朝時代の民族問題』. 東京: 汲古書院.

______. 2005.『中國の歷史』5 中華の崩壞と擴大(魏晉南北朝). 北京: 講談社.

영문

Evelyn S. Rawski. 1998. *The Last Emperors: A Social History of Qing Imperial Institutions*. Berkeley: Univerity of California Press.

Mark C. Elliott. 2001. *The Manchu Way: The Eight Banners and Ethnic Identity in Late Imperial China*. Stanford: Stanford Univerity Press.

Paul Heng-chao Ch'en. 1979. *Chinese Legal Tradition under the Mongols: The Code of 1291 as Reconstructed*. Princeton: Princeton University Press.

Wittfogel. K. and Feng Chia-shêng. 1949. *History of Chinese Society: Liao(907~1125)*. Philadelphia. The American Philosophical Society.

3. 연구 논문

국문

김병준. 1995.「秦漢時代 女性과 國家權力: 課徵方式의 變遷과 禮敎秩序로의 編入」. ≪震檀學報≫, 75.

모리야스 다카오(森安孝夫). 2006.「당대 불교적 세계지리와 '호'의 실태」. 중앙아시아학회 엮음.『실크로드의 삶과 종교』. 사계절출판사.

朴漢濟. 1990.「北魏 洛陽社會와 胡漢體制: 都城區劃과 住居分布를 중심으로」. ≪泰東古典硏究≫, 6.

______. 1998.「東魏-北齊時代의 胡漢體制의 전개: 胡漢 葛藤과 二重構造」. 서울大學校東洋史學硏究室 엮

음. 『分裂과 統合: 中國 中世의 諸相』. 지식산업사.

______. 2000. 「五胡赫連夏國의 도시 統萬城의 選址와 그 구조: 一胡族國家의 都城經營方式」. ≪東洋史學研究≫, 69.

______. 2002. 「中國古代의 都市: 漢~唐의 都城構造를 중심으로」. 『강좌 한국고대사』 7.

______. 2003. 「문명태후의 치마폭과 효문제의 낙양 천도」. 『제국으로 가는 긴 여정: 북조·수·초당 시대』. 사계절.

______. 2004. 「魏晉-隋唐時代 胡族君主의 中華帝王으로의 變身過程과 그 論理: '多民族國家' 形成의 一 契機에 대한 探索」. ≪중앙아시아연구≫, 9.

______. 2008. 「魏晉南北朝時代 墓葬習俗의 變化와 墓誌銘의 流行」. ≪東洋史學研究≫, 104.

송미령. 2007. 「康熙帝의 淸 帝國 구상과 滿洲族의 정체성: 예수회 선교사들의 기록을 중심으로」. ≪歷史學報≫, 196.

辛聖坤. 1995. 「北朝 兵戶制의 變遷과 丁兵制의 性格」. ≪慶尙史學≫, 11.

안자야오(安家瑤). 2007. 「중앙아시아인이 북위에서 제작한 유리기」. 권영필·김호동 엮음. 『중앙아시아의 역사와 문화』. 솔출판사.

李成珪. 1993. 「中國 古代 皇帝權의 性格」. 東洋史學會 엮음. 『東亞史上의 王權』. 한울.

이용범. 1988. 「遼代春遊考」. 『中世 滿洲·蒙古史의 연구』. 同和出版公社.

崔珍烈. 2000. 「前漢 宣帝시기 穀物購買政策의 실시와 그 배경: '七郡' 선정배경의 分析을 중심으로」. 서울大 東洋史學科. ≪서울大 東洋史學科論集≫, 24.

______. 2002. 「北魏의 華北支配와 그 性格」. 서울大學校 大學院 東洋史學科 文學碩士學位論文.

______. 2003. 「北魏의 種族政策: '부족해산'의 실상과 對'部落首領'정책을 중심으로」. ≪魏晉隋唐史研究≫, 10.

______. 2005. 「雲崗石窟 曇曜五窟 五帝의 재해석: 廟號와 國號로 본 北魏의 정체성」. ≪中央아시아研究≫, 10.

______. 2005. 「北魏의 地域支配方式과 그 性格: 華北지역을 중심으로」. ≪東洋史學研究≫, 92.

______. 2007. 「中國 周邊國이 수용한 '王'의 이미지: 北朝의 異姓王 濫封과 百濟·新羅의 複數王출현현상의 비교사적 이해」. ≪中國古中世史研究≫, 제17집.

______. 2007. 「北魏前期 近侍官의 性格: 「文成帝南巡碑」의 분석을 중심으로」. ≪역사문화연구≫, 28.

______. 2007. 「北魏皇帝의 巡幸 研究: '遊牧的 君主'의 통치행위와 그 변천과정을 중심으로」. 서울大學校 大學院 東洋史學科 文學博士學位論文.

______. 2008. 「北魏後期 친위부대의 정치개입과 그 배경: 領軍府의 구조·인적구성·정치개입방식을 중심으로」. ≪역사문화연구≫, 30.

______. 2008. 「唐代 여성 爵號(邑號)의 性格: 邑號와 본적지·郡望의 관계를 중심으로」. ≪大同文化硏究≫, 제63집.

______. 2009. 「北魏前期 胡語 사용 현상과 그 배경」. 한양대학교 동아시아문화연구소. ≪동아시아문화연구≫(≪韓國學論集≫ 改題), 46집.

______. 2010. 「北魏 平城時代 胡人들의 생활과 습속: 胡俗 유지와 그 배경을 중심으로」. ≪東方學志≫, 149.

______. 2010. 「北魏後期 胡語사용 현상과 그 배경」. 중국고중세사학회. ≪中國古中世史硏究≫, 제23집.

______. 2010. 「北魏後期 洛陽거주 胡人들의 생활과 문화: 孝文帝의 '漢化政策'의 재검토」. 중국고중세사학회. ≪中國古中世史硏究≫, 제24집.

______. 2010. 「北魏前期 皇室通婚정책: 겹사돈婚의 만연과 그 정치적 기능을 중심으로」. ≪역사와교육≫, 11.

______. 2011. 「北魏 皇帝 巡幸의 統計的 性格: 巡幸頻度·巡幸期間·순행활동의 통계적 분석을 중심으로」. ≪中國古中世史硏究≫, 제26집.

______. 2011. 「北魏後期 洛陽 출토 陶俑의 服飾 分析: 胡服 착용 여부의 통계적 검토」. ≪중앙아시아연구≫, 16.

______. 2012. 「前近代 中國의 '민족包頭市姚齊姬'과 '민족'문제」. ≪역사와교육≫, 15.

______. 2012. 「孝文帝 시기 皇室 通婚의 성격: 孝文帝와 諸弟 通婚 가문 등급의 분석을 중심으로」. ≪東洋史學硏究≫, 121.

중문

葛全勝·方修琦·鄭景雲. 2002. 「中國歷史時期溫度變化特徵的新認識」. ≪地理科學進展≫, 2002-4.

建軍·周佩妮. 2003. 「固原北朝文物考古的發現與硏究」. ≪固原師專學報(社會科學版)≫, 24-2.

高凱. 2000. 「從性比例失調看北魏時期拓跋鮮卑與漢族的民族融合」. ≪史學理論硏究≫, 2000-2(K 22. 2000-5).

高敏. 2005. 「≪南齊書·魏虜傳≫書後」. 『魏晉南北朝史發微』. 北京: 中華書局.

高生記. 2003. 「北魏孝文帝定姓族制度散論」. ≪太原師範學院學報(社會科學版)≫, 2-2.

高西省·葉四虎. 2008. 「北魏楊機墓陶俑的藝術特色」. ≪上海文博論叢≫, 2008-2.

高升記. 1995. 「試論北魏孝文帝定姓族」. ≪山西大學學報(哲學社會科學版)≫, 1995-1.

高賢棟. 2013. 「北魏孝文帝時期的禮制建設」. ≪烟臺大學學報(哲社版)≫, 第16卷 第4期, 2003-10

谷文雙. 2002. 「遼代捺鉢制度硏究」. ≪黑龍江民族叢刊≫, 總第 70期(2002-3).

郭建邦. 1980. 「北魏寧懋石室和墓誌」. ≪中原文物≫, 1980-2.

郭晝曉. 2009. 「洛陽北魏彩繪陶俑」. ≪文物世界≫, 2009-5.

瞿林東. 1985. 「說≪魏書≫非"穢史"」. ≪江漢論壇≫, 1985-5.

宮萬松·宮萬瑜. 2011.「濟源出土的北魏宗室元萇墓誌銘考釋」. ≪中原文物≫, 2011-5.

靳生禾·謝鴻喜. 1994.「北魏皇帝≪南巡之頌≫碑考察報告」. ≪山西大學學報·哲學社會科學版≫, 1994-2.

靳梁麗. 2010.「北朝時期平城與晉陽的關係」. 山西大學2010屆碩士硏究生學位論文.

祁美琴. 2006.「關于十年來"漢化"及其相關門題硏究的考察」. ≪西域硏究≫, 2006-2.

紀游. 1982.「一個千古求索的重要史迹: 記大興安嶺北段的拓跋鮮卑石室」. ≪文史知識≫, 1982-7.

羅君. 2003.「魏晉南北朝時期民族融和的段階性和地區特點」. ≪新疆敎育學院學報≫, 2003-3.

羅新. 2004.「北魏直勤考」. ≪歷史硏究≫, 2004-5.

______. 2005.「跋北魏太武帝東巡碑」. ≪北大史學≫, 11. 北京: 北京大學出版社.

______. 2009.「北魏孝文帝弔比干碑的立碑時間」.『中古北族名號硏究』. 北京: 北京大學出版社.

______. 2009.「高昌文書中的柔然政治名號」.『中古北族名號硏究』. 北京: 北京大學出版社.

______. 2009.「論闕特勤之闕」.『中古北族名號硏究』. 北京: 北京大學出版社.

______. 2010.「北魏道武帝的鮮卑語本名」.『張廣達先生先生八十華誕祝壽論文集』. 北京: 新文豐出版公司.

______. 2011.「北魏皇室制名漢化考」. 中國中古史硏究編委會 編.『中國中古史硏究』第2卷. 北京: 中華書局.

羅豐. 1999.「北朝·隋唐原州墓葬」.『原州古墓集成』. 北京: 文物出版社.

______. 2004.「北魏員標墓誌」.『胡漢之間: "絲綢之路"與西北歷史考古』. 北京: 文物出版社.

洛陽博物館. 2007.「洛陽北魏元邵墓」.『洛陽考古集成·秦漢魏晉南北朝卷』. 北京: 北京圖書館出版社(原載 1973. ≪考古≫, 1973-4).

______. 2007.「洛陽北魏楊機墓出土文書」. ≪文物≫, 2007-11.

洛陽市文物工作隊. 1991.『洛陽文物圖案集』. 北京: 朝華出版社.

______. 2007.「洛陽孟津北陳村北魏壁畫墓」.『洛陽考古集成·秦漢魏晉南北朝卷』. 北京: 北京圖書館出版社(原載 1995. ≪文物≫, 1995-8).

______. 2007.「洛陽孟津晉墓·北魏墓發掘簡報」.『洛陽考古集成·秦漢魏晉南北朝卷』. 北京: 北京圖書館出版社(原載 1991. ≪文物≫, 1991-8).

______. 2011.「河南洛陽市吉利區兩座北魏墓的發掘」. ≪考古≫, 2011-9.

洛陽市第二文物工作隊. 2006.「偃師前杜樓北魏石棺墓發掘簡報」. ≪文物≫, 2006-12.

______. 2007.「洛陽紗廠西路北魏HM555發掘簡報」.『洛陽考古集成·秦漢魏晉南北朝卷』. 北京: 北京圖書館出版社(原載 2002. ≪文物≫, 2002-9).

______. 2009.「洛陽衡山路北魏墓發掘簡報」. ≪文物≫, 2009-3.

勞榦. 1939.「論魏孝文之遷都與華化」. ≪中央硏究院歷史語言硏究所集刊≫, 8-4.

逯耀東. 2005.「拓跋氏與中原士族的婚姻關係」. 黃寬重·劉增貴 主編.『家族與社會』. 北京: 中國大百科全書出版社(原載 1965. ≪新亞學報≫, 7卷 1期).

______. 2006. 「北魏前期的文化與政治形態」. 『從平城到洛陽: 拓跋魏文化轉變的歷程』. 北京: 中華書局.

______. 2006. 「≪崔氏食經≫的歷史與文化意義」. 「從平城到洛陽: 拓跋魏文化轉變的歷程』. 北京: 中華書局.

______. 2006. 「北魏平城對洛陽規建的影向」. 「從平城到洛陽: 拓跋魏文化轉變的歷程』. 北京: 中華書局.

凌文超. 2008. 「鮮卑四大中正與分定姓族」. ≪文史≫, 2008-2.

唐長孺. 1955. 「魏晉雜胡考」. 『魏晋南北朝史論叢』. 北京: 三聯書店.

______. 1959. 「拓跋族的漢化過程」. 『魏晋南北朝史論叢續編』. 北京: 三聯書店.

______. 1959. 「北魏均田制中的幾個問題」. 『魏晋南北朝史論叢續編』. 北京: 三聯書店.

______. 1983. 「論北魏孝文帝定姓族」. 『魏晉南北朝史論拾遺』. 北京: 中華書局.

大同市考古研究所. 2006. 「山西大同迎賓大道北魏墓群」. ≪文物≫, 2006-10.

______. 2006. 「山西大同七里村北魏墓發掘簡報」. ≪文物≫, 2006-10.

大同博物館. 1983. 「大同市小站村花圪塔臺北魏墓發掘簡報」. ≪文物≫, 1983-8.

大同市博物館·馬玉基. 1983. 「大同市小站村花圪塔臺北魏墓淸理簡報」. ≪文物≫, 1983-8.

大同市博物館. 1989. 「大同東郊北魏元淑墓」. ≪文物≫, 1989-8.

代尊德. 1981. 「太原北魏辛祥墓」. 『考古學集刊』 1. 北京: 中國社會科學出版社.

陶晉生. 2006. 「同化的再思考」. 汪榮祖·林冠群 主編. 『胡人漢化與漢人胡化』. 嘉義縣: 中正大學臺灣人文研究中心.

董省非. 1986. 「略論北魏統治中原的幾個問題」. ≪浙江學刊≫, 1986-6.

杜紹順. 1985. 「北魏門閥制度辨析」. 廣州: 『華南師範大學學報:社科版』 1985-4(K22 ≪魏晉南北朝隋唐史≫, 1985-12. 1985).

黎虎. 1999. 「北魏前期的狩獵經濟」. 『魏晋南北朝史論』. 北京: 學苑出版社.

馬莉. 2010. 「寧夏固原北朝絲路遺存顯現的外來文化因素」. 『絲綢之路』 2010-6(總第175期).

馬望英. 2007. 「北魏末年靈胡太后述論」. ≪中華女子學院學報≫, 19-2.

馬雍. 1990. 「北魏封和突墓及其出土的波斯銀盤」. 『西域史地文物叢考』. 北京: 文物出版社(原載 1983. ≪文物≫, 1983-8).

馬曉麗·崔明德. 2012. 「對拓跋鮮卑及北朝漢化問題的總體考察」. ≪中國邊疆史地研究≫, 22-1.

孟凡人. 2007. 「試論北魏洛陽城的形制與中亞古城形制的關係: 兼談絲路沿線城市的重要性」. 杜金鵬·錢國祥 主編. ≪漢魏洛陽城遺址研究≫,. 北京: 科學出版社. 2007

孟聚. 1990. 「北魏孝文帝門閥制度論略」. ≪許昌師專學報(社會科學版)≫, 1990-2.

毛陽光. 2009. 「新見四方唐代洛陽粟特人墓誌考」. ≪中原文物≫, 2009-6.

______. 2010. 「從≪洛陽出土石刻時地記≫看民國時期洛陽的盜墓風氣」. ≪四川文物≫, 2010-2.

武沐. 2005. 「對匈奴收繼婚制度的再探討: 匈奴婚姻制度研究之一」. ≪中國邊疆史地研究≫, 15-1.

武沐·王希隆. 2003.「對烏孫收繼婚制度的再認識」. ≪西域研究≫, 2003-4.

武卓卓. 2013.「民族融合背景下的女性服飾演變: 以北魏墓葬中出土的陶俑·壁畫爲研究對象」. 山西大學2013屆碩士學位論文.

方國瑜. 1982.「南北朝時期內地與邊境各族的大遷移及融合」. ≪民族研究≫, 1982-5.

方殿春. 1988.「論北方圓形墓葬的起源」. ≪北方文物≫, 1988-3.

白俊瑞·李波. 1998.「析契丹語的"捺鉢"」.『內蒙古大學學報(人文社會科學版)』1998-4.

白翠琴. 1987.「論魏晉南北朝時期民族的遷徙與融合」. ≪中央民族學院學報≫, 1987-1.

______. 1990.「論魏晉南北朝民族融合對漢族發展的影向」. ≪社會科學戰線≫, 1990-3.

范兆飛. 2013.「北魏鮮卑喪葬習俗考論」. ≪學術月刊≫, 45-9.

傅樂煥. 1942.「遼代四時捺鉢考」. ≪歷史語言硏究所集刊≫, 10-2.

傅義漢. 2003.「從太子恂被殺看北魏的遷都鬪爭」. ≪大同職業技術學院學報≫, 17-3.

______. 2004.「論平城兵變與廢太子恂被殺」. ≪山西廣播電視大學學報≫, 3(總第40期).

謝斌. 2005.「淺析胡太后從"立子殺母"制度中幸免的原因」. ≪廣西右江民族師專學報≫, 18-5.

史念海. 1998.「隋唐時期重要的自然環境的變遷及其與人爲作用的關係」.『唐代歷史地理硏究』. 北京: 中國社會科學出版社.

謝重光. 1990.「北魏·東魏·北齊的僧官制度」. 大同: ≪北朝硏究≫, 1990(總第3期). 1990(K22 魏晉南北朝隋唐史 1990-2. 1990)

師煥英. 2007.「從平城到洛陽: 北魏墓葬的考古學硏究」. 山西大學2007屆碩士學位論文.

山西省考古硏究所 外. 2001.「太原隋代虞弘墓」. ≪文物≫, 2001-1.

山西省考古硏究所·靈丘縣文物局. 1997.「山西靈丘北魏文成帝≪南巡碑≫」. ≪文物≫, 1997-12.

尙永琪. 2006.「3-6世紀佛教傳播背景下的北方社會群體硏究」. 吉林大學博士學位論文.

常之坦. 1991.「北魏孫龍石棺"百戲"圖考辨」. ≪戲劇≫, 1991-3.

常倩. 2008.「論北朝皇后多干政現象」. 中國魏晉南北朝史學會·大同平城北朝硏究會 編. ≪北朝硏究≫, 第六輯. 北京: 科學出版社.

商春芳. 2000.「洛陽北魏墓女俑服飾淺論」. ≪華夏考古≫, 2000-3.

舒順林. 1996.「匈奴婚姻習俗論」. ≪北方文物≫, 1996-3(總第47期).

徐勝一. 2003.「北魏孝文帝遷都洛陽與氣候變化之硏究」. ≪臺灣師大地理硏究報告≫, 38.

徐海峰. 2000.「三世紀至五世紀河套及大同地區鮮卑考古遺存述論」. ≪文物春秋≫, 2000-1(總第51期).

石冬梅. 2007.「北魏太和新官制幷未模倣南朝」. ≪天府新論≫, 2007-3.

石松日奈子. 2010.「龍門石窟和鞏縣石窟的漢服貴族供養人像: "主從形式供養人圖像"的成立」.『石窟寺硏究』, 1. 北京: 文物出版社.

石華. 2008.「北魏婦女服飾研究」. 山東大學碩士學位論文. 2008.

薛瑞澤. 2012.「論北魏河洛地區的飮食」. ≪河南科技大學學報(社會科學版)≫, 30-5.

陝西省考古研究所. 2000.「西安北郊北周安伽墓發掘簡報」. ≪考古與文物≫, 2000-6.

邵麗坤·李薇. 2008.「拓跋鮮卑的鑄金人立后制度略探」. ≪東北史地≫, 2008-6.

孫同勛. 2005.「孝文帝的遷都與漢化」.『拓跋氏的漢化及其他: 北魏史論文集』. 臺北: 稻鄕出版社.

孫如琦. 1989.「也談孝文帝與北魏門閥制度」. ≪杭州大學學報≫, 19-4.

宋其蕤. 2006.「亡國艶后: 胡靈皇后」.『北魏女主論』. 北京: 中國社會科學出版社.

宿白. 1977.「東北內蒙古地區的鮮卑遺迹: 鮮卑遺迹輯錄之一」. ≪文物≫, 1977-5.

______. 2000.「北魏洛陽城和北邙陵墓: 鮮卑遺蹟輯錄之三」. 洛陽市文物局·洛陽白馬寺漢魏故城文物保管所 編.『漢魏洛陽故城硏究』. 北京: 科學出版社(原載 1978. ≪文物≫, 1978-7).

施光明. 1993.「魏晉南北朝交融三題」. ≪文史哲≫, 1993-3.

施安昌. 2002.「北魏茹小策合邑一百人造像碑考」. ≪故宮博物院院刊≫, 2002-4(總第102期).

______. 2002.「北魏苟景墓誌及紋飾考」.『善本碑帖論集』. 北京: 紫禁城出版社.

______. 2002.「北魏馮邕妻元氏墓誌紋飾考」.『善本碑帖論集』. 北京: 紫禁城出版社.

沈家平. 2009.「試析北魏門閥制度的"先天不足"」. ≪通化師範學院學報≫, 30-9.

沈睿文. 2006.「夷俗并從: 安伽墓和北朝燒物葬」. ≪中國歷史文物≫, 2006-4.

岳雪蓮. 2007.「從北魏孝文帝改革看拓跋鮮卑的文化變遷」. ≪湖北經濟學院學報(人文社會科學版)≫, 第4卷 第3期.

楊建華·曹建恩. 2007.「略論中國北方地區古代遊牧民族文化發展模式」. ≪吉林大學社會科學學報≫, 47-5.

楊共樂. 2008.「洛陽出土東羅馬金幣銘文考析」. ≪中國歷史文物≫, 2008-6.

楊寧國. 2001.「寧夏彭陽出土北魏員標墓誌磚」. ≪考古與文物≫, 2001-5.

楊泓. 2000.「北朝文化源流探討之一: 司馬金龍墓出土遺物的再硏究」.『漢唐美術考古與佛敎藝術』. 北京: 科學出版社.

______. 2007.「南北朝墓的壁畵和拼鑲磚畵」. 中國社會科學院考古硏究所 編.『中國考古學論叢』. 北京: 科學出版社.

偃師商城博物館. 2007.「河南偃師南蔡莊北魏墓」.『洛陽考古集成·秦漢魏晉南北朝卷』. 北京: 北京圖書館出版社(原載 1991. ≪考古≫, 1991-9).

______. 2007.「河南偃師兩座北魏墓發掘簡報」.『洛陽考古集成·秦漢魏晉南北朝卷』. 北京: 北京圖書館出版社(原載 1993. ≪考古≫, 1993-5).

呂克勤. 1997.「淺論北魏孝文帝太子元恂之死」. ≪菏澤師專學報≫, 1997-1.

呂炘. 2003.「簡論北魏皇室"子將爲儲貳·其母皆賜死"制度」. ≪青海民族學院學報(社會科學版)≫, 29-3.

閆江涌. 2007.「魏晉南北朝時期中外音樂交流硏究」. 安徽大學碩士學位論文.

葉萬松. 2000.「周秦漢魏時期洛陽與西域的文化交流」. 洛陽市文物局·洛陽白馬寺漢魏故城文物保管所 編.『漢魏洛陽故城硏究』. 北京: 科學出版社.

寧夏固原博物館. 1988.「彭陽新集北魏墓」. ≪文物≫, 1988-9.

倪潤安. 2010.「北魏洛陽時代墓葬文化分析」. ≪故宮博物院院刊≫, 2010-4(總第150期).

烏其拉圖. 2002.「≪南齊書≫中部分拓跋鮮卑語名詞的復原考釋」. ≪內蒙古社會科學(漢文版)≫, 23-6.

吳磬軍. 2005.「新出「魏尉陵·賀夫人墓誌銘」淺說」. ≪榮寶齋≫, 2005-3.

吳松巖. 2008.「盛樂·平城地區北魏鮮卑·漢人墓葬比較分析」. ≪北方文物≫, 2008-4.

王國維. 2002.「胡服考」.『觀堂集林』下. 石家莊: 河北敎育出版社.

王玲. 2005.「≪齊民要術≫與北朝胡漢飮食文化的融合」. ≪中國農史≫, 2005-4.

王萬盈. 2001.「北魏時期的周邊貿易述論」. 殷憲·馬志强.『北朝硏究』2. 北京: 北京燕山出版社.

王福應. 2000.「魏晉南北朝時期北方民族大遷徙與大融合論略」. ≪忻州師範專科學校學報≫, 2000-2.

王新迎. 2004.「從遼聖宗前期捺鉢看南京城的職能及地位」. ≪首都師範大學學報(社會科學版)≫, 2004年增刊.

汪榮祖. 2006.「論多民族中國的文化交融」. 汪榮祖·林冠群 主編.『胡人漢化與漢人胡化』. 嘉義縣: 中正大學臺灣人文硏究中心.

王永平. 2005.「靑齊士人之北徙與北魏文化之變遷」.『中古士人遷移與文化交流』. 北京: 社會科學文獻出版社.

______. 2010.「孝文帝漢化政策及其歷史影響」. 胡阿祥 等 著.『魏晉南北朝史十五講』. 南京: 鳳凰出版社.

王銀田. 1989.「元淑墓誌考釋: 附北魏高琨墓誌小考」. ≪文物≫, 1989-8.

王銀田·韓生存. 1995.「大同市齊家坡北魏墓發掘簡報」. ≪文物季刊≫, 1995-1.

王春紅. 2009.「皇權的日益擴張: 北魏及唐幾次官定姓族之共性」. ≪信陽師範學院學報(哲學社會科學版)≫, 29-6.

王太明·賈文亮. 1993.「山西楡社縣發現北魏畵像石棺」. ≪考古≫, 1993-8.

王太明. 2000.「楡社縣發現一批石棺」. ≪山西省考古學會論文集≫, 3. 山西古籍出版社.

王慧涓. 2008.「北魏漢化道路上的尙書制度硏究」. 山西大學2008屆碩士學位論文.

王虹霞. 2003.「由漢至唐西域樂舞的傳入及其傳播特點」. 河南大學硏究生碩士學位論文.

王效軍·程雲霞. 2007.「寧夏固原地區出土的金銀器(上)」. ≪收藏界≫, 2007-4.

王曉衛. 1998.「論北魏文明太后的族屬及所受敎育」. ≪歷史敎學≫, 1998-1.

姚紅艶. 2008.「略論孝文帝漢化改革的動力來源」. ≪徐州敎育學院學報≫, 23-1.

尤李. 2005.「遼金元捺鉢硏究評述」. ≪中國史硏究動態≫, 2005-2.

于倩·郭宏偉. 1995.「洛陽出土波斯銀幣探索」. ≪中國錢幣≫, 1995-1.

于春梅. 2001.「中國文化傳統與北魏孝文帝改革」. ≪齊齊哈爾大學學報≫, 2001-1.

劉錫濤. 1999.「北朝時期中原地區的生活胡風現象」. 中國魏晉南北朝史學會 大同平城北朝硏究會 編.『北朝硏究』1. 北京: 北京燕山出版社.

______. 2001.「南北朝時期中原地區的生活胡風現象」. ≪新疆大學學報≫, 2001-1.

劉宇衛. 2010.「"子貴母死"故事的社會必要性和他國歷史前例的十個論點」. 中國魏晉南北朝史學會·大同平城北朝硏究會 編.『北朝硏究』第七輯. 北京: 科學出版社.

劉長旭. 2002.「十六國·北朝遊牧民族赤水崇拜與投尸入河習俗稽釋」. ≪社會科學輯刊≫, 2002-3(總第140期).

劉精誠. 1993.「建立門閥制度」.『魏孝文帝傳』. 天津: 天津人民出版社.

劉振華. 2001.「民族融合與文化整合: 論陳寅恪魏晉南北朝史硏究」. ≪揚州大學學報≫, 2001-6.

劉航宇. 2006.「北魏楊機墓出土文物賞介」. ≪收藏家≫, 2006-11.

劉懷榮. 2003.「北魏的漢化歷程與歌詩藝術考論」. ≪中國詩歌硏究≫, 2003-00.

劉曉華. 2001.「北周賀蘭祥墓誌及其相關門題」. ≪咸陽師範學院學報≫, 16-5.

殷憲. 2012.「雲崗石窟造像題記及其書法」.『平城史稿』. 北京: 科學出版社(原載 劉俊喜와 合撰. 2011. ≪文物≫, 2011-12).

李梅田. 2004.「中原魏晉北朝墓葬文化的階段性」. ≪華夏考古≫, 2004-1.

李文生·李小虎. 2011.「龍門石窟所表現的北魏建築」. ≪敦煌硏究≫, 2011-1(總第125期).

李文才. 2006.「魏晉南北朝婦女社會地位硏究: 以上層社會婦女爲中心考察」.『魏晉南北朝隋唐政治與文化論稿』. 北京: 世界知識出版社.

李培棟. 1994.「北魏太和改制前胡漢形勢論」. ≪上海師範大學學報≫, 1994-2.

李百勤. 1994.『河東出土墓誌錄』. 太原: 山西人民出版社.

李凭. 1999.「北魏子貴母死故事考述」.『東方傳統』. 北京: 中國發展出版社.

______. 2000.「乳母干政」.『北魏平城時代』. 北京: 社會科學文獻出版社.

李錫厚. 2001.「論遼朝的政治體制」.『臨潢集』. 保定: 河北大學出版社.

______. 2001.「遼中期以後的捺鉢及其與斡魯朶中京的關係」.『臨潢集』. 保定: 河北大學出版社.

李春玲. 2008.「簡論鮮卑漢化與北朝興衰」. ≪理論界≫, 2008-7.

李春祥·呂寶艶. 1997.「北魏孝文帝門閥制新探」. ≪通化師範學報(社會科學)≫, 1997-2.

李獻奇. 2007.「北魏正光四年翟興祖等人造像碑」. 杜金鵬·錢國祥 主編.『漢魏洛陽城遺址硏究』. 北京: 科學出版社(原載 1985. ≪中原文物≫, 1985-2).

李紅艶. 1999.「對魏晉南北朝時期北方民族融合模式的探討」. ≪烟臺大學學報(哲學社會科學版)≫, 1999-2.

任艶艶. 2006.「北魏孝文帝的門閥主義」. ≪滄桑≫, 2006-1.

磁縣文化館. 1984.「河北磁縣東魏茹茹公主墓發掘簡報」. ≪文物≫, 1984-9.

張劍. 2000.「關于北魏洛陽城里坊的幾個問題」. 洛陽市文物局·洛陽白馬寺漢魏故城文物保管所 編.『漢魏洛陽故城研究』. 北京: 科學出版社(原載 洛陽市文物工作隊. 1996.『洛陽考古四十年: 1992年洛陽考古學術研討會論文集』. 科學出版社).

張慶捷. 1998.「北魏文成帝≪南巡碑≫碑文考證」. ≪考古≫, 1998-4.

______. 2004.「山西漢代北朝墓葬壁畫記錄的社會實況」.『桃李成蹊集』. 香港: 香港中文大學出版社.

______. 2006.「雲崗石窟與北魏平城外來文明藝術」.「從西域到平城」.『2005年雲崗國際會議文集』. 北京: 文物出版社.

______. 2010.「"剺面截耳與椎心割鼻"圖解讀」.『民族匯聚與文明互動: 北朝社會的考古學觀察』. 北京: 商務印書館(原載 2008. ≪乾陵文化研究≫, 2008-4).

______. 2010.「北魏平城波斯銀幣與絲綢之路的幾個問題」.『民族匯聚與文明互動: 北朝社會的考古學觀察』. 北京: 商務印書館.

______. 2006.「雲崗石窟與北魏平城外來文明藝術」.「從西域到平城」.『2005年雲崗國際會議文集』. 北京: 文物出版社.

______. 2010.「北齊徐顯秀墓外來寶石戒指及其社會背景」.『民族匯聚與文明互動: 北朝社會的考古學觀察』. 北京: 商務印書館.

______. 2010.「北魏平城波斯銀幣與絲綢之路的幾個問題」.『民族匯聚與文明互動: 北朝社會的考古學觀察』. 北京: 商務印書館.

張慶捷·郭春梅. 1999.「北魏文成帝≪南巡碑≫所見拓跋職官初探」. ≪中國史研究≫, 1999-2(K 22 1999-5).

張金龍. 1995.「領軍將軍與北魏政治」. ≪中國史研究≫, 1995-1.

______. 1999.「北魏後期的直閤將軍與"直衛"諸職」. 濟南: ≪文史哲≫, 1999-1(K 22 1999-3).

______. 2000.「北魏前期的內侍·內行諸職」. ≪北大史學≫, 7.

______. 2004.「北魏文成帝≪南巡碑≫所見禁衛武官制度」.『魏晉南北朝禁衛武官制度研究』. 北京: 中華書局.

______. 2004.「北魏文成帝≪南巡碑≫所見禁衛武官制度」.『魏晉南北朝禁衛武官制度研究』. 北京: 中華書局.

張敏. 2005.「北魏前期農牧關係的演變」. ≪許昌學院學報≫, 24-4.

蔣福亞. 1985.「魏孝文帝遷都得失議」. ≪民族研究≫, 1985-3.

張承宗·魏向東. 1999.「魏晉南北朝飮食風俗研究」. 中國魏晉南北朝史學會大同平城北朝研究會 編.『北朝研究』第一輯. 北京: 北京燕山出版社.

張旭華. 1989.「北魏州中正在定姓族中的作用與地位: 兼論孝文帝定姓族的意義」. ≪鄭州大學學報(哲學社會科學版)≫, 1989-6.

張雲華. 2008.「論北朝婦女的妬悍風氣」. ≪史學集刊≫, 2008-6.

______. 2012.「北魏宗室與“五姓”婚姻關係簡論」. ≪鄭州大學學報(哲學社會科學版)≫, 45-3.

張元興. 2007.「近二十餘年魏晉南北朝少數民族與漢族交融史研究綜述」. ≪黑龍江民族叢刊(雙月刊)≫, 2007-4 (總第99期).

張志忠. 2008.「大同北魏彩繪樂俑鑑賞」. ≪收藏家≫, 2008-12.

張春海. 2006.「論古夫余族“倍償”之法對古代東亞法制之影響」. ≪中央民族大學學報(哲學社會科學版)≫, 2005-5 (第33卷; 總第168期).

翟景雲. 2009.「略論北魏前期音樂及其影響」. ≪樂府學≫, 4.

錢國旗. 1991.「論南遷拓跋鮮卑與漢族融合過程中共同心理素質的形成」. ≪南京大學學報≫, 1991-2.

______. 1994.「北魏統治集團民族界限的淡化及其對鮮漢民族融合的影向」. ≪青島師傳學報≫, 11-1.

田餘慶. 2003.「北魏後宮子貴母死之制的形成和演變」.『拓跋史探』. 北京: 三聯書店(原載 1998.『國學研究』, 5. 北京: 北京大學出版社)

______. 2003.「關于子貴母死制度研究的構思問題」.『拓跋史探』. 北京: 三聯書店.

______. 2003.「≪代歌≫·≪代記≫和北魏國史」.『拓跋史探』. 北京: 三聯書店(原載 2001. ≪歷史教育≫, 269. 2001-1).

田旺杰. 2005.「中國古代民族收繼婚探討」. ≪西北第二民族學院學報≫, 2005-1(總第65期).

鄭　隆. 1988.「內蒙古包頭市姚齊姬墓」. ≪考古≫, 1988-9.

______. 1991.「北魏“姚齊姬墓”淺議」.『包頭文物資料』2.

丁福林. 2007.「≪南齊書≫卷五十七≪索虜傳≫校議」. ≪鹽城師範學院學報(人文社會科學版)≫, 27-3.

鄭景雲 外. 2010.「過去2000年中國氣候變化研究」. ≪地理研究≫, 2010-9.

鄭欽仁. 1995.「譯人與官僚機構」.『北魏官僚機構研究續編』. 臺北: 稻禾出版社.

趙福茹. 2000.「北魏洛陽里坊制度淺識」. 洛陽市文物局·洛陽白馬寺漢魏故城文物保管所 編.『漢魏洛陽故城研究』. 北京: 科學出版社(原載 1989. ≪洛陽師專學報(社會科學版)≫, 1989-3).

趙士田. 1996.「馮太后·孝文帝改革芻議」. ≪絲路學刊≫, 1996-3.

曹淑萍. 2002.「論北魏“孝文改制”的歷史特點」. ≪宿州師專學報≫, 第17卷 第3期. 2002-9.

趙野春. 2003.「鮮卑漢化: 論北魏孝文帝改革對民族關係的調整」. ≪西北民族研究≫, 2003-2(總第37期).

曹永年. 1988.「說“潛埋虛葬”」. ≪文史≫, 31.

趙海麗. 2006.「“魚文化”與“羊文化”: ≪洛陽伽藍記≫所述南北朝文化衝突與交融探論」. ≪理論學刊≫, 152.

趙向群·侯文昌. 2003.「孝文帝的漢化政策與拓跋民族精神的喪失」. ≪許昌學院學報≫, 第22卷 第6期.

朱大渭. 2004.「儒家民族觀與十六國北朝民族的融合及其歷史影向」. ≪中國史研究≫, 2004-2.

______. 2005.「北魏的國營畜牧業經濟」. 北京: 中國社會科學出版社.

朱秀凌. 1999.「北魏婦女社會地位與社會作用簡述」. 中國魏晉南北朝史學會 大同平城北朝研究會 編.『北朝

研究』1. 北京: 北京燕山出版社.

周一良. 1998.「北朝的民族問題與民族政策」.『周一良集』第壹卷(魏晋南北朝史論). 瀋陽: 遼寧教育出版社.

______. 1998.「魏收之史學」.『周一良集』第壹卷(魏晉南北朝史論). 瀋陽: 遼陽教育出版社.

______. 1998.「馬埸」.『周一良集』第貳卷(魏晉南北朝史札記). 瀋陽: 遼寧教育出版社.

______. 1998.「崔浩國史之獄」.『周一良集』第貳卷(魏晋南北朝札記) 瀋陽: 遼寧教育出版社.

______. 1998.「談中外文化交流史」.『周一良集』第四卷(日本史及中外文化交流史). 瀋陽: 遼陽教育出版社.

周積明. 1991.「魏晉南北朝時期的胡漢文化衝突」. 武漢:『中南民族學院學報·哲社版』[復印報刊資料 魏晉南北朝隋唐史(K22) 1991-8].

朱學淵. 2000.「鮮卑民族及其語言」(上). ≪滿語研究≫, 2000-1(總第30期).

中國社會科學院考古研究所·河北省文物研究所. 2003.『磁縣灣漳北朝壁畵墓』. 北京: 科學出版社.

中國社會科學院考古研究所洛陽漢魏城隊·洛陽古墓博物館. 2007.「北魏宣武帝景陵發掘報告」.『洛陽考古集成·秦漢魏晉南北朝卷』. 北京: 北京圖書館出版社(原載 1994. ≪考古≫, 1994-9).

中國社會科學院考古研究所洛陽漢魏城隊·洛陽古墓博物館. 1994.「北魏宣武帝景陵發掘報告」. ≪考古≫, 1994-9.

中國社會科學院考古研究所洛陽漢魏城隊. 1995.「北魏洛陽永寧寺西門遺址發掘紀要」. ≪考古≫, 1995-8.

中國社會科學院考古研究所河南二隊. 2007.「河南偃師縣杏園村四座北魏墓」.『洛陽考古集成·秦漢魏晉南北朝卷』. 北京: 北京圖書館出版社(原載 1991. ≪考古≫, 1991-9).

陳爽. 1998.「從"改降五等"到"分定姓族": 北朝門閥體制確立的歷史背景」.『世家大族與北朝政治』. 北京: 社會科學出版社.

______. 1998.「"四姓"辨疑: 北朝門閥體制的確立過程及其歷史意義」.『世家大族與北朝政治』. 北京: 社會科學出版社.

秦新林. 1998.「元代蒙古族的婚姻習俗及其變化」. ≪殷都學刊≫, 1998-4.

______. 2004.「元代收繼婚束及其演變與影響」. ≪殷都學刊≫, 2004-2.

陳烈. 1992.「遼代部族軍考」. 赤峰:『昭烏達師專學報·漢文哲社版』1992-1(復印報刊資料 宋遼金元史 K23 1992-3).

陳寅恪. 1987.「北魏後期的漢化(孝文帝的漢化政策)」. 萬繩楠 整理.『陳寅恪魏晉南北朝史講演錄』. 北京: 黃山書社.

______. 1987.「北齊的鮮卑化及西胡化」. 萬繩楠 整理.『陳寅恪魏晉南北朝史講演錄』. 北京: 黃山書社.

______. 1987.「五胡種族問題」. 萬繩楠 整理.『陳寅恪魏晉南北朝史講演錄』. 北京: 黃山書社.

______. 1987.「佛教三題」. 萬繩楠 整理.『陳寅恪魏晉南北朝史講演錄』. 北京: 黃山書社.

陳長安. 2007.「洛陽邙山北魏定陵終寧陵考」. 杜金鵬·錢國祥 主編.『漢魏洛陽城遺址研究』. 北京: 科學出版

社(原載 1987. ≪中原文物≫, 1987年特刊).

______. 2007.「邙山北魏墓誌中的洛陽地名及相關問題」」. 杜金鵬·錢國祥 主編.『漢魏洛陽城遺址研究』. 北京: 科學出版社(原載 1987. ≪中原文物≫, 1987年特刊).

______. 2009.「北朝門閥制度之影響」. ≪北華大學學報(社會科學版)≫, 10-2.

崔廣彬. 1997.「北魏"立子殺母"制度考證」. ≪北方文物≫, 1997-1(總第49期).

竺可楨. 2002.「中國近五千年來氣候變遷」. 葛劍雄·華林甫 編.『歷史地理研究』. 武漢: 湖北敎育出版社(原載 1972. ≪考古學報≫, 1972-1).

______. 2006.「中國近五千年來氣候變遷的初步研究」.『歷史地理學讀本』. 北京: 北京大學出版社(原載 1972. ≪考古學報≫, 1972-1).

竺小恩. 2006.「從北魏服飾改革看胡漢文化關係」. ≪河西學院學報≫, 22-4.

湯奪先. 2001.「北魏孝文帝改革鮮卑族生活方式」. ≪民族敎育硏究≫, 2001-2(第12卷).

彭體用. 1985.「從鮮·漢統治階級的逐步合流看北魏統治的强固」. ≪中南民族學院學報≫, 1985-1.

______. 1988.「試論北魏的門閥士族與皇權的關係」. ≪中南民族學院學報(哲學社會科學版)≫, 1988-2(總第29期).

布雷特·辛斯基 編. 2003.「氣候變遷和中國歷史」. ≪中國歷史地理論叢≫, 2003-2.

馮敏. 2010.「固原境內的絲路貿易」. ≪寧夏師範學院學報(社會科學)≫, 31-4.

馮帆. 2006.「青齊士人在北魏漢化中的作用」. ≪山東省農業管理幹部學院學報≫, 第22卷 第6期.

______. 2007.「山東士人與北朝漢化」. 首都師範大學碩士學位論文.

河南省博物館. 1972.「河南安陽北齊范粹墓發掘簡報」. ≪文物≫, 1972-1.

河南省文化局文物工作隊. 1997.「洛陽北魏長陵遺址調查」.『洛陽考古集成·秦漢魏晉南北朝卷』(原載 1966. ≪考古≫, 1966-3).

夏鼐. 1966.「河北定縣塔基舍利中波斯薩珊朝銀幣」. ≪考古≫, 1966-5.

______. 1983.「北魏封和突墓出土薩珊銀盤考」. ≪文物≫, 1983-8.

______. 2000.『綜述中國出土的波斯薩珊朝銀幣』. 中國社會科學院考古硏究所 編.『夏鼐文集(下)』. 北京: 社會科學文獻出版社(原載 1984. ≪考古學報≫, 1984-4).

何德章. 1996.「北魏鮮卑族人名的漢化: 讀北朝墓志札記之一」. ≪魏晉南北朝隋唐史資料≫, 14.

______. 1997.「論北魏孝文帝遷都事件」. ≪魏晉南北朝隋唐史資料≫, 26.

______. 2003.「北魏遷洛後鮮卑貴族的文士化: 讀北朝碑志札記之三」. ≪魏晉南北朝隋唐史資料≫, 20.

河北省文化局文物工作隊. 1966.「河北定縣出土北魏石函」. ≪考古≫, 1966-5.

河北省博物館. 1972.「河北曲陽發現北魏墓」. ≪考古≫, 1972-5.

郝松枝. 2004.「全般漢化與北魏王朝的速亡: 北魏孝文帝改革的經驗與敎訓」. ≪陝西師範大學學報(哲學社會

科學版)≫, 第32卷 第1期.

韓順發. 1980.「北齊黃釉瓷扁壺樂舞圖像的初步分析」. ≪文物≫, 1980-7.

許永壽. 2010.「試論北魏政權的漢化」. ≪黑龍江史誌≫, 2010-5(總第222期).

胡祥琴. 2005.「民族政權構成與魏晉南北朝時期的胡漢融合」. ≪西北第二民族學院學報≫, 2005-1(總第65期).

胡廷榮. 2004.「遼中京至廣平甸捺鉢間驛館考略」. ≪中國邊疆史地硏究≫, 14-1.

華蓋. 1995.「"胡服騎射"與"全面漢化": 趙武靈王和魏孝文帝的改革」. ≪滄桑≫, 1995-3.

黃明蘭. 1980.「洛陽北魏畵像石棺」. ≪考古≫, 1980-3.

黃鳳岐. 2004.「契丹捺鉢文化探論」. ≪社會科學輯刊≫, 2004-4(總第129期).

黃良瑩. 2009.「北朝服飾硏究」. 蘇州大學博士學位論文.

黃河舟. 1985.「淺析北朝墓葬形制」. ≪文博≫, 1985-3.

일문

岡岐文夫. 1934.「魏收穢史」. ≪文化≫, 1-5.

江上波夫. 1951.「ユーラシア北方民族の葬禮における剺面・截耳・剪髮について」.『ユーラシア北方文化の硏究』. 京都: 山川出版社.

古賀昭岑. 1980.「北魏の部族解散について」. ≪東方學≫, 59.

谷川道雄. 1971.「北魏官界における門閥主義と賢才主義」.『隋唐帝國形成史論』. 東京: 筑摩書房.

掛田良雄. 2006.「北魏太武帝とソグド」. ≪防衛大學校紀要(人文科學分冊)≫, 92.

______. 2010.「『洛陽伽藍記』に見える西域人」. ≪防衛大學校紀要(人文科學分冊)≫, 100.

內田吟風. 1961.「第五世紀東トルキスタンに關する一考察: 鄯善國の散滅を中心として」. ≪古代學≫, 10-1.

島田正郎. 1986.「北方ユーラシア法文化圈」.『東洋法史』(增訂版). 東京: 東京敎學社.

鈴木秀夫. 2000.『氣候變動と人間: 一萬年の歷史』. 大明堂.

尾崎康. 1962.「魏書成立期の政局」. ≪史學≫, 34-3・4.

白鳥庫吉. 1970.「東胡民族考」.『白鳥庫吉全集』4. 岩波書店.

北川浩之. 1995.「屋久杉に刻まれた歷史時代の氣候變動」. 梅原猛・伊東俊太郎・安田喜憲 編.『講座・文明と環境』第六卷 歷史と氣候. 朝倉書店.

山本光朗. 1984.「鄯乾墓誌銘について」. ≪史林≫, 67-6.

山本德子. 1967.「北朝系婦人の妬忌について~北魏を中心として」. ≪立命館文學≫, 270.

森部豊. 2007.「四世紀~10世紀の黃河下流域におけるソグド人」. 鶴間和幸 編.『黃河下流域の歷史と環境: 東アジア海文明への道』. 東京: 東方書店.

石松日奈子. 2005.「北魏佛敎美術中の胡服像」. ≪中國史硏究≫, 35.

______. 2010. 「敦煌莫高窟第二八五窟北壁の供養者像と供養者題記」. ≪龍谷史壇≫, 131.

松下憲一. 2000. 「北魏石刻史料に見える內朝官: 「北魏文成帝南巡碑」の分析を中心に」. ≪北大史學≫, 40.

______. 2007. 「北魏の國號「大代」と「大魏」」. 『北魏胡族體制論』. 札幌: 北海道大學出版會(2004. 「北魏の國號「大代」と「大魏」」. ≪史學雜誌≫, 113-6).

______. 2007. 「北朝正史における「代人」」. 『北魏胡族體制論』. 札幌: 北海道大學出版會.

______. 2011. 「北魏後期墓誌における官位ときさの關係」. ≪史朋≫ 44.

市來弘志. 2007. 「魏晉南北朝時代における鄴城周邊の牧畜と民族分布」. 鶴間和幸 編. 『黃河下流域の歷史と環境: 東アジア海文明への道』. 東京: 東方書店.

窪添慶文. 2003. 「北魏の州の等級について」. 『魏晉南北朝官僚制研究』. 東京: 汲古書院(原載 1988. 『高知大學教育學部硏究報告』 第二部 40).

______. 2003. 「本貫・居住地・墓誌から見た北魏宗室」. 『魏晉南北朝官僚制研究』. 東京: 汲古書院(原載 2002. 「從 籍貫・居住地・葬地所見的北魏宗室」. ≪國際中國學研究≫, 5).

前田正名. 1979. 「平城をめぐる交通路」. 『平城の歷史地理學的研究』. 東京: 風間書房.

佐藤圭四郎. 1981. 「北魏時代における東西交涉」. 『イスラーム商業史の研究: 附東西文化交流史』. 同朋舍出版.

佐藤智水. 1984. 「北魏皇帝の行幸について」. ≪岡山大・文・紀要≫, 5(通卷45).

佐川英治. 2005. 「東魏北齊革命と『魏書』の編纂」. ≪東洋史研究≫, 64-1.

井上晃. 1936. 「後魏姓族分定攷」. ≪史觀≫, 9.

池內宏. 1976. 「遼代春水考」. 『滿鮮史研究』 第一冊(中世). 東京: 吉川弘文館.

川本芳昭. 1998. 「北魏における身分制について」. 『魏晉南北朝時代の民族問題』. 東京: 汲古書院(原載 1987. 「北魏時代における所謂良奴制の成立: 良の門題を中心として見た」. ≪史學雜誌≫, 96-12).

______. 1998. 「五胡十六國・北朝時代における「正統」王朝について」. 『魏晋南北朝時代の民族問題』. 東京: 汲古書院(原載 1997. 「五胡十六國・北朝時代における「正統」王朝について」. ≪九州大學東洋史論集≫, 25).

______. 1998. 「封爵制度」. 『魏晉南北朝時代の民族問題』. 『魏晋南北朝時代の民族問題』. 東京: 汲古書院(原載 1979. 「北魏の封爵制」. ≪東方學≫, 57).

______. 1998. 「內朝制度」. 『魏晉南北朝時代の民族問題』. 『魏晋南北朝時代の民族問題』. 東京: 汲古書院(原載 1977. 「北魏の內朝」. ≪九州大學東洋史論集≫, 6).

______. 1998. 「胡族漢化の實態について」. 『魏晉南北朝時代の民族問題』. 東京: 汲古書院(原載 1997. 「胡族國家」. 『魏晉南北朝隋唐時代史の基本問題』. 汲古書院).

______. 2000. 「北魏文成帝南巡碑について」. ≪九州大學東洋史論集≫, 28.

______. 2002. 「魏晉南北朝時代における民族問題研究についての展望」. 『中國の歷史世界: 統合のシステムと多元的發展』. 東京: 東京道立大學出版會.

坂口豊. 1993.「過去八ＯＯＯ年の氣候變化と人間の歷史」. ≪專修人文論集≫, 51.

영문

Boodberg, Peter A. 1936. "The Language of the T'o-Pa Wei." *Harvard Journal of Asiatic Studies*, Vol. 1, No. 2.

Cleaves, Franscis Woodman. 1951. "The Sino-mongolian Inscription of 1338: In Memory of Jigümtei." *Harvard Journal of Asiatic Studies*, 14-1~2.

Crossley, Pamela Kyle and Evelyn S. Rawski. 1993. "A Profile of the Manchu Language in Ch'ing History." *Harvard Journal of Asiatic Studies*, Vol. 53, No. 1.

Ho, Ping-ti. 1966. "Lo-yang. A. D. 495-534: A Study of Physical and Socio-Economic Planning of a Metropolitan Area." *Harvard Journal of Asiatic Studies*, Vol. 26.

Holmgren, Jennifer. 1978. "Empress Dowager Ling of the Northern Wei and the T'o-pa Sinicization Question." *Papers on Far Eastern History*, 18.

Vorob'ev. 1984. "The Jurchen and the State of Chin(10th century-1234)." Gilbert Rozman ed. *Soviet Studies of Premodern China*. Ann Arbor: Center for Chinese Studies. The University of Michigan(原載 1975. Moscow: Nauka).

찾아보기

인명

용어

지은이 **최 진 열**

서울대학교 동양사학과 학사·석사·박사 졸업.

서울대학교, 동국대학교, 동덕여자대학교, 한국전통문화대학교 등에서 강의.

주요 저서: 『발해 국호 연구』(2015), 『중국 역대 장성의 연구』(공저, 2014), 『북위 황제 순행과 호한사회』(2011), 『대륙에 서다: 2천년 중국 역사 속으로 뛰어든 한국인들』(2010).

한울아카데미 1891

효문제의 '한화' 정책과 낙양 호인사회

북위 후기 호속 유지 현상과 그 배경

지은이 **최진열** | 펴낸이 **김종수** | 펴낸곳 **한울엠플러스(주)** | 편집 **조인순**

초판 1쇄 인쇄 **2016년 4월 25일** | 초판 1쇄 발행 **2016년 4월 30일**

주소 **10881 경기도 파주시 광인사길 153 한울시소빌딩 3층** | 전화 **031-955-0655** | 팩스 **031-955-0656**

홈페이지 **www.hanulmplus.kr** | 등록번호 **제406-2015-000143호**

Printed in Korea.

ISBN 978-89-460-5891-0 93910 (양장)

978-89-460-6167-5 93910 (학생판)

※ 책값은 겉표지에 표시되어 있습니다.

※ 이 책은 강의를 위한 학생용 교재를 따로 준비했습니다.

강의 교재로 사용하실 때에는 본사로 연락해주시기 바랍니다.